Claus Dierksmeier
Qualitative Freiheit

Edition Moderne Postmoderne

Für Laura

Claus Dierksmeier ist Direktor des Weltethos-Instituts an der Universität Tübingen. Seine akademische Arbeit konzentriert sich auf Fragen der Politik-, Religions- und Wirtschaftsphilosophie unter besonderer Berücksichtigung von Theorien der Freiheit und der Verantwortung im Zeitalter der Globalität.

Claus Dierksmeier

Qualitative Freiheit

Selbstbestimmung in weltbürgerlicher Verantwortung

[transcript]

Bibliografische Information der Deutschen Nationalbibliothek
Die Deutsche Nationalbibliothek verzeichnet diese Publikation in der Deutschen Nationalbibliografie; detaillierte bibliografische Daten sind im Internet über http://dnb.d-nb.de abrufbar.

transcript Verlag | Hermannstraße 26 | D-33602 Bielefeld | live@transcript-verlag.de

Umschlaggestaltung: Kordula Röckenhaus, Bielefeld
Korrektorat: Jan Marquardt, Bielefeld
Satz: Francisco Braganca, Bielefeld
Produktion: Die Produktion – Agentur für Druckrealisation GmbH, Düsseldorf
Printed in Europe
Print-ISBN 978-3-8376-3477-8
PDF-ISBN 978-3-8394-3477-2

Gedruckt auf alterungsbeständigem Papier mit chlorfrei gebleichtem Zellstoff.
Besuchen Sie uns im Internet: *http://www.transcript-verlag.de*
Bitte fordern Sie unser Gesamtverzeichnis und andere Broschüren an unter: *info@transcript-verlag.de*

Inhalt

Vorrede

Prof. Dr. Claus Dierksmeier wurde Anfang 2012 zum Direktor des neu gegründeten *Weltethos-Instituts* an der Universität Tübingen berufen. Zuvor hatte er als »Distinguished Professor for Globalization Ethics« in Boston gearbeitet und sich international als Forscher sowie als akademischer Direktor des *Humanistic Management Centers* einen Namen gemacht. Ihm kommt eine wichtige Rolle zu bei der Fortführung des *Projekts Weltethos*. Denn das von der *Stiftung Weltethos* gegründete *Weltethos-Institut* unterstützt in seiner Arbeit die *Stiftung Weltethos* dabei, dem Gedanken und den Werten des Weltethos weitere theoretische Fundierung und vor allem breitere praktische Wirkung zu verschaffen.

Das *Weltethos-Institut* konzentriert sich auf Fragen der Globalisierungs- und Wirtschaftsethik sowie des interkulturellen Dialogs. Für diese Aufgaben ist eine genauere Beschäftigung mit der Idee der Freiheit nicht nur hilfreich, sondern unerlässlich. Menschen können und sollen ja nicht zu Werten gezwungen werden. Wünschenswert wäre vielmehr die Übernahme von Verantwortung aus Überzeugung und das freiwillige Verfolgen von Werten. Schon darum kommt der Idee der Freiheit eine zentrale Bedeutung für die Begründung wie für die Umsetzung der Grundwerte eines Weltethos zu. Zudem erscheint eine gründliche Revision der vorherrschenden Freiheitsverständnisse dringend geboten, weil heute viele Menschen Freiheit als Freizügigkeit missverstehen, weil sie Freiheit und Werte oder auch Freiheit und Verantwortung als Gegensätze begreifen.

Claus Dierksmeier legt nun mit »Qualitative Freiheit« eine Studie vor, welche die moderne wie gegenwärtige Freiheitstheorie kritisch sichtet und zur säkularen Begründung des Weltethos nutzt. Dies schätze ich besonders. Zu oft habe ich in Diskussionen die Ansicht zu hören bekommen, es handele sich beim *Projekt Weltethos* vorrangig um ein religiöses und interreligiöses Unterfangen. Das ist falsch. Zwar hat die *Stiftung Weltethos* in gründlicher Arbeit die ethischen Konvergenzen der Weltreligionen aufgearbeitet, um dem Eindruck einer weltweiten moralischen Divergenz, eines »clash of civilizations« und eines unvermeidlichen Konflikts der Religionen entgegenzuwirken. Doch ebenso haben wir uns in den zurückliegenden Jahren bemüht, das *Projekt*

Weltethos durch historische und politische, durch biologische genauso wie kulturelle, durch philosophische sowie soziologische Argumente zu stützen.[1] Die *Goldene Regel* und das *Prinzip der Mitmenschlichkeit*, die Grundwerte der *Ehrlichkeit* und *Partnerschaftlichkeit*, der *Gerechtigkeit* und *Friedfertigkeit* können säkular genauso wie spirituell fundiert werden; sie können Nicht-Gläubigen wie Gläubigen gleichermaßen plausibel gemacht und vermittelt werden.

Der schiefe Eindruck, beim Weltethos handele es sich allenfalls um ein Projekt für religiöse Menschen, wird durch die Arbeit von Claus Dierksmeier zurechtgerückt. Er weist auf, dass Freiheit für Atheisten und Agnostiker ebenso wie für religiös beziehungsweise spirituell ausgerichtete Personen Gegenstand ihrer Selbstreflexion sein muss, beispielsweise und insbesondere bei der moralischen Legitimierung ihres Handelns. Damit ist die Basis geschaffen für einen Dialog über alle Grenzen hinweg, seien dies Grenzen der Nationen und Regionen oder Grenzen der Kulturen und Religionen, Grenzen des Geschlechts und der Abkunft oder solche der Einstellung und der Weltanschauung. So wird das Weltethos als eben jene kosmopolitisch einheitsstiftende Konzeption sichtbar, die es ist: als Grundlage und Anfang eines menschheitlichen Gesprächs über diejenigen Werte und Normen, die wir im Interesse heutiger und im Namen zukünftiger Generationen pflegen sollten.

Mir erscheint dabei ganz entscheidend, dass es Claus Dierksmeier gelingt, den alten Gegensatz von einer *Freiheit-von* und einer *Freiheit-zu* beziehungsweise von *negativer* versus *positiver* Freiheit zu überwinden. Beide Aspekte von Freiheit sind natürlich wichtig: der Wert der Freiheit von Fremdbestimmung ebenso wie die Werthaftigkeit der individuellen und kollektiven Selbstbindung. Aber sie dürfen nicht gegeneinander ausgespielt werden, so als sei der eine Aspekt der Feind des anderen. Auf die Synthese beider kommt es an! Dass jene Synthese aber nur gelingen kann, wenn die in sie eingehenden Elemente richtig verstanden werden, liegt auf der Hand. Darum verschränken sich in diesem Buch die sachliche und sprachliche Aufklärungsarbeit. Wie wir über eine Idee reden, beeinflusst, wie wir über sie denken – und umgekehrt.

Es hat mich daher sehr überzeugt, wie Dierksmeier den Diskurs über Freiheit auf ein neues, integratives Begriffspaar umstellt: *quantitative* und *qualitative* Freiheit. Er konzentriert unser Augenmerk auf die unterschiedlichen, aber vereinbaren Strebungen nach viel und nach guter Freiheit. Er hebt damit die Debatte auf ein neues Niveau: Indem er ausführt, warum wir zunächst beantworten müssen, welche Freiheiten wir bevorzugt fördern wollen, ehe wir deren Vermehrung fordern können; indem er zeigt, dass die Frage nach der Güte dem Interesse nach der Menge, dass also die Qualität der Quantität vor- oder überzuordnen ist, macht Dierksmeier auch überzeugend klar, dass Freiheit

1 | Vgl. Hans Küng, Günther Gebhardt und Stephan Schlensog, *Handbuch Weltethos: Eine Vision und ihre Umsetzung*, München; Zürich 2012.

nicht vollständig gedacht werden kann ohne die Werte, an die sie sich bindet, oder ohne die Verantwortung, die sie übernimmt. Wahre Freiheit besteht nicht in ungebundener Beliebigkeit; sie erfüllt sich vielmehr in den – auch und insbesondere moralischen – Bindungen, die sie eingeht. Wer die Idee der Freiheit theoretisch konsequent auslegt, muss sie praktisch in Formen kosmopolitischer Verantwortung ausführen: Freiheit und Weltethos – dies sind eigentlich nur zwei Seiten derselben Sache. Ohne den Bezug auf das Weltethos kann Freiheit nicht kohärent gedacht, ohne Freiheit kann ein Weltethos nicht konsistent gelebt werden.

Dierksmeier zeigt, dass die eine *Idee* der Freiheit mehrere *Begriffe* von lebensweltlichen Freiheiten zulässt, dass also Menschen Freiheit unterschiedlich ausleben – und dass die Differenz der Lebensstile, Traditionen und Kulturformen, in denen menschliche Selbstbestimmung sich vollzieht, die in ihnen wirkende Freiheit nicht schwächt, sondern stärkt. Damit leistet er einen wichtigen Beitrag zur Entkrampfung der Debatte. Schablonenartigen Verzeichnungen eines »clash of civilizations«, wobei angeblich eine freiheitliche Kultur des Westens gegen den Rest der Welt antritt, stellt sich Dierksmeier entgegen. Keine Kultur hat die Idee der Freiheit für sich gepachtet, so dass sie rundweg jeden Einwand gegen ihre Lebensform als illiberalen Einspruch zurückweisen könnte. Vielmehr resultiert das Bild einer Menschheit, die sich gerade in und an der Verschiedenheit ihrer Lebensweisen und Freiheitsverständnisse zusehends ihrer Einheit bewusst wird: als einer um vernünftige Autonomie bemühten Schicksalsgemeinschaft.

Ich bin Claus Dierksmeier außerordentlich dankbar dafür, dass er mit seiner gewaltigen Denkarbeit das *Projekt Weltethos* in intelligenter und kreativer Weise in den säkular-philosophischen Raum hinein weiterentwickelt. Als Gründungspräsident der *Stiftung Weltethos* freue ich mich, dass das von der *Stiftung Weltethos* gegründete *Weltethos-Institut* unter der Leitung von Claus Dierksmeier der *Weltethos-Idee* so große Dienste leistet. Es hat eine große Zukunft vor sich.

Hans Küng *Tübingen, im Frühjar 2016*

1 Einführung

> Freedom is indivisible, and when one man is enslaved, all are not free.
> (John F. Kennedy)

> A genuine liberal will emphasize as crucial the complete correlation between the means used and the consequences that follow.
> (John Dewey)

1.1 Warum über Freiheit nachdenken?

Freiheit ist eine faszinierende Idee. Sie ermächtigt und ermutigt alle Menschen zu einem Leben in Würde. Immer mehr Individuen und Institutionen berufen sich auf die Freiheitsidee, um beengende Lebensverhältnisse aufzubrechen. Unterdrückten muss niemand den Wert der Freiheit erklären. Wo Freiheit in der Praxis fehlt, mangelt es selten an ihrer theoretischen Wertschätzung. Das institutionalisierte Bewusstsein der Freiheit, der politische Liberalismus, wächst daher zumeist an und mit den Widerständen, die sich der Freiheit entgegenstellen.

Aber Unfreiheit zu benennen und zu bekämpfen ist leichter, als erlangte Freiräume zu gestalten. Wo der konturscharfe Schatten der Unfreiheit beseitigt ist, bricht sich das weiße Licht der Freiheit in den Prismen unterschiedlichster Vorstellungen von Liberalität. Das Schwarz-Weiß der Befreiungskämpfer weicht den nuancierten ideologischen Farbpaletten offener Gesellschaften. In dieser Buntheit freiheitlicher Lebens- und Politikentwürfe liegt für den Liberalismus Chance und Krise zugleich. Der zuvor noch fraglose Drang zur Freiheit gerät innerhalb freiheitlicher Gemeinwesen zur drängenden Frage: Welche Freiheit und wessen Freiheit ist zu fördern, wenn die Freiheit der einen mit der Freiheit der anderen kollidiert?

Freiheit wird ja ständig angerufen, um bestimmte Konventionen mal auf- und mal abzuwerten, um individuelle, korporative und kollektive Verhaltensweisen zu verteidigen sowie zu verurteilen, um politische Systeme zu legitimieren und zu kritisieren. Nicht selten wird die Idee der Freiheit dabei sowohl von den Bewahrern als auch von den Kritikern des jeweiligen *status quo* in Anspruch genommen und befindet sich so gewissermaßen mit sich selbst in lebhaftem Widerspruch. Hat nun aber die Freiheit der Umweltschützer Vorrang vor der Freiheit der Wirtschaft oder umgekehrt? Die der Verfechter direkter Demokratie oder die der Freunde repräsentativer Parlamente? Die der Gläubigen vor jener der Nichtgläubigen? Der heute Lebenden vor der Freiheit zukünftiger Generationen? Wie ist mit den ökologischen Folgekosten und sozialen Nebenwirkungen umzugehen, welche wirtschaftliche Freiheit mit sich bringt? Wie verhalten sich wirtschaftliche und politische Freiheit zueinander? Benötigen und bestärken sie einander wechselseitig oder untergräbt die eine die andere? Gibt es ein Zuviel an bestimmten Freiheiten?

Diese Fragen regen zu grundsätzlicheren Überlegungen an: Ist, wenn man sie mit einem Weniger an Beschränkungen und einem Mehr an Freizügigkeit gleichsetzt, die Idee der Freiheit überhaupt zureichend begriffen? Oder hat sie immanente Grenzen? Müssen wir selbst Regeln der Fairness und Gebote der Verantwortung als ein Minus an Freiheit betrachten? Oder artikuliert sich darin vielmehr ein Verlangen nach Freiheit in und zu nachhaltigen Lebensformen? Sind freiwillige Selbstbindungen Negationen oder Manifestationen von Freiheit?

Sobald also Freiheit nicht mehr mit Zwang und Unfreiheit kämpft, ringt der Liberalismus mit sich selbst. Er hat vom Baum der Erkenntnis gegessen und die bittere Einsicht gewonnen, dass die Freiheit einiger die Voraussetzungen der Freiheit anderer – ja, aller – ruinieren kann. Dies raubt dem liberalen Denken seine Unschuld. Im Mangel an sozialer, moralischer und ökologischer Reflexion erkennt der heutige Liberalismus erschrocken seinen eigenen Sündenfall und sieht sich aus dem Paradies moralischer Eindeutigkeit vertrieben. Hastige Griffe nach ethischen Feigenblättern zeigen an, wie peinlich vielen Liberalen jene sittliche Blöße ist. Fortan haben die Freunde der Freiheit ihre Heimstatt in einer gerade auch durch Freiheit gefährdeten Welt zu bauen. Und dafür muss der Liberalismus nunmehr im Schweiße seines Angesichts arbeiten: an einer Reform seiner eigenen Leitvorstellung, der Idee der Freiheit. An dieser Reform mitzuwirken, ist das Ziel dieser Arbeit.

Es macht die Lektüre dieses Bandes leichter, wenn vorher klar ist, wohin die intellektuelle Reise gehen soll. Darum möchte ich gleich eingangs offenlegen, dass sich dieses Buch an verschiedene Zielgruppen richtet und deswegen auf unterschiedlichen Ebenen argumentiert. Je nachdem ändern sich die Ziele und der Ton der Darstellung. Zum einen möchte ich den akademischen Diskurs über Freiheitsphilosophie neu ausrichten. Dem widmet sich der Hauptteil des Buchs bis einschließlich Kapitel 4. Zum anderen möchte ich Impulse für einen moralisch, sozial und ökologisch nachhaltigen Liberalismus geben. Dem ist vor allem das letzte Kapitel dieses Buchs gewidmet. Beide Aspekte hängen inhaltlich zusammen. Der anwendungsorientierte Teil wird durch die akademische Fundierung legitimiert, und umgekehrt bedarf die Theorie der praktischen Anwendung, um ihre Relevanz unter Beweis zu stellen.

Da jedoch die Menschen, die sich theoretisch am philosophischen Liberalismus abarbeiten, nicht stets dieselben sind, die sich praktisch um das Wohl und Wehe des Liberalismus kümmern, habe ich diese Studie so verfasst, dass nicht jeder sie mit akademischer Akribie von vorne bis hinten durcharbeiten muss. In allen Theorie-Kapiteln findet sich ein Abschnitt, der die jeweiligen »Resultate und Folgerungen« heraushebt. Diejenigen, denen es in erster Linie darum geht, die praktischen Konsequenzen meines Ansatzes kennenzulernen, werden durch die Lektüre dieser Abschnitte gut auf deren Darstellung in Kapitel 5 vorbereitet.

Die akademische Zielrichtung des Buchs ist leicht angegeben, aber weniger schnell einzulösen: Ich möchte die Debatte um die Idee der Freiheit begrifflich verklaren, indem ich von der üblichen Unterscheidung *negativer* versus *positiver* Freiheit umstelle auf das dialektische Begriffspaar *quantitativer* und *qualitativer* Freiheit (dazu im Abschnitt 1.2 ausführlich). Ich bezeichne dieses Begriffspaar deshalb als *dialektisch*, weil eine nähere Betrachtung beider Kategorien zeigt, dass sich erstens bisherige Freiheitstheorien schlüssig auf diese Denkbestimmungen zurückführen lassen, wobei sich zweitens eine hierarchische Ordnung und Priorisierung der quantitativen und qualitativen Aspekte ergibt, so dass drittens klar wird, wie die eine und einheitliche Idee der Freiheit legitim ausdifferenziert werden kann in von Ort zu Ort sowie von Zeit zu Zeit unterschiedliche freiheitliche Lebensformen.

Die hier gewählte Perspektive von Quantität und Qualität ist nicht gänzlich neu.[1] Zumeist finden wir das *quantitative* Anliegen in Theorien »nega-

---

1 | Bei Karl Mannheim (1893-1947), Erich Fromm (1890-1980) und Theodor Adorno (1903-1969) ist bisweilen die Rede von qualitativer Freiheit, wenngleich nicht in einem terminologisch strengen Sinn. Der Begriff taucht ganz gelegentlich auf, wird aber nirgends systematisch ausgearbeitet. Zwar trat Charles Taylor schon 1979 einmal für »qualitative discriminations« in der Freiheitsphilosophie ein, aber auch er führte diese Gedanken nicht zu einer eigenständigen Theorie aus, siehe Charles Taylor, »What's Wrong with Negative Liberty?«, in: Charles Taylor (Hg.), Philosophical Papers, Bd. 2, Cambridge UK 1985, S. 211-229. Anders als der Titel seines Buches (*The Quality of Freedom*, Oxford; New York 2003) vermuten lässt, macht sich auch Matthew Kramer keineswegs an eine Theorie der qualitativen Freiheit. Vielmehr unternimmt er den Versuch, die qualitativen Dimensionen der Freiheitsidee auf quantitative Aspekte (»the perimeter of a person's latitude«, »the extent«, »the numerical expressions« etc.) und diese sodann auf eine Theorie negativer Freiheit (»the sheer physical proportions«) zurückzuführen; vgl. ebenda S. 7-11. In der *theoretischen* Philosophie jedoch (auf der Suche nach einer Alternative zur Debatte über Determinismus versus Indeterminismus) wurde der

tiv-liberaler«, libertärer oder neoliberaler Herkunft vertreten.[2] Umgekehrt hat die Konzeption *qualitativer* Freiheit mit dem Begriff »positiver Freiheit« einige Gemeinsamkeiten (dazu mehr in Abschnitt 1.2.3), obschon sie aufgrund ihrer wichtigen *prozeduralen* Dimension sich doch davon sehr deutlich unterscheidet. Sie will nämlich nicht *ex cathedra* festlegen, welche Freiheiten für bestimmte Menschen und Gruppen gelten sollen, sondern die jeweils Betroffenen dazu ermächtigen, jene Festlegung selbst zu treffen – in Formen, die im Namen und Interesse der Freiheit aller Menschen gerechtfertigt werden können. Diesen Aspekt – die unhintergehbare Globalität der Freiheitsidee – verdeutliche ich sogleich (in Abschnitt 1.1.1) noch eingehender.

Die gesellschaftlichen, wirtschaftlichen und politischen Ziele dieser Studie laufen in der Absicht zusammen, den Liberalismus neu auszurichten: von einer ihre moralische, soziale und ökologische Verantwortung oft nur ungenügend reflektierenden Theorie zu einer Konzeption, welche die immanente kosmopolitische Verpflichtung der Idee der Freiheit ins Zentrum ihrer argumentativen Ausgestaltung stellt. Diese Motivation erörtere ich nun ausführlicher in den nachfolgenden beiden Abschnitten dieses Kapitels.

1.1.1 Freiheit und Globalität

Der kleine blaue Planet Erde ist die Heimat aller Menschen und wird zusehends auch so wahrgenommen: theoretisch wie praktisch. Was gestern noch *Umwelt* war, wird heute immer mehr zur *Mitwelt*, die spürbar auf alle lokalen Aktivitäten zurückwirkt. Unser Handeln hier und heute beeinflusst die

---

Begriff qualitativer Freiheit erprobt und zwar von: Thomas Buchheim, *Unser Verlangen nach Freiheit. Kein Traum, sondern Drama mit Zukunft*, Hamburg 2006. Im Blick auf die im Vordergrund dieser Untersuchung stehende *praktische* Philosophie indes und in systematischer Abgrenzung zu Konzeptionen *quantitativer* Freiheit wurde die Konzeption qualitativer Freiheit indes bisher m.W. nach noch nicht ausgearbeitet. Allerdings habe ich selbst meine eigene Position bereits in einigen Aufsätzen skizziert, vor allem in: Claus Dierksmeier, »Qualitative oder quantitative Freiheit?«, in: *Rechtsphilosophische Hefte*, 12 (2007): 107-119 sowie in: Claus Dierksmeier, »Welche Freiheit?«, in: *Liberal, Vierteljahreshefte für Politik und Kultur*, 4 (2010): 9-13 und in: Claus Dierksmeier und Michael Pirson, »The Modern Corporation and the Idea of Freedom«, in: *Philosophy of Management*, 9, No. 3 (2010): 5-25.

2 | Zumeist wird im deutschen Sprachraum die politische Philosophie eines radikal auf negative Freiheit abstellenden Denkens (als ›libertär‹) von philosophischen Debatten über die Freiheit des Willens (›libertarisch‹) unterschieden. Dieser Unterscheidung folge ich hier. Wo nötig werden weitere Differenzierungen (zum Beispiel innerhalb des philosophischen Libertarismus) eingeführt. Zur Definition und Kritik »negativer Freiheit« vgl. Abschnitt 1.2. Zur Verwendung von »neoliberal« siehe Fn. 91 im Kapitel 5.3.

Lebensbedingungen entfernt lebender Menschen sowie zukünftiger Generationen. Neben Stammesfürsten und Staatsregierungen, Nischenkulturen und Nationalstaaten, Kommunen und Clans, Scheichtümern und Sippenverbänden, Terroristen und Tyrannen, Fanatikern und Fundamentalisten betreten immer mehr und neuartige Akteure die Weltbühne: Kolosse der Wirtschaft und Koryphäen der Wissenschaft, Medien und Milizen, Stifter und Sponsoren, Flüchtlinge und Filmsternchen, Hacker und Whistleblower, soziale Netzwerke wie zivilgesellschaftliche Bewegungen mischen im globalen Handeln und Wandel mit. Statt ortsgebunden operierend, allerorten agierend, verflechten sich die Handlungsstränge dieser neuen Akteure zu einem zunehmend schwieriger durchschaubaren Gewebe. Die stets veränderliche Statik einstmals stabiler Mächte wird hineingerissen in eine unabänderliche Dynamik fluktuierender Kräfte. So verändert der globale Verkehr von Gütern, Informationen und Menschen mit atemberaubender Geschwindigkeit das Antlitz der Erde.

Die Menschheit kommuniziert, reist und handelt heute freier als je zuvor; an Nachrichten, Waren und Kontakte kommt man immer leichter heran. Weltumspannende Informationen, Begegnungen und Anregungen, die noch im späten 19. Jahrhundert nur einigen wenigen Bildungsreisenden wie Alexander von Humboldt vergönnt waren, sind für eine beständig wachsende Anzahl von Erdenbürgern bereits zur Selbstverständlichkeit geworden. Von exponentiell anwachsendem Informationsaustausch vorangepeitscht, nisten sich neuartige Konventionen ein. Lebensstile und Idole gelangen rasant aus den verstecktesten Winkeln des Planeten sowie des Internets ins globale Bewusstsein. Diese Erweiterung der An- und Einsichten sowie der verstärkte Austausch der Welt- und Selbstbilder hat viele ermutigt und befähigt, sich aus einengenden Lebensweisen zu befreien, andere Wege auszuprobieren und Neues anzufangen: sowohl innerhalb ihrer Gemeinwesen als gerade auch, indem sie diesen den Rücken kehren. Es liegt auf der Hand, dass damit die Freiheit vieler, wenngleich natürlich nicht aller Menschen gesteigert wurde.

Dieser Zugewinn hat seinen Preis. Dass beispielsweise die neuen Kommunikationsmedien physische Distanzen zusehends einebnen, ist ein Segen für die einen und ein Fluch für andere: Wenig bleibt privat, fast nichts ist nur mehr lokal; und wo die Bürger dieser Welt über ihre Informationen nicht selbst bestimmen, gerät die informationelle Selbstbestimmung der Weltbürger zu einem beständig gefährdeten Gut. Ebenso birgt entfesselte ökonomische Freiheit im Rahmen einer von keiner Weltregierung gebändigten Weltwirtschaft enorme Chancen, aber auch ernste Risiken: Manche biologische Systeme verschwinden, Bräuche vergehen, politische Ordnungen zerfallen und Sprachen sterben aus, wenn sie ungeschützt dem eisigen Wind globalen Profitstrebens ausgesetzt sind.

Obschon es stets kulturübergreifenden Güter- und Informationsaustausch gab, unterscheidet sich unsere Zeit drastisch von vorigen Epochen. Wir leben in einer Welt nicht nur der *Globalisierung*, sondern der *Globalität*. In einer Welt, die bereits in vielfacher Hinsicht kosmopolitisch ist, insofern als wir private Aktivitäten, lokales Wirtschaften und nationale Politik zusehends auf ihre weltweite Aufnahme hin entwerfen. Ungefragt werden unsere Interessen mit den Belangen anderer Menschen und Staaten verschweißt. Die inneren Angelegenheiten entfernter Länder avancieren zu Belangen der nationalen Sicherheit. Und die Krisen der *Global Commons* (die Überfischung der Meere, die Erwärmung des Klimas, der Verbrauch fossiler Energien etc.) verwandeln die Außenpolitik von gestern zur Weltinnenpolitik von heute.[3] So hat die Geschichte uns alle zu Kosmopoliten gemacht.

Ob anhand globaler Epidemien oder angesichts der Epilepsien des Weltmarktes – wir lernen gezwungenermaßen, dass unsere Aktionen so unabsehbare wie unbeabsichtigte Fernwirkungen zeitigen. Zwar können *einzelne* Prozesse der Globalisierung noch entschleunigt, aufgehalten, manche sogar rückgängig gemacht werden, kaum aber der *generelle* Trend. Die Weite und Tiefe der bereits manifestierten Globalisierung drängt uns jedenfalls jetzt schon ein Denken in Kategorien von Globalität auf: ein Rechnen in planetarischen Maßstäben, das Abwägen langkettiger Handlungsfolgen, ein Antizipieren weltweiter Entwicklungen. Ob wir zukünftige Globalisierungsschübe also verlangsamen oder aufhalten, – was bleibt, ist jener fundamentale Wechsel des Paradigmas: *weg* von lokal begrenzter ökonomischer wie politischer Buchführung und *hin* zur Perspektive der Globalität.

Wo die nachmalige Bedeutung unserer Aktivitäten unsere vormaligen Absichten überragt, gilt: Was wir dem Planeten jetzt als Hinterlassenschaft einschreiben, mag zwar erst später vollständig zu entziffern sein, die Verantwortung für unsere Botschaft an kommende Generationen obliegt indes bereits der Gegenwart. Diese Situation – die Globalität und Intertemporalität der Folgewirkungen unseres Handelns – verändert, wie Freiheit erlebt, empfunden und gedacht wird. Als Imperativ der Nachhaltigkeit drängt sich dem gegenwärtigen Bewusstsein die Ausdehnung seiner Verantwortung ins Planetarische wie Futurische auf. Da Freiheit über kulturell vertraute Grenzen von Raum und Zeit hinaus wirkt, muss sie auch jenseits derselben bewertet werden. Wer global wirkt, muss sich auch weltweit verantworten.

Globale Krisen und Probleme treiben die Menschheit dazu, nach gemeinsamen Lösungen zu suchen. Die Durchsetzung jener Lösungen erfordert jedoch oftmals globale Institutionen; und diese Institutionen können ihrerseits häufig nur effizient arbeiten, wenn sie auf einem Fundament geteilter Werte

3 | Vgl. Kirstin-Maike Müller, *Konzepte einer Weltinnenpolitik*, Hamburg 1999; Peter Dudy, *Menschenrechte zwischen Universalität und Partikularität: Eine interdisziplinäre Studie zur Idee der Weltinnenpolitik*, Münster 2002; Scott Jasper (Hg.), *Securing Freedom in the Global Commons*, Stanford, California, 2010.

aufruhen. Umso mehr aber deshalb die Suche nach globalen Maßstäben zunimmt, desto intensiver beargwöhnen etliche zugleich auch die dazu herbeizitierten Werte. Viele scheuen jeden Universalismus und befürchten, er zöge eine Weltordnung nach sich, die mit uniformen Verfahren aller liebgewonnenen Diversität Gewalt antue. Scheint nicht aus Gründen kultureller Sensibilität und moralischer Empathie eine Präferenz des Regionalen über das Universale geboten? Sollte man sich daher auf die Seite eines kulturellen Relativismus der Werte und Normen schlagen?

Sicherlich wäre eine erzwungene Weltmonokultur, die mit uniformen Verfahren aller Diversität Gewalt antut, kein Gewinn. Aber fürs Zeitalter der Globalität taugt genauso wenig eine relativistische Weltsicht, derzufolge für alle jeweils nur das Ihre gilt. Wo immer Menschen aufeinander einwirken, drohen Konflikte, die eines Schlichters bedürfen. Nur bei größter Gefahr für Um- und Mitwelt können wir unsere Freiheit unkoordiniert ausleben. Nur um den Preis tiefsten allseitigen Misstrauens kann sich Freiheit aller Bindungen entschlagen und jegliche übergreifenden Ordnungsparameter verweigern. Wo jedermann jederzeit als Richter in eigener Sache agiert, droht endloser Zwist. Jede Möglichkeit von Konflikt verlangt nach der Wirklichkeit von Schlichtung.

Zug um Zug mit den Auswirkungen des privaten wie kollektiven, des politischen und wirtschaftlichen Handelns muss sich daher das Recht weit über die Grenzen nationaler Rechtsordnungen fortbilden. Und da jede Judikative eine Legislative und diese ihrerseits eine Exekutive benötigt, erzeugt die ökonomische Globalisierung das Verlangen nach einer auch politisch-rechtlichen Globalisierung.[4] Einerseits. Andererseits lässt sich mit Gesetzen und Gerichten allein die Sache nicht richten. Weil das Recht oftmals zu kurz greift und die Wirklichkeit vielfach zu grob anpackt, muss moralischer Drang den juristischen Zwang unterstützen. Handlungen spiegeln Haltungen wider – und noch kein Rechtssystem konnte daher bislang überdauern, das nicht auch moralisch legitimiert, ergänzt sowie differenziert wurde. Nur im Verbund können Recht und Moral erfolgreich sein.

Ferner ist zu bedenken, was zwischen den Einzelnen und dem Allgemeinen, zwischen Familien und Staat, zwischen Moral und Recht vermittelt. Die intermediäre Ebene der Zivilgesellschaft muss in ihren eigenen, von Kontext zu Kontext unterschiedlichen Sittlichkeitsformen untersucht werden. Auch und gerade der durch Vereine gebündelten, in Firmen organisierten, von Netzwerken kanalisierten, in Bewegungen aufgeladenen und in Moden, Riten und Gewohnheiten manifestierten Freiheit entspricht eine Verantwortung fürs Ganze: eine ethische Dimension eigener Art, die zwar mit Moral und Recht korrespondiert, aber nicht in ihnen kulminiert. Nur wenn diese Ebene gleichfalls einbezogen wird, sind *faire* sowie *nachhaltige* Strukturen für das wirt-

4 | Vgl. Joseph E. Stiglitz, *Making Globalization Work*, New York 2006.

schaftliche Weben und politische Streben der Menschen *aufzubauen* und aber auch – je nach Kontext und Kultur spezifisch – intern *auszubauen.*

Freiheit muss durch Verantwortung dreifach ausbalanciert und ausdifferenziert werden: auf der Mikroebene der individuellen Moral ebenso wie auf der Mesoebene der sozialen Gebräuche und Normen als auch auf der Makroebene universellen Rechts. Alle drei Ebenen – die der Einzelnen, die der Vereinigungen sowie die der Staatlichkeit – verweisen zudem auf den kosmopolitischen Rahmen, in dem sie wirken. Was alle angeht, muss auch von allen und im Sinne aller angegangen werden. Unser Denken bedarf daher heute mehr denn je eines Kompasses für kosmopolitische Fragen, der die Ebenen der Moral, der Sittlichkeit und des Rechts – bei aller notwendigen funktionalen Verschiedenheit – einträchtig ausrichtet. Unsere gemeinsame Welt bedarf eines einheitsstiftenden Ethos.

Während bislang meist nur moralische *Idealisten* dazu aufriefen, unsere Freiheit nach streng universalisierbaren Maximen zu gebrauchen – so, als ob wir »der ganzen Welt« Rechenschaft schuldeten –, erkennen zunehmend auch selbsterklärte *Realisten* genau dies als Zeichen der Zeit: dass unser *aufgeklärtes Selbstinteresse* immer öfter mit den Geboten eines *moralischen Kosmopolitismus* zusammenfällt. Verwundert bemerkt der hartgesottene Empiriker, dass *idealistische Ethik* sich zunehmend als *realistische Methodik* erweist. In Politik und Wirtschaft, Ökologie und Kultur stellt sich ein ums andere Mal heraus, dass Freiheit dauerhaft nur um den Preis ihres kosmopolitisch verantworteten Gebrauchs zu haben ist. Ethik wird zusehends als Nachhaltigkeitsstrategie begriffen.

Aber des einen Gott ist des anderen Götze; die Wahrheit von hüben gleicht drüben der Häresie. Je stärker der kulturelle Austausch und je schneller der soziale Wandel, desto schärfer stellt sich das Problem: Regionale Bräuche, tradierte Religionen und die Konventionen der Vergangenheit werden nicht mehr allüberall fraglos gewürdigt. Jeder Globalisierungsschub engt die Reichweite hergebrachter Ethiken ein. Und so geht unserer Lebenswelt mit einem Zuwachs an Pluralität oft auch vertraute Ordnung verloren. Damit aus der wachsenden Differenz einzelner Normen nicht eine zunehmende Indifferenz gegenüber allen Werten resultiert, müssen wir dringend klären, im Namen *welcher* ethischen Ziele fernerhin zu operieren ist.

Universalistisch argumentierende Philosophen haben seit jeher versucht, eben solche für alle Menschen geltenden Ziele und Prinzipien zu entwerfen. Jene Versuche krankten jedoch oft an zwei Problemen: an *prinzipiellen* Einwänden gegen ihre theoretische Gültigkeit und an *pragmatischen* Zweifeln an ihrer praktischen Wirksamkeit. Prinzipiell wurde gefragt: Warum eigentlich sollten Regeln, die irgendwo entworfen wurden, auch anderswo gelten? Pragmatisch wurde eingewendet: Wie bitte sollten denn säuberlich auf dem Reißbrett des reinen Denkens aufgezeichnete Werte der Fülle und Buntheit des menschlichen Lebens in all seinen Facetten gerecht werden?

Auf beide Einwände muss antworten, wer dem *weltwirtschaftlichen Faktum* mit einem *weltethischen Pakt* zu begegnen sucht. Können wir Prinzipien finden, die nicht nur für vertraute, sondern auch für gänzlich neuartige Probleme Lösungskraft entfalten? Um unser globales Handeln sowohl zu motivieren wie zu legitimieren, bedarf es einer Ethik, die das Vergangene für die Gegenwart aufschließt, anstatt sich im Blick auf Bisheriges dem Zukünftigen zu versperren. Die faktische Divergenz der auf dem Erdenrund vertretenen Normen ist weder zu vernichten noch zu verbergen. Wir benötigen eine Ethik im Einklang mit den unterschiedlichen Traditionen der Weltkulturen. Die Zeit nationaler Alleingänge ist – auch in der Moralphilosophie – längst vorbei. Die Welt braucht Universalismus *und* Differenz; das ist das kosmopolitische Mandat, dem gegenwärtige Theorien einer Ethik der Globalität zu entsprechen haben.[5]

Im Zeitalter der Nachmoderne ist eine solche Ethik, so werde ich in diesem Buch argumentieren, am ehesten im Ausgang von einer qualitativ ausgerichteten Idee der *Freiheit* zu suchen. Das mag überraschen: Denn hat nicht jeder Mensch eine andere Vorstellung von Freiheit? Ist Freiheit also nicht ein Gedanke, der eher entzweit als eint? Gibt es wirklich (nur) *eine* Idee der Freiheit, die zugleich so global und so ausdifferenziert wäre, wie die Probleme zu deren Lösung sie sich anschickt? Überdies ist zu überlegen: Warum überhaupt Freiheit so zentral machen? Warum das breite Thema der Globalisierung den (zu schmalen?) Schultern des philosophischen Liberalismus auflasten? Wird hier nicht ein westliches Lebensgefühl zum Maß aller Dinge gemacht, eine politische Vorliebe zur Richtschnur des Ganzen genommen und mit einem abendländischen Wert die Vielstimmigkeit der kosmopolitischen Symphonie von vorneherein unterdrückt? Ich denke nicht.

Im Reigen aller global vertretenen Werte kommt der Freiheit eine Sonderrolle zu. Zwar gibt es Kulturen, die sich ihrem *expliziten* Selbst*verständnis* nach nicht auf die Idee der Freiheit stützen. Doch als Selbst*bestimmung* nehmen Freiheit *implizit* alle in Anspruch; sogar und gerade dann, wenn sie Freizügigkeit in der eigenen Lebensführung ablehnen. Auch Individuen und Gruppen, die sich gänzlich *illiberalen* Lebensmodellen verschreiben, legen Wert darauf, dies *autonom* zu tun. Jegliche, nicht zuletzt eine fundamentalistische Wertbindung wird widersinnig, falls erzwungen. *De facto* beanspruchen auch Fundamentalisten Freiheit: *als* und *zur* Selbstbestimmung. Entsprechend haben sie keinen schlüssigen Grund, die von ihnen selbst praktisch in Anspruch genommene Autonomie anderen theoretisch zu versagen. Weil Freiheit individuell

5 | Vgl. Kwame Anthony Appiah, *Cosmopolitanism: Ethics in a World of Strangers*, London 2007; Claus Dierksmeier, *Humanistic Ethics in the Age of Globality*, Basingstoke 2011.

nicht konsistent abzustreiten ist, muss sie anderen konsequent zugestanden werden. Darin sind sich alle in diesem Buch rekonstruierten liberalen Denker einig. Denn anzuerkennen, was man selbst beansprucht, und gelten zu lassen, wogegen keine guten Gründe sprechen, das gebietet schlichtweg die Vernunft. Darin – in dieser sich indirekt selbstbegründenden Struktur – ist die Idee der Freiheit einzigartig und empfiehlt sich zum Aufarbeiten kulturübergreifender Wertfragen.

Zwar wird die Idee der Freiheit in diesem Sinne weltweit in Anspruch genommen, dennoch aber wird unter ihr von Ort zu Ort äußerst Unterschiedliches verstanden. Ihrem globalen Gebrauch korrespondiert keine universale Gestalt. Nicht alle verstehen dasselbe, wenn sie von Freiheit sprechen – ganz im Gegenteil. Zudem fallen Geltung und Genesis der Freiheitsidee auseinander; wo Freiheit im Reich der Gedanken regiert, gelingt ihr dies nicht notwendigerweise auch auf Erden. Aufgrund dieser Vielfältigkeit proklamierter und gelebter Freiheitsverständnisse bedarf es dringend einer Selbstvergewisserung der Idee der Freiheit durch die Globalisierung der menschlichen Lebenswelt gewandelten Herausforderungen und Infragestellungen.

Entsprechend findet auch der Diskurs um Wesen und Wert der Freiheit global statt.[6] Einige führen ein »östliches« Verständnis von Freiheit (innere, spirituelle Freiheit von Süchten und materiellen Begierden) gegen einen für platt-hedonistisch befundenen »westlichen« Liberalismus ins Feld.[7] Andere verorten die entscheidende Zäsur im Freiheitsdenken nicht so sehr zwischen Ost und West, sondern eher zwischen einem nördlich-konservativen und einem südlich-progressiven Freiheitsideal.[8] In befreiungsphilosophisch orientierten Schriften etwa ist es gängig, emanzipatorische Freiheitsideen des *Global South* gegen die als konservativ empfundenen Freiheitskonzeptionen des Nordens aufzubieten.[9] Hat man sich also den Planeten als in unterschiedliche Freiheitshemisphären aufgeteilt zu denken, mit dem Nordwesten in der Rol-

---

6 | Dazu ausführlich: Steltemeier, Rolf, *Liberalismus. Ideengeschichtliches Erbe und politische Realität einer Denkrichtung*, Baden-Baden 2015

7 | Vgl. Joseph Mitsuo Kitagawa, *Spiritual Liberation and Human Freedom in Contemporary Asia*, New York 1990.

8 | Vgl. José Luis Rebellato, *La encrucijada de la ética: Neoliberalismo, conflicto norte-sur, liberación*, Montevideo 1995.

9 | Vgl. die Beiträge in Mabel Moraña, Enrique D. Dussel und Carlos A. Jáuregui (Hg.), *Coloniality at Large: Latin America and the Postcolonial Debate*, Durham 2008 sowie in: Carlos A. Jáuregui und Mabel Moraña, *Colonialidad y crítica en América Latina: Bases para un debate*, Puebla, México 2007; Kande Mutsaku Kamilamba, *Desarrollo y liberación: Utopías posibles para Africa y América Latina*, México, D.F. Tec de Monterrey, Campus Estado de México 2003; Robert H. Taylor (Hg.), *The Idea of Freedom in Asia and Africa*, Stanford, California 2002.

le des unsensiblen Egoisten? Kaum. Das Ringen um die Freiheitsidee wird ja nicht allein zwischen Staaten und Regionen ausgetragen, sondern auch innerhalb jener Kulturräume.[10]

Noch inmitten der bei solchen geographischen Zuordnungen gern zum Übeltäter stilisierten Zone des Nordwestens finden sich drastische Meinungsverschiedenheiten darüber, was Freiheit eigentlich ausmacht. Amerikanische Bestsellerautoren wie Jeremy Rifkin und George Lakoff liefern hierfür ein gutes Beispiel. Rikin beschreibt und bestärkt eine Spannung zwischen europäischen (lies: attraktiven, nachhaltigen) und amerikanischen (lies: unattraktiven, rücksichtslosen) Freiheitsvorstellungen.[11] Die hier betonte Differenz zwischen einer eher mitfühlend-relationalen und einer harsch-absoluten Freiheitstheorie wird ihrerseits aber auch innerhalb der USA selbst ausgemacht. Lakoff leitet beispielsweise eben diese Unterscheidung aus einem Zwist der Freiheitsideale der Demokratischen versus der Republikanischen Partei ab.[12]

Derlei Raster haben einen äußerst begrenzten Erkenntniswert; übertünchen sie doch die interne Meinungsvielfalt der jeweils beschriebenen Lager zu sehr, um phänomengerecht zu sein. Verfehlt wäre auch der Glaube, man nähere sich der Wahrheit besser, wenn man nur jene groben Unterteilungen immer weiter verfeinere, beispielsweise indem man innerhalb der USA noch zwischen Republikanern der Küstenstaaten und solchen der Binnenstaaten unterscheidet und diese wiederum in solche der innerstädtischen und solche der vor- und außerstädtischen Bevölkerungsschichten oder nach Religionsgemeinschaften

---

10 | Vgl. Oded Balaban und Anan Erev, *The Bounds of Freedom: About the Eastern and Western Approaches to Freedom*, New York 1995.

11 | Dabei geht es reichlich schematisch zu: »Americans hold a negative definition of what it means to be free and, thus, secure. For us, freedom has long been with autonomy. If one is autonomous, he or she is not dependent on others or vulnerable to circumstances outside of his or her control. To be autonomous, one needs to be propertied. The more wealth one amasses, the more independent one is in the world. One is free by becoming self-reliant and an island unto oneself. With wealth comes exclusivity, and with exclusivity comes security. – […] For Europeans, freedom is not found in autonomy but in embeddedness. To be free is to have access to a myriad of interdependent relationships with others. The more communities one has access to, the more options and choices one has for living a full and meaningful life. With relationships comes inclusivity, and with inclusivity comes security.«, Jeremy Rifkin, *The European Dream. How Europe's Vision of the Future is Quietly Eclipsing the American Dream*, New York 2004, S. 13. Siehe auch Mark Leonard, *Why Europe Will Run the 21st Century*, London; New York 2005.

12 | Vgl. George Lakoff, *Whose Freedom? The Battle over America's Most Important Idea*, New York 2006.

unterteilt[13] oder aber historisch (entlang der Konfliktlinien des amerikanischen Bürgerkrieges) aufschlüsselt.[14] Das alles wirkt so mühsam wie müßig.

Vertreter verschiedenster Freiheitsbegriffe gibt es in jeder Kultur;[15] keine Region dieser Erde ist so homogen, als dass sich die in ihr jeweils vertretenen liberalen Standpunkte allesamt brav um ein einziges Freiheitsverständnis arrangierten.[16] Dass es trotz ihrer augenfälligen Untauglichkeit dennoch immer wieder zu so grobschlächtigen Ordnungsversuchen kommt, zeigt daher vor allem eines an: ein unbefriedigtes Orientierungsbedürfnis in Sachen Freiheit. So wie Horoskope – kläglich unzulänglich – auf ein Sinnstreben des menschlichen Herzens reagieren, entsprechen jene geographischen Ableitungen einem ähnlich gearteten Bedarf an Klarheit über die Idee der Freiheit. Auf jenes Verlangen nach Ordnung und Orientierung geht diese Arbeit ein.

1.1.2 Freiheit und alltägliche Lebenswelt

Unsere Lebenswelt ist freiheitstheoretisch polarisiert. Die vorhandenen Freiheitsverständnisse divergieren nicht nur theoretisch, sondern führen zu spürbaren praktischen Differenzen. Intellektuelle Indifferenz in Freiheitsfragen übersetzt sich daher, gewollt oder ungewollt, in eine Bekräftigung der vorherrschenden Freiheitstypen. Wer nicht wählt, wählt auch – nämlich das Bestehende. So bezeugt, wer sich der Diskussion über Freiheit durch Neutralitätsposen entzieht, keineswegs gleichmütige Unparteilichkeit, sondern nimmt parteilich Stellung: für den *status quo*. Urteilsenthaltung stützt die jeweils dominanten Freiheitsideen; und das ist ebenso kritikwürdig und rechtfertigungsbedürftig wie die Standpunkte, die es bestärkt.

Wenn zum Beispiel Freiheit (von Politikern) auf das Wählen unter Parteien oder (von Ökonomen) auf eine Auswahl unter Konsumoptionen reduziert wird, muss liberale Philosophie auf den Plan treten. Sie hat die Strukturen zu hinterfragen, die eben diese und keine anderen Möglichkeiten zulassen. Warum Freiheit auf die von Markt und Macht vorgegebenen Optionen reduzieren? Warum Freiheit nur auf Wahlen innerhalb des Systems, nicht auch auf die Wahl des Systems selbst beziehen? Warum Freiheit nur auf Auswahlhandlungen begrenzen und nicht auch das Schaffen und Verändern von Optionen,

13 | Vgl. John G. Sperling und Suzanne W. Helburn, *The Great Divide: Retro vs. Metro America*, Sausalito, California 2004.

14 | Vgl. Eric Foner (Hg.), *Voices of Freedom: A Documentary History*, New York 2011 (Originalausgabe: 2005).

15 | Vgl. Svetlana Boym, *Another Freedom: The Alternative History of an Idea*, Chicago; London 2010.

16 | Vgl. Amartya Sen, *Identity and Violence: The Illusion of Destiny*, New York; London 2007.

das kreative Erzeugen von Lebenschancen usw. mitdenken? Was also ist die Freiheit, die wir meinen? Engt wirtschaftliche Freiheit bisweilen die Freiheit zum Genuss unverschmutzter Natur, die Freiheit zur kulturellen Selbstverwirklichung sowie zu non-konformer Persönlichkeitsbildung ein? Und wo liegen dann unsere Prioritäten: *Welche* und *wessen* Freiheit soll Vorrang haben? Hier reicht ein leichtes Bekenntnis zur abstrakten Idee der Freiheit nicht aus, sondern es bedarf schwieriger Arbeit über ihre begriffliche Konkretisierung. Darum auch hat die Auseinandersetzung über Freiheit weit mehr als nur akademische Bedeutung und kann nicht auf den geschützten Rahmen akademischer Debatten beschränkt bleiben. Bei der Freiheit verschränkt sich der Streit der Ideen mit dem Kampf der Systeme, und die Kritik der Mächte offenbart dabei auch die Macht der Kritik.

Dass Ideen Welten verändern, zeigt sich am Beispiel der Freiheitsidee sehr handgreiflich. Selten wird die praktische Wirkung von Philosophie so deutlich, wie an den plastischen Unterschieden in der Gestaltung von Kultur, Politik und Wirtschaft, die von divergierenden Freiheitsverständnissen (wie etwa in Nord- und Südamerika) ausgehen oder auch in bestimmten Ländern von unterschiedlichen liberalen Parteien (wie etwa in den Niederlanden von der liberalkonservativen VVD und der progressiv-liberalen D66) verfochten werden.[17] Das Nachdenken über die Freiheiten, mit denen wir leben, kann daher nicht allein Berufsdenkern überlassen werden. Es ist Bürgerpflicht. Professionalisierte Philosophie kann jene Reflexionen bereichern, anregen und erweitern, indes nicht das Selbstdenken ersetzen.

Darum lege ich im Folgenden auch nicht einfach eine fertige Konzeption vor, sondern erarbeite diese schrittweise: durch die *Rekonstruktion* wichtiger Freiheitstheorien, zuerst der Ansätze von Kant über Fichte zu Krause als Variationen des Liberalismus im 18. und 19. Jahrhundert und sodann der Theorien von Rawls und Hayek sowie von Galbraith und Sen als Repräsentanten der Freiheitsdebatten des 20. Jahrhunderts und der Gegenwart. Den Lesern wird die in diesem Buch eingeführte Optik nicht einfach vorgegeben. Sie soll vielmehr Zug um Zug vor ihren Augen entstehen – als das Resultat eines Nachschreitens wichtiger Wege der modernen Freiheitsphilosophie.

Die aus diesem Vorgehen resultierende Idee Freiheit bringt dabei, glaube ich, das gegenwärtige Problembewusstsein vieler liberal empfindender Bürger auf den Punkt. So mancher freiheitlich gesinnte Mensch fühlt sich heute eher im konservativen Lager zu Hause, weil er oder sie Freiheit lieber durch Verantwortung als durch Freizügigkeit ausgedrückt sehen möchte. Andere Freunde der Freiheit wandern nach links ab, weil sie erkennen, dass Freiheit Voraussetzungen braucht, welche der Markt nicht schafft. Weitere zweifeln aus öko-

17 | Vgl. Rudy Andeweg und Galen Irwin, *Governance and Politics of the Netherlands*, London; New York 2009.

logischen Gründen am politischen Liberalismus, da er allzu sorglos über die Bedürfnisse der Natur hinwegzutanzen scheint. Die Sache der Freiheit wird zusehends denen überlassen, welche Freiheit nicht *zu*, sondern *von* Verantwortung und sittlicher Bindung anstreben. So aber droht dem politischen Liberalismus der moralische Kältetod. Wer Freiheit allein um seiner eigenen Interessen oder um materieller Güter (namentlich des Geldes) willen verficht, der oder die wird die liberale Fahne selbstredend verraten, sobald sich diese Interessen anderswo besser materialisieren lassen. Wenn der Liberalismus nur solche Freunde hat, braucht er keine Feinde mehr.

Kritische Stimmen inmitten unserer offenen Gesellschaften und extremere Stimmen von außen vertreten, dass ohne anspruchsvolle normative Ziele das Säurebecken kapitalistischer Kulturen das liberale Ideal zu einer Vielzahl hedonistischer Idole zersetzt: Freiheit verdampft zur Konsumfreiheit.[18] Warum jedoch – werden diejenigen fragen, die sich nicht selbst dem liberalen Lager zurechnen – sollten hergebrachte Werte und Sitten einem solchen Idol geopfert werden? Warum Gott untreu werden, um dem Götzen Mammon zu dienen? Wozu Solidarität beschneiden, um der Selbstsucht Raum zu geben? Weshalb Formen des guten und gerechten Lebens zurückdrängen, damit eine Vision Raum greifen kann, die unter Freiheit vielleicht nur das rücksichtslose Maximieren von Profiten oder eine gierige Jagd nach Vergnügungen versteht?[19] Warum nur von der Freiheit für die Wirtschaft und nicht auch von einer Freiheit von der Wirtschaft sprechen?[20] Warum Liberalismus und Kapitalismus gleichsetzen?[21]

Warum aber gibt es diese Tendenz zu einer moralischen Entleerung des Liberalismus? Woher kommt die Wertflucht und die eigentümlich materialistisch-ökonomische Engführung im liberalen Denken? Im Verlauf der letzten 250 Jahre, so scheint mir, haben sich viele liberale Vordenker auf einen verhängnisvollen Irrweg begeben. Ihre Theorien haben sich von Fundamenten entfernt und entfremdet, welche – wenn man sie nur konsequent ausbuchstabiert hätte – das liberale Denken mit jenen Dimensionen ökologischer, sozialer wie kultureller Sensibilität und Nachhaltigkeit hätten verknüpfen können, deren Mangel dem Liberalismus allerorten angekreidet wird.[22]

---

18 | Vgl. Zygmunt Bauman, *Freedom*, Milton Keynes 1988, S. 92-97.

19 | Vgl. Crawford Brough Macpherson, *Democratic Theory: Essays in Retrieval*, Oxford 1973, S. 91.

20 | Vgl. Lisa Maria Herzog, *Freiheit gehört nicht nur den Reichen: Plädoyer für einen zeitgemäßen Liberalismus*, München 2014.

21 | Vgl. Karl Hermann Flach, *Noch eine Chance für die Liberalen oder: Die Zukunft der Freiheit: Eine Streitschrift*, Frankfurt a.M. 1971, S. 17.

22 | Vgl. Pankaj Mishra, *From the Ruins of Empire: The Revolt Against the West and the Remaking of Asia*, London 2012.

Also: An der scharfen Kritik an den Liberalen ist etwas dran. Doch das muss nicht pessimistisch stimmen. Bisher hat sich noch jede *Krise* des Liberalismus als *Chance* zur Revitalisierung der Freiheitsidee erwiesen.[23] Nicht Kritik schadet dem Liberalismus, sondern Selbstgefälligkeit. Wo sich der Liberalismus den kritischen Anforderungen der Gegenwart nicht stellt, droht das heimelige Milieu liberaler Parteien im unheimlichen Mief parteilicher Liberaler zu ersticken. In der narzisstischen Umarmung seiner selbst verurteilt sich der Liberalismus zu autoerotischer Unfruchtbarkeit und damit letztlich zum Aussterben. Fruchtbarkeit hingegen verdankt sich dem Auseinandersetzen mit Gegensätzlichem. Nur wer das Andere sucht und aufsucht, wird das Eigene finden. Nur wer im Anderen seiner selbst heimisch werden kann, kommt bei sich an. Das gilt auch und gerade für den intellektuellen Eros der Freiheit. Die Idee der Freiheit muss an ihren Herausforderern mehr Interesse zeigen als an ihren Schmeichlern.

Aus diesen theoretischen wie praktischen Absichten resultiert die sich durch das gesamte Buch durchziehende Vorgabe, eine der Globalität und Interkulturalität unseres Lebens gerecht werdende Theorie der Freiheit auszuarbeiten. In einer Welt, in welcher der Strom der Ereignisse einst verbindliche Regeln mit sich fortreißt, erweisen sich die sowohl überzeitlich wie interkulturell ausgerichteten Prinzipien der Philosophen als besonders geeignet, um neue Orientierungsmarken zu setzen.[24] Aus der Not eines sich ohne unhinterfragte Autoritäten und Gewissenheiten fortschreitenden Denkens hat die Philosophie seit jeher ihre vornehmste Tugend gemacht.[25] Wo nicht (mehr) mit dem impliziten Gelten von Sitten und Gebräuchen gerechnet werden kann, macht sich die Fähigkeit bezahlt, die dem gesellschaftlichen Sprechen und Handeln innewohnenden Geltungsvoraussetzungen explizit nachzeichnen und kompetent kritisieren zu können. Dort bedarf die Praxis der Philosophie besonders.

Theorien allein können die Welt natürlich nicht reparieren; aber indem sie neue Möglichkeiten aufzeigen, weisen sie den Weg zu einer anderen Wirklichkeit.[26] Angesichts drängender globaler Probleme und einer darauf erschre-

23 | Vgl. Friedrich Naumann, *Gegenwart und Zukunft des Liberalismus: Rede, gehalten am 28. November 1908 auf dem zweiten Kongress des Nationalvereins in München; Mit einer Federzeichnung nach einem Porträt Friedrich Naumanns von Schneider-Franken*, München 1911.

24 | Vgl. Henry S. Richardson und Paul Weithman (Hg.), *The Two Principles and Their Justifications*, New York 1999; Henry S. Richardson und Paul Weithman (Hg.), *Development and Main Outlines in Rawls's Theory of Justice*, New York 1999.

25 | Vgl. Michel Foucault, *Von der Freundschaft als Lebensweise: Michel Foucault im Gespräch*, Berlin 1984.

26 | »Theories are only one influence of people's lives, but they *are* one influence.«, so formuliert das Martha Nussbaum in Martha Craven Nussbaum, *Frontiers of Justice:*

ckend einfallslos reagierenden Politik scheint es kein müßiges Unterfangen, sich um die geistige Erneuerung des Freiheitsgedankens zu bemühen und nach einem tragfähigen Liberalismus zu suchen. Dabei gerät jene Globalität, die der Freiheit zur Herausforderung wurde, ihr auch zum Leitbild. Zu allen Zeiten hat sich menschliche Freiheit auf einen Bezugsrahmen hin entworfen, der ihr Sinn – d.h. Bedeutung und Richtung – verlieh. Dies ist auch und gerade heute vonnöten. Jedoch sind die ethischen Orientierungsvorgaben von Kultur und Religion oft durch die Kontexte geprägt und bedingt, denen sie ihre Entstehung verdanken. In unserer globalisierten Welt stellt sich daher immer mehr die Frage nach unbedingten, kontextübergreifenden Rahmenvorgaben. Freiheit braucht einen Wertbezug, der über alle Grenzen hinweg und durch jegliche Pluralität hindurch Bindungskraft entfalten kann. So führt die Idee der Freiheit auf das Projekt eines weltweiten Ethos.

1.1.3 Freiheit und akademische Philosophie

In der historischen Hitparade der Philosophie ist die Idee der Freiheit ein Dauerbrenner, und insbesondere aufgrund der bewegten Geschichte des letzten Jahrhunderts gerieten in den vergangenen Jahrzehnten Debatten über politische und wirtschaftliche Freiheiten reichlich lebendig. Dabei bestimmte in den meisten Ländern über lange Jahrzehnte die analytische Philosophie die akademische Szene. Angesichts der vor allem im angloamerikanischen Raum noch immer fortbestehenden Dominanz analytischer Philosophie mag es verwundern, dass diese Untersuchung mit einem Kapitel zur *Metaphysik* der Freiheit beginnt. Etliche analytische Philosophen stehen schließlich der Metaphysik skeptisch gegenüber. Ja, da einige ihr regelrecht feindlich gesinnt sind und insbesondere Theorien des später noch ausgiebig zu Worte kommenden *Deutschen Idealismus* als »philosophically defunct« anschwärzen,[27] soll der hier gewählte Einstieg vorab kurz plausibilisiert werden.

Die analytische Philosophie wurde zu Beginn des 20. Jahrhunderts von positivistisch orientierten Denkern geprägt, sodann zur Mitte des Jahrhunderts von linguistisch ausgerichteten Schulen und zum Ende desselben von naturalistisch orientierten Schulen dominiert. Entsprechend unternahmen es ihre exponiertesten Vertreter, altehrwürdige philosophische Sachprobleme und Fragen (wie zum Beispiel über das Wesen der Freiheit) erst zu logischen,

Disability, Nationality, Species Membership, Cambridge, Massachusetts 2006, S. 223 (Herv. i.O.); vgl. auch ebenda, S. 415: »[...], the answers to large philosophical questions have practical significance. They shape our sense of what is possible [...].«.

27 | Brian Leiter (Hg.), *The Future for Philosophy*, Oxford; New York 2004, S. 23.

später zu sprachlichen und zuletzt zu naturwissenschaftlichen Problemen herabzustimmen.[28]

Nun muss natürlich die in analytischen Lagern beliebte Unterstellung, dass wissenschaftlich seriöses Philosophieren erst mit Gottlob Frege (1848-1925) begonnen habe, weshalb die Werke vorangegangener Denker allenfalls zum Steinbruch für gegenwärtige Geistesbauten taugen, nicht unbesehen angenommen, wohl aber sollte sie ernst genommen werden. Denn sie prägt noch immer das Vorverständnis vieler professioneller Philosophen, welche metaphysische Gedankensysteme nicht selten samt und sonders in die mythische Vorschule der eigentlichen (sprich: formallogisch sowie sprachanalytisch satisfaktionsfähigen) Philosophie verbannen. Die in ihren Augen überschwängliche Vernunft der Metaphysiker müsse auf die Maße eines nüchternen Verstandes zurückgeschnitten werden. Wissenschaftliches Philosophieren habe sich *entweder* allein an das empirisch Beobachtbare und das logisch Zwingende zu halten[29] *oder* sich dem vorherrschenden Sprach- und mithin Ideengebrauch handzahm zu unterwerfen.[30] Diese Forderungen haben ihre Tücken.

Was da so bescheiden, so nüchtern-wissenschaftlich klingt, hat ernste Implikationen für die Gesellschaftskritik. Wer politische Ideen wie die der Freiheit allein aus messbaren Faktenlagen oder dem üblichen Sprachgebrauch destilliert, verlangsamt deren soziale Entwicklungsdynamik. Warum? Weil eine allein am sachlichen wie sprachlichen Bestand orientierte Forschung die Kritik am Bestehenden ins Private verlagert. Nur in einer Philosophie, die sich zur normativen Spannung ihrer Konzepte gegenüber der Wirklichkeit bekennt, kann die *objektive Wahrheit* von Kritik zum Thema werden.[31] Der Positivismus jedoch – der epistemische wie der linguistische – kennt dagegen nur *subjektive Meinungen*. Diese setzen sich entweder durch – in der Gesellschaft und im Sprachgebrauch – oder nicht. Bis sie dies tun, sind sie, positivistisch betrachtet, nahezu unwirklich und daher so irrelevant wie eine Privatsprache. Folglich käme philosophischer Ideen- und Gesellschaftskritik in etwa derselbe Status zu wie persönlichem Unbehagen am Wetter.

---

28 | Vgl. James F. Peterman, *Philosophy as Therapy: An Interpretation and Defense of Wittgenstein's Later Philosophical Project*, Albany 1992; Christoffer Gefwert, *Wittgenstein on Thought, Language, and Philosophy: From Theory to Therapy*, Aldershot, Hampshire, England; Burlington, Vermont 2000.

29 | Vgl. Otto Neurath und Rainer Hegselmann, *Wissenschaftliche Weltauffassung, Sozialismus und Logischer Empirismus*, Frankfurt a.M. 1979; Moritz Schlick, *Allgemeine Erkenntnislehre*, Berlin 1918.

30 | Repräsentativ dafür: Ludwig Wittgenstein, *Philosophical Investigations*, Oxford 1953.

31 | Vgl. Martha Craven Nussbaum, »Human Functioning and Social Justice In Defense of Aristotelian Essentialism«, in: *Political Theory*, 20, No. 2 (1992):: 202-246.

Insofern aber Gesellschaft sich auch an Wissenschaft orientiert, befördert jene theoretische Exilierung der Kritik ins Private auch ihre Verbannung aus der öffentlichen Praxis. Sterilisierte Theorien können die Gesellschaft nicht befruchten. Wissenschaft verkommt so zur eunuchenhaften Betüttelung des Etablierten.[32]

Die etwa bei Vertretern des ›Wiener Kreises‹ stets mitschwingende Annahme, dass philosophischer Streit über Ideen und Prinzipien letztlich vermeidbar und durch saubere terminologische Unterscheidungen wegzutherapieren sei, hat mittlerweile ausgedient.[33] Heute glaubt man – auch in der angloamerikanischen Welt, wo analytische Ansätze bis heute die akademische Szene domi-

32 | *Mutatis mutandis* ist noch immer die Kritik gültig, die Herbert Marcuse bereits zu Beginn der 1960er-Jahre vorbrachte, dass sich das linguistische Philosophieren zu leicht seiner kontrafaktischen Potenz begebe, vgl. Kapitel 6 in Herbert Marcuse, *Der eindimensionale Mensch: Studien zur Ideologie der fortgeschrittenen Industriegesellschaft*, übersetzt von: Alfred Schmidt, Neuwied; Berlin 1967.

33 | Dazu (also zum Abklingen des Positivismus auch in der analytischen Philosophie) hat nicht zuletzt Ludwig Wittgenstein erheblich beigetragen. Dieser hatte zwar zunächst mit seinem im *Tractatus* formulierten Programm einer logischen Purifizierung nachhaltig den *Logischen Positivismus* mitgeprägt (siehe Ludwig Wittgenstein und Bertrand Russell, *Tractatus logico-philosophicus (deutsch u. engl.)*, London 1922). Er war aber später von diesem Programm abgewichen, da er die logische Inkonsistenz der Sprache nur durch die philosophische Analyse der Alltagssprache samt der in ihr enthaltenen Wertungen und Anschauungen erklären konnte (siehe Wittgenstein, *Philosophical Investigations*). (Über diesen Wandel informiert ausführlich: Wolfgang Kienzler, *Wittgensteins Wende zu seiner Spätphilosophie 1930 – 1932 eine historische und systematische Darstellung*, Frankfurt a.M. 1997.) Die Wittgensteins Frühphilosophie zu Grunde liegende Annahme, dass »die richtige Methode der Philosophie [...] eigentlich die [wäre]: Nichts zu sagen, als was sich sagen läßt, also Sätze der Naturwissenschaft« (*Tractatus logico-philosophicus* 6.53), hat sich im Zuge dessen ebenfalls gewandelt. Und zwar dahingehend, dass die zum Schweigen verdammten Lebensprobleme (vgl. *Tractatus logico-philosophicus* 6.52 – 7) nicht erst dort anfangen, wo alle sprachphilosophischen Fragen beantwortet sind, sondern aus der Alltagssprache heraus als unvermeidbar begriffen werden können, wenn wir den »Kampf gegen die Verhexung unseres Verstandes durch die Mittel unserer Sprache« (*Philosophical Investigations* 109) bestehen. Dies gelingt, sobald wir begreifen, wie unsere Sprache als Lebensform für sich selber spricht (vgl. *Philosophical Investigations* 120-126). Sprachphilosophie im Geiste des späten Wittgensteins ist also weniger das Projekt, metaphysische Fragen als unsinnig zurückzuweisen, als vielmehr der Versuch, durch die Auslotung sinnvollen Sprechens zu erfassen, wie die uns drängenden Probleme des Lebens als das Sprachlose in der Sprache aufscheinen. Mithin erkennt auch der späte Wittgenstein an, dass sich die letzten Fragen der Metaphysik nicht vermeiden – wenngleich nicht notwendig auch beantworten – lassen.

nieren – nicht mehr, dass in rein begrifflichen Anstrengungen die »Future for Philosophy« liege.[34] Die Ansicht etwa, der Streit über die Idee der Freiheit könne einfach sprachpolizeilich beigelegt werden, findet kaum Zustimmung.[35] Zwar wird die philosophische Untersuchung der Sprache weiterhin als äußerst wichtiges Erkenntnis*mittel* der Philosophie, aber nicht länger als *Zweck* philosophischer Arbeit angesehen; statt ihrer rücken erneut sachliche Argumente ins Zentrum philosophischen Denkens.[36] So verkündet etwa eine für den angloamerikanischen Markt konzipierte Anthologie zur Philosophie der Freiheit unumwunden Folgendes:

> Thirty to forty years ago, some philosophers believed that the controversies between negative-liberty theorists and positive-liberty theorists could be cleared up through a search for linguistic errors. Very few contemporary philosophers believe as much. [...] Virtually everybody now recognizes that the relevant considerations for one's choice between negative-liberty doctrines and positive-liberty doctrines are moral and political values and theoretical-explanatory values (such as clarity, precision, and parsimony).[37]

Dieser neue Geist hilft beim Überbrücken der so lange für unüberwindlich ausgegebenen Kluft zwischen analytischer und sonstiger Philosophie. Mit dem Nachlassen des Alleinvertretungsanspruchs analytischer Schulen öffnet sich die akademische Philosophie derzeit für andere Methoden, wie die in der kontinental-europäischen, lateinamerikanischen, asiatischen sowie afrikanischen Philosophie verteidigten Ansätze dialektischen, hermeneutischen, phänomenologischen und dekonstruktiven Denkens. Dort war eben jenes nun auch unter analytischen Philosophen zu Ansehen kommende Vorgehen – die Methode der Sache anzupassen und nicht umgekehrt – seit jeher tonangebend.[38] Selten standen die Chancen für einen methodischen »cross over« in

---

Hierzu siehe ausführlich: Friedrich Glauner, *Sprache und Weltbezug Adorno, Heidegger, Wittgenstein*, Freiburg 1997.

34 | Vgl. Leiter, *The Future for Philosophy.*

35 | Vgl. W.J. Norman, »Taking ›Free Action‹ Too Seriously«, in: *Ethics*, 101, No. 3 (1991): 505-520.

36 | Vgl. Judith N. Shklar und Bernard Yack (Hg.), *Liberalism Without Illusions: Essays on Liberal Theory and the Political Vision of Judith N. Shklar*, Chicago 1996.

37 | Vgl. Ian Carter, Matthew H. Kramer und Hillel Steiner, *Freedom: A Philosophical Anthology*, Malden, Massachusetts 2007, S. 4-5.

38 | Vgl. Bruce W. Wilshire, *Fashionable Nihilism: A Critique of Analytic Philosophy*, Albany 2002.

der Disziplin daher so günstig; Philosophen aller Schulen bemühen sich heute aktiv um wechselseitige Kooperation – im gemeinsamen Dienst an der Sache.[39]

Von dieser Situation profitiert die Freiheitstheorie. Mit der methodologischen Entspannung im Fachdiskurs kann die inhaltliche Auflockerung verfestigter Positionen beginnen. Abzubauen wären zahlreiche unzutreffende Vorurteile; etwa die, dass Ideen »positiver Freiheit« vorrangig im kontinentalphilosophischen Lager, während Konzeptionen »negativer Freiheit« stets im analytischen Camp beheimatet seien (siehe Abschnitt 1.2). Oder die, dass normative Konzeptionen von Freiheit typischerweise der politischen Linken zuneigen, während deskriptive eher auf der Rechten beheimatet sind – und dergleichen mehr.

Mein Vorschlag zur Verwendung der Begriffe *quantitativer* und *qualitativer* Freiheit will ebenfalls zu einer Flexibilisierung der Debatte beitragen und zwei Neuanfänge wagen:

- *Erstens* ist die Debatte um die Freiheit zu verklaren. Etliches, was mit den bisher üblichen Etiketten – negative versus positive, formale versus materiale, prozedurale versus substantiale, idealistische versus materialistische, libertäre versus kommunitaristische Freiheit etc. – nur unscharf bezeichnet und ungelenk erfasst wurde, lässt sich mit der Disjunktion von Quantität und Qualität genauer und handlicher beschreiben. Ich möchte zeigen, dass jene Differenzierung der Sache nach schon immer im Spiel war, und dass viel gewonnen ist, wenn sie auch dem Namen nach eingeführt wird. Nur wer in geklärten Begriffen kommuniziert, kann überprüfen, ob er auch in klaren Kategorien denkt.

- *Zweitens* ist von einer *polarkonträren* Konzeption der Freiheitsprädikate auf eine *dialektische* umzustellen (vgl. Abschnitt 1.3.3). Das heißt: Statt durch Attribute, die in ganz gegenteilige Richtungen streben und deren logische Kräfte sich wechselseitig aufheben, wären für die Idee der Freiheit geeignetere Kennzeichnungen zu finden, die sich produktiv aufeinander beziehen und ihre Kräfte aufaddieren können. Durch die bislang von politischer Lagerbildung unbelasteten Begriffe der *quantitativen* und *qualitativen* Freiheit kann es, so hoffe ich, zu einer integrativeren Freiheitsidee kommen als bisher; und zwar insbesondere zu einer Konzeption, welche Spannungen zwischen Freiheit und Verantwortung beziehungsweise Freiheit und Nachhaltigkeit konstruktiv auflösen kann.

39 | Vgl. hierzu die interessanten Studien, die Jack Reynolds über die gegenwärtige Annäherung von analytischer und kontinentaler Philosophie zusammengetragen hat, in: Jack Reynolds et al. (Hg.), *Postanalytic and Metacontinental: Crossing Philosophical Divides*, London; New York 2010.

1.2 Warum nicht: Negative versus positive Freiheit?

In politik- und wirtschaftstheoretischen sowie in vielen populärphilosophischen und nahezu allen parteipolitischen Schriften ist nach wie vor die Redeweise von negativer und positiver Freiheit höchst gebräuchlich.[40] Sie charakterisiert Freiheitskonzepte danach, ob diese sich lediglich *negativ* – über die Abwesenheit von Zwang – definieren oder ob sie auch *positiv* etwas über Freiheit sagen, etwa hinsichtlich ihrer Voraussetzungen und Ziele. In der akademischen Philosophie wird diese Begrifflichkeit nicht sonderlich geschätzt (dazu siehe Abschnitt 1.2.3) – aus wohlerwogenen Gründen. Aber erst in den letzten Jahren finden die entsprechenden Einsichten auch Eingang in populärwissenschaftlich gehaltene Publikationen.[41] Vor der Ausarbeitung der hier favorisierten Alternative, d.h. der Unterscheidung von *quantitativer* versus *qualitativer* Freiheit, ist daher kurz – zuerst historisch, dann systematisch – darzulegen, warum der eingebürgerten Sprachregelung von *negativer* versus *positiver* Freiheit nicht zu folgen ist.

1.2.1 Die Geschichte der Unterscheidung

Anhand ihrer Herkunftsgeschichte lässt sich gut illustrieren, inwiefern die Begriffe von negativer und positiver Freiheit keineswegs erreichen, was sie beabsichtigen. Als geistiger Vater jener Unterscheidung wird zumeist Isaiah Berlin (1909-1997) angeführt.[42] Er aber popularisierte lediglich Ausdrücke, die er bei den britischen Idealisten Thomas Hill Green (1836-1882) und Francis Herbert Bradley (1846-1924) fand. Diese wiederum bezogen sich auf die Werke von Georg Wilhelm Friedrich Hegel (1770-1831), der seinerseits die Unterscheidung zwischen negativer, formaler und konkreter, substantieller Freiheit in der Auseinandersetzung mit der Philosophie Johann Gottlieb Fichtes (1762-1814) entwickelt hatte. Die so simpel anmutende Unterscheidung schleppt also ein ordentliches geistesgeschichtliches Gepäck mit sich herum; und die Vermutung liegt nicht fern, dass genau diese Last das Denken über Freiheit unbotmäßig behindert und erschwert.

40 | Vgl. exemplarisch: Detmar Doering, *Traktat über Freiheit*, München 2009; Wolfgang Kersting, *Verteidigung des Liberalismus*, Hamburg 2009.

41 | Udo di Fabio etwa stellt zutreffend heraus, die negativ/positiv-Unterscheidung erreiche »nicht die analytische Ebene, die heute möglich und nötig ist«, Udo Di Fabio, *Die Kultur der Freiheit*, München 2005, S. 81.

42 | Neben dem Klassiker »*Two Concepts of Liberty*« siehe vor allem »*From Hope and Fear Set Free*« und »*Political Ideas in the Twentieth Century*« alle in: Isaiah Berlin, Henry Hardy und Ian Harris, *Liberty: Incorporating Four Essays on Liberty*, Oxford 2002.

Worum also ging es zunächst, als die Begriffe zuerst eingeführt wurden? Hegel warf Fichte vor, das menschliche Dasein zu wenig aus den objektiven Lebensverhältnissen und zu sehr aus rein subjektiver Geistigkeit heraus zu denken. Er beklagte, dass Fichte das Wesen des Menschen (»Ich«) durch Ausgrenzung aller Kontexte (die von Fichte allesamt uncharmant zum »Nicht-Ich« zusammengefasst wurden) aufbaue. Wer aber Freiheit vornehmlich in der *Negation* ihrer Mit- und Umwelt suche, dem gerate sie selbst zu einer »Furie des Zerstörens« (TWA 7, 50). In Ermangelung positiver Bindungen kreise *negative* Freiheit bloß in sich selbst; *theoretisch* liefe sie auf formalistische Leere und *praktisch* auf absurde Lebensweisen hinaus – auf einen »Fanatismus der Zertrümmerung« tradierter Ordnungen (TWA 7, 50).[43] Wir werden unten prüfen, ob diese Kritik ins Schwarze trifft; sowohl mit Blick auf Fichtes Sozialphilosophie im Besonderen (vgl. Abschnitt 2.2.1), als auch hinsichtlich des Freiheitsbegriffs im Allgemeinen (vgl. Kapitel 3).

Als prägend für das heutige Verständnis der Begriffe von negativer und positiver Freiheit – und als stilbildend für weite Teile der populären Diskussion – erwies sich sodann eine daran sachlich direkt anschließende, aber deutlich später erfolgende Diskussion in England. Dort lud sich die Unterscheidung mit politischer Bedeutung auf. Unter Führung von Jeremy Bentham (1748-1832), James Mill (1773-1836) und David Ricardo (1772-1823) hatte die englische Sozialphilosophie dem Prinzip der Nützlichkeit (*utility*) Vorrang vor der Freiheit eingeräumt. Die britischen Utilitaristen maßen der Freiheit nicht absoluten, nur funktionalen Wert bei. Man schätzte an ihr die Freizügigkeit, so zu handeln, wie es für einen am nützlichsten ist. Und Nutzen bezeichnet das, was Freude (*pleasure*) bringt und/oder Schmerz (*pain*) vermeidet. Anstatt über die rechte Qualität von Freiheit zu sinnieren, zielten die Utilitaristen darauf, ihren Nutzen richtig zu quantifizieren. *Utility* hatte den Geruch des Materiellen an sich und schien messbarer als die im Verdacht idealistischer Tendenzen stehende *freedom* beziehungsweise *liberty*.[44] Liberalismus roch nach vager Philosophie, Utilitarismus schmeckte nach strenger Wissenschaft.

Die utilitaristische Vermessung der Freiheit ging dabei so vor sich: Weil totale Freizügigkeit zu Chaos und damit zu kollektiven Nutzenverlusten führe, sei die durchschnittliche Menge individueller Freizügigkeit bei und zur

43 | Georg Wilhelm Friedrich Hegel, *Hegels Werke in 20 Bänden*, herausgegben von: Eva Moldenhauer und Karl Markus Michel, Frankfurt a.M. 1969. *Zitiert:* (TWA, 2, 69; 3, 434ff.; 4, 225f.; 7, 50f.; 10, 213ff., 333 u.ö.)

44 | In dieser Arbeit werden, im Anschluss an den vorherrschenden englischen Sprachgebrauch, beide Begriffe synonym verwendet; es sei darum aber auch *pars pro toto* auf eine Studie hingewiesen, die etymologischen und politischen Differenzen nachgeht: David Hacket Fischer, *Liberty and Freedom: A Visual History of America's Founding Ideas*, Oxford 2004.

Wahrung des sozialen Gesamtnutzens zu maximieren. Dabei helfe der Gesetzgebungsapparat, welcher die separaten Interessen der Menschen summarisch verrechnet und nach Mehrheitsgewichten priorisiert. Sorge, dass es so zu einer freiheitsfeindlichen Tyrannei der Durchschnitts- oder Massenmeinung kommen könne, kam zwar auf. Doch schaffte James Mill, der Vater von John Stuart Mill und einer der Gründerväter des britischen Utilitarismus, solche Bedenken kurzerhand durch einen definitorischen Kunstgriff wieder aus der Welt. »The community cannot have an interest opposite to its interest. To affirm this would be a contradiction in terms. The community within itself, and with respect to itself, can have no sinister interest.«[45] Eine Neuauflage der alten Weisheit: Glauben macht selig.

Dass die Freiheit dabei flugs unter die Räder kam, bemerkte bereits Herbert Spencer (1820-1908). Er sann daher auf einen Ausgleich der Prinzipien von *utility* und *liberty* durch die Formierung eines »liberal utilitarianism«.[46] Dieser drängt bei der Bewertung von Freiheiten *direkte* Nützlichkeitserwägungen zurück gegenüber der *indirekten* Verfolgung von Nutzen in freiheitlichen Lebensformen. Spencer unterstellte, dass der Gemeinnutzen am ehesten gemehrt werde, wo es den Einzelnen gelänge, ihre Anliegen und Talente zu entfalten und ins gesellschaftliche Ganze einzubringen. Nutzen und Freiheit könnten also ausgesöhnt werden, sofern nur die hohe *Nützlichkeit der Freiheit* – etwa für das Herausbilden produktiver Innovationen – hinreichend beachtet werde und aus diesem Grund persönliche Freiräume gesetzlich geschützt würden.[47] So bleibt nach wie vor *utility* das ultimative Kriterium, von dem aus Freiheit ein- und abgeschätzt wird,[48] obschon der Gesetzgeber den gesellschaftlichen Nutzen nicht mehr unmittelbar verfolgen soll, sondern vermittels liberaler Prozeduren.

Einen ähnlichen Versuch zur Aussöhnung von Freiheitlichkeit und Nutzen unternahm John Stuart Mill (1806 1873).[49] In seinen *Principles of Political Economics* verzahnt auch er *liberty* und *utility*. Problematisch erscheint dabei, dass er

45 | James Mill, »Government«, in: Edwin A. Burtt, *The English Philosophers: From Bacon to Mill*, New York 1939, S. 861.

46 | Vgl. zum Folgenden D. Weinstein, *Equal Freedom and Utility: Herbert Spencer's Liberal Utilitarianism*, Cambridge; New York 1998.

47 | Diese Position findet bei heutigen Utilitaristen *mutatis mutandis* in der Differenzierung zwischen *utility* als Entscheidungskriterium und als Entscheidungsprozedur erneut Anhänger, vgl. etwa James Griffin, »The Distinction Between Criterion and Decision Procedure: A Reply to Madison Powers«, in: *Utilitas*, 6, No. 02 (1994): 177-182, S. 179.

48 | Vgl. David Lyons, »Utility and Rights«, in: J. Roland Pennock und John W. Chapman, *Ethics, Economics, and the Law*, New York 1982.

49 | Vgl. zum Folgenden Alan Ryan, *The Philosophy of John Stuart Mill*, Houndmills, Basingstoke, Hampshire 1987; John Charvet, *A Critique of Freedom and Equality*, Cam-

den Wert von Handlungen zuerst in deren Nützlichkeit bemisst, diese dann in ihrem Beitrag zum menschlichen Glück veranschlagt und sich schließlich unschlüssig wird, worin Letzteres eigentlich besteht. Mills Glücksbegriff schließt menschenrechtliche Forderungen, frauenrechtliche Anliegen und Ansprüche an bildungsbürgerliche Kultiviertheit ein;[50] und zwar so sehr, dass mancher Zeitgenosse seine eigene Vorstellung von Glückseligkeit darin kaum wiedererkannte: Je gröber und chauvinistischer die Menschen, desto weniger finden ihre Nutzenkalküle bei Mill angemessene Berücksichtigung. John Stuart Mill konnte dem Benthamschen Satz, dass zur Glückseligkeitsförderung doch das Kinderspiel »pushpin« genauso gut sei wie »poetry«,[51] beileibe nicht zustimmen und urteilte: »It is better to be a human being dissatisfied than a pig satisfied; better to be Socrates dissatisfied than a fool satisfied. And if the fool, or the pig, are of a different opinion, it is because they only know their own side of the question. The other party to the comparison knows both sides.«[52] – Eine nicht ganz unwichtige Einsicht angesichts der Tendenz etlicher moderner Ökonomen, Freiheit schlicht mit der Erfüllung von Präferenzen gleichzusetzen.

Nachdem er zunächst alle ethischen Kriterien auf ein einziges (*utility*) reduziert hat, setzt John Stuart Mill seinen ganzen Fleiß daran, die Prinzipien der Freiheit und der Gerechtigkeit vor der eigenen Radikalität – d.h. vor utilitaristischer Infragestellung – zu retten. So aber stellt sich zwangsläufig die Frage, was im Konfliktfall eigentlich Vorrang erhält: der Primärwert (*utility*) oder die Sekundärwerte (*liberty, justice*).[53] Die Möglichkeit einer Umkehr des Ableitungsverhältnisses samt einer radikalen Selbstbegründung der Freiheit liegt hier bereits in der Luft, wird aber nicht ergriffen. Allein der *Nutzen*, der den Bürgern aus Rechtssicherheit entsteht, bildet den ultimativen Grund aller – auch im Namen des Freiheitsschutzes erforderlichen – normativen Verbindlichkeiten. Mills Verteidigung der Freiheit bleibt also *extrinsisch* an der Nutzenwidrigkeit ihrer unmäßigen oder willkürlichen Beschränkung beziehungsweise umgekehrt an dem Nutzen ihrer maßvollen, regeltreuen Gewährung

---

bridge, Cambridgeshire; New York 1981, S. 95; John Gray, »Mill's and Other Liberalisms«, in: *Critical Review*, 2, No. 2-3 (1988): 12-35.

50 | Vgl. Nussbaum, *Frontiers of Justice*, S. 346.

51 | »Prejudice apart, the game of push-pin is of equal value with the arts and sciences of music and poetry.« Jeremy Bentham, *The Rationale of Reward*, London 1830.

52 | John Stuart Mill, *Utilitarianism*, London 1864, S. 8. Siehe auch: John Stuart Mill, *Dissertations and Discussions; Political, Philosophical and Historical. Reprinted chiefly from the Edinburgh and Westminster Reviews*, London 1859, S. 389.

53 | Vgl. Chin Liew Ten (Hg.), *Mill's On Liberty: A Critical Guide*, Cambridge, United Kingdom; New York 2008. Sowie die Diskussion bei Peter Ulrich, Dorothea Bauer und Michael S. Assländer (Hg.), *John Stuart Mill: Der vergessene politische Ökonom und Philosoph*, Bern 2006.

orientiert. Ihr *intrinsischer* Wert scheint zwar in etlichen Passagen des Werks von Mill auf, wird aber nicht zur Grundlage ihrer Legitimation gemacht. Fazit: Dass Freiheit von Mill aus als selbstbegründendes Prinzip gedacht werden kann, macht seine Größe, dass es von ihm so nicht mehr gedacht wurde, seine Grenze aus.[54]

So sah es wenigstens Thomas Hill Green (1836-1882). Dieser meinte, die *utilitaristische* Fundierung der Freiheit erlaube es, eine Freiheit zu befördern, »that can be enjoyed by one man or a set of men at the cost of freedom to others«.[55] Demgegenüber erklärt Green, dass Freiheit in der Autonomie, die sie ermöglicht, *legitimiert* – aber eben auch *limitiert* – werde. Diesen von Green auch sozialstaatlich ausformulierten Gedanken, dass ein jeder ein Anrecht auf Freiheitsermöglichungsbedingungen habe, versucht er nun im Begriff von »positive freedom« zum Ausdruck zu bringen. Indes nicht *nur* diesen Gedanken.[56] Bei Green hat der Begriff der »positive freedom« neben jener externen Seite auch eine interne. Green formuliert: »we do not mean merely freedom to do as we like irrespectively of what it is that we like. [...] When we speak of freedom as something to be highly priced, we mean a positive power of capacity of doing or enjoying something worth doing or enjoying [...]«[57].

Der Erfolg dieser Formel wurde ihr zum Verhängnis. Der große Zuspruch, den Green mit jener auch moralphilosophischen Akzentsetzung bei Denkern des in England verspätet einschlagenden spekulativen Idealismus fand, machte den Begriff der »positive freedom« zur Zielscheibe für dessen Gegner. Sie unterstellten rundweg: Wer zwischen einem guten und einem schlechten Freiheitsgebrauch unterscheide, trenne auch im Menschen ein wahres von einem falschen Selbst ab und fordere, dass sich das wahre und höhere Selbst das niedere und falsche Selbst unterwerfe – zur Not mithilfe von Kollektiven.[58]

Von solcher Metaphysik kommt man flugs zum Totalitarismus. Man braucht nur noch zu behaupten, dass das Recht nur der wahren Freiheit, nicht jeglicher Liberalität verpflichtet sei. Schon ließe sich folgern, dass der Staat sich auch mit Zwangsmitteln der Pflege des tugendhaften Lebens seiner Bür-

54 | Günstiger bewertet den Ausgang von Mills Projekt John Rawls, vgl. John Rawls und Barbara Herman, *Lectures on the History of Moral Philosophy*, Cambridge, Massachusetts 2000, S. 343, 366.

55 | Thomas Hill Green und Richard Lewis Nettleship, *Works of Thomas Hill Green*, London; New York 1889, Bd. III, S. 370.

56 | Avital Simhony, »On Forcing Individuals to be Free: T.H. Green's Liberal Theory of Positive Freedom«, in: *Political Studies*, 39, No. 1 (1993): 303-320, S. 318.

57 | T.H. Green, *Works of Thomas Hill Green*, ebenda.

58 | Dieser Verdacht hat sich bis in die 1960er-Jahre durchgehalten, wie die Arbeiten von Isaiah Berlin (s.u.) zeigen; vgl. Melvin Richter, *The Politics of Conscience; T.H. Green and His Age*, Cambridge 1964, S. 202.

ger anzunehmen habe. Die Theorie legitimiert, so scheint es, faktische Freiheit im Namen sittlicher Freiheit aufzuheben. Die bürgerlichen Abwehrfreiheiten drohen im heiligen Wasser der Moral ertränkt zu werden. Obschon diese Deutung hinsichtlich der meisten britischen Idealisten völlig überzogen, ja aberwitzig war, kam sie doch nicht von ungefähr. Die fichtesche Rechts- und Wirtschaftstheorie etwa folgt diesem Muster bisweilen (siehe Abschnitt 2.2.1); und Stalinisten sowie Nazis wussten sich geschickt derartiger Argumente zu bedienen, um Formen der Zwangsvergemeinschaftung als Ausdruck »höherer Freiheit« zu verbrämen.[59]

Ludwig von Mises (1881-1973), Friedrich August von Hayek (1889-1992) und Isaiah Berlin (1909-1997), die als Flüchtlinge der 1930er-Jahre in England oder den USA Zuflucht fanden, hatten mit ansehen müssen, wie in Deutschland und Russland das liberale Erbe des 19. Jahrhunderts zur Rechtfertigung illiberaler Kollektivismen umgeschmiedet wurde. Kein Wunder, dass sie den im angloamerikanischen Raum garantierten, aber mittlerweile als unsolidarisch in Verruf geratenen bürgerlichen Freiheiten zu erneutem Ansehen verhelfen wollten. Greens Begriff von »positive freedom« fiel diesem Anliegen zum Opfer. Man erklärte ihn kurzerhand zum Einfalltor für eben jenen Totalitarismus, dem man soeben mit Haaresbreite entkommen war und verbarrikardierte sich hinter dem Schutz- und Trutzwall negativer Freiheit.

Mises und Hayek stießen sich dabei vor allem an Greens *sozialdemokratischer* Ausrichtung und vertraten pauschal, dass schon der kleinste Schritt über den Radius negativer Freiheit hinaus die Gesellschaft unwiderruflich in Richtung Zwangssozialismus in Fahrt bringe; eine Ansicht, an die sich übrigens Friedrich August von Hayek bei der Ausarbeitung seiner Sozialphilosophie ganz klar *nicht* hielt (vgl. hier Abschnitt 3.1.4). Ganz anders verfuhr Isaiah Berlin. Er betonte, er sympathisiere mit den sozialen Anliegen von Green (dazu sogleich mehr), tue sich aber schwer mit dessen *Metaphysik*. Eine Greens Begriff von »positive freedom« angeblich zu Grunde liegende »metaphysical doctrine of the two selves« und ein darin beschlossener dualistischer Fehlschluss öffneten, ins Politische gewendet, dem Illiberalismus Tür und Tor.[60]

Beide Lesarten werden T.H. Green nicht gerecht; die sozialistische so wenig wie die metaphysische.[61] Green hatte durchaus keine Metaphysik eines in

59 | Vgl. dazu Stalins Antwort vom 1. August 1951, in der Pravda, auf eine Erklärung des Britischen Arbeitsminister, in der ein Mangel an Freiheit in Russland beklagt wurde; www.revolutionarydemocracy.org/rdv9n2/stalin.htm. Siehe auch: Hans Freyer, *Revolution von rechts*, Jena 1931.

60 | Zum Folgenden insgesamt Vgl. Avital Simhony, »Beyond Negative and Positive Freedom: T.H. Green's View of Freedom«, in: *Political Theory*, 21, No. 1 (1993): 28-54.

61 | Maria Dimova-Cookson, »A New Scheme of Positive and Negative Freedom: Reconstructing T.H. Green on Freedom«, in: *Political Theory*, 31, No. 4 (2003): 508-532.

zwei Hälften gespaltenen Ichs vertreten, sondern wandte sich ausdrücklich dagegen, so zu sprechen,

> as if there were really two characters in a man, empirical, and intelligible, one determined by motives in which there is no freedom, the other determined by reason only in a way which excludes determination by motives and is free. In truth there is only one character [...].[62]

Aufgrund bestimmter Anlagen und Erfahrungen bilde sich jeder Charakter unterschiedlich aus und entwickele eigenständige Vorstellungen vom Guten – und zwar im Plural.[63] Jeder einzelne Mensch folge schon einer »varied nature of his view of the good«[64]; noch viel mehr solle daher auch gesellschaftlich das Gute »in many different forms«[65] angestrebt werden dürfen. Nicht der Staat definiert also, wie die Charaktere beschaffen sein und welche Vorstellungen vom Guten sie entwickeln sollen. Vielmehr versteht Green unter »freedom in the positive sense« ganz ausdrücklich eine »liberation of the powers of all men equally for contributions to the common good.«[66] Es gehört zur Würde der Freiheit, die Bürde ihrer Verantwortung höchst persönlich anzunehmen. Der Staat kann und darf hier nichts beschicken. »All that one man can do to make another better is to remove obstacles and supply conditions favourable to the formation of good character.«[67]

Der *Holschuld* der Einzelnen (sich aus freien Stücken für das Gemeinwohl einzusetzen) korrespondiert allerdings eine *Bringschuld* der Anderen (die Individuen genau dazu in Stand zu setzen). Was der Staat also sehr wohl gewährleisten soll, sind die materiellen, gesundheitlichen und pädagogischen *Bedingungen*, unter denen allen eine vernünftige, sittliche Selbstbestimmung ermöglicht wird.[68] So definiert Green: »the ideal of true freedom is the maximum power for all members of human society to make the most of themselves«; eine Wendung, die uns heute stark an Amartya Sens Begriff der Befähigungen

62 | Thomas Hill Green, *»Lectures on the Philosophy of Kant«, Band II der Ausgabe »Works of Thomas Hill Green«, herausgegeben von: Richard Lewis Nettleship (New York: Longmans, Originalausgabe: 1886)*, S. 93.

63 | Vgl. Thomas Hill Green, *Prolegomena to Ethics*, herausgegeben von: A.C. Bradley, Oxford 1890 (Originalausgabe: Oxford 1883), S. 136.

64 | Ebenda, S. 308.

65 | Ebenda, S. 283.

66 | Green und Nettleship, *Works of Thomas Hill Green*, Vol. III, Lecture on Liberal Legislation and the Freedom of Contract, London 1888, S. 372.

67 | Green, *Prolegomena*, S. 308.

68 | Vgl. Thomas Hill Green, *Lectures on the Principles of Political Obligation*, London 1941, S. 209.

(*capabilities*) erinnert (siehe Abschnitt 4.2.2).[69] Positive Freiheit – das meint schon bei Green also die Befähigung zu vernünftiger Selbstbestimmung.[70]

Green qualifiziert dabei klar den »reciprocal claim of all upon all«[71] auf Assistenz zum Erwerb eben dieser Befähigungen *rekursiv*, d.h. so, dass dieser Anspruch »without detraction from the opportunities of others« und also gerade *nicht* mit totalitären Methoden einzulösen sei.[72] Der Staat dürfe individuelle Hindernisse bei der »realization of the capacity for beneficial exercise of rights« nur insofern beseitigen, als er es tun könne, »without defeating its own object by vitiating the spontaneous character of that capacity.«[73] So gibt die Idee der Freiheit also nicht nur den Grund, sondern auch die Grenze der Sozialpolitik vor. Freiheit ist das Maß der Solidarität, nicht umgekehrt.

Positive Freiheit – wenigstens in der Fassung, die Thomas Hill Green ihr gab – ist also weit besser als ihr Leumund; und augenscheinlich kein Gegner der von negativen Freiheitstheorien verfochtenen Grundrechte.[74] Die legitimen Anliegen positiver Freiheitstheorien gilt es daher im Rahmen der hier zu erarbeitenden Konzeption zu bewahren.

1.2.2 Gegenwärtige Begriffsverwendung

Nicht nur historisch, auch systematisch ist das Schisma zwischen negativer und positiver Freiheit unbefriedigend. Die eigentlichen Anliegen der Vertreter negativer Freiheit sind mit dem Titel *negative* Freiheit mehr schlecht als recht bezeichnet. Sie wollen ja stets etwas *Positives* – einen bestimmten persönlichen Freiraum – schützen.[75] Schauen wir uns diesen Punkt etwas genauer an: Die Definition von Freiheit als »absence of physically coercive interference

69 | Darum hat sich beispielsweise auch Amartya Sen (in gezielter Absetzung von der Green-Interpretation Berlins) sehr affirmativ auf Greens Begriff der »positive freedom« bezogen, vgl. Sen, (RF 586f.); mehr dazu in Kapitel 2.3.1, Fussnote 151, sowie in Kapitel 4.2.

70 | Green, Thomas Hill, »Lecture on Liberal Legislation and the Freedom of Contract«, in: Richard Lewis Nettleship (Hg.), *Works of Thomas Hill Green, Bd. III: Miscellanies and Memoir*, New York: Longmans, 1888, S. 372.

71 | Green, *Prolegomena*, S. 285.

72 | Vgl. ebenda, S. 354.

73 | Green, *Lectures on the Principles of Political Obligation*, S. 210.

74 | Vgl. John Christman, »Liberalism and Individual Positive Freedom«, in: *Ethics*, 101, No. 2 (1991): 343-359.

75 | »The very idea of ›negative liberty‹, [...], is an incoherent idea: all liberties are positive, meaning liberties *to do* or *to be* something; and all require the inhibition of interference by others.« (Martha Craven Nussbaum, *Creating Capabilities: The Human Development Approach*, Cambridge, Massachusetts 2011, S. 65).

or invasion of an individual's person and property«[76] darf als typisch für Vertreter negativer Freiheitstheorien und als repräsentativ für Libertäre gelten.[77] An ihr zeigt sich sogleich: Das negatorische Element tritt nur *sekundär* hervor, nämlich gegen Angriffe auf einen *primär* zu denkenden – und damit zunächst einmal positiv zu definierenden – Freiheitskreis. Wer jede inhaltliche Charakterisierung von Freiheit zur Vordertür abweist, muss sie zur Hintertür wieder hereinlassen. Wer sagt, »you are ›free‹ when you can constrain other people to refrain from constraining you«,[78] definiert negative Freiheit über ihr positives Schutzgut – bloß unwissentlich.[79]

Diesen bei Hegel bereits (§§ 5, 17 Grundlinien der Philosophie des Rechts, i.F. GPhR) anklingenden Gedanken hat seiner Zeit Francis Herbert Bradley (1846-1924) sehr anschaulich ausgemalt (Herv. i.O.).

> [...] we all want freedom. Well then, what is freedom? »It means not being made to do or be anything. ›Free‹ means ›free from‹.« And are we to be quite free? »Yes, if freedom is good, we can not have too much of it.« Then, if »free« = »free from«, to be quite free is to be free from everything – free from other men, free from law, from morality, from thought, from sense, from – Is there anything we are not to be free from? To be free from everything is to be – nothing. Only nothing is quite free, and freedom is abstract nothingness. If in death we cease to be anything, then there first we are free, because there first we are – not.
> Every one sees this is not the freedom we want. »›Free‹ is ›free from‹, but then *I* am to be free. It is absurd to think that I am to be free from myself. I am to be free to exist and to assert myself.« Well and good; but this is not what we began with. Freedom now means the self-assertion which is nothing *but* self-assertion. It is not merely negative – it is also positive, and negative only so far as, and because, it is positive.
> [...] Reflection shows us that what we call freedom is both positive and negative. There are then two questions – *What* am I to be free to assert? *What* am I to be free from?[80]

Zum einen weist Bradley also auf, dass negative Freiheit, um nicht inhaltslos zu sein, sich zunächst affirmativ auf etwas beziehen muss, etwa auf das mo-

76 | Murray Newton Rothbard, *The Ethics of Liberty*, Atlantic Highlands, New Jersey 1982, S. 215.

77 | Vgl. Jan Narveson, *The Libertarian Idea*, Philadelphia 1988; John Hospers und Paul Avrich Collection (Library of Congress), *Libertarianism: A Political Philosophy for Tomorrow*, Los Angeles 1971.

78 | Bruno Leoni, *Freedom and the Law*, Princeton, New Jersey 1961, S. 56.

79 | Vgl. Friedrich August von Hayek, *The Constitution of Liberty*, Chicago 1972 (Originalausgabe: 1960).

80 | Francis Herbert Bradley, *Ethical Studies*, Oxford 1927 (Originalausgabe: 1876), S. 56f.

derne, auf Selbstbestimmung erpichte Individuum.[81] Daraus folgt zum anderen, dass negative und positive Freiheit zwei Aspekte ein- und derselben Sache sind, nämlich einer sich durch sowohl Ein- wie Ausgrenzung ihrer Gehalte bestimmenden Freiheit; ein Gedanke, der damals auch von Bernard Bosanquet (1848-1923) formuliert wurde und überhaupt im ›Britischen Idealismus‹ viel Anklang fand.[82]

Jedoch nicht nur sprachlich, auch sachlich hängt negative Freiheit von positiver Freiheit ab; ihre interne Ausrichtung beruht vielfach auf externen Voraussetzungen. Bereits für das Formen eines individuellen Lebensplans etwa, dessen Vollzug unter den Schutz »negativer« Freiheit fallen kann, sind bestimmte charakterliche Vorbedingungen erforderlich (konsistente und stabile Willensbildung, Disziplin in der Ausführung usw.).[83] Deren Existenz hängt ihrerseits zum Teil von gewissen »positiven« Freiheiten (etwa Zugang zu Erziehung und Bildung) ab. Sie impliziert im weiteren Sinne auch Verfügung über weitere Grundgüter (Nahrung, Gesundheitsvorsorge etc.); und auch auf letztere gewährt erst – zufolge der eingebürgerten Terminologie – positive Freiheit einen verlässlichen Zugriff.[84]

Zudem muss Freiheit sich auf Gegenstände in der Welt beziehen und an ihnen darstellen können.[85] Um sie gerade auch in diesen Sachbezügen (negativ) zu schützen, müssen (positiv) eigens dafür gewisse Institutionen geschaffen werden. Damit etwa Dinge besessen werden können, bedarf es einer rechtlichen Erlaubnis zur Erstaneignung von Sachen und des Schutzes daraus resultierenden Privateigentums. Diese Rechtsgüter aber können zumeist nur legitimiert und durchgesetzt werden, wenn die dadurch Benachteiligten von solchen Regelungen ebenfalls profitieren. Letztlich geht also auch hier positive Freiheit (etwa in den ausgleichenden Akten der Verteilungsgerechtigkeit) negativer Freiheit voran (etwa dem Schutz von Eigentum über Formen der Tauschgerechtigkeit).[86] Es folgt also: Ohne positive Freiheit keine Gerech-

81 | Vgl. Guido De Ruggiero, *The History of European Liberalism*, Boston 1959, S. 352.

82 | »The higher sense of liberty, like the lower, involves freedom *from* some things as well as freedom *to* others.« (Bernard Bosanquet, *The Philosophical Theory of the State*, London 1899, S. 127.) Bonsanquet legt nahe, dass negative Freiheit uns allein von der Versklavung durch Andere, positive aber auch von der Versklavung durch uns selbst emanzipiert.

83 | Vgl. Joseph Raz, *The Morality of Freedom*, Oxford 1986, S. 408.

84 | Vgl. Stanley Isaac Benn, *A Theory of Freedom*, Cambridge; New York 1988; Raz, *Morality*, S. 407.

85 | Vgl. Philippe van Parijs, *Real Freedom for All: What (If Anything) Can Justify Capitalism?*, Oxford; New York 1995, S. 22.

86 | Vgl. Gerald Allan Cohen, *Self-Ownership, Freedom, and Equality*, Cambridge; Paris; New York 1995.

tigkeit; ohne Gerechtigkeit keine funktionierende Gesellschaft; ohne Gesellschaft kein Schutz des individuellen Selbstentwurfs; mithin ohne positive Freiheit keine negative Freiheit.[87]

Viele gegenwärtige Freiheitsphilosophen fragen daher heute auch gar nicht mehr, *ob* man dem Begriff negativer Freiheit Elemente positiver Freiheit beimischen solle, sondern nur noch *welche*. Man folgt dabei gerne Gerald MacCallum, der das von Hegel und den Britischen Idealisten bereits konzipierte Rad noch einmal neu erfand. Er erklärte – nun aber auf begriffsanalytischer, statt metaphyischer Grundlage –, dass Freiheit niemals abstrakt, sondern immer nur sozial vermittelt vorliege. In MacCallums Verständnis ist Freiheit »always (freedom) *of* something (an agent or agents), *from* something, *to* (do, not do, become or not become) something, it is a triadic relation.«[88] Man könne also ruhig die sozialstaatliche Qualifikation *innerhalb* des Freiheitsprinzips verorten – anstatt (wie Isaiah Berlin) *außerhalb* desselben.[89] Die eigentliche Frage ist für MacCallum daher nicht, ob ein bestimmtes Freiheitshindernis durch menschliches Handeln *verursacht* wurde. »The only question is whether the difficulties can be *removed* by human arrangements«.[90]

Das wird natürlich im Kreis von Libertären – weniger aus logischen als aus ideologischen Gründen – ungern gesehen. Aber selbst sie haben in der Regel nichts gegen positive Freiheit, solange diese nur strikt *moralisch* verstanden wird. Dass wir unsere Freiheit positiv konkretisieren, etwa durch sittliche Selbstbindungen und Tugenden, findet ihre ausdrückliche Zustimmung. Was sie vermeiden möchten, ist nur, dass einem derlei sozial aufgenötigt oder staatlich aufgezwungen werde. Auf *diesen* Punkt könnten sich daher Libertäre und Freunde positiver Freiheitstheorien eigentlich gütlich einigen. Dass es dazu jedoch selten kommt, dürfte unter anderem daran liegen, dass jene harmonische Konvergenz übertönt wird von multipler, dissonanter Differenz.

Theorien positiver Freiheit gehen über den Begriffsrahmen negativer Freiheit in so vielfältiger Weise hinaus, dass vielen Libertären (und auch manchen Liberalen) unklar bleibt, worauf es denn zentral ankommt. So bieten positive Freiheitslehren für gewöhnlich gleich mehrere der folgenden Ergänzungen zur negativen Freiheit an: die Bindung des Willens an Rationalität, seine Ausrichtung an moralischen Gesetzen und sittlichen Werten, die kollektive Orientierung an kulturellen und historischen Kontexten, die Einrichung par-

87 | Vgl. Onora O'Neill, »Autonomy, Coherence, and Independence«, in: David Milligan und William Watts Miller (Hg.), *Liberalism, Citizenship, and Autonomy*, Aldershot; Brookfield, Vermont 1992, S. 212-221, insbes. S. 216.

88 | Gerald C. MacCallum, Jr., »Negative and Positive Freedom«, in: *The Philosophical Review*, 76, No. 3 (1967): 312-334, S. 314.

89 | Vgl. ebenda.

90 | Ebenda, S. 325f. (Herv. C.D.).

tizipativ-republikanischer Regierungsmodelle, die Gewährung der pädagogisch-kulturellen Voraussetzungen autonomer Willensbildung, sowie der ökonomischen Voraussetzungen von Privatautonomie. Wer einige dieser Aspekte ablehnt, muss nicht alle verweigern; umgekehrt, wer für manche dieser Dimensionen eintritt, hat nicht für jegliche zu streiten.[91] Und das verhindert ein einheitliches Erscheinungsbild. Während die Vertreter negativer Freiheit zumeist getrennt marschieren, aber gemeinsam schlagen, bringen die Befürworter positiver Freiheit keine geschlossene Front zu Stande. Ihr Lager ist allein darin geeint, uneins zu sein. Man bekämpft einander mindestens so sehr wie die Vertreter negativer Freiheitstheorien. Formelhaft zugespitzt: Der Begriff negativer Freiheit ist klar, aber steril; die Idee positiver Freiheit ist produktiv, aber unklar.

An den Arbeiten von Isaiah Berlin tritt dies besonders deutlich zutage. Nachdem er durch seine Kritik der positiven Freiheit bei Green ungewollt zur neoliberalen Gallionsfigur geworden war, polierte er publikumswirksam sozialdemokratische Vorlieben heraus und bezog so schließlich sowohl aus dem Lager der positiven wie der negativen Freiheit Schelte: aus dem ersten für seine ursprünglichen (libertär wirkenden), aus dem zweiten für seine nachherigen (ganz und gar nicht libertären) Positionen.[92] Sein Oszillieren zwischen politisch unverträglichen Polen auf der Grundlage von schillernden begriffstheoretischen Festlegungen kann als Lehrstück über die verfehlte Polarisierung von negativer und positiver Freiheit dienen und verdient deshalb besondere Aufmerksamkeit.

Weithin Gehör hatte Berlins Ablehnung eines *solchen* positiven Freiheitsverständnisses gefunden, demzufolge ein paternalistischer Staat im Namen sittlicher Freiheit zu jeglichen Eingriffen in die individuellen Lebensentwürfe ermächtigt wird. Doch die von ihm dabei ins Zentrum der Aufmerksamkeit gerückte Opposition von negativer und positiver Freiheit funktionierte nicht sauber als die strenge Disjunktion, als die Berlin sie ausgab. Weder lassen sich seine politischen Ansichten (etwa die scharfe Kritik von *laissez-faire*-Politik und ihr anzulastender sozialer Missstände) schlüssig unter den Begriff negativer Freiheit subsumieren, noch vertritt das Konstrukt der positiven Freiheit plausibel sämtliche Alternativen dazu.

Berlin spitzt nämlich den Begriff positiver Freiheit auf eine einzige Version zu: die von ihm abgelehnte Vorstellung einer staatlich-doktrinalen Auslegung, was unter Freiheit zu verstehen sei. Damit aber blendet er aus, dass es denkbar wäre, ein Freiheitskonzept zu vertreten, das sich keineswegs negatorisch zu

91 | Vgl. Christman, *Liberalism*.

92 | Neben dem Klassiker »*Two Concepts of Liberty*« siehe vor allem »*From Hope and Fear Set Free*« und »*Political Ideas in the Twentieth Century*« alle in: Berlin, Hardy und Harris, *Liberty: Four Essays*.

allen Inhalten verhält, sondern die Bürger für- und miteinander aushandeln lässt, wie sie ihre gemeinsame Lebenswelt zum Wohle der Freiheit aller nutzen möchten. Dieses alternative Modell jedoch lässt sich mit den begrifflichen Mitteln von Berlin nicht klar gegenüber einem paternalistischen Tugendstaat abgrenzen. Das erweckt den Eindruck, als ob Berlin dem Modell eines Nachtwächterstaats huldigt, obschon – und das ist das unfreiwillig Ironische daran – er dies dezidiert ablehnt und ein eher sozial-dynamisches Politikmodell favorisiert. Berlin hat dies bereut und sich in späteren Jahren scharf gegen die libertäre Vereinnahmung seines Denkens verwehrt.[93] Das folgende Zitat stellt rückblickend klar:

It is doubtless well to remember that belief in negative freedom is compatible with and (so far as ideas influence conduct) has played its part in, generating great and lasting social evils. [...] Advocacy of non-interference (like ›social‹ Darwinism) was, of course, used to support politically and socially destructive policies which armed the strong, the brutal, and the unscrupulous against the humane and the weak, the able and ruthless against the less gifted and the less fortunate. [...] The bloodstained story of economic individualism and unrestrained capitalist competition does not, I should have thought, today need stressing. Nevertheless, in view of the astonishing opinions which some of my critics have imputed to me, I should, perhaps have been wise to underline certain parts of my argument. I should have made even clearer that the evils of unrestricted laissez-faire, and of the social and legal systems that permitted and encouraged it, led to brutal violations of negative liberty - of basic human rights [...]. And I should perhaps have stressed (save that I thought this too obvious to need saying) the failure of such systems to provide the minimum conditions in which alone any degree of significant negative liberty can be exercised by individuals or groups, and without which it is of little or no value to those who may theoretically possess it. For what are rights without the power to implement them? I had supposed that enough had been said by almost every serious modern writer concerned with this subject about the fate of personal liberty during the reign of unfettered economic individualism - [...]. All this is notoriously true. Legal libertarians are compatible with the extremes of exploitation, brutality, and injustice. The case for intervention, by the state or other effective agencies, to secure

93 | Diese Kurskorrektur hat ihm bittere Vorwürfe seitens der Libertarier eingetragen; insbesondere Murray Rothbard verargte Berlin seine »assaults on laissez-faire« und lies sich dabei zu folgendem amüsanten Vorwurf hinreissen: »Berlin goes on to attack such pure and consistent laissez-faire libertarians as Cobden and Spencer on behalf of such confused and inconsistent classical liberals as Mill and de Tocqueville«; Rothbard, *The Ethics of Liberty*, S. 216.

conditions of both positive, and at least a minimum degree of negative, liberty for individuals, is overwhelmingly strong.[94]

Dass diese Ohrfeige zu libertärem Gezeter führte, verwundert nicht, zumal sich Berlin in jenem Zusammenhang auch noch explizit für positive Freiheit im Sinne politischer Autonomie ausspricht:

Positive liberty, conceived as the answer to the question, ›By whom am I to be governed?‹, is a valid universal goal. I do not know why I should have been held to doubt this, or, for that matter, the further proposition, that democratic self-government is a fundamental human need, something valuable in itself, whether or not it clashes with the claims of negative liberty or of any other goal; [...].

Vor dem Hintergrund dieser Selbsterklärungen, ja Selbstrelativierungen muss nun aber überlegt werden, was dann noch die bleibende Leistung der Unterscheidung von negativer und positiver Freiheit ist. Durchgängig scheint sie ja den durch sie auszudrückenden Anliegen eher hinderlich als hilfreich zu sein. Die Rede von negativer versus positiver Freiheit suggeriert eine prinzipielle Unterscheidung, wo keine vorliegt, d.h. wo es allein um kontingente Differenzen geht wie Umsetzungsmodi (Freiwilligkeit versus Erzwingbarkeit) oder Applikationsfelder (interne Willensbestimmung versus externe Willensausübung). So verstellt der Fokus auf positive versus negative Aspekte in der Freiheitsdebatte den Blick auf die tatsächlich relevanten kategorialen Differenzen. Diese aber befinden sich im Spannungsfeld zwischen einer quantitativen und einer qualitativen Orientierung der Freiheit; eine Orientierung zumal, die jeweils sowohl in negativer wie positiver Form, durch Abwehrrechte wie durch Anspruchsrechte, ausgedrückt werden kann.

1.2.3 Ausstehende Entwicklungen

In der philosophischen Fachliteratur hat man schon seit langem Distanz zum Negativ-Positiv-Schema aufgebaut, es als falsche Disjunktion charakterisiert und versucht, das ungelenke Duo durch dreigliedrige Modelle zu transformieren, angereichert beispielsweise um eine *republican*,[95] eine *solidaristic*[96] oder

94 | Dies und das folgende Zitate aus Berlin, Hardy und Harris, *Liberty: Four Essays*, S. XLIV- XLVII.

95 | Vgl. Quentin Skinner, *Liberty Before Liberalism*, Cambridge, United Kingdom; New York 1998.

96 | Vgl. Parijs, *Real Freedom for All*, S. 28.

eine *psychological*[97] freedom.[98] In der Sache überzeugend sind dabei meines Erachtens insbesondere die Arbeiten von Amartya Sen (siehe Abschnitt 4.2.2), die zwischen einer *substantive freedom* und einer *procedural freedom* beziehungsweise zwischen kommunitären und libertären Momenten im Freiheitsbegriff unterscheiden und diese zur Synthese zu bringen versuchen.

Ich schlage gegenüber der Ausbesserung der alten Maschinerie durch neue Bauteile ihre Ersetzung durch neue Materialien vor. Was zuvor schon für Theorien gesagt wurde, die im Lager der negativen oder der positiven Freiheit beheimatet sind, gilt auch für diese Konzepte. Sie lassen sich weniger missverständlich rekonstruieren mit Argumenten, die den Wert der Freiheit entweder vorrangig in ihrer *quantitativen* oder in ihrer *qualitativen* Dimension verorten. Es geht ihnen ja zumeist entweder um die *Vermehrung* oder um den jeweiligen *Gehalt* von Optionen. Zumeist lassen sich daher also die oben aufgeführten dritten Aspekte und Hinsichten trennscharf der einen oder anderen Perspektive zuordnen. Ferner sind Quantität und Qualität eben Kategorien und nicht arbiträr gewählte Etiketten. Man darf also erwarten, dass sie sich in eine klar erkennbare dialektische Ordnung bringen lassen, so dass ihr Verhältnis zueinander differenzierter und weniger beliebig ausfällt als bei herkömmlichen dualen oder triplizitären Schemata.

Es sei sogleich angemerkt, dass die Attribute negativ und quantitativ einerseits und positiv und qualitativ andererseits einander dabei nicht vollauf entsprechen. Insbesondere im Bereich der positiven Freiheit führt die Theorie der qualitativen Freiheit eine wichtige Differenzierung ein. Sie unterscheidet nämlich zwischen Konzeptionen, welche die *strukturell-abstrakte* Konzeption qualitativer Freiheit analysieren und solchen, die sich um die *konkret-materielle* Ausgestaltung derselben bemühen. Terminologisch lässt sich diese Unterscheidung am besten als eine zwischen der (strukturellen) *Idee* und den (partikularen) *Begriffen* qualitativer Freiheit ausdrücken, d.h. zwischen der einheitlichen Leitvorstellung von Freiheit und ihren unterschiedlichen Umsetzungsformen. An der Philosophie Kants (vgl. Abschnitt 2.1.4) und Krauses (vgl. Abschnitt 2.3.4) werde ich diese Unterscheidung näher herausarbeiten; sie wird uns sodann durch das gesamte Buch als Orientierungsraster begleiten.

Die Unfähigkeit zahlreicher anderer Freiheitstheorien, zwischen der Idee- und Begriffsebene deutlich zu unterscheiden, erscheint mir ein Grundübel der gegenwärtigen Debatte zu sein. Denn das Unvermögen, das Postulat, dass

97 | Vgl. Christian Bay, *The Structure of Freedom*, Stanford, California 1970, S. 58.

98 | Vgl. Carter, Kramer und Steiner, *Freedom*; siehe auch: Virginia Hodgkinson und Michael W. Foley (Hg.), *The Civil Society Reader*, Libanon 2009 (Originalausgabe: 2003). Im deutschen Diskurs wird dieser dritte Aspekte vor allem als »soziale Freiheit« eingefordert, vgl. Axel Honneth, *Das Recht der Freiheit – Grundriß einer demokratischen Sittlichkeit*, Frankfurt a.M. 2011.

überhaupt über die Qualität von Freiheit zu debattieren ist, von einem Plädoyer für eine *bestimmte* Form qualitativer Freiheit abzugrenzen, trägt Teilschuld an der Angst etlicher Liberaler und nahezu aller Libertären vor jeglichem Hinausdenken über den engen Horizont negativer Freiheit. Weil eine saubere Unterscheidung zwischen dem philosophischen Gedanken der Freiheit und seiner politischen Anwendung fehlte, identifizierte man fälschlich die Verteidigung der inhaltlichen Natur von Freiheit im Allgemeinen mit dem Verfechten bestimmter (beispielsweise sozialliberaler) Positionen im Besonderen.

So werfen Libertäre den Vertretern positiver Freiheit gerne eine »confusion« zwischen der Freiheit und den sie begleitenden Werten vor. Bruno Leoni (1913-1967) beispielsweise attribuiert eine solche »semantic confusion« allen, die in der Erde einen Gemeinbesitz der Menschheit und darin mögliche Schranken für die negative Freiheit erblicken und glauben, man schulde der Freiheit seiner Mitmenschen mehr als das Unterlassen von Schädigungen.[99] Friedrich August von Hayek sekundiert dies mit der Behauptung, alle Denker, die Freiheit durch soziale Gerechtigkeit anreichern wollen, unterlägen einer »confusion« zwischen Freiheit einerseits und anderen wünschenswerten Dingen wie Wohlfahrt, Wohlstand oder staatlicher Gestaltungsmacht andererseits.[100] Und Murray Rothbard (1926-1995) moniert, Isaiah Berlin sei in seiner (revidierten) Theorie der schlimmen »confusion« anheimgefallen, dass die Gemeinschaft den Einzelnen reale Lebenschancen schulde.[101] Allüberall verwirrte Philosophen; fragt sich nur, auf welcher Seite des Vorwurfs. Denn natürlich handelt es sich hier nicht um babylonische Sprachverwirrung, sondern um einen Konflikt der dem unterschiedlichen Sprachgebrauch zu Grunde liegenden Werte.[102] Im Hintergrund der auseinander gehenden Redeweisen stehen sachliche Fragen, wie: »Welche Freiheit?« und »Wessen Freiheit?«.

Abraham Lincoln hat das bereits gut 100 Jahre vor der Debatte über Berlins Aufsatz klipp und klar auf den Punkt gebracht.

> We all declare for liberty; but in using the same word we do not all mean the same thing. With some the word liberty may mean for each man to do as he pleases with himself, and the product of his labor; while with others the same word may mean for some men to do as they please with other men, and the product of other men's labor. Here are two, not only different, but incompatible things, called by the same name – liberty. And it follows that each of the things is, by the respective parties, called by two different and incompatible names – liberty and tyranny.

99 | Vgl. Leoni, *Freedom and the Law*, S. 54f.

100 | Vgl. Friedrich August von Hayek, *The Constitution of Liberty*, Chicago 1960, S. 16ff.

101 | Vgl. Rothbard, *The Ethics of Liberty*, S. 216.

102 | Vgl. Kramer, *The Quality of Freedom*, S. vii.

The shepherd drives the wolf from the sheep's throat, for which the sheep thanks the shepherd as a liberator, while the wolf denounces him for the same act as the destroyer of liberty, [...]. Plainly the sheep and the wolf are not agreed upon a definition of the word liberty; and precisely the same difference prevails today among us human creatures [...] .[103]

Ob man diese Rede nun im damaligen Kontext des amerikanischen Bürgerkriegs und der Sklavenemanzipation liest oder mit Blick auf gegenwärtige globalisierungsethische Debatten über die ökonomische Versklavung verarmter Bevölkerungsschichten, eines bleibt sich gleich: Vertreter positiver Freiheit werden stets mit Lincoln darauf bestehen, es dürfe jedenfalls nicht einfach des »wolf's dictionary« die Frage nach dem Begriff der Freiheit entscheiden. Die Idee der Freiheit ist also nicht zufälligerweise, sondern notwendigerweise umstritten; normative Aspekte schießen in ihre Bestimmung nicht irrtumsbedingt, sondern wertungsbedingt ein.[104]

Gerade weil über den jeweils für das Hier und Heute konkret angemessenen Freiheits*begriff* stets gestritten wird, ist die strukturelle *Idee* der Freiheit so zu konturieren, dass sie solche Differenzen integrieren kann, beispielsweise indem ihre letzte Konkretisierung nicht durch akademische Definitionen, sondern durch politische Verfahren erbracht wird. Theorien positiver Freiheit aber lassen oftmals diese für alle liberale Praxis so unerlässliche Dimension *prozeduraler* Freiheit vermissen und konkretisieren die Freiheitsidee lieber *ex cathedra*. Auch deshalb ist zur Negativ-Positiv-Doppelperspektive nicht zurückzukehren.

Wenn man sich hingegen erst einmal von dieser eingeübten Redeweise freimacht, wird man feststellen: Mit der Negativ-Positiv-Unterscheidung verhält es sich wie mit einer falsch eingestellten Brille. Legt man diese ab, so verschwinden optische Täuschungen; und derer gibt es viele: Manche Autoren erklären ja lauthals, dass sie einem rein negativen Freiheitsbegriff folgen und verzeichnen darin nicht unwesentlich ihre eigene Theorie (so beispielsweise Hayek, siehe Kapitel 3.1). Weitere wiederum unterstellen anderen Autoren Ansichten, die deren Begriff positiver Freiheit gar nicht enthält (wie am Beispiel der unberechtigten Kritik an T.H. Green vorgeführt) oder nehmen deren Theorien in einer Weise in Anspruch, die diese selbst (wie Isaiah Berlin) zurückweisen. Diese und weitere Unklarheiten im Freiheitsbild haben ihren tieferen Grund im verfehlten Fokus der Negativ-Positiv-Linse.

103 | Abraham Lincoln, *The Collected Works of Abraham Lincoln*, herausgegeben von: Roy Prentice Basler und der Abraham Lincoln Association, New Brunswick, New Jersey 1953, Bd. 7, S. 589.

104 | Vgl. Christine Swanton, *Freedom: A Coherence Theory*, Indianapolis, Indiana 1992, S. 1-10.

Philosophie darf an der Möglichkeit, verhedderte Debatten aufzudröseln, nicht untätig vorbeigehen, sofern sie konsequentes Handeln durch konsistentes Denken und dieses durch kohärentes Sprechen befördern will. Begriffliche Unterscheidungen sind umso wirkmächtiger und dienlicher, je grundsätzlicher und zugleich phänomengetreuer sie ausfallen. Die Kategorien der Quantität und der Qualität empfehlen sich daher gewissermaßen von selbst. Sie signalisieren ihre Kernbedeutung unmittelbar und erlauben dabei zugleich den Rückgriff auf ein beachtliches methodisches Potential: sowohl seitens der Naturwissenschaften (zur Modellierung quantitativer Verhältnisse), als auch seitens der Geisteswissenschaften (als Hüter von qualitativen Gesichtspunkten). Während – idealtypisch und überspitzt formuliert – erstere nach weitestgehend objektiven und möglichst wertfreien Kriterien ihren Forschungsgegenstand durch trennscharfe Definitionen abgrenzen, versuchen letztere die von ihnen studierten Phänomene durch einen Rückgriff auf subjektive Erfahrungen und Wertvorstellungen aufzuschlüsseln.[105]

Diese konträren methodischen Allianzen und Akzentsetzungen verklaren ihrerseits die Debatte. Es ist ja kein Zufall, dass Autoren, die einem naturwissenschaftlichen Methodenideal folgen, allen voran neoklassisch[106] ausgerichtete Ökonomen, sich zumeist an einer äußerlich-*quantitativen* Modellierung

105 | Natürlich liefern die hier formulierten Gegenüberstellungen nur eine äußerst grobe Orientierung. Die tatsächliche Situation ist keineswegs so gespalten in oppositionelle Erkenntniswege wie es einst behauptet wurde (wie von Charles Percy Snow, in: *The Two Cultures*, London 1959). Doch auch bei einer differenzierteren Betrachtung (wie zum Beispiel bei Stefan Hornbostel, »Schisma oder Diversifikation. Das Verhältnis von Natur-, Sozial- und Geisteswissenschaften«, in: Mechthild Dreyer, Uwe Schmidt und Klaus Dicke (Hg.), *Geistes- und Sozialwissenschaften an der Universität von morgen*, Wiesbaden 2014) bleibt doch nach wie vor die von Dilthey und Gadamer etablierte Unterscheidung zwischen kausal-erklärenden und kontextuell-verstehenden Methoden charakteristisch für das Verhältnis von Natur- und Geisteswissenschaften – und damit auch relevant für die sowohl geistige wie physisch sich auswirkende Eigenart der Freiheit, welche ohne derartige phänomenologische Hilfsmittel nur schwerlich befriedigend verstanden werden kann. Dazu siehe auch: Buchheim, *Unser Verlangen nach Freiheit kein Traum, sondern Drama mit Zukunft*.

106 | Traditionell wird unter Neoklassik die Wirtschaftstheorie in der durch Alfred Marshall (1842-1924) repräsentierten Fassung verstanden. Der u.a. von Thorstein Veblen in Umlauf gebrachte Begriff »neoklassisch« erklärt sich aus der Verschmelzung der »klassischen« Ökonomik (Smith, Ricardo etc.) mit nachträglich ausgearbeiteten Lehrsätzen der österreichischen Grenznutzenschule (Menger et al.) zu einem einheitlichen Lehrgebäude. Näheres zum Begriff: Jürg Niehans, *A History of Economic Theory: Classic Contributions, 1720-1980*, Baltimore; London 1990, S. 159ff.

von Freiheitsräumen (zum Beispiel mit *game* und *rational choice*-Theorien[107]) versuchen, während umgekehrt kultur- und geisteswissenschaftliche Denker mit *qualitativen* Methoden die Idee der Freiheit von ihrer eigenen Logik her einholen wollen. Beide Zugänge bringen Unterschiedliches zutage. Die Frage, wie jene Methoden eingesetzt und zu einander ins Verhältnis gebracht werden sollten, muss sich am Gegenstand entscheiden. Wir haben im Verlauf unserer Argumentation zuzusehen, mit welcher Kategorie am genauesten Wesen und Wirklichkeit der Freiheit gefasst werden, und von daher sodann die Methodenfrage zu klären.

1.3 Wie über Freiheit reden?

Freiheit stellt eine notwendigerweise umstrittene Idee dar.[108] Darum können wir nicht einfach loslegen mit irgendeiner Freiheitsdefinition und damit auf Anwendungsfragen zustürzen. Vielmehr ist erst einmal klarzumachen, was unterschiedliche Freiheitkonzepte lebensweltlich – moralisch, sozial, politisch, rechtlich, wirtschaftlich – austragen. Dies kann man auf verschiedenste Weisen tun. Ich halte es für sinnvoll, der historischen Entwicklung des Freiheitsgedankens in den letzten Jahrhunderten zu folgen. Die über die jüngere Vergangenheit sich erstreckende Wechselrede der Philosophen verdeutlicht im Streit über Probleme *mit* der Freiheit das Problem *der* Freiheit selbst: dass sich die Idee der Freiheit zugleich wie eine *Linse* und ein *Prisma* verhält. Je nachdem, wie man über Freiheit denkt, nimmt man andere Ausschnitte der Welt wahr – Freiheit fungiert als mehr oder weniger scharfe Linse – und sieht sie in unterschiedlichen Farben – Freiheit fungiert als Prisma. Daher nimmt es kaum wunder, wenn Intellektuelle angesichts der Freiheit und ihrer gesellschaftlichen Rolle mit Verve aneinander vorbeireden.

Jene Sprachverwirrung ist keineswegs zufällig. Ihr liegt eine Uneinigkeit zu Grunde über die Denkmuster und Kategorien, in und mit denen Freiheit am besten erfasst wird. Ohne dass wir an diese Unentschiedenheit in der Sache rühren, dürfen wir auf eine Klarheit in der Sprache kaum hoffen. Zunächst ist darum die Komplexität des Themas abzuschichten, um sodann den kategorialen Aufbau der Freiheitsidee schrittweise vorzunehmen. Ich möchte nach und nach auf einer vor dem Auge der Leser ausgebreiteten Leinwand diejenigen Bedeutungsschichten auftragen, die unser gegenwärtiges Freiheitsverständnis konturieren und kolorieren. Deswegen der historisch-systemati-

107 | Zur Rolle von *game theory* in der Freiheitsphilosophie siehe den Abschnitt 3.1.2 zu Hayek; zur Funktion von *rational choice theories* vgl. Kapitel 4.2. zu Sen.

108 | Vgl. Walter Bryce Gallie, »Essentially Contested Concepts«, in: *Proceedings of the Aristotelian Society*, 56 (1955): 167-198.

sche Vortrag, der herausgehobene Theorien der Freiheitsphilosophie in eine dialektische Bedeutungsfolge verwandelt und diese in der Gegenwart gipfeln lässt. Dabei erstreckt sich ein durchgehender Spannungsbogen aus Fragen, die von Kant und seinen Nachfolgern aufgeworfen werden bis hin zu ihrer aktuellen Beantwortung durch Philosophen der Gegenwart. Mit jedem historischen Schritt reichert sich unser Gedankengang systematisch an, um schließlich in gegenwärtigen Fragen- und Problemstellungen – etwa im Rahmen der *capability theory* – zu kulminieren.

1.3.1 Metaphysische Freiheitstheorien

Im ersten Teil dieses Buches nimmt die Philosophie Immanuel Kants (1724-1804) und seiner Nachfolger viel Raum ein, um ihrem zentralen Gedanken Rechnung zu tragen, dass Freiheit durch vernünftige Begrenzungen nicht negiert, sondern manifestiert wird. Jene epochale Einsicht wurde zunächst im Rahmen metaphysischer Systeme formuliert. Diese Metaphysiken begünstigten die Formung und beeinflussten die Formulierung auf vernünftige Selbstkritik abstellender Freiheitskonzeptionen. Bevor man sich daran machen kann, diese moralisch, rechts-, politik- und wirtschaftsphilosophisch auszulegen, gilt es, sie von Grund auf zu verstehen.

Noch vor jener Rekonstruktion der hier diskutierten metaphysischen Freiheitstheorien möchte ich einige Worte zur Legitimierung dieses Vorgehens sagen. Zwar gibt es mittlerweile eine beständig wachsende Anzahl von analytisch ausgebildeten Philosophen (wie zum Beispiel Charles Taylor, Bert Dreyfus, Hans Sluga, Alva Noë, Sean Kelly, Mark Wrathall, Hans-Johann Glock und Gary Gutting, um nur einige zu nennen), die zusehends mehr Texte der spekulativen Tradition für sich erschließen und als lehrreich bewerten. Doch reicht ihr Einfluss kaum hin, um hoffnungsfroh zu verkünden, die ehedem als unüberwindlich ausgerufene Kluft beider Lager sei bereits überbrückt. Nein, wer die Kollegen vom analytischen Ufer in den Strom eines ihnen unvertrauten Denkens hineinziehen will, hat zunächst aufzuzeigen, was es am andern Ufer denn zu finden gibt.

Jener Druck, die Relevanz spekulativen Denkens explizit darlegen zu müssen, ist jedoch kein unheimlicher Fluch, sondern erweist sich als heimlicher Segen für die Philosophie. Der analytische Sandstrahl vermag die wahren Reliefs metaphysischer Argumente freizulegen, welche andernfalls leicht unter Sprachschrullen und den oberflächlichen Verkrustungen autorenverliebter und ideengeschichtlicher Patina verborgen bleiben. Es hilft der Sache der Philosophie, dass heutzutage die Zumutung eines sich der augenscheinlichen Erfahrung und dem alltäglichen Sprachgebrauch bisweilen widersetzenden Theoretisierens eigens zu erklären ist.[109] Die Metaphysik verdankt ihrer Infragestellung eine begrüßenswerte Konzentration aufs Wesentliche.

So weisen Anhänger metaphysischer Philosophieverständnisse etwa auf die Unerlässlichkeit des *Verstehens* philosophischer Gedankengänge innerhalb ihrer systematischen und historischen Konstellationen hin: Wann immer die kontextuelle Verankerung bestimmter Ideen deren Gehalt mitprägt, ist auch denjenigen, die lediglich auf das Herausbrechen intellektuellen Baumaterials abzwecken, ein behutsamer Umgang mit den Fundamenten der Ausgrabungsobjekte anzuraten.[110] Ein Mindestmaß an Konstellationsforschung sowie an philologischem Sachverstand wird daher auch seitens historisch sorgfältig vorgehender analytischer Philosophen (einer heute nicht mehr randständigen Gattung) eingefordert.[111]

Die Geister scheiden sich jedoch an dem weiter reichenden Argument, dass nämlich die metaphysischen Fundamente nicht nur hermeneutisch, sondern auch sachlich relevant seien, um über die *Richtigkeit* bestimmter philosophischer Positionen zu befinden. Dort liegt der eigentliche Streitpunkt; und indem hier der Rekonstruktion der Geschichte der Freiheitsidee von Immanuel Kant (1724-1804) zu Karl Christian Friedrich Krause (1781-1831), während der Epoche des *Deutschen Idealismus*, viel Aufmerksamkeit geschenkt wird, wird unterstellt, dass metaphysisches Denken in der Tat auch in der heutigen Philosophie seinen legitimen Ort hat. Jedoch lässt sich dies kaum abstrakt-allgemein erweisen, so als ob man die Funktion der Metaphysik propädeutisch klären und sodann zum profanen philosophischen Tagesgeschäft fortschreiten könnte. Vielmehr unterliegt metaphysische Theorie wie jede andere auch den Kriterien guter Wissenschaftlichkeit, also zum Beispiel den Anforderungen argumentativer Stringenz und Sparsamkeit sowie inhaltlicher Plausibilität und Ergiebigkeit.[112] Wer im Wettkampf der Lehren gleiche Erschließungskraft mit voraussetzungsärmeren und konsistenteren Theorien erbringen kann, wird – sofern dem nicht mächtige Paradigmen im Weg stehen[113] – den akademischen Sieg davontragen. Deshalb lassen sich Sinn und Zweck des metaphysischen Denkens am besten am konkreten Exempel bewerten.

Die Behauptung, ein bestimmtes Theorem sei von seiner metaphysischen Einfassung nicht ohne inhaltliche Einbußen abzulösen, muss von Fall zu Fall geprüft werden; nicht nur dann, wenn dies seitens analytischer Philosophen

109 | Vgl. Josef Pieper, *Verteidigungsrede für die Philosophie*, München 1966.

110 | Vgl. Dieter Henrich, *Konstellationen: Probleme und Debatten am Ursprung der idealistischen Philosophie (1789-1795)*, Stuttgart 1991.

111 | Vgl. Don Garret, »Philosophy and History in the History of Modern Philosophy«, in: Brian Leiter (Hg.), *The Future for Philosophy*, Oxford; New York 2004, S. 58.

112 | Vgl. Carter, Kramer und Steiner, *Freedom*, S. 5.

113 | Vgl. Kuhn, Thomas S., *The Structure of Scientific Revolutions*, Chicago 1962.

als Totschlagsargument vorgebracht wird,[114] sondern auch, sofern Kontinentalphilosophen jene Behauptung als magischen Schild vor sich hertragen, etwa um aussagenlogische Infragestellungen abzuwehren. In beiden Fällen ist die sachliche Leistungskraft der in Anspruch genommenen Grundlagen entscheidend dafür, ob die jeweilige metaphysische Fundierung den in Rede stehenden Gedanken jeweils ab- oder aufwertet. Nicht alle metaphysischen Grundlagen schlagen schließlich auf die Sachebene der praktischen Philosophie durch. Nicht immer bedarf es daher ihrer Rekonstruktion: Einige Metaphysiker haben innerhalb ihrer Systeme Gedanken formuliert, die auch außerhalb derselben leichthin überzeugen.

In anderen Fällen aber gilt das nicht. Ob etwa die Funktion der Freiheit *entweder* darin liegt, Wert in eine wertleere und ansonsten wertlose Welt einzuschreiben (wie der epistemische Libertarismus behauptet[115]) *oder* aber vorausliegende Werte wahrzunehmen und umzusetzen, diese Frage ist keine müßige Spekulation. Die Antwort darauf beeinflusst unsere alltägliche Praxis fundamental. Im ersten Fall ließe sich beispielsweise die Natur weitgehend problemlos verzwecken; im zweiten setzten der Natur innewohnende Werte unserer Nutzung der Umwelt prinzipielle Grenzen. Den metaphysischen Fundamenten der hier verhandelten Argumente kommt also enorme praktische Bedeutung zu.

Manchmal – etwa bei geschichtsphilosophischer Vereinnahmung der Gegenwart im Dienste einer spekulativ verordneten Zukunft (man denke zum Beispiel an die kommunistischen Endzeitverheißungen des historisch-dialektischen Materialismus) – erscheint es unproblematisch, die sie tragenden metaphysischen Strukturen kurzerhand zu kassieren. Dann und wann wiederum – etwa im Ausgriff auf das kontrafaktische, kritische Potential moralisch-metaphysischer Ideen – könnte ein bedächtigeres Vorgehen ratsam sein. Liegt beispielsweise im Vermögen unserer Freiheit, die jeweils erreichten Optionen kritisch zu hinterfragen und normativ zu überbieten, ein Phänomen vor, das

114 | Vgl. Hans Reichenbach und Maria Reichenbach, *Der Aufstieg der wissenschaftlichen Philosophie*, Berlin-Grunewald 1951, S. 13, 82ff.

115 | Epistemischer, voluntativer und politischer Libertarismus sind nicht notwendig gleichläufig. Ersterer verneint, das der Welt intrinsische Werte innewohnen und abgelesen werden können (libertäre Wissenstheorie). Zweiterer hält naturale Determination und freiheitlichen Willen für unvereinbar (Inkompatibilismus) und erteilt der Freiheit den Vorrang (libertäre Willenstheorie). Der politische Libertarismus konzentriert sich auf die praktisch-äußere Freiheit des Menschen (libertäre Handlungstheorie) und möchte diese so wenig als möglich beschränkt sehen, wie etwa bei: R. Malcolm Murray und Jan Narveson (Hg.), *Liberty, Games and Contracts: Jan Narveson and the Defence of Libertarianism*, Aldershot, England; Burlington, Vermont, 2007.

einen metaphysischen Ausdruck verlangt?[116] Ist Freiheit vielleicht angemessen nur durch eine Idee auszudrücken, die notwendigerweise über jegliche ihrer Umsetzungen schon hinausweist?[117] Dies soll hier nicht entschieden werden, sondern nur besagen: Die Rechtfertigung metaphysischer Freiheitstheorien hat von Fall zu Fall zu erfolgen – im ständigen, kritischen Abgleich mit unserer Intuition. Der Beitrag der Metaphysik für die Klärung der Freiheitsidee hat anhand ihrer theoretischen Erschließungskraft und praktischen Ergiebigkeit und nicht aus anti- oder prometaphysischer Voreingenommenheit bewertet zu werden. So kann also der analytische Dreschflegel spekulative Spreu von metaphysischem Weizen trennen helfen.

Umgekehrt nutzt eine Sensibilität für metaphysisches Denken analytischen Ansätzen. Denn nicht selten schleichen sich ja unbemerkt spekulative Grundüberzeugungen auch in die Versuche solcher Denker ein, denen es dezidiert darum zu tun ist, gänzlich metaphysikfrei zu philosophieren (wie beispielsweise Rawls, siehe Abschnitt 3.2.1). So etwa bestimmen oft den Aufbau sachhaltiger Theorien des Politischen und der Wirtschaft bestimmte Grundannahmen über die Beschaffenheiten unserer Lebenswelt wie auch über die wissenschaftlich korrekte Weise, diese zu erkunden. Jene ontologischen und epistemologischen Annahmen jedoch, die nicht selten *ad hoc* eingeführt und schlicht vorausgesetzt werden, lassen sich ihrerseits oftmals nur durch Argumente stützen, die metaphysischer Natur sind.[118]

Während jedoch Metaphysiker sich in einem reflexiven Verhältnis zu ihren ja eigens *explizierten* spekulativen Axiomen befinden und über deren Gehalt zumeist Rechenschaft geben, gilt dies für Theorien analytischer Provenienz oft nicht. Diese werden, zumal sofern sie ihren Geltungsanspruch aus ihrer vorgeblichen Metaphysikfreiheit ableiten, durch den Aufweis *impliziter* metaphysischer Strukturen nicht selten von Grund auf erschüttert. Der von analytischen Philosophen ausgehende Metaphysikvorwurf erweist sich dann als Bumerang und trifft die am härtesten, von denen er ausgesprochen wird. Während also von der Metaphysik der Freiheit oft ein kurzer, gerader Weg zu einer

116 | Vgl. David Christopher Schindler, *The Perfection of Freedom: Schiller, Schelling and Hegel between the Ancients and the Moderns*, Eugene, Oregon 2012.

117 | Vgl. Herbert Marcuse, *Reason and Revolution: Hegel and the Rise of Social Theory*, London; New York 1941.

118 | John Gray urteilt, »some useful variant of the idea of a real or rational will may survive the demise of the rationalist metaphysics [...] in which it has traditionally been embedded.« Denn irgendeine »norm of human nature« brauche der philosophische Liberalismus schon, um nicht in leerer Abstraktheit zu verharren. Diese »dependency of views of freedom on conceptions of man« sei auch seitens analytischer Philosophen ehrlicherweise einzugestehen; John Gray, *Liberalisms: Essays in Political Philosophy*, London; New York 1989, S. 59f.

sich ihrer eigenen Prämissen kritisch bewussten Freiheitstheorie führt, gelangen nicht wenige analytisch-empirische Theorien dorthin nur auf Umwegen. Ersteren steht der Königsweg argumentativer Rekonstruktion offen, letzteren nur die verschlungenen Pfade der Dekonstruktion. Auf die Formel gebracht hat diesen Zusammenhang Francis Herbert Bradley mit der knappen Bemerkung: »So long as you refuse to read metaphysics, so long will metaphysical abstractions prey upon you.«[119] *Nolens volens* wird so der analytische Verstand zur metaphysischen Vernunft gebracht.

1.3.2 Quantitative Freiheitstheorien

Während die kontinentaleuropäische Philosophie bis zur Mitte des 19. Jahrhunderts die Idee der Freiheit metaphysisch verankerte, wendete man sich im angloamerikanischen Raum seit dem späten 18. Jahrhundert eher empirisch ausgerichteten Freiheitstheorien zu. Deren Ziel war es, sich rein ans sinnlich Fassbare zu halten und Freiheit physikalisch dingfest zu machen. Das hatte handfeste Gründe. Man war durch lange, bittere, religiös motivierte oder doch zumindest theologisch legitimierte Bürgerkriege zermürbt. Der Zustand, dass im Namen ihrer metaphysischen Überzeugungen einige Christenmenschen andere in Leib und Leben versehrten, sollte für alle Mal beendet werden. Viele Denker wollten daher Eindeutigkeit und Klarheit schaffen, wer wen wie wann und warum in Schranken setzen konnte. Daher definiert Thomas Hobbes (1588-1679) etwa Freiheit ganz und gar physikalistisch: »By LIBERTY, is understood, according to the proper signification of the word, the absence of external impediments: [...].«[120] Wasser, erklärt Hobbes, »kept in by banks, or vessels« (ebenda) ist nicht (mehr) frei; Wasser, das seiner eigenen Fließrichtung folgt, hingegen schon. Freiheit wird also nicht mit Blick auf ihren Inhalt und innere Zielrichtung ausgewiesen, sondern rein äußerlich, *via negationis*, durch die Abwesenheit von körperlichem Zwang und physischer Einwirkung definiert:

> LIBERTY, or FREEDOM, signifieth (properly) the absence of opposition; (by opposition, I mean external impediments of motion;) and may be applied no less to irrational, and inanimate creatures, than to rational. For whatsoever is so tied, or environed, as it cannot move, but within a certain space, which space is determined by the opposition of some external body, we say it hath not liberty to go further. And so of all living creatures, whilst they are imprisoned, or restrained, with walls, or chains; [...].[121]

119 | Francis Herbert Bradley, *Ethical Studies*, London 1876, S. 56.

120 | Thomas Hobbes, *Leviathan*, Menston 1996 (Originalausgabe: 1651), Ch. XIV, 2.

121 | Ebenda, Ch. XXI, 1.

Im Umkehrschluss wäre zu folgern, dass ein Mensch, der im Wahn oder Drogenrausch handelt, aber von seiner Umwelt physisch unbehelligt bleibt, als *frei* anzusehen ist. *Diese* Lesart wird von Hobbes ausdrücklich bekräftigt; er will *liberty* eben nicht als Freiheit des Geistes (beispielsweise sich von solcher Sucht zu emanzipieren), sondern allein als körperliche Freiheit – als Bewegungsfreiheit – verstanden wissen. Wiederholt definiert er darum »liberty in the proper sense« als »corporal liberty; that is to say, freedom from chains, and prison, [...]«. Die *physischen Möglichkeiten* der Bürger »to choose their own abode, their own diet, their own trade of life [...]« machen in seinen Augen den Kern der Freiheit aus (ebenda). Demzufolge werden die Gesetze der Gesellschaft als »artificial chains« empfunden;[122] Freiheit kann nur *außerhalb* derselben, im von Gesetzen (noch) nicht geregelten Bereich existieren. Je weniger man durch derlei Beschränkungen gegängelt wird, umso freier ist man. Freiheit, so verstanden, meint also *Freiheit von* Beschränkungen; sie definiert sich *negativ* über deren Abwesenheit. Je weniger Grenzen, desto mehr Freiheit; je mehr Freiheit, umso besser; es handelt sich um ein quantitatives Freiheitsverständnis.

Im zweiten Teil des Buchs werden mit Rawls und Hayek zwei repräsentative Vertreter quantitativ ausgerichteter Theorien untersucht, die Freiheit ebenfalls zufolge ihres *äußeren* Umfangs und der *Menge* der darin eingeschlossenen Optionen beschreiben. Unser explizites Freiheitsverlangen wird dabei umgedeutet zu dem impliziten Wunsch, die Menge unserer Wahlmöglichkeiten zu maximieren. Man will so den Rekurs auf die Innerlichkeit der Freiheit vermeiden und sich an die klar markierte Fahrrinne der Abzählbarkeit halten, um das Schiff der Freiheit sicher in den Hafen des modernen Rechtsstaats zu bringen. Weshalb sich auf subjektive Untiefen und metaphysische Strudel einlassen? Warum sich den Winden eines spekulativen Geistes und den Wechselströmungen qualitativer Intuitionen aussetzen?

Die stilbildende Vorlage zu diesem (vor allem in der *Chicago School of Economics* beliebten, außerhalb derselben eher berüchtigten) Positivismus der Freiheit lieferte Jeremy Bentham (1748-1832): »You and your neighbour, suppose, are at variance: he has bound you hand and foot, or has fastened you to a tree: in this case you are certainly not at liberty as against him: on the contrary he has deprived you of your liberty [...].«[123] Solch' willkürliche Gewalt, meint Bentham, schafft, im gesellschaftlichen Durchschnitt betrachtet, den Tätern weniger Nutzen als sie die Opfer kostet. Somit soll, als neutraler Sachwalter der quantitativen Freiheit aller, der Gesetzgeber einschreiten. Seine Regelungskraft »cuts off on the one side or the other a portion of the subject's liberty«

122 | Ebenda, Ch. XXI, 6.

123 | Jeremy Bentham, *Of Laws in General*, herausgegeben von: Herbert Lionel Adolphus Hart, London 1970, Appendix B, Part I, S. 253f.

(ebenda), um die gesellschaftliche Gesamtmenge an Freiheiten zu maximieren.

Liberty then is of two or even more sorts, according to the number of quarters from whence coercion, which it is the absence of, may come: liberty as against the law, and liberty as against those [...] *wrongdoers*. In the same proportion and by the same cause by which the one is increased, the other diminished. (Herv. i.O.)

Die beiden Optionen – dem Gesetz zufolge und zuwider zu handeln – werden dabei keiner *inhaltlichen* Prüfung unterworfen. Es gilt einfach auszutarieren, bei welchem Schnittpunkt beider Kurven Individuen durchschnittlich mit der meisten Freiheit davonkommen. Dazu sind gemäß der maximierungsorientierten Logik der Quantität der individuellen Freiheit Grenzen zu setzen. Das Argument folgt dem geometrischen Schema zahlloser Körper in begrenztem Raum: Wenn ein jeder sich einfach nach Gutdünken bewegt, so kommt es unweigerlich zu unliebsamen Zusammenstößen. Zwangsbewehrte Koordinationsregeln müssen also her, welche (indem sie die individuellen Freiheitsräume hier und da etwas beschneiden) die Gesamtmenge der kompossiblen Freiheiten (und damit letztlich den Freiheitsraum eines jeden) vergrößern.

Um dies einzusehen, bedarf es keiner moralischen *Vernunft;* rechnender *Verstand* reicht aus.[124] Das benötigte Regelsystem wird deshalb als ein von der – qualitativen – Debatte um das gute Leben ablösbares Gefüge des Rechts vorgestellt. Dem könne ein jeder (so tönt es von Thomas Hobbes bis John Rawls immer wieder) unabhängig von seinen moralischen oder religiösen Letztorientierungen, nur aufgrund einer klugen – quantitativen – Berechnung seines eigenen Vorteils beziehungsweise seines privaten Optionsraumes zustimmen.[125] Der liberale Rechtsstaat wird mithin, so scheint es, mit minimalen Voraussetzungen gerechtfertigt, nämlich als Maximierungsmittel individueller Freiheiten. Diese Unabhängigkeit von normativen Vorgaben empfiehlt jene quantitative Konzeption von Freiheit für den kulturellen Export und für die rechtliche Verfassung einer sich fortschreitend globalisierenden Welt, so heißt es.[126]

124 | Vgl. Joel Feinberg, *Freedom and Fulfillment: Philosophical Essays*, Princeton, New Jersey 1992.

125 | Vgl. Mark E. Button, *Contract, Culture and Citizenship: Transformative Liberalism from Hobbes to Rawls*, University Park, Pennsylvania 2008.

126 | Vgl. Milton Friedman und Rose D. Friedman, *Free to Choose: A Personal Statement*, San Diego 1990; Michael Novak, »Economics as Humanism«, in: *First Things: A Monthly Journal of Religion and Public Life*, No. 76 (1997): 18-19.

Ganz so glatt läuft es jedoch nicht. Das Modell drängt sämtliche Hinsichten, die sich der Logik eines quantitativen Zuwachses an individueller Handlungsmacht nicht recht einfügen, in den privaten Sektor ab. Oft werden die konkreten Kontexte gelebter Freiheit abgewertet. Umwelt, Mitwelt und Nachwelt tauchen in den Theorien quantitativer Freiheit nur selten und randständig auf: Die Respektierung des Anderen als sozial, ökonomisch oder medizinisch Schwachen, als rechtlich Unterprivilegierten oder politisch Diskriminierten sowie die Wertschätzung aller nicht autark über sich selbst verfügenden Natur erscheint in quantitativ orientierten Liberalismen auffallend unglaubwürdig. Und das hat systematische Gründe.

Die Theorie quantitativer Freiheit ist am Modell eines rationalen Tauschs orientiert. Wenn die Respektierung des anderen als *Negation* (weil Beschränkung) eigener Interessen konzipiert ist, so wird man diese nur dann gewähren, wenn man dafür etwas zurück erhält: im Normalfall eine ebensolche Rücksichtnahme der anderen. Das Rechtskonzept des quantitativen Liberalismus funktioniert zufolge hypothetischer, nicht kategorischer Begründungen; bedingt, nicht unbedingt motiviert. Wie die Unterlassungspflichten, so auch alle Leistungspflichten. Man unterstützt andere, insofern diese zu einer eben solchen oder zu einer andersartigen, quantitativ aber gleichwertigen Unterstützung verpflichtet werden können; andernfalls nicht. Wo kein symmetrischer Tausch stattfindet, bleibt, streng genommen, der Grund zur Vergemeinschaft aus. Wozu sich auf rechtlich ausgeformte Selbstbeschränkung oder auf Hilfsleistungen verpflichten lassen, wenn man als rationaler Eigennutzmaximierer nichts davon hat? Die Probleme, die ein solches Vorgehen für den Aufbau einer belastbaren Freiheitsphilosophie mit sich bringt, illustriere ich unten ausführlich anhand der Werke von Hayek (Kapitel 3.1) und Rawls (Kapitel 3.2). Denn jene Probleme treiben das liberale Denken geradewegs auf qualitative Denkbestimmungen hin.

1.3.3 Qualitative Freiheitstheorien

Jedem leuchtet ein, dass eine kleine Menge guter Wahlmöglichkeiten einer großen Menge scheußlicher Optionen vorzuziehen ist. Stellen wir uns – einem Beispiel des Nobelpreisträgers Amartya Sen folgend – zwei Welten vor, die im Hinblick auf die in ihnen vorhandenen Freiheitsoptionen numerisch gleich ausgestattet sind. Die eine enthält die unattraktive Freiheit, an Pocken zu erkranken, während die andere, da Politik eingegriffen und den Erreger ausgemerzt hat, die Freiheit ermöglicht, ohne Angst vor jener Krankheit zu leben.[127] In quantitativer Hinsicht, d.h. in der Anzahl vorfindlicher Optionen von Frei-

127 | Vgl. Amartya Sen, *Rationality and Freedom*, Cambridge, Massachusetts; London 2002, S. 602.

heit, gleichen sich beide Welten. Qualitativ besteht natürlich ein – himmelweiter – Unterschied. Dieser aber scheint nur in am menschlichen Wohl und Wehe orientierten Wertbegriffen auf. Insofern kann schiere Quantität nicht der Freiheit letzter Kern sein. Unsere Vernunft rechnet angesichts eines solchen Vergleichs gar nicht, sondern urteilt; sie misst nicht, sie wertet.

Für den entsprechenden Versuch, sinnvolle von sinnloser Freiheit abzugrenzen, steht die Idee qualitativer Freiheit. Sie stellt die Frage »*Welche* Freiheit?« in den Vordergrund und ordnet ihr die Frage »*Wie viel* Freiheit?« nach. Erst, so der Grundgedanke, wenn wir um die Güte und Qualität einer gewissen Option wissen, können wir beurteilen, wie viel dieser Freiheit wir uns und anderen zugestehen sollten.[128] Dabei *grenzt* eine Theorie qualitativer Freiheit die Kategorie der Quantität nicht *aus*, sondern *ein*: sie setzt sie an zweite Stelle, will sie aber keinesfalls ersetzen. Weder gilt hier automatisch »mehr ist besser als weniger« noch umgekehrt »weniger ist mehr«. Sondern stets muss es heißen: »es kommt darauf an«, welche Freiheit und wessen Freiheit jeweils eingefordert wird.[129]

Fremdbestimmung kann Freiheit vernichten, aber selbstauferlegte Grenzen? Ein Versprechen beispielsweise, das ein Freund dem anderen gibt, lässt sich natürlich – quantitativ – als drastische Reduzierung der Zahl möglicher zukünftiger Verhaltensoptionen auf nur eine einzige begreifen. Ein Minus demnach, das langfristig durch ein Plus an Vorteilen, die jene Freundschaft bietet, ausgeglichen werden müsste. Oder man kann – qualitativ – in jenem Versprechen statt einer Reduzierung der eigenen Freiheit, gerade deren Realisierung erkennen. Der Einzelne kann seine Ehre und seinen Stolz darein legen, dem Freund gegenüber Wort zu halten. Treue muss keineswegs durch Nutzen erkauft werden, sondern kann aus einer werteorientierten Einstellung folgen, die der Versprechende zu sich, zum Freund und zur Welt als ganzer einnimmt. Ähnlich lässt sich denken, dass autonom verfügte Beschränkungen – zugunsten etwa unserer sozialen, natürlichen und kulturellen Umwelten – unsere Freiheit nicht negieren, sondern manifestieren.[130] Denn oft geht es uns

128 | Vgl. Gerald Dworkin, *The Theory and Practice of Autonomy*, Cambridge, United Kingdom; New York 1988, S. 14.

129 | »Ob wenig oder mehr Staatstätigkeit, diese Frage geht am Wesentlichen vorbei. Es handelt sich nicht um ein quantitatives, sondern um ein qualitatives Problem.« (Walter Eucken, *Unser Zeitalter der Misserfolge; fünf Vorträge zur Wirtschaftspolitik*, Tübingen 1951, S. 72)

130 | Vgl. Philip Pettit, *A Theory of Freedom: From the Psychology to the Politics of Agency*, Oxford; New York 2001.

ja weniger um das Maximieren von Optionen, als um deren Optimierung, d.h. um das Ausweiten und Ausleben besonders geschätzter Freiheiten.[131]

Dass die Idee qualitativer Freiheit Vorläufer und Vorbilder in der Kontinentalphilosophie hat, führen die nachfolgenden Kapitel ausgiebig vor Augen. Doch auch im angloamerikanischen Denken fand und findet der Gedanke einer qualitativen Erörterung der Freiheit namhafte Anhänger. John Locke etwa schied bereits *liberty* qualitativ von *license* ab anhand des Kriteriums, ob eine bestimmte Option mit vernünftigen Gesetzen zusammenbestehen könne oder nicht. Der Mensch hat eben, Locke zufolge, im sogenannten Naturzu stand weder die Freiheit »to destroy himself« noch die Freiheit »to harm another in his life, health, liberty, or possessions«.[132] Natürliche Freiheit zielt auf ein wesensgerechtes, kein wesenswidriges Ausleben der menschlichen Natur. Locke teilt zwar das Ansinnen von Hobbes, individuelle Freiheit möglichst weit auszudehnen, geht aber nicht dessen Schritt mit, in jeder staatlichen Norm eine Negierung von *liberty* zu erblicken. Vielmehr sieht er, im Einklang mit der naturrechtlichen Tradition von Stoa, mittelalterlicher Philosophie und Spätscholastik, dass einige normierende Funktionen des Staates die Freiheit der Einzelnen zu stärken vermögen:

For *Law*, in its true Notion, is not so much the limitation as the direction of a free and intelligent agent to his proper interest, and prescribes no farther than is for the general good of those under that law: could they be happier without it, the *Law*, as an useless thing, would of itself vanish; and that ill deserves the Name of Confinement which hedges us in only from Bogs and Precipices. So that, however it may be mistaken, *the end of Law* is not to abolish or restrain, but to *preserve and enlarge Freedom*: for in all the states of created beings capable of laws, *where there is no law, there is no Freedom*: for Liberty is to be free from restraint and violence from others; which cannot be, where there is no law: But Freedom is not, as we are told, *A Liberty for every man to do what he lists*: (for who could be free, when every other Man's Humour might domineer over him?) But a *Liberty* to dispose, and order as he lists, his person, actions, possessions, and his whole property, within the Allowance of those Laws under which he is, and therein not to be subject to the arbitrary Will of another, but freely follow his own.[133]

Indem das Gesetz das Recht des Stärkeren durch die Stärke des Rechts ersetzt, reduziert es Unfreiheit, nicht Freiheit. Freiheit gibt es für Locke daher nicht

131 | Vgl. Jon Elster, *Ulysses and the Sirens: Studies in Rationality and Irrationality*, Cambridge, United Kingdom; New York 1979.

132 | John Locke, »*The Second Treatise of Government*«, in: *Two Treatises of Government, herausgegeben von: Peter Laslett*, Cambridge, United Kingdom 1960 (Originalausgabe: 1689).

133 | Ebenda, S. 305f.

nur *vom* Staat, sondern gerade auch *durch* den Staat. Während in der quantitativen Denkungsart von Hobbes auch vernünftige Gesetze einen Verlust individueller Freiheit bedeuten, versteht Locke diese als einen Freiheitsgewinn. Indem Locke den Akzent auf die *Vernünftigkeit* der staatlichen Regelungen legt, schiebt er allen Ansätzen einen Riegel vor, die in Freiheit nichts weiter als das ungehinderte Ausleben gegebener Präferenzen verstehen.

Diesen qualitativen Vorbehalt durch ein quantitatives Verfahren zu ersetzen, also alle Präferenzen gleich gelten zu lassen und einfach abzuzählen, führt nicht zu besonders liberalen, sondern zu besonders absurden Zuständen: Wahnwitzige, grausame oder menschenverachtende Präferenzen sind nicht dasselbe wie Allerweltsvorlieben.[134] Einige Optionen haben mit Autonomie weniger zu tun, andere mehr. Zum Beispiel sind doch wohl die Freiheit zu religiöser Selbstbestimmung einerseits und die Freiheit, rund um die Uhr Lebensmittel einkaufen zu können andererseits, signifikant ungleich und vom Staat ungleich zu behandeln. Benötigen wir nicht darum auch eine Freiheitstheorie, die solche qualitativen Divergenzen erfassen und bewerten kann?

Welche Bestimmung aber könnten wir der Idee der Freiheit geben, sodass sinnvolle Freiheitsbeschränkungen ermöglicht, wesensfremde, arbiträre und illiberale Beschneidungen derselben aber verhindert werden? In der *quantitativen* Logik werden Grenzen der individuellen Freiheit, die dem Schutz der Freiheit aller dienen, lediglich als ungeliebte, wenngleich notwendige Freiheitsbeschränkungen angesehen, d.h. als ein primäres *Minus* an Freiheit, das, um sich zu rechnen, erst sekundär durch ein *Plus* an Sicherheit oder Nutzen ausgeglichen werden muss. Von *qualitativer* Warte aus aber erscheinen sie als an sich selbst zu bejahende Akte allseitiger Freiheitsermöglichung. Externe Schranken und immanente Grenzen sind eben zweierlei. Bildhaft gesprochen: Eine Wand begrenzt die Bewegungsfreiheit anders als die eigene Haut. Man mag bisweilen Freiheit gewinnen, wenn man Wände einreißt, kaum aber indem man sich der eigenen Haut entledigt.

Wenn die Idee der qualitativen Freiheit Abwehrgrundrechte gegen Übergriffe Dritter oder des Staats (wie Meinungsäußerungsfreiheit, Religionsfreiheit, Bewegungsfreiheit etc.) einfordert, so doch ganz anders als in Theorien quantitativer Freiheit. Im Unterschied zu jenen begibt sie sich gar nicht erst in *hypothetische* Kalküle, die besagen, dass allein, *wenn* die Gewährung gewisser Abwehrfreiheiten allseitig nützlich erscheint, es *dann* auch rational sei, sich entsprechende Restriktionen aufzuerlegen. Vielmehr greift die Logik qualitativer Freiheit das Thema *kategorisch* auf: *Weil* Abwehrfreiheiten es Bürgern ermöglichen, innerhalb bestimmter Grenzen eigenständige Qualifizierungen ihrer persönlichen Freiheiten vorzunehmen, *deshalb* sind alle unbedingt aufgefordert, einander ebensolche Freiheiten zu gewährleisten. Die *bedingte*, von

134 | Vgl. Gray, *Liberalisms: Essays in Political Philosophy*, S. 59.

der Nachweisbarkeit reziproker Nützlichkeit abhängende Gültigkeit der quantitativ-liberalen Herleitung abwehrfreiheitlicher Regelungen wird mithin im qualitativ-liberalen Ansatz durch eine unbedingte Logik bewahrt und zugleich überboten.

Die Idee der qualitativen Freiheit kann sich darum auch auf *asymmetrische* Beziehungen erstrecken. Auch Menschen, von denen wir nichts dafür zurückerhalten, schulden wir die Etablierung und Gewährleistung ihrer Freiheitsrechte. Seien dies nun weit entfernt lebende Menschen oder die Angehörigen zukünftiger Generationen, handele es sich um besonders produktive Menschen oder um Menschen mit schweren Behinderungen. Der Anspruch eines jeden Menschen auf Freiheit hängt in der qualitativen Betrachtungsweise nicht von seiner Gegenleistung oder Nützlichkeit ab, sondern wird an und für sich anerkannt: als Grundrecht einer jeden Person, als universales Menschenrecht. Hierzu gehört die namentlich von Martha Nussbaum und Amartya Sen immer wieder nachdrücklich gestellte Frage, welche Befähigungen (*capabilities*) Menschen benötigen, um allererst abstrakte Freiheitsrechte in konkrete Freiheitschancen umzusetzen, oder inwiefern die Inanspruchnahme bestimmter Freiheiten uns verpflichtet, auch unseren Mitmenschen die Wahrnehmung ebensolcher Freiheiten zu ermöglichen.[135]

Zugleich öffnet sich die Idee qualitativer Freiheit für Fragen der moralischen Verbindlichkeiten, der ökologischen Nachhaltigkeit, der sozialen Mitbestimung und der kulturellen Rücksicht. Aus der Perspektive quantitativer Freiheit werden all jene Belange zunächst einmal, d.h. bis zum Nachweis ihres Nutzens für den je eigenen Freiheitserhalt, als externe Schranken der privaten Freizügigkeit angesehen. Von der Warte qualitativ gedachter Freiheit aus wäre hingegen zu erwägen, ob und inwiefern es sich hierbei um sinnvolle Konturen der Freiheit handeln könnte; also anstatt um externe Schranken um interne Grenzen der Selbstbestimmung, die erst den wahren Gehalt und die eigentliche Gestalt der Freiheit zu erkennen geben.

135 | Vgl. Benedetta Giovanola, »Re-Thinking the Anthropological and Ethical Foundation of Economics and Business: Human Richness and Capabilities Enhancement«, in: *Journal of Business Ethics*, 88, No. 3 (2009): 431-444; Domènec Melé, »Editorial Introduction: Towards a More Humanistic Management«, in: *Journal of Business Ethics*, 88, No. 3 (2009): 413-416.

2 Metaphysik der Freiheit

Die Geschichte der kontinentaleuropäischen Freiheitsphilosophie wird gerne in einer historisch-systematischen Sequenz von Kant über Fichte und Schelling zu Hegel abgearbeitet. In jenen Darstellungen liefert Kant den intellektuellen Ausgangspunkt zur Konstruktion der Freiheitsidee. Fichte zieht diesen Punkt zu einer Linie aus, welche zudem die *subjektiven*, bewusstseinstheoretischen Voraussetzungen der Freiheitsidee konturiert. Schelling fügt eine gegenüberliegende Gerade ins Gebiet ihrer *objektiven*, naturphilosophischen Grundlagen hinzu. Und Hegel schließt beide Ausfallwinkel zu einem Dreieck zusammen durch die Einzeichnung einer *absoluten*, Subjektives und Objektives verbindenden Grundlinie.[1] Dieses Schema vereinfacht stark und ist darin zugleich *hilfreich* und *hinderlich*.

Hilfreich ist die abstrakte Markierung von idealtypischen Positionen, die sich im Blick auf eine sich kritisch selbst prüfende Freiheit ergeben. In der Tat lässt sich ja die Frage kaum von der Hand weisen, welche subjektiven und objektiven Voraussetzungen Freiheit benötigt, sowie die Überlegung, wie diese dauerhaft zum Ausgleich gebracht werden können. Dabei hilft jenes Dreiecksschema, bestimmte Perspektiven weder zu übersehen noch ungebührlich zu betonen. Nur das Miteinander subjektiv-innerer und objektiv-äußerer Bedingungen sowie eine beide gemeinsam umgreifende und ins rechte Verhältnis zueinander bringende Theorie können, so suggeriert das Denkbild korrekt, das Ganze der Freiheit namhaft machen.

Hinderlich wird die Darstellung allerdings dort, wo sie für eine akkurate Wiedergabe der in ihr verarbeiteten Philosophien gehalten wird. Deren Positionen werden so eher karikiert als charakterisiert. Die Geschlossenheit des Schemas suggeriert beispielsweise, die darin vorkommenden Denkfiguren seien einseitig und abgeschlossen, wohingegen die bis auf heute bestehende Attraktivität der Philosophie Fichtes, Schellings und Hegels gerade in ihrer Vielseitigkeit und in ihrer Offenheit für alternative Auslegungen besteht. Ich

1 | Vgl. den »Klassiker« von Richard Kroner: *Von Kant bis Hegel*, Tübingen Bd. 1: 1921; Bd. 2: 1924.

übernehme diese gängige Konstruktionszeichnung hier daher nicht. Stattdessen verfolge ich mit einer anderen Autorenauswahl die Absicht, jene Epoche der Philosophie zu öffnen für Anfragen, die sich unserem gegenwärtigen Denken stellen. Statt im *Deutschen Idealismus* die *abschließende Antwort* auf das Freiheitsproblem zu finden, möchte ich mit jenen Philosophien die es *aufschließenden Fragen* suchen. Darum auch habe ich nicht Georg Willhelm Friedrich Hegel (1770-1832), sondern dem hierzulande weniger bekannten Philosophen Karl Christian Friedrich Krause (1781-1832) das Schlusswort zur metaphysischen Freiheit eingeräumt. Methodisch und inhaltlich ist Krauses Philosophie offener – partizipativer wie prozeduraler – angelegt als die Hegels und seiner Schüler (dazu mehr in Abschnitt 2.3.1). Sie steht unserem heutigen Denken daher näher.[2]

Kants Philosophie eröffnet die Untersuchung. Sie liefert das zentrale Problem einer sich kritisch auf sich selbst beziehenden Theorie von Freiheit. Wenn nämlich Freiheit sich jeglicher externer Vorgaben entledigt und alle traditionellen Werte und Bindungen hinterfragt, wenn also Freiheit sich zuletzt nur noch auf sich selbst stützt, wie kann sie dann vor ihrer Auflösung in Beliebigkeit und von einem damit einhergehenden Zerstören ihrer eigenen, beispielsweise kulturellen Voraussetzungen bewahrt werden?

Fichte will hierzu die Lösung liefern, indem er zuerst die Abgründigkeit der Freiheit – ihre Möglichkeit, die ganze Welt zu negieren – vor Augen führt und sodann eine letztbegründete Festlegung aller individuellen Freiheiten verficht. Freiheit kann, so macht Fichte glauben, nur vor sich selbst geschützt werden, indem sie in allen ihren Ausprägungen den Forderungen einer bis ins Kleinste ausformulierten Vernünftigkeit der Lebensführung genügt. Der Philosoph weist deshalb die Bürger an, wie sie ihre Freiheit richtig zu gebrauchen haben. Es resultiert ein *direktiver Liberalismus.*

Dem stemmt sich die – in Deutschland zu Unrecht vergessene – Philosophie des Fichte-Schülers Karl Christian Friedrich Krause (1781-1832) mit Entschiedenheit entgegen. Krause, dessen Philosophie in der Spanisch und Portugiesisch sprechenden Welt bis auf den heutigen Tag weithin als Maßstäbe setzender kosmopolitischer Liberalismus geehrt wird, setzt auf *Freiheit als Methode*: Freiheit soll durch freiheitliche Mittel befördert werden. Folglich definiert weniger der Staat, sondern es bestimmen die Bürger die Formen der Freiheitspflege. Dies geschieht durch partizipative und repräsentative Verfahren. Die Individuen sollen von Rezipienten zu Produzenten ihrer Freiheiten werden. Krause vertritt einen *partizipativen Liberalismus,* der stets aufs Neue alle Manifestationen der Freiheit, etwa auch demokratische Verfahren, im

2 | Vgl. dazu ausführlicher: Claus Dierksmeier, *Der absolute Grund des Rechts: Karl Christian Friedrich Krause in Auseinandersetzung mit Fichte und Schelling*, Stuttgart-Bad Cannstatt 2003.

Lichte der Idee der Freiheit kritisch evaluiert und reformiert. Krause bringt die Diskussion damit auf ein Problemniveau, hinter das heutige Freiheitsphilosophie nicht zurückfallen sollte.

2.1 Reflexive Freiheit (Immanuel Kant)

Kants Freiheitsphilosophie hat Epoche gemacht wie kaum eine andere. Kant schuf die Basis für eine durch und durch moderne, auf ihre eigenen Grenzen kritisch reflektierende Philosophie. Seine Philosophie lenkt das neuzeitliche Subjekt auf sich selbst zurück und macht es auf die Fundierungskraft seines eigenen Denkens aufmerksam. Fragen, die zuvor durch Tradition oder Autorität entschieden wurden, verweist Kant an die Vernunft. Und nicht nur im Rahmen der *theoretischen* Philosophie und in Fragen des *Wissens* ruft Kant zur Selbstaufklärung menschlicher Existenz als einem »Ausgang des Menschen aus seiner selbst verschuldeten Unmündigkeit« (AA VIII, 35)[3] auf; er erhebt Freiheit ebenso zur Basis seiner *praktischen* Philosophie. Auch in Fragen des *Handelns* zielt Kant auf autonome Selbstbestimmung, indem er eine *Metaphysik der Freiheit* beginnt, in der die Idee der Freiheit, auf sich selbst angewendet, zum *Grund*, aber auch zur *Grenze* der durch sie zu fundierenden Freiheiten wird.

Damit legt Kant den Grundstein zu Theorien, die den Liberalismus in zwei Richtungen abzugrenzen vermögen. *Freiheit als ihr eigener Grund* – das richtet sich gegen die echten Gegner des liberalen Denkens, also gegen Vertreter von Ethiken, die sich gegen Freiheit als (höchsten) Wert aussprechen. Sie lernen von Kants Philosophie, dass auch ihre vermeintlich der Freiheit übergeordneten Werte nur durch selbstbestimmte Anerkennung, also in Freiheit, überhaupt zu Werten werden – und sich damit gar nicht sinnvoll der Idee der Freiheit entgegensetzen lassen. *Freiheit als ihre eigene Grenze* – das richtet sich gegen die falschen Freunde der Freiheit, die einer Freizügigkeit das Wort reden, die auf keinerlei (andere) Werte Rücksicht nehmen will. Sie müssen sich darüber belehren lassen, dass Verantwortung die Kehrseite der Freiheit darstellt, weshalb die Beachtung etwa bestimmter Regeln moralischer, sozialer und ökologischer Nachhaltigkeit eine notwendige Konsequenz eines jeden konsistenten Liberalismus darstellt.

3 | Kants Schriften werden zitiert nach der von der Deutschen Akademie der Wissenschaften zu Berlin besorgten Ausgabe (AA mit römischer Zahl für den Band und arabischer Zahl für die Seitenzahl). Beispiel: (AA XIII, 238).

2.1.1 Wieviel Metaphysik braucht die Freiheit?

Kants Freiheitslehre spannt einen weiten thematischen Bogen: Freiheit ist bei ihm Moment sowohl der *theoretischen* Philosophie (in der Frage nach der Möglichkeit von Freiheit in einer naturgesetzlich geordneten Welt) als auch der *ästhetischen* Theorie (in der Reflexion darauf, wie im Erfahren von Schönheit unsere geistigen Vermögen ungezwungen übereinstimmen). Sie spielt in *geschichts- und naturphilosophischen* Betrachtungen eine Rolle (bei der Überlegung etwa, inwiefern auch das ungeplante Wirken natürlicher wie gesellschaftlicher Kräfte zum Gedeihen von individueller sowie kollektiver Freiheit beiträgt), und durch eine Theorie sittlicher Autonomie fundiert die Idee der Freiheit schließlich auch Kants *Ethik*. Wie fügen sich diese diversen Hinsichten auf menschliche Freiheit zur Einheit? Welche Aspekte jener Gedanken sind für gegenwärtige politik- und wirtschaftsphilosophische Belange vorrangig relevant?

Ein für diese Fragen besonders geeigneter Blickwinkel ergibt sich, wenn man sein transzendentalphilosophisches Programm als das einer sich kritisch ihrer Geltungskraft vergewissernden Vernunft ansieht. Transzendental philosophieren bedeutet, so Kant, auf die notwendigen Bedingungen zu achten, die unser Selbstbewusstsein konstituieren. Wir können uns nicht jenseits gewisser Grundannahmen über uns selbst und unsere Umwelt verstehen. Herauszufinden, was diese Annahmen sind und was sie rechtfertigen könnte, ist sein Projekt. Kant glaubt, dass der Schlüssel hierzu in dem Aufweis von Strukturen liegt, die »synthetisch a priori« sind.[4] Damit meint Kant zunächst einmal, dass kein Mensch autark lebt. Jede Person ist auf eine natürliche wie soziale Umwelt angewiesen. Dabei bestimmt aber auch das Subjekt die Welt der Objekte mit, auf die es sich bezieht, und mit der es sich – in Kants Worten – »synthetisiert«. Zugleich wird ein Subjekt durch die Verknüpfung (Synthese) von Erscheinungen (d.h. dem durch sinnliche Wahrnehmung »Bedingten«) mit spontanen Geistesleistungen (dem »Unbedingten«) zusehends es selbst.

Orientiert sich ein Subjekt in seinem Weltbezug an Gesetzen, die es der Erfahrung entlehnt, spricht Kant von Synthesen *a posteriori*, anderenfalls von Synthesen *a priori*. Synthesis *a priori*, also Weltbezug aufgrund ursprünglicher geistiger Strukturen allein kann zeitlos sicheres Wissen ermöglichen. Diejenigen – und nur diejenigen – Felder menschlicher Praxis (wie Moral und Recht), zu welchen sich Synthesen *a priori* aufbauen lassen, erlauben Normen, die ohne weitere persönliche Erfahrungen beglaubigt werden können; nur sie ermöglichen universale Vorgaben für die Freiheit.[5]

4 | Vgl. Otfried Höffe, *Immanuel Kant*, übersetzt von: Marshall Farrier, München 1983.

5 | Vgl. Claus Dierksmeier, *Das Noumenon Religion: Eine Untersuchung zur Stellung der Religion im System der praktischen Philosophie Kants*, Berlin; New York 1998.

Ohne Kontextbezug gibt es keine Subjektivität und ohne Relationalität keine Personalität. Personen existieren und erfahren sich nur in und durch Relationen zu ihren Mitmenschen und Umwelten. Die Theorie der Freiheit muss diesem von Grund auf *relationalen* Wesen des Menschen gerecht werden; sie wird daher, konsequent zu Ende gedacht, in einer kontext-orientierten Ethik ausmünden.[6] Entscheidend ist dabei natürlich, *wie* ein Subjekt sich auf seine Welt bezieht. Darüber macht Kants *Kritik der praktischen Vernunft* entscheidende Vorgaben. Kant will *a priori* – ohne Rekurs auf bestimmte Erfahrungen – Handlungsgebote (*synthetisch praktische* Sätze) ausmachen (AA V, 31), genauer: deren Ermöglichungsbedingungen, noch genauer: diejenige Struktur von Vernunft, welche einen *sittlichen* Selbst- und Fremdbezug des vernünftigen Menschen ermöglicht. Ihm geht es dabei um *subjektive Allgemeinheit* als Form *interpersonaler Allgemeingültigkeit*.

Der entscheidende Grundgedanke ist: So wenig wie das theoretische Erkennen des Wahren eine rein private Angelegenheit darstellt, ist das praktische Realisieren des Guten eine Sache allein des persönlichen Geschmacks. Wir handeln frei, nicht beliebig; ohne Nötigung von außen, doch nicht ohne innere Vorgaben. Das Wahre und das Gute sind beide weder Orientierungen, die der Mensch einfach *erfindet* noch solche, die er einfach *vorfindet*. Jenseits subjektivistischer Relativität und objektivistischem Dogmatismus verortet Kant ein mögliches Drittes: ein *regelhaft-strukturiertes Erzeugen* sowohl des Wahren als auch des Guten seitens der Vernunft; es führt auf interpersonal geltungsfähige subjektive Gewissheiten.

Kant überwindet so bereits die für spätere analytische Philosophie stilbildende Dichotomie aus empirischen (synthetisch-aposteriorischen) versus analytischen (tautologischen) Sätzen, indem er einen *dritten* Typus von möglichen Aussagen über die Welt ausweist. Dies geschieht vermittels der *Kategorien des Verstandes*, die unsere Erfahrung strukturieren. Bestimmte sowohl notwendige wie zugleich nicht-triviale Wahrheitsaussagen (*synthetisch theoretische Sätze a priori*) werden Kant zufolge dadurch auf interpersonal geltungsfähige Weise möglich, dass das Übereinkommen von (bedingter) Anschauung und (unbedingtem) Begriff an (beide vermittelnden) Kategorien erklärlich wird. Eine gegebene Situation wird durch bestimmte *Schemata* unter generelle *Kategorien* gebracht und somit begriffen als von einer über die jeweilige Situation hinausgehenden, strukturgesetzlichen Geltung.[7]

---

6 | Vgl. Onoral O'Neill, *Autonomy, Coherence, and Independence*, S. 212-222, insbesondere S. 220.

7 | Vgl. Hans Bussmann, »Eine systemanalytische Betrachtung des Schematismuskapitels in der Kritik der reinen Vernunft«, in: *Kant-Studien*, 85, No. 4 (1994): 394-418, S. 396.

Beispielsweise ergänzt unser Verstand automatisch Sukzessionsfolgen von Ereignissen mit Kausalprädikaten. Ohne uns dessen eigens gewahrzuwerden, verwandeln wir beim Beobachten regelförmig verlaufende *Sequenzen* in Zusammenhänge von *Ursache* und *Wirkung*. Aus »Erst-Dann« macht unser Geist ein »Weil-Deshalb«, und behauptet damit etwas, das über das bloß mit den Augen Beobachtete hinausgeht. Wir formen so eine Erkenntnis, die (synthetisch) über die logische Analyse der hier kausal verknüpften Glieder hinausgeht – und nicht nur für uns, sondern für alle den Anspruch erhebt, zutreffend zu sein.[8] Entsprechende Wahrheitsansprüche sind daher keine Privatsache.

So wie in der theoretischen Relation zur Welt *vermeidbarer Irrtum* möglich ist, so gibt es in der praktischen die *verfehlte Handlung*. Was ist zu tun, um jene zu vermeiden beziehungsweise zu korrigieren? Das, was sich in der Kategorialisierung von Erlebnissen (zum Beispiel *in* Sukzession) zum *Anspruch auf überempirische Geltung* (zum Beispiel *als* Kausalität) erhebt, ist durch allgemeine *Geltungsgründe* zu überprüfen. Nur wenn die Möglichkeitsbedingungen *unserer* Erfahrung als notwendige Bedingungen von *Erfahrung überhaupt* erkannt werden, wenn also das, was Einzelne hier und jetzt erkennen, alle jederzeit und überall genau so als zutreffend erfassen können, darf Anspruch auf universale Geltung erhoben werden.

Strukturanalog geht es in der praktischen Philosophie Kants zu. Dort werden Bezüge auf die Lebenswelt von *Kategorien der Freiheit* hergestellt, welche die entscheidende Formvorgabe machen. Sie vermitteln das (unbedingte) Sittengesetz mit der (bedingten) sinnlichen Realität, indem sie diese nach (vermittelnden) Gesetzen der Freiheit strukturieren. Auch die Idee des Guten ist keine, die unserem privaten Belieben anheimgestellt ist. Entsprechend argumentiert Kant, wenn es darum geht, Fehlbarkeit in der menschlichen Praxis zu korrigieren. Alle haben zu überprüfen, ob die Bedingung der Möglichkeit *ihrer* freien Handlung den Bedingungen *freien Handelns überhaupt* gemäß beziehungsweise ob die eigenen Handlungen von einer streng verallgemeinerbaren Struktur sind (AA V, 87). Deshalb lautet der *kategorische Imperativ* Kants: »Handle so, dass die Maxime deines Willens jederzeit zugleich als Prinzip einer allgemeinen Gesetzgebung gelten könne.« (AA V, 160) In diesem Gebot erkennt Kant die Grundlage sittlicher Richtigkeit schlechthin, weshalb »aus diesem einigen [sic!] Imperativ alle Imperative der Pflicht, als aus ihrem Prinzip, abgeleitet werden können [...].« (AA IV, 421)

Kategorien der Freiheit bestimmen *formal* eine Handlung so, dass von ihr, egal welches Ziel sie verfolgt, gesagt werden kann, ob sie im Widerspruch zum

8 | Vgl. John R. Silber, »Der Schematismus der praktischen Vernunft«, in: *Kant-Studien*, 56, No. 3-4 (1965): 253-273, S. 257; sowie Rüdiger Bubner, »Was heißt Synthesis?«, in: Gerold Prauss, *Handlungstheorie und Transzendentalphilosophie*, Frankfurt a.M. 1986, S. 27-40.

Anspruch auf Allgemeingültigkeit steht oder nicht.[9] So ermöglicht die Vernunft zum einen, menschliche Handlungen *zuzurechnen*, und zum anderen, sie *sittlich auszurichten*. Interessanterweise baut jedoch bei Kant die Zurechnung auf der Ausrichtung auf – nicht umgekehrt. Genau darin liegt die Pointe der kantischen Freiheitslehre: Weil der Mensch sich sittlich bestimmen kann, deshalb allein kann er eine bestimmte Handlung eben auch *nicht* ergreifen. Nur weil Menschen *sittlich* handeln können, sind sie überhaupt in der Lage, sich über natürliche Impulse und Instinkte zu erheben und so erst *zurechenbar* (sittlich wie unsittlich) zu agieren. Die praktische Vernunft beurteilt daher nicht nur unsere freien Handlungen, sie ermöglicht sie allererst. Könnten wir gar nicht dem kategorischen Imperativ gemäß handeln, so wäre es überhaupt unmöglich, unter dem Anspruch der Freiheit zu handeln, so Kant.

Zwar gehen die meisten Menschen von dieser ihrer Freiheit immer schon aus und setzten sie bei nahezu allen Entscheidungen stets ohne weiteres voraus.[10] Diese Selbstverständlichkeit sieht sich aber mit dem Argument konfrontiert, dass man doch zumindest bisweilen durch seine Neigungen oder eine bestimmte Situation und Lage zu unsittlichen Taten genötigt werde. Mitunter wird ja solche Unfreiheit auch lauthals deklamiert; etwa um sich aus moralischer Verantwortung herauszureden oder sittlich anstößiges Handeln zu rechtfertigen. Kant jedoch hält dagegen:

> Setzet, dass jemand von seiner wolllüstigen Neigung vorgibt, sie sei, wenn ihm der beliebte Gegenstand und die Gelegenheit dazu vorkämen, für ihn ganz unwiderstehlich: ob, wenn ein Galgen vor dem Hause, da er diese Gelegenheit trifft, aufgerichtet wäre, um ihn sogleich nach genossener Wollust daran zu knüpfen, er alsdann nicht seine Neigung bezwingen würde. (AA V, 30)

Derjenigen, der zuvor behauptete, er sei ganz und gar von seinen Neigungen beherrscht, käme dann doch wohl zur Einsicht, sich dieses eine Mal wenigstens doch beherrschen zu können, meint Kant. Der Betroffene schreibt sich also selbst »negative Freiheit« beziehungsweise eine »Freiheit von« zu. Weil mithin Subjekte Handlungen verhindern können, dürfen sie ihnen gültig zugerechnet und *juristische* Freiheits- und Verantwortungszusammenhänge zwischen Akt und Akteur konstruiert werden. Kants Rechts- und Politikphilo-

9 | Vgl. Gerhard Schönrich, »Die Kategorien der Freiheit als handlungstheoretische Elementarbegriffe«, in: Gerold Prauss (Hg.), *Handlungstheorie und Transzendentalphilosophie*, Frankfurt a.M. 1986, S. 246-270 und Susanne Bobzien, »Die Kategorien der Freiheit bei Kant«, in: Hariolf Seel und Gerhard Oberer (Hg.), *Kant: Analysen, Probleme, Kritik*, Würzburg 1988.

10 | Vgl. Larry Krasnoff, »How Kantian Is Constructivism?«, in: *Kant-Studien*, 90, No. 4 (1999): 385-409.

sophie operiert auf dieser Grundlage eines unstrittigen, weil von den jeweils Betroffenen selbst unbestrittenen Selbstverständnisses – d.h. ohne jegliche metaphysischen Zumutungen; ein, wie wir noch sehen werden, für den modernen Liberalismus wichtiges Zwischenergebnis.[11]

Aber reicht die negativ-äußere *Freiheit des Handelns* für moralphilosophische Belange aus? Um Fragen der Gesinnung und der Zielsetzung zu thematisieren, ist doch auch von einer *Freiheit des Willens*, sich sittlich oder unsittlich zu bestimmen, also von positiv-innerer Freiheit zu sprechen? In der Tat kann man gegen Kants Galgenbeispiel einwenden, dass die hier ausgeführte Form von Freiheit ihrerseits möglicherweise auf einem unfreien Willen aufruht. So ließe sich vorbringen, dass hier vielleicht nach wie vor lediglich Neigung – und nicht sittliche Freiheit – die Regie führe. Könnte nicht bloß eine bestimmte Präferenz (für eine gewisse Bedürfnisbefriedigung) durch eine andere und stärkere Präferenz (am Leben zu bleiben) ersetzt worden sein? Vielleicht also habe der Mensch daher nur die ›Freiheit‹, seiner jeweils stärksten Neigung zu folgen und werde von seiner eigenen Natur aber genötigt.

Darum setzt Kant mit einem anderen Beispiel nach: Wenn nun aber derselbe Mann bei Todesdrohung dazu gezwungen werden soll, durch Falschaussage einen Unschuldigen zu belasten, dann sei doch nicht zu leugnen, dass – wie auch immer sich jener Mann wohl entscheide – er wohl die Möglichkeit habe, sein Leben zur Rettung des Unschuldigen zu opfern, obschon er sicherlich keine *sinnliche* Neigung oder Nötigung dazu verspüre. Wer, fragt Kant, wisse nicht um jene *sittliche* Freiheit, die moralisch dazu aufrufe, den Unschuldigen nicht zu verleugnen? Und wer getraue sich daher mit Sicherheit vorherzusagen, wie sich der in Rede stehende Mensch entscheiden werde? Angesichts der Tatsache, dass über die Jahrhunderte immer wieder Menschen aus moralischen Gründen ins Martyrium gegangen sind, gilt: Wirklichkeit beweist Möglichkeit. Was jene Individuen praktisch realisierten, muss von uns theoretisch realisiert werden, um die Idee der Freiheit nicht unterzubestimmen.

An und für sich also bleibt negative Freiheit, jene »Freiheit von«, die wir uns gewöhnlich selbst zuschreiben, bezweifelbar. Erst positive »Freiheit zu«, d.h. zum Guten – im diskutierten Beispiel: zu einer wahren Aussage trotz Todesdrohung – weist uns unbestreitbar als frei aus. An der heldischen Freiheit wird die Radikalität der alltäglichen augenfällig. So etabliert die Wirklichkeit

11 | Das ist vor allem im Blick auf die Philosophie von John Rawls festzuhalten. Dieser hatte nämlich geglaubt, sich von Kant lösen zu müssen, weil er von der irrigen Annahme ausging, Kants Begriff von Freiheit als vernünftiger Autonomie könne nur im Rahmen einer sehr voraussetzungsreichen Moral- und Metaphysiktheorie bestehen, weshalb für die Belange des zeitgenössischen Liberalismus nach einer anderen Grundlage für die Freiheitsidee gesucht – und diese in einem Kalkül des interessengesteuerten Verstandes gefunden – werden müsse. Dazu mehr in Kapitel 3.2.

und Kraft positiver Freiheit erst die Möglichkeit und den Radius negativer Freiheit.[12] Der erste Anschein trügt also: Negative Freiheit geht nicht voraus und ermöglicht dann, als freundliche Zugabe gewissermaßen, deren positive Orientierung an sittlichen oder sonstigen Werten. Sondern es verhält sich umgekehrt: Das Bewusstsein, zur positiven Freiheit aufgerufen zu sein, führt zum Gewahrwerden auch der negativen Freiheit. Freiheit darf deshalb keinesfalls gleichgesetzt werden mit der Realisierung bestehender Präferenzen. Sie schließt auch die Möglichkeit ein, sich auf die eigenen Präferenzen kritisch zu beziehen, einige zu verwerfen, andere zu bestärken, dritte zu entwickeln usw.

Am Verleumdungsbeispiel plausibilisiert Kant, dass der für moralphilosophische Belange benötigte Begriff innerer Freiheit uns allen vertraut und nicht allein philosophisch geschulten Köpfen vorbehalten ist. Weder der rechts- noch der moralphilosophische Freiheitsbegriff Kants müssen uns allererst durch komplizierte dialektische Exerzitien nahegebracht werden. Kant rekonstruiert in beiden Fällen lediglich Grundannahmen, die das *alltägliche* Bewusstsein immer schon macht, wenn es sich als frei denkt. Auf jenen Annahmen baut er seine Ethik auf. Insofern hängt sie also durchaus nicht, wie mitunter behauptet wird, von (möglicherweise unzulässigen) metaphysischen Grundlagen ab. Kants Ethik bleibt damit auch für Gesellschaften, die sich als postmetaphysisch verstehen, relevant.

Halten wir kurz inne und schauen auf den Ertrag dieser Überlegungen für liberales Denken. Kant zeigt, wie Werte befreiend wirken können. Die einzige Kraft, von der wir nicht zu sagen wagen, sie könnte durch sinnliche Anreize ausgehebelt werden, ist die der sittlichen Bindung – in jenem Beispiel: an das Gebot der Wahrhaftigkeit. Hier führt der sittliche Wert nicht zu einer Minderung, sondern zur Gewahrwerdung und Steigerung der Freiheit. Zugleich aber kommt dem Wert der Wahrhaftigkeit nur deshalb solche Kraft zu, weil es sich dabei um einen Akt sittlicher Selbstbindung handelt. Als aufgezwungener, vom Betroffenen jedoch nicht geteilter Wert wäre dasselbe Gebot, nicht zu lügen, wirkungslos. Das Sittengesetz, so Kant, fungiert als Erkenntnisgrund der Freiheit und diese wiederum als Seinsgrund des Sittengesetzes.[13] Beide sind nicht isoliert zu haben. Daher ist es sowohl verkehrt, Freiheit sittlichen Werten entgegenzusetzen (wie manche Libertäre) als auch Freiheit ihnen unterzuordnen (wie viele Kommunitaristen).

Wie aber ist die von unserem alltäglichen Bewusstsein vorausgesetzte Freiheit philosophisch zu erklären? Erst zur Antwort auf diese Frage greift Kant

---

12 | Vgl. O'Neill, *Autonomy, Coherence, and Independence*, S. 212-221, insbesondere S. 213.

13 | So heißt es bei Kant: »so will ich nur erinnern: dass die Freiheit allerdings die ratio essendi des moralischen Gesetzes, das moralische Gesetz aber die ratio cognoscendi der Freiheit sei.« (AA V, 4, Anm.).

auf Metaphysik zurück. Dazu hier indes nur in Kürze, da jene Grundlegung für praktische Fragen nur von nachgeordneter Bedeutung ist: Wahlfreiheit denkt Kant als Vermögen allein des empirischen, *nicht* des transzendentalen Subjekts. Sie kommt zu Stande, weil das transzendentale Subjekt gerade nicht wahlfrei ist, sondern frei lediglich zum und im Vollzug des Sittengesetzes. Hier *erklärt* Kant also seine kontraintuitive Behauptung, dass der Mensch nicht zunächst einmal frei ist – und sich sodann obendrein normative Orientierungen zurechtlegt, sondern dass man wahlfrei wird durch sittliche Inanspruchnahme. Dieser *prima facie* sperrige Gedanke, lässt sich mit Kants vielzitierter Unterscheidung von »Wille« und »Willkür«[14] verdeutlichen.

Der Wille, sagt Kant, ist *reine* praktische Vernunft; Vernunft also, die selbstgesetzgebend ist, und ihren Begriffen selbständig Wirklichkeit verschafft: radikale sittliche Freiheit.[15] Demgegenüber steht Willkür für die psycho-physisch indeterminiert scheinende Freiheit des Menschen, so oder auch anders zu entscheiden, so oder auch anders zu handeln: Wahlfreiheit also. Wahlfreiheit aber ist nur *möglich*, sofern sittliche Freiheit *wirklich* ist, »denn sonst würde sie selbst dem Naturgesetz der Erscheinungen, sofern es Kausalreihen der Zeit nach bestimmt, unterworfen sein« (AA III, 373f.). Die Möglichkeit, so oder auch anders zu entscheiden, verfällt nämlich genau dann, wenn ein Subjekt über keinerlei normatives Regulativ verfügt und einfach hedonistischen oder sonstigen präferentiellen Kalkülen folgt. Als reiner Reiz-Reaktions-Mechanismus gliche sein Verhalten dem eines Roboters und wäre in Algorithmen sowohl beschreib-, als auch vorhersagbar. Willentliche Wahl zwischen Alternativen (Will-*kür*), fände nicht statt (AA V, 97). Der Verbund der inneren und äußeren Umstände determiniere mithin seine Entscheidungen – wenngleich auf unbewusste Weise. Dann gleiche dies der ›Freiheit‹ einer mit Bewusstsein gesegneten Sanduhr, ganz vorhersagbar abzulaufen, sich dabei aber von Sandkorn zu Sandkorn für genau jenen und keinen anderen Verlauf der Dinge zu ›entscheiden‹.[16] Kant verspottet derlei als die »Freiheit eines Bratenwenders«,

14 | Vgl. auch Hud Hudson, »Wille, Willkür, and the Imputability of Immoral Actions«, in: *Kant-Studien: Philosophische Zeitschrift der Kant-Gesellschaft* (1991): 179-196.

15 | »Man kann sie also auch durch das Vermögen nach Grundsätzen zu urteilen und (in praktischer Hinsicht) zu handeln, erklären« (AA V, 65).

16 | Viele Gegenwartsphilosophen lassen es bei einer Freiheit dieser Art (Semi-Kompatibilismus) genügen. Derek Parfit kann hier stellvertretend für große Teile des angloamerikanischen Diskurses angeführt werden (vgl. *All That Matters*, Oxford 2009, I S. 267). Seine Kritik an Kant ist, dass wir eine darüber hinausgehende Freiheit gar nicht benötigen; es reiche schon, wenn wir unsere Entscheidungen *als* Entscheidungen erleben, um ausgehend von deterministischen Prämissen nicht dennoch in einem Fatalismus zu landen. Mit anderen Worten: Wenn die Illusion der Willensfreiheit unvermeidbar

der, »wenn er einmal aufgezogen worden, von selbst seine Bewegung verrichtet« (AA V, 97).

Das also ist der Kern der kantischen Freiheitsmetaphysik: Aufgrund seines sittlichen Vermögens kann der Mensch überhaupt auch anders handeln, als es Interessen und Umwelteinflüsse nahe legen.[17] Moral macht frei. Sie lässt aber Autonomie zugleich auch als Verpflichtung erfahren. Wie das Verleumdungsbeispiel eindrücklich zeigt, kann selbst eine Todesdrohung die faktische Möglichkeit und normative Gebotenheit der sittlichen Entscheidung nicht verdecken.[18] Anders als die äußere, politisch-juridische Handlungsfreiheit wird darum die innere, moralische Freiheit des Gewissens durchaus nicht immer als Geschenk, sondern oft als Last empfunden.[19] Oft gleicht das Bewusstsein der Freiheit keinem passiv-genüsslichen Auswählen des jeweils Lustvollsten aus einem lediglich quantitativ zu vermessenden Möglichkeitsraum, sondern geht einher mit Unsicherheit und Angst. Weil ihre qualitativen Ziele nicht immer schon festliegen, müssen sie zu allererst in Verantwortung vor dem eigenen Gewissen festgelegt werden. Die Würde und die Bürde der Freiheit sind ein und dasselbe. Folglich ist Freiheit keine objektive *Tatsache*, sondern eher ein fortwährendes subjektives *Projekt*. Fichte wird daher von Freiheit als einer *Tathandlung* sprechen, da Freiheit nicht *an sich* existiert, sondern *für und durch uns*.

Kritiker haben Kant vorgeworfen, auf diese Weise die menschliche Freiheit und damit letztlich auch die auf ihr beruhende Menschenwürde zu sehr an der doch sehr variablen Fähigkeit zu moralischer Vernünftigkeit zu orientieren. Dazu ist zweierlei zu sagen:

Zum einen erweckt Kant in der Tat oftmals den Eindruck, als ob die Freiheit des Menschen sich nicht in dessen animalischer Natur, sondern nur gegen diese behaupten ließe. Entsprechend müsste im kantischen Denken kleinen Kindern, Senilen und geistig behinderten Menschen aufgrund reduzierter Vernunftfähigkeit – ein verminderter Rechtsstatus zukommen sowie Tieren gar keiner; und es gibt etliche Textstellen, die genau dies nahelegen.[20] An

und unaufhebbar ist, dann ist sie auch unschädlich – für das Erleben und Gestalten alltäglicher Handlungsfreiheit.

17 | Siehe u.a. (AA V, 29). Vgl. auch: Lewis White Beck, *Kants »Kritik der praktischen Vernunft«. Ein Kommentar*, München 1995, S. 46.

18 | Vgl. (AA V, 31).

19 | Vgl. Herbert Lionel Adolphus Hart, *Law, Liberty, and Morality*, Stanford, California 1963, S. 8ff.

20 | Zum Problem von Kants Personenwürde im Bezug auf behinderte Menschen und Tiere vgl. Martha Nussbaum, *Frontiers of Justice*. Sie notiert etwa: »for Kant, human dignity and our moral capacity, dignity's source, are radically separate from the natural world.« (Ebenda, S. 131) Damit sei im Menschen selbst eine unüberbrückbare Trennung

dieser Stelle liegt ein in der Tat wesentliches Problem jeder freiheitsbasierten Menschenrechtstheorie zutage; eines, das meines Erachtens erst Karl Christian Friedrich Krause (siehe Kapitel 2.3.2) zufriedenstellend lösen konnte.

Zum anderen aber liegt in einer Fundierung der Menschenwürde in und durch Autonomie aber auch ein besonderer Reiz der Theorie Kants.[21] Indem sie sich allen materiellen Indienstnahmen verweigert, verhindert sie auch, dass menschliches Leben allein nach dem Nutzen bemessen wird, den es erbringt. Personen können nämlich den Status der Menschenwürde, Kant zufolge, weder verdienen noch verlieren. Ein zu Recht weithin bekanntes Zitat Kants lautet: »Was einen Preis hat, an dessen Stelle kann auch etwas anderes als Äquivalent gesetzt werden; was dagegen über allen Preis erhaben ist, mithin kein Äquivalent verstattet, das hat eine Würde.« (AA IV, 434) Dass für Kant also Würde und Preis einander ausschließen, führt eben auch dazu, dass der Wert menschlichen Lebens niemals verrechnet oder diskontiert werden darf, sondern über alle Nutzenkalküle absolute Priorität beansprucht; ein gerade in wirtschaftsethischen Zusammenhängen stets erneut zu bedenkendes Gebot.[22]

Jedoch auch wer Kants *transzendentale* (d.h. die impliziten Annahmen des Alltagsbewusstseins metaphysisch deutende) Erklärung der Freiheit nicht akzeptieren mag, kann Kants Sozialphilosophie unschwer folgen. Alle nun folgenden Bestimmungen der kantischen Freiheitslehre, die sich auf *äußeres* Handeln (Recht, Politik, Wirtschaft etc.) beziehen, hängen von Kants Erklärung *moralisch-innerer* Freiheit nicht weiter ab. Die soeben diskutierte Unterscheidung zwischen »Wille« und »Willkür« erörtert lediglich das moralische Innenleben. Demgegenüber stellt Rechts- und Politikphilosophie auf interpersonal greifbare Fakten ab; es geht ihr, wie wir nun sehen werden, um Freiheit im Forum der Gesellschaft.

2.1.2 Äußere Freiheit: das Gute und das Recht

Kant zufolge gibt es einen *notwendigen Gegenstand der reinen praktischen Vernunft*, d.h. ein Ziel, das wir (ohne Selbstwiderspruch) nicht umhin können anzustreben. Er nennt es das »höchste Gut« (AA V, 119) und beschreibt es als

(ein »split«) angelegt, die das Schaffen harmonischer Lebensverhältnisse (sowohl im menschlichen Selbstverhältnis wie in unseren Beziehungen zur Tierwelt) behindere: »the split wrongly denies that animality can itself have a dignity. Thus it leads us to slight aspects of our own lives that have worth, and to distort our relation to the other animals«, ebenda, S. 132. Siehe auch Nussbaum, *Creating Capabilities*, S. 85, 160.

21 | Vgl. Oliver Sensen, »Kant on Human Dignity«, in: *Kant-Studien (Ergänzungshefte)*, 166 (2011).

22 | Vgl. dazu einhellig die Beiträge in: Dennis G. Arnold und Jared D. Harris, *Kantian Business Ethics*, Northhampton, Massachusetts 2012.

das Ideal einer sinnlich realisierten Sittlichkeit: als ein Leben, in dem dem moralisch *glückswürdigen* Menschen auch *Glückseligkeit* zuteil wird.[23] Dieses Ideal gelte es in allen ethisch relevanten Lebensbereichen auf je eigene Weise zu fördern. Dieses Ziel führt auch Kants diverse kategorische Imperative zur konzeptionellen Einheit. Denn es gibt nicht nur, wie bisweilen behauptet, *einen* kategorischen Imperativ in unterschiedlichen *Formulierungen* (ein Eindruck, den Kants »Grundlegung zur Metaphysik der Sitten« vermittelt), sondern (wie ein Blick in seine nachfolgenden moralphilosophischen Schriften zeigt) mehrere, voneinander abweichende *Formen* jenes Imperativs. Innerhalb aller Subdisziplinen von Kants praktischer Philosophie (Moral, Recht, Politik usw.) nimmt der kategorische Imperativ eine je dieser Disziplin entsprechende Gestalt an. Und diese Gestalt entspricht jeweils der *Synthese* dieses *besonderen* Handlungsfeldes mit dem *allgemeinen* Begriff eines vernünftig-autonomen Subjekts und seines höchsten Guts. Die Synthese von Freiheit und Lebenswelt kann sich dabei grundsätzlich auf vier Weisen vollziehen. Sie wird sich entweder auf den Handelnden selbst beziehen (inneres Handeln) oder auf ein Fremdes (äußeres Handeln) und dabei entweder gegen oder zugunsten von etwas ausgerichtet sein. Sittliches Handeln kann sich also entweder sittlich-negativ (verbietend, ausschließend) oder sittlich-positiv (gebietend, auswählend) auf inneres wie auf äußeres Handeln beziehen. Somit resultieren als die vier zentralen sittlichen Arenen: negativ-inneres Handeln (Gesinnungsethik), ergänzt durch positiv-inneres Handeln (Ethik der Zwecke), sowie negativ-äußeres Handeln (Recht), ergänzt durch positiv-äußeres Handeln (Politik). Sie alle folgen spezifischen, aber komplementären kategorischen Imperativen.[24] Was sie verbindet, ist jenes Ideal der praktischen Vernunft (das »höchste Gut«).

Insofern als Kant die Vorstellung einer Welt, in welcher Individuen, die gut (»glückswürdig«) handeln, auch ihres Lebens froh (»glückselig«) werden, für denknotwendig erachtet, adelt er das menschliche Interesse am Wohlergehen moralisch-philosophisch: Schließlich stünde ein Gebot, das Glück selbst sitt-

---

23 | Dazu bedient Kant sich durchgängig symbolischer, bisweilen auch religiöser Sprache. In der sogenannten »Typik der praktischen Urteilskraft« (AA V, 67ff.) der *Kritik der praktischen Vernunft* nimmt er bereits den später in seiner *Kritik der Urteilskraft* entfalteten Symbolbegriff inhaltlich vorweg und macht ihn für seine Theorie sittlicher Praxis fruchtbar. Vgl. Annemarie Pieper, »Kant und die Methode der Analogie«, in: Gerhardt Schönrich und Yasushi Kato (Hg.), *Kant in der Diskussion der Moderne*, Frankfurt a.M. 1996, S. 108f. Die entscheidenden Auskünfte indes, wie genau darauf hinzuwirken wäre, dass dem gut Handelnden auch Gutes zuteil wird, liefert Kant erst in seinem Spätwerk, in der *Kritik der Urteilskraft* (1790) sowie in der von ihr vorbereiteten Theorie symbolischen sowie stellvertretenden Denkens, die Kant sodann in seiner *Metaphysik der Sitten* (1797/98) und im Umkreis zeitnah publizierter Aufsätze entfaltet.

24 | Vgl. Claus Dierksmeier, *Noumenon Religion*.

licher Menschen zu vernachlässigen, der im »höchsten Gut« formulierten Idee einer Harmonisierung von Glückseligkeit und Glückswürdigkeit entgegen. Eine Welt, in der Gute leiden und die Bösen frohlocken, wird nicht nur als *unangenehm* empfunden, sondern auch als *ungerecht* bewertet. Konsistent – d.h. unter dem Gesichtspunkt möglicher Universalisierung – ist eine solche Welt nicht zu wollen; der kategorische Imperativ gebietet daher deren Veränderung. Das Streben nach Glückseligkeit (»pursuit of happiness«) wird von Kant also keineswegs – wie bisweilen zu lesen ist – zurückgewiesen. Die Menschheit wird lediglich angewiesen, jenes Ziel in »glückswürdigen«, d.h. sittlichen Bahnen zu verfolgen. Die Bejahung eines sittlichen Glücksstrebens tritt auch nicht, wie manche meinen, als nachträglicher Versuch Kants auf, seine andernfalls zu rigoristische Ethik abzumildern. Kant betraut die Moral vielmehr ganz zentral damit, Hindernisse einer Harmonie von Glückswürdigkeit und Glückseligkeit abzubauen.

Zudem erhalten Recht und Politik die Aufgabe, die *äußeren* Verfestigungen ethischer Schieflagen aufzulösen, d.h. so gut als möglich dafür zu sorgen, dass die Gesellschaft für unsittliches Handeln keine systematischen Anreize gewährt.[25] Das Recht tut dies, indem es verhindert, dass sich illegales Handeln auszahlt. Es stellt jedoch nur ein sehr begrenztes Mittel zum Abbau ungerechter Lebensverhältnisse dar. Aus pragmatischen Erwägungen (Effizienz, Durchführbarkeit etc.) wie aus normativen Gründen (Freiheitschutz) lässt sich mit rechtlichem Zwang nur ein sehr kleiner Teil der unsere Lebenswelt durchziehenden ethischen Asymmetrien aufheben. Könnte es daher Sache der Politik sein, über bloße Rechtstreue hinaus das Gute zu fördern? Darf der Staat etwa auf dem Wege sozialer Anerkennung (materieller wie ideeller Art) die Bürger zu sittlichem Engagement bewegen? Kann Politik sich diesem Ziel verpflichten – und zugleich dem liberalen Rechtspinzip genügen?[26] Darf die Politik zum Landschaftsplaner des Gemeinwohls werden, oder haben wir uns um der Freiheit willen mit den Schrebergärten der Selbstsorge zu begnügen?[27]

Es geht also um die (u.a. von Hayek; siehe Kapitel 3) gepflegte Ansicht, die Freiheit der offenen Gesellschaft stehe und falle gerade damit, dass sich die Politik gerade *nicht* auf Vision und Utopien des Guten einlasse. An diesem

25 | Kants Moral- und Religionsphilosophie thematisiert demgegenüber das Problem, wie es möglich ist, dass sich ein Mensch auch dann noch sittlich verhält, wenn er glaubt, dass die Verhältnisse so sind und bleiben, dass oftmals *gerade* die sittliche Tat ihn um das berechtigte Glück bringt. Vgl. Dierksmeier, *Noumenon Religion*, S. 58-61.

26 | Vgl. Katrin Flikschuh, *Freedom: Contemporary Liberal Theory*, Cambridge, United Kingdom 2007.

27 | Vgl. Claus Dierksmeier, »Zur systematischen Liberalität in Kants Politik- und Staatsbegriff«, in: Henning Ottmann (Hg.), *Kants Lehre von Staat und Frieden*, Baden-Baden 2009, S. 42-63.

Punkt geht es um das Selbstverständnis des modernen Liberalismus. Kants Rechtslehre wird ja sowohl von konservativ-liberalen Denkern (wie Hayek) als auch von eher progressiv-liberalen Autoren (wie Rawls) in Anspruch genommen, gerade weil sie im Ruf steht, Zwang nur innerhalb freiheitlicher Grenzen zu legitimieren.[28] Es ist in diesem Zusammenhang deshalb höchst instruktiv zu beobachten, wie Kant von seiner Rechtsphilosophie aus den Weg in eine Theorie liberaler Politik sucht. Bei genauerem Hinsehen wird indes klar, dass ähnlich wie das Recht die Moral bekräftigt und ergänzt, das Recht erst durch eine an der Idee verantworteter Freiheit orientierte Politik komplettiert wird.

Den Ausgang dieser für den Liberalismus insgesamt zentralen Leistung liefert Kants Abkehr von transzendenten und naturalistischen Werttheorien. Anstatt die Prinzipien von Recht und Politik abzuleiten von externen Autoritäten (Transzendenz) oder objektiven Vorgaben (Naturalismus), setzt Kant auf die Vernunft.[29] Autonomie statt Heteronomie, Selbst- statt Fremdgesetzgebung, ist seine Parole.[30] Als oberstes Prinzip fungiert die Idee einer sich vernünftig selbst ihr Gesetz gebenden Freiheit. Kant will daher die Rechtsphilosophie so entwickeln, dass sich das Prinzip des Rechts als vernunftnotwendige Fortschreibung des Freiheitsprinzips ausweist.[31] Bevor er deshalb die Rechtsidee (metaphysisch) entfaltet, leitet Kant diese (transzendental) her. Er legt zuerst (transzendental) dar, dass so etwas wie *Recht* gedacht werden muss, damit unser *Freiheitsbewusstsein* vollständig erklärt und über sich selbst aufgeklärt werden kann. Erst im Anschluss daran überlegt er (metaphysisch), inwieweit die historische *Rechtswirklichkeit* der so entwickelten *Rechtsidee* entspricht – oder durch Kritik ihr angenähert werden kann.[32]

Von jener *Idee* des Rechts sagt Kant:

---

28 | Vgl. Michael Köhler, »Zur Begründung des Rechtszwangs im Anschluss an Kant und Fichte«, in: Michael Kahlo/Ernst A. Wolff und Rainer Zaczyk (Hg.), *Fichtes Lehre vom Rechtsverhältnis: Die Deduktion der [Paragraphen] 1-4 der Grundlage des Naturrechts und ihre Stellung in der Rechtsphilosophie*, Frankfurt a.M. 1992.

29 | Vgl. Hariolf Seel Gerhard Oberer, *Kant: Analysen, Probleme, Kritik*, Würzburg 1988, S. 218-224.

30 | Vgl., Friedrich Kaulbach, *Das Prinzip Handlung in der Philosophie Kants*, Berlin 1978, S. 263-278.

31 | Vgl. Howard Lloyd Williams (Hg.), *Essays on Kant's Political Philosophy*, Chicago, Illinois 1992, S. 24.

32 | Vgl. Friedrich Kaulbach, »Das transzendental-juridische Grundverhältnis im Vernunftbegriff Kants und der Bezug zwischen Recht und Gesellschaft«, in: Friedrich Kaulbach und W. Krawietz (Hg.), *Recht und Gesellschaft – Festschrift für Helmut Schelsky zum 65 Geburtstag*, Berlin 1978, S. 263ff.

> Das angeborene Recht ist nur ein einziges. Freiheit (Unabhängigkeit von eines Anderen nöthigender Willkür), sofern sie mit jedes Anderen Freiheit nach einem allgemeinen Gesetz zusammen bestehen kann, ist dieses einzige, ursprüngliche, jedem Menschen kraft seiner Menschheit zustehende Recht. (AA VI, 237)

Anders als Fichte später glauben machte (siehe Kapitel 2.2.) kann aber Kant zufolge die Konkretheit rechtlicher Regeln nicht ebenfalls aus reiner Vernunft abgeleitet beziehungsweise durch eine logische Ausgliederung jenes Freiheitsrechts deduziert werden. Kant sieht vielmehr, dass *verschiedene* Rechtsbegriffe, je nach historischem, kulturellem Kontext, die *eine* Idee des Rechts gültig einlösen können. Anstatt vom Katheder herab eine bestimmte Rechtsordnung als die philosophisch einzig wahre, ja einzig mögliche Übersetzung jenes angeborenen Rechts auf Freiheit zu verkünden, ist Kants Denken offen für verschiedene historische Alternativen. Obschon er sodann selber Statuten einer ganz bestimmten Rechtstradition (namentlich das *Allgemeine Preussische Landrecht* von 1794) im Lichte jener Rechtsidee auslegt, schließt er also nicht aus, sondern ein, dass andernorts und zu anderen Zeiten andere juristische Institutionen ebenfalls legitim beanspruchen können, die freiheitliche Rechtsidee zu realisieren.

Kant trennt also die *abstrakte Herleitung* der Rechtsidee (bei Kant: *»transzendentale Deduktion«)* von deren *konkreter Entfaltung* (*»metaphysische Deduktion«)* im Hinblick auf bestimmte Rechtsordnungen ab. So separiert er die strukturelle *Idee* von substantiellen *Begriffen* des Rechts. Jene Unterscheidung zwischen *Begriff* und *Idee* wird uns noch näher beschäftigen. Zum einen in der Politikphilosophie Kants, weil sie ihn auf Ansätze führt, die für einen heutigen Liberalismus von zentraler Bedeutung sind. Denn dort grenzt Kant eine strukturelle Idee freiheitlicher Politik von konkreten liberalen Politikkonzepten ab und zeigt, wie die Idee freiheitlicher Politik sich in verschiedenste politische Projekte ausdifferenziert. Zum anderen aber werden wir sehen, dass die Unterscheidung zwischen *Idee* und *Begriff* eine für den Liberalismus insgesamt maßgebliche Bedeutung hat. – Soviel im Vorgriff.

Nun aber zurück zu Kant mit der Frage: Muss Recht eigentlich sein? Wozu ein von moralischen Kriterien unterschiedenes normatives Konzept äußerer Sittlichkeit? Kann nicht einfach die Moral zum Prinzip staatlichen Handelns und Zwingens dienen? Könnte man nicht sagen, dass das Recht einfach dazu da sei, besonders intensive Moralverletzungen zu ahnden? Das Recht als die *ultima ratio* des Sittlichen? Auf diese Fragen antwortet die kantische Philosophie mit einem klaren und bis heute in den Verfassungen liberaler Gesellschaften nachhallenden *Nein*. Ein von der Moral *qualitativ* (dem Inhalt nach) und nicht nur *quantitativ* (dem Intensitätsgrad nach) unterschiedenes Recht ist unerlässlich, argumentiert Kant, weil eben nicht jeder gute Wille auch äußere Sittlichkeit nach sich zieht, sowie auch umgekehrt böser Wille bisweilen zu äußerlichsittlichen Handlungen führen kann (AA VI, 313ff.). Absichten und Taten sind zweierlei; sie bedürfen eigenständiger ethischer Prinzipien (AA VI, 249).[33]

Als Beispiel kann das Eigentumsrecht dienen. Konflikte, etwa um Besitz und Nießbrauch von Eigentum, treten nicht nur zwischen bösartigen Menschen auf. Bestimmte Güter lassen jeweils nur eine Nutzung zur Zeit zu. Wo etwa die moralische Nutzungsabsicht des einen mit den sittlichen Plänen des anderen unverträglich ist, können sich auch Gutgesinnte in die Haare kriegen.[34] Ein solcher Streit über Eigentum markiert in kantischer Lesart einen Konflikt zwischen *Freiheitsobjekten*, genauer: einen Widerspruch verdinglichter Freiheit mit sich selbst.[35] Diesen gilt es im Namen der Freiheit aufzulösen. Darum haben sich Kant zufolge alle »im Verhältnisse eines unvermeidlichen Nebeneinanderseins« (AA VI, 307) stehenden Subjekte jeglicher rechtlicher Unklarheit und Uneindeutigkeit über die Nutzung ihrer gemeinsamen Lebenswelt zu entledigen vermittels rechtsetzender und rechtswahrender Institutionen. Gesetze der *allgemeinen* Freiheit sollen daher alle *besonderen* Freiheiten so beschränken, dass diese einander nicht bekriegen und aufheben.

Die Idee der Freiheit aller gilt dabei als immanentes Regulativ der Freiheiten der Einzelnen. Kant setzt also nicht einen Begriff von *zunächst* unumschränkter äußerer Freiheit voraus, der *sodann* nachträglich auf soziale Verträglichkeitsbedingungen zurückzuschneiden wäre. Vielmehr versteht er das Recht der individuellen Freiheit, sich in der Welt zu manifestieren und zu verdinglichen, *von vornherein* unter dem prinzipiellen Vorbehalt, dass es sich in von jedermann zu akzeptierenden Formen vollziehe; in Formen, die allen Personen gleiche Rechte zubilligen.[36]Anders als die von Thomas Hobbes (1588-1679) inspirierte Sozialvertragstheorie urteilt Kant: Unsere äußere Freiheit *wird* nicht erst (vom Staat) auf universalisierbare Formen eingeschränkt, sondern sie *ist* es bereits (der Idee nach). Die *materielle Beschränkung* der Freiheit im Rechtsstaat bringt lediglich deren *ideelle Begrenzung* in der Rechtsvernunft zum Ausdruck. Jene Verträglichkeitsbedingungen allseitiger Freiheitlichkeit, auf die man faktisch von Staats wegen festgelegt wird, reduzieren in seinen Augen darum auch die individuelle Freiheit nicht, sondern realisieren sie. Der

33 | Vgl. Wolfgang Bartuschat, »Apriorität und Empirie in Kants Rechtsphilosophie«, in: *Philosophische Rundschau*, 34, No. 1/2 (1987): 31-49.

34 | Vgl. Otfried Höffe, *Den Staat braucht selbst ein Volk von Teufeln: Philosophische Versuche zur Rechts- und Staatsethik*, Stuttgart 1998 (Originalausgabe: 1988), S. 56ff.

35 | Vgl. Rolf Gröschner et al., *Rechts- und Staatsphilosophie: Ein dogmenphilosophischer Dialog*, Berlin 2000, S. 223.

36 | Vgl. Arthur Ripstein, *Force and Freedom: Kant's Legal and Political Philosophy*, Cambridge, Massachusetts; London 2009, S. 223ff. Siehe auch Gregory S. Kavka, »Why Even Morally Perfect People Would Need Government«, in: *Social Philosophy and Policy*, 12, No. 1 (1995): 1-18.

rechtskonforme Eingriff in das äußere Handeln lädiert die Freiheit der Bürger nicht, er manifestiert sie. Der Rechtsstaat ist stets Freund, nie Feind der Freiheit. Anarchisten dürfen sich nicht auf Kant berufen.

Wo also viele Denker nur äußere Schranken der Freiheit erblicken, erkennt Kant das Recht als deren innere Grenze. Daher seine Definition des Rechts als »Inbegriff der Bedingungen, unter denen die Willkür des einen mit der Willkür des andern nach einem allgemeinen Gesetze der Freiheit zusammen vereinigt werden kann.« (AA VI, 230) Das Recht erscheint demnach als eine vernünftigerweise von jedem *über sich selbst* zu beschließende Beschränkung der *eigenen* Handlungen. Die Idee der Freiheit wäre demnach unvollständig ohne ihre Ausrichtung auf diese Rechtsidee. Im freiheitlichen Recht findet der Mensch zur rechten Freiheit.[37] Deshalb der *rechtliche Imperativ*: »handle äußerlich so, dass der freie Gebrauch deiner Willkür mit der Freiheit von jedermann nach einem allgemeinen Gesetze zusammen bestehen könne [...].« (AA VI, 231)

Anders als die meisten libertären und etliche neoliberale Theoretiker von heute (s.u. Abschnitt 5.2) erklärt Kant: Nicht Befugnis zum Zwang definiert das Recht, sondern dieses erst legitimiert Zwangsbefugnisse.[38] Jeglicher Zwang muss aus der Applikation des Rechtsprinzips auf ein endliches Subjekt gefolgert und insbesondere dem *gezwungenen* Subjekt gegenüber als sowohl freiheitsverträgliche wie freiheitsnotwendige »*Verhinderung* eines *Hindernisses* der Freiheit« (AA VI, 231), geltend gemacht werden können. Wer zum Beispiel wegen Trunkenheit am Steuer mit Unfallfolge vor dem Kadi steht, mag die ihn ereilende Strafe nicht erfreulich finden, kann sie rational aber nicht als *ungerecht* charakterisieren. Die Person wird im Rechtszwang nicht verneint, sondern als mündiges Freiheitssubjekt bestätigt, sofern sich vom gezwungenen Subjekt aus der zwingende Rechtsakt als *freiheitskonforme Selbstnötigung durch andere* verstehen lässt.[39]

Benutzt ein Staat jedoch Zwang zu anderen Zwecken als zur Rechtswahrung, tut er Unrecht. Dabei ist es egal, wie nobel die Motive und wie willkommen die Folgen sein mögen, sie können jene Übertretung keinesfalls rechtfertigen. In Fragen der inneren Willensbestimmung, also in die Domänen von Moral und Religion, so Kant, hat sich der Staat nicht einzumischen (AA VI, 219). Darin liegt ein entscheidendes abwehrrechtliches Moment des kantischen Rechtsstaatsbegriffes, das den Bürger vor jede, auch der gutgemeinten,

---

37 | So schreibt Kant beispielsweise: »Wenn ich also ein Strafgesetz gegen mich, als einen Verbrecher, abfasse, so ist es in mir die reine rechtlich-gesetzgebende Vernunft (homo noumenon), die mich als einen des Verbrechens Fähigen (homo phaenomenon), samt allen übrigen in einem Bürgerverein dem Strafgesetz unterwirft.« (AA VI, 335)

38 | Vgl. Köhler, *Begründung*, S. 105.

39 | Vgl. Peter Unruh, *Die Herrschaft der Vernunft: Zur Staatsphilosophie Immanuel Kants*, Baden-Baden 1993, S. 44 m.w.N.

Vereinnahmung seitens des Staates schützt. Damit ist Kants Modell nicht nur dem Utilitarismus und sonstigen Konsequentialismen überlegen, die allesamt das Recht zu zwingen von seinen Effekten her legitimieren und es daher niemals demjenigen gegenüber rechtfertigen können, der wohlbegründet bezweifelt, dass im konkreten Fall diese Effekte entweder eintreten oder aber wünschenswert sind. Sie übertrifft auch alle Theorien negativer Freiheit, welche die Verträglichkeit von Recht und Freiheit erweisen wollen, indem sie das Recht als die Menge legitimer Zwangshandlungen charaktisieren und dann darüber stolpern, was denn eigentlich jenen Zwang allererst legitimiert (siehe Abschnitt 5.2).

Übertragen in die von mir vorgeschlagene Terminologie ließe sich derselbe Gedanke so fassen: Während quantitativ-ausgerichteter Liberalismus den Schutz der individuellen Freiheit generell in weniger statt mehr Staatlichkeit sucht, ordnet Kant die quantitative Perspektive der Frage nach der angemessenen Qualität staatlichen Handels nach, orientiert am Förderungsbedürfnis der Freiheit aller. Man benötigt, kurz gesagt, so viel Staat, wie zur Erfüllung dieses Bedürfnisses erforderlich ist: nicht mehr, aber auch nicht weniger. Die Qualität der Freiheitsidee liefert bei Kant das Maß der Quantität der bürgerlichen Freiheiten. Es gibt also für ihn nicht nur ein liberales Übermaßverbot hinsichtlich staatlichen Handelns, sondern auch – dies sei allen Libertären ins Stammbuch geschrieben – ein Untermaßverbot.

2.1.3 Soziale Rechte?

Wenn Freiheit sich in Recht realisiert und dieses den Bezug auf Objekte voraussetzt, muss dann nicht aus dem allgemeinen Recht aller Personen auf Freiheit auch ein Recht auf Weltteilhabe und Umweltzugang folgen? Muss der Rechtsstaat auch ein Sozialstaat sein, um alle zu befähigen, von den ihnen rechtlich zustehenden Freiheiten auch Gebrauch machen zu können? Hat die Idee der Freiheit eine soziale Seite? Aus heutiger Sicht spräche einiges dafür.

Zwischen jenem fiktiven Naturzustand, von dem die Rechtsphilosophen des 16.-18. Jahrhunderts sprachen, wo ungehindert die arbeitsame Hand die nährende Frucht zum Mund bringt, und ein jeder sich selbst versorgt durch eigenen Fleiß und Verstand, zwischen jenem Gedankenland und unserer jetzigen Lebenswelt besteht ein – auch philosophisch – gravierender Unterschied. Weil es kaum noch Möglichkeiten zur Erstaneignung von Natur gibt, weil die Einzelnen sich also nicht im einsamen Bezug auf herrenlose Güter am Leben erhalten können, ist der Zugang zur Freiheit heutzutage zumeist gesellschaftlich vermittelt.[40] So findet sich etwa die Freiheit des Einzelnen überall von rechtlich geschütztem Besitztum begrenzt, so dass wir für nahezu jede

40 | Vgl. Georg Wilhelm Friedrich Hegel, (TWA 7, 388).

Aneignung und Verarbeitung von Umwelt der rechtsförmigen Zustimmung anderer bedürfen. Wo diese ausbleibt, kann oft auch bester Wille und artiger Fleiß das Individuum nicht ernähren. Folglich ließe sich eventuell aus dem Verbot widerrechtlicher Aneignung fremden Eigentums – als sachlich verkörperter Freiheit –, das Gebot folgern, jede Person so zu stellen, dass sie nicht aus Überlebensnot Unrecht zu begehen hat. Muss darum, wer Privatbesitz schützen will, nicht auch sicherstellen, dass die fundamentaleren Rechte des menschlichen Lebens ohne Verletzung der Rechte fremden Eigentums realisiert werden können? Wären die Mindestvoraussetzungen zum Existenzerhalt und Freiheitsgebrauch als unabdingbare Grundlagen individueller Rechtsfreiheit zu konstruieren und einzufordern?[41] Soziale Teilhaberechte als Ergebnis eines konsequent gedachten Liberalismus – wie hält es Kant damit?

Zuerst springt die Tatsache ins Auge, dass Kant die Parole der Französischen Revolution von *liberté, egalité, fraternité* in seiner Rechtslehre zur Formel *Freiheit, Gleichheit, Selbständigkeit* umwandelt (AA IV, 314). Es scheint also, als ob er den eher sozial*moralisch* anmutenden Begriff der Brüderlichkeit mit einer *Rechts*kategorie ersetzen und die individuelle Teilhabe am wirtschaftlichen und politischen Ganzen als Bürgerrecht einfordern will.

Auf den zweiten Blick geben jedoch Kants Texte diese Deutung nicht her. Kant definiert im § 46 seiner Rechtslehre den Begriff des »Staatsbürgers« ausgehend von drei Momenten:

> […] *gesetzliche Freiheit*, keinem anderen Gesetz zu gehorchen, als zu welchem er seine Beistimmung gegeben hat; *bürgerliche Gleichheit*, keinem Oberen im Volk in Ansehung seiner zu erkennen als nur einen solchen, den er ebenso rechtlich verbinden kann; drittens das Attribut der *bürgerlichen Selbständigkeit*, seine Existenz und Erhaltung nicht der Willkür eines andern im Volke, sondern seinen eigenen Rechten und Kräften als Glied des gemeinen Wesens verdanken zu können, folglich die bürgerliche Persönlichkeit, in Rechtsangelegenheiten durch keinen anderen vorgestellt werden zu dürfen (AA VI, 314, Herv. i.O.).

Kant macht dabei *ökonomische* Selbständigkeit zur Voraussetzung der *politischen*. Zwischen »Staatsbürgern« und »Staatsgenossen« unterscheidend erklärt er, dass Menschen, die es nicht zur wirtschaftlichen Selbständigkeit brächten, auch kein Anrecht auf politische Autonomie zustünde. So heißt es im nämlichen Paragraphen ausdrücklich:

> In dieser Verfassung aber das Recht der Stimmgebung zu haben, d.i. Staatsbürger, nicht bloß Staatsgenosse zu sein, dazu qualifizieren sich nicht alle mit gleichem Recht. Denn

41 | Michael Köhler, »Iustitia distributiva. Zum Begriff und zu den Formen der Gerechtigkeit«, in: *Archiv für Rechts- und Sozialphilosophie (ARSP)*, 79 (1993): 457-482.

daraus, dass sie fordern können, von allen anderen nach Gesetzen der natürlichen Freiheit und Gleichheit als *passive* Teile des Staats behandelt zu werden, folgt nicht das Recht, auch als *aktive* Glieder den Staat selbst zu behandeln, zu organisieren oder zu Einführung gewisser Gesetze mitzuwirken; [...]. (AA VI, Herv. i.O.)

Andernorts führt Kant zudem aus, dass das Recht zur aktiven Staatsbürgerschaft jedem abgeht, der in unselbständiger Beschäftigung steht. Ein Friseur mit eigenem Laden – dies ist Kants eigenes Beispiel – ist etwa als ökonomisch hinreichend selbständig anzusehen, dagegen einer, der von Hausbesuchen lebt, nicht. Kinder oder Frauen werden von vorneherein zu bloß passiven »Staatsgenossen« degradiert.

Wie erklären sich diese aus heutiger Sicht abstrusen Einschränkungen des Rechts zur politischen Partizipation? Kant hat eine hinter ihrer philosophischen Idee zurückbleibende Realität zu deren begrifflicher Bestimmung herangezogen und so den Fehler gemacht, von Fakten auf Normen zu schließen. Anstatt diese Unwucht in seinem Denken als libertäre Wölbung zu feiern,[42] sollten wir in ihr die peinliche Delle erkennen, die sie ist. Es hätte anderes weit mehr in der Logik seines Systems gelegen; nämlich, das Recht eines jeden auf politische Repräsentation zur Grundlage eines kontrafaktischen Anspruchs auf ökonomische Teilhabe auszuformen. Armut untergräbt die aktive intellektuelle wie praktische Teilnahme an politischen Entscheidungsprozessen, das ist richtig. Folglich muss aber doch wohl nicht die politische Partizipation der Armen, sondern eher ihre Armut aufgehoben werden.[43]

Diese Lesart entspräche auch der kantischen Formel von Freiheit-Gleichheit-Selbständigkeit, da sie für die »Selbständigkeit« nur einfordert, was in Kants Rechtsphilosophie für die Prinzipien von »Freiheit« und »Gleichheit« gang und gäbe ist, nämlich dass sie auch kontrafaktisch zur Geltung gebracht werden müssen. Kant behauptet ja keineswegs, dass alle Menschen bereits von Natur her rechtlich frei und gleichgestellt *seien*, sondern erklärt, dass alle Menschen innerhalb rechtlicher Grenzen frei und vor dem Gesetz gleich *sein sollen*. Gleiches sollte auch für die Selbständigkeit gelten. Kant scheint auch in diese Richtung zu tendieren, als er anrät, dass die »Staatsgenossen« jederzeit befähigt werden sollten, »aus diesem passiven Zustand zu dem aktiven sich emporarbeiten zu können« (ebenda). Wenn indes aus kontingenten Gründen so muss man gegen ihn einwenden eine solche Selbstbefreiung aus ökono-

42 | Vgl. Wolfgang Kersting, *Wohlgeordnete Freiheit: Immanuel Kants Rechts- und Staatsphilosophie*, Frankfurt a.M. 1993.

43 | So auch Ripstein, *Force*. Er entwickelt von Kant her eine Pflicht des Staates, sich der Armen durch Besteuerung der Reichen anzunehmen und zieht die kantischen Linien bis zur Schaffung eines modern Sozial- und Gesundsheitvorsorgesystems aus, vgl. ebenda, S. 282-285.

mischer Unmündigkeit nicht möglich ist, warum nicht wenigstens dann mit Rechtsmitteln eingreifen? So haben das jedenfalls Fichte und Krause gesehen (s.u. Abschnitt 2.2.2 zu Fichtes und Abschnitt 2.3.3 zu Krauses Fortführung dieser Gedanken). Insofern zudem die Bürger selbst natürlich ein Interesse an ihrer ökonomischen Emanzipation haben, stellt sich jenes Problem auf eine andere Weise noch einmal: im Umkreis der Politik. Sie soll ja auf eine dem Recht konforme, aber über es hinausgehende Weise für den Abbau ungerechter Lebensverhältnisse sorgen. Eventuell könnte also die Beseitigung von Armut und Benachteiligung zum politischen Programm werden.

Kant versteht, wie bereits angedeutet, unter Politik eine positiv-*äußere* Handlungsbestimmung. Dies setzt die politische Arena von einer Inquisition der inneren Motive frei, macht aber die Frage nach der sittlichen Zielrichtung politischer Handlungen keineswegs überflüssig: Gesinnung und Zielsetzungen sind zweierlei; noch die schwärzeste Seele spannt sich bisweilen – aus welchen Motiven auch immer – vor den Karren einer noblen Sache. Der Fokus philosophischer Aufmerksamkeit liegt daher nicht auf der Frage nach den heimlichen Absichten der Politiker, sondern nach den erkennbaren Zielen ihrer Politik. Existiert ein separater *kategorischer Imperativ* der Politik? Kann die politische Philosophie eine eigenständige *Synthesis a priori* vollbringen? Die Antwort darauf liefert der *liberale Prozeduralismus* der kantischen Ethik.

Kants Ethik verfährt durchgängig zunächst formal und dann erst material. Sie wendet sich erst einmal ab von Vorgaben traditioneller *materialer Werte* (Glück, Genuss, Nutzen, Gerechtigkeit, Wohlergehen, Nächstenliebe, Gottgefälligkeit etc.) und *formalen Verfahren* (Widerspruchsfreiheit, Universalisierbarkeit etc.) zu, mit denen die jeweils verbindlichen Ziele und Werte allererst ermittelt werden. Jene Insistenz auf Formalität wird Kant bis heute zu Unrecht als rigoristischer Formalismus ausgelegt, der angeblich alles menschliche Streben nach Glück und Wohlergehen zurückweise. Jedoch gehen solche Interpretationen in die Irre. Denn, wie bereits gesehen, kulminieren alle Disziplinen der kantischen Ethik im Begriff des »höchsten Guten« (AA V, 108ff.).[44] Auch die Politik richtet sich in einer noch näher zu charakterisierenden Weise auf das »höchste Gut« aus. Sie pflegt nicht nur das Recht, sie verändert es auch. Wie aber lässt sich abgrenzen, welcher politische Gebrauch des Gesetzgebungsapparates mit dem liberalen Rechtsprinzip übereinstimmt und welcher ihm zuwiderläuft?[45]

44 | Vgl. Claus Dierksmeier, »Kant on Virtue«, in: *Journal of Business Ethics*, 113, No. 4 (2013): 597-609; Robert B. Louden, »Kant's Virtue Ethics«, in: *Philosophy*, 61, No. 238 (1986): 473-489.

45 | Vgl. Ulrich Sassenbach, *Der Begriff des Politischen bei Immanuel Kant*, Würzburg 1992; Claudia Langer, *Reform nach Prinzipien: Untersuchungen zur politischen Theorie Immanuel Kants*, Stuttgart 1986.

Da Kants Rechtsidee sich nicht von vorgegebenen sittlichen Zielvorstellungen (Gemeinwohl, Wohlfahrt etc.) her aufbaut, müssen die Kriterien der Politik zunächst *formal* bestimmt werden. So aber »bleibt [...] noch die Form der Publicität übrig, deren Möglichkeit ein jeder Rechtsanspruch in sich enthält« (AA VIII, 381). Von allen Vorstellungen des Guten abstrahierend realisiert sich der Anspruch der Freiheitlichkeit der Politik darüber, dass die Art und Weise der kollektiven Zielfestlegungen auf ihre Universalisierbarkeit überprüft wird. Die Öffentlichkeit soll den Universalisierbarkeitstest für politische Vorhaben erbringen.[46] Das hat seinen Grund in Kants Überzeugung, dass es durch republikanische »Organisation des Staats« möglich sei, rechtswidrige politische Kräfte »so gegeneinander zu richten, dass eine die anderen in ihrer zerstörenden Wirkung aufhält, oder diese aufhebt; so dass der Erfolg für die Vernunft so ausfällt, als wenn beide gar nicht da wären, und so der Mensch, wenn gleich nicht ein moralisch-guter Mensch, dennoch ein guter Bürger zu sein gezwungen wird.« (AA VIII, 366)

Durch die Öffentlichkeit der politischen Vorhaben werde bewirkt, dass, sofern meine Vorhaben geeignet sind, fremde Rechte zu beeinträchtigen, es zu einer »a priori einzusehende[n] Gegenbearbeitung aller gegen mich« (AA VIII, 381) komme.[47] So wirkt der Publizitätsgedanke als ein »a priori in der Vernunft anzutreffendes Kriterium [...], die Falschheit (Rechtswidrigkeit) des gedachten Anspruchs (praetensio iuris), gleichsam durch ein *Experiment der reinen Vernunft* sofort zu erkennen« (AA VIII, 381). Deshalb gibt Kant als die »*transcendentale* Formel des öffentlichen Rechts« (AA VIII, 381) aus, nur solche Politik solle betrieben werden, deren Verfahren jederzeit publik werden könnten. Ohne Zuhilfenahme substantieller Staatszielbestimmungen wird somit das öffentliche Handeln mit dem Freiheitsprinzip vorstrukturiert (*Synthesis a priori*) und der Rahmen zulässiger Politik auf prinzipielle Weise begrenzt.

Doch operiert die politische Vernunft soweit »bloß negativ« (AA VIII, 381). Über den somit eröffneten Rahmen zulässiger Vorhaben fehlt noch ein weiteres, *positives Kriterium* für die Gesetzgebung.[48] Nicht alle Maßnahmen, die den Test der Publizität bestehen, sind gleich gut geeignet, den politischen Willen einer Gesellschaft zu organisieren. Aus der abstrakten Quantität zulässiger Unterfangen muss politische Vernunft diejenigen auswählen, deren konkrete Qualität das gemeinschaftliche Leben am ehesten fördert. Um einen genuin kategorischen Imperativ der Politik bereitzustellen, muss die Vernunft also über das formale Gebot bloßer Rechtsförmigkeit hinaus den Gemeinwil-

46 | Vgl. Howard Williams, *Essays on Kant's Political Philosophy*, S. 34f.

47 | Vgl. auch Reflexion 7687, (AA XIX, 491).

48 | Vgl. Joseph Knippenberg, »The Politics of Kant's Philosophy«, in: Ronald Beiner (Hg.), *Kant & Political Philosophy – The Contemporary Legacy*, New Heavan 1993, S. 155-172.

len noch substantiell anleiten. Das dafür benötigte positive Kriterium ist die *Glückseligkeit* (AA VIII, 386ff.), der *pursuit of happiness.*

Jene Rehabilitation der Glückseligkeit in Kants Politiktheorie hat etliche Interpreten verwirrt;[49] verständlicherweise, denn überdeutlich hatte Kant ja Wohlfahrtsgedanken aus der Rechts- und Staatsbegründung ausgesondert. Mit den vielzitierten Worten – »Wohlfahrt aber hat kein Princip« – hatte Kant allem staatlichen Paternalismus den Kampf angesagt (AA VII, 86). In der Tat bestreitet Kant die zentrale Grundannahme aller utilitaristischen Ansätze, man könne das Glück (*happiness, pleasure*) oder den Nutzen (*utility*) der Individuen kommensurabel machen und messen, so dass sich durch technokratische Regierungen einfach das Wohl aller erhöhen lasse. Die – insbesondere durch gelebte Freiheit noch intensivierte – Individualität und Differenz der Menschen erlaube schlicht keinen *materialen* Glückseligkeitsbegriff mit universaler Gültigkeit. Entsprechend bestimmt Kant »politische Freyheit« folgendermaßen: »Diese besteht darin daß jeder sein [sic!] Wohlfahrt nach seinen Begriffen suchen kann und auch nicht einmal als Mittel zum Zweck seiner eigenen Glückseligkeit von anderen und nach deren ihren Begriffen gebraucht werden kann sondern blos [sic!] nach dem seinigen.« (AA 23, 12) Kein einziges Vorhaben könne dem Glück von schlechthin jedermann dienen; Volksbeglückung ist nicht Regentenpflicht.[50]

Jedoch vertritt Kant eine *formale* Glückseligkeitstheorie unter der Ägide der Freiheit. Vorhaben, die im Einklang mit der freien Zwecksetzung der Bürger stehen, dürfen zum Gegenstand von Politik aufrücken. Durch staatliches Handeln sollen – etwa durch das Schaffen wirtschaftlicher Prosperität – die nötigen *Bedingungen* geschaffen werden, damit die Bürger nach eigenem Gutdünken ihr Glück finden können.[51] Der Wohlstand des Gemeinwesens sei ein probates »Mittel, ihr Recht zu sichern und sie dadurch in den Stand zu setzen, sich selbst auf alle Weise glücklich zu machen.« (AA XIX, 560) Kant erwog dazu Maßnahmen, wo »der Landesherr auf das Zuziehen der Seidenwürmer, Pflanzen der Maulbeerbäume, oder eine andere Handlung eine Belohnung setzt [...].« (AA XXVII, 548) Heute würde man eher an den Aufbau struktureller und informationeller Verkehrsnetze, an ordnungsrechtliche Vorgaben für individuelles wie kollektives Wohlfahrtsstreben oder staatliche Unterstützungen für ehrenamtliches Engagement denken.

49 | Heinz-Gerhard Schmitz sieht darin sogar ein, von ihm begrüßtes (!) Abrücken Kants von seinem gesamten Moralbegriff, der hier durch ein Konzept der Klugheit ersetzt werde. Siehe: Heinz-Gerd Schmitz, »Moral oder Klugheit? Überlegungen zur Gestalt der Autonomie des Politischen im Denken Kants«, in: *Kant-Studien*, 81, No. 1 (1990): 413-422.

50 | Vgl. Wolfgang Kersting, *Kant über Recht*, Paderborn 2004.

51 | Vgl. Paul Guyer, *Kant on Freedom, Law, and Happiness*, 2000, S. 285.

Die Zwecke wandeln sich; es bleibt die Methode, Freiwilligkeit auch durch Rücksicht auf das Eigeninteresse der Bürger zu gewährleisten. In der Politik ist es zulässig, oft sogar geboten, Bürger materiell zu motivieren,[52] sofern nur der in Aussicht gestellte Vorteil und Nutzen, wie von Kant verlangt, in rechtsförmiger Weise erlangt wird. Formen der Anerkennung – ideelle sowie finanzielle – für ein Mitwirken an politischen Projekten sind daher nicht nur pragmatisch sinnvoll, sondern im Lichte der Idee des »höchsten Guts« auch einzufordern: als gerechte Unterstützung derer, welche die politische Ordnung und die durch sie geförderten öffentlichen Güter mittragen.

Jene doppelte Bestimmung Kants, einerseits auf jeden *inhaltlichen* Glückseligkeitsbegriff zu verzichten, aber andererseits die *strukturellen* Ermöglichungsbedingungen zur individuellen wie kollektiven Glückssuche bereitzustellen, eröffnet interessante Möglichkeiten. Sie begünstigt eine Politikphilosophie, die es erlaubt, prozedural anstatt substantiell die Frage einer Antwort zuzuführen, welche bürgerlichen Anliegen die Politik zum Zweck ihres Wirkens machen soll. Da die individuellen Zwecke und Lebensziele ins Unendliche hinein variieren, lassen sie sich nicht *direkt* durch staatliches Handeln fördern, ohne dass einige gegenüber anderen diskriminiert würden. Wohl aber lässt sich die individuelle Wohlfahrt *indirekt* unterstützen. Etwa indem der Staat die Bürger ermächtigt und befähigt, individuell sowie in freiwilliger Kooperation ihre Glückseligkeit zu verfolgen. Der Staat kann und soll es zu seinem Ziel machen, dafür geeignete Verfahren, Institutionen und Infrastrukturen anzubieten. Dann lassen sich die Ansprüche auf Freiheit und persönliches Wohlergehen miteinander vereinbaren. Auf diesem Wege steuert Kant, orientiert am Leitstern bürgerlich-partizipativer Selbstbestimmung, seinen politischen Freiheitsbegriff zwischen der Skylla libertärer Politik- und Gestaltungsverweigerung und der Charybdis des illiberalen Paternalismus hindurch. Aus dieser doppelten Frontstellung Kants gegen einen jedwede Inhaltlichkeit ausschließenden Formalismus »negativer Freiheit« einerseits und zugunsten einer *prozeduralen* statt *substantiellen* Bestimmung »positiver Freiheit« andererseits, resultiert ihre Modernitätstauglichkeit.

2.1.4 Gesellschaftliche Selbststeuerung

Politik, so Kant, soll sich des Zwangs enthalten, darf aber Anreize – etwa monetärer, materieller, informationeller, logistischer sowie reputationell-immaterieller Art – einsetzen, um ihre Projekte zu befördern. Politik ist somit kein bloßes Amalgam aus allgemeinen Rechtsregeln und aufsummiertem Eigen-

52 | Diesem Gedanken liegt eine schon in Kants frühen Moralvorlesungen ausgearbeitete Differenzierung innerhalb der Klasse der *praemia auctorantia* zugrunde, vgl. Hans Vaihinger et al., *Kant-Studien*, Berlin; New York 1942, S. 64f.

interesse. Man darf Kants Politikbegriff nicht auf Staatsklugheit,[53] »ausübende Rechtslehre« (AA VIII, 370), Beförderung normativen Rechtsfortschritts und/oder Friedenswahrung verkürzen. Jene Dimensionen deckt sie zwar ab,[54] sie zielt aber auf Höheres: auf eine ethisch kreative Deutung der Lebenswelt. Der politische Agent muss ermitteln, welche gesellschaftlichen Schieflagen die Bürger als ungerecht begreifen und welche Ideale stimmige Alternativen liefern.[55] Welche Leistungen und Wertvorstellungen werden als besonders gemeinwohlförderlich, welche als gemeinwohlschädlich verstanden – und wie verhalten sich die gesellschaftlichen Anreiz- und Anerkennungsstrukturen dazu?

Wie aber ermitteln politische Akteure das gesellschaftsethische Problemempfinden des Volkes, dem sie verpflichtet sind? Eine in der Sekundärliteratur populäre Antwort stellt auf bestimmte Überlegungen in Kants *Kritik der Urteilskraft* ab. Diese verdeutlichen, wie die Einzelnen lernen, den Standpunkt der jeweils anderen einzunehmen, so dass es zu sozialen Urteilskonvergenzen kommt.[56] Hierfür sei, nach der – kontrafaktischen, aber als geistiger Fluchtpunkt geeigneten – »Idee eines *gemeinschaftlichen Sinnes*« zu urteilen, schreibt Kant (AA V, 293). Der Urteilende muss eine Perspektive einnehmen, in welcher so gut als nur eben möglich die Ansicht aller anderen mitberücksichtigt ist, indem er das eigene Urteil »*gleichsam* an die gesamte Menschenvernunft« verweist (ebenda, Herv. C.D.).[57] Zwar kann der Mensch nicht mit göttlichem Auge auf die Welt blicken. Dennoch kann ein Denken, das sich intellektuell »an die Stelle jedes anderen versetzt« (AA V, 294) geschult und optimiert werden. Der Schatten, welcher unserem privaten Blickwinkel auf die Welt anhaftet, jenes der je eigenen Perspektive geschuldete Halbdunkel, kann sich auf

53 | So aber: Schmitz, *Moral oder Klugheit?*, S. 413ff.

54 | Vgl. Thomas Kater, *Politik, Recht, Geschichte: Zur Einheit der politischen Philosophie Immanuel Kants*, Würzburg 1999.

55 | Vgl. Jürgen Habermas, *Strukturwandel der Öffentlichkeit: Untersuchungen zu einer Kategorie der bürgerlichen Gesellschaft*, Frankfurt a.M. 1990 (Originalausgabe: 1962), S. 190.

56 | Vgl. Ernst Vollrath, *Grundlegung einer philosophischen Theorie des Politischen*, Würzburg 1987; Hannah Arendt und Ronald Beiner, *Lectures on Kant's political philosophy*, Brighton 1982. In ihrer Betonung der Bedeutung des reflexiven Urteilsaktes für das Politische leisten die Arbeiten von Hanna Ahrendt und Ernst Vollrath einen wichtigen Beitrag zur Kant-Interpretation; sie gehen aber fehl, insofern sie dem Urteilen zu viel Selbständigkeit gegenüber dem praktisch-normativen Theorierahmen insgesamt einräumen. Jene Ästhetisierung der kantischen Normativität wird zurückgewiesen von Patrick Riley, »Kant's two conceptions of the will in their political context«, in: Howard Lloyd Williams (Hg.), *Essays on Kant's Political Philosophy*, Chicago, Illinois 1992, S. 309.

57 | Vgl. O'Neill in Williams, *Essays on Kant's Political Philosophy*, S. 77.

die Sichtweisen anderer hin erweitern und so Schritt um Schritt aufgehellt werden.

Hier mündet die Politiktheorie in Kulturphilosophie. Kann eine »ästhetische Erziehung des Menschengeschlechts«, wie Friedrich Schiller (1759-1805) sie im Anschluss an Kant einfordert, eine liberale und zugleich am Gemeinwohl orientierte Politik unterstützen? Indem sie uns für die Perspektiven unserer Mitmenschen sensibilisiert, so Schiller, stiftet Kultur im Menschen »eine Gemütsstimmung, welche das Ganze der Menschheit in sich begreift.«[58] Kulturelle Formen sensibilisieren für die Gefühle, Sichtweisen und Weltdeutungen anderer.[59] Ohne solche Fundamente, welche die wechselseitige Achtung der Menschen voreinander und ihr Empfinden füreinander fördern, droht das Projekt einer sich ihre Ziele dialogisch selbst gebenden politischen Vernunft zu scheitern. Es fiele dem kalten Kalkül unkultivierten Denkens zum Opfer, wie ein Mensch, der, nochmals in Worten Schillers, »selbstsüchtig, ohne er selbst zu sein, ungebunden, ohne frei zu sein« in rohem Egoismus verharmt.[60]

Mit Individuen aber, die ihre privaten Zwecke verabsolutieren und, wo sie nur können, sich auf Kosten der anderen und der Allgemeinheit durchsetzen, mit solchen Menschen ist kein Staat zu machen. Nutzenmaximierer, die jede Gesetzeslücke missbrauchen, muss die Gesellschaft gängeln. Je enger jedoch das Korsett der Anreize und Belohnungen und je fester die Bande der Überwachung geschnürt werden, desto knapper atmet Freiheit. Wo sie erstickt, breitet sich der faulige Hauch des Opportunismus nur umso mehr aus. Ohne humanistische Kultur kann politischer Liberalismus auf Dauer nicht bestehen. Darum hat der liberale Staat einen Bildungsauftrag. Kultur ist also schon deshalb nicht nur Privatsache, da ohne sie die *res publica* nicht überlebt.[61]

Politik benötigt die Zeichenwelten der Kultur, um eine einheitsstiftende Deutung der sozialen Lebenswelt samt einer Vision zu ihrer Optimierung zu Stande zu bringen.[62] Politik kann nicht im luftleeren Raum abstrakter Begriffe operieren.[63] Was die Politik braucht, ist die Konkretheit integrativer Sym-

---

58 | Friedrich Schiller, *Briefe über die ästhetische Erziehung des Menschengeschlechts*, 22. Brief, Sämtliche Werke, Bd. V, München 2004, S. 637.

59 | Zu einer zeitgenössischen Reflexion auf den Beitrag ästhetischer Erziehung zum Projekt einer reflexiv weltbürgerlichen Politik vgl. Martha Craven Nussbaum, *Not for Profit: Why Democracy Needs the Humanities*, Princeton, New Jersey 2010, S. 7, 103f.

60 | Schiller, *Briefe*, 24. Brief, S. 646.

61 | Vgl. Wilhelm Humboldt, *Ideen zu einem Versuch, die Grenzen der Wirksamheit des Staats zu bestimmen*, Stuttgart 1967.

62 | Vgl. Dieter Heinrich et al. (Hg.), *Über Theorie und Praxis*, I, Frankfurt a.M., 1967, S. 35.

63 | Vgl. Heiner Bielefeldt, *Symbolic Representation in Kant's Practical Philosophy*, Cambridge, United Kindgom; New York 2003 (Originalausgabe: 2001), S. 104ff.

boliken und überzeugender Szenarien.[64] Das im Begriff des höchsten Gutes von Kant formulierte Gebot sukzessive abzubauender ethischer Schieflagen markiert hierzu den gedanklichen Fluchtpunkt, welchen die Urteilskraft der politischen Akteure situationsgerecht ausgestalten muss. Die regulative Idee des »höchsten Gutes« liefert die Vision eines gesellschaftlichen Zusammenlebens, in dem »die durch die sittliche Gesetze theils bewegte, theils restringirte Freiheit selbst die Ursache der allgemeinen Glückseligkeit, die vernünftigen Wesen also selbst, unter der Leitung solcher Principien, Urheber ihrer eigenen und zugleich anderer dauerhaften Wohlfahrt sein würden.« (AA III, 525)

So sehr dies dem gewöhnlichen Kant-Image widerstreiten mag: Aus diesem *prinzipiellen* Grund und nicht aufgrund eines prinzipienwidrigen Anbiederns Kants an eine anders nicht zu bändigende Erfahrungswirklichkeit[65] kommt es zur Einbindung des *pursuit of happiness* in Kants politischen Liberalismus. Auf Vorstellungen des »höchsten Guts« im Rahmen von Politik Rücksicht zu nehmen, vollendet die Synthesis der praktischen Vernunft mit ihrer Lebenswelt. Weil diese Vernunft zwar autonom, aber keinesfalls autark ist, macht Kant es schlüssig und stimmig zur eigentlichen »Aufgabe der Politik«, die Bürger »mit ihrem Zustande zufrieden« zu machen (AA VIII, 386). Es reiche daher nicht, nur *negativ* die Freiheit aller zu schützen, sondern man müsse auch – in dem dadurch ab- und eingegrenzten Rahmen – *positiv* jene Projekte zu fördern, von denen die Bürger sich ein besseres Leben versprechen. Daraus resultiert sich das »andere trancendentale und *bejahende* Prinzip des öffentlichen Rechts«, das den systematischen Abschluss der freiheitsphilosophischen Politiktheorie Kants liefert:

»Alle Maximen, die der Publicität bedürfen (um ihren Zweck nicht zu verfehlen), stimmen mit Recht und Politik vereinigt zusammen«. Denn wenn sie nur durch die Publicität ihren Zweck erreichen können, so müssen sie dem allgemeinen Zweck des Publikums (der Glückseligkeit) gemäß sein, womit zusammenzustimmen (es mit seinem Zustande zufrieden zu machen) die eigentliche Aufgabe der Politik ist. Wenn aber dieser Zweck nur durch die Publicität, d.i. durch die Entfernung alles Misstrauens gegen die Maximen derselben, erreichbar sein soll, so müssen diese auch mit dem Recht des Publikums in Eintracht stehen; denn in diesem allein ist die Vereinigung der Zwecke aller möglich. (AA VIII, 386)

Was im Rahmen rechtsstaatlicher Öffentlichkeit *legal* zum Politikziel wird, gilt somit auch als freiheitlich *legitimiert.*[66] Auf diese Weise liefert die Philosophie

64 | Vgl. Dierksmeier, *Noumenon Religion*, S. 148f.

65 | Vgl. Schmitz, *Moral oder Klugheit?*, S. 413ff.

66 | Hier tritt analog ein Gedanke wieder auf, den Kant schon in der ethisch-inneren Zweckbestimmung invozierte: »Was im Verhältnis der Menschen zu sich selbst und an-

zwar eine *prozedurale* politische Zielvorstellung, überlässt aber die *inhaltliche* Ausgestaltung derselben freiheitlich-republikanischen Verfahren. Kant verbindet so den Gedanken einer freiheitlichen Ordnung mit dem einer pluralistischen Öffentlichkeit. Er gibt der Politik eine normative Idee an die Hand, legt aber nicht fest, wie konkrete Politik im Lichte dieser Idee betrieben werden solle. Er begründet vielmehr umgekehrt, dass und wie verschiedene Gesellschaften je nach ihren jeweiligen Bedürfnissen sich einen eigenen, unterschiedlichen *Begriff* davon machen, wie die *Idee* freiheitlicher Politik konkretisiert und realisiert werden könne.

So identifiziert Kant *normativ*-richtige Politik als Weg zu *empirisch*-erfolgreichem Handeln.[67] Der *politische Imperativ*, allein Vorhaben zu verfolgen, die zu ihrer Realisierung der öffentlichen Zustimmung *bedürfen*, verweist die Politik an die *Beteiligung* der Bevölkerung. Dass dies der betreffenden Politik Akzeptanz verschafft, liegt auf der Hand. Anstatt ein Zerschmettern des Privaten zugunsten eines ›von oben‹ verordneten sittlichen Allgemeinen zu erträumen, geht es Kant um das Integrieren des Individuellen in das Soziale – zum Zwecke der »gesitteten Glückseligkeit« aller (AA VII, 277). Die Integration der konkreten Anliegen der Bürger in die Gesetzgebung erfolgt durch die Vorgabe, Politik an der freiwilligen Beteiligung der Bürger auszurichten und dabei – in rechsstaatlichen Grenzen – denjenigen Freiheitsverständnissen zu folgen, die diese selbst vertreten.[68] Kant unterwirft das Freiheits- und Politikverständnis der Bürger also nicht – wie später Fichte und Marx (siehe Abschnitt 2.2.4) – dem vermeintlich besseren Wissen der Philosophen und von ihnen zu formulierenden Politikzielen; er baut vielmehr das Selbst- und Weltverständnis der Bürger konstitutiv in sein Politikmodell ein.

Insofern ist es nur konsequent, dass Kant, obschon er sich als Bürger seiner Zeit natürlich in gesellschaftspolitische Diskurse einmischte und seine diesbezüglichen Gedanken publizistisch wirkungsvoll darzustellen wusste, nicht den Anspruch erhob, in Fragen der Tagespolitik unanfechtbare Wahrheiten auszuhändigen. Stattdessen stellte er lediglich eine *allgemeine Idee* politischer Freiheit auf, deren Konkretisierung in *spezifische Freiheitsbegriffe* er den Bür-

---

deren Zweck sein k a n n , das ist Zweck vor der reinen praktischen Vernunft, denn sie ist das Vermögen der Zwecke überhaupt, d.i. kein Interesse daran zu nehmen, ist also ein Widerspruch; weil sie alsdann auch nicht die Maximen zu Handlungen (als welche letztere immer einen Zweck enthalten) bestimmen, mithin keine praktische Vernunft sein würde.« (AA VI, 395)

67 | Vgl. Volker Gerhardt, *Immanuel Kants Entwurf »Zum ewigen Frieden«: Eine Theorie der Politik*, Darmstadt 1995.

68 | Vgl. Christopher Gohl, *Prozedurale Politik am Beispiel organisierter Dialoge: Wie politische Beteiligung professionell gestaltet werden kann – eine Grundlegung*, Münster/ Berlin 2011.

gern überlässt. Als *ein* solcher Bürger erlaubt auch Kant sich, seine Meinung zu aktuellen politischen Fragen zu äußern. Wie für jedermann, so gibt es auch für Philosophen ein Recht, in den Streit um die Optimierung der Gesetze ihre Stimme einzubringen – als überstimmbares Votum eines Bürgers.[69]

Deshalb ist Kants politischer Liberalismus über den Kreis der von der kantischen Philosophie insgesamt überzeugten Menschen hinaus attraktiv. Weil Kant für den politischen Raum nicht die metaphysisch-moralische Konzeption einer auf *ein bestimmtes Gutes verpflichteten Freiheit*, sondern lediglich die rechtlich-äußere Variante *einer allgemein aufs Gute hin orientierten Freiheit* proklamiert, kann sein Politikkonzept auch Ansichten integrieren, die andere Freiheitsbegriffe bevorzugen, als er selbst.[70] Kant regionalisiert und temporalisiert Politik; sie darf, ja sie sollte von Ort zu Ort und von Zeit zu Zeit je verschieden ausfallen; die Ausmalung eines philosophischen Musterstaates, eines perfekt-vernünftigen Rechts- und Wirtschaftsystems oder Politikmodells unterbleibt. Um das Recht der Freiheit aller zu wahren und zugleich zu einer inhaltlich sinnvoll ausgerichteten Politik zu gelangen, genügt zweierlei: erstens, eine informierte Öffentlichkeit am Prozess der politischen Willensbildung teilhaben zu lassen, und zweitens, den Einspruch der Bürger als Anscheinsverdacht gegen mögliche Rechtsverletzungen wirksam zur Geltung zu bringen. Die Realisierung seiner Politiktheorie erwartete Kant insofern von der politischen Freiheit selbst. Indem Philosophie die plurale Öffentlichkeit nicht nur theoretisch einfordert, sondern auch durch die Praxis öffentlichen Vernunftgebrauchs befördert, begünstigt sie die faktische Anerkennung ihrer eigenen freiheitlichen Ideen.

Der öffentliche Diskurs über politische Vorhaben ist durch geeignete Staatsorganisation rechtlich so abzusichern, dass jedes zu erlassende Gesetz den Publizitätstest zu bestehen hat. Deshalb unterscheidet Kant zwischen »Staatsform« und »Regierungsart« (AA VIII, 353). Obschon er die Demokratie durchaus als probaten zeitgenössischen Ausdruck der politischen Freiheit ansieht, versteht er sie nicht als Selbstzweck. In vergangenen Zeiten mögen andere Herrschaftsformen geeigneter gewesen sein, spekuliert er, um dem freiheitlichen Rechtsgedanken zur Wirklichkeit zu verhelfen; und er lässt uns ferner wissen: Eine Demokratie (*demos/kratein*), die sich als Diktatur der »tumultuta-

69 | Vgl. Volker Gerhardt, *Partizipation: Das Prinzip der Politik*, München 2007.

70 | Damit beginnt Kant ein politikphilosophisches Projekt, das John Rawls in ähnlicher Weise zum zentralen Programm seiner Spätphilosophie erkoren hat. Wenn Rawls indes Kant unter den Lesarten jenes »comprehensive liberalism« auflistet, gegenüber denen er sein Projekt eines »political not metaphysical« zu verstehenden Liberalismus meint abgrenzen zu müssen, so ist dies m.E. entweder dem Willen zur Selbstinszenierung als Erfinder jener Programmatik und/oder einer ungenauen Kantlektüre geschuldet. Dazu ausführlicher hier in Kapitel 3.2.1.

risch« zu einer Gesamtwillkür bündelnden Volksmenge inszeniert, sei nichts weiter als »Ochlokratie«: Pöbelherrschaft (AA 23, 160 ff). Man bedürfe eben spezifischer *Verfahren*, um den bloßen Volkswillen allererst zu einem legitimen Staatswillen zu transformieren. Freiheitsrechtliche Prozeduren müssen den Umschlag von Massenwillkür in Rechts- und Staatsakte verhindern; zum Schutz von Minderheiten, aber auch im Interesse einer Entkopplung von privater Absichtlichkeit und staatlichem Tun.[71] Liberale Strukturen sollen dafür sorgen, dass bei der Konkretisierung der staatsbürgerlichen Freiheit in handfeste Politik deren strukturelle Liberalität nicht verloren geht.

Somit ist Kant kein Verfechter reiner Verfahrensgerechtigkeit. Obschon er die demokratische Herrschaftsform unter den Bedingungen der Moderne für die angemessenste Art öffentlich-rechtlicher Gesetzgebung hält (AA VIII, 353), fällt diese Weise, politische Prozesse repräsentativ zu institutionalisieren, nicht schon automatisch mit dem aller Politik vorgeschriebenen Auftrag einer freiheitlich-republikanischen Regierungsweise zusammen. Das Recht der Freiheit bleibt auf ewig das Korrektivideal und der kritische Legitimitätsmaßstab jeder, auch der demokratischen Gesetzgebung.[72] Insofern darf sich der demokratische Gesetzgeber nur innerhalb der Grenzen eines dem Volkswillen unverfügbaren Rechtsstaatsprinzips betätigen, d.h. beispielsweise im Rahmen einer sowohl prozedural wie inhaltlich zum Schutze der Freiheit aller ausgerichteten Verfassung (vgl. AA XXIII, 160ff.). Nicht der *Mehrheits*wille an sich soll regieren, sondern allein die Repräsentation eines (sich in Mehrheiten ausdrückenden, aber Minderheitsrechte wahrenden) *Rechts*willens kann die Freiheit der Bürger legitim ausgestalten (vgl. AA VI, 313f.). In der Freiheit aller als Grund demokratischer Legitimität liegt auch deren Grenze. Wenn eine Demokratie das liberale Prinzip annulliert, das sie fundiert, – wie beispielsweise im Weimarer Ermächtigungsgesetz vom 24. März 1933 –, hebt sie ihre eigene normative Geltungsgrundlage auf.

Mit dieser Wendung zum liberalen Verfassungsstaat lässt sich erklären, dass bei Kant der Handlungsauftrag des Staates aus den inhaltlichen Maßgaben der Rechts- und Politikphilosophie resultiert – und nicht umgekehrt. Das macht seinen Liberalismus philosophisch attraktiver als den vieler angloamerikanischer Denker der Gegenwart, die erkennbar von einem bestimmten Staats- und Gesellschaftsverständnis (zumeist Mehrparteiendemokratie plus Marktwirtschaft) aus den Raum von Recht und Politik vermessen. Seine politische Philosophie bleibt somit über die kulturellen Grenzen ihres abendlän-

71 | Vgl. auch die auf die Idee der Monarchie gemünzte Reflexion 7687, (AA XIX, 490): »Aber die Regierungsart oder Staatsverfassung ist gewiss schlecht darum, dass die bonität der Regierung auf den Willen des einzigen ankommt, ob er gut sey oder nicht.«

72 | Vgl. Langer, *Reform nach Prinzipien*, S. 87-95.

dischen Entstehungskontextes hinaus und insbesondere für einen Menschen- und Staatsrechtsdialog im Zeitalter der Globalität relevant.

Zudem ist die kantische Rechtsphilosophie durchaus nicht vorrangig oder gar ausschließlich am Konzept des *National*staats orientiert. Staatlichkeit legitimiert Kant nicht ethnisch-partikular, sondern humanistisch-universell. Sie resultiert daraus, dass sich das jedem Menschen angeborene Recht auf einen nach freiheitsgesetzlichem Recht geregelten Weltzugang nicht von selbst realisiert. Wie Kant gezeigt hatte, können selbst gutwillige Menschen nicht verhindern, miteinander in Deutungskonflikte darüber zu geraten, was wem jeweils juristisch zusteht. Um nicht als Richter in eigener Sache aufzutreten, bedürfen sie einer Schlichtungsinstanz. Dass jene Funktion heute meist von Nationalstaaten übernommen wird, ist, philosophisch besehen, unerheblich; substaatliche und superstaatliche Institutionen könnten mit gleichem Legitimitätsanspruch zur Rechtswahrung beauftragt werden. Unabdingbar ist lediglich, dass für den jeweils repräsentierten Regulierungsraum ein Gewaltmonopol geschaffen und ein verbindlicher Rechtszustand gewahrt wird.[73] Kant ist kein Nationalist, sondern Föderalist und Kosmopolit.

Da die historische Vorgabe zu Kants Zeiten aber die souveräne Rechtsverwaltung durch Nationalstaaten war, lag ihm klarerweise daran, gerade deren Rechtsverhältnisse *untereinander* akkurat zu bestimmen. Angesichts von Völkerkriegen, in denen sich Staaten zueinander wie Einzelsubjekte in einem rechtlich ungeregelten Naturzustand verhalten, musste erwogen werden, ob auch für Staaten eine Pflicht besteht, sich durch zwingendes Recht überformen zu lassen (AA VI, 354).[74] Kant sah dies so. Schließlich ermöglicht das Fehlen einer allseitig verbindlichen Weltrechtsordnung die Flucht Einzelner und ganzer Kollektive vor dem Recht, was in seinen Augen letztlich dazu führt, dass die Rechtsgebäude »aller übrigen unvermeidlich untergraben werden und endlich einstürzen« müssen (AA VI, 311). Kant erstrebte eine Weltrechtsordnung, deren Vollzugsformen aus einer allgemein anerkannten Rechtslogik und nicht lediglich aus regionalen Machtkalkülen resultieren. Diese Ordnung sollte zum einen so liberal und subsidiär sein, dass die einzelnen Staaten darin ihre kulturellen Eigenarten bewahren und – solange sie nicht Rechte anderer Staaten beschränken oder Menschenrechtsverletzungen begehen – ungestört ausleben können. Zum anderen aber sollte jene Ordnung jegliches thematisieren und regeln können, was alle Weltbürger gemeinsam angeht.

Unter welchem Namen eine solche rechtliche Repräsentation der Menschheit letztendlich antritt, ist nachrangig. Kant spielte mit den Ausdrücken

73 | Vgl. Anna Stilz, *Liberal Loyalty: Freedom, Obligation, and the State*, Princeton 2009.

74 | Vgl. Georg F. Cavallar, *Kant and the Theory and Practice of International Right*, Cardiff 1999.

»Bundesstaat« versus »Staatenbund«; heute denkt man eher in Begriffen wie *Global Government* versus *Global Governance.*[75] Entscheidender ist die kriteriale Ausgestaltung solcher Konzeptionen. Diese aber wurde von Kant mit der Angabe des rechtlichen und des politischen Imperativs bereits klar vorgezeichnet. Kant darf von daher als einer der ersten Liberalen gewürdigt werden, die sich dem Problem globaler Lebensverhältnisse stellten und zu ihrer interkulturellen Befriedung beitrugen.

Insgesamt gelang es Kant, seinen philosophischen Liberalismus gleichermaßen von den verfehlten Extremen eines Formalismus negativer Freiheit und eines Dogmatismus positiver Freiheit freizuhalten. Kant liefert damit für die heute viele Denker umtreibende Suche nach einem verantwortungsbewußten Liberalismus eine solide intellektuelle Ausgangsbasis. Kant vertrat eine reflexive, selbstkritische Konzeption sich selbst bestimmender Freiheit, die überdies gerade auch auf globaler, interkultureller Ebene die Synthese von Diversität (konkrete Freiheits*begriffe*) und Einheit (strukturelle Freiheits*idee*) erlaubt. Er hat, weit über die Verhältnisse seiner Zeit hinausschauend, begriffliche Grundlagen entwickelt, die von seinen Nachfolgern aufgegriffen und insbesondere von Karl Christian Friedrich Krause (vgl. Abschnitt 2.3.4) mit Entwürfen sowohl für einen europäischen Staatenbund wie für einen weltweiten Völkerbund zu einem kosmopolitischen Liberalismus ausgebaut wurden.[76]

Von Kant geht zudem der Impuls aus, das Verhältnis von individueller Autonomie und gesellschaftlicher Verantwortung nicht als unvermeidbaren Konflikt, sondern in Form einer notwendigen Synthese zu konzipieren. An die Stelle eines Tauziehens zwischen den beiden jeweiligen Polen – wo ein quantitatives Mehr an Freiheit stets zu einem Weniger an Gerechtigkeit oder Verantwortung führt oder umgekehrt –, regte Kant an zu erproben, wie es zu einer wechselseitigen Inklusion und deren qualitativen Verstärkung kommen könnte. So wurde Kant zum Impulsgeber gerade auch der Sozialphilosophie des *Deutschen Idealismus,* die ihrerseits starken Einfluss auf die philosophischen Begründer von Sozialismus und Sozialdemokratie ausübten. Dieser Übergang des Freiheitsprinzips in seine sozialpolitischen Konkretisierungen wird nun an zwei besonders markanten Repräsentanten – Fichte und Krause – exemplifiziert. Beide machen sich auf die Suche nach einer zukunftsfähigen Aussöhnung zwischen individueller Freiheit und sozialer Verantwortung. Dass es sich

75 | Vgl. Antonio Franceschet, *Kant and Liberal Internationalism: Sovereignty, Justice, and Global Reform*, New York 2002; Mark F.N. Franke, *Global Limits: Immanuel Kant, International Relations, and Critique of World Politics*, Albany, New York 2001

76 | Karl Christian Friedrich Krause (1781-1832) hat die von Kant gelassene Lücke in kongenialer Anlehnung an Kant geschlossen, indem er eine systematische Theorie des Weltbürgerrechts vorlegte, in welcher die friedliche und freiheitliche Etablierung supernationaler Ordnungsstrukturen das zentrale Thema ist. Siehe hier Kapitel 2.3.

dabei um eine prekäre Balance handelt, ist klar. Ebenso aber auch, dass der Versuch, sie zu finden und zu wahren, nicht ausbleiben darf.

2.2 Direktive Freiheit (Johann Gottlieb Fichte)

Fichte wird in Texten über die Ideengeschichte des Liberalismus oft übergangen. Sein Werk gilt vielen als schwer zugänglich und inhaltlich weitgehend in der Philosophie Hegels aufgehoben und von ihr überholt. Zudem scheint die Tatsache, dass Fichte sich für einen planwirtschaftlichen Sozialismus aussprach, nahezulegen, sein Werk als illiberal einzustufen und zu übergehen. Doch damit macht man es sich zu leicht. Fichte wollte der Freiheit noch größeren Stellenwert beimessen als Kant. Mit Ausnahme der *praktischen* Philosophie, bemängelte er, spiele die Idee der Freiheit in Kants Denken gar nicht immer die erste Rolle. In Kants *theoretischer* Philosophie käme ihr nur eine marginale und in der *Kritik der Urteilskraft* eine wohl wichtige, aber nur hintergründige Funktion zu. Fichte entschloss sich demgegenüber, Freiheit zur ausdrücklichen Basis seines *gesamten* philosophischen Systems zu erheben. Auch theoretische und ästhetische Fragen werden bei ihm von der Freiheit her und auf sie hin gedacht. Radikaler kann philosophischer Liberalismus in Anspruch und Ansatz eigentlich gar nicht auftreten.

Dennoch erscheint Fichtes Philosophie nicht durchgängig liberal: Über weite Strecken insbesondere seiner praktischen Philosophie führt direktiver Zwang, nicht Freiheit, die Regie der Gedanken. Im festen Glauben, der Freiheit einen Dienst zu erweisen, hält Fichte es etwa für richtig, liberale Prozeduren politischer Willensbildung zu übergehen oder außer Kraft zu setzen, um einen Endzustand perfekter Freiheit zu erreichen. Der Zweck der Freiheit gerät ihm zur Heiligung freiheitswidriger Mittel. Markante Beispiele dafür sind Entwürfe zu einer planwirtschaftlich zu ordnenden Ökonomie, sein instrumentalistischer Umgang mit der Umwelt sowie Fichtes harsche – die Rechte von Behinderten zurückweisende, die Freiheiten von Frauen und Kindern arg beschneidende – Sozialvertragslehre; alles verkündet im Namen der Freiheit. Dieses Paradox macht Fichtes Philosophie zu einem informativen Lehrstück, thematisiert sie doch das zentrale Problem, wie, wann und wo Freiheit sich in Zwang übersetzen darf – anhand der entscheidenden Frage: *Wessen* Freiheitsvorstellung eigentlich den Ausschlag gibt; die der Philosophen oder die der Bürger?

Fichtes Werk entfaltet sich im Kontext des *Deutschen Idealismus*, dessen Vertreter insgesamt die Freiheit zum philosophischen Prinzip *par excellence* erhoben.[77] Kant hatte in ihren Augen Freiheit zwar in ihrem wahren, unbedingten Charakter sichtbar werden lassen, aber nicht zureichend fundiert. Die Alternativlosigkeit des freiheitsphilosophischen Neueinsatzes lasse sich nur im Rahmen eines die Realität insgesamt aus Freiheit ableitenden Prinzips denken, meinten Fichte, Schelling, Hegel und weitere Denker jener Epoche. Kant war also zu ergänzen, beziehungsweise zu überbieten mit einer Philosophie, die sich nicht nur zögerlich, sondern emphatisch, nicht nur partiell, sondern total der Freiheit widmet und verschreibt.

Besonderes Interesse galt dabei dem Rechts*zwang*, weil dieser augenfällig individuelle Freiheit in Schranken weist.[78] Man kann natürlich nicht einfach, wie die englischen Utilitaristen, auf den *Nutzen* rekurrieren, welchen Rechtszwang (durch Schutz und Sicherheit für das Individuum) verschafft. Gründe, die zur Freiheit in keinem essentiellen Verhältnis stehen, lassen sich im Namen der Freiheit zurückweisen. *Moralische* oder *religiöse* Erwägungen sind daher ebenfalls problematisch. Die Gültigkeit, auch *diejenigen* dem Rechtszwang zu unterwerfen, die jene Gründe nicht teilen, kann so nicht abgeleitet werden.[79] Obschon Moralität, Religion und eine auf Nutzen bedachte Klugheit zahlreiche *sekundäre* Gründe liefern, sich rechtlich zu verhalten, erfassen sie nicht die hier *primär* auszumittelnde, d.h. die dem Recht der Freiheit *eigene* Vernunft.[80]

Ebenfalls unbefriedigend bleibt der Versuch, Zwang schlicht als *doppelte Negation* der Freiheit, d.h. als Aufhebung einer Aufhebung von Freiheit zu definieren. Kant hatte bereits den später von Friedrich August von Hayek und anderen erneut aufgenommenen Gedanken (vgl. Abschnitt 3.1.1.) einer Rechtfertigung von Zwang als einer »*Verhinderung* eines *Hindernisses* der Freiheit« (AA VI, 231; Kursivierungen i.O. gesperrt) erwogen. Kant hatte aber auch sofort klar gemacht, dass dabei eben nicht das Freiheitsrecht durch die Befugnis zum Zwang erklärt werden könne, sondern vielmehr die Befugnis zu zwingen immer von schutzwerten Rechten abhänge. So führt die Frage nach legitimem Zwang sogleich wieder zurück auf die Frage nach einer rechtlich legitimierten Freiheit. Wer dabei nicht das Faktische zum Normativen verklären und die gebotene Freiheit mit der gegebenen gleichsetzen will, muss angeben, *welche* Freiheit es denn ist, die da mit den Mitteln des Rechtszwangs verteidigt werden soll.

---

77 | Vgl. Richardson und Weithman, *Development and Main Outlines in Rawls's Theory of Justice*.

78 | Vgl. Michael Köhler: *Begründung*, S. 93, 106.

79 | Vgl. ebenda, S. 119.

80 | Vgl. Hans-Martin Pawlowski, Stefan Smid und Rainer Specht, *Die Praktische Philosophie Schellings und die gegenwärtige Rechtsphilosophie*, Stuttgart-Bad Cannstatt 1989, S. 9.

Der Definition und Rechtfertigung des Zwangs hat also eine philosophische Klärung vorauszugehen, zu welcher Freiheit ein jeder ein unveräußerliches Recht hat. Deshalb scheitert auch der Rechtspositivismus beim Versuch, Recht allein darüber zu definieren, was der Staat als Recht erklärt. Denn von faktischer Zwangsmacht aus lässt sich die Idee des Rechts natürlich nicht beziehungsweise nur zynisch im Sinne von *might makes right* herleiten. Die benötigte Eigenständigkeit der Rechts- und Zwangsbegründung meint aber klarerweise etwas völlig anderes als eine Selbstlegitimation rechtlicher Faktizität durch wertrelativen Dezisionismus.

Also, folgerte Fichte, muss Freiheit ihre Begrenzung aus sich selbst erfahren. Der von mir Gezwungene wird mein Zwingen kaum bejahen, wenn dadurch allein *meine* Freiheit vortrefflich gesichert, seine aber vernichtet wird. Ich muss vielmehr deutlich machen, dass so auch *seine* Freiheit verteidigt werde. Folglich kann nicht bloß mein rein privater Freiheitsbesitz, sondern es muss ein *interpersonal geltungsfähiger* Freiheitsgehalt zum Maß dienen. Das die Freiheit zulässig begrenzende Prinzip muss daher zugleich die Freiheit aller anderen affirmieren. *Private* Freiheit verweist also immer schon über sich hinaus auf den Horizont *gesellschaftlicher* Freiheit; ohne diese ist jene theoretisch nichts sowie praktisch nichtig. Zur Legitimität von Zwang braucht es daher mehr als die zufällige Konvergenz von (bedingten) Interessen und Anliegen. Allein (unbedingte) Freiheit selbst kann zu Zwang berechtigen.

Jene unbedingte, absolute Freiheit wird nun von Fichte in der metaphysischen Freiheit des »Absoluten« beziehungsweise des Weltgrundes lokalisiert.[81] Nur wenn es Freiheit ist, meint Fichte, was die Welt im Innersten zusammenhält, so kann auch Freiheit, über alle Kontingenz der Kontexte hinweg, das einigende Band zwischen Individuen bilden. Fichte stand seiner Zeit keineswegs alleine mit dieser idealistisch-spekulativen Metaphysik eines aus und zu universaler Freiheit sich entwickelnden Kosmos; in der Philosophie des frühen 19. Jahrhunderts war derlei eher typisch. Fichtes Philosophie setzt sich von zeitgenössischen Denktypen aber aufgrund ihrer methodischen Rigorosität ab: Er zieht nämlich höchst atypische Konsequenzen aus dem Freiheitsprinzip, die uns für systematische Probleme des von ihm vertretenen Liberalismus sensibilisieren. Die Rede ist von dem bereits notierten Paradox, dass Fichtes Philosophie sich die Freiheit zum Ziel nimmt und – als Mittel für dessen Erreichung – einem »System des Zwangs« das Wort redet.[82] Dass und weshalb jenes Paradox aus einem folgenreichen *methodologischen* Fehlgriff resultiert, soll im Folgenden genauer erörtert werden; nicht zuletzt auch damit im Anschluss

81 | Vgl. Georg Römpp, *Ethik des Selbstbewusstseins: Der Andere in der idealistischen Grundlegung der Philosophie: Kant, Fichte, Schelling, Hegel*, Berlin 1999, S. 274f.

82 | Vgl. exemplarisch Manfred O. Hinz, *Fichtes »System der Freiheit«: Analyse eines widersprüchlichen Begriffs*, Stuttgart 1981.

die intelligentere Alternative, die im *prozeduralen Liberalismus* Krauses (Kapitel 2.3) vorliegt, besser gewürdigt werden kann.

2.2.1 Epistemologie und Rechtsmetaphysik

Die meisten Philosophen behandeln seit jeher das Recht als von der Moral abgegrenzten Teilbereich der *praktischen* Philosophie. Kant tat Letzteres (siehe hier Abschnitt 2.1.2), indem er rechtliche Normen der Sache und dem Sanktionsmodus nach von moralischen Normen (d.h. der Ethik der guten Ziele und Gesinnung) absetzte: Der *Sache* nach befasst sich bei Kant das Recht mit der *äußerlich* auf andere wirkenden Freiheit; der *Sanktionsart* nach erlauben juridische Normen den *Zwang*, während die Moral sich an die innere Freiheit richtet und sich mit Appellen begnügen muss. Somit fungieren Recht wie Moral beide als Formen *ethischer* Normen; sie formulieren jeweils ein *Sollen*, nicht immer aber auch ein Sein. Genau das ändert sich bei Fichte. Er meint, man müsse die Theorie des freiheitsstiftenden Rechts in der *theoretischen*, nicht der praktischen Philosophie, d.h. als Teil der Ordnung des *Seins*, statt des Sollens behandeln. Fichte sucht eine Theorie, die nicht nur *appelliert*, freiheitsdienliches Recht zu schaffen und einzuhalten, sondern die ihre Durchsetzung *garantiert*. Fichte will nicht nur Zwang *im* Rechtssystem legitimieren, sondern auch einen Zwang *zum* Recht etablieren.

In einem Brief aus dem Jahr 1795 an Karl Leonhard Reinhold (1757-1823) beklagt sich Fichte, Kant führe zwar aus, *dass* ein Individuum, welches sich unsittliche Maximen setze, mit sich in Widerspruch gerate, sofern es diese verallgemeinere. Er plausibilisiere aber nicht, *warum denn* ein Individuum sich in eben jener universalen Perspektive begreifen müsse und nicht bei einer bloß privaten Maximensetzung – beziehungsweise im Selbstwiderspruch – verharren könne.[83] Demgegenüber aufzuzeigen, dass Freiheit *gar nicht anders* als integriert in ein Reich vernünftiger, unter allgemeinen Gesetzen stehender Wesen konzipiert werden könne, darin erblickt Fichte deshalb die eigentliche philosophische Aufgabe. Deren Auflösung findet sich tags drauf im Brief an Friedrich Heinrich Jacobi (1743-1819) in gedrängter Form angekündigt:

---

83 | Brief vom 29. August 1795, (GA III/2, 384). Fichtes Werke werden – soweit erschienen – nach der Johann Gottlieb Fichte- *Gesamtausgabe der Bayerischen Akademie der Wissenschaften*, herausgegeben von: Reinhard Lauth und Hans Gliwitzky, Stuttgart-Bad Cannstatt 1964, zitiert: GA (mit römischer Zahl für die Reihe, Querstrich, arabischer Zahl für den Band, Komma und Seitenzahl) für die Fichte-Gesamtausgabe (Beispiel: GA I/3, 123.). Ansonsten wird der Werkausgabe von Immanuel Hermann Fichte gefolgt (Beispiel: FW II 233).

> [...] *das Individuum muss aus dem absoluten Ich deduziert werden.* [...] Ein endliches Wesen – lässt sich durch Deduktion dartun – kann sich nur als Sinnenwesen in einer Sphäre von Sinnenwesen denken, auf deren einen Teil (die nicht *anfangen* können) es Kausalität hat, mit deren anderm Teile (auf den es den Begriff eines Subjekts überträgt) es in Wechselwirkung steht; und insofern heißt es Individuum. (*Die Bedingungen der Individualität heißen Rechte.*) So gewiss es sich als Individuum setzt, so gewiss setzt es eine solche Sphäre; denn beides sind Wechselbegriffe. (Herv. i.O.)[84]

Für die Frage nach der Freiheit bedeutet das: Recht wäre samt Zwang als notwendiger Ausdruck von Freiheit abgeleitet, wenn niemand sich anders als bereits in eine rechtlich die Freiheit allgemein wahrende und strukturierende Ordnung eingebunden denken könnte. Um dies darzutun, will Fichte die »Deduktion« des Rechtsbegriffs vom höchsten Prinzip seiner Philosophie aus vornehmen und so schlechthin »alle die Fragen, welche der gesunde Menschenverstand über das Recht erheben kann, aus ihm beantworten« (GA I/3, 359).[85]

Dieser Anspruch geht bedeutend weiter als der kantische Ansatz, lediglich »Metaphysische Anfangsgründe« der Rechtslehre zu liefern. Im Unterschied zu Kant geht es Fichte also nicht nur um die kritische Anwendung der Freiheitsidee auf juristische Themen. Fichtes Rechtslehre rückt zu einem Bestandteil der *theoretisch-metaphysischen* Erschließung der Lebenswelt auf. In ihr vollzieht sich die Entwicklung eines zunächst noch abstrakten Subjekts zur konkreten Person über eine Deduktion von Außenwelt, Individualität und Interpersonalität.[86] Nicht im Rahmen seiner Erkenntnistheorie, sondern in der Rechtslehre wird bei Fichte die subjektive Annahme einer dem individuellen Bewusstsein gegenüber selbständigen Außenwelt gerechtfertigt.[87]

Der Vergleich zu Kant (vgl. Abschnitt 2.1.4) verdeutlicht, worum es geht: Kant hatte stets sorgsam unterschieden zwischen *Kritik* und *Doktrin* beziehungsweise zwischen *transzendentaler* Grundlegungsarbeit und *metaphysischer* Durchführung, d.h. zwischen der Legitimation einer *Idee* und den sie konkretisierenden *Begriffen*. Fichte bemängelte daran, dass es so jedoch nicht zu einer Philosophie aus einem Guss komme. Die Idee der Freiheit sei dann

84 | Brief vom 30. August 1795, (GA III/2, 391).

85 | Vgl. Christian Maria Stadler, *J.G. Fichtes Grundlegung des ethnischen Idealismus, oder, Transzendentale Deduktion zwischen Wissen und Wollen*, Cuxhaven 1996, S. 129; Hartmut Tietjen, *Fichte und Husserl: Letztbegründung, Subjektivität u. praktische Vernunft im transzendentalen Idealismus*, Frankfurt a.M. 1980, S. 193-197.

86 | Vgl. Jacinto Rivera de Rosales, »Die Begrenzung. Vom Anstoß zur Aufforderung«, in: *Fichte-Studien*, 16 (1999): 167-190; Edith Düsing, »Das Problem der Individualität in Fichtes früher Ethik und Rechtslehre«, in: *Fichte-Studien*, 3 (1991): 29-50.

87 | Vgl. Wolfgang H. Schrader, *Empirisches und absolutes Ich. Zur Geschichte des Begriffs Leben in der Philosophie J.G. Fichtes*, Stuttgart-Bad Cannstatt 1972, S. 26ff.

nicht alleiniges Prinzip der Philosophie, sondern werde von weltlichen Gegenständen und Themen mitbestimmt. Also hebt er jene kantische Trennung auf (GA I, 159). Mit seiner *Wissenschaftslehre* will er Transzendentalphilosophie *sowie* Metaphysik – Kritik *und* Doktrin – zugleich betreiben.[88] Ziel ist eine einheitliche Freiheitsmetaphysik, welche die *Herleitung* sowie den *Geltungsbeweis* von Freiheit in einem Letztbegründungstheorem zusammenführt (GA I, 160f.).[89] Idee und Wirklichkeit der Freiheit sollen verschmelzen.

Der Philosoph, so Fichte, habe dazu alles Weltwissen von Grund auf neu zu konstruieren (GA I/3, 316, Anm.) – als *notwendigen Begriff* des Geistes samt *notwendiger* inhaltlicher *Bestimmung* und *notwendiger Anwendung* desselben im Leben (GA I/3, 319). Die von Kant etablierte Differenz von *transzendentaler* und *metaphysischer Deduktion* wird verschliffen – mit gravierenden Konsequenzen: Kant konnte, wie gezeigt (Abschnitt 2.1.2), als Gegenstand seiner *metaphysischen* Deduktionen noch schlicht auf historische Gegebenheiten (etwa das *Allgemeine Preussische Landrecht* und darin umrissene rechtliche Institutionen wie das Privateigentum) zurückgreifen, ohne diese – wie Objekte der *transzendentalen* Deduktion – spekulativ herleiten zu müssen. Fichte hingegen setzte sich durch seine Methode unter Druck, auch diese Gegebenheiten herbeizudeduzieren.[90] Das Recht ist genau dann wahrhaft deduziert, wenn es in seiner ganzen Konkretheit als *notwendiges* Moment des menschlichen Selbstbewusstseins ausgewiesen werden kann.

Weil aber die Rechtsphilosophie Fichtes nicht mit *Sollens*vorstellungen, sondern als Lehre des *Seins* operieren möchte, hat sie nicht, wie bei Kant, die *normative* Notwendigkeit der Rechtsidee, sondern die *faktische* Notwendigkeit des Rechts darzulegen: als strenge »Bedingung des Selbstbewusstseins [...], welches die Deduktion derselben ausmacht.« (GA I/3, 319)[91] Wo aber metaphysische und transzendentale Deduktion, d.h. Inhalts- und Gültigkeitsbeweis zusammenfallen, muss die Philosophie *alle* Phänomene bändigen; sie kann nichts unerklärt lassen, muss alle Dinge auf ihren letzten Grund zu-

88 | Vgl. Stadler, *J.G. Fichtes Grundlegung des ethnischen Idealismus*, S. 19.

89 | Vgl. Wolfgang H. Schrader, »Konstruktion versus Unmittelbarkeit. Zum Verhältnis von Philosophie und Leben bei J.G. Fichte«, in: *Fichte-Studien*, 11 (1997): 367-377.

90 | Vgl. hierzu sowie zum Folgenden: Ludwig Siep, *Praktische Philosophie im Deutschen Idealismus*, Frankfurt a.M. 1992, S. 65-80, insbesondere S. 68f.

91 | Nach Johannes Brachtendorf behauptet »Fichte zuviel, wenn er den Begriff des [seienden, C.D.] Rechts als Bedingung des Selbstbewusstseins und als aus dem Ich deduziert ausgibt«, da es keineswegs der Fall sei, »dass Vernunftwesen immer in einer solchen Beziehung stehen müssten.« Das seiende Recht sei wohl Möglichkeitsbedingung von Gesellschaft, aber eben, »dass Gesellschaft sei, ist keine Bedingung des Selbstbewusstseins.« (Brachtendorf, Johannes, *Fichtes Lehre vom Sein. Eine kritische Darstellung der Wissenschaftslehren von 1794, 1798/99 und 1812*, Paderborn 1995, S. 190f)

rückführen (können) und aus diesem heraus erst in ihre jeweilige Bedeutung einsetzen (GA I/2, 146). Das umschließt auch die *Herleitung* aller Bewusstseinsgegenstände; so dass »die Notwendigkeit aller bestimmten Objekte in der Natur und ihre notwendige Klassifikation« – von jenem Fundament abgeleitet werden müssen (GA I/3, 348).[92] Alle praktischen, auch etwa die ökonomischen Bedingungen der Umsetzung, Begünstigung und Verhinderung rechtlicher Lebensverhältnisse sollen auf diese Weise hergeleitet werden.

Die Auswirkungen dieser methodologischen Weichenstellung auf die Freiheitstheorie sind extrem. Zum Beispiel: Es ist eine Sache, die spezifische Form menschlicher Freiheit am Begriff der Wahl aus mannigfaltigen Optionen zu erläutern. Aber es ist eine ganz andere, zu »deduzieren«, das »Mannigfaltige« in der Welt existiere deshalb, weil es zur Struktur von Freiheit gehöre, dass sie unter verschiedenen Optionen wählen können.[93] Fichte bringt so die *Welt insgesamt* in Abhängigkeit vom *transzendentalen Bewusstsein*: Die Außenwelt existiert folglich, weil Freiheit einen Gegenstand braucht, an dem sie sich abarbeiten kann, um sich ihrer selbst bewusst zu werden. Fichte behauptet, gewisse Stoffe existierten *deshalb*, weil man ihrer zum sittlichen Handeln bedürfe – dichte Materie für leibliche Bewegung und Selbstartikulation, subtile Materie (d.h. Luft und Licht) zu Kommunikationszwecken (GA I/3, 368). In der *Wissenschaftslehre nova methodo* wird so beispielsweise der Raum insgesamt als »Sphäre der Freiheit«[94] deduziert, weil eben nur in ihm die relative Lage von Objekten verändert und somit Freiheit praktisch werden könne.

Fichte hat sich damit schon seitens seiner Zeitgenossen den Vorwurf zugezogen, er behandele die Natur insgesamt lediglich als Substrat ethischer Selbstbestimmung.[95] Somit mache er sich eines *theoretischen Reduktionismus* schuldig, welcher die Welt lediglich als Reibungsfläche für die Freiheit *betrachtet*, sowie eines *moralischen Rigorismus*, welcher nichts als das freie Wirken *achtet*.[96] Viele Fichteforscher bemühen sich seither zwar nach Kräften, diesen Vorwürfen entgegenzutreten mit Textstellen, die demgegenüber eine weniger verzweckte Wertschätzung der Natur bezeugen.[97] Doch diese Versuche sind müßig. Dass er die Welt durchgehend zum »*Material der Pflichten*« (GA I/5,

92 | Vgl. Schrader, *Empirisches und absolutes Ich*, S. 70, 77f.

93 | Vgl. Johann Gottlieb Fichte, *Wissenschaftslehre nova methodo: Kollegnachschrift von K. Chr. Fr. Krause (1798-99)*, herausgegeben von Erich Fuchs, Hamburg 1982, S. 61.

94 | Vgl. ebenda, S. 114.

95 | Vgl. Marco Ivaldo, »Die systematische Position der Ethik nach der Wissenschaftslehre nova methodo und der Sittenlehre 1798«, in: *Fichte-Studien*, 16 (1999): 237-254.

96 | Vgl. Hans Freyer, »Das Material der Pflichten. Eine Studie über Fichtes spätere Sittenlehre«, in: *Kant-Studien*, 25 (1920): 113-155.

97 | Vgl. Virginia López-Domínguez, »Die Idee des Leibes im Jenaer System«, in: *Fichte-Studien*, 16 (1999): 273-293.

353) macht, hätte Fichte selbst nicht als Vorwurf, sondern als Kompliment verstanden (GA I/5, 349). Die Instrumentalisierung der Welt zum Behufe der Freiheit ist kein Ausrutscher in Fichtes Philosophie; sie ist ihr ganzer Stolz.[98]

Der nochmalige Vergleich mit der kantischen Architektonik verdeutlicht die Brisanz von Fichtes Vorgehen: Kant war von einer *dreifachen* Struktur der (theoretischen, praktischen, ästhetischen) Philosophie ausgegangen und hatte für sein philosophisches System ein lediglich *regulatives* Einheitsprinzip aufgestellt. Er versuchte nicht, die drei für sich selbständigen geistigen Grundvermögen (Verstand, Vernunft, Einbildungskraft) in ein einziges Prinzip aufzulösen.[99] Vielmehr unterschied Kant gezielt *drei* Klassen von Phänomenen: vernünftige, vernunftwidrige und vernunftneutrale. Vernunftneutrale Phänomene – die Dinge und Lebewesen der natürlichen Umwelt etwa – sind vielfach nicht oder nicht völlig durch sittliche Vernunft bestimmt, darum aber doch nicht notwendig als vernunftwidrig anzusehen und gering zu schätzen. Natur besteht also, Kant zufolge, nicht nur für die Zwecke des Menschen. Unsere zwecksuchende (*reflektierende*) sowie zweckgebende (*teleologische*) Deutung kann die Natur nicht *an sich*, sondern höchstens *für uns*, d.h. regulativ, nicht konstitutiv, keinesfalls total, sondern allenfalls partiell bestimmen: »Teleologie *erwägt* die Natur als ein Reich der Zwecke, die Moral ein mögliches Reich der Zwecke als ein Reich der Natur.« (AA IV, 436, Herv. C.D.), schreibt Kant. Natur wird also unter anderem als Medium der Moral *gedeutet*, nicht jedoch zu allein jener Rolle verdonnert. Denn bei Kant gehört teleologisches Denken »zu gar keiner Doktrin, sondern nur zur Kritik« der Vernunft (AA V, 417), weshalb eine Metaphysik, welche die Welt insgesamt in den Dienst der Freiheit stellt, unmöglich bleibt.[100]

Fichte vertritt das genaue Gegenteil. Er setzt zunächst unser theoretisches Weltwissen zu einem flüchtigen Tanz der Bilder herab, dessen verlässliche Erdung allein der Ethik gelänge (GA I/5, 440). So dringt die praktische Philosophie, als »Wurzel« aller Philosophie, in ehedem souveräne Bereiche der theoretischen Philosophie ein und ordnet diese sich unter. Die Natur wird dabei nicht an und für sich selbst studiert, sondern zum freiheitskonformen Handlungsfeld (v)erklärt; charakterisiert als eine Welt, deren eigentliche Wahrheit nur über die Kenntnis ihrer ethischen Bestimmung zu erlangen sei (GA I/5,

---

98 | In dieser eigenwilligen Ansicht folgt ihm: Christian Maria Stadler, *Freiheit in Gemeinschaft: Zum transzendentalphilosophischen Rechtsbegriff Johann Gottlieb Fichtes*, 2000, S. 25ff und öfter. Zur Genalogie dieser Gedanken vgl. Claus Dierksmeier, »Kant – Forberg – Fichte«, in: Klaus-Michael Kodalle (Hg.), *Fichtes Entlassung – Der Jenaer Atheismusstreit vor 200 Jahren. Kritisches Jahrbuch der Philosophie*, Würzburg 1999.

99 | Vgl. Klaus Düsing, *Die Teleologie in Kants Weltbegriff*, Bonn 1968.

100 | Dazu ausführlich: Wolfgang Bartuschat, *Zum systematischen Ort von Kants Kritik der Urteilskraft*, Frankfurt a.M. 1972.

158, 169f.).[101] Fichtes Weltbild ist daher, anders als er suggerierte, nicht minder, sondern intensiver dualistisch als das kantische. Fichte kennt ja nur *zwei* Phänomenklassen: werthaft-vernünftige versus wertlos-vernunftwidrige Phänomene – *tertium non datur*: »Was in der Vernunft gegründet ist, ist schlechthin notwendig, und was nicht notwendig ist, ist eben darum vernunftwidrig.« (GA I/5, 348) Darin liegt die Krux seiner Freiheitsmetaphysik.[102]

Fichte spitzt Philosophie zu einem Weltanschauungskampf zwischen *Natur* (Weltsicht des Determinismus) und *Freiheit* (Perspektive der Autonomie) zu. Statt der von Kant favorisierten *Vermittlung* beider Welten (durch eine dritte Dimension: die der reflektierenden und symbolisierenden Urteilskraft) lässt Fichtes Konzeption nur noch eine *Stellungnahme* offen. Und diese fällt bei Fichte natürlich zugunsten des moralischen Weltbildes aus. Im Ergebnis wird somit eine Weltsicht erster Ordnung, die praktisch-sittliche, einer Weltsicht zweiter Ordnung, der theoretisch-wissenschaftlichen übergeordnet (GA I/5, 349). *Darum* schreibt Fichte: Was für eine Philosophie man habe, hänge davon ab, was für ein Mensch man sei und sein wolle (FW I 434f.). Für ein sittlich entschiedenes Bewusstsein kann es nur die freiheitsorientierte Weltanschauung Fichtes geben.

Während Kant die allmähliche Harmonisierung von Natur und Freiheit zum zukunftsoffenen Projekt erklärt, kämpft Fichte für eine so radikale wie totale Unterordnung der Natur unter die Freiheit und macht alle diesbezüglichen Planungen zur philosophischen Chefsache. Jegliche dem Sittengesetz zuwiderlaufenden Phänomene werden zur wesenlosen *Erscheinung* abgestempelt oder für bloßen *Schein* erklärt (FW II 298f.). Eine Notwendigkeit, die Natur theoretisch in ihrer Eigenständigkeit oder praktisch in ihrem Eigenrecht zu erfassen, besteht für Fichte nicht; derlei Gedanken seien bloß Ausdruck einer Weltsicht niederer Ordnung. Nur für technische Zwecke solle man sich mit Naturkunde befassen. Eine philosophische Aussöhnung der Freiheit mit ihren natürlichen Kontexten oder gar die Anerkennung eines intrinsischen Werts

---

101 | »Praktisches und theoretisches Ich verhalten sich wie Zweck und Mittel: Das theoretische Ich ist das Mittel, mit dessen Hilfe das Ich praktisch sein kann.« Stadler, *J.G. Fichtes Grundlegung des ethnischen Idealismus*, S. 356.

102 | Vgl. Günter Schulte, »Vernunft und Natur – Transzendentalphilosophie als Symptom«, in: Klaus Hammacher und Albert Mues (Hg.), *Erneuerung der Transzen-dentalphilosophie im Anschluß an Kant und Fichte*, Stuttgart-Bad Cannstatt 1979, S. 345-359. Christian Maria Stadler versucht, Fichte von diesem Vorwurf freizusprechen, mit dem schrulligen Argument, es fehle Fichte »jede Spur von *naturtelelogischem* Ansatz«, weil er anders als Schelling der Natur nicht (fälschlich) »*noch* bewusstlosen Geist« zugestehe, sondern sie (richtigerweise) »nur als Material der Pflicht« und als »wertfreies Material der Verwirklichung« von Moralität behandle; Stadler, *Freiheit in Gemeinschaft*, S. 73.

der Umwelt unterbleibt – aus systematischen Gründen: Die einzelnen Naturdinge zählen (*ontisch*) allesamt in die beliebig nutzbare Verfügungsmasse der Menschen, weil Fichte die Natur insgesamt (*ontologisch*) der sittlichen Zwecksphäre beziehungsweise der Freiheit unterordnet (GA I/3, 406, 407).[103]

Jener *prinzipiellen* Unterordnung der sinnlichen Welt unter das Freiheitsbewusstsein (seitens der Transzendentalphilosophie) entspricht sodann (seitens der Moralphilosophie) in der *alltäglichen* Lebenswelt die – nicht minder problematische – gänzliche Unterordnung alles Sinnlichen unter das Vernünftige (GA I/5, 440) sowie des Leibes unter den Geist.[104] Zu Recht trifft Fichte deshalb der Vorwurf des metaphysischen Reduktionismus sowie des ethischen Rigorismus. Genau darum hat Hegel später Fichtes Freiheitsbegriff als rein »negativ« charakterisiert.[105] Das von Fichte so stark propagierte Freisein des Ichs von und gegenüber allen Einschränkungen sei, auf die begriffliche Spitze getrieben, ein Merkmal des Toten, so Hegel.[106] Leben hingegen setzt Bindung und positiven Bezug voraus, weshalb Hegel eine »konkrete«, »organische«, »affirmative« und »substantielle« Freiheit befördern wollte, in der die Individuen sich nicht gegen ihre Umwelt, sondern in ihr zur Autonomie heranbilden.[107]

Wie der *Natur*, so wird auch der *Gesellschaft* von Fichte ein freiheitstheoretisches Deutungskorsett verpasst: Jedem Ich begegnet in der Außenwelt begrenzender Widerstand; teils wird dadurch das Subjekt in seiner Freiheit gehemmt, teils ist der Widerstand ein solcher, bei dem sich das Subjekt – etwa durch Appelle zu sittlichem Handeln – gerade als frei beziehungsweise zur Freiheit aufgerufen wahrnimmt (GA I/3, 343f.). Aufforderungen zum verantwortlichen Freiheitsgebrauch lassen auf einen vernünftigen Sender schließen (GA I/3, 344). Jeder aber, der andere außer sich als vernünftig *erkennt*, muss diese, logisch gesehen, auch *anerkennen*. Denn, sofern er in der autonomen Vernunft den Geltungsgrund *seiner* Freiheitsrechte begreift, hat er konsistenterweise auch in der Vernunft anderer einen gleichwertigen Geltungsgrund zu erblicken.[108] Somit ergeht die Forderung, andere anzuerkennen, seitens der *eigenen* Vernunft – und stellt keine *externe* Freiheitsbeschränkung dar (GA I/3, 353).

Aber damit ist noch nicht die Möglichkeit aus der Welt geschafft, dass jene logisch geschuldete Anerkennung faktisch ausbleibt (GA I/3, 356). Das aber

---

103 | Vgl. hierzu: Manfred Brocker, *Arbeit und Eigentum: Der Paradigmenwechsel in der neuzeitlichen Eigentumstheorie*, Darmstadt 1992, S. 311f.

104 | Vgl. Peter Rohs, *Johann Gottlieb Fichte*, München 2007, S. 106.

105 | Georg Wilhelm Friedrich Hegel, (TWA, Bd. 2, 69-82).

106 | »Ich kann alles töten, von allem abstrahieren. So ist der Eigensinn unüberwindlich und kann an ihm selbst alles überwinden. Aber das Höchste, was zu überwinden wäre, wäre gerade diese Freiheit, dieser Tod selbst.«, Hegel, (TWA 2, 547).

107 | Vgl. u.a. (TWA 7, 298; 7, 406; 9, 66; 10, 333; 12, 58-66; 12, 417).

108 | Vgl. Rosales, *Begrenzung*.

darf nicht toleriert werden, denn ansonsten, fürchtet Fichte, ließe »sich gar kein absoluter Grund aufzeigen, warum jemand sich die Rechtsformel: beschränke deine Freiheit so, dass der andere neben dir auch frei sein könne, zum Gesetze seines Willens und seiner Handlungen machen sollte.« (GA I/3, 387) Warum sollte man seine Freiheit beschränken, sofern man sich nicht sicher sein kann, dass es die anderen ebenso tun? Folglich sinnt Fichte auf Mittel und Wege, wechselseitige Anerkennung *absolut* sicherzustellen – durch staatlichen Zwang[109] und eine komplizierte Rechtsschutzmechanik.[110]

Fichte geht hier wiederum von Grund auf anders vor als Kant: Statt wechselseitige Anerkennung im Medium der *Sollenssphäre* zu belassen, muss Fichte, der *Seinsdimension* des Rechts verpflichtet, den nur *hypothetisch-bedingten* Charakter faktischer Anerkennung so in einen *kategorisch-unbedingten* überführen, dass hierzu »keineswegs das Sittengesetz: sondern das Denkgesetz« (GA I/3, 356) bemüht wird. Den Anderen nicht als anspruchsberechtigtes Subjekt anzuerkennen stelle, schreibt er, einen Widerspruch im transzendentalen Bewusstsein dar, d.h. einen, der das Zustandekommen freiheitlichen Bewusstseins überhaupt verhindere. In seiner *Grundlage des Naturrechts* (1796/97) erklärt Fichte eine direkte Wechselwirkung zwischen Körpermodifikation und Willensbestimmung für unabdingbar. Er identifiziert schlechterdings (normative) Freiheitlichkeit und (faktische) Körperlichkeit miteinander (GA I/3, 363). Physischem Handeln kommt demnach direkt rechtskonstitutive Bedeutung zu.[111]

Zwar hat Fichte schon mit der 1800 erschienenen »*Bestimmung des Menschen*« diese Position modifiziert.[112] Auf die Entfaltung seiner Lehre von Recht,

---

109 | Vgl. Köhler, *Begründung*, S. 113ff.

110 | Exemplarisch: Wolfgang Janke, »Anerkennung. Fichtes Grundlegungen des Rechtsgrundes«, in: *Kant-Studien*, 82, No. 1 (1991): 197-218 m.w.N.

111 | Zu den auf die ›Grundlage‹ folgenden Varianten der Anerkennungstheorie vgl. Düsing, *Das Problem der Individualität*; vgl. auch: Ivaldo, *Die systematische Position der Ethik nach der Wissenschaftslehre nova methodo und der Sittenlehre 1798*. Zur Kritik am Interpersonalitätstheorem der »Grundlage des Naturrechts« siehe: Eberhard Heller, *Die Theorie der Interpersonalität im Spätwerk J. G. Fichtes: Dargest. in den »Thatsachen des Bewusstseyns« von 1810/11*, München 1974, S. 59ff. m.w.N.

112 | In späteren Jahren vertrat Fichte die Ansicht, dass wir zur Apperzeption des anderen nur vermittels eines mit allen anderen geteilten überindividuellen Grundes kommen. Die Anerkennungsfundierung lässt sich so phänomengerechter rekonstruieren; das *Verstehen* der – nun eindeutig empirisch-faktisch zu verstehenden – Aufforderung macht nämlich bereits ein *Verfügen* über überindividuelle Vernunft erforderlich, deren Möglichkeit aus eben jenem überindividuellen (Seins-)Grund abgeleitet wird, den bereits die *Wissenschaftslehre nova methodo* in Anspruch nimmt. Vgl. Makoto Takada, »Zum intersubjektiven Verständnis des Ich in der Wissenschaftslehre nova methodo«,

Politik und Wirtschaft hat jene Kurskorrektur jedoch keinen nennenswerten Einfluss genommen. In den meisten seiner sozialphilosophischen Schriften legt Fichte jenen Gedanken einer faktisch erforderlichen, mechanisch-wechselseitigen Anerkennung so aus, dass im Falle ausbleibender oder verweigerter (faktischer) Anerkennung es möglich, ja sogar sittlich-notwendig sein solle, dass der Nicht-Anerkennende dadurch (normativ) rechtlos wird (GA I/3, 355f.).[113] Im Rechtsbruch, schreibt Fichte, gebe der andere den »sichere[n] Beweis davon« (GA I/3, 387), dass er seinen Körper nicht vollständig unter die Herrschaft seiner Vernunft gebracht habe. Die seiner Vernunft geschuldete Anerkennung und den daraus resultierenden Respekt vor seiner Würde dürfe man daher aufgrund eben dieser Übeltat gerechtfertigterweise zurückziehen. Durch die widerrechtliche Handlung verliert der Täter seine Menschenwürde; man darf ihn nunmehr, schreibt Fichte ausdrücklich, wie »als bloßes Sinnenwesen« betrachten sowie als grundsätzlich rechtslos, als bloße Sache, behandeln (GA I/3, 356).[114]

Aus gleichem Grund verweigert Fichte die Rechte all jener Personen, denen es mit uns an »reelle[r] Wechselwirkung« fehlt, etwa die Rechte »Längstverstorbener«. *Reell* steht demnach für *körperlich*: Rechte geistiger Relationen, beispielsweise auf »Denkfreiheit, Gewissensfreiheit«, werden rundweg verweigert (GA I/3, 360). Nur solchen Vernunftwesen kommt ein Rechtsverhältnis mit uns zu, die durch körperliche Einwirkung unsere Anerkennung einfordern können. Fichte berührt dabei ein zentrales Problem freiheitlicher Philosophie schlechthin: Wie halten wir es mit denen, die mit uns in keinen Rückwirkungsverhältnissen stehen? Haben wir etwa Pflichten gegenüber zukünftigen Generationen, deren Wohl und Wehe wir durch unsere Handlungen beeinflussen, die ihrerseits uns aber weder nutzen noch schaden können? Verdient unsere Freiheit noch über den Tod (die natürliche Grenze aller Rückwirkungsmöglichkeiten) hinaus Achtung? Darf etwa das Testament eines Verstorbenen zum Nutzen der Überlebenden durchkreuzt werden? Und wie steht es mit der Freiheit und Würde geistig behinderter Menschen, deren Verhalten uns vielleicht nicht immer eindeutig deren Willen zu fehlerloser Rechtswahrung – zur Einhaltung des Gesellschaftsvertrags – signalisiert? Sind sie allein darum schon als bloß rechtlose Sachen zu betrachten?

---

in: *Fichte Studien*, 35 (2010): 345-356. Am Rande sei angemerkt, dass im Anschluß an diese reifere Position der Fichte-Schüler Karl Christian Friedrich Krause seine eigenen Theorie interpersonaler (und ferner interkultureller) Anerkennung aufbaut. Dazu mehr im folgenden Kapitel.

113 | Kritisch dazu: Ludwig Siep, »Naturrecht und Wissenschaftslehre«, in: *Praktische Philosophie* , S. 38.

114 | Zur Kritik dieses Gedankens: Rainer Zaczyk, *Das Strafrecht in der Rechtslehre J. G. Fichtes*, Berlin 1981.

Fichte entscheidet diese Fragen in einer unseren moralischen Intuitionen krass zuwider laufenden Weise.[115] Das liegt an jenem Grundzug seiner Sozialphilosophie, das gesamte Rechtsgefüge, ähnlich einem geometrischen Konstruieren von Linien aus Punkten und von Flächen aus Linien, nachzubilden. Fichte baut Schritt für Schritt aus wechselseitigen Vereinbarungen (Linien) zwischen rein *privaten* Subjekten (Punkten) das öffentliche Rechtsverhältnis (als Fläche) auf.[116] Damit nimmt er viel von späteren, spiel- wie vertragstheoretischen Konzeptionen vorweg. An seinem Beispiel lässt sich darum auch viel über deren Wert und Unwert lernen: Fichte geht aus von zwei Subjekten, die je nur ihren Privatwillen realisieren wollen, und ihrer wechselseitigen Verabredung, einander (beispielsweise in ihrem jeweiligen Besitz) anzuerkennen (GA I/4, 5f.). Rationales Eigeninteresse begründet das Interesse am Anderen. Daraus ensteht ein Verhältnis wechselseitiger Rechts- und Eigentumswahrung, das zunächst noch sehr fragil ist: »Die geringste Verletzung desselben hebt den ganzen Vertrag auf, und berechtigt den Beleidigten, dem Beleidiger *alles* zu nehmen, wenn er kann.« (GA I/4, 9)

Auf der »Oberfläche der Erde« als einer »Wirkungssphäre für alle« kann prinzipiell jeder jeden jederzeit in seinem Eigentum gefährden. Folglich ist niemands Eigentum durch bloß zwei- oder mehrseitige Verabredung *absolut* gesichert (GA I/4, 9). Damit wäre aber, so Fichte, eigentlich die entscheidende Bedingung aufgehoben, unter der man überhaupt einwilligen könnte, sich der Bestände fremden Eigentums *grundsätzlich* zu enthalten. Also muss noch etwas hinzutreten: Der Wille, sich des Eigentums der anderen (passiv) zu enthalten, hat sich zu erweitern auf den Entschluss hin, wechselseitig auch deren Eigentum (aktiv) zu verteidigen: ein wechselseitiger »Schutzvertrag« wird errichtet (GA I/4, 10). Fichte räsoniert, dass gleich dem Eigentumsvertrag auch dieser Schutzvertrag »wie jeder Vertrag bedingt« sei (GA I/4, 10): nur unter der Bedingung *faktisch* geleisteten Schutzes sei einer dem anderen zum Schutz gegenüber Dritten verbunden. Um jene (theoretisch) nur *hypothetische* Bedingung (praktisch) *kategorisch* zu machen, müsse sie *zwangsläufig* mit dem Eintritt in jenen Vertrag – als Staatsbürgerpflicht zum »Beitrag an

---

115 | Vgl. zur Kritik im 20. Jahrhundert vgl.: Ernst Bloch, *Naturrecht und menschliche Würde*, Frankfurt a.M. 1991, sowie: Helmut Girndt, »Über den Umgang mit der empfindungsfähigen Natur nach J. G. Fichte«, in: Alfred Mues (Hg.), *Transzendentalphilosophie als System: Die Auseinandersetzung zwischen 1794 und 1806*, Hamburg 1989, S. 139ff. Zur zeitgenössischen Kritik an Fichte durch Karl Christian Friedrich Krause vgl. Claus Dierksmeier, »Fichtes kritischer Schüler: Zur Fichtekritik K.C.F. Krauses (1781-1832)«, in: *Fichte-Studien Beiträge zur Geschichte und Systematik der Transzendentalphilosophie*, Bd. 21, (2003): 151-162.

116 | Vgl. Hansjürgen Verweyen, *Recht und Sittlichkeit in J.G. Fichtes Gesellschaftslehre*, Freiburg 1975, S. 124.

Kräften, Dienstleistungen [...] oder in Geld« – ergehen (GA I/4, 16). So entsteht bei Fichte – ähnlich wie später unter anderem bei Robert Nozick – der Staat aus dem Geiste des Besitzindividualismus: Als Schutzgemeinschaft aus einem abstrakten Beistandspakt einzelner Individuen artikuliert sich die staatliche Rechtsgemeinschaft erst, nachdem »durch Verträge der Einzelnen mit den Einzelnen [...] das Ganze entstanden« (GA I/4, 15) ist. Allein deren Sicherheits- und Besitzschutzstreben wirkt als vergemeinschaftender Zweck. Fehlt dieses Streben oder die Möglichkeit, es pünktlich zu erfüllen, so fehlt auch der Grund zur Gemeinschaftsbildung.[117]

Da nun im gewählten mechanistischen Bild eines statischen Gleichgewichts von Leistung und Gegenleistung schon die allerkleinste Balancestörung das Ganze aufhebt, wird die allgemeine Rechtssicherheit als strikt bedingt durch die Beitragsleistung jedes Einzelnen begriffen: Es ist »der Kontrakt aufgehoben, sobald der Bürger diesen Beitrag nicht entrichtet.« (GA I/4, 17) Dann haftet der Schuldige dafür mit seiner *ganzen* Existenz; der Staat unterwirft diese Person seinem Gesetz gewaltsam und setzt sich an ihr nun wie an toter Materie durch. Insofern garantiert der Vertrag sich tatsächlich, wie Fichte postuliert, selbst: »Wer nicht in ihm ist, ist überhaupt in keinem rechtlichen Verhältnis«, wer aber »darin ist, erfüllt ihn notwendig ganz« (GA I/4, 18). Da es sich aber kein Staat leisten kann, seine Bürger unausgesetzt zu malträtieren, muss die Rechtsordnung so konstruiert werden, dass Staatsbürgervertragsverletzungen erst gar nicht begangen werden und so stipuliert Fichte: »*Wenn demnach eine mit mechanischer Notwendigkeit wirkende Veranstaltung getroffen werden könnte,* durch welche aus jeder rechtswidrigen Handlung das Gegenteil ihres Zweckes erfolgte, so würde durch eine solche Veranstaltung der Wille genötigt, nur das Rechtmäßige zu wollen« (GA I/3, 427; Herv. i. Org.).

Auf guten Willen, sittliche Selbstbindung, freiwillig übernommene Verantwortung usw. käme es also bei der Rechtsdurchsetzung nicht mehr an. Existiert erst einmal ein derartiger mechanischer Staatsapparat, so wird ein strenges Gerichtswesen, mit Richtern als Subsumtionsautomaten (GA I/3, 398), dessen Ordnung auf immer bewahren. Und Fichte glaubt ernsthaft, einen solchen – totalitären – Staat zu errichten, gebiete die Idee der Freiheit, da diese dazu auffordere, ein seine *sämtlichen* Realisierungsmittel *vollumfänglich* legitimierendes Rechtsgesetz aufzustellen (GA I/3, 426f.). Zwar erkennt Fichte, dass es so unmöglich wie unsittlich ist, zur Freiheit geborene Menschen durch *physische* Vorkehrungen umfassend am *Ausüben* widerrechtlicher Handlungen zu hindern (GA I/3, 425f.). Er sieht aber keinerlei Problem darin, ihren *Willen* durchgängig zur Legalität zu *nötigen*: Denn »die Freiheit des *guten* Willens bleibt durch dieses Zwangsgesetz unangetastet.« (GA I/3, 427, Herv. C.D.) Wenn jedem klar wäre, dass alles widerrechtliche Wollen notwendig »das

117 | Vgl. ebenda, S. 132.

Gegenteil des Beabsichtigten« erreicht, so hätte man es alsbald nur noch mit rechtskonformem Willen zu tun, spekuliert Fichte (GA I/3, 426). Der rechtswidrige Wille soll so also der Grund seiner eigenen – nicht *Besserung*, sondern – *Vernichtung* sein und dieser »Satz in seiner ganzen synthetischen Strenge« das einigende Prinzip für alle Zwangs- und Strafgesetze und eine entsprechende Überwachungsmaschinerie hergeben (GA I/3, 426).

Diese Gedanken laufen auf ein eigentümliches Ergebnis hinaus: Um die Erhaltung des mechanischen Rechtsgleichgewichts sicherzustellen, muss jeder Rechtskonflikt, ja schon jede unwillkürliche Rechtekollision als intolerable Balancestörung aufgefasst und daher nicht nur (wie in den meisten Rechtsstaaten üblich) im Nachhinein korrigiert und für nichtig erklärt, sondern idealer Weise von vornherein verhindert werden.[118] Damals mangelte es noch an den technischen Möglichkeiten zur kompletten Überwachung und Steuerung des Verhaltens. Heute, da solche Technologien zunehmend zu Gebote stehen, sticht die illiberale Bedrohung, die in diesen Gedanken beschlossen liegt, noch anschaulicher heraus. Aber sofern mit damaligen Mitteln schon möglich, wollte Fichte durchaus die gesamte Mechanik des Staates – namentlich das Wirtschafts- und Sozialrecht – in den Dienst der *zwangsläufigen Erfüllung* des Staatsbürgervertrags stellen. Fichte machte, vorgeblich der Freiheit zuliebe, den *Zwang* zum Prinzip von Politik und Wirtschaft und forderte daher einen direktiven Paternalismus seitens des freiheitsbringenden Staats. Von einem nahezu libertären Ansatz aus (mit dem Staat als Besitzversicherungsanstalt) kommt Fichte so überraschender Weise zu einer ganz und gar nicht libertären Rechtstheorie (mit dem Staat als Daseinsplaner).

Als reine Eloge auf den Rechtszwang ist Fichtes Freiheitsphilosophie dennoch nicht anzusehen. Fichtes Werk enthält auch eine Fülle von Gedanken, die geradewegs jenem *mechanistischen* Konzept widerstreben und einen anderen, liberaleren Fichte zeigen. In seinen sozialphilosophischen Schriften finden sich oftmals biologische Metaphern, um dem Gedanken einer *organischen* Selbstordnung der Gesellschaft zum Ausdruck zu verhelfen.[119] Auch das ist zeittypisch. In zahlreichen Philosophien des frühen 19. Jahrhunderts sammelt das Beiwort *organisch* viele zuvor teils unartikulierte, teils noch unklare Vorstellungen ein, denen die Absicht gemein war, dem rigiden Geist der (von

118 | »Der Zwang ist die typischste Funktion des fichteschen Staates: er ermöglicht das Bestehen des Gleichgewichts des Rechts, da dieses Gleichgewicht ohne angedrohte Strafe instabil ist. Die Abschreckung vom rechtwidrigen Handeln ist das zentrale Element der Deduktion des gemeinen Wesens in den §§ 14ff. des Naturrechts«; Luca Fonnesu, »Die Aufhebung des Staates bei Fichte«, in: *Fichtes-Sudien*, Bd. 11 (1997): 85-98. Kritisch dazu: Köhler, *Begründung*, S. 111.

119 | Vgl. Manfred Riedel, »Fichtes zweideutige Umkehr der naturrechtlichen Begriffsbildung«, in: *Zeitschrift für Philosophische Forschung*, 31, No. 1 (1977): 5-18.

Hobbes begründeten) Sozialvertragstheorie zu entkommen.[120] Etliche Denker fühlten sich durch Kants *Kritik der Urteilskraft* legitimiert, das Verhältnis von individueller Freiheit und kollektiver Ordnung auf eine neue, andere Weise zu denken: in Richtung auf eine durch Kultur erreichbare Harmonisierung von Natur und Freiheit. Auch Fichte machte da keine Ausnahme und reicherte seine Sozialphilosophie mit organischen Metaphern an.

Mitunter erklärt Fichte, der Mensch sei eine »Organisation«, eine »vollkommene Pflanze« (GA I/3, 378). Denn beim Organismus ist, anders als in Mechanismen, »das Ganze auch um der Teile willen da; es hat keinen anderen Zweck, als den, bestimmt diese Teile zu produzieren«, weil und indem »das Naturprodukt fortdauernd sich selbst hervorbringt und eben dadurch erhält.« (GA I/3, 378) Der im Bild des Organismus vorgestellte Mensch könne daher, proklamiert Fichte, nicht anders konzipiert werden als aus dem seinem eigenen »Selbstbewusstsein gegebenen Begriffe der Freiheit« (GA I/3, 379). Als Wesen, dessen Begriff allein von sich selbst her zu gewinnen und zu interpretieren ist, kann der Mensch folglich nur durch seine *eigenen* Ziele zu dem werden, was er der Anlage nach sein soll. Und das steht natürlich in erkennbarer Spannung zu allem bisher Ausgeführten.

Wenn tatsächlich, wie es nun heißt, der »Charakter der Menschheit« in »Bildsamkeit« zur Freiheit besteht (ebenda), dann kann die Bestimmung des Menschen kaum in einer eben jene Freiheit abtötenden Rechtsordnung liegen. Demnach wäre zu schließen, dass deswegen das die menschliche Sozialisation organisierende Recht von den Bürgern selbst hervorgebracht werden müsse: in reflexiver Freiheit und ihren *eigenen* Vorstellungen zufolge. Statt einer *philosopisch deduzierten* müsste es zu einer *gesellschaftlich konstruierten* Ordnung kommen, hervorgehend aus freier gesellschaftlicher Übereinkunft. Und müsste im Lichte dessen nicht auch der Sinn der Rechtsordnung überdacht werden?

In manchen Passagen seines Werkes, etwa in Fichtes *Sittenlehre*, klingt es in der Tat so: Freiheit könne nicht als innerlich vage – d.h. begriffslos – verstanden werden. Freiheit müsse vielmehr von sich wissen und einen für sich selbst verbindlichen Begriff von sich haben. Jedoch kann dies kein die Freiheit von außen bindender Zweck sein, an den diese sich heteronom auslieferte: Menschliche Freiheit muss selbst den Zweck angeben, auf den hin sie sich entwirft. Freiheit kann sich aber nur dann vollauf autonom bestimmen, wenn ihre so gewonnenen Ziele wiederum die Freiheit affirmieren. Freiheit *ist* daher das, was sich selbst zum universalen Zweck setzt; Freiheit zielt auf Freiheit – oder sie ist keine. Deshalb auch verweist individuelle Freiheit auf universelle Freiheit. Persönliche Freiheit muss im Modus der Allgemeinheit gesucht werden

120 | Zur Differenz ›mechanisch‹ versus ›organisch‹ bei Fichte vgl. Carla Amadio, »Ästhetik und Politik von der Grundlage der gesammten Wissenschaftslehre aus«, in: *Fichte-Studien*, 11 (1997): 99-112.

Ansonsten würde das Wesen der eigenen Freiheit in ihrer Erscheinung beziehungsweise ihre Idee in deren Ausführung negiert.

Fichte bestätigt daher Kants *kategorischen Imperativ,* dass der je eigene subjektive Handlungsgrundsatz (die Maxime) sich stets als objektives Gesetz setzen lassen solle. Dies sei die angemessene Formel der Freiheitsidee und ihrer normativen Selbstbindung. Und weil jener kategorische Imperativ anweist, Menschen als Selbstzweck zu behandeln und nicht zu instrumentalisieren, müsste Fichte eigentlich auch die Rechtsordnung an den autonom seitens der Bürger formulierten Ziele orientieren und das Recht als reflexives Ordnungsgefüge *ihrer* Freiheit entwickeln. Im Werk Fichtes finden sich auch durchaus Anklänge an ein solches eher organisches als mechanisches Rechtsverständnis. So erkennt er etwa – absehend von all den negativen Restriktionen, die das Recht dem Streben des Einzelnen auferlegt, – »das *Positive,* das im Begriffe des Rechts liegt,« (GA I/3, 356) genau darin, dass jeder nur nach demjenigen Rechtsbegriff beurteilt und behandelt werden darf, den er »selbst haben muss« (ebenda).

Aber Achtung: Fichte meint *nicht* einen empirisch seinen Mitmenschen abgehorchten Begriff von Recht. Vielmehr handelt es sich um jenen, von dem Fichte zu wissen glaubt, dass er »im Wesen der Vernunft liege«, da »kein endliches Wesen möglich sei, in welchem derselbe nicht – [...] – zufolge seiner vernünftigen Natur vorkomme.« (GA I/3, 358) Auf die realen Menschen und deren faktisches Bewusstsein mag er sich nicht einlassen. Ähnlich ambivalent ist Fichte, wenn er den »Inbegriff« der Möglichkeitsbedingungen, dass jemand »Person sei«, als deren »Recht« bezeichnet, und all jene Rechte, »die im Begriffe der Person« liegen, »Urrechte« derselben nennt (GA I/3, 390). In solchen Zusammenhängen schreibt er dann schon mal, dass *Recht* dem Wesen der Personen als solchen zukommt, also *unbedingt* und nicht erst aufgrund von bedingten Anerkennungsverhältnissen.[121] Doch kaum sind solche Worte gefallen, werden sie wieder zurückgenommen: »Es gibt keinen Stand der Urrechte, und keine Urrechte der Menschen.« Grundrechte beziehungsweise Menschenrechte seien »bloße Fiktion [...] zum Behufe der Wissenschaft« (GA I/3, 403).

121 | Problematisch dabei ist indes, dass diese Aufwertung aller Einzelnen (inklusive meiner selbst) zu einem Selbstzweck qua Vernunft bei Fichte letztlich doch nur instrumentell zu verstehen ist, weil eben alle Menschen Mittel zum Zweck der allgemeinen Vernunft sind oder sein sollten, woraus die sofortige Abwertung all derjenigen folgt, die sich diesem Projekt nicht einfügen; vgl. Klaus-Michael Kodalle, »Der Stellenwert der Historiographie im Kontext des fichteschen Geschichtsdenkens«, in: *Fichte-Studien,* 11 (1997): 259-285. Dies zeigt sich u.a. in Fichtes Formulierung, die Existensberechtigung des Menschen läge in der der Arbeit für den Gattungszweck: »dazu allein ist er da; und wenn dies nicht geschehen sollte, so brauchte er überhaupt nicht zu sein« (GA I/5, 230).

Zweifel sind angebracht. Falls das Recht wirklich denknotwendig aus der Artikulation des freiheitlichen Wesens des Menschen folgt, so lässt sich ja Fichtes Behauptung kaum aufrechterhalten, ein Naturrecht gebe es nur im, nicht jedoch vor dem Staate (GA I/3, 395ff.). Sicherlich, die *Realisierung* naturrechtlicher Normen bedarf des Staates. Aber wenn zum freiheitlichen Wesen des Menschen die Idee des Rechts samt einer Einschränkung von jedermanns Freiheit auf dessen Grenzen gehört, kann, ja muss dann nicht doch von einem Mindestbestand vorpositiver vernunft- beziehungsweise naturrechtlicher Normativität gesprochen werden?[122] Fichte scheint dem sogar mitunter zuzustimmen, wenn er seinen Rechtsbegriff so erklärt, dass dieser selbst erst die positiven Rechtsgesetze ins Recht setzt. Er argumentiert beispielsweise: Habe man ein Urrecht, freie Persönlichkeit zu sein, so auch einen Anspruch auf die Zuerkennung der Rechte, die dies *de facto* ermöglichen. – »Das Urrecht läuft in sich selbst zurück, wird ein sich selbst berechtigendes, sich selbst als Recht konstituierendes, d.i. ein *absolutes Recht.*« (GA I/3, 409, Herv. i.O.)

Ein absolutes Recht ist nicht durch empirische Rechtszwecke bedingt, sondern hat sich selbst zum Grund. Gilt aber ein Recht für uns *als* Person, so gilt es für *jede* Person (GA I/3, 374). Persönlichkeitsrechte einzufordern heißt, einen Begriff zu beanspruchen, der den Gedanken (der Rechte) des einen zugleich mit der intellektuellen Setzung (der Rechte) der anderen verschränkt. Wir können Freiheit für uns nur im Namen von Gründen verlangen, die uns zugleich verpflichten, für die Freiheit aller Personen, alle Weltbürger, einzutreten. So scheint aus Fichtes Vernunftkonzept eine Fundierung interkultureller Grundrechte zu folgen. Wenn Freiheit universal gilt, so müsste sie doch auch global zur Geltung gebracht werden? Fichte aber lässt jenen gangbaren kosmopolitischen Pfad von nationalstaatlichen Gedankengewächsen überwuchern, für die er zu Anfang des 20. Jahrhunderts so berühmt wie zu dessen Ende berüchtigt war.[123] Um perfekte Freiheit durch philosophische Direktiven zu sichern, macht Fichte von seinem der Anlage nach großherzig-universalen Freiheitsdenken einen verblüffend engstirnigen Gebrauch. Da der eigentliche Wert der Freiheit für ihn in ihrem vernünftigen Gebrauch besteht, unterjocht

122 | Vgl. Riedel, *Fichtes zweideutige Umkehr der naturrechtlichen Begriffsbildung.* Gleiches gilt auch für zentrale Überlegungen Fichtes zum »Weltbürgerrecht«; vgl. Verweyen, *Recht und Sittlichkeit*, S. 98.

123 | Zur Fichte-Rezeption in der nationalsozialistischen Philosophie vgl. Konrad Cramer, »Um einen nationalsozialistischen Fichte von Innen bittend. August Faust über Fichte im Jahr 1938«, in: Oliver-Pierre Rudolph und Jürgen Stolzenberg (Hg.), *Wissen, Freiheit, Geschichte Die Philosophie Fichtes im 19 und 20 Jahrhundert: Die Philosophie Fichtes im 19 und 20 Jahrhundert*, Amsterdam 2010. Siehe auch Christian Jansen, »The Formation of German Nationalism, 1740-1850«, in: *The Oxford Handbook of Modern German History* (2011): 234.

Fichte die lebensweltliche Freiheit der Bürger zugunsten der Vernunftfreiheit der Philosophen; und weil keine Aussicht besteht, dies global durchzusetzen, grenzt er seine Theorie auf nationale Parameter ein.

Denjenigen, die sich gegen seinen nationalistischen Paternalismus verwahren, entgegnet Fichte kurzerhand, dass sie sich selbst missverstehen. Jener eisige Vorwurf eines *falschen Bewusstseins* wird später bei Marx noch Karriere machen. Fichte jedoch handhabt ihn noch rigoroser als dieser. Marx lässt wenigstens zu, dass dem *falschen Bewusstsein* (bei ihm etwa: kapitalistischem Denken) eine geschichtliche *Teilwahrheit* zukommt. An dessen Aufklärung zur ganzen Wahrheit (entsprechend: des kommunistischen Denkens) muss dem Philosophen durchaus gelegen sein. Bei Fichte aber verläuft die Trennung zwischen wahrem und falschem Bewusstsein radikaler, nämlich zwischen den Ebenen des transzendentalen und des alltäglichen Bewusstseins. Das gewöhnliche Bewusstsein, sofern es philosophisch rekonstruiert und der Falschheit seiner eigenen Annahmen überführt ist, hat gar keinen Anspruch auf Geltung. Man muss es weder theoretisch berücksichtigen noch praktisch auf dessen Vertreter Rücksicht nehmen.

2.2.2 Sozialphilosophie

Fichtes Sozialphilosophie beginnt von plausiblen, ja sympathischen Anliegen: Jede Person, so Fichte, benötige eine bestimmte Sphäre, die ihre jeweilige Freiheit realisiert und symbolisiert: ein Eigentum (GA I/3, 361). Im Eigentum wird Freiheit dinglich greifbar. Das Eigentumsrecht fungiert daher sozusagen als Grammatik, welche die Kommunikation der bürgerlichen Freiheiten untereinander regelt. Wer die Semantik der Freiheit im Verhältnis von Individuum zu Individuum sichern will, muss die Syntax für das Verhältnis von Individuum und Gemeinschaft kennen. Um beispielsweise das Eigene gültig vom Fremden abzugrenzen, muss linguistisch zunächst das Private vom Öffentlichen geschieden werden. Fichte widmet daher der juristischen Prosa von Besitz und Eigentum umfangreiche Stilstudien, welche die spezifischen Proklamationen des Privatrechts als öffentliche Sprechakte der Freiheit interpretieren. Der poetische Clou jener Überlegungen liegt dabei darin, in den Rechten der jeweils anderen nicht Negationen, sondern Manifestationen der eigenen Freiheit zu erblicken.

Fichte argumentiert: Wann immer ich mich, andere ausschließend, auf Dinge beziehe und rechtlich gültig handeln will, legitimiert dies für jedes andere Vernunftwesen ein ebensolches Verhalten. In meinem Objektbezug ist also schon der Objektbezug der anderen – prinzipiell – mitgedacht (GA I/3, 414-417). Dass mir der Besitz von irgendetwas verwehrt wird, kann demnach prinzipiell statt als Ausdruck eines *fremden*, als Manifestation meines *eigenen* (Besitz-)Willens begriffen werden (GA I/3, 416). Insofern findet meine Eigentumsfreiheit in der aller anderen keine fremde Schranke, sondern ihre eigene Grenze. Jener Zusammenhang eines jeden mit allen anderen konstituiert das Eigentumsrecht: Die Sozialbindung des Eigentums fungiert daher nicht als *nachträgliche* Restriktion oder Reduktion eines *vorangehenden* abstrakt-allgemeinen Rechts, sondern definiert alles Eigentum vielmehr radikal (d.h. von der Wurzel her) als Gemeineigentum, bevor dessen nachträgliche private Portionierung in den Blick kommt.[124] Allen gebührt ein freiheitsermöglichendes Eigentum. Freiheit soll deswegen durch die Rechtsordnung nicht nur (doppelt negativ: als Negation von Negationen von bereits als Rechtsgut etablierter Freiheit) *geschützt*, sondern auch (unmittelbar positiv und affirmativ) *geschaffen* werden (GA I/5, 314). Niemand darf zum Rechtsbruch (etwa durch Armut zum Diebstahl) animiert werden (GA I/3, 459).[125] Der Rechtsstaat hat auch Sozialstaat zu sein.

Fichte überzeugt, wenn er fordert, in den Rechten der jeweils anderen statt einer negativen Schranke eine positive Begrenzung zu erblicken, die den Einzelnen zuallererst mit seinen Mitmenschen in einen gültigen Anerkennungszusammenhang einrückt. Durch den Sozialverbund wird der Einzelne somit in seiner Rechtsposition bestätigt, nötigenfalls auch korrigiert.[126] Dass Fichte sich daher nicht, wie andere Freiheitsphilosophen, zu einem ungestümen Hymnus auf exklusiven Privatbesitz inspiriert fühlt, überrascht kaum. Wohl aber, dass er sich demgegenüber zu einer Eloge des Kollektiveigentums hinreißen lässt. Obschon man bei ihm einige Anklänge einer sozialdemokratischen Vermittlungsposition findet, stimmt er sich zuletzt doch klar auf das Lied eines sozialistischen Gemeineigentums ein, in dem das Private allenfalls als leiser Kontrapunkt der kollektiven Leitmelodie ertönt. In (allzu) schneller Akkordfolge bewegt sich Fichte von seiner philosophisch-direktiven Freiheitsidee über den Zwischenakt einer quasi-organischen Sozialutopie auf ein stramm sozialistisches Oeuvre zu; orchestriert und annonciert indes als Ode an die Freiheit.

Den Grund dafür liefert seine philosophische Methode, indem sie, allein an Fichtes spekulativen Deduktionen ausgerichtet, sich legitimiert glaubt, die Meinungen der Bevölkerung gänzlich außer Acht zu lassen. Fichte erstrebt keine Politik durch das Volk. Sein Ziel ist die möglichst reine Übersetzung allein des *vernünftigen* Willens der Menschen in die legislativen wie exekutiven Entscheidungen (GA I/3, 438f.). Nicht beliebige Mehrheitsmeinungen, son-

124 | Vgl. zum Folgenden: Johann Braun, *Freiheit, Gleichheit, Eigentum: Grundfragen des Rechts im Lichte der Philosophie J. G. Fichtes*, 1991.

125 | Vgl. zu diesem »neue[m] Motiv in Fichtes Denken«, das den Rechtsstaat nun »als ein Dynamisches, als ein System von ineinandergreifenden Rechtsbeziehungen« zu begreifen erlaubt: Nico Wallner, *Fichte als politischer Denker: Werden und Wesen seiner Gedanken über den Staat*, Halle; Saale 1926, S. 107-110.

126 | Vgl. Verweyen, *Recht und Sittlichkeit*, S. 107f.

dern allein vernünftige Gemeinwohlbelange sollen politisch den Ausschlag geben. In Anlehnung an Rousseaus Unterscheidung der »volonté de tous« von der »volonté générale« fordert Fichte: Der (faktische) »gemeinschaftliche Wille« des Volkes muss, um politische Legitimität zu erhalten, zunächst in einen (normativ billigenswerten) »gemeinsamen Willen« transformiert werden (GA I/3, 436). Dazu bedürfe es einer einheitsstiftenden, am universal gültigen und deswegen für jedermann akzeptablen Rechtsgesetz orientierten Repräsentation des Gemeininteresses (GA I/3, 447ff.).Wie kann diese glücken?

Das schicklichste Bild, um diesen Begriff zu erläutern ist das eines organisierten Naturproduktes, welches man in neueren Zeiten häufig gebraucht hat, um die verschiedenen Zweige der öffentlichen Gewalt als Eins zu beschreiben, aber, soviel mir bekannt ist, noch nicht, um das ganze bürgerliche Verhältnis dadurch kenntlich zu machen. [...] In dem organischen Körper erhält jeder Teil immerfort das Ganze, und wird indem er es erhält, dadurch selbst erhalten; ebenso verhält sich der Bürger zum Staat. Und zwar, es bedarf bei dem einen so wenig wie bei dem anderen einer besonderen Veranstaltung für diese Erhaltung des Ganzen, jeder Teil, oder jeder Bürger erhalte nur sich selbst in dem durch das Ganze bestimmten Stande, so erhält er eben dadurch an seinem Teil das Ganze; und eben dadurch, dass das Ganze jeden Teil in diesem seinen Stande erhält, kehrt es in sich selbst zurück, und erhält sich selbst. (GA I/4, 19)

Die Politik hat demnach einem Gemeinwohlbegriff zu folgen, der die Einzelinteressen und die Belange des politischen Ganzen harmonisch verbindet. Zur Konkretisierung dieses abstrakten Ziels bedient sich Fichte der Parallelisierung von Naturprodukt und Sozialvereinigung: in zahlreichen Rekursen auf die »gemeine« sowie »gesunde Urteilskraft«, die sich glücklich an der »Natur der Sache« bewähre (GA I/3, 454ff.). Es käme eben darauf an, so Fichte, »jedes Ding nach seinem Endzweck zu behandeln.« Auf diese Weise sei das benötigte Programm leichthin »wissenschaftlich aufzustellen« (GA I/5, 150).

Woher kommt dieser Optimismus, das jeweils Erforderliche sicher und einfach wissen zu können? Ist im Rahmen transzendental ausgerichteter Philosophie eine solche teleologische Lehre der von Natur her vorgegebenen »Endzwecke« überhaupt möglich und zulässig?[127] Dies weicht erkennbar ab von dem von Kant eingeschlagenen philosophischen Pfad. Anders als Kant setzt Fichte nämlich nicht nur eine prinzipielle *Vereinbarkeit* der Natur mit menschlichen Zielen voraus, sondern geht – weil ihm das Sollen der letzte Zweck alles Seienden ist – von einer metaphysisch fundierten (genauer gesagt: fingierten) *Harmonie* von Natur und Freiheit aus. Auch in solche Lebensformen schreibt

127 | Vgl. die Fichtekritik schon bei Albert Th. van Krieken, *Ueber die sogenannte organische Staatstheorie: Ein Beitrag zur Geschichte des Staatsbegriffs*, Leipzig 1873, S. 60-65.

Fichte eine Dienstbarkeit zur Freiheit ein, die, an und für sich betrachtet, derlei liberale Tendenzen gar nicht zu erkennen geben.[128] Ein Vorgehen, dessen generelle Prämissen genauso fragwürdig sind, wie seine besonderen Konklusionen. Wer Fichte beim Wort nimmt, muss sogleich fragen: Wozu denn bedarf es in einer so trefflich arrangierten Welt dann überhaupt des Zwangs, wo doch teleologisch-innere Notwendigkeiten den Kosmos schon auf die Realisierung der liberalen Utopie hintreiben? Wofür wird dann noch der *Zwang* gebraucht?

Während es in Fichtes *Grundlage des Naturrechts* noch so aussieht, als etabliere *allein* der (Rechts-)Zwang die Gesellschaft, klingt es wenig später in der *Sittenlehre* (GA I/5, 253) ganz anders. Und in den kurz darauf folgenden Vorlesungen »*Über die Bestimmung des Gelehrten*« ist sogar zu lesen, dass »auf der a priori vorgezeichneten Laufbahn des Menschengeschlechts ein solcher Punkt liegt, wo alle Staatsverbindungen überflüssig werden.« (FW VI 300) Plötzlich betont Fichte, dass der Staat die Einzelnen nicht erst durch das Recht sozialisiert, sondern bereits in sittlichen Gemeinschaftsformen *vorfindet* (FW VII 382). Zahlreiche Stellen, an denen Fichte sogar gelegentlich einmal mit der gänzlichen *Aufhebung* des Staates flirtet,[129] suggerieren eine Theorie, welche Sozialität nicht gänzlich oder wesentlich auf erzwungene Rechtsförmigkeit gründet, sondern auf Freiwilligkeit.

Man meint bisweilen gar anarchistische Töne durchzuhören, wenn Fichte vorträgt: Durch kluge Politik solle und könne in einer besseren Zukunft erreicht werden, dass sich die Individuen aus eigener, sittlicher Motivation in den gesellschaftlichen Sozialplan einfügen und die niederen, bloß staatlichen erzwungenen Verhaltensformen der Menschen nach und nach in einen höheren, eher sittlich als juridisch ausgerichteten Lebensbund fortentwickeln. Denn, so stellt er in späteren Schriften wiederholt klar, das »Leben im Staat gehört nicht unter die absoluten Zwecke der Menschen.« (GA I/3, 37) Der Staat fungiert nun nur noch als Vorbereiter höherer Formen des Miteinanders; er tritt auf als zweckdienliches Mittel zu einer von ihm letztlich abzulösenden »Kunst [,] die gesamten Verhältnisse der Menschheit nach der vorher wissenschaftlich aufgefassten Vernunft einzurichten [...] bis die Gattung als ein vollendeter Abdruck ihres ewigen Urbildes in der Vernunft dastünde.« (FW VII 10f.)

Zwar will Fichte niemals den Planungs- und Versorgungsstaat aufgeben,[130] wohl aber möchte Fichte in späteren Jahren, genau jenen Zwangsapparat loswerden, den er anfangs noch schlechterdings als denknotwendig – als Möglich-

128 | Siehe auch Georges Gurvitch, *Fichtes System der konkreten Ethik*, Tübingen 1924, S. 251.

129 | Sorgfältig dokumentiert und interpretiert bei: Fonnesu, *Die Aufhebung des Staates bei Fichte*.

130 | Vgl. Heinrich Rickert, »Die philosophischen Grundlagen von Fichtes Sozialismus«, in: *Logos Internationale Zeitschrift der Philosophie der Kultur*, 9 (1923): 149 - 180.

keitsbedingung einer konsistenten Freiheitsidee – hatte ausweisen wollen.[131] Unklar bleibt, wie die von ihm erstrebten Vernunftverhältnisse hergestellt werden müssen (FW VII 161). Bisweilen empfiehlt Fichte den »absolute(n) Staat« als »*Zwangs*anstalt« (FW VII 143f.) hierzu als das best geeignete, weil totale Mittel. Dann wiederum heißt es, abgesehen von seinen Staatsbürgerpflichten müsse der Mensch ganz frei von allem politischen Eingebundensein bleiben:[132] der Staat solle nur die »äußeren Bedingungen« schaffen, damit die Menschen »mit eigener Freiheit sich zum geoffenbarten Nachbilde der Vernunft machen können« (FW VII 162) – etwa durch indirekte Förderung von »Religion, Wissenschaft und Tugend« (FW VII 166-168); eine augenfällig verhaltenere Deutung der Staatsaufgaben.[133]

Folgt Fichtes Sozialphilosophie nun letztlich einem liberalen oder totalitären Modell? Ist für Fichte in Sachen Freiheit der Weg das Ziel? Oder kann die Eminenz des Endzwecks die Wahl aller Mittel heiligen? Dies wird von Fichte unterschiedlich und uneindeutig beantwortet. Sein Denken oszilliert zwischen (struktureller) Idee und (materiellen) Begriffen der Freiheit und exemplifiziert damit für den philosophischen Liberalismus insgesamt zentrale Fragen: Wie weit darf sich Philosophie ins Konkrete vorwagen? Wann und wie wird aus philosophisch sinnvollen Richtungsangaben pedantischer Dirigismus und illiberaler Dogmatismus? Erst in Fichtes Wirtschaftsphilosophie wird dies endgültig entschieden.[134] Lange bevor Marx sich zur Rettung der menschlichen Freiheit von Entfremdung und Ausbeutung aufmachte, hatte nämlich Fichte bereits den engen Verweisungszusammenhang zwischen einer freiheitlich fundierten Rechtslehre und einer sozial engagierten Wirtschaftsphilosophie gesehen und darum auf deren Verzahnung hingearbeitet. Fichte erkennt und benennt ganz klar, dass inbesondere ökonomische Bedingungen die menschliche Freiheit im Alltag konkretisieren. Weil bei Fichte das allgemeine Recht zur Freiheit die besonderen Voraussetzungen eines freien Lebens mit einschließt, werden wirtschaftliche Fragen (zum Beispiel der Güterallokation sowie der Distribution von Kosten und Lasten im Sozialverbund) zum Gegenstand seiner Freiheitslehre.

---

131 | Vgl. Georg Geismann, »Fichtes ›Aufhebung‹ des Rechtsstaates«, in: *Fichte-Studien*, 3 (1991): 86-117.

132 | Vgl. Wallner, *Fichte als politischer Denker*, S. 111.

133 | Zu diesem Deutungskonflikt vgl. die Beiträge von Günter Zöller und Christoph Asmuth in Günter Zöller (Hg.), *Der Staat als Mittel zum Zweck: Fichte über Freiheit, Recht und Gesetz*, Baden-Baden 2011.

134 | Vgl. David James, *Fichte's Social and Political Philosophy: Property and Virtue*, Cambridge; New York 2011, S. 22ff.

2.2.3 Wirtschaftsphilosophie

Fichte fordert klipp und klar: »Jedermann soll von seiner Arbeit leben können.« (GA I/4, 22) Wer das Seine für die ökonomische Freiheit des Ganzen leistet, soll seitens der Gemeinschaft das ihm individuell Zustehende – die materiellen Voraussetzungen seiner individuellen Freiheit – empfangen. Jede Person soll eine private Wirk- und Eigentumssphäre erhalten (GA I/3, 361). Überlässt man es aber allein dem Markt, so garantiert niemand, dass alle die Güter erhalten, die sie für ein freies Leben benötigen. Das empfindet Fichte als inakzeptablen Widerspruch zur Freiheitsidee, den eine an der Freiheit aller ausgerichtete Nationalwirtschaft abzuschaffen hat, indem sie verlässlich und ordentlich jedem das Seine zuteilt.

Fichte ersinnt dafür das Modell eines »*Geschlossenen Handelsstaats*« (1800), innerhalb dessen ein Ringtausch von Gütern und Leistungen abläuft, staatlich geplant und überwacht. Dabei weist der Staat allererst den Eigentümern ihren jeweiligen Besitz an und stellt alsdann Regeln für ihren gegenseitigen Waren- und Leistungstausch auf. Zufolge dieser Regeln soll, in gerichtsfesten Grenzen, fortan ein geordneter Allokationskreislauf aus durchgängig symmetrischen Tauschbeziehungen einsetzen. Dieser Kreislauf ist so gedacht, dass niemand jemals schlechter gestellt wird als bei der staatlichen Ausgangsverteilung. Fichte sieht die Wirtschaft außer Stande, Asymmetrien produktiv zu verarbeiten.[135] Fichte schwört seine Leser auf ein statisch-mechanisches Ordnungsmodell ein.[136] Stabilität resultierend aus dynamischen wirtschaftlichen Ungleichgewichten, die einander in Balance halten, gibt es bei ihm nicht. Konsequentermaßen fürchtet Fichte Ausländer. Diese werden ja nicht durch den Staat in ihr Eigentum eingesetzt. Ihr Tauschverhalten ist daher weniger steuerbar. Also könnten sie Gleichgewichtsstörungen im prästabilierten Eigentümer- und Tauschverhältnis verursachen.

Allein ein Weltstaat könnte diesem Problem endgültige Abhilfe schaffen. Wo es keine Ausländer mehr gibt, dort erst kann Eigentum in wahrhaft permanenter und absolut stabiler, »von dem ganzen menschlichen Geschlechte anerkannter« Form garantiert werden (GA I/3, 418) In Ermangelung eines Weltstaates müssen jedoch das nationale Wirtschaftssystem und die Gesellschaft »geschlossen« werden, damit die in ihren Grenzen wenigstens zu realisierende Güterbalance nicht von außen gefährdet wird.[137] Fichte schottet also

135 | Vgl. insgesamt Hinz, *Fichtes »System der Freiheit«*.

136 | Vgl. Bernard Willms, »Zur Dialektik der Planung: Fichte als Theoretiker einer geplanten Gesellschaft«, in: Ernst Wolfgang Böckenförde (Hg.), *Säkularisation und Utopie*, Stuttgart 1967.

137 | Vgl. hierzu bereits die weitsichtige Kritik bei Krieken, *Ueber die sogenannte organische Staatstheorie*, S. 64f.

die Gesellschaft vom Weltmarkt ab, um im so eingehegten Bereich ungestört Redistributionspolitik betreiben zu können. Die einzelnen Durchführungsbestimmungen dazu aus seinem *Geschlossenen Handelsstaat* sind aus heutiger Sicht vernachlässigenswert. Sie bleiben den ökonomischen Phänomenen gegenüber äußerlich und suchen Fichtes ethische Ideale nicht *im* wirtschaftlichen Tauschverhalten, sondern *gegen* es zur Geltung zu bringen.

Interessanter als jener frühe Entwurf zu einer Planwirtschaft (als Mittel) mit liberaler Agenda (als Zweck) ist indes Fichtes zwölf Jahre später vorgelegte, auf mittlerweile unternommene Studien ökonomischer Literatur reflektierende Position.[138] Fichte nimmt in 1812 in Berlin gehaltenen Vorlesungen das ökonomische Sujet erneut auf, will aber diesmal die Region des Wirtschaftlichen nicht nur äußerlich mit juristischen Strukturen überziehen, sondern sie von innen her durchdringen und transformieren. Er glaubt sich darin erfolgreich und deshalb in der Lage, aller zukünftigen staatlichen Wirtschaftspolitik die benötigten Prinzipien vorzugeben. Das zeigt folgender Passus, in welchem Fichte seine gereifte wirtschaftsphilosophische Position wie folgt zusammenfasst:

> *In Summa*: Alles beruht darauf, dass der Staat 1) einen Begriff vom menschlichen Wohlstande habe, und von den Mitteln denselben zu erhöhen, und von den wichtigen Folgen dieser Mittel. 2) Dass er in jedem Zeitpunkte den eigentlichen und wahren Zustand seiner Nation, und ihren Standpunkt in jeder Rücksicht genau kenne. Das Erste, als ein Apriorisches, ist ihm ohne Zweifel anzumuthen. Das Zweite ergiebt sich aus der Verfassung, indem er den Zustand des Ackerbaues und der Gewerbe, und des Resultates derselben, der Handlung, die er selbst treibt, immerfort übersieht, und von Zeit zu Zeit genöthigt ist, sich genaue Rechenschaft darüber abzulegen, indem er die Preise der Waaren machen muss. An Gewalt, der National-Industrie die Richtung zu geben, fehlt es ihm gar nicht, indem ohne seinen Willen keine Hand im Staate zu diesem Zwecke sich regt, und er stets eine Summe von Kräften zur freien Verfügung hat, die er auch beliebig vermehren oder vermindern kann. Vor dem Heere der Officianten, und der Arbeit und Schreiberei derselben, die dies herbeiführen würde, fürchte man sich nicht. (FW X 587, Herv. i. O.)

Die in diesen Worten resümierte Wirtschaftstheorie ist verblüffend heterodox. Sie vereinigt in sich Überlegungen zum Staat als *venture-capital*-Agentur mit sozialistischen Doktrinen, sowie Zunftdenken mit physiokratischen Spekulationen und merkantilistischen Spitzfindigkeiten. Ökonomisch ist ein gemeinsamer Nenner zu diesen Ideen kaum aufzufinden, wohl aber philosophisch. Fichte präsentiert seine Theorie schließlich als Selbstentfaltung metaphysi-

138 | Vgl. etwa Fichtes Kommentar zum »Handbuch der Staatswissenschaft« von Theodor Schmalz (1808), (GA II/13, 9ff).

scher Vernunft in Sachen Wirtschaft. Den begrifflichen Schlüssel, um den allem wirtschaftlichen Verkehr zu Grunde liegenden Code des Wesens und Wertes der Waren zu entziffern, müssen wir also auch in eben diesem philosophischen Unterfangen suchen.

Fichte will verlässliche Bemessungsgrundlagen für Fragen der sozialen Teilhabe und Umverteilung gewinnen. Gelebte Freiheit konkretisiert sich am Güterzugang. Wer Allokations- und Distributionsgerechtigkeit fördern will, muss Güter verwaltbar und Güterwerte kommensurabel machen. Darum möchte Fichte allen Waren einen festen, *inneren Wert* beimessen, der jeglichen Schwankungen des sogenannten *äußeren* Wertes, d.h. des Markt- beziehungsweise Tauschwertes, gegenüber stabil bleibt. Er braucht ihn für seine Umverteilungspolitik. Diesen »Grundmaaßstab des Werthes aller Dinge« sucht er fernab des Preises der Waren, um nicht in »Befangenheit vom Gelde, das alle gesunde Einsicht in dieser Materie stört« (FW X 558) zu geraten.

Fichte setzt zunächst die Subsistenzkosten des Arbeiters als notwendigen Bestandteil jedes Warenwertes an (FW X 559), unterhalb derselben nichts dauerhaft produziert werden könne. Er addiert sodann noch einen Anspruch des Arbeitenden auf »Muße« hinzu, genauer: einen Anspruch auf Teilhabe an den makroökonomisch über das Maß der Subsistenz aller hinaus erzielten Gütern (FW X 544). Muße ist dabei definiert als eine Spanne des »Lebenkönnen[s] ohne Arbeiten« (FW X 560), wobei es nicht auf freie Zeit allein, sondern auch auf eine in dieser Zeit ermöglichte »Lossprechung von allen sinnlichen Zwecken« ankomme, die durch hinreichende materielle Versorgung sicherzustellen sei (FW X 539). In Zeiten der Muße gilt es, sich höheren Zwecken, zum Beispiel der moralischen Selbstvervollkommnung zu widmen.

Damit wechselt Fichte unversehens von einer wirtschaftstheoretischen zu einer wirtschaftsethischen Position. Denn für gewöhnlich verschafft zwar einem Individuum seine Arbeit wohl Tauschwerte, welche über die zur Reproduktion seiner Arbeitsleistung erforderliche Kostendeckung hinausreichen und ihm so etwas Muße gestatten. Doch ist dies nicht immer der Fall: Also muss der Staat eingreifen. Jedem Bürger, der am gesellschaftlichen Wohlstand mitarbeitet, steht nach Fichte aus dem gesellschaftlichen Gesamtvermögen ein Anspruch auf adäquate Entgeltung zu. Investiert ein Arbeiter Zeit, bringt er also individuelle Leistung und Muße ein, um gesellschaftliche Subsistenz und Muße zu stiften, so sei ihm dies gerecht zu vergüten; indem proportional die von ihm aufgewendete Zeit zu der *gesamt*gesellschaftlich aufgewendeten Zeit und dem von dieser erwirtschafteten Überschuss ins Verhältnis gesetzt wird (FW X 561). Der Einzelne multipliziere also seine aufgewendeten Stunden mit jenem volkswirtschaftlichen Leistungsfaktor und errechne so, was ihm von Staats wegen zusteht (ebenda).

Damit die Gemeinschaft die materielle Freiheit eines jeden sichern kann, wird allen Einzelnen aufgegeben, wirtschaftlich so erfolgreich wie möglich zu sein. Fichte kommentiert etwa das »Handbuch der Staatswissenschaft« von Theodor Schmalz (1808) mit der Marginalie: Wohlstand »ist nicht bloßes Mittel für einen anderen Zwek [*sic!*], sondern selbst Zwek des Ganzen, so zahlreich, cultiviert, und wohlhabend zu seyn als es kann. – Es ist dem Einzelnen nicht erlaubt zu sagen: ich will mir gefallen lassen, arm zu seyn. Du sollst und musst so reich seyn, als du kannst.« (GA II/13, 9) Fichtes Sozialutopie braucht Wirtschaftswachstum.

Aber das allein löst das Wert(um)verteilungsproblem noch nicht: Während im Gedankenbild einer *statischen* Wirtschaft relativ nachvollziehbar ist, wie allen die ihnen jeweils zustehende Proportion an Gütern zugemessen werden kann, bringt eine auf Wachstum zielende, *dynamische* Ordnung ganz eigene ökonometrische Schwierigkeiten mit sich. Wie kann man in einer sich fortwährend wandelnden Ökonomie dauerhaft stabile Eigentumsrelationen etablieren? Wie lässt sich verhindern, dass sich im Tauschverkehr nach und nach immer größer werdende Ungleichheiten in den Privatvermögen herausbilden? Fichte geht dieses Problem mit der ihm eigenen Neigung zu drastischen Lösungen an: Vorstaatliches Eigentum erkennt er für den Staatszustand schlechterdings nicht an. Er führt jedwede Eigentumsposition letztlich auf staatliche Distribution zurück. Eine Zuteilung von Staats wegen aber kann natürlich nur im Lichte eines für alle gleichen Rechts erfolgen; sie muss darum allen alles nach gleichen Grundsätzen zuteilen.

So macht Fichte indes nicht allein die abstrakte Institution von Privateigentum, sondern eben auch den konkreten Privatbesitz zur Modelliermasse staatlichen Handelns.[139] Entsprechend lässt Fichte es nicht mit einer *einmaligen* Zuteilung bewenden. Er will überdies erreichen, dass auch *nach* jener hypothetischen ursprünglichen Zuteilung jeder Bürger durch jeglichen stattfindenden Tausch der Güter und Dienste hindurch »den Werth seines Eigentums behalte.« (FW X 524) Fichte erstrebt also nichts weniger als die dauerhafte Fixierung aller *relativen* Vermögen. Anders als in gewöhnlichen Tauschrelationen, wo der Klügere oft im Vorteil gegenüber dem Dümmeren, der Wissende gegenüber dem Unwissenden, der Unabhängige gegenüber dem Abhängigen und – aufgrund von *economies of scale* und der konventionellen *terms of trade* – zumeist auch der Reiche dem Armen gegenüber im Vorteil ist, soll nunmehr gelten: »Ins Unendliche fortgetauscht, werden Alle dadurch nicht reicher, noch ärmer.« (Ebenda)

Hier wird nicht etwa die Utopie eines freiwillig-kommunitären Sozialismus verkündet. Vielmehr, so Fichte, sei es »Sache des Staats«, diesen »Fortschritt

139 | »Das Dasein der Freiheit des Einzelnen [...] geht so bei Fichte wieder völlig verloren, indem das empirische Individuum über die Eigentumsgarantie dem totalen Zugriff des verwaltenden Gemeinwesens ausgesetzt wird.« Willms, *Zur Dialektik der Planung*, S. 121f.

der Menschheit« durch eine feste Kontrolle aller Ware-Preis-Relationen und zur Not auch mit Gewalt zu sichern (GA II/13, 10). Die logische Voraussetzung jener staatlichen Preisregulierung bildet eine unbezüglich auf allen Tausch formulierte Theorie des wahren Warenwertes. Dafür also – damit der Staat einem jeden genau das ihm Zustehende zuteilen kann, erstrebt Fichte eine metaphysisch zu sichernde Wertkommensurabilität aller Waren und Dienstleistungen. Von dieser absoluten Wertdimension hängen seine Geldtheorie, seine Handelslehre und seine wirtschaftspolitischen Vorstellungen allesamt und insgesamt ab.

Was aber ist jener letzte und höchste Maßstab, durch den ökonomischen Gütern ein ganz und gar marktunabhängiger Wert zugewiesen werden kann? Die schiere Arbeitszeit bietet sich für jene Rolle nicht an, da bekanntlich gleiche Arbeitszeit nicht immer Gleiches stiftet; weder gleichen Gebrauchswert noch gleichen Tauschwert. In jeder Konkurrenzwirtschaft geht es ja einigen Produktionszweigen besser als anderen und noch innerhalb ein und derselben Profession haben stets einige Produzenten größeren Zulauf als andere. Spontan wird sich also kaum ein Markt etablieren, in welchem einfach jeder mit jedem Güter zum Preis der in ihnen enthaltenen Arbeitsvolumina tauscht.[140] Da in der individuellen Nutzenschätzung getauschte Güter im Wert fortwährend schwanken, muss also die zur angestrebten Egalisierung des Tausches notwendige vereinheitlichende Wertrelation politisch festgesetzt werden.

Jene Festlegung ihrerseits darf nun keine einmalige, fixe Zuschreibung sein. Andernfalls könnte sich eben der beständige Produktionszuwachs, den Fichte von der Gesellschaft verlangt, nicht in ihr abbilden (FW X 544). Bei einem *statischen* Wertprinzip würde etwa die Steigerung einzelner Produktivkräfte dazu führen, dass sich, durch ein technologisch ja nie in allen Sektoren zugleich und gleichmäßig stattfindendes Wirtschaftswachstum, die Belastungen zwischen einzelnen Produktionszweigen ungleich verteilen. Das aber ermöglicht Allokationen, die dem gleichen Recht aller Bürger auf das ihnen »gebührende Eigentum« (FW X 530) zuwiderlaufen. Daher sucht Fichte nach einem *dynamischen* Medium, das so ganz automatisch die gesellschaftliche Progression in Produktivkräften adäquat abspiegelt:

Es ist irgend ein Arbeitsprodukt als bleibender Maassstab alles Werthes festzusetzen, und der Wert aller übrigen Arbeitsprodukte darauf zurückzuführen. Dass jenes Arbeits-

140 | Etwas anderes ist der Zeitmarkt in eigens dafür geschaffenen Tauschbörsen. Sie sind aber eine Ausnahme, welche die Regel bestätigt; denn es wird ja dort nur deshalb (allein) in Zeit getauscht, weil man auf solchen Börsen nur so Transaktionen tätigen kann. Mithin belegt, dass zum 1:1-Tausch eigens künstliche Umwelten geschaffen weden, dass sich in Ermangelung jener die dort gewährte Tauschrelation nur selten von selbst einstellt. Ansonsten bedürfte es jener Börsen nicht.

produkt ein Lebensmittel, und zwar das allergemeinste und gebräuchlichste Lebensmittel sein müsse, z.B. ein Quantum Korn (ein Scheffel), ergibt sich von selbst; denn die Lebensmöglichkeit ist ja der ideelle Maassstab alles Werthes der Arbeit. (FW X 563)

Indes jene Setzung, fernerhin jedwede wirtschaftliche Produktion in Kornscheffeln zu quantifizieren, versteht sich *nicht* von selbst. Die (wohl in Anlehung an die britische Ökonomik seiner Tage vorgenommene) Quantifizierung ökonomischer Güter in Korn fällt bei Fichte, anders als etwa bei Fichtes Zeitgenossen David Ricardo (1772-1823), physiokratisch aus (FW X 565). Ricardo stellt eine Kornrechnung auf, um zu zeigen, dass ohne Bezug auf ökonometrisch schwer handzuhabende *Geld*wertveränderungen sich gültige Aussagen über *marginale* und *komparative* Werte machen lassen; über das *relative* Verhältnis von Bodenfertilität zu Landrente insbesondere.[141] Ricardo macht mithin einen *regulativen*, beispielhaften Gebrauch von der Rechnung in Korn, nimmt aber keineswegs an, Korn sei der tatsächliche, *konstitutive* Maßstab allen Wertes. Fichte hingegen sucht im Korn einen *absoluten* Wertmesser: Jeglicher Fortschritt der Produktivkräfte werde sich am Kornpreis zeigen, welcher – sofern selbst nicht in Geld gerechnet – immer stabil bleibe und somit als verlässliche Konstante tauge. Korn verteuere sich stets proportional zur wachstumbedingten Verbilligung der sonstigen Güterproduktion, glaubt Fichte (FW X 566). Deshalb sei der Kornpreis das gesuchte dynamische Dritte, das die feste Wertrelation aller weiteren im Austausche stehenden Güter audrücken kann. Mit diesem Wertmaßstab wird sodann von Fichte die gesamte Volkswirtschaft neu ausgerichtet:

Der Staat wird die Preise aller auf seiner Oberfläche erzeugten, und in den Handel kommenden Arbeitsprodukte aufsuchen, und declarieren; und um diesen Preis wird Jeder jeden Augenblick gegen das in seinen Händen befindliche Äquivalent in jeder Art die begehrte Waare haben können. Wie soll nun der Staat dies sichern? Es bleibt kein Mit-

141 | Vgl. David Ricardo, Miscellaneous Pamphlet Collection (Library of Congress) und Commercial Pamphlet Collection (Library of Congress), *An Essay on the Influence of a Low Price of Corn on the Profits of Stock: Shewing the Inexpediency of Restrictions on Importation: With Remarks on Mr. Malthus' Two Last Publications: »An Inquiry into the Nature and Progress of Rent« and »The Grounds of an Opinion on the Policy of Restricting the Importation of Foreign Coin«*, London 1821 (Originalausgabe: 1815). Sinn und Zweck der Rechnung in Korn bei Ricardo ist, zu zeigen, wie sich die Profitrate eines Wirtschaftszweiges nach dem schwächsten Grenzprofit innerhalb desselben ausrichtet; im Falle der Landwirtschaft: wie die Ertragsrate des profitärmsten Bodens das Maß auch für die Erträge fruchtbarer Böden bestimmt, insofern die Produktivitätsüberschüsse jener Böden durch proportional ansteigende Pachtkosten (Bodenrenten) abgeschöpft werden.

> tel übrig, als dass er den Handel selbst übernehme, dass er den [...] dritten Stand, den Handelsstand, selbst mache. [...], d.h. die Kaufleute müssen Staatsbeamte sein, die auf Rechnung des Staates Alles ohne Ausnahme, was ihnen angeboten wird, kaufen zu dem festgesetzten Preise, und so verkaufen, auf Rechnung des Staates [...]. (FW X 568f.)

Wirtschaftsmathematisch funktioniert der Fichtes Theorie zu Grunde liegende Kornmaßstab nicht. Einmal deswegen, weil die Kornproduktion nicht *intertemporal* stabil ist, aber auch, weil selbst *gleichzeitige* Kornproduktion von Ort zu Ort unterschiedlichen Produktionsaufwand erfordert. Eine feste Relation von aufgewendeter Arbeit zu erwirtschaftetem Korn gibt es daher auch dann nicht, wenn man den Zeitfaktor vernachlässigt.[142] Dadurch wird im Ansatz schon Fichtes Anliegen vereitelt, soziale Gleichheit durch einheitliche Besteuerung allen Landbesitzes zu erreichen. Eine derartige Landsteuer würde wegen der unterschiedlichen Fruchtbarkeit verschiedener Böden zu einer unfairen Gleichbelastung führen und so das gerade Gegenteil von Fichtes egalitaristischen Absichten erreichen. Eine Schwierigkeit, die sich auch späteren »One Tax«-Systemen immer wieder stellt.

Ferner spricht gegen die Kornrechung, dass die über Korn zu etablierenden Austauschrelationen mit anderen Werten, wenn überhaupt, nur für eine streng subsistenzorientierte Minimalwirtschaft vorstellbar sind. Keinesfalls erlaubt dieser Maßstab, sinnvolle Wertrelationen zu den unzähligen nicht-materiellen Gütern in komplexen Dienstleistungs- und Kommunikationsgesellschaften aufzubauen. In einer Kornrechnung können allenfalls Güter mit Relevanz für ein objektiv-generelles Überlebensinteresse (wie Grundnahrungsmittel) eingehen. Je ausdifferenzierter indes eine Wirtschaft ist, desto mehr produziert sie Güter, die auf subjektiv-individuelle Präferenzen zielen. Da jene durch eine verallgemeinernde Wirtschaftsrechnung nur im Durchschnitt erfasst werden, muss eine auf zentraler Kalkulation beruhende Wirtschaftsplanung nicht nur akzidentell, sondern generell daran scheitern, eine stabile Äquivalenzrelation zwischen Korn und jenen ausdifferenzierteren Wirtschaftsgütern aufzubauen.

Warum diese ökonomischen Details? Weil mit Fichtes Annahme eines *a priori* bestimmbaren Warenwerts ein Grundpfeiler der Verteilungspolitik einbricht, die den Bürgern gleichen Zugang zu freiheitsrelevanten Lebensgütern sichern soll. Fichte überschätzt die hermeneutische Kompetenz des Staats und unterschätzt die heuristischen Potentiale des Marktes. Der Beitrag von fairen, zugangs- und ordnungsgerechten Märkten zum Etablieren von Güter und Leistungswertrelationen kommt ihm nicht in den Blick. Verglichen mit seinem Ideal einer sittlichen Optimalallokation erscheint Fichte jedwede

142 | Vgl. David Ricardo, *On the Principles of Political Economy and Taxation*, London 1821 (Originalausgabe: 1817).

marktförmige Güterevaluierung und Warenverteilung als kläglich defizitär. Er nimmt Marktpreise nur als Verzerrung gerechter Tauschrelationen in den Blick, niemals aber als Verfahren, jene annäherungsweise zu ermitteln.

So erklärt Fichte beispielsweise Preisschwankungen allein aus dem Profitmotiv der Händler, Waren überteuert an die Konsumenten weiterzugeben. Entsprechend wertet er Handelsgewinn als illegitimen Raub am gesellschaftlichen Gesamtvermögen und beschließt, der Staat solle den Handel lieber in die eigenen Hände nehmen (FW X 569f.). Damit nicht genug. Sobald der innerstaatliche Handel wertmetrisch gleichgeschaltet ist, müssen die etablierten Preisrelationen vom Außenhandel abgeschirmt werden. Fichtes nähere Überlegungen dazu (FW X 587ff.) sind Variationen desselben Themas im *Geschlossenen Handelsstaat*. Sie folgen dem Schema: Die Nationalwirtschaft stellt eine gefährdete Ordnung dar, welche allzu leicht durch unkontrollierte innere wie äußere Handelsregungen aus dem Gleichgewicht gebracht werde. Darum benötigt der Staat unbeschränkte Kontroll- und Zwangsbefugnisse.[143] Ökonomische Freiheit kann – das ist die Essenz – nicht im Markt oder durch ihn, sondern nur außerhalb desselben existieren.

Sicherlich wäre es nicht fair, Fichte an einem Wissensstand zu messen, der historisch erst nach dem Scheitern des real-existierenden Sozialismus erreicht wurde. Wohl aber sollte man Fichtes Theorie mit dem Erkenntnisstand der Nationalökonomie seiner Tage vergleichen. Diese setzte er ja zu überbieten an. Deshalb fällt es schon ins Gewicht, wenn Fichte deren Erkenntnisse ignoriert. Wenn er im Handel nichts als eine Ausbeutung der Kunden erblickt, so übersieht er etwa die aus den kontrazyklischen Warenkäufe der Kaufleute resultierenden Balance- und Allokationsleistungen, welche der Handel für die Gesellschaft erbringt. Indem der Handel auf Preisdifferentiale reagiert und diese allmählich reduziert, führt er langfristig zu einer effizienteren Güterallokation – und damit zu gesteigertem gesellschaftlichen Gesamtvermögen. Ein *derartig* erzielter Profit der Händler stellt eine Abschöpfung von einem andernfalls nicht vorhandenen Gewinn dar und keinen Raub am Gesellschaftsvermögen. Darin stimmte die deutsche Nationalökonomik des frühen 19. Jahrhunderts vollauf mit der klassischen Ökonomik Englands überein. Gleiches gilt, *mutatis mutandis,* für Handel mit dem Ausland. Ungleichgewichtige Handelsbilanzen können im *roundabout trade* einer internationalen Verkehrswirtschaft zur Wohlstandsmehrung aller Parteien führen. Das war in der klassischen Öko-

143 | Vgl. dazu Fichtes Entwurf »Über Pfandbriefe«, entstanden wahrscheinlich um 1809/10, insbesondere seine dortigen Ausführungen zur »Dauerhaftigkeit des Werts«, (GA II/13, 11): »Die Dauerhaftigkeit desselben kann versichern nur der Staat (wir stehen wieder beim geschlossenen Handelsstaate).«

nomik seit Hume und Smith bekannt und von Ricardo bereits, obgleich mit fiktiven Zahlenwerten, modelliert worden.[144]

Fichte hingegen hält den Rekurs der englischen Ökonomik auf spontane Handelsgleichgewichte für Ausflüchte einer faulen Vernunft, die sich der Anstrengung planerischer Konstruktion verweigert (FW X 554). Er meint, man habe es bisher nur noch nicht unternommen, die Begriffe von Eigentum, Verkehr und Tausch in aller Schärfe zu durchdenken – und sei so der Möglichkeit nicht gewahr geworden, das Wirtschaftsleben aus reiner Vernunft zu leiten. Fichte verkennt auch hier den damaligen Diskussionsstand. Die englische Ökonomik hatte ihre Theorie dynamischer und Ungleichgewichte produktiv verarbeitender Ordnungen ja als Reaktion auf Ansätze entwickelt, die dem fichteschen in vielem ähnelten, nämlich als Antwort auf das Scheitern der überzogenen planerischen Hoffnungen von Merkantilisten und Physiokratisten. Die britisch-schottischen Ökonomen hatten die Option, rationalistische Modelle geschlossener Güterkreisläufe und statischer Handelsgleichgewichte zu entwerfen, nicht etwa übersehen, sondern verworfen.

2.2.4 Sozialismus versus Sozialdemokratie

Eine philosophische Bewertung von Fichtes Theorie muss sich natürlich der Idee der Freiheit annehmen, um die sich jener Entwurf staatlich gelenkter Wirtschafts- und Sozialordnung dreht. Dabei ist zunächst einmal anzuerkennen, dass Fichte sehr frühzeitig einige wesentliche Probleme der sich globalisierenden Markt- und Verkehrswirtschaft gesehen und zutreffend als Freiheitsprobleme bewertet hat. Mit Recht empört sich ja Fichte über Verhältnisse, die Menschen aus ökonomischer Not zum Abschluss von Verträgen bringen, die sie ansonsten niemals schließen würden. Das gilt in besonderem Maße, wo Menschen durch historisches Unrecht (Kolonialismus, Imperialismus) in Situationen geraten sind, die es ihnen nunmehr unmöglich machen, von äußeren Mächten definierte Rahmenbedingungen zur wirtschaftlichen Teilhabe am Weltmarkt zurückzuweisen. Ungerechter Handel ist unfreiheitlich.

In die Sprache des Sports übersetzt: Wer keine andere Wahl hat, als sich durch Preisboxen sein Essen zu verdienen, erkennt mit seinem jeweiligen Auf-

---

144 | Zum zeitgenössischen Diskussionsstand der Nationalökonomie vgl. den Artikel »Political Economy« in der vierten Auflage der *Encyclopaedia Britannica, Or, A Dictionary of Arts, Sciences, and Miscellaneous Literature*, Edinburgh 1810, Bd. 17, S. 106-123; sowie den ebenfalls sehr instruktiven, gleichnamigen Artikel in: *The Cyclopaedia or: An Universal Dictionary of Arts, Sciences, and Literature*, Philadelphia; New York 1810. Zur Einordnung von Fichtes Theorie in den zeitgenössischen Kontext deutscher philosophischer Theorien der Wirtschaft vgl. ebenfalls Tetsushi Harada, *Politische Ökonomie des Idealismus und der Romantik: Korporatismus von Fichte, Müller und Hegel*, Berlin 1989.

tritt im Ring die solchen Boxkämpfen zu Grunde liegenden Regeln zwar als *de facto* geltend, aber deswegen noch lange nicht als fair an. Ähnliches gilt heute für viele Entwicklungsländer, die auf eine Teilnahme am Weltwirtschaftsverkehr nicht verzichten können, aber darum keineswegs ihre legitimen Interessen im Regelungswerk der *World Trade Organization* angemessen berücksichtigt finden: Dieses Problem erkennt Fichte hellsichtig. Wo keine Weltregierung die Weltwirtschaft regelt, definiert nicht selten schiere Macht die *terms of trade*. Handelsverträge aber, die zwischen asymmetrisch gestellten Partnern geschlossen werden, perpetuieren nicht selten eben jene wirtschaftliche Unfreiheit und Not, welche die schwächere Partei zu deren Abschluss nötigen. Fichtes diesbezügliche Kritik eines ökonomische Freiheit naiv im »*laissez faire*« suchenden Liberalismus ist stichhaltig. Freihandel ist daher nur Zug um Zug mit dem Aufbau einer Weltwirtschaftsordnung einzufordern, die allen Weltbürgern fairen Zugang zum Weltmarkt sichert.

So stimmig Fichtes Diagnose, so irrig erscheint dagegen sein Therapievorschlag. Wer erkennt, dass dezentrale Tauschgeschäfte – unter bestimmten, ungünstigen Voraussetzungen – Ungerechtigkeit erzeugen oder verschlimmern, täte klug daran, den Hebel der Veränderung eher bei jenen ungünstigen Rahmenbedingungen anzusetzen als zu versuchen, den freien zwischenmenschlichen Güter- und Leistungstausch aufzuheben. Allem planerischen Optimismus zum Trotz ahnt auch Fichte, die Bürger könnten versuchen, aus dem von ihm fixierten Austauschschema auszubrechen. Dagegen ersinnt er nun zwar etliche polizeiliche Kontroll- und Aufsichtsmaßnahmen. Warum aber, so muss er sich fragen lassen, würden Bürger einem System entfliehen wollen, welches ihnen ihr »vom Staat absolut garantirtes Eigenthum« (FW X 561) ohne jedes Marktrisiko zukommen lässt? Warum wollen sie nicht einfach folgsam abwarten, bis ihnen aus staatlicher Hand verlässlich das für ihre Privatautonomie Nötige und Zustehende zugeteilt wird?

Fichte stellt sich diese Frage beiläufig selbst, als er untersucht, warum Menschen in und mit schwankenden Währungen handeln (FW X 575). Niemand kann wissen, welche Mengen an Gold und Silber einerseits und welche Mengen an dadurch zu erwerbenden Gütern andererseits sich auf dem weiten Erdenrund befinden (FW X 575). Anders dagegen die von seinem Vernunftstaat kontrollierte Korngeldmenge; diese hat ja eins zu eins die vorhandene Kornmenge zu repräsentieren und erhält damit eine stabile Wertgrundlage (FW X 571f.). Es erscheint Fichte von daher höchst unvernünftig, dass sich die Weltbürger allenthalben auf Handel in nicht fixierbaren, da ihrerseits gehandelten Währungen einlassen (FW X 575). Das Ziel eines allseitig ausgeglichenen Handelsgeschäfts werde so doch allemal gefährdet, und man begäbe sich ständig in Gefahr, das zuvor gehaltene Eigentumsniveau durch unvorteilhaften Tausch zu vermindern. Fichte kann sich deshalb den auf dem Weltmarkt stattfindenden Handel in unstabilen Währungen nicht anders erklären als

»durch die Noth« der Handelspartner (FW X 576). Müssten sie nicht unter Ungewissheit verkaufen, so täten sie es gewiss nicht; tun sie es dennoch, so sicherlich gezwungen; er folgert: »Hier ist *Gewalt*, durchaus nicht Recht. [...]. Wer gewinnt dabei [...]? Wer die Noth Anderer wohl zu berechnen versteht. Alle kaufmännischen Spekulationen, was sind sie anders, als Voraussetzungen solcher Noth [...]« (ebenda).

Das Unfreiwillig-Ironische an Fichtes Räsonnement ist sein Versuch, hier mit Preisdirigismus aushelfen zu wollen. Denn die meisten Menschen wollen sich ja von der ›Notlage‹ eines auf ihrer ganz persönlichen Nutzenschätzung beruhenden Güter- oder Devisentauschs ganz und gar nicht abbringen lassen. Zum planwirtschaftlichen Glück muss man sie zwingen.[145] Fichte verkennt, dass nicht nur Verbrecher und Verrückte, sondern auch Durchschnittsbürger nicht selten lieber ihrer eigenen Situationsbeurteilung folgen als wohlwollender staatlicher Planung.[146] Darüber aber, über jene subjektiven Wertvorstellungen, meinte Fichte sich im Duktus objektiven Wertwissens hinwegsetzen zu können.

Eine spannende Frage wäre daher: Hätte Fichte sich nicht fälschlicherweise im Besitz eines unfehlbaren Wertmaßstabes geglaubt, wäre seine Wirtschaftstheorie vielleicht anders ausgefallen? Zu welcher Wirtschaftsform hätte er unter Verzicht auf die Annahme einer metaphysischen Allwissenheit in Wert- und Wirtschaftsfragen geraten? Wie wäre sein Postulat, allen Individuen im Namen der Freiheit auch eine angemessene Wirksphäre zu verschaffen, unter Bedingungen informationeller Unsicherheit zu realisieren? Hätte es dann nicht nahegelegen, die Antwort statt in *direktiver* Freiheit in Formen *rekursiver* Freiheit zu suchen, in Formen also, welche statt *Zwang* die *Freiheit* der Individuen selbst zum Mittel der Reform ihrer Lebenswelt machen? Bei Unmöglichkeit einer absoluten Wertbemessung müsste es ja zu einer Aufwertung subjektiver Nutzenschätzungen und zu einer Neubewertung des Marktgeschehens kommen.

Sieht man nämlich die am Markt stattfindenden Tauschbeziehungen nicht länger, wie Fichte, lediglich als staatlich zu korrigierenden wirtschaftlichen Naturzustand an (FW X 578), so erscheinen Marktpreisbildungen in einem neuen Licht. Sie treten nun in Erscheinung als interpersonale Diskurse darüber, was bestimmte Güter den Bürgern etwas, nämlich ihr Geld, wert ist.

145 | Allein das Geld bleibt im Staate Fichtes verfügungsoffenes Privateigentum, aber auch das nur in engen Grenezen, denn es wird durch die vermögenspolitischen Eingriffe des Staates sowie durch die Ausschließung allen Weltgeldes in seiner individuell freisetzenden Wirkung weitgehend beschränkt. Vgl. Willms, *Zur Dialektik der Planung*, S. 123, Anm. 560.

146 | Vgl. Karl Hahn, *Staat, Erziehung und Wissenschaft bei J.G. Fichte*, München 1969, S. 109.

Dass es sich dabei von Person zu Person und von Situation zu Situation stets um unterschiedliche und veränderliche Preisvoten handelt, ist dann nicht nur unschädlich, sondern willkommen. Denn eine solche freie und fluktuierende Preisbildung entzieht sich zwar allem planenden Verstand, ist darum aber nicht notwendig jeglicher Vernunft zuwider. Subsidiär über den Markt entstehende Allokationen wären eher als außervernünftig anzusehen; sie verlangen nach einer philosophischen Deutung, die nicht alles und jedes in das von Fichte favorisierte duale Schema von vernünftig versus vernunftwidrig presst. Der am Markt sich herausbildende Tauschwert von Waren und Dienstleistungen ist nicht zwangsläufig *trügerischer Schein*, sondern lässt sich eventuell als *notwendige Erscheinung* des an und für sich selbst nicht greifbaren Wesens und Gebrauchswertes der Dinge und Leistungen ansehen: als ein Wert, der nicht durch Vernunft zu bilden, wohl aber – unter bestimmten weiteren Voraussetzungen – aus Vernunft zu billigen wäre.

Ein solcher Gesichtspunkt entspricht auch eher den von Kant erarbeiteten freiheitlichen Grundlagen der Wirtschaftsphilosophie, auf denen Fichte aufzubauen glaubte. Kant definierte den Warenpreis wie folgt: »Preis (*pretium*) ist das öffentliche Urtheil über den Werth (*valor*) einer Sache in Verhältnis auf die proportionirte Menge desjenigen, was das allgemeine stellvertretende Mittel der gegenseitigen Vertauschung des Fleisses (des Umlaufs) ist.« (AA VI, 289) Für Kant bestimmen also nicht – wie bei Fichte – objektive Selbsterhaltungskosten, sondern intersubjektive Werturteile den Preis von Waren. Sofern dabei die sich am Markt etablierenden Preise nicht unter Bedingungen illegitimer Verzerrung zu Stande kommen – eine damals wie heute leider allzuoft kontrafaktische Voraussetzung –, so dürfen sie als Auskünfte über gesellschaftliche Wertschätzung gelten. Die wirtschaftliche Freiheit der Bürger könnte somit gerade im Marktgeschehen und nicht nur gegen dasselbe zur Geltung gebracht werden.

Damit ein solcher preisvermittelter Wertediskurs funktionieren kann, müssen allerdings die marktwirtschaftlichen Verfahren im Interesse der Freiheit aller Menschen optimiert werden. Bis dahin ist es freilich auch heute noch ein langer, mühsamer Weg. Nur wenn der Zugang zum Marktgeschehen fair ist und sich das Aushandeln auf allen Seiten ohne Not oder Manipulation vollzieht, kann eine Gerechtigkeitsvermutung für die dabei erzielten Vereinbarungen gelten. Nur dann darf angenommen werden, dass mit den Mitteln formaler Fairness auch Ergebnisse substantieller Gerechtigkeit erbracht werden. Auf diesen Aspekt, d.h. auf die angemessenen *formalen* und *prozeduralen* Voraussetzungen freiheitlich-intersubjektiver Wertdiskurse wäre folglich abzustellen, um dem fichteschen Ideal einer fairen Weltteilhabe aller zuzuarbeiten. Fichtes sozialphilosophischen Zielen wäre also mit einem die Marktfreiheit sowohl affirmierenden, wie transformierenden Ordnungs- und Steuerrecht eher gedient als mit Preiskontrollen, welche die Marktfreiheit ein für allemal abschaffen.

Verallgemeinert gedacht fordert ökonomische Freiheit also eher Sozialdemokratie als Sozialismus.

In eine ähnliche Richtung argumentiert Georg Wilhelm Friedrich Hegel (1770-1831). Er erkennt ebenfalls in sozialen Missständen handfeste Freiheitshindernisse, die dringend aufzuheben sind. So spricht er sich für eine staatliche Armenvorsorge und Überwachung der Wirtschaftsordnung aus. Jedoch tut er dies vor dem Hintergrund einer prinzipiellen Anerkennung der historisch sich herausgebildet habenden Selbstverständnisse von Individuen und Institutionen. Hegel sucht Freiheit in bewährten Formen des Miteinanders und in deren Weiterentwicklung zu steigern, anstatt im Versuch, das Wesen der Freiheit vom philosophischen Reißbrett aus gänzlich neu zu vermessen. Nicht abstrakte philosophische Planung, vielmehr die konkrete Tauglichkeit einer Lebensform für autonomes Handeln ist wichtig. Es ist auszumitteln, wo und bis zu welchem Grad Institutionen konkreter Freiheit (Familie, Gewerbe, Korporationen etc.) zu schützen und zu stärken sind – und inwiefern der Staat auch die Pflicht hat, diese zu kritisieren und zu korrigieren. Nicht zufällig waren es Hegelschüler, die diese Gedanken zur philosophischen Grundlegung des subsidiären Sozialstaats ausbauten.[147]

Von Hegel führt ein kurzer Weg zu Karl Marx (1818-1883). Die bürgerliche Freiheit, an deren Schutz Hegel lag, werde unter kapitalistischen Bedingungen zerrieben, so dass zuletzt für jeden Freiheit nur noch zu haben sei in den Formen von *Entfremdung* (für Kapitalisten) und *Ausbeutung* (für das Proletariat). Darum wertete Marx als »negativ« nicht nur die fichtesche, sich gegen ihre Umwelt wendende Freiheit ab, sondern die bourgeoise Freiheit insgesamt und zwar einschließlich all ihrer traditionellen Bezüge – als unfreiwilligen Beitrag zur Verstetigung eines alle sittlichen Bindungen untergrabenden und damit zutiefst freiheitswidrigen Wirtschaftssystems. Als positives Ideal stellte Marx ihr eine Freiheit entgegen, derzufolge alle Menschen auch und gerade ökonomisch ihr wahres Wesen, ihre Humanität, realisieren könnten. Das zu realisierende Wesen des Menschen liegt dabei Marx zufolge nicht im Rücken der Geschichte (goldenes Zeitalter, Paradies, Urgemeinschaft usw.) oder auf dem tiefsten Grund des menschlichen Daseins (Natur des Menschen, Gottesebenbildlichkeit), sondern in der Zukunft: es besteht im Ausgriff auf noch ausstehende Formen wirtschaftlicher und politischer Freiheit. Im Namen *positiver* Freiheit wird darum schließlich von Marx zur gewalttätigen Vernichtung bestimmter Formen *negativer* Freiheit aufgerufen: Wie bei Fichte wird bei Marx der Zwang zum Realisierungsmittel der Freiheit erkoren, indes nun nicht mehr durch paternalistische, sondern revolutionäre Gewalt.

147 | Vgl. Stefan Koslowski, *Die Geburt des Sozialstaats aus dem Geist des deutschen Idealismus: Person und Gemeinschaft bei Lorenz von Stein*, Weinheim 1989.

Einige Zeitgenossen versuchten, dem moderatere Alternativen entgegenzusetzen; etwa Ferdinand Lasalle (1825-1864), der zum Beispiel durch die Förderung organisatorischer Gegengewichte wie einer organisierten Arbeiterschaft den Kapitalismus von innen transformieren oder auch Franz Hermann Schulze-Delitzsch (1808-1883), der ihn durch Genossenschaften sowie Konsumentenkooperationen zähmen wollte. Ihnen ging es darum, die in der Vereinzelung schwachen Individuen durch Assoziierung zu stärken und so Ausgleichskräfte zur Macht des Kapitals zu bilden. Solche und weitere kooperativ orientierte Gruppierungen des 19. Jahrhunderts suchten zwischen dem Planungsdiktat totalisierender Kollektive einerseits und dem umgekehrten Extrem ungeregelt willkürlicher Entscheidungen atomisierter Einzelner andererseits einen »dritten Weg«; einen Weg, welcher zwischen individueller Freiheit und sozialer Verantwortung vermittelt.

Die wohl gediegenste philosophische Ausformung jenes Grundgedankens eines Liberalismus der verantworteten Freiheit findet sich indes meines Erachtens nicht bei jenen, weithin bekannten, sozialliberalen und sozialdemokratischen Figuren, sondern im Werk des heute eher selten zitierten Philosophen Karl Christian Friedrich Krause (1781-1832). Die philosophische Idee der Freiheit muss sich ihm zufolge mit dem Freiheitsbewusstsein der Bürger theoretisch verbinden und praktisch verbünden, um gesellschaftlich zu wirken. Statt im Stile von Fichte und Marx gegen das *falsche Bewusstsein* des Volkes anzuschreiben, will Krause ausgehend vom Bewusstseinsstand seines Publikums philosophieren. Ökonomische Gerechtigkeit sei nicht *gegen* die freiheitliche Markt- und Verkehrswirtschaft durchzusetzen. Krause beabsichtigt eher, soziale Gerechtigkeit *vermittels* wirtschaftlicher Freiheit und Verantwortung zu fördern. Krause macht nicht den Zwang zum Mittel der Freiheit, sondern die Freiheit selbst. Er führt die Idee der Freiheit über eine kritische Reflexion auf ihre Voraussetzungen und Ziele zur Konzeption einer liberalen Ordnung aus, die sich selbst fortwährend reformiert – und hebt so den philosophischen Liberalismus auf ein neues methodologisches Niveau.

2.3 Partizipative Freiheit (Karl Christian Friedrich Krause)

Der in der anglophonen Welt nahezu unbekannte Philosoph Karl Christian Friedrich Krause (1781-1832)[148] gilt vielen spanischen und lateinamerikanischen Philosophen als der eigentliche Ahnherr nachhaltiger und kontextsensitiver Freiheitsphilosophie.[149] Obschon in Deutschland die Philosophie Krauses lange Zeit vernachlässigt wurde, erfährt sie jedoch seit den 1980ern zunehmende Beachtung in der Fachliteratur. Ihr wird zum einen hohe ideengeschichtliche Relevanz zugesprochen, weil Krause etliche Gedanken vorwegnahm, die später für den *Deutschen Idealismus* insgesamt prägend wurden.[150] Zum anderen wird zusehends das Bild Krauses als eines Philosophen der zweiten Reihe zum Portrait eines Denkers ersten Ranges aufgebessert, dessen Werk keineswegs nur für die Vergangenheit, sondern auch für die Gegenwart hohes Inspirationspotential zukommt.

Ein besonders innovativer Zug Krauses liegt darin, das kantische Projekt einer auf Freiheit ausgerichteten Philosophie auch methodologisch konsequent umzusetzen: dialogisch, phänomenologisch, diskursiv. Krause gelangt so zu einem differenzoffenen Liberalismus, der für die aktuelle Diskussion viele Anregungen bereit hält: Am Leitfaden eines auf die ganze Menschheit ausgerichteten Denkens bedenkt Krause zu Anfang des 19. Jahrhunderts schon die rechtliche Stellvertretung von ungeborenem Leben, Unmündigen, Behinderten, entfernt lebenden Völkern und zukünftigen Generationen; er spricht sich für globale Ordnungsstrukturen zur friedfertigen Behebung internationaler Konflikte aus, betont die Bedeutung von nachhaltigem Naturschutz

148 | Neben Verweisen auf Krause im Werk von Thomas Hill Green und James Lorimer findet sich m.W. in der anglophonen Welt nur in MacCauley ein starker Advokat Krauses. MacCauley hingegen lässt es dann an Lobpreis Krauses auch nicht fehlen und schildert Krause als »one of the best, wisest, most prescient and, in true manliness, one of the greatest of human kind« und betrachtet es als großes Unglück, dass Krause nicht Fichtes Nachfolger in Berlin wurde, sondern »the compliant and complacent Hegel.« Clay MaCauley, »Krause's 1818 League of Peace«, in: *The Advocate of Peace (1894-1920)*, 81, No. 2 (1919): 43-48, S. 44. Siehe insgesamt auch: Clay MacCauley, *Krause's League for Human Right and Thereby World Peace*, Tokyo 1917

149 | Vgl. Claus Dierksmeier, »Krausism«, in: Susana Nuccetelli, Ofelia Schutte und Otávio Bueno (Hg.), *A Companion to Latin American Philosophy*, 2010.

150 | Vgl. die Studien von Enrique M. Ureña, *K.C.F. Krause: Philosoph, Freimaurer, Weltbürger: Eine Biographie*, Stuttgart-Bad Cannstatt 1991 und Enrique M. Ureña, *Philosophie und gesellschaftliche Praxis: Wirkungen der Philosophie K.C.F. Krauses in Deutschland, 1833-1881* Stuttgart-Bad Cannstatt 2001 sowie Dierksmeier, *Der absolute Grund des Rechts*.

und plädiert für die umfassende Abschaffung jeglicher religiöser, geschlechtlicher wie rassischer Diskriminierung – und das alles zu einer Zeit, als der vorherrschende Ton sich bekanntlich in den Stimmlagen eines nationalen wie sexistischen Chauvinismus gefiel.

Jene um das Jahr 1800 äußerst untypischen Postulate sind nicht einfach die Prophezeiungen eines geheimnisvoll mit der Zukunft in Fühlung stehenden Bewusstseins. Sie lassen sich vielmehr stimmig aus Krauses methodologischen Grundüberzeugungen herleiten. Kant hatte ja bereits auf die Selbstbezüglichkeit der Freiheitsidee aufmerksam gemacht (vgl. Abschnitt 2.1.1). Während Kant die Idee der Freiheit durch einen Bezug auf sich selbst *inhaltlich* fortbestimmte, geht Krause noch einen Schritt weiter und nimmt jene rückbezügliche Denkbewegung auch *methodisch* auf. Krause will alle Personen am Zustandekommen der Regeln beteiligen, unter denen sie leben; wo möglich, direkt und partizipativ, und wo dies (noch) unmöglich ist, so doch wenigstens indirekt und repräsentativ. Aus jenem Ansatz entwickelt Krause eine globale Freiheitsethik, deren Potentiale bis heute noch nicht ausgeschöpft sind.

Auffallend ist dabei die Nähe der krauseschen Lehre zu Argumenten, die derzeit von Vertretern von »capabilities«-Theorien vertreten werden. Ganz wie jene moniert Krause das Versagen der Sozialvertragstheorien angesichts asymmetrischer Lebensverhältnisse: Wann immer bestimmte Anspruchsgruppen (Kinder, Frauen, Behinderte oder auch Tiere) so gestellt sind, dass die Berücksichtigung ihrer Interessen nicht im Selbstinteresse rationaler Nutzenmaximierer liegt, droht die vertragstheoretische Konstruktion zu versagen. Krause hinterfragt daher, ob nicht deren Grundannahmen (gesellschaftliche Solidarität über einen Vertrag zum wechselseitigen Nutzenstausch zu legitimieren) revidiert werden müssen, und greift damit der heute von Martha Nussbaum und Amartya Sen vertretenen Kritik am Kontraktualismus vor.

Im Detail kann jenen Berührungspunkten im Rahmen dieser Untersuchung nicht nachgegangen werden. An besonders eindrücklichen Stellen werde ich jedoch diese Parallelen dadurch hervorheben, indem ich in den Fußnoten auf entsprechende Fundstellen im Werk Martha Nussbaums verweise. Abgesehen von jener *systematischen* Nähe Krauses zum »capabilities approach« mag es auch *historische* Verbindungslinien gegeben haben, und zwar einerseits über Thomas Hill Green und Ernest Baker[151] und andererseits über Friedrich Fröbel und John Dewey.[152]

151 | Amartya Sen studierte in Cambridge (UK) in einem von Ernest Baker beeinflussten Umfeld; Baker war Schüler von Thomas Hill Green. Dieser, ein exquisiter Kenner des deutschen Idealismus, stand nicht nur sachlich Gedanken Krauses nahe (etwa in Bezug auf seinen befähigungsorientierten Freiheitsbegriff, seine panentheistische Methaphysik und dessen Konzeption eines Weltbürgertums), sondern bezog sich gelegentlich auch explizit auf Krause (etwa auf dessen Definition des Rechts als eines die Voraussetzungen vernünftiger Selbstbestimmung umgreifenden Anspruchs auf Freiheitsermöglichung); vgl. Thomas Hill Green, Peter P. Nicholson und Richard Lewis Nettleship, *Works of Thomas Hill Green*, Bristol 1997, Vol. II, S. 341.

152 | Martha Nussbaum stellt in Fragen der Pädagogik eine Nähe ihrer Konzeption zu John Dewey her (zum Beispiel in Nussbaum, *Not for Profit* S. 18, 60), der seinerseits (in: John Dewey, *Democracy and Education: An Introduction to the Philosophy of Education*, New York 1929, S. 207) ausdrücklich und nachdrücklich auf die Werke Friedrich Fröbels verweist. Fröbel aber stand mit Krause in direktem Austausch. Zum Verhältnis Fröbel/Krause vgl. Paul Hohlfeld, »Über Krause und Fröbel«, in: *Die Neue Zeit*, 3, No. 7 (1874), S. 161-182; Ludwig Kunze, *Die pädagogischen Gedanken Karl Christian Friedrich Krauses in ihrem Zusammenhang mit seiner Philosophie dargestellt*, Langensalza 1911, S. 138-145; Klaus Giel, »Unvorgreifliche Gedanken über die Beziehung zwischen Krause und Fröbel«, in: Klaus-Michael Kodalle und Evangelische Akademie Hofgeismar (Hg.), *Karl Christian Friedrich Krause (1781-1832): Studien zu seiner Philosophie und zum Krausismo*, Hamburg 1985, S. 112-123; sowie vor allem Ureña, *Philosophie und gesellschaftliche Praxis*, S. 215ff. Krause und Fröbel lernten einander kennen, weil Krause auf einen Aufsatz Fröbels in der Zeitschrift Isis wohlwollend-kritisch reagierte: wohlwollend bezüglich seiner pädagogischen Inhalte, aber kritisch, weil Fröbel seine Erziehungsideale als »deutsche« ausgab, wohingegen Krause für »menschheitlich« plädierte. Anschließend begann ein Briefkontakt, der allerdings erst intensiver wurde, als Fröbel anfing, Krauses Werke zu lesen. Fröbel versuchte sodann, Krause persönlich kennenzulernen. Es fand ein Treffen zwischen beiden Lehrern und einigen ihrer Schüler statt, das menschlich wie sachlich positiv verlief: die Schulen begannen eine enge Kooperation. Das wesentliche Bindeglied wurde Krauses Schwiegersohn Leonhardi, der mehr und mehr seine Betätigung im Feld der Fröbelschen Projekte (insbesondere an der Fröbel-Schule in Keilhau) suchte (vgl. Ureña, ebenda, S. 298ff.). Es kam zu einer engen Zusammenarbeit u.a. auch im *Allgemeinen Erziehungsverein* (ab 1872). Eine weitere Brücke könnte der seitens der krausistischen *Institución Libre de Enseñanza* propagierte Grundsatz der *zyklischen Bildung* darstellen. Zyklische Bildung steht bei Krausisten für: keine Trennung der Lehrinhalte der verschiedenen Altersklassen, keine Abschottung der Fächer voneinander, Themenwiederaufnahme und Vertiefung als Standardmodell des Lernfortschritts, Lebensweltanbindung, Wechselbezug der Themen, vernetztes Denken; vgl. León Esteban Mateo, *El Krausismo, la Institución Libre de Enseñanza y*

Im Folgenden lokalisiere ich zunächst Krauses Denken im Kontext der Philosophie um 1800, stelle dann heraus, inwiefern sein relationales Personalitätskonzept und sein qualitatives Freiheitsverständnis ihn antrieben, methodisch grundlegend anders vorzugehen als etliche seiner philosophischen Zeit- und Zunftgenossen, leite anschließend die zentralen Positionen von Krauses Politik-, Sozial- und Wirtschaftsphilosophie ab und rücke zuletzt deren Relevanz für gegenwärtige Globalisierungsprobleme in den Blick. Dabei wird auch an einigen Beispielen aufgezeigt, wie seine Freiheitsphilosophie in Spanien und Lateinamerika wirksam wurde.

2.3.1 Rezeption, Kontext und Methode

In vielen spanischsprachigen Ländern hat Krauses Philosophie in der politischen Bewegung des *krausismo*, eines auf soziale Harmonie zielenden Liberalismus, praktischen Ausdruck gefunden.[153] Über ein halbes Jahrhundert, von Mitte der 1860er-Jahre an bis zu seiner Unterdrückung durch Franco Mitte der 1930er, prägte der *krausismo* das Verfassungsleben und die politische Kultur Spaniens.[154] Gleiches gilt für Argentinien und Uruguay, wo seit den 1870ern

---

Valencia, Valencia 1990, S. 56ff. Wie schon auf den ersten Blick erkennbar, ähneln jene pädagogischen Überlegungen sehr dem von John Dewey verfolgtem (und von Martha Nussbaum befürworteten) Programm einer lebenstauglichen und zur demokratischen Selbstbestimmung befähigenden Bildung. Francisco Querol Fernández betont zudem (in: *La filosofía del derecho de K. Ch. F. Krause: con un apéndice sobre su proyecto europeísta*, Madrid 2000, S. 395) die fest zum Krausismus gehörende Forderung nach einer *lebenslangen* Bildung. Zur Ableitung dieser und weiterer vielfach exportierter Erziehungsgrundsätze der *Institución Libre de Enseñanza* aus der Philosophie Krauses, vgl. Francisco Garrido Domínguez, *Francisco Giner de los Ríos, creador de la Institución Libre de Enseñanza*, Granada 2001, S. 59-64. Mehr zu den politischen Aspekten der krausistischen Pädagogik weiter unten.

153 | Zum krausistischen Konzept des »harmonischen Liberalismus«, vgl. Juan José Gil-Cremades, »Die politische Dimension des Krausismo in Spanien«, in: Klaus-Michael Kodalle (Hg.), *Karl Christian Friedrich Krause (1781-1832): Studien zu seiner Philosophie und zum Krausismo*, Hamburg 1985, S. 221-223.

154 | Nicolás Salmerón, Präsident der ersten spanischen Republik, gilt den meisten als »exponente de la penetración krausista en la vida pública«, vgl. exemplarisch: Juan Terradillos Basoco, »El Institucionalismo y el nuevo enfoque de la Doctrina Penal«, in: Álvarez López (Hg.), *La Institución Libre de Enseñanza: su influencia en la cultura española*, Cádiz 1996, S. 80. Carlos Otto Stoetzer weist daraufhin (in: *Karl Christian Friedrich Krause and His Influence in the Hispanic World*, 1998, S. 98), dass nicht nur Salmerón, sondern auch der dritte Präsident der spanischen Republik, Castelar, krausistisch ausgerichtet war, was nicht ohne Wirkung auf die spanischen Verfassung

ganze Präsidentengenerationen sich dem krausistischen Denken verschrieben, – bis in der zweiten Hälfte des 20. Jahrhunderts auch dort Diktatoren das Zepter übernahmen und jedweden Liberalismus unterdrückten. Sogleich nach dem Ende jener Diktaturen bekannten sich jedoch die ersten erneut demokratisch gewählten Präsidenten jener Länder und die sie stützenden Parteien wieder zum geistigen Vermächtnis Krauses. Dies gilt sowohl für den argentinischen Präsidenten Raúl Alfonsín und die zu seiner Amtszeit sehr populäre liberale Partei Argentiniens, Unión Cívica Radical (UCR), wie auch für die Batlle-Familie in Uruguay, aus der schon mehrere Staatspräsidenten hervorgegangen sind.

Bis in die 1990er-Jahre hinein glaubte man, die Programmschriften des Krausismus seien Eigenschöpfungen der iberischen Kultur. Textanlaysen von Enrique Menendez Ureña haben jedoch gezeigt, dass die von Julian Sanz del Río, dem Vater des spanischen Krausismus, unters Volk gebrachten Schriften – obschon dieser anderes glauben machte – nichts weiter als geschickt arrangierte Übersetzungen von Krauses Originalen waren.[155] Vor wenigen Jahren legte Ureña zudem umfangreiche und penibel recherchierte Studien vor, welche die heute noch verbreitete Wahrnehmung von Krause als »vergessener Privatdozent« zurechtrücken. So konnte Ureña zeigen, dass es durchaus so etwas wie einen *deutschen Krausismus* zu Ende des 19. Jahrhunderts gab. Die Ansicht, Krauses Werk sei hierzulande gänzlich ungehört verhallt, ist daher zu korrigieren.[156]

Krause gebührt Beachtung im Kontext der freiheitlich orientierten deutschen Philosophie des frühen 19. Jahrhunderts. Damals strebten zahlreiche Denker danach, Kants Freiheitstheorie auch auf soziale Fragen anzuwenden. Im Wettlauf um die öffentliche Kantnachfolge hatte zunächst Fichte die Nase vorn, denn er übertraf viele seiner Mitbewerber durch die systematische Geschlossenheit seines Ansatzes. Krause, obschon er als Musterschüler Fichtes galt,[157] mochte sich dieser weitverbreiteten Sicht nicht anschließen. Bereits im Alter von 22 Jahren legte er einen rechtsphilosophischen Entwurf vor, der nach Anlage und Inhalt sowie durch seinen Titel mit Fichtes »*Grundlage des Naturrechts*« konkurrierte. In *seiner* »Grundlage des Naturrechts« von 1803 warf

von 1869 blieb (vgl. auch S. 104). Zur krausistisch geprägten Entstehungsgeschichte der spanischen Republik vgl. insgesamt: C. A. M. Hennessy und Paul Avrich Collection (Library of Congress), *The Federal Republic in Spain: Pi y Margall and the Federal Republican Movement, 1868-74*, Oxford 1962 und John Brande Trend, *The Origins of Modern Spain*, Cambridge, England; New York 1934 (Originalausgabe: 1921), S. 30-49.

155 | Vgl. Ureña, *K.C.F. Krause: Philosoph, Freimaurer, Weltbürger*, S. 14.

156 | Vgl. ings. Ureña, *Philosophie und gesellschaftliche Praxis*.

157 | Vgl. Rafael V. Orden Jiménez, *El Sistema de la Filosofía de Krause: Génesis y desarrollo del Panenteísmo*, Madrid 1998, S. 41-56.

Krause in klaren Worten Fichtes Philosophie gravierende strukturtheoretische Mängel vor.[158] Aus dieser Kritik lässt sich rekonstruieren, wie Krause sich vom *direktiven* Liberalismus Fichtes absetzte und seinen eigenen, *partizipativen* Liberalismus in Stellung brachte.

Fichtes Deduktionen, beklagt Krause, versuchten »durch teleologische Scheinbeweise« (NR 236) eine Konkretheit vorzutäuschen, welche aber nur eine Philosophie gewinnen könne, die sich – anders als die Fichtes – nicht bloß zum Schein auf das Leben der Menschen und ihre Vorstellungen einlasse.[159] Krause wollte daher die alltägliche Weltanschauung – und die für sie typische Annahme einer *eigenständigen* Außenwelt – rehabilitieren (K 5). Anders als

158 | Zur Textgeschichte und zum geistesgeschichtlichen Hintergrund der Schrift vgl. Wolfgang Forster, *Karl Christian Friedrich Krauses frühe Rechtsphilosophie und ihr geistesgeschichtlicher Hintergrund*, Ebelsbach 2000.

159 | Die Schriften von Krause werden mit Bezug auf folgende Siglen zitiert: (AR): *Abriss des Systemes der Philosophie des Rechtes oder des Naturrechts*, Göttingen 1828; (ERB): *Der Erdrechtsbund an sich selbst und in seinem Verhältnisse zum Ganzen und zu allen Einzeltheilen des Menschheitlebens*, aus dem Nachlass herausgegeben von: Georg Mollat, Weimar 1893; (EU): *Entwurf eines europäischen Staatenbundes als Basis des allgemeinen Friedens und als rechtliches Mittel gegen jeden Angriff wider die innere und äußere Freiheit Europas (1814)*, herausgegeben von H. Reichel, Leipzig 1920 (Originalausgabe 1814); (G): *Grundlage des Naturrechts, oder philosophischer Grundriss des Ideales des Rechts. Erste Abtheilung*, Jena 1803; (G II): *Grundlage des Naturrechts oder philosophischer Grundriss des Ideales des Rechts. Zweite Abtheilung*, herausgegeben von G. Mollat, Bd. I, Bd. II, Weimar 189f0; (GW): *Vorlesungen über Grundwahrheiten der Wissenschaft, zugleich in ihrer Beziehung zu dem Leben. Nebst einer kurzen Darstellung und Würdigung der bisherigen Systeme der Philosophie, vornehmlich der neuesten von Kant, Fichte, Schelling und Hegel, und der Lehre Jacobi's. Für Gebildete aus allen Ständen*, Göttingen 1828; (K): *Erklärende Bemerkungen und Erläuterungen [Kommentar] zu J.G. Fichtes Grundlage des Naturrechts*, herausgegeben von: Georg Mollat, Leipzig 1893; (LL): *Lebenlehre oder Philosophie der Geschichte zur Begründung der Lebenkunstwissenschaft*, Leipzig, 1904; (Nph): *Anleitung zur Naturphilosophie. I. Deduction der Natur, II. Anleitung zur Construction der Natur*, Jena; Leipzig 1804; (NR): *Vorlesungen über Naturrecht oder Philosophie des Rechts und des Staates*, herausgegeben von R. Mucke, Leipzig 1892; (SL): *System der Sittenlehre. I. Versuch einer wissenschaftlichen Begründung der Sittenlehre. Zweite, vermehrte und verbesserte Auflage, II. Abhandlungen und Einzelgedanken zur Sittenlehre*, herausgegeben von P. Hohlfeld und A. Wünsche, Weimar 1888; (SysI/II): *Vorlesungen zum System der Philosophie*, (Teil I/II), herausgegeben von: Siegfried Plegerl, Breitenfurt 1981 (Originalausgabe: Göttingen 1828).; (U): *Das Urbild der Menschheit*, Göttingen 1851 (Originalausgabe 1811); (VR): *Das System der Rechtsphilosophie – Vorlesungen für Gebildete aus allen Ständen*, herausgegeben von K. A. D. Röder, 1874.

Fichte identifiziert Krause nicht eine Welt, auf die man sich unter anderem sittlich-freiheitlich bezieht, mit einer, die eigentlich nur darum existiert, damit man sich so auf sie beziehen könne; eine Welt also, die abzüglich ihrer Verzweckung durch menschliche Freiheit weder Sinn noch Eigenwert hat. Folge man dagegen Fichtes Sicht, so entstünde ein nicht zu tilgender Dualismus zwischen dem Vernünftigen (Freiheit) und dem Vernunftwidrigen (Notwendigkeit).

Krause zufolge fehlt hier ein gegen Vernunft indifferentes Medium von nicht schon vernünftiger, aber allein darum noch nicht wider-vernünftiger, sondern vernünftig bestimmbarer Sinnlichkeit. Insofern mangele es aber an der Möglichkeit, das Ich mit der Natur produktiv zu synthetisieren. Freiheitliches Leben trete zwangsläufig in Gegensatz zur Natur, und es resultiere »eben die verkehrte Ansicht der Natur, dass sie bloß Hemmung, Widerstand sei, nicht aber reelles Leben« (K 5). In einer solchen Theorie muss Freiheitstätigkeit *in* der Natur verkommen zur Forderung nach radikaler Freiheitsverwirklichung *gegen* alles noch nicht Vernünftige – und damit auch gegen die Natur. Daraus resultiere, so Krause, Fichtes philosophische Abtötung der Natur zum »Material der Pflicht« (GA I/5, 353) sowie die von Fichte verfochtene, von Krause aber scharf kritisierte Abwertung von Tieren und Pflanzen zu *an sich* wertlosen Sachen (GW 455).

Eine ähnliche Stoßrichtung dokumentieren Einwände gegen Fichtes Interpersonalitätstheorie.[160] Fichte hatte ja zeitweilig vertreten (vgl. Abschnitt 2.2.1), dass Freiheit sich durchgängig durch sittliche Selbstbindung als vernünftige Freiheit beweisen müsse, wolle sie nicht ihren Anspruch auf Anerkennung verwirken. Krause zufolge jedoch kann man die Anerkennung der Menschenwürde weder erwirken noch verwirken (K 11). Nicht die stets *bedingte* Wechselseitigkeit faktischer Anerkennung begründet daher das Grundrecht aller Menschen, als moralische Vernunftwesen anerkannt zu sein. Vielmehr das *unbedingte* Recht, als Vernunftwesen geachtet zu werden, begründet eine absolute Rechtspflicht zur allseitigen Anerkennung. Deshalb fordert Krause in direktem Gegensatz zu Fichte: »Behandle auch *den* als ein vernünftiges Wesen, der dich als ein unvernünftiges behandelt, der deine Vernünftigkeit nicht respektiert.« Selbst, »wenn mich niemand respektiert, so entbindet mich dies nicht von meinem Respekt im allgemeinen, auch rechtlich nicht« (K 13f., Herv. i.O.).

160 | Diese Einwände treffen nicht Fichtes spätere Interpersonalitätstheoreme. Da Krause ein intimer Kenner der *Wissenschaftslehre nova methodo* war (von ihm stammt die heutigen Druckfassungen zu Grunde liegende Mitschrift) – und einen ihr vergleichbaren Ansatz zu seiner Interpersonalitätstheorie gebrauchte – ist auch nicht davon auszugehen, dass dies Krauses Absicht war.

Fichtes Lehre, Rechtsgrund sei die Symmetrie und Wechselseitigkeit der Rechtsleistungen, wird zugunsten einer Rehabilitierung der »Urrechte« der Persönlichkeit zurückgewiesen (K 29). Die einem jeden Menschen zustehenden Freiheiten resultieren demnach nicht aus welchselseitigem Tausch beziehungsweise Vertrag. Man ist anderen Personen zur Ermöglichung ihrer Freiheiten nicht nur (hypothetisch) verpflichtet, wenn und sofern man von ihnen symmetrische Gegenleistungen erwarten kann.[161] Es gibt vielmehr eine (kategorische) Pflicht, jedem Freiheit zu ermöglichen; und diese erstreckt sich auch auf durch und durch asymmetrische Verhältnisse (wie etwa auf die Rechte zukünftiger Generationen oder von Menschen mit Behinderungen). Nicht das quantitativ-maximierende Kalkül von miteinander um Rechte und Vorteile schachernder, einander aber ansonsten unverbundener Individuen errichtet den Sozialvertrag. Sondern die qualitativ-optimierende Logik eines humanen Miteinanders gewährt allen Personen das Recht zu einem selbstbestimmten Leben; und dazu gehört, so Krause, auch das Recht, sich autonom in Sozialverträgen zu binden.[162]

Fichtes Lehre, strenge Wechselseitigkeit allein könne Rechtsansprüche begründen, wird von Krause im Übrigen sogar dort zurückgewiesen, wo Tausch- und Vertragstheorien naturgemäß als besonders stark gelten: im Rahmen privatrechtlicher Verträge. Keinesfalls entstehe Recht allein *aus* Vertrag. Aus einem allen Menschen zustehenden Persönlichkeitsrecht entstehe vielmehr erst ein Recht *auf* Vertragsschlüsse, weshalb nicht der an sich zufällige Wille der Parteien den Grund des Rechts, sondern zuerst das Menschenrecht den notwendigen Grund zur rechtlichen Privatautonomie liefere.

Daher kann auch die Gültigkeit des Rechts ursprünglich nicht auf irgend einem Vertrag beruhen, weil jeder Vertrag willkürliche Bestimmung des Willens voraussetzt. Willkür aber ist eine jede Bestimmung der inneren Freiheit, die ihre Bestimmungsgründe bloss aus der wollenden Person als einzelner Person entlehnt. Das Recht gibt vielmehr erst selbst dem freien Willen die Sphäre seiner Willkür und berechtigt ihn erst, sich willkürlich in den angewiesenen Grenzen zu bewegen. Jeder Vertrag also, wenn er selbst

161 | Zur Sicht des »capability approach« zum nämlichen Thema vgl. Martha Nussbaum, *Frontiers of Justice*, S. 393f, z.B das folgende Zitat (ebenda, S. 160): »We do not have to win the respect of others by being productive. [...] Productivity is necessary, and even good; but it is not the main end of social life.« Die Suche nach wechselseitigem Vorteil sei schlicht ein »wrong account of the primary basis for social cooperation«; (ebenda, S. 129).

162 | Vgl. Martha Nussbaum: »We acknowledge, as well, that the kind of sociability that is fully human includes symmetrical relations, [...], but also relations of more or less extreme asymmetry; we insist that the nonsymmetrical relations can still contain reciprocity and truly human functioning.« (*Frontiers of Justice*, S. 160)

rechtskräftig sein soll, setzt schon das Dasein des Rechts in und durch den Staat voraus, diesen Vertrag schliessen zu dürfen. Kurz: in dem schon hergestellten Staat ist es möglich, rechtskräftige Verträge zu schliessen. [...] Es ist also ein tiefes und schädliches Missverständniss, alle Rechte, sogar den Staat, und alle Rechtsbefugnisse auf Verträge zu gründen, auf sogenannte Grundverträge, die keine Rechtskraft ausser der Willkür haben.« (ERB 39f.)

Selbst rein privatrechtliche Verträge und die mit ihnen einhergehenden Rechtsbindungen gehen keineswegs, wie Fichte meinte, samt und sonders unter, sobald nur eine Seite den Vertrag in irgendeiner Form nicht erfüllt (K 37). Wechselseitigkeit kann also erst konkrete Rechte schaffen, sofern sie selbst bereits abstrakt ins Recht gesetzt und juristisch dazu ermächtigt ist; eine Einsicht übrigens, die im Einklang mit ständiger positiv-rechtlicher Praxis steht und im produktiven Widerspruch zu den zu Ende des 20. Jahrhunderts vorherrschenden spiel- und nutzentheoretischen Rekonstruktionen von Recht und Gesellschaft (dazu mehr in Kapitel 3).[163]

Im gleichen Kontext einer Ablehnung der mechanistisch-wechselseitigen Rechtsbegründung greift Krause auch Fichtes Theorie des Notwehrexzesses an. Man dürfe keineswegs denjenigen, der einen nur geringfügig schädigt, aufgrund des angeblichen Wegfalls jedes juristischen Verhältnisses, nach Belieben traktieren (K 38). Insgesamt sei Fichtes »widerrechtlich bestimmt[es]« Strafrecht zurückzuweisen, welches die Zulässigkeit von roher Strafgewalt darin erkennt, dass Menschen durch rechtswidriges Tun ihre Rechtswürde verlören und fortan wie Tiere behandelt werden können (VR 116).[164] Krause notiert so lapidar wie durchschlagend:

Thesis ist falsch; denn die angeführte Bedingung [sc.], dass der andere mir gegenüber nicht rechtswidrig handelt] ist keineswegs das Fundament der Rechtswürdigkeit, sondern die vernünftige Natur [sc. des anderen]. Letztere müsste ausgezogen werden mit der einzelnen rechtswidrigen Handlung, dieses aber ist überhaupt unmöglich. [...] Also ist Fichtes Konsequenzenmacherei ungerecht. (K 46)

Für Krause ist die »vernünftige Natur« des Menschen die Grundlage seiner Freiheit; sie fundiert seine unbedingte Würde und markiert diese als – auch

163 | Vgl. hierzu die intensive Kritik von Martha Nussbaum am »contractualism« schlechthin: »our dominant theories of social contract give us the wrong message. For centuries they have been giving us a defective story about why people get together to form a society.« (*Frontiers of Justice*, S. 222f.); siehe auch dieselbe: *Creating Capabilities*, S. 87.

164 | Vgl. Köhler, *Begründung*, S. 118.

seitens der jeweiligen Personen selbst – unveräußerlich.[165] Folglich seien universale »Weltbürgerrechte« zu proklamieren, die allen Menschen kraft ihres Personseins und nicht erst vermittels historischer Staatsformen gewisse Freiheiten zuerkennen. Über jene Weltbürgerrechte schreibt Krause:

> Sie gebühren mir nicht als Bürger dieser Erde und dieses Staates, sondern als Bürger der Welt. Ich kann sie daher nebst dem Rechte auf meinen Leib, als nächste Bedingung ihrer Erreichung, meine weltbürgerlichen Rechte, und ihren Besitz mein weltbürgerliches Eigentum nennen; sie sind über allen positiven Zwang erhaben und stehen mit unverbrennlichen Zügen im Gesetzbuche der Welt. (G 28)

Da Krause die Idee der Freiheit nicht nur zum höchsten Inhalt, sondern auch zum ersten methodischen Prinzip der Philosophie macht, will er seine Philosophie der Freiheit keinesfalls dem Publikum gebrauchsfertig vorsetzen. Er will es vielmehr folgerichtig an deren Konzeption beteiligen. Wenn Freiheitsphilosophie befreiend wirken soll, so müssen Zweck und Mittel der Freiheit harmonieren. Der Weg der Philosophie hat bereits einen Ausblick auf ihr Ziel zu liefern. Krause will seine Leser nicht rhetorisch überwältigen, sondern sachlich überzeugen. Deshalb rekurriert er immer wieder auf vorphilosophische Einstellungen sowie alltägliche Empfindungen und bindet diese in seinen Gedankengang mit ein. Er sucht nach einer Theorie, welche die gewöhnlichen Anliegen und die tatsächlichen Selbstverständnisse der Menschen nicht als unwissenschaftlich zurückdrängt. Es gelte vielmehr, diese klarer und widerspruchsärmer, als die von ihnen selbst vertretenen Gedankenfiguren verstehen, rekonstruieren und adressieren zu können; dann würden die Menschen der Philosophie gerne Gehör schenken und ihr aus freien Stücken folgen. Daher setzt er auf dialogisches Argumentieren, nachvollziehbare Gedankenexperimente und eine auf Probe ihrer empirischen Erklärungskraft hin unternommene – falsifikationsoffene – Theoriebildung; kurzum auf Methoden, die sich in der akademischen Philosophie erst weit später einbürgerten.[166]

So konstruiert Krause seit 1803 seine Philosophie zweistrahlig: Zuerst setzt er mit einem *analytischen* Lehrgang ein, der sich an das Alltagsbewusstsein richtet. Also fertigt er seine Philosophie in einem als fortlaufende Selbstkritik angelegten Doppelgang von analytisch-synthetischen Betrachtungen an: als Vermittlungsbewegung zwischen fachphilosophischer Ideen- und alltäglicher Gedankenwelt. Die zu aller Theoriebildung unabdingbaren begrifflichen *Kons-*

165 | Vgl. Martha Nussbaum: »The approach espouses a principle of each person as an end. [...] The approach, however, considers each person worthy of equal respect and regard, even if people don't always take that view about themselves.« (*Creating Capabilities*, S. 35)

166 | Dazu ausführlich Dierksmeier, *Der absolute Grund des Rechts*, Kapitel IV.

truktionen sollen zwischen intellektueller Spekulation und empirischer Erfahrung vermitteln in einem Prozess des Denkens, in dem »die Deduktion und die Intuition des Gegenstandes, gleichsam sich die Hand bietend und nebeneinander gehend, in die Tiefe schreiten« (SysI 336).[167] Zweierlei sei dabei zu vermeiden: einerseits die Realitätsferne allein *deduktiver* Methoden, die sich auf bloße Formel- und Begriffswelten zurückziehen; andererseits die ideenlose Blindheit rein *induktiver* sowie die analytische Unschärfe bloß *intuitiver* Vorgehensweisen (SysI 334f.). In betonter Abgrenzung zu zeitgenössischen spekulativen Philosophien stellt Krause klar, keineswegs sei es so, »als wolle der konstruierende Philosoph sich für einen Weltschöpfer ausgeben; [...] oder als getraue sich der philosophierende Geist, die unendlich bestimmte zeitliche Individualität der Dinge, als solche, wissenschaftlich zu deduzieren, zu demonstrieren, zu konstruieren.« (SysI 337) Eine philosophische *Konstruktion* soll vielmehr lediglich das Bindeglied zuvor geleisteter Intuitionen, Induktionen und Deduktionen sein, das diese zur wechselseitigen Kritik und Integration in ein Theorieganzes benötigen. Sie ruht daher keiner mystischen Anschauungs- oder Vorstellungskraft auf, die gewöhnlichen Menschen nicht zugänglich ist.

Krauses Philosophie macht somit die Voraussetzungen ihrer eigenen kritischen Überbietung namhaft: Die begrifflichen Konstruktionen der Philosophie resultieren aus freier, kreativer Geistestätigkeit: ohne Blaupause und Erfolgsgarantien. Krause unterstreicht vielmehr ausdrücklich die Irrtumsfähigkeit und Revidierbarkeit aller philosophischen Spekulation. Nur so lasse sich vermeiden, dass die Philosophie, wie etwa bei seinem Lehrer Fichte, indem sie von irrigen, aber hermetisch gegen Kritik abgeriegelten Prämissen aus ihre Folgerungen zieht, umso abwegiger ausfällt, je konsequenter sie vorgeht (SysI 335f.).

Auch darum wendet Krause sich an seine Leser. An ihrer Erfahrung und ihren Einsichten überprüft er immer wieder seine Konstruktionen. Während die Philosophen des *Deutschen Idealismus* bisweilen von der Warte eines »transzendentalen« oder »absoluten« Bewusstseins« auf das »gegenständliche« und »verblendete« Bewusstsein schimpften und dessen Einwände prinzipiell als intellektuell nicht satisfaktionsfähig zurückwiesen, nimmt Krause dieselben ernst. Zwar gibt Krause natürlich nicht automatisch jedwedem gegen seine Philosophie vorgebrachten Einwand Recht, aber er nimmt jeden ihm bekannten Einwurf auf und sucht stets, den darin artikulierten Anliegen gerecht zu werden. Keine vernünftig vortragbare Kritik liege völlig daneben, glaubt er; darum müssen deren jeweils zutreffende Aspekte zunächst erkannt und an-

167 | Vgl. ebenda, S. 322ff.

erkannt werden. Erst danach dürfe man sich an eine diese Einwände sowohl integrierende als auch überbietende Theorie machen.[168]

In Krauses theoretischer Philosophie zielt dieser Lehrgang darauf, diskursiv nachvollziehbar vom tatsächlichen Kenntnisstand und Einsichtsniveau seiner Leser aus Schritt für Schritt zu den benötigten *synthetisch*-spekulativen Lehrgegenständen der Metaphysik überzuleiten. In der praktischen Philosophie wird jener analytische Zugang von den konkreten Moralverständnissen der Bürger seiner Zeit her entwickelt. Das heißt: Krause akzeptiert deren Einspruch als Indiz dafür, dass seine philosophischen Konstruktionen noch unvollständig (erklärt) oder korrekturbedürftig sind (Nph 84). Auf diese Weise wird bei Krause das Publikum vom passiven Objekt der Philosophie zum aktiv mitbestimmenden Subjekt. Und so wie an der Wahrheitsfindung in der theoretischen Philosophie beteiligt Krause auch im Bereich der praktischen Philosophie die Menschen: durch eine Integration ihrer tatsächlichen Freiheitsverständnisse in die Argumentationsabläufe der Ethik.

2.3.2 Freiheit der Natur und des Menschen

In der Philosophie des 19. Jahrhunderts schrumpft die Natur nicht selten zum bloßen Objekt menschlicher Werktätigkeit ein. Krause aber sucht menschliche Freiheit nicht so sehr in *Independenz* von, sondern eher in *Interdependenz* mit ihrer Umwelt. Menschen vergewissern sich schließlich ihrer selbst und ihrer Freiheit nicht nur in Abgrenzung gegen ihre biologischen und sozialen Kontexte, sondern zumeist in ihnen, mit ihnen und durch sie.[169] Menschen leben in und aus Relationen zu ihrer Um-, Mit- und Nachwelt. Aus diesem relationalen Verständnis der Person resultiert ein nachhaltigkeitsorientiertes Freiheitsverständnis. Klarerweise muss der Mensch die natürlichen Voraussetzungen seines Lebens wahren, will er im Akt seiner Freiheit nicht deren Konstitutionsbedingungen negieren (VR 58). Da menschliche Freiheit kontextbezogen existiert, müsse jedem aufgeklärten Intellekt an der »Schonung, Erhaltung, Förderung des Naturlebens« (NR 135) gelegen sein. Aber mehr noch: Natur sei nach ihren eigenen Gesetzen und »in ihrer inneren Freiheit und Absolutheit« (Nph 82) zu erfassen, fordert Krause.

168 | Zur Herausbildung von Krauses philosophischem System in Abgrenzung zur Metaphysik Fichtes vgl. auch: Stefan Groß, *Die Philosophie Karl Christian Friedrich Krauses im Kontext des deutschen Idealismus: Vom Bild des Absoluten; Krauses Lehre vom Göttlichen und Fichtes Wissenschaftslehre von 1804*, Frankfurt 2010.

169 | Vgl. Martha Nussbaum: »We insist that need and capacity, rationality and animality, are thoroughly interwoven, and that the dignity of the human being is the dignity of a needy enmattered being.« (*Frontiers of Justice*, S. 278)

Krause nimmt die in allen Lebewesen realisierten Freiheitsgrade, d.h. deren Fähigkeit zu selbstbezogenen sowie selbstgesteuerten Aktivitäten, ontologisch wie ethisch in seine Philosophie auf[170] und schert damit aus dem zeitgenössischen Trend zur *anthropozentrischen* Abwertung der Natur eindeutig aus (ERB 36).[171] Er verfällt aber auch nicht ins andere Extrem eines *biozentrischen* oder pathozentrischen Denkens, sondern argumentiert *anthroporelational*: Es gelte, dem menschlichen Bewusstsein alle anzuerkennenden natürlichen Grenzen nach seinen Kategorien zu *vermitteln*.[172] Eben weil es genau dieser Vermittlung auch *bedarf*, da die Natur nicht nur so oder nur deshalb existiert, dass und damit sie vom Menschen theoretisch sowie praktisch angeeignet werde.

Um uns in der Natur möglichst adäquat zu situieren, sollten wir streben, sie zufolge ihren *eigenen* Gesetzen und Strebungen zu verstehen. Jedoch lässt sich die Natur nicht ortlos auffassen und gewissermaßen aus einem göttlichen Blickwinkel beschauen. Auf die Natur muss also zweifach reflektiert werden: von menschlicher Warte aus und zugleich mit kritischem Blick auf eben diese Perspektive. Wir müssen gleichermaßen festhalten am Anerkennen einer nicht immer schon auf den Menschen hin angelegten, in eigener Freiheit lebenden Natur (ERB 45) und an der Einsicht, dass, soweit wir wissen, allein der Mensch genau jenen Eigensinn und Eigenwert der Natur zu evaluieren sucht (ERB 36).[173] Dass der (von unserem Bewusstsein unabhängig sein sollende) Eigenwert der Natur nicht anders als durch unser Bewusstsein taxiert werden kann, verhindert *unmittelbare* Ableitungen normativer Gebote aus Sachverhalten. Biologische Tatsachen können uns bisweilen zwingen, jedoch niemals verpflichten.[174] Allein darum schon können biozentrische Theorien – seien ihre Motive nun so nobel wie die der *deep ecology*-Bewegung oder so schäbig wie die des Sozialdarwinismus (*survival of the fittest*) – keinerlei *unmittelbare* moralische Geltung beanspruchen. Befunde reichen nicht; wir benötigen Bewer-

---

170 | Vgl. Martha Nussbaum: »What is relevant to the harm of diminishing freedom is a capacity for freedom or autonomy. It would make no sense to complain that a worm is being deprived of autonomy, or a rabbit of the right to vote.« (*Frontiers of Justice*, S. 360)

171 | Ernst Bloch spricht sogar von einer »Abschaffung der Natur im Naturrecht des deutschen Idealismus«, in: Bloch, *Naturrecht*, S. 91, vgl. ebenda auch S. 86.

172 | Vgl. zur Position von Martha Nussbaum: *Creating Capabilities*, S. 161.

173 | Vgl. die ähnlich anthroporelationale Ethik von Martha Nussbaum in *Frontiers of Justice*, S. 355.

174 | Ähnlich argumentiert: Otfried Höffe, »Naturrecht ohne naturalistischen Fehlschluss«, in: Otfried Höffe (Hg.), *Den Staat braucht selbst ein Volk von Teufeln: Philosophische Versuche zur Rechts- und Staatsethik*, Stuttgart 1988, S.24-56, insbesondere S. 35.

tungen.[175]. Somit verwahrt sich Krause gegen jene Position, die wir seit George Edward Moore (1873-1958) als *naturalistischen Fehlschluss* bezeichnen.[176]

Umgekehrt dürfen wir indes auch nicht den *normativistischen Fehlschluss* begehen, moralische Zwecke teleologisch in die Natur hineinzulesen (VR 104). Gegen die von der Antike über das Mittelalter bis in die Schulphilosophie des 18. Jahrhunderts gepflegte Tendenz, das jeweils favorisierte Gute metaphysisch dem Wesen des Menschen als eine diesem angeblich inhärente Strebung einzuschreiben, geht Krause ebenso scharf an. Man kommt auf der Suche nach ethischen Normen um den selbstkritischen Geist des Menschen und dessen Freiheit nicht herum.[177]

Gleichwohl sollen die Werte und Ziele der Freiheit nicht beliebig sein. Wer auf Freiheit in der Ethik setzt, reduziert Moral nicht notwendigerweise auf willkürliche Verabredungen zwischen Vertragsparteien, die ihre Freiheitsräume willkürlich aushandeln, so als erst und allein menschliche Dezision den Wesen der Welt irgendeinen Wert verliehe. Weder lässt sich aus der Unerlässlichkeit menschlicher Freiheit für die moralische Wertsetzung folgern, dass *allein* Freiheit ein zu achtendes Gut darstellt, noch darf umgekehrt geschlossen werden, dass in der Achtung von eigenwertiger Natur unsere Freiheit untergeht. Wenn vielmehr Freiheit gerade in dem Bemühen um einen sach- und verhältnisgerechten Welt- und Kontextbezug sich erfüllt, so darf die Konstruktion des inhärenten Werts der natürlichen Lebensumwelt weder beliebig, parteilich noch unfreiheitlich ausfallen. Eine nicht eben leichte Konstruktionsaufgabe.

Krause will diese Aufgabe lösen, indem er verschiedene Stufen von Freiheit und des Freiheitsbewusstseins in der Natur als Gradmesser für die Relevanz nicht-menschlicher Interessen ausweist und diskutiert. Dazu unterscheidet er »drei wesentliche verschiedene Stufen der endlichen Vernunftpersönlichkeit« und ihnen jeweils zugehöriger Freiheitsgrade (VR 245). Die unterste Form von Freiheit liegt bei Individuen, deren Selbststeuerung allein leiblich erfolgt. Die nächste Stufe umfasst Personen, die sich bei ihrem Verhalten geistig orientieren, aber nur (pragmatisch) verständig, nicht (moralisch) vernünftig, also nur bedingt motiviert, aber nicht unbedingt begründet handeln. Die dritte Freiheitsstufe beschreibt jene, die sich zudem ihrer selbst auf reflexiv-philosophische Weise bewusst werden und von dieser Warte aus ihre Präferenzen kritisch

175 | Vgl. Martha Nussbaum: »The Capability Approach is not a theory of what human nature is, and it does not read norms off from innate human nature. Instead it is evaluative and ethical from the start.« (*Creating Capabilities*, S. 28).

176 | Vgl. §12 in George Edward Wisser Burkhard Moore, *Principia Ethica*, New York 2005 (Originalausgabe: 1903) und ausführlicher William K. Frankena, »The Naturalistic Fallacy«, in: *Mind*, 48, No. 192 (1939): 464-477.

177 | Zum gegenwärtigen Stand der Diskussion vgl. Hilary Putnam, *Ethics Without Ontology*, Cambridge, Massachusetts 2004, S. 75.

evaluieren. »Was nun diese drei Stufen der Vernünftigkeit betrifft, so finden wir sie von den Menschen dieser Erde alle drei auf gewisse Weise dargestellt.« (VR 245)

Krause antizipiert im Zuge dieser Gedanken bereits die später von Ernst Häckel (1834-1919) um die Welt getragene These vom Nachbilden der Gattungsentwicklung (*Phylogenese*) in der Individualentwicklung (*Ontogenese*): Jeder Mensch bilde in seiner persönlichen Entwicklung zunächst »gewisse Perioden« des vegetativen und animalischen Lebens nach (LL 118), auf denen er allerdings nur mangels Erziehung oder aufgrund von Behinderung stehenbleibe. Die meisten Menschen agieren die meiste Zeit ihres Lebens auf der zweiten Stufe des Freiheitsbewusstseins, d.h. im Modus selbstbewusster Finalität. Zum menschlichen Wesen im Vollsinne gehört indes (potentiell) auch jene höchste Stufe des Bewusstseins – selbstkritische Freiheit – sowie (aktuell) zumeist ebenso ein mehr oder weniger bewusstes Streben danach.

Darin, in der Möglichkeit einer reflexiven Erfassung des Selbst durch das eigene Ich übergreifende Ordnungen und Normen, an welche man sich wissentlich und willentlich bindet, liegt der Wesensunterschied zwischen Tier und Mensch. Tiere sind genau dazu nicht imstande, da »sie sich nur nach sinnlichen endlichen Antrieben bestimmen, nicht nach den ewigen unendlichen Begriffen [...]« (VR 172). Wir sehen darum »im Kreise unserer Erfahrung« den Menschen zurecht als die einzige Lebensform an (LL 115), der Freiheit im umfassenden Sinne zukomme und deshalb auch eine besondere Verantwortung sowie eine gewisse ethische Vorrangstellung (AR 183).[178] Somit hält es Krause weder mit einer biozentrischen Gleichstellung von Mensch und Tier noch mit einer anthropozentrischen Abwertung alles nicht-menschlichen Lebens zur Verfügungsmasse menschlicher Willkür.

Die Sonderstellung des Menschen gegenüber Pflanze und Tier gründet sich nicht auf *aktuelle* mentale Leistungen. Im Gegenteil, meint Krause, oft sei der phänomenale Unterschied zwischen intelligenteren Tieren und Menschen, die in dumpfer Sinnlichkeit verhaftet leben (wollen oder müssen), nicht sonderlich groß. Was zählt für den Gattungsunterschied, ist die *potentielle* Form reflexiver Selbstbestimmung: eine sittliche Freiheit, zu der sich allein Menschen im Laufe ihres Lebens hin entwickeln (können). Mensch und Tier unterscheiden sich daher nicht nur *graduell* voneinander, sondern *kategorial*. Sie trennt eben jene Differenz, die zwischen rein technischer (und mithin umweltlich

178 | Vgl. Martha Nussbaum: »The species norm is evaluative, as I have insisted; it does not simply read off norms from the way nature actually is. But once we have judged that a capability is essential for a life with human dignity, we have a very strong moral reason for promoting its flourishing and removing obstacles to it. The same attitude to natural powers that guides the approach in the case of human beings guides it in the case of other animals.« (*Frontiers of Justice*, S. 347)

bedingter, nur eingeschränkt freier) und moralischer (unbedingt freier) Intellektualität verläuft (NR 136). Und dies macht einen Unterschied »der ganzen Wesenheit« aus (LL 338). Anders als das Tier sind geistig und/oder körperlich eingeschränkte Menschen gattungsmäßig also *reflexiv-autonome* Wesen; ihre Behinderung hemmt zwar die *Artikulation*, bedeutet aber keine *Privation* ihrer menschlichen Natur (LL 172).[179]

Behinderung zieht darum auch für Krause keinerlei Verlust an Menschenwürde nach sich (VR 247). Auch hierin markiert Krause eine Trendwende des modernen Denkens. Während etliche Philosophen des frühen 19. Jahrhunderts Behinderte zum bloßen Gegenstand von Sozialhygiene herabstuften, gelten behinderte Menschen Krause niemals nur als passive Objekte des Rechts, sondern stets als aktive Subjekte mit unverlierbarer Würde.[180] Das Recht auf menschenwürdigen Freiheitsgenuss kommt allen Menschen zu, »wie mißgebildet und mangelhaft, wie verkümmert, wie krank an Geist und Leib, wie immer ins Elend versunken« sie auch sein mögen (LL 180). Um ihrer Menschenwürde willen ist die Gesellschaft zur Achtung und Pflege der behinderten Menschen verpflichtet (G II 189).[181] Behinderte Menschen haben einen Anspruch darauf, dass ihnen zum bestmöglichen Freiheitsgebrauch durch andere beziehungsweise den Staat verholfen wird (G II 189).[182]

---

179 | »A child with severe mental impairments is actually very different from a chimpanzee, though in certain respects some of her capacities may be comparable. Her life is lived as a member of the human community and not some other community; it is there that she will either flourish or not flourish. The possibilities of flourishing in that community are defined around species norms. [...] the fact, that their disabilities create impediments to species-typical ways of flourishing creates a moral imperative for society: such impediments should be treated and cured, where possible, even if the treatment is expensive.« (*Frontiers of Justice*, S. 363f.)

180 | Vgl. Martha Nussbaum: »A focus on dignity is quite different, for example, from a focus on satisfaction. Think about debates concerning education for people with severe cognitive disabilities. It certainly seems possible that satisfaction, for many such people, could be produced without education. [...] a focus on dignity will dictate policies that protect and support agency, rather than choices that infantilize people and treat them as passive recipients of benefit.« (*Creating Capabilities*, S. 30)

181 | Francisco Garrido zeigt, dass dieser krausistische Gedanken vermittels der Rechtsphilosophie von Francisco Giner de los Ríos – die fundamentale Gleichheit der Rechtswürde aller wird explizit auch auf den »loco« und den »feto« ausgedehnt – Eingang ins spanische Rechtsdenken erhielt; vgl. : Garrido Domínguez, *Francisco Giner de los Ríos*, S. 88.

182 | Vgl. Martha Nussbaum: »We should bear in mind that any child born into a species has the dignity relevant to that species whether or not it seems to have the »basic capabilities« relevant to that species. For that reason, it should also have all

Der Anspruch auf gesellschaftliche Unterstützung ist nicht durch Gegenleistungen *bedingt*. Zur Würde eines jeden Menschen gehört, dass ihm sein Recht *unbedingt* geleistet werde.

Insofern den einzelnen Bürger irgend eine oder mehrere bestimmte unvermeidliche Beschränkungen an Leib und Seele treffen, kann er zur Leistung mancher Rechtsforderungen von Natur unfähig sein oder im Verlauf seines Lebens dazu unfähig werden. Der ohne Genie Geborene, der Blindgeborene, Taubstummgeborene, von Natur Schwächliche u.s.w. gehört hierher, so auch der durch Krankheit oder mechanischen Schaden an Leib und Geist oder an beiden Geschwächte. Da nun, wie bewiesen, der Besitz seiner ihm zu leistenden Rechte keineswegs durch seine eigenen Rückleistungen ursprünglich rechtlich gegründet ist, sondern vielmehr durch sein jedesmaliges Vernunftbedürfnis, so können dergleichen Unglückliche [...] durch ihr Unglück in keiner Absicht rechtsunfähig sein oder werden. (G II 149)

Auf dem Wege rechtlicher *Stellvertretung* steht die Gesellschaft dafür ein, dass auch diejenigen Individuen in den Genuss ihrer Rechte kommen, die dies nicht selber einfordern (können).[183] Krause propagiert dazu eine allgemeine Rechtsvormundschaft der Menschheit für *alle* Einzelnen. Anstatt bestimmte Individuen oder Gruppen zu entmündigen, dient dieses Konzept umgekehrt dem Schutz vor andernfalls sich einschleichender Entmündigung (etwa: des Kindes durch die Eltern, der Frau durch den Mann, der Behinderten durch die Gesunden, der Ungebildeten durch die Gebildeten etc.). Aus faktischer Abhängigkeit macht Krause also, anders als etliche Denker vor ihm, keinen Legitimationsgrund für rechtliche Abhängigkeiten, sondern umgekehrt schmiedet er aus der rechtlichen Gleichstellung aller Personen ein Argument für die schnellstmögliche Besserung entwürdigender Lebensformen.

Jene juristische Vormundschaft soll indes, sofern und sobald möglich, sich selbst überflüssig machen (VR 459). Nur in diesem emanzipatorischen Sinne ist Stellvertretung auszuüben. In dem Maß, wie etwa ein Kind sich seiner eigenen Freiheit angemessen bedienen kann, soll es nicht mehr bevormundet werden; gleiches gilt, *mutatis mutandis*, für den behinderten Menschen, der immer nur partiell, nie total der Leitung, Pflege und rechtlichen Stellvertretung durch andere unterfällt (VR 458f.). Befreiung zur Autonomie ist Grund und Grenze aller Stellvertretung (NR 155)

Autonomie ist auch der Leitgedanke bei Krauses Umgang mit der Verschiedenheit der Geschlechter. Diese, erklärt Krause, werde ohnehin zumeist

the capabilities relevant to the species, either individually or through guardianship.« (*Frontiers of Justice*, S. 347)

183 | So auch: James Lorimer (Hg.), *The Institutes of Law: A Treatise of the Principles of Jurisprudence, as Determined by Nature*, Edinburgh 1872, S. 308.

übertrieben. Inwiefern sie aber tatsächlich besteht, hebt sie keineswegs »die allgemeinmenschliche Gleichheit auf, sondern ist nur eine weitere Bestimmnis [sic!] daran.« (VR 471) Geschlechtsbedingte Unterschiede können das allgemeine Menschenrecht von Frauen und Männern zwar hinsichtlich seiner Umsetzung spezifizieren, nicht aber mindern oder beugen. Darum verteidigt Krause ganz gegen den Geist seiner Zeit und Gesellschaft die Rechte der Frauen mit flammenden Worten.

> Man hat im Widerspruch mit aller geistigen und leiblichen und menschlichen Erfahrungserkenntnis und Geschichte behaupten wollen, das Weib stehe geistig und leiblich auf einer niederen Stufe der Bildung, die Weiber seien nur unvollendete Männer [...]. Ebenso ist der Natur und der Bestimmung des Menschen zuwider die Behauptung, dass die ganze Bestimmung des Weibes in ihrem Verhältnisse als Mutter erschöpft sei und dass die weibliche Hälfte der Menschheit nicht bestimmt sei, am öffentlichen gesellschaftlichen Leben teilzunehmen. Die Geschlechtsfunktion und die sittlichen und rechtlichen Folgen derselben (Erziehung der Kinder, Hausstand) heben weder für den Mann noch für das Weib die Forderung und die Möglichkeit allgemein menschlicher Bildung und eines vorwaltenden Lebensberufes (in allen Teilen der menschlichen Bestimmung) auf. Und was insonderheit die Zeugung, Pflege und Erziehung der Kinder betrifft, so haben daran beide Geschlechter gleichwesentlichen, gleichnotwendigen und, wie schon die Vereinähnlichkeit der Kinder zeigt, gleich innigen Anteil und somit als Vernunftwesen gleichbegründete Verpflichtung, obschon der Mutter die besondere Pflicht der ersten Ernährung und nächsten leiblichen Pflege im Mutterleibe und nach der Geburt zukommt. Daher muss das ganze Leben des Weibes an sich selbst, auch hinsichts des Rechts, so bestimmt werden, dass sie diese ihre allein so zu erfüllen mögliche Pflicht erfüllen kann; [...]. (NR 272f.)

Was das gesamte gesellschaftliche Leben und die Partizipation an geistigen und dinglichen Gütern angeht, fordert Krause gleiche Rechte für beide Geschlechter.[184] Zugleich sieht er spezifische Regeln zum Mutterschutz vor.[185] Krause kreiert also juristische *Ungleichheiten*, um die fundamentale *Gleichheit*

184 | Zum Wirken der Frauenrechtlerin Angelina Carnicer und zum krausistischen »feminismo«, vgl. Esteban Mateo, *El krausismo*, S. 103ff. Siehe dort (S. 126ff.) auch über die krausistische *Institución para la enseñanza de la mujer* in Valencia, die sich anschickte, Bildungsdifferenzen zwischen Mann und Frau auszugleichen, um konkrete Chancengleichheit zu erwirken. Vgl. Enrique Menendez Ureña, »Algunas consequencias del panenteismo krausista: ecología y mujer«, in: *El Basilisco: Revista de Filosofia, Ciencias Humanas, Teoria de la Ciencia y de la Cultura, Segunda Epoca*, 4, No. 3/4 (1990): 51-58.

185 | Vgl. Christine Susanne Rabe, *Gleichwertigkeit von Mann und Frau: Die Krause-Schule und die bürgerliche Frauenbewegung im 19. Jahrhundert*, 2006.

des Rechts auf freie Selbstbestimmung angesichts *divergierender* Realisationsbedingungen durchzusetzen.[186]

Wie sehr Krause damals eigene Wege geht, zeigt auch sein Eintreten für eine autonome Sexualität, die nicht auf die Reproduktionsfunktion reduziert werden dürfe (ERB 138) – im direkten Vergleich mit den von Gedanken sexueller Eigenständigkeit oder gar einer rechtlichen Emanzipation der Frau völlig unberührten Zeitgenossen Johann Gottlieb Fichte (vgl. § 16 Grundlage des Naturrechts) und Georg Wilhelm Friedrich Hegel (vgl. § 166 GPhR). Ebenfalls weit über den Horizont seiner Zeitgenossen hinaus gehen Krauses Ausführungen zum Schutz der Rechte des noch unmündigen Kindes,[187] dessen Freiheit und Würde im Zweifel auch gegen die Eltern verteidigt werden müsse (G II 189). Die Familie ist dem Recht der Gesellschaft unterworfen und wird durch es – inbesondere im Blick auf die Erziehung der Kinder – auch kontrolliert. Zum Vergleich studiere man hierzu auch die krass illiberalen Ansichten Fichtes (§§ 44f. Grundlage) und Hegels (§ 175 GPhR). Während die Philosophie seiner Zeit unumwunden Kinder zum Eigentum ihrer Eltern und Frauen zum Besitz ihrer Gatten erklärte und ihnen eigene Freiheitsrechte ganz oder teilweise aberkannte, stritt Krause für ihre Autonomie.

Krauses Theorie humanen Zusammenlebens korreliert Verhaltensnormen mit Freiheitsgraden. Die verschiedenen Reifestufen, welche die menschliche Freiheit durchschreitet, ziehen unterschiedliche Formen von Verantwortung nach sich (LL 127ff.).[188] Individuelles Leben beginnt in »sinnlicher Freiheit«, die sich kontextdependent an Gewohnheiten und Gebräuchen orientiert (VR 441). Davon hebt sich eine Stufe »verständiger Freiheit« ab, auf der Individuen durch rationale Abstraktion gezielt sich von ihren Kontexten unabhängiger machen und etwa ihre subjektive Besonderheit gegenüber der Gemeinschaft betonen (ebenda). Jene verständige Freiheit führt zur produktiven Freisetzung individueller Vermögen und Energien, aber – ausschließlich gebraucht – auch zu Vereinseitigung und Vereinzelung. Korrigiert wird sie durch eine ihr das

186 | Vgl. Querol Fernández, *La filosofía del derecho de K. Ch. F. Krause*, S. 317. Vergleichbare Argumente finden sich derzeit bei Susan Moller Okin und Jane J. Mansbridge, *Feminism*, Aldershot, England; Brookfield, Vermont 1994. Auch Martha Nussbaum argumentiert, alle schematisch gleich zu behandeln, »proves an ally of the status quo. In order to put women and men in a similar position with respect to educational opportunity in a society that strongly devalues female education, we will have to spend more on female education than on male education.« (*Creating Capabilities*, S. 57)

187 | Vgl. Querol Fernández, *La filosofía del derecho de K. Ch. F. Krause*, S. 178-183.

188 | Krauses diesbezügliche Ausführungen antizipieren viel von dem, was später von Piaget und Kohlberg in empirischen Untersuchungen zur Herausbildung des moralischen Bewusstseins von Jugendlichen herausgearbeitet wurde, vgl. Lawrence Kohlberg, *Child Psychology and Childhood Education: A Cognitive-developmental View*, New York 1987.

rechte Maß setzende »vernünftige Freiheit« (ebenda). Diese höchste Stufe der Freiheit ermöglicht über bloße Not- und Zweckverbindungen hinausgehende Formen des Miteinanders, indem sie Menschen im Namen sittlicher Ziele zusammenführt (ebenda).

Im Recht auf Freiheit liegt der philosophische Grund der Menschenrechte. Sie werden bei Krause als Unterfall einer allgemeineren Theorie von Persönlichkeitsrechten behandelt, und also nicht auf den *homo sapiens* verengt. Sein Hauptkriterium sind die essentiellen Freiheitsgrade des Lebens. Pflanzen etwa repräsentieren eine Form unbewussten Lebens, die zwar funktionale, intern wie extern agierende Selbstbezüglichkeit in Zeit und Raum aufweist, nicht aber bewussten Selbstbezug. Der Gedanke der Freiheit jedoch verlangt bewusstes Leben, und dies liegt erst dort vor, wo ein Lebewesen von sich und seiner Umwelt weiß. Pflanzen sind daher keine Subjekte, nur Objekte der Freiheitsethik.[189] Insofern findet die in einigen biozentrischen Theorien propagierte ethische Gleichrangigkeit von Mensch und Pflanze in Krause keinen Gewährsmann.

Dass Krause gleichwohl nicht anthropozentrisch argumentiert, zeigt seine Tierethik: Bei Tieren liegt stets *bewusstes* Leben vor. Überdies kommt einigen höherentwickelten Arten *selbstbewusstes* Leben und *Personalität* zu.[190] Solche Tiere, erklärt Krause, stehen daher auf einem freiheitsontologisch besonders relevanten Rang, »weil wir nämlich annehmen, dass sie sich selbst auf gewisse Weise wissen, sich selbst empfinden, und nach sinnlichen Zwecken ihre Selbstheit zu erhalten und zu vollenden streben« (VR 172). Ein Blick auf gewöhnliche Haustiere lehrt zum Beispiel,

> dass diese Wesen alles Eigentümliche zeigen, was die unterste Stufe der geistigen Persönlichkeit ausdrückt; sie haben Selbstgefühl, sie empfinden Lust und Schmerz, sie haben Vorstellungen und Phantasie, ja sie bestimmen sich nach Gemeinbegriffen, indem sie überall in verschiedenen Individuen derselben Gattung doch dieselbe Gattung wieder erkennen, z.B. jeden Menschen als Menschen unterscheiden, jedes Tier ihrer eigenen Gattung auch demgemäß unterscheiden und anwirken. Es sind dies also geistige Wesen [...]. (VR 246)

Während die meisten Denker seiner Zeit Tiere lediglich als Triebautomaten ansahen und darum als bloße *Sachen* der menschlichen Verzweckung überantworteten, erkennt Krause Tiere ausdrücklich als Freiheitswesen an.[191] Auf-

189 | Vgl. Martha Nussbaum *Creating Capabilities*, S. 158f.

190 | Ebenso definieren heute Capability Theorien »animals as agents, not receptacles of pleasure or pain« (*Creating Capabilities*, S. 160).

191 | Auch darin ähnelt Krauses Position der von Martha Nussbaum, welche ebenfalls nicht nur den Menschen, sondern »a wider range of types of beings who can be free« anerkennt (*Frontiers of Justice*, S. 88).

grund ihres Selbstbestimmungsvermögens kategorisiert er sie als *Personen*[192] – und ruft zu ihrem Schutz auf; was in der Geschichtsschreibung der Tierrechtsethik bis heute noch nicht zureichend gewürdigt ist.[193]

Jedoch stellt Krause Tiere nicht auf eine gleiche Stufe mit menschlichem Leben. Vollentwickelte Menschen vermögen es, ihre Grundvermögen reflexiv aufeinander auszurichten, d.h. zum einen ihr Fühlen fühlen, ihr Wollen wollen, ihr Denken denken, aber zum anderen auch ihr Denken fühlen, ihr Fühlen wollen, ihr Wollen überdenken zu können. Mittels dieser reflexiven Vermögen kann der Mensch sich autonom kritisieren und lenken (LL 115ff)

192 | »Das Recht ist ohne Ansehen der Person. Keine Person hat ein Vorrecht (nimmt keiner anderen das Recht vorweg), sondern jede Person hat ihr Recht. Dies gilt ebensowohl [...] von dem geringsten (qui capere valet, capiat!) Tiere.« (NR 114)

193 | Zu Krauses Zeit gab es zwar vereinzelt tierethische Reflexionen (vgl. insgesamt Aaron Garrett et al., *Animal Rights and Souls in the Eighteenth Century*, Bristol, England; Sterling, VA 2000). So argumentierten zugunsten von Tierrechten beziehungsweise Rechtspflichten des Menschen gegenüber Tieren etwa: Humphry Primmat (in: *A Dissertation on the Duty of Mercy and Sin of Cruelty to Brute Animals*, London 1776) mit der Goldenen Regel, ausgehend von der Leidensfähigkeit des Tieres, Wilhelm Dietler basierend auf einer alles Leben durchziehenden Glückseligkeitsontologie (in: *Gerechtigkeit gegen Thiere*, Mainz 1787); Johann Georg Heinrich Feder vollkommenheitstheoretisch, (in: »Über die Rechte der Menschen in Ansehung der unvernünftigen Tiere«, in: *Neues hannovrisches Magazin*, 2. Jahrgang (1972), S. 945-960) und Lauritz Smith (in: *Über die Natur und Bestimmung der Tiere wie auch von den Pflichten der Menschen gegen die Tiere*, Kopenhagen 1790) schöpfungstheologisch. Auch sie überschritten den zeittypischen Duktus, das menschliche Handeln gegenüber Tieren lediglich aus Abneigung gegen Grausamkeit etwas einzuschränken. Doch es gelingt erst Krause, Fragen der Tierethik systematisch in die Freiheitsphilosophie der Moderne zu integrieren. Das wurde schon zu Ende des 19. Jahrhunderts von Ignaz Bregenzer vermerkt, in: *Thier-Ethik Darstellung der sittlichen und rechtlichen Beziehungen zwischen Mensch und Thier*, Bamberg 1894, S. 208. Denn Krauses Ansatz ist phänomenologisch überzeugender als nur an der Leidfähigkeit der Tiere interessierte Theorien. Seine Position nimmt Tiere nicht nur passiv als leidfähig, sondern auch aktiv als freiheitsfähig wahr und gleicht darin sehr heutigen Capability Theorien; vgl. die folgende Bemerkung von Martha Nussbaum: »Mere sentience is too simple a focus: it neglects the variety of animal capacities and activities, and thus certain areas of damage to flourishing that do not register as pain.« Aus diesem Grund sei nicht »uncritical nature-worship« am Platz, sondern ein »valuational exercise« gefordert (*Frontiers of Justice*, S. 94). Wer heute auf Jeremy Bentham (Stichwort: ›Leidensfähigkeit‹) und Arthur Schopenhauer (›Tiere sind keine Sachen‹) als Urahnen gegenwärtiger tierrechtlicher Reflexionen zurückgreift (vgl. etwa Tom Regan, *Animal Rights and Human Obligations*, Englewood Cliffs, New Jersey 1989), sollte darum Krause in die Ahnenreihe der Vordernker unbedingt aufnehmen.

Im Unterschied zum Menschen sind Tiere, soweit wir wissen, zu solch selbstreflexiver Freiheit und darauf beruhender, genuin sittlicher Finalität nicht imstande (NR 149f.); ihnen werden daher Rechte, welche spezifisch jene dritte Freiheitsstufe ausgestalten, vorenthalten.

Sobald man das Tier als ein selbstinniges Wesen betrachtet, was Selbstbewusstsein und Selbstgefühl hat, so fordert man, dass der Mensch auch gegen das Tier gerecht sein soll. Aber niemand wird von der Gerechtigkeit der Tiere reden, die nämlich die Tiere ausüben. Das kommt davon, weil man das Tier nicht für fähig hält, die Idee der Gerechtigkeit zu fassen, sich die Gerechtigkeit zum Zweck zu machen. Daher sagt man: der Mensch soll der Vormund aller Tiere sein, und betrachtet die ganze Tierheit als unmündig, und mit Fug. (VR 205)

Nicht also, weil Tiere ihre Rechte nicht selber einfordern können – das vermögen Kinder, Unmündige und geistig Behinderte oft ebenfalls nicht (NR 149f.) –, sondern weil sie *ontologisch* auf einer niederen Freiheitsstufe existieren, haben sie einen unterschiedlichen *axiologischen* Rang. Tieren kommen *andere* Rechte zu als Menschen. Ihre Rechte sind aber nicht *schwächer.* Sie kommen Tieren direkt und mit gleicher Geltungskraft zu wie Menschen Menschenrechte. Ebenso wie Menschenrechte gelten Tierrechte *unbedingt.* Genausowenig wie Menschen haben Tiere sich ihre wesensspezifischen Rechte zu erarbeiten; eine Wechselseitigkeit der Rechtsleistungen und Unterlassungen ist nicht vonnöten.[194] Ebenso wie für eingeschränkt autonome Menschen (Kinder, Behinderte, Senile) ist daher für Tiere ein Vormundschaftsrecht auszuüben, so dass »die zeitlich-freien Bedingnisse der Vollführung ihres rein tierischen Lebens geleistet werden« (VR 246). Tieren kommt das Recht zu, selbstbestimmt zu leben, sofern sie nicht (wie zum Beispiel Raubtiere gelegentlich) dabei höherstufige, d.h. menschliche Rechte verletzen (NR 136f.).[195]

---

194 | Ähnlich argumentiert heute Martha Nussbaum, vgl. *Frontiers of Justice,* S. 354-365.

195 | Ein Recht der Tiere, sich selbst zu verwirklichen, erkennt 1892 auch Henry Stephens Salt an, in: *Animals' Rights. Considered in Relation to Social Progress*, Clarks Summit, Pennsylvania 1980 (Originalausgabe: 1892), S.10ff. Gleich Krause erkennt auch Salt im Sittengesetz die legitime (von Menschen durchzusetzende) Grenze des tierischen Verhaltens; so dass es zu einer Vormundschaft des Menschen über die Tiere kommen müsse; ebenda, S. 46. Jedoch beruht die Position Salts auf einer unausgewiesenen »anima«-Metaphysik, welche jede für sich selbst bestehende Ganzheit (auch Blumen und Kristalle) in eine dem Menschen gleichwertige, quasi-vertragstheoretische Position rückt; vgl. Andreas Flury, *Der moralische Status der Tiere: Henry Salt, Peter Singer und Tom Regan*, Freiburg i.Br. 1999, S. 96ff.

Was der Mensch als Repräsentant des auf Erden höchsten Freiheits- und Autonomiegrads gegenüber seinesgleichen erzwingen darf, zum Beispiel die Aufhebung von rechtswidriger Gewalt, darf auch gegen jedes auf niedrigerer Freiheitsstufe existierende Lebewesen durchgesetzt werden. Wenn es uns erlaubt ist, den geteilten Lebensraum durch Rechtszwang zum Schutz der Freiheit aller einzuschränken, so auch den der Tiere, sofern dabei deren rechtsfeste Interessen berücksichtigt werden. Wenn der Mensch seine eigenen organischen Abfallprodukte (Haare, Nägel etc.) industriell verwerten darf, dann ebenso die der Tiere.[196] Auch hält Krause es für möglich, dass man tierische Arbeitskraft »zum Lebenzwecke der Vernunft« nutzt und dazu die natürliche Bewegungsfreiheit von Tieren beschneidet (NR 137). Eine solche Nutzung verstoße, sofern sie akzeptablen Zwecken dient und das Tier nicht quält, nicht automatisch gegen das tierische Freiheitsrecht (VR 246); wir täten Ähnliches ja auch mit menschlicher Arbeitskraft.[197]

Problematisch sind jedoch alle weiterreichenden Rechte. Darf der Mensch, der seinesgleichen nicht zum Zwecke des Nahrungserwerbs tötet, Tiere verspeisen? Nur dann, meint Krause, sofern »ohne solches die Menschheit auf Erden, bis nicht etwa andere Nahrungsmittel ausgefunden werden, nicht bestehen könne« (LL 300, Anm.). Eine Rechtfertigung von industrieller Tierhaltung zu Genussmittelzwecken liefert seine Theorie also nicht. Denn die rechtfertigende Bedingung, dass ansonsten menschliches Überleben nicht gewährleistet werden könne, liege nur selten vor, meint Krause. Pflanzliche Nahrung sei für die meisten Menschen ja in hinreichender Menge und Güte zugänglich. Dass man aber ohne äußere Not tierisches Leben zerstört, ist mit Krauses Theorie eben gerade nicht zu rechtfertigen, da man so ohne guten Grund die natürliche Freiheit der Tiere negiert.

Obschon Tiere, Krause zufolge, »ein Recht haben auf leibliches Wohlbefinden, auf Schmerzlosigkeit, auf die erforderlichen Nahrungsmittel« (VR 246), vertritt er nicht, der Mensch müsse es allen Lebewesen dieser Erde recht behaglich machen. Im Regelfall wissen ja Tiere selbst für ihr Wohl zu sorgen, verschaffen sich Nahrung selbst, vermeiden Qualen usw.; – sie verwirklichen ihre natürlichen Rechte also aus eigener Kraft und Freiheit. Wohl aber bringt

196 | Martha Nussbaum führt einen ähnlichen Gedanken in Bezug auf Erziehung und Bildung an: »A good education is sensitive to the individuality of the child, and is not rigid and above all not cruel or humiliating, but it does have goals and standards, and exacting through respectful discipline is often appropriate in leading children toward those goals. Why should we think differently about non-human animals?« (*Frontiers of Justice*, S. 377)

197 | Vgl. auch hier Martha Nussbaum: »The analogue to work rights is the right of laboring animals to dignified and respectful labor conditions.« (*Frontiers of Justice*, S. 400)

der menschliche Eingriff in tierische Biosphären Sorgfaltspflichten mit sich (LL 117).[198] Entnimmt man Tiere ihrem originären Lebensraum oder begrenzt diesen und beeinträchtigt ihre eigenbestimmte Selbsterhaltung, so folgt eine Pflicht zu artgerechter Haltung und Ernährung auf dem Fuße (NR 136, Anm.).[199] Dem entspräche, meint Krause optimistisch, auch ein immer weiter um sich greifendes »Gefühl der Gerechtigkeit gegen Tiere«, welches aus dem menschlichen Gemüt »nicht ausgerottet werden kann« (NR 137).

Das Ziel im Umgang mit tierischen wie menschlichen Personen ist also dasselbe: durch stellvertretenden Rechtsschutz ein Optimum an Freiheit zu garantieren. In beiden Fällen impliziert dies das Ermöglichen von Freiräumen zum individuellen Lebensvollzug. Hinsichtlich menschlicher Sozialverhältnisse begrüßt Krause es daher sehr, dass die Ausdifferenzierung der modernen Gesellschaft es Individuen stärker erlaubt, persönliche Talente und Vorlieben auszuleben und sich somit auf ihre ganz eigene Weise in die Gesellschaft einzubringen. Aber wer die funktionale Ordnung der Gesellschaft fordert, muss auch die sektoriale Spezialisierung der Ethik fördern. Eine ausdifferenzierte Gesellschaft kann nicht aus einem für alle jederzeit und gleichermaßen verbindlichen Ethos gesteuert werden; sie benötigt die Flexibilität, sich für regional, professionell, kulturell und personal divergierende Vorstellungen vom Guten zu öffnen. Die Ethik der Freiheit ist so zu strukturieren, dass sie die Eigenlogiken der unterschiedlichen gesellschaftlichen Subsysteme zugleich bereichsgetreu wahrnehmen wie auch systemgerecht ausrichten kann.

Eine liberale Gesellschaft kann daher nicht aus einer umfassenden Metaphysik des Guten das Recht ableiten, sondern hat Rechtsnormen an und für sich selbst zu rechfertigen, damit diese es den Menschen – allen Menschen – ermöglichen, auf ihre je eigene Weise nach dem Guten zu streben. Entsprechend unterscheidet Krause einen (auf die Einzelnen zielenden) *sittlichen* von einem (an die Allgemeinheit adressierten) *rechtlichen* Freiheitsbegriff. Krause erklärt, »die wesentliche Form des menschlichen Lebens selbst ist sittli-

198 | Vgl. Martha Nussbaum: »[...] large numbers of animals live under human's direct control: domestic animals, farm animals, and those members of wild species that are in zoos or other forms of captivity. Humans have direct responsibility for the nutrition and health care of these animals [...]. Animals in the »wild« appear to go their way unaffected by human beings. But of course that can hardly be so in many cases in today's world. Human beings pervasively affect the habitats of animals, [...][and] our pervasive involvement with the conditions of animal flourishing gives us such responsibilities now.« (*Frontiers of Justice*, S. 373f)

199 | Vgl. Martha Nussbaum: »As for the idea that we should leave animals alone when they live in »the wild,« this naively romantic naturalism ought to be rejected for today's world. There is no habitat that is not pervasively affected by human action.« (*Creating Capabilities*, S. 162)

che Freiheit, das ist die *selbsteigne* Wahl des individuell Guten [...]« (NR 254). Rechtliche Freiheit dagegen bedeutet, dass ein »jeder Mensch ein bestimmtes äußeres Gebiet der Erweise seiner sittlich freien Wirksamkeit haben müsse, auf welchem Gebiete er dasjenige äußerlich verwirklichen kann, was er mit sittlicher Freiheit innerlich als gut erkennt und daher zu verwirklichen entschließt.« (VR 452f.) Rechtliche Freiheit schützt das Potential der vernünftigen Freiheit; sittliche Freiheit realisiert es. Die rechtlich zu schützende Freiheit soll die sittliche Selbstausrichtung der Individuen *ermöglichen,* nicht *erzwingen.*

Das Recht will Lebenschancen gewähren, die Menschen aber nicht zum guten Leben gängeln (G II 166f.). Das Gute soll durch die freie Wahl der Subjekte, nicht durch Zwang in die Welt kommen (VR 304). Deshalb folgt das Recht der Maßgabe, »die sittliche Freiheit äußerlich so wenig als möglich zu beschränken« (NR 256), damit jene *sittliche* Freiheit sich so viel als möglich ausbilden kann. Erster und vornehmster Inhalt des Freiheitsrechts ist daher ein »Erlaubnisgesetz« zum *sittlichen* Freiheitsgebrauch, das positiv wie negativ zugleich wirkt: »[Der] die Rechtsbefugnis Habende darf sich dieses seines Rechts bedienen oder nicht.« (NR 256) Das Recht verteidigt daher nicht erst die dem Ergebnis und der Wirklichkeit nach, sondern bereits die der Anlage und Möglichkeit nach sittliche Freiheit (LL 191); und damit auch so manchen unmoralischen Freiheitsgebrauch. Jener Spielraum der Freiheit lässt sich nicht ohne diese selbst aufheben. »Dieses Gebiet der Macht (der äußeren Freiheit) muss aber größer sein als das Gebiet seines bereits gebildeten vernunftgemäßen Willens, sonst kann die freie Selbstentfaltung nicht stattfinden.« (VR 304, Heft) Sittlichkeit, weiß Krause, gedeiht jedoch nur, indem sie sich in und durch Freiheit erfährt und erprobt. »Es hat also jeder Mensch und jede Gesellschaft von Menschen das Recht auf einen bestimmten äußeren Freiheitskreis.« (VR 453)

Folglich zieht Krause scharfe abwehrrechtliche Grenzen um die persönlichen Freiräume der Bürger. Wer sich moralisch an dem unsittlichen Freiheitsgebrauch anderer stört, proklamiert er, solle lieber die vorfindlichen Beweggründe zur Unmoral reduzieren helfen und durch Anreize zum Guten ersetzen, anstatt die Wahlfreiheit seiner Mitbürger zu beschränken (VR 317). Denn da Freiheit nicht nur ein Gut unter vielen (d.h. ein Gut erster Ordnung), sondern als der oftmals einzige Weg zu diesen Gütern auch ein ihnen übergeordnetes Gut (d.h. ein Gut zweiter Ordnung beziehungsweise ein Meta-Gut) darstellt, darf sie nicht *allein* um dieser anderen Güter willen eingeschränkt werden, sondern ihre etwaige Einschränkung muss stets *zugleich* im Einklang mit ihrer Idee – d.h. im Sinne einer sich vernünftig selbst beschränkenden Freiheit – vorgenommen werden (VR 455).

Krause vertritt also keinen (»negativen«) Freiheitsbegriff ohne jegliche Beziehung zum Guten. Unmissverständlich schreibt er: »Freiheit ist nicht planlose Willkür, nicht selbstsüchtiger Eigennutz, nicht zufällige Gesetzlosigkeit.«

(ERB 9) Aber Krause vertritt auch keinen solchen (»positiven«) Freiheitsbegriff, der eine einzige, ganz bestimmte Moral zur Grundlage der Freiheitsrechte macht. Diese doppelte Distanzierung gelingt ihm, indem er einer strukturell-abstrakt, nicht aber einer materiell-konkret auf das Gute ausgerichteten Idee der Freiheit den Zuschlag erteilt. So kommt es weder zu einer formellen (»negativen«) Unterbestimmung der Freiheitsidee noch zu ihrer substantiellen (»positiven«) Überstimmung.

Krause will der Freiheit des Subjekts bestimmte (sittliche) Zwecke zwar nicht über-, wohl aber zuordnen. In seinen Augen wird die Idee des Rechts durch Zwecke, denen sich menschliche Freiheit autonom verpflichtet, nicht korrumpiert, sondern realisiert. Recht ist für ihn daher mehr und anderes als bloße Legitimation und Limitation von Zwang: nämlich ein System der äußeren Bedingungen verantwortlicher Freiheit. Darin besteht die ausgesprochene Nähe der Position Krauses zu heutigen Capabilities-Theorien. Die Idee des Rechts wirkt nicht nur negativ-protektiv, sondern auch positiv-produktiv: nicht nur als Schutz vor der Läsion von faktisch gegebenen Freiheitspositionen, sondern auch als Beitrag zur Schaffung von Befähigungen und Freiheitschancen durch Kooperations- und Lebensformen, welche die individuelle wie kollektive Zielverfolgung begünstigen.[200]

Die rechtlich zu gewährleistenden Schutzräume privater Freiheit resultieren mithin nicht aus Gleichgültigkeit gegenüber den konkreten Differenzen der sittlichen Ziele der Individuen, sondern aus Respekt vor ihnen. Das negative Moment von Freiheitsbeschränkung *definiert* das Recht bei Krause also nicht, sondern *artikuliert* es lediglich. Es ist sekundär zu seiner primär positiven Ausrichtung am Aufbau freiheitlicher Lebenschancen. Wenn Individuen ihre Freiheit vernünftig miteinander und füreinander beschränken (im Sinne negativer Freiheit), können sie ihre Ziele konfliktärmer verfolgen und besser (im Sinne positiver Freiheit) mit den Interessen der Allgemeinheit harmonisieren. Die Schranken des liberalen Rechts bedeuten daher kein quantitatives Minus, sondern erreichen ein qualitatives Plus an Freiheit. Krause versteht also negative und positive Dimensionen der Freiheit als aufeinander verwiesene Aspekte einer und derselben Freiheit. Freiheit, indem sie sich sukzessive von anfänglicher *Dependenz* über Stufen privater *Independenz* zu Formen gezielter *Interdependenz* heraufbildet, bedarf auf allen Stufen ihrer Entwicklung (in je unterschiedlichem Maß) sowohl der negativen Freisetzung, ohne die sie verkümmert, als auch positiver Orientierung, ohne die sie verkommt.

200 | Vgl. Dazu die Kennzeichnung ihrer eigenen Theorie durch Martha Nussbaum: Capabilities »are not just abilities residing inside a person but also the freedoms or opportunities created by a combination of personal abilities and the political, social, and economic environment.« (*Creating Capabilities*, S. 20)

Argumentationslogisch rangiert jedoch die Freiheit zum Guten (›Freiheit-zu‹) an erster Stelle: Eine Gesellschaft darf ihre Subjekte niemals von einer ethischen Lebensführung abhalten, und zu dieser gehört die freie Widmung an das Sittliche. Aus dem nämlichen Grund ergibt sich, dass sie die Bürger nicht zum guten Handeln zwingen und so deren eigenes Streben pervertieren darf (G II 166f.). Die Person muss sich ihrem jeweiligen Guten zuwenden und deshalb auch gegen gutgemeinte Fremdbestimmung verwahren dürfen. Darum kommt dem Individuum negative Freiheit (›Freiheit-von‹) zu. Beide Freiheiten, die positive, sich zu binden, und die negative, sich zu lösen, stellen also nur zwei Seiten derselben qualitativen Freiheit zu moralischer Autonomie dar. Nur gemeinsam, nicht isoliert, artikulieren diese Aspekte das Wesen der Freiheit.

Zu den im Namen der Freiheit rechtlich zu schützenden Voraussetzungen personaler Freiheit zählt Krause dabei nicht nur die individuellen Grundeigenschaften und Grundvermögen, sondern auch das Eingehen von Verbindungen mit und zu anderen (natürlichen wie kollektiven) Personen: Es handelt sich um ein am Konzept relationaler Personalität ausgerichtetes Persönlichkeitsrecht (als Recht erster Stufe). Dem gesellt sich ein Recht auf Recht (d.h. ein Recht zweiter Stufe) und auf dessen gesellschaftliche Förderung (als ein Recht dritter Stufe) hinzu. Die universalen Personenrechte sind also selbst-reflexiv auf ihre Verwirklichung bezogen; Krause spricht von einem »Rechtsbefähigungsrecht«, das garantieren soll, daß jedermann »zu seinem bestimmten Rechte Fähigkeit gewinne« (VR 260f.).[201] Damit antizipiert Krause im Wesentlichen schon den Diskussionsstand in der Menschenrechtsdebatte zu Ende des 20. Jahrhunderts: Sein Grundrechtsbegriff umfasst Menschenrechte der ersten, zweiten und dritten Generation, d.h. sowohl bürgerliche Abwehrrechte, als auch politische Partizipationsrechte sowie soziale und kulturelle Teilhaberechte.[202]

Da Freiheit ohne Ziele degeneriert, nimmt sich Krause auch der Verwirklichungsbedingungen persönlicher Zwecksetzungen – sowohl seitens der institutionellen Infrastruktur wie der individuellen Befähigungen – an (VR 452f.).

201 | Ganz ähnlich sehen das Capabilities Theorien heute: »In other words, to secure a right to citizens in these areas is to put them in a position of capability to function in that area [...].« Und dafür reicht es nicht, dass man Bürgern bestimmte Rechte nur auf dem Papier zugesteht; man muss ihnen den Zugriff auf diese Rechte ermöglichen: »they really have been given right only if there are effective measures to make truly capable of political exercise.« So formuliert das etwa Martha Nussbaum und sie führt weiter aus: »[...] to do this involves affirmative material and institutional support«; *Frontiers of Justice*, S. 287.

202 | Vgl. Bård-Anders Andreassen und Stephen P. Marks (Hg.), *Development as a Human Right: Legal, Political, and Economic Dimensions*, Antwerpen, Belgien 2010.

Viel von dem, was heute im Rahmen von Theorien der Befähigungen (*capabilities approach*) diskutiert wird, findet sich daher schon bei ihm vorgedacht.[203] Für Krause umfasst der Radius eines bestimmten Freiheitsgrundrechts immer auch das Recht, sich zu dieser jeweiligen Freiheit zu *bilden* und die in Rede stehende Freiheit selbstbestimmt zu *betätigen*. Um etwa den eigenen Leib in Freiheit zu bilden und zu betätigen, bedarf man gewisser Voraussetzungen, beispielsweise einer intakten Lebensumwelt (VR 483). Man muss unbedrängt und hygienisch wohnen (VR 498) und Zugang zu Pflege und Behandlung im Krankheitsfalle haben. Darum ist »die Gesundheit der Bürger« für Krause eine »öffentliche Angelegenheit«, denn ohne sie gerät die entsprechende individuelle Freiheit leicht zur Chimäre (G II 169).

Entsprechend schützen *geistige Freiheitsrechte* die *intellektuelle Ausbildung* und *Betätigung* des Menschen. Was hilft es, Gedankenfreiheit zu haben, »wenn man aber nicht zur Besinnung kommen, den Geist nicht bilden und wissenschaftliche Wahrheit nicht lernen kann« (LL 195)? Auch bedarf es eines Rechts auf freie Werktätigkeit – zum Beispiel auf die geistige Werktätigkeit der Wissenschaft und die leibliche in der Kunst (G II 125): Deren Realisierung »jemandem versagen, heißt, ihm seine Menschenwürde absprechen.« (G II 117) Ohne ein Mindestmaß an Bildung aber kommt es kaum zu geistiger Freiheit, weshalb Krause aus dem primären Menschenrecht auf geistige Freiheit ein sekundäres Recht auf Bildungszugang ableitet. Krause schwebt dabei eine Pädagogik vor (U 230f.), die den Menschen Schritt für Schritt zur mündigen Selbststeuerung befähigt (U 231-235). In einem tertiären Schritt erwägt er, ob es, um die Unparteilichkeit der Bildungsinhalte zu sichern, dafür »öffentlicher Lehranstalten« bedarf (G II 169), die staatlich finanziert werden (G II 136). Andererseits sei auch private Initiative in der Bildung zuzulassen, um eine Pluralität der Erkenntnisweisen zu gewährleisten, an der sich die Individuen zur Mündigkeit eigenen Urteilens heranbilden können. Deswegen müsse es zum Zwecke realer Wissenschafts- und Meinungsäußerungsfreiheit auch unzensierte Medien und freie Informationszugänglichkeit geben (ebenda).

Am Beispiel der Bildungspolitik der bis heute existierenden *Institución Libre de Enseñanza (ILE)* lassen sich Krause Grundanliegen gut verdeutlichen. 1876 wurde die ILE in Madrid von dem Krausisten *Francisco Giner de los Ríos* ins Leben gerufen, um sowohl kirchlichem wie staatlichem Einfluss auf die akademische Lehre auszuweichen und die Bürger Spaniens zur politischen Mündigkeit zu bilden.[204] Als erste höhere private Lehranstalt Spaniens prägte

203 | Zum Folgenden vgl. insgesamt die Capabilities Liste von Martha Nussbaum, in *Creating Capabilities*, S. 34f.

204 | Vgl. J. F. Alemparte, »Aufnahme der deutschen Kultur in Spanien. Der Krausismo als Höhepunkt und sein Weiterwirken durch die Institución Libre de Enseñanza«, in: Klaus-Michael Kodalle (Hg.), *Karl Christian Friedrich Krause (1781-1832): Studien zu*

diese Kultur- und Bildungsstätte über Jahrzehnte die spanische Bildungselite (zum Beispiel die berühmte »*generación de 98*«).[205] Bis zu ihrer Schließung während der Franco-Ära beeinflusste sie das geistige Leben Spaniens – und Lateinamerikas – maßgeblich, indem sie intellektuelle Alternativen zu den von Kirche und Staat propagierten Weltanschauungen anbot. Diese Initiative machte Schule, beispielsweise im Jahr 1903 in Valencia. Gestützt auf kostenlose Vorlesungen engagierter Dozenten errichteten Krausisten dort eine *Universidad Popular*. Da die Bevölkerung oft mangels Vorbildung nicht den Weg zum Lehrangebot der Universität fand, wollten die Krausisten Alternativen anbieten. Sie stellten zusätzliche Bildungsangebote bereit, welche ausgewählte, für eine mündige Lebensführung relevante akademische Lehrinhalte allgemeinverständlich aufbereiteten. Insbesondere versuchten sie, durch politische Bildung die Bürger zur Inanspruchnahme ihrer staatsbürgerlichen Freiheiten zu befähigen und sie zur aktiven Teilhabe an der damals noch jungen spanischen Demokratie zu motivieren.[206]

Wie in diesen Praxisbeispielen, so ist auch in Krauses Theorie der Übergang vom Reich geistiger *Bildung* auf das Feld intellektueller (nicht selten: politischer) *Betätigung* fließend. So folgen dem Freiheitsrecht auf Bildung zugehörige Betätigungsrechte, welche die Gewissensfreiheit und Denkfreiheit schützen (VR 481), die »Duldung oder Toleranz« einer kritischen Öffentlichkeit gewährleisten (VR 483) und sicherstellen, dass alle Bürger am geistig-kulturellen Leben ihrer Gesellschaft teilhaben können (VR 483). Auf diesem Wege entwickelt Krause aus dem Prinzip der Freiheit nach und nach einen Menschenrechtskatalog, der Rechte des Soziallebens (VR 488, 491), einen Schutz der Intimität und Exklusivität des Privatlebens (VR 484) sowie Formen des freien Wirtschaftens als notwendige Sphäre privatautonomen Entscheidens (VR 491) umfasst.

Eine eingehendere Darstellung der entsprechenden Lehrstücke würde hier zu weit führen. Aber der entscheidende Gedanke jener Überlegungen ist noch einmal herauszuheben: Krause qualifiziert die Freiheitsidee durch eine Theorie relationaler Persönlichkeit, welche weniger die Independenz als vielmehr die Interdependenz des Individuums mit seinen sozialen und natürlichen Umwelten betont. Entsprechend bezieht Krause das Grundrecht zur freiheitlichen Persönlichkeitsbildung auch auf die konkreten Lebens- und Umweltbedingungen individueller Autonomie. So mündet seine Freiheitstheorie schlussendlich,

seiner Philosophie und zum Krausismo, Hamburg 1985, S. 141 und Gil-Cremades, *Die politische Dimension des Krausismo in Spanien*, S. 235. Zur dabei von den Krausisten verfolgten pädagogischen Konzeption vgl. Fn. 152 in diesem Kapitel.

205 | Vgl. Juan López-Morillas, *El krausismo español: perfil de una aventura intelectual*, Madrid 1980 (Originalausgabe: 1958).

206 | Vgl. Esteban Mateo, *El krausismo*, S. 134ff.

aufgrund der zentralen Rolle sozialer Interaktionsräume für die Entwicklung persönlicher Freiheit, in eine Skizze einer freiheitsdienlichen öffentlichen Ordnung. Jene Ordnung gelte es durch emanzipative Interaktionsformen so zu strukturieren, dass die Freiheit jedes Einzelnen durch die Freiheit aller anderen gefördert werde; dieser Gedanke gibt Krauses Rechts- und Wirtschaftsphilosophie das Ziel vor.

2.3.3 Privates und öffentliches Interesse

In etlichen Freiheitstheorien besteht ein Konflikt zwischen privatem und öffentlichem Interesse. Dabei schlagen sich die Vertreter *negativer* Freiheit üblicherweise auf die Seite des *privaten* Interesses und nehmen die Freiheitsidee in den Dienst, um jenes Interesse vor Zugriffen der Öffentlichkeit zu schützen: Ihnen geht es sozusagen um die Maximierung des Privatwohls. Umgekehrt machen sich Vertreter *positiver* Freiheitstheorien zumeist zu Anwälten des Gemeinwohls und erkennen in der öffentlichen eine höherwertige Freiheit, der sich das Private unterzuordnen habe. Wie hält es demgegenüber die krausesche Theorie? Was folgt aus Krauses Konzeption von relationaler Personalität und seinem auf Interdependenz abstellenden Freiheitsbegriff für die Ordnung der bürgerlichen Sphäre und der ihr zugehörigen Rechte (Eigentum, Besitz, Verfügung etc.)?

Hinsichtlich der tierischen Umwelt hatte Krause, wie gesehen, für eine nach Freiheitsgraden durchgestufte Ethik der Rücksichtnahme plädiert. Was aber soll gelten, wenn der Gegenstand der freien Handlung nicht mehr ein seiner selbst bewusstes Tier (mit eigenen Freiheiten und Rechten), sondern eine bewusstlose Pflanze oder gar eine leblose Sache ist, denen keine eigene Freiheit zukommt? Sind auch dann noch der menschlichen Freiheit Grenzen zu ziehen oder kann sie sich nunmehr in ungebremster Willkür gefallen und die Welt nach Belieben ausschlachten? Was darf sich die menschliche Freiheit gegenüber dem nicht-freiheitlichen Dasein herausnehmen?

Aufgrund der niemals auszuschließenden Möglichkeit, irgendwie, irgendwem, irgendwann als Mittel zur Freiheit zu dienen (NR 139), kann nichts absolut wertlos sein, so Krause (AR 182). Nachhaltigkeit schützt zukünftige Freiheit. Folglich muss die Rechtfertigung, Gegebenes (zer-)stören zu dürfen, von den Störern erbracht werden; sie müssen plausibilisieren, dass sie mit ihren Vorhaben mehr Freiheit schaffen als vernichten.[207] Folglich wird Naturnutzung nicht, wie sonst bei liberalen Denkern üblich, erst einmal abstrakt

207 | Zum Problem der Rechtssubjektivität der Pflanze vgl. die ausführliche Diskussion bei Querol Fernández, *La filosofía del derecho de K. Ch. F. Krause*, S. 227-234. Vgl. ebenfalls Martha Nussbaums Position (*Frontiers of Justice*, S. 94) sowie zur Differenzierung von Pflanze versus Tier dies., *Creating Capabilities*, S. 158f.

zugestanden und nachträglich nach Bedarf eingeschränkt. Sondern Krause untersagt von vorneherein jede nutz- und zwecklose Naturzerstörung sowie alle unverhältnismäßige Naturausbeutung: »Sachen sind zu verbrauchen, d.i. durch Gebrauch zu vernichten, a) wenn sie höhere Leb-Wesenheit (ein höheres Gutes und ein höheres Gut) nur unter dieser Bedingung fördern können; b) wenn ihr Schaden, den sie höheren Lebwesenheiten zufügen, sonst nicht verhindert werden kann.« (NR 144, Anm.)[208] Gegenüber traditionellen Freiheitsphilosophien vertritt Krause also eine klare Argumentationslastumkehr zugunsten des Unverzweckten.

Aus dieser qualitativen Vorgabe resultiert der quantitative Radius des legitimen Sachgebrauchs. Gebrauch von Sachen *ohne deren Verbrauch oder Abnutzung* kann schrankenlos gewährt werden (NR 176). Hinsichtlich *mehrfach* nutzbarer Dinge ist eine Güterabwägung fällig, die zum Beispiel bei der Nutzung von Holz ergeben kann, dass man den Gebrauch als »Nutzholz gegenüber Brennholz« vorziehen sollte (NR 176). Komplizierter wird es, wenn wir von Naturprodukten übergehen zu von Menschen hergestellten Objekten. Zwischen »selbstwürdigen Sachgütern«, denen die durch sie dargestellte Freiheit innewohnt (Kunstwerke etc.), und bloßen »Nutzgütern« besteht natürlich ein wichtiger Unterschied (NR 143). Reine Nutzgüter darf man nicht nur »gebrauchen«, sondern auch »verbrauchen« (NR 144), sofern nicht Rechte anderer oder der Gesellschaft entgegenstehen (VR 292). Letzteres aber kann der Fall sein hinsichtlich von »selbstwürdigen Sachgütern«; d.h. von Objekten, in welche berücksichtigenswerte Freiheitsrechte ihrer Gestalter eingegangen sind, was insbesondere beim geistigen Eigentum der Fall ist (dazu sogleich mehr).

Obschon also Sachen *prinzipiell* zum freien Gebrauch angeeignet und genutzt werden können, gibt dies augenscheinlich weder ihre Aneignung noch ihre Nutzung schrankenloser Willkür anheim. Beide sind vielmehr erst auf dem Wege öffentlicher, d.h. politischer Selbstbestimmung zu regeln. Als Fundamentalkorrektiv *aller* Sachaneignung und Sachnutzung fungiert der Gedanke eines menschheitlichen Gemeinbesitzes der Erde.

> Vor öffentlicher Verteilung hat kein Individuum auf irgendetwas Nützliches außer auf seinen Leib ein geltendes Recht, und nur die öffentliche Zuteilung nach gerechter Einteilung ist die Form, um in den rechtlichen Besitz eines Nützlichen zu gelangen. Wer etwas in Besitz nehmen will, muss erst zu dieser Besitznahme durch alle berechtigt sein, so auch wer etwas zu bearbeiten gedenkt; [...]. Kein Einzelner kann durch einen anderen

208 | Man kann darin eine Antwort auf die erst später aufgeworfene Frage erblicken, wie der Mensch angemessen mit dem ›prometheischen Gefälle‹ umgehen solle, das zwischen seinen technischen und seinen prospektiven Fähigkeiten liegt; dazu bereits: Günther Anders, *Die Antiquiertheit des Menschen: Über die Seele im Zeitalter der zweiten industriellen Revolution*, München 1956, S. 267ff.

Einzelnen in den rechtlichen Besitz irgendeines Nützlichen gesetzt oder aus einem solchen Besitze vertrieben werden. (G II 191)

Krause verweigert damit die etwa von John Locke (1632-1704) propagierte Güteraneignung in Wildwestmanier – man bearbeite Niemandsland und mache es sich dadurch zu Eigen. Die Erde ist weder unendlich noch jemals Niemandsland; sie gehört prinzipiell allen Menschen gemeinsam. Man muss daher stets sicherstellen, dass in allen Aneignungsakten das Recht anderer, von der Weltteilhabe nicht ausgeschlossen zu werden und eine Wirksphäre für ihre Freiheit zu haben, gewahrt bleibt. Das aber kann der Einzelne überhaupt nicht gewährleisten, sondern nur eine alle Menschen repräsentierende Rechtsgemeinschaft. Alle historisch bisher erworbenen Besitzungen können daher nur provisorische, nicht ewige Geltung beanspruchen. Sie unterliegen dem Revisionsrecht einer zukünftigen, rechtlich verfassten Menschheit (ERB 108).

Will man jedem Menschen einen Freiheitszugang gewähren, muss man sich zwar nicht wie Fichte für eine *Gütergleichheit* (NR 142) einsetzen, wohl aber für eine *Gleichförmigkeit* der Aneignungsrechte (VR 253). Das Eigentumsrecht hat den individuellen Anspruch auf Sachprivatisierung auszubalancieren mit dem öffentlichen Anliegen eines für alle offenen Zugangs zu Sachen als Freiheitsmitteln (VR 511f.). Denn das ist für Krause eben der tiefere, philosophische Sinn des Privateigentums, dass »das Äußere ein Inneres werde, dem Inneren gleichgelte, – in die Abhängigkeit von der Freiheit der Rechtsperson gestellt werde« (NR 171). Dem für alle gleichen Recht auf Freiheit entspringt und entspricht auch Recht, sich (etwa durch Leistung und Fleiß) von anderen zu differenzieren und ungleich zu machen.[209] Doch ist nicht jedwede Ungleichheit sogleich deshalb schon als Ausdruck von Freiheit zu feiern oder als Abdruck individuellen Differenzierungswillens zu huldigen. Wo etwa Ungleichheit besteht, weil Chancengerechtigkeit fehlt, herrscht Unfreiheit, und diese ist allemal aufzuheben. Auch das ist ein Gebot der Freiheit.

Krause setzt die soziale Dimension des Eigentums weder als der privaten vor- noch nachgängig an, sondern erkennt sie als immanent in jener: als internes Regulativ allen Privatbesitzes, ohne welches jener seine prinzipielle Legitimität einbüßt. In Krauses Sicht wird das Privateigentum vom Gebot der Sozialpflichtigkeit nicht behindert, sondern befördert. Es belastet den Eigentümer nicht mit unbotmäßigen Pflichten, sondern entlastet ihn davon, von Fall zu Fall sein Recht auf die im Privateigentum mitgedachte Exklusion anderer darlegen zu müssen. Die konkret sozialgerechte Regulierung privater Eigentümer

209 | Der Gemeineigentumsgedanke ist bei Krause keinesfalls staatssozialistisch oder kollektivistisch-überdehnt zu verstehen, vgl. Wolfgang Vester, *Sozialphilosophie und Sozialpolitik der deutschen Rechtsphilosophie des XIX. Jahrhunderts: (Krause, Ahrens, Röder)*, Cottbus 1935, S. 36. Näheres dazu unten.

stützt die abstrakte Institution des Privateigentums. Die Freiheit des Eigentümers wird daher durch sozialpflichtige Auflagen im Namen der Freiheit aller nicht negiert, sondern affirmiert; sie wird durch die jene Freiheit ermöglichenden Gesetze und Steuern verwirklicht, nicht verwirkt.

Krause hält sich also gleichermaßen fern der Extreme von Besitzindividualismus und Kollektivismus. Weder lässt er sich auf die im Liberalismus des 19. Jahrhunderts übliche Engführung oder gar Gleichsetzung, von Freiheit und Privateigentum ein, noch erstrebt er Freiheit durch eine Überwindung aller Eigentumsverhältnisse. Diese doppelte Distanz erreicht er über einen innovativen Eigentumsbegriff: Eigentum, notiert Krause, kann sich immer nur auf Funktionseigenschaften erstrecken. Man kann, genau genommen, zwar (juristisch) Eigentum *an* etwas haben, nie aber (ontologisch) Eigentum *von* etwas. So »kann eigentlich nicht gesagt werden: diese Sache ist Eigentum, sondern diese an ihr haftende Bedingnis ist Eigentum.« (NR 173) Nicht nur fallen damit Besitz und Eigentum auseinander, wie auch im römischen und im deutschen Rechtsdenken. Sondern es wird in den Begriff des Eigentums selbst eine für die Praxis äußerst folgenreiche Differenz eingeschrieben.

Die Leistung jener Unterscheidung zwischen ontologischem und juristischem Eigentum ist nämlich, so Krause, das allfällige Missverständnis vom »unbedingten Besitz« aufzuheben, samt dem Irrglauben, der Eigentümer könne mit seiner Sache tun »was ihm beliebt und gelüstet« (VR 287).[210] Das alltägliche Verständnis von Rechtseigentum als das Innehaben von Rechten ohne Rücksicht auf andere verwechselt das oft gewährte, bisweilen aber auch zu verwehrende exklusive *juristische* Verhältnis eines Eigentümers gegenüber Nicht-Eigentümern mit der *metaphysischen* Beziehung des Subjekts zur Sache. Diese kann einem Eigentümer zwar in gewissen juristischen Hinsichten, nie aber ontologisch-schlechthin gehören. Kurz: Eigentumsrechte gelten funktional, nie total. Und ihre Funktion ist Freiheit.

Obschon es ein *unbedingtes* Recht darauf gibt, *überhaupt* Eigentum zum eigenen freien Gebrauch zu haben, erkennt Krause nur ein *bedingtes* Recht

210 | Krause weiß bei seiner Kritik an den hergebrachten Eigentumstheorien (vgl. deren Darstellung in: Julius Weiske und Franz Bopp, *Rechtslexikon für Juristen aller teutschen Staaten enthaltend die gesammte Rechtswissenschaft*, Leipzig 1839, S. 146f.) sehr wohl, »dass in den meisten Staaten, wie sie jetzt sind, in Ansehung der meisten Besitzgüter ein unbedingtes Eigentumsrecht gesetzlich ist. Hier kommt es aber nicht darauf an zu lehren, was soeben festgesetzt ist, sondern einzusehen, was ewig betrachet vernünftigerweise rechtens ist. Dazu kommt, dass bei der steigenden Ausbildung der Völker diese rohe Bestimmniss des absoluten Eigentumsrechts immer weniger ausführbar wird, dass eine Beschränkung nach der anderen hinzugefügt werden muss, und dass man also nach und nach auf das Vernunftprinzip des Eigentums zurückgeführt wird, so wie es hier entwickelt wurde.« (VR 287f.)

auf *bestimmte* Eigentümer und Nutzungsweisen an (NR 173). Eigentümer und ihr Gebrauch sind dem Gutdünken ihrer Eigner nur innerhalb gewisser Grenzen unterworfen. Zwar sollen Menschen durchaus auch einen Sachbesitz unter »Ausschluss aller anderen Personen« erlangen, um etwa einen Radius freier, ungestörter Werktätigkeit zu gewinnen. Doch darf der Ausschluss anderer dabei niemals zu einem für sich allein gültigen Definitionsmerkmal des Eigentumsrechts avancieren. Die Gültigkeit jenes Ausschlusses steht und fällt vielmehr mit seiner Funktion, Freiheit zu verkörpern. So bleibt zwar auch bei Krause der Umgang mit alltäglichen Gegenständen zumeist der Freiheit der Eigentümer überlassen; allerdings nicht, weil ihnen an und für sich ein (quantitativ) unbeschränktes Recht zukäme, mit ihren Sachen zu tun, was ihm beliebt, sondern weil (qualitativ) jedem Individuum ein bestimmter »Freiheitskreis« zugestanden werden muss, in dem es sich frei selbst definiert (VR 452f.).

Juristisch ausgedrückt: Die Exklusion anderer kann nur als sekundäre *Rechtsfolge* einer primär durch die Rechtsgemeinschaft abgesegneten Beziehung des Eigners auf ein bestimmtes Eigentum wirksam werden (NR 173).[211] Das Recht, andere auszuschließen, konstitutiert nicht das Privateigentum (lat.: *privare* = ausschließen, berauben), vielmehr zieht umgekehrt das Recht auf Eigentum bisweilen – aber durchaus nicht immer – bestimmte Ausschlussrechte nach sich. Diese theoretische Differenzierung hat handfeste praktische Konsequenzen. Sachen sollen ja, gemäß ihrer Grundbestimmung im Lichte der *vernünftigen* Freiheit *aller* genutzt werden. Daraus folgt nicht nur ein spezifisches *Verbot*, Sachen sinnlos zu zerstören, sondern auch ein unspezifiziertes *Gebot*, Sachen sinnvoll zu gebrauchen und ihre Nützlichkeit zu optimieren. Nur über einen die Freiheitsrechte von individuellem Glied und sozialem Ganzem wechselseitig qualifizierenden, also *von Grund auf sozialpflichtigen Eigentumsbegriff* können die »entgegenstehenden Forderungen der Gütergemeinschaft einerseits und des strengen (absoluten) Privateigentums« andererseits harmonisiert werden (NR 173).[212]

Deshalb versündige sich der Besitzindividualismus des klassischen britischen Liberalismus an seinem eigenen Prinzip, an der Freiheit, meint Krause. Wenn nämlich Liberale wie Locke die *Lehre* von den konkreten Erwerbsarten als *Theorie* zur Begründung des abstrakten Rechts auf Eigentum überhaupt

211 | Vgl. Querol Fernández, *La filosofía del derecho de K. Ch. F. Krause*, S. 378.

212 | Zum Begriff des »organischen Eigentums« bei Krause vgl. Julius Kautz (Hg.), *Theorie und Geschichte der Nationalökonomik*, Wien 1858. Kautz stuft Krause selbst (ebenda, S. 62ff., 79) und namentlich die Krauseschüler Ahrens (ebenda, S. 83) sowie Leonhardi und Tiberghien als früheste Verfechter sozial ausgerichteter Marktwirtschaft ein (ebenda, S. 170f.). Ebenso urteilt: Eugen von Philippovich, *Die Entwicklung der wirtschaftspolitischen Ideen im 19. Jahrhundert. Sechs Vorträge*, Tübingen 1910 auf; ähnlich: Vester, *Sozialphilosophie und Sozialpolitik*, S. 46ff.

heranziehen, vermengten sie *Genese* und *Geltung* des Eigentums: historische Etablierung mit systematischer Gültigkeit.[213] Ob einseitige Handlungen (Okkupation, Spezifikation und Arbeit) oder mehrseitige Handlungen (Vertrag und Gesetz) für den Erwerb *besonderer* Eigentümer taugen, ist, philosophisch besehen, unerheblich für die Frage, ob es *überhaupt* zu so etwas wie privatem, d.h. ausschließendem Eigentum kommen darf (AR 174). Das nämlich folgt niemals aus diesen Handlungen selbst, sondern aus der ihnen insgesamt vorausliegenden Rechtfertigung der Eigentums*institution*. Jedoch jenes *allgemeine* Recht auf Eigentum ist nur durch das *Grundrecht der freien Persönlichkeit* zu legitimieren (VR 512) und nicht, wie *besonderes* Eigentum, aus bestimmten *Formen des Erwerbs*. Alles andere würde das Institut des Eigentums auf wackelige Füße stellen, da beispielsweise weder Okkupation und Spezifikation noch Vertrag und Gesetz empirisch-universal das Eigentum legitimieren können und als bloß hypothetisch unterstellte Geltungsgründe zu rationalen Ableitungsproblemen führen.

Der Krauseschüler *Ahrens* ergänzte diesen Gedanken dahingehend, dass – entgegen der Sozialvertragstheorie – die benachteiligten Menschen in verarmten Ländern der Unmöglichkeit ihres Subsistenzerwerbs rational wohl kaum zustimmen könnten und dass – entgegen der Arbeits- und Okkupationstheorie – heute kaum noch Eigentum allein durch Fleiß gewonnen werden kann, da fast nirgends mehr ›herrenlose Sachen‹ sich dem Erwerbswilligen zur Okkupation oder Bearbeitung anbieten. Wenn heutzutage besitzlose Einzelne unerschlossene Erwerbschancen suchen, so sind sie in der Regel darauf angewiesen, dass ihnen zunächst Zugang zu Gütern verschafft wird, die sie sodann verarbeiten oder veredeln können. Auf jene fundamentale Weltteilhabe aber hat jeder Mensch als Person ein Freiheitsanrecht, so Krause.[214] Wenn unter Beachtung angemessener prozeduraler Regeln das Privateigentum einiger genutzt wird, um anderen zur Realisierung ihres Persönlichkeitsgrundrechts auf Eigentumserwerb zu verhelfen, wenn der Staat also etwa das Eigentum der einen besteuert, um anderen den Aufbau des Ihrigen zu ermöglichen, so ist dies nicht als Eingriff in die private Eigentumsfreiheit zu beklagen, sondern als angemessene Regulierung derselben zufolge eines ihr immer schon immanenten Prinzips zu begrüßen. Vom Prinzip der Freiheit her gedacht bedingen statt bekämpfen Sozialstaatlichkeit und Privateigentum einander.

Die Leistungskraft dieser Konzeption eines prinzipiell sozialpflichtigen Eigentums zeigt sich besonders am Problem geistigen Eigentums. Die Frage nach Eigentum an »geistigen Sachen« oder »gegenständlich gewordenen Geisteswerken« (VR 252) wurde seiner Zeit bereits eifrig diskutiert: am Exem-

213 | Vgl. Gröschner et al., *Rechts- und Staatsphilosophie*, S. 131ff.

214 | Vgl. Heinrich Ahrens, *Die Rechtsphilosophie, oder, das Naturrecht; auf philosophisch-anthropologischer Grundlage*, Wien 1852, S. 462.

pel des Büchernachdrucks (AR 175, Anm.). Die Lösung des Dilemmas, wie die sozialpflichtige Seite des literarischen Allgemeingutes und das Vermögensinteresse des Autors daran zu vermitteln sind, führt der Krauseschüler Heinrich Ahrens ganz im Sinne seines Lehrers aus: Da das Buch *per se* ein allgemeines Gut darstellt, könne der Verfasser kein absolutes privates, ausschließliches Recht darauf haben. Für den seltenen Fall, dass entgegenstehende Interessen des Autors überhaupt nicht vorhanden sind, geht ein Text daher unmittelbar in Besitz und Gebrauch der Allgemeinheit über. Sind aber, wie im Regelfall, solche Interessen anzuerkennen, müssen diese im Sinne des Gedankens freiheitsfunktionalen Eigentums bewertet werden. Sofern und solange es keine andere gesellschaftliche Subsistenzform für Literaten gibt als den Buchverkauf, ist das Vermögensinteresse des Geistesarbeiters angemessen zu berücksichtigen. Da der Literat ohne die Vermögensaussicht ansonsten anders für seinen Lebensunterhalt hätte sorgen müssen und das Buch vielleicht nicht geschrieben hätte, hindert zeitlebens und – soweit erbrechtlicher Schutz besteht, auch länger – das Recht des Autors den finanziell unabgegoltenen Nachdruck. Da aber der Verfasser kein absolutes Recht auf den Text, sondern einen dadurch erwirtschafteten Anspruch auf Einkünfte hat, seien entschädigungspflichtige Eingriffe, zum Beispiel im Falle besonders sozialerheblicher Texte (Forschungsliteratur o.ä.), stets möglich (AR 175).

Die Details können wir auf sich beruhen lassen; jedenfalls zeigt das Beispiel klar: Krause vertritt einen *relativen*, keinen *absoluten* Eigentumsbegriff, der das Recht zum Besitz nicht aus der singulären Perspektive des Eigentümers, sondern vom Blickwinkel universaler Freiheit aus thematisiert. Während andere Denker die Sozialbindungen der Eigentumsrechte lediglich als Ausnahmen zu einem an sich schrankenlos gedachten Recht behandeln, kann Krause dieselben Institutionen elegant aus seinem Prinzip freiheitsfunktionalen Eigentums herleiten (VR 287f.). Damit wird der von negativ-liberalen Theorien oft ins Prinzipielle gesteigerte Konflikt zwischen Privat- und Allgemeininteresse entdramatisiert. Hier geht es Krause zufolge nicht um eine letztlich unlösbare quantitative Polarität zwischen privaten und öffentlichen Anliegen, sondern um deren Vermittlung anhand eines qualitativen Kriteriums. Dies lautet: Besitz muss in Ausübung und Gebrauch sozialverträglich sein, um geschützt zu werden. Eigentum darf also nicht zum Selbstzweck werden, sondern muss als Rechtszuschreibung stets erkennbar Mittel zum Zweck der Freiheit bleiben.

Im Regelfall lässt der Staat zwar eine generelle Vermutung angemessenen Besitzgebrauchs gelten. Anders ist dies jedoch (präventiv) im Falle zuhöchst sozialrelevanter Güter. Krause denkt an die Forst- und Landwirtschaft, deren Betrieb nach seiner Ansicht wegen ihrer erheblichen Relevanz für eine nachhaltige Lebensführung unter öffentlicher Aufsicht stehen sollte. Der Krauseschüler Heinrich Ahrens denkt ferner darüber nach, wie (reaktiv) im Falle offenkundigen sachwidrigen und gemeinwohlschädlichem Missbrauchs aus dem Prinzip freiheitsfunktional-sozialpflichtigen Eigentums, Enteignungen zu rechtfertigen und zu entschädigen sind.[215] Ferner gesteht Krause Nicht-Eigentümern stets Nießbrauchsrechte zu, wo dies die Menge aller miteinander verträglichen Güternutzungen zum Wohle der Freiheit aller mehren kann. Dingliche Rechte am Eigentum anderer wie zum Beispiel Gebrauch, Bewohnen, Wegerecht und Dienstbarkeiten sollen so, trotz fortbestehenden Privateigentums, den Zugang zu andernfalls zu schwach genutzten Gütern öffnen. Dasselbe leisten verschiedenste Formen des Gemein- und Gesellschaftseigentums (VR 291). Der Grundgedanke ist stets derselbe: Freiheit ist nicht nur der Grund des Privateigentums, sondern auch seine Grenze.

Was für das Verhältnis von Personen zu Sachen gilt, überträgt sich ebenso auf das Verhältnis von Person zu Person, inspiriert von der Idee einer Freiheit, die sich im Kontext ihrer sozialen Einbindungen erfüllt (LL 173). Der Personenverbund kommt in Krauses Denken nicht künstlich zur Individualexistenz hinzu; er stellt vielmehr eine natürliche Form menschlicher Freiheitsverwirklichung dar. Man muss und sollte daher nicht, wie es moderne Spieltheoretiker und Kontraktualisten zu tun pflegen, Familien, Vereine und Gesellschaften sekundär aus den Interessen eines primär als für sich bestehend gedachten Individuums herleiten. Sozialvertragstheorien behandeln fälschlich als emergent, was essentiell ist. Sozialität aber ist nicht kontingent, sondern konstitutiv für den Menschen. Denn es ist, schreibt Krause, gar »keine [...] Geselligkeit der Menschen möglich, ohne dass sie schon [...] als Menschen überhaupt gesellig sind.« (U 79)[216]

Der Mensch kann, anders als das Tier, Bindungen aus freien Stücken eingehen sowie freiwillig wieder lösen. Menschen benötigen einander keinesfalls nur zum Nutzentausch und zur wechselseitigen Mängelbeseitigung. Sie vereinigen sich auch zu edleren Zwecken.[217] Über die wechselseitige Defizitkompensation hinaus streben sie die Vervollkommnung ihrer selbst und ihrer Umwelt an, um sie in eine immer freiheitskonformere Lebenswelt zu veredeln (LL

215 | Ahrens, *Rechtsphilosophie*, S. 467ff.

216 | Auch Martha Nussbaum vertritt einen relationen Begriff der Person, zu dem konstitutiv das Merkmal der Sozialität gehört; sie grenzt sich ebenso wie Krause von den apolitischen Modellen der Kontraktarier ab und bestimmt die »idea of the human being as ›by nature‹ political« (*Frontiers of Justice*, S. 86) und stellt klar, dass der Begriff der Person »the ideas of a fundamental sociability and of people's ends including shared ends« einschließt (ebenda, S. 86), mit der Folge: »The good of others is an important part of one's own scheme of goals and ends« (ebenda, S. 91).

217 | Ebenso streitet Martha Nussbaum gegen die »very fundamental idea of classical liberalism, namely that the goal and *raison d'être* of social cooperation is mutual advantage« (*Creating Capabilities*, S. 150).

149).[218] Geselligkeit entsteht – damaligen Sozialvertragstheorien wie heutigen Spieltheorien zuwider – nicht allein durch die unvermeidliche Koexistenz von »charakterlosen Vernunftpersonen«, sondern gerade auch durch freigewählte Kooperation und Kollaboration von »charaktervollen Personen« (ERB 41). Die Theorie der Freiheit darf daher Personenverbindungen nicht lediglich als Institutionen zur Befriedigung niederer und zwingender Bedürfnisse rekonstruieren. Sie muss sie auch als Verbünde zur freiwilligen Wertschöpfung begreifen. Gerade auch die das materielle Dasein überschießenden Momente eines *freien* Geselligkeitsverlangens sind zu würdigen: der Hang zu kulturvermittelter Selbststeigerung, symbolischer Kommunikation und spiritueller Kontemplation, sowie der Wunsch zu vereintem, sittlichen Engagement im Dienste der Freiheit und Würde anderer.[219]

Krauses Sozialphilosophie misst daher Personenvereinigungen größte Bedeutung bei. Institutionen – wie beispielsweise solche, die sich der Pflege von *Kunst, Wissenschaft* und *Religion* (LL 198) widmen – drücken in ihren Zielen und in den dieselben fördernden Lebensformen die Idee der Freiheit aus. Sie liefern der Gesellschaft Muster herrschaftsarmer Vergemeinschaftung und verantwortlicher Selbstbindung. Auch wenn Organisationen im Rahmen ihrer Mission die Freiräume ihrer Mitglieder mitbestimmen und einschränken, kann dies als (qualitative) Verwirklichung, nicht als (quantitative) Verengung von Freiheit begriffen werden (U 318ff.), sofern sie in ihren Verfahren und Zielen auf persönlicher Freiheit aufbauen, innere und äußere Offenheit bieten, demokratisch verfasst sind usw. Krauses Freiheitsidee wirkt somit zugleich rekursiv und prozedural: Was die interpersonale Institutionalisierung von Freiheit legitimiert, limitiert sie auch. Vergemeinschaftung ist nicht Selbstzweck, sondern soll Individuen helfen, ihre Freiheit zu betätigen und zu bestätigen. Illiberale Kollektive sind Krauses Sache daher nicht.

Das Thema, wie individuelle Freiheit durch kollektive Freiheit komplementiert und komplettiert wird, entwickelt Krause mit viel Liebe zum soziologischen Detail ausgehend von der Familie, über weitere Sozialverhältnisse (Gemeinde, Stadt) und schließlich im Ausgriff auf substaatliche und staatliche, zwischenstaatliche und überstaatliche Ordnungen, ja die ganze Welt. Jene »innere Geselligkeit« des Menschen führt, Krause zufolge, letztlich auf die Idee

218 | Nochmals der Vergleich mit Martha Nussbaum: sie erstrebt eine »gradual formation of an interdependent world in which all species will enjoy cooperation and mutually supportive relations. Nature is not that way and never has been. So it calls, in a very general way, for the gradual supplanting of the natural by the just.« (*Frontiers of Justice*, S. 399f.)

219 | So konstatiert auch Martha Nussbaum, der Zweck von »social cooperation is not to gain an advantage; it is to foster the dignity and well-being of each and every citizen« (*Frontiers of Justice*, S. 202).

der »Einen Menschheit«, der – dem Begriffe nach – alle Personen, nah und fern lebende Menschen, gegenwärtige genauso wie zukünftige Generationen an- und zugehören (U 72). Je mehr ein Mensch sich in seinem Sinnen und Trachten an dieser Idee ausrichtet, so Krause, um so harmonischer wird er mit anderen koexistieren und kooperieren (U 72). Die menschliche Freiheit ist von Grund auf kosmopolitisch und intergenerational ausgerichtet.

Um ein harmonisches Miteinander der diversen Sozialverbände zu ermöglichen, fällt dem Staat eine wichtige Ordnungsaufgabe zu. Dabei hat sich der Staat »aber nur von seiten des Rechts und für das Recht« auf alle substaatlichen Vereinigungen zu beziehen (NR 226). Er soll das Kommunitäre nicht dirigieren, sondern die Subsidiarität und Autonomie der Vereinigungen fördern (VR 84f.).[220] Krauses Freiheitstheorie führt auch in diesem Bereich zur Umwertung bisheriger gedanklicher Ableitungsverhältnisse. Vergemeinschaftete Freiheit hat, wie jede andere Freiheit auch, einen vorpositiven Anspruch darauf, rechtlich anerkannt zu werden. Während in den damaligen Rechtstheorien der Staat sozialen Vereinigungen nahezu gnadenhalber Rechtsfähigkeit verleiht, insofern diese dafür gute Gründe vorbringen können, fordert Krause das Gegenteil. Der Staat habe, sofern nicht gute Gründe – wie mangelnde Rechtskonformität und Freiheitlichkeit (G II 134) – dagegen sprechen, Vereinigungen zur kollektiven Freiheitsausübung stets durch die Verleihung positiver Rechtsfähigkeit anzuerkennen.

Schon zu Beginn des 19. Jahrhunderts schreibt Krause also eine Theorie bürgergesellschaftlichen Engagements und intermediärer Organisationen,[221] die bereits den erst später rechtsdogmatisch ausgeformten Begriff der *juristi-*

220 | Elias Díaz preist (in: Elias Díaz, »Krausismo e Institución Libre de Enseñanza: Pensamiento social y politico«, in: Universidad de Jaén [Hg.], *Jornadas homenaje a Giner de los Ríos*, Cádiz; Ronda 1999, S. 234) die krausistische »concepción organicista de la sociedad«, weil in ihr die individuelle Freiheit ebenso wie das soziale Ganze ihren angemessenen Ort finden. Ihm zufolge ist das krausistische Drängen auf »subsidiariedad« nicht bloß Ausdruck von Effizienzverlangen zu verstehen. Vielmehr drücke es in positiver Weise das Miteinander individual-persönlicher und sozial-persönlicher Freiheit in einem offenen »pluralismo« aus. Krauses Gesellschaftslehre verhindere so »la absorción y consecuente disolución del individuo en el todo social o en las plurales asociaciones.« (Ebenda)

221 | Zur Stellung der intermediären Organisationen bei Krause vgl. bereits: Georg B. Mollat, *Lesebuch zur Geschichte der deutschen Staatswissenschaft von Kant bis Bluntschli*, Osterwieck 1891, S. 97-104. Der Aufsatz Johannes-Michael Scholz, »Legitimationspraktiken krausistischer Dezentralisierungspolitik«, in: *Ius Commune*, 12 (1984): 117-163 zeigt, orientiert an Krauses Leitbegriff der »Lebenskreise«, minutiös und sehr lesenswert den Eingang krausistisch-susidiaritätstheoretischen Gedankengutes in die spanische Rechtspolitik der letzten hundert Jahre auf. Ebenfalls instruktiv: Querol Fernández, *La filosofía del derecho de K. Ch. F. Krause*, S. 415ff.

schen Person vorwegnimmt.[222] Jene subsidiäre Gesellschafts(rechts)lehre stellte seiner Zeit ein Novum dar (AR 171). Immerhin konnte Krause darlegen, dass Prozesse der organisierten Vergemeinschaftung immer schon etwas anderes sind als ephemere Rechtsbeziehungen (beispielsweise ein Kauf), rein funktionale Zweckpartnerschaften (beispielsweise Handelsgesellschaften) oder eher konventionell geprägte Lebens- und Rechtsverhältnisse (beispielsweise die Familie). Folglich gebührt den wissentlich und willentlich hervorgebrachten Sozialorganisationen ein Recht *sui generis*. Sie sind als Manifestationen bewusst-kollektivierter Freiheit und nicht nur instrumentell zu betrachten, etwa im Hinblick auf die von ihnen erwirtschafteten Güter oder erbrachten Funktionen. Diese theoretische Erkenntnis muss zu ihrer praktischen Anerkennung führen. Wo Bürgervereinigungen ganz in diesem Sinne als Entwicklungs- und Gestaltungsformen von Freiheit erkannt werden, folgt die anti-etatistische Einsicht auf dem Fuße, dass weite Gebiete der öffentlichen Ordnung »von unten«, d.h. aus privater und freiwilliger Kooperation erwachsen können und sollten, anstatt »von oben« dekretiert werden zu müssen.[223]

Das enorme Potential, mithilfe dieses Ansatzes das Verhältnis von Gesellschaft und Staat auf der Grundlage von kollektiver Freiheit neu zu denken, blieb seinerzeit nicht unbemerkt.[224] Für die heutige Betrachtung sticht Zweierlei hervor: Indem Krause betont, dass die freiwillige Einbindung in Kollektive

222 | Erst Krauses Schüler verwenden den auch heute üblichen Terminus der »juristischen Person«. Krause spricht hingegen noch mit der römischrechtlichen Tradition von »gesellschaftlichen Personen« oder, in seiner eigenen Kunstsprache, von »Vereinselbwesen« (VR 241). Zum krausistischen Umgang mit dem Spannungsverhältnis natürliche Personen versus juristische Gesamtpersonen vgl. grundlegend die Schriften des spanischen Krausisten Francisco Giner de los Ríos: *La persona social: estudios y fragmentos*, Madrid 1899.

223 | Vgl. José Luis Malo Guillén, *El pensamiento económico del krausismo español*, Madrid 1999.

224 | Heinrich Ahrens baute Krauses Gedanken anhand einer Unterscheidung zwischen »Korporation« und »Assoziation« zu einer Theorie der Bürgerlichen Gesellschaften und Handelsgesellschaften aus; siehe Peter Landau, »Gesellschaftliches Recht und das Prinzip freier Körperschaftsbildung in der Rechtsphilosophie von Heinrich Ahrens«, in: Gerhard Dilcher und Bernhardt Distelkamp (Hg.), *Recht, Gericht, Genossenschaft und Policey Studien zu Grundbegriffen der germanistischen Rechtshistorie*, Berlin 1986. Hervorzuheben ist zudem der Einfluss Krauses auf Lorenz von Stein und Robert von Mohl. Robert von Mohl hat selbst positiv zum Einfluss Krauses auf sein Denken Stellung genommen, vgl: *Die Geschichte und Literatur der Staatswissenschaften in Monographien dargestellt – 3 Bände*, Graz 1960 (Originalausgaben: Erlangen 1855-1858), S. 245. Und Klaus Fischer sieht »Lorenz von Stein in der gedanklichen Nachfolge von K. Chr. F. Krause«, in: *Die Wissenschaft der Gesellschaft: Gesellschaftsanalyse und*

ein wichtiger Ausdruck individueller Freiheit ist, grenzt er sich zum einen von atomistischen Liberalismen ab. Indem er in der Freiheit auch den Geltungsgrund jener Bindungen ansieht, unterscheidet er sich zum anderen aber auch von seiner Zeit als »romantisch« und heute als »kommunitaristisch« titulierten Positionen.[225] Das zeigt schon seine Terminologie: Die in der deutschen Soziologie später so beliebte Unterscheidung zwischen »Gemeinschaft« und »Gesellschaft« hat Krause zwar vorweg genommen (U 62).[226] Jedoch bewertete er *Gesellschaften* als erstrebenswerte, da freiheitlich, nämlich wissentlich und willentlich, etablierte Vereinigungsformen. *Gemeinschaft* entsteht durch Lebenszusammenhang, bisweilen ohne freien Willen: »Gemeinschaft kann durchs Schicksal aufgezwungen sein, nicht Gesellschaft.« (ERB 49) Letztere setzt dagegen Vereinigungsvorsatz und damit den bewussten Willen zur Selbstintegration in ein höheres Ganzes voraus.

Bei allem Respekt für naturwüchsige Gemeinschaften wie die Familie findet sich daher bei Krause eindeutig nicht der später bei Ferdinand Tönnies (1855-1936) und danach vor allem dann bei Werner Sombart (1863-1941) vorherrschende pejorative Zug, welcher in Gesellschaften bloß sittlich-ausgedünnte Gemeinschaften sieht (U 62). Denn »Gesellschaft ist Vereinigung individueller Thätigkeit zu einem gemeinsamen Werk [...].« Insofern verdient erst die »frei anerkannte und individuell wechselseitig belebte Gemeinschaft« die Auszeichnung »Gesellschaft« (ERB 49). Krause vertritt also keine staatshörige

---

Geschichtsphilosophie des Lorenz von Stein unter besonderer Berücksichtigung seines gesellschaftswissenschaftlichen Entwurfs, Frankfurt a.M. 1990, S. 109 m.w.N.

225 | Einflüsse der krauseschen Soziologie auf die Sozialphilosophie Spencers werden von spanischen Krauseforschern als gewiss angesehen: »Spencer será deudor, ciertamente, de Krause, al retomar la idea de que la sociedad es un organismo y que la evolución es por esencia orgánica.« (Esteban Mateo, *El krausismo*, S. 35) Vor allem aber liegt ein Einfluss der krauseschen Lehre auf die spanische Soziologie – vor allem im Werk von Perez Pujol (1830-1894) – nahe; siehe Manuel Núñez Encabo, *Manuel Sales y Ferré: Los orígenes de la sociología en España*, Madrid 1976.

226 | Man kann von Krause eine begriffsgeschichtliche Linie zu Ferdinand Tönnies ziehen. Der philosophische Lehrer von Tönnies – Rudolf Eucken – verehrte Krauses Philosophie und hat insbesondere seiner Sozialphilosophie intensive Studien gewidmet, wie dem momentan in Jena erforschten Eucken-Nachlass zu entnehmen ist (diesen Hinweis verdanke ich Dr. Uwe Dathe, Jena). Sachliche Übereinstimmungen gibt es zuhauf. Tönnies' organischer Grundansatz der Soziologie (vgl. § 2 in: Ferdinand Tönnies, *Gemeinschaft und Gesellschaft Grundbegriffe der reinen Soziologie*, Berlin 1912) ist klar im Sinne Krauses. Und auch Tönnies' Reflexionen über die Begriffe »Willkür/Kürwille« finden sich bereits bei Krause vorgedacht (VR 317). Jedoch – und dies ist entscheidend – Krauses Bewertung von Gemeinschaft und Gesellschaft ist der von Tönnies geradewegs entgegengesetzt.

oder volksgläubige, sondern eine bürgergesellschaftliche, keine auf entweder Blut und Boden einerseits oder auf kalten Nutzen andererseits, sondern eine auf Freiheit und Vernunft gründende Sozialphilosophie.

In diesem Zusammenhang muss noch einmal unterstrichen werden, mit welcher Deutlichkeit sich Krause gegen die Ansicht verwahrt, dass Gesellschaft und Staat durch *Wechselseitigkeit* – im vorteilsbedachten Tausch oder nutzenorientierten Gedankenspiel – zu begründen seien. Zur Erinnerung: Selbst Rechtsverhältnisse, die ohne wechselseitige Verpflichtungen gar nicht zu Stande kommen, begründen in seinen Augen nicht durch jene Wechselseitigkeit das sie ausgestaltende Recht (NR 165). Gegenseitige Ansprüche – wie sie ja allenthalben das bürgerliche Geschäftsleben kennzeichnen – können daher nicht allein durch die in ihnen kommunizierten Interessen rechtlich verbinden oder entbinden.[227] Der private Wille der Subjekte begründet nur dann Recht, wenn er sich *rechtsgemäß* bestimmt (notwendige Bedingung) und einen *legitimen* Rechtsgrund (hinreichende Bedingung) geltend machen kann.[228]

Krause rekonstruiert Verträge darum niemals allein aus ihren *negatorisch-limitatorischen* Aspekten. Verträge sind nicht bloß Instrumente, um beispielsweise Schaden oder Tauschverluste zu vermeiden oder zu kompensieren, etwa durch Vertragsstrafen, Schadenersatzregelungen etc., sondern sie erfüllen *integrativ-positive* Funktionen. Zum Schutze dieser Funktionen und durch sie bedingt wie begrenzt, kommen die negatorisch-kompensatorischen Aspekte des Vertragsrechts in den Blick: Verträge ermöglichen, dass »die Individuen [...] die Arbeit teilen« (VR 451). Verträge sind dabei von erheblicher, weit über den Nutzen, welchen sie den beteiligten Parteien stiften, hinausgehender Bedeutung. Sie schaffen Beständigkeit, Sicherheit und Vertrauen im gesellschaftlichen Verkehr, ermöglichen wirtschaftliche Vorsorge und machen so ein zentrales Moment bürgerlicher Selbständigkeit und kollektiver Freiheit aus. Eine dauerhaft verlässliche Allokation von Gütern und Leistungen über alle familiären und emotionalen Bande hinweg ist schlicht oft nicht anders zu organisieren als über das Mittel rechtlich sanktionierter Verabredung (U 218).

Aus den genannten Gründen genießt Privatautonomie auch bei Krause grundrechtlichen Schutz. Jeder einzelne private Vertrag bleibt aber stets an den alle Verträge legitimierenden Rechtsgrund rückverpflichtet, anstatt ihn zu substituieren.

227 | Wiederum ähnlich die Ansicht von Martha Nussbaum: »We acknowledge, as well, that the kind of sociability that is fully human includes symmetrical relations, [...], but also relations of more or less extreme asymmetry; we insist that the nonsymmetrical relations can still contain reciprocity and truly human functioning.« (*Frontiers of Justice*, S. 160)

228 | Vgl. Querol Fernández, *La filosofía del derecho de K. Ch. F. Krause*, S. 93.

> Den Vertrag geht lediglich die Zuteilung und Individuierung des Rechts und des Rechtsanspruchs an, nicht die Begründung (noch die Grundlage) des Rechts selbst, daher auch nach erfülltem Vertrage der Anspruch noch bleiben kann. Vertrag [sic!] ist also nur zurecht gültig, sofern der gesellschaftlich vereinte Wille in dem Rechtsgrunde seines Inhalts als möglich mitenthalten (gegeben) ist. (NR 198)

Die Rückbindung aller Verabredungen an das Recht aller als ultimative Geltungsgrundlage ermöglicht der Gesellschaft, die Einzelnen etwa davor zu schützen, aus Not oder Unwissen Verträge abzuschließen, die ihre Autonomie vernichten. Im Vertragsrecht prästrukturiert der Staat somit die private Handlungssphäre, nicht etwa um deren Selbständigkeit zu eliminieren, sondern um sie zu garantieren (NR 164). Der tradierte Kanon der allgemeinen Vertragspflichten (»Treu und Glauben«), der beiderseitigen Leistungspflichten (Antrag, Annahme), der Schuldnerpflichten (Anzeige, Antrag, Konkretisierung, Übergabe) und der Gläubigerpflichten (Aufforderung, Annahme) samt möglichen Versäumnissen wird so von Krause rekonstruiert als dem Prinzip der Freiheit immanente Beschränkungen der Vertragsautonomie (G II 170; NR 164ff.; VR 280ff.).

Auch hier fällt die Stärke der krauseschen Konzeption unmittelbar ins Auge, und zwar im Blick auf die philosophische Deutung der Gültigkeitsvoraussetzungen für Vertragsschlüsse: Fähigkeit (kein Erkenntnis- oder Mündigkeitsmangel), Abwesenheit von geistigem oder physischem Zwang, Vorhandensein eines »erlaubten« Vertragsgegenstandes (VR 342ff.). Dass die Übereinstimmung der Parteien weder durch Arglist oder Betrug herbeigeführt sein darf noch einen Irrtum über Substanz oder wesentliche Eigenschaften des Objekts beinhalten kann und dass sie wechselseitig, deckend und fristgerecht erklärt werden muss usw., wie rechtfertigen sich all diese Restriktionen? Von jenem klugen Maximierer eigener Interessen, den Vertrags- und Spieltheorien für gewöhnlich postulieren, werden sie ja, falls überhaupt, nur deshalb und als notwendige Übel akzeptiert, insofern sie die durchschnittliche Tauschrendite erhöhen: Freiheitsbeschränkungen zugunsten von Nutzengewinn. Derartigen Rekonstruktionen des Vertragsrechts gelingt also gerade nicht, was Krause beabsichtigt: Jene Qualifzierungen als Ermöglichungsbedingungen der Freiheit aller auszuweisen. Krause verteidigt, dass über jene Fairnessregeln die Freiheit der Vertragsschließenden nicht reduziert, sondern allererst etabliert wird.

Für einen gültigen Vertrag reicht es nicht, dass allein die jeweils verhandelten Interessen zum Ausgleich kommen. Das Freiheitsrecht aller hat sich darin bestätigt zu finden (VR 343). Was für Verträge zwischen Einzelnen gilt, muss umso mehr für den *Gesellschaftsvertrag* gefordert werden. Auf keinen Fall lässt sich (im Stile libertärer Theorie) der Staat lediglich als ein auf alle Bürger ausgeweiteter Privatvertrag zum gegenseitigen Interessenschutz denken.[229] Die verschiedentlichen Ziele, zu denen Menschen sich eh und je verbinden, reichen niemals hin, um – in verallgemeinerter Form – eine *Rechts*gemeinschaft zu begründen.[230] Denn jeder privatrechtliche Gesellschaftsvertrag gilt stets nur provisorisch und hypothetisch, d.h. auf der zustimmenden Willkür und dem fortbestehenden Interesse der Beteiligten basierend, keinesfalls peremptorisch und kategorisch (NR 133). Mit einer so kontingenten Ausgangsbasis jedoch lässt sich kein Staat machen, meint Krause.

Nein, ein Gemeinwesen ist weder eine Verabredung Privater noch Nebenfolge wechselseitig bedingten Rechtsverzichts und Rechtstauschs. Die Rechtsgemeinschaft besteht *unbedingt* – für das Freiheitsrecht und durch es. Bloß auf Tauschlogik aufbauende Sozialvertragstheorien können nämlich Menschen, die uns weder nützen noch schaden können (etwa Angehörige zukünftiger Generationen oder sehr weit entfernt lebende Arme) nicht in den Schutzraum unseres Rechts mit aufnehmen, da bei jedem vorteilsbedachten Tauschgeschäft stets auf die *Symmetrie* von Leistung und Gegenleistung geachtet wird. Dieses Problem stellt sich jedoch für Krause überhaupt nicht. Seine Gesellschaftstheorie dringt von vorneherein auch und gerade in streng *asymmetrischen* Verhältnissen auf die unbedingte Wahrung des Menschenrechts.[231] Ein als Verfassung niedergelegter Staatsvertrag kann daher nur als *historische Erscheinungsform*, nicht als *systematischer Geltungsgrund* von Menschenrechten angesehen werden (AR 182).[232] Umgekehrt vielmehr gilt: Das allgemeine menschliche Recht auf Recht berechtigt zum Recht, einen nationalen Staatsvertrag beziehungsweise eine Verfassung zu formulieren.

229 | Ebenso Martha Nussbaum: »The capabilities approach denies that principles of justice have to secure mutual advantage. [...] Justice is about justice, [...]. It is always very nice if one can show that justice is compatible with mutual advantage, but the argument for principles of justice should not rest on this hope.« (*Frontiers of Justice*, S. 89)

230 | »Aus der Logik der wirtschaftlichen Tauschbeziehungen heraus können aber die nicht-ökonomischen Bereiche der Gesellschaft nicht ihren Logos entwickeln. [...] Die Wirtschaft kann [...] nicht der Quellcode der Gesellschaft sein.« (Di Fabio, *Kultur*, 122)

231 | So sieht das auch Martha Nussbaum (*Frontiers of Justice*, S. 22). Wie Krause denkt sie genau der Vertrags- und Spieltheorien zugrunde liegenden Logik zuwider: »A large asymmetry of power, [...], might make questions of justice more urgent rather than, as in contractarianism, taking them off the agenda.« (Ebenda, S. 87)

232 | Vgl. Vester, *Sozialphilosophie und Sozialpolitik*, S. 15.

2.3.4 Prozedurale Politik in globaler Verantwortung

Alle Menschen sollen, so Krause, die »gleiche Gelegenheit zur Entwicklung der geistigen und leiblichen Anlagen« haben (NR 277f.); faire Lebenschancen zu schaffen, ist Aufgabe der Politik. Denen, die sich aus eigener Kraft nicht zureichend versorgen können, hilft der Staat (G II 149). Der Zugriff auf elementare Lebensgüter wie Nahrung, Wohnung und Kleidung darf nicht allein von marktwirtschaftlichen Erwerbsleistungen abhängen (G II 149). Denn es »liegt der Rechtsgrund auf nützlichen Besitz nicht in der Arbeit, sondern im Bedürfnis und zuhöchst in der vernünftigen Natur selbst.« (G II 188) Alle sollen zu einem Leben in Freiheit und Würde befähigt werden.

Zur Erinnerung: Fichte hatte noch gemeint, wer nicht arbeite und niemanden finde, der einem Nahrung schenke, solle eben »Hungers sterben, und das von Rechts wegen« (FW III/1, 119). Krause sieht dies anders. Ein wechselseitiges Bedingungsverhältnis zwischen Arbeit und Lebenserhalt lehnt er ab. Der einzelne schuldet der Gesellschaft *unbedingt*, dass er für seinen und den kollektiven Unterhalt arbeitet, sofern und soweit er kann. Umgekehrt schuldet die Gesellschaft allen die Voraussetzungen zu einer Existenz in Freiheit – ebenfalls *unbedingt*. Die beiden Obliegenheiten bedingen einander nicht; sie bestehen an und für sich.

> Ihm [sc. dem Arbeiter] selbst müssen seine leiblichen und geistigen Bedürfnisse gereicht werden, nicht weil er arbeitet, sondern weil er deren als Mensch bedarf. Wenn er daher, wiewohl es vermögend, nicht gehörig viel oder nicht auf die gehörige Weise arbeiten sollte, so ist er zwar deshalb zu bestrafen, allein es kann darauf kein Recht begründet werden, ihm irgend etwas anderes, was er wirklich anderweit[ig] rechtlich bedarf, zu entziehen. (G II 198)

Weil Krause die Rechtsordnung nicht als Tauschgesellschaft, sondern als Gemeinschaft zur allseitigen Freiheitsermöglichung auffasst (VR 531), will er allen, unabhängig von sozialen oder biologischen Zufällen, ein Leben in menschenwürdiger Freiheit ermöglichen (G II 152). Weniger John Rawls' Plädoyer für eine quantitativ-gleiche Versorgung mit *basic goods*, als vielmehr Martha Nussbaums und Amarty Sens qualitativ-differenzierter *capability*-Ansatz wäre ein heutiges Analogon dazu (vgl. hier Abschnitt 4.2.2).[233] Ebenso ist mit Naturkatastrophen und sonstigen Unglücken solidarisch umzugehen. »Naturscha-

233 | Peter Landau meint daher, es wäre mit Krause für ein nach Bedürftigkeit differenziertes Grundeinkommen samt einer pädagogischen und medizinischen Grundversorgung einzutreten. Vgl.: Peter Landau, »Karl Christian Friedrich Krauses Rechtsphilosophie«, in: Klaus-Michael Kodalle (Hg.), *Karl Christian Friedrich Krause (1781-1832) – Studien zu seiner Philosophie und zum Krausismo*, Hamburg 1985, S. 92.

den auf dem gemeinsamen Gebiete des Lebens« muss nicht »von dem nur getragen werden, den er zufällig trifft, da im Gegenteil dies eine Rechtsangelegenheit der ganzen Gesellschaft ist.« (VR 440)

Insgesamt, so Krause, soll eine vorausschauende Sozialpolitik die Postulate der persönlichen *Freiheit*, rechtlichen *Gleichheit* und wirtschaftlichen *Selbständigkeit* der Bürger miteinander ins Gleichgewicht bringen. Die historischen Experimente des *krausismo* veranschaulichen dies: Aufgrund der »unidad intrínsica entre política, filosofía y economía«[234] in Krauses Denken fühlten sich zu Ende des 19. Jahrhunderts führende spanische Krausisten veranlasst, ein sozialliberales Konzept von Wirtschaftspolitik zu entwickeln, das die divergierenden Forderungen nach sozialer Gerechtigkeit und individueller Freiheit ausbalancieren sollte. Sowohl das »libro más conocido de la corriente krausista«, die »*Estudios económicos y sociales*« (Madrid 1876) von Gumersindo de Azcárate,[235] als auch der »*Tratado de Hacienda pública y examen de la española*« von J. M. Piernas Hurtado – im späten 19. Jahrhundert über mehrere Jahrzehnte *das* Standardlehrbuch für Volkswirtschaft an spanischen Universitäten – verschrieben sich diesem Ansinnen.[236]

Außenpolitisch stritten die Krausisten zwar zumeist für eine Politik des Freihandels, innenpolitisch aber begaben sie sich in klare Distanz zur Wirtschaftstheorie des klassischen Liberalismus. Jene wirtschaftspolitischen Differenzen resultieren aus philosophischen Divergenzen, deren nähere Betrachtung uns auf einige auch für heutige Debatten erhellende konzeptionelle Ideen führt: Ab der zweiten Hälfte des 19. Jahrhunderts suchte sich die klassische sowie die neoklassische (d.h. mit der Grenznutzenschule vermählte) Ökonomik zusehends durch mathematische Methoden auszuzeichnen.[237] Man wollte das optimale Wirtschaftsgeschehen, unter weitgehender Ausblendung des Sozialen, vermittels *Deduktionen* aus allgemeinen ökonomischen Gesetzen ablesen.[238] Innerhalb jenes, auf ein Gleichgewicht der am Markt vertretenen

234 | Vgl. José Luis Malo Guillén, »La Institución Libre de Enseñanza y la ciencia económica«, in: *Sistema Revista de Ciencias Sociales*, No. 157 (2000): 93-114, S. 99.

235 | Zur realpolitischen Rolle von Azcárate vgl. ebenda, S. 105ff.

236 | Diese zunächst in Madrid 1884/85 erschienene krausistische Wirtschaftstheorie erfuhr etliche Neuauflagen und wurde bis in die 1930er weithin im wirtschaftswissenschaftlichen Unterricht eingesetzt. Dem intellektuellen Aufbau und Gedankengang nach darf dieser Traktak als mustergültig für das damalige krausistische Denken angesehen werden. Vgl. José Luis Malo Guillén, *El krausismo económico español*, 2005.

237 | Vgl. Claus Dierksmeier, »The Freedom-Responsibility Nexus in Management Philosophy and Business Ethics«, in: *Journal of Business Ethics*, 101, No. 2 (2011): 263-283.

238 | Hier ist insbesondere an die Werke von William Stanely Jevons (1835-1882) und Carl Menger (1840-1921) zu denken, in denen beide ankündigten, Ökonomik im

Kräfte ausgerichteten Paradigmas machte sich jeder äußere Eingriff in das Marktgeschehen *per definitionem* negativ bemerkbar; als Störung einander ansonsten ausbalancierender Kräfte. Darum war man gegen staatliche Intervention ins Wirtschaftsleben (vor-)eingenommen und setzte, in äußerst selektiver und bisweilen grob missdeutender Anlehnung an Adam Smith,[239] allein auf die »unsichtbare Hand« des Marktes. Soweit die Wirtschaftsphilosophie der negativen Freiheit.

Umgekehrt verfuhren die Sozialliberalen in Deutschland. Statt auf die Analyse abstrakt-allgemeiner Gesetze, setzten sie auf die empirische Untersuchung historischer Zustände. Die Methode der Wahl war die *Induktion*. Die Vertreter diverser »historischer Schulen« wollten statistisch erarbeiten, welche Maßnahmen jeweils zu wünschenswerten Wohlstandsverteilungen führten, um daraus Empfehlungen für die künftige Wirtschaftspolitik und Wohlfahrtspflege abzuleiten.[240] Der Allokationslotterie des Marktes setzten sie ein ungebremstes Vertrauen in das planerische Vermögen der Gesellschaft entgegen, die, sofern von richtigen Einsichten gelenkt, durch die *sichtbare Hand* des Staates dasjenige schon richten würden, was die *unsichtbare Hand* des Marktes so unbefriedigend erledigte: eine gerechte Wohlfahrtsverteilung. Sie verfochten eine Wirtschaftsphilosophie der positiven Freiheit.

Die krausistischen Liberalen kritisierten beide Ansätze als einseitig und suchten im Anschluss an Krauses philosophische Methodologie die Verbindung von *Induktion* und *Deduktion* in begrifflicher *Konstruktion*.[241] Damit ist

---

Sinne und in der Form mathematisierbarer Mechanik betreiben zu wollen. Siehe: Carl Menger, *Menger Untersuchungen über die Methode der Sozialwissenschaften, und der politischen Ökonomie insbesondere*, Leipzig 1883 und William Stanley Jevons, *The Theory of Political Economy*, London; New York 1871 sowie William Stanley Jevons, *The Principles of Science: A Treatise on Logic and Scientific Method*, London 1874. Zur zeitgenössischen Debatte vgl. Samuel Bostaph, »The Methodological Debate between Carl Menger and the German Historicists«, in: *Atlantic Economic Journal*, 6, No. 3 (1978): 3-16.

239 | Gegen eine Gleichsetzung von Smith's Theorie mit der *laissez-faire*-Ökonomik: Matthias P. Hühn und Claus Dierksmeier, »Will the Real A. Smith Please Stand Up!«, in: *Journal of Business Ethics* (2014): 1-14.

240 | Vgl. Gustav von Schmoller, *Über einige Grundfragen der Sozialpolitik und der Volkswirtschaftslehre*, Leipzig 1904; Werner Sombart, *Die drei Nationalökonomien: Geschichte und System der Lehre von der Wirtschaft*, München 1929. Zum Diskussionsstand seiner Zeit insgesamt vgl. Peter Koslowski, *Methodology of the Social Sciences, Ethics, and Economics in the Newer Historical School: From Max Weber and Rickert to Sombart and Rothacker*, Berlin; New York 1997.

241 | Zu Krauses Konstruktionsbegriff vgl. Dierksmeier, *Der absolute Grund des Rechts*, Kapitel III/D, V/D.

zunächst einmal gemeint, dass weder zugunsten reiner Theorie die Wirklichkeit als nebensächlich abgetan werden sollte noch zugunsten hehrer Ideale die Eigendynamik der wirtschaftlichen Sphäre vernachlässigt werden darf. Theorie und Praxis seien über einen gemeinsamen Zielhorizont aufeinander zu beziehen; Vermittlungsbegriffe müssten eigens *konstruiert* werden, um beide Sphären produktiv zu integrieren, anstatt sie gegeneinander auszuspielen.[242]

Ausgehend vom oftmaligen *aktuellen* Auseinanderklaffen von Moral und Ökonomie sowie zugleich überzeugt von der *prinzipiellen* (da freiheits- und verantwortungsbasierten) Kommensurabilität wirtschaftlicher und sittlicher Gesetze gaben die Krausisten den Ökonomen auf, wissenschaftlich zu untersuchen, wie sich Marktversagen und soziale Missstände theoretisch erklären und praktisch korrigieren ließen. Sie schreiben gewissermaßen die Wirtschaftsphilosophie einer inhaltlich ausgerichteten, negative wie positive Aspekte zugleich umgreifenden – und beide sozialverantwortlich ausgestaltenden – Freiheitsidee.

Für die Krausisten resultierte die angemessene Einflussnahme der Gesellschaft auf das Wirtschaftsleben nicht aus einem *quantitativen* Plädoyer für entweder *mehr* Staatshandeln (wie seitens des sozialistischen Liberalismus und der Vertreter positiver Freiheit) oder *weniger* (wie seitens des Manchesterliberalismus und der Anhänger negativer Freiheit), sondern vielmehr aus der *qualitativen* Vorgabe, die Freiheit aller zu ermöglichen.[243] Daraus folgt dann die wirtschaftspolitische Maßgabe, so viel wie nötig und zugleich so wenig wie möglich in das freiheitliche Wirtschaftsleben einzugreifen. Das staatliche Ausgleichshandeln erfolgt also subsidiär und sekundär zu einer primär vorauszusetzenden individuellen Vorsorge und karitativen Fürsorge.[244] Der Staat ist der *letzte Garant* freiheitlicher Lebenschancen, nicht ihr *erster Produzent*. Ein freiheitlicher Staat benötigt eine freiheitliche Ökonomie; und wo sie versagt, setzt er diese instand, nicht außer Kraft.[245]

242 | Vgl. José Manuel Piernas y Hurtado, *Tratado de hacienda pública y examen de la española*, Madrid 1891, S. 25ff.

243 | Elias Díaz verortet, in: *Krausismo e Institución Libre de Enseñanza: Pensamiento social y politico*, S. 230f., die krausistische Sozialpolitik auf der goldenen Mitte zwischen »abstencionismo« und »estatalismo«.

244 | Zunächst und zuerst sollen die Menschen einander, auf freiwilliger Basis, helfen. Wo diese Hilfe nicht ausreicht, um zu garantieren, dass ein jeder frei und selbstbestimmt leben kann, soll der Staat, so Hurtado, durch »*beneficiencia* publica« die »deficiencias de la *caridad* privada« ausgleichen, Hurtado, *Tratado de hacienda pública*, S. 116 (Herv. i.O.).

245 | So schreibt Hurtado, dass der Staat nicht »la industria por vía de especulación« betreiben und in die eigenen Hände nehmen soll, sondern nur dann und insofern auf die für Freiheit, Recht und Sicherheit notwendigen Wirtschaftsvorgänge Einfluss nehmen

In einem *idealen* Markt (d.h. in einem Markt, der nicht durch Asymmetrien von Information, Macht, Zugangschancen, Transaktionskosten usw. verzerrt ist) richtet sich individuelle Wirtschaftstätigkeit dahin, wo die größten Profite zu erwarten sind. So wird produziert, wo mit den geringstmöglichen Mitteln der größtmögliche Mehrwert erzielt werden kann, was zugleich die gesellschaftliche Ressourcenallokation optimiert. Damit fördert das private Wirtschaften, ohne dies eigens beabsichtigen zu müssen, das Gemeinwohl. Unter diesen – indes nur in den Kreidetafelwelten der Ökonomen in Reinform anzutreffenden – Voraussetzungen kann der direkte und *materiale* Eingriff des Staats in das unternehmerische Kalkül die effizienzsteigernde Lenkungsfunktion des Marktes beeinträchtigen. Sodann macht »*laissez faire*« mehr Sinn, jedoch nicht, um jene idealen Marktbedingungen zu erreichen.

Für reale Märkte gelten andere Gesichtspunkte. Vom krausistischen Standpunkt aus ist auf einer *formalen* Ausrichtung des Marktes sowie der *Rahmenvorgaben* unternehmerischen Handelns zu bestehen. Ein Schutz der öffentlichen Güter durch Regulierungen sowie leistungskonforme Steuern soll die Zugangschancen zu wirtschaftlicher Selbständigkeit kontinuierlich verbreitern und so die Voraussetzungen für faire Tauschgeschäfte verbessern. Wo dies gelingt, kann eine am Marktpreis orientierte Lohngestaltung samt der ihr entsprechenden ungleichen Vermögensverteilung gebilligt werden; und zwar nicht nur aufgrund ökonomischer Effizienz, sondern auch als Ausdruck unterschiedlichen individuellen Leistungswillens. Das aber gilt eben nur, wenn alle überhaupt die Chance haben, sich durch eigene Leistung besser zu stellen. Wo diese nicht besteht, muss die Sozialgemeinschaft aushelfen.

In der Ausarbeitung der faktischen Voraussetzungen, die ein fairer Markt bedarf, folgen die spanischen Krausisten einem Drei-Ebenen-Modell von *Individuum* (Mikroebene), *intermediären Vereinigungen* (Mesoebene) und *Staat* (Makroebene). So schreibt etwa Piernas Hurtado dem wirtschaftlichen Leben insgesamt als qualitativen *Zweck* die Versorgung aller mit angemessenen Lebens- und Freiheitsbedingungen vor, wodurch das quantitative Gewinnstreben auf die Ebene eines – so legitimen wie nötigen – *Mittels* gerückt wird, aber nicht (mehr) als *Selbstzweck* auftreten kann. Mittel und Zweck – technische und normative Rationalität – können in diesem Modell nicht gegeneinander ausgespielt werden, sondern sind konstruktiv aufeinander bezogen: Es sind Rahmenbedingungen und Anerkennungssysteme zu finden, durch die ein Staat *Wohlfahrt*, die Unternehmen *Kooperationsrenten* und die Individuen *Profit* jeweils zu Gunsten der sozialen, natürlichen und ethischen Kontexte des Wirtschaftens erlangen anstatt zu deren Lasten.[246] Die krausistische Wirtschafts-

darf, »cuando la actividad privada no se sienta capaz o no se halle dispuesta a llevarlas a cabo por si misma«, a.a.O., S. 117f.

246 | Siehe: Stoetzer, *Karl Christian Friedrich Krause*, S. 311ff.

lehre hat damit im späten 19. Jahrhundert schon etlichen erst im späten 20. Jahrhundert erneut unternommenen Versuchen vorgegriffen, auf strukturelle Weise Freiheit, Gleichheit und Selbständigkeit mit der Binnenrationalität der wirtschaftlichen Sphäre so zu vermitteln, dass zugleich die Chancen der Einzelnen und die Freiheit aller gesteigert wird. Dabei antizipierten die spanischen Krausisten den um die Wende ins 20. Jahrhundert stattfindenden »Methodenstreit« und »Werturteilsstreit« in der Ökonomik – und formulierten einen wirtschaftsphilosophischen Standpunkt, der auch für die gegenwärtige Debatte noch viel Anregungspotential birgt (zur momentanen Lage der Ökonomik vgl. unten die Abschnitte 4.1.3, 4.2.1 und 5.2).[247]

Wirtschaftspolitik wird von der verfassungsmäßigen Ordnung begünstigt oder behindert. Im Interesse der Freiheit aller votiert Krause für eine föderal-subsidiäre Verfassung, in der die Souveränität nicht einer einzelnen, übergeordneten Staatsgewalt übertragen, sondern von den Bürgern und den legislativen, exekutiven und judikativen Gewalten gemeinsam ausgeübt wird (VR 528).[248] Zufolge seines Freiheit zur Methode machenden Denkens erstrebt er eine politische Ordnung, welche die Bürger nicht bloß als passive Objekte behandelt, sondern als aktive Subjekte in die staatliche Willensbildung mit ein-

247 | Zur zeitgenössischen Debatte damals vgl. Jürgen Backhaus und Reginald Hansen, »Methodenstreit in der Nationalökonomie«, in: *Journal for General Philosophy of Science*, 31, No. 2 (2000): 307-336. Zur Rolle von Amartya Sen in der gegenwärtigen Ökonomik siehe Steven Pressman und Gale Summerfield, »The Economic Contributions of Amartya Sen«, in: Steven Pressman (Hg.), *Leading Contemporary Economists: Economics at the Cutting Edge*, London; New York 2009.

248 | Hinsichtlich der regionalen Gliederung des Staates unterscheidet Krause Gemeinden und Provinzen beziehungsweise Stämme und Gesamtvolk und stellt auf eine separate, föderale und subsidiär geordnete Gliederung der Verwaltungsordnungen ab (VR 349). Sein Schüler Heinrich Ahrens denkt Krause weiter und will einen Föderalismus etablieren, der zwischen den Extrempositionen, der Staat sei nur die Summe der Gemeinden oder die Gemeinden seien bloße Agenten des Staates, die goldene Mitte mithilfe von Krauses »Lebenlehre« sucht, nach der jedes höhere Leben sich durch eine gemäßigte Transformation der von ihm gleichwohl als selbständig affirmierten Glieder auszeichnet (Heinrich Ahrens, *Die organische Staatslehre auf philosophisch-anthropologischer Grundlage*, Wien 1850, S. 221ff.). Vgl. zur rechtspolitischen Aneignung dieser Gedanken im Krausismo: Johannes-Michael Scholz, »Krausistische Staatskritik in der spanischen ›Restauración‹«, in: Christoph Bergfeld (Hg.), *Aspekte europäischer Rechtsgeschichte: Festgabe für Helmut Coing zum 70 Geburtstag*, Frankfurt a.M. 1982, S. 323-348, S.335), sowie Scholz, *Legitimationspraktiken krausistischer Dezentralisierungspolitik*, S. 117-163.

bezieht. Der Bevölkerung soll Freiheit auch prozedural eingeräumt werden; sie ist an der Rechts- und Gesetzgebung zu beteiligen.[249]

Die spanischen Krausisten setzten diesen Gedanken auch direkt um, wie ein Beispiel aus dem Jahr 1883 illustrieren mag: die Volksbefragung zur ›cuestión social‹ durch Gumersindo de Azcárate (1840-1917).[250] Damals drohte die spanische Gesellschaft am Gegensatz von Arbeit und Kapital auseinanderzubrechen. Zur Bewältigung eklatanter sozialer Ungleichheit empfahlen monarchistische Kräfte der spanischen Gesellschaft einen Schritt in Richtung Vergangenheit: die gewaltsame Restauration der vormodernen Sozialordnung. Umgekehrt setzten sozialistische Gruppen auf gewaltsame *Revolution* in Richtung auf eine egalitäre Zukunft. Die Krausisten setzten gegenüber diesen beiden dirigistischen Alternativen ganz auf eine partizipative Lösung: die friedliche *Reform* der gegenwärtigen Verhältnisse unter Beteiligung der Bevölkerung. Auf die Fähigkeit zur aufgeklärten Selbststeuerung der Gesellschaft vertrauend veranlasste Azcárate eine landesweite »Encuesta« über die soziale Frage, welche maßvolle sozialpolitische Forderungen dokumentierte. Das erbrachte eine Befriedung des Streitklimas und ermöglichte es den Krausisten, etliche zuvor nicht durchsetzbare sozialpolitische Forderungen zu verwirklichen und so den Konflikt dauerhaft zu entschärfen. Ein »proof of concept« für die von den Krausisten favorisierte Möglichkeit deliberativer Politiksteuerung und das dahinter stehende harmonistische Gesellschaftsmodell.

Die Integration des Volkswillens in die Gesetzgebung darf jedoch Krause zufolge niemals um den Preis des Rechtsprinzips vorgenommen werden: »Dadurch dass einer oder Millionen sich in völliger Übereinstimmung zu einer Handlung entschließen, wird selbige weder gerecht noch ungerecht.« (NR 228) Demokratie darf niemals zur Tyrannei der Mehrheit ausarten (AR 192). Erst die systematische Vermittlung des empirischen Volkswillens mit der normativen Rechtsidee ergibt ein das Staatshandeln legitim bestimmendes Moment.[251] Dem schieren Willen des Staatsapparats oder der Bevölkerungs-

249 | Zum Status der demokratischen »Mitwirkung aller Rechtspersonen« an der Gesetzgebung vgl. auch Landau, *Karl Christian Friedrich Krauses Rechtsphilosophie*, S. 90f.

250 | Dazu: Johannes-Michael Scholz, »La función sociopolítica del krausismo«, in: Friedrich Ebert Fundación (Hg.), *Reinvindicación de Krause*, Madrid 1982, S. 87-99.

251 | Vgl. dagegen den Rechtsbegriff im zeitgenössischen *Rechtslexikon*: »Der in allen Einzelnen gemeinschaftlich lebende und wirkende Volksgeist erzeugt das positive Recht«; und: »Die Grundlage ist das gemeinsame Bewusstsein des Volkes; dieses erkennt man, indem es sich in äußeren Handlungen offenbart, indem es in Übung, Sitte und Gewohnheit heraustritt, an der Gleichförmigkeit einer fortgesetzten, also dauernden Handlungsweise erkennt man seine gemeinsame, dem bloßen Zufalle entgegengesetzte Wurzel, den Volksglauben.« (Weiske und Bopp, *Rechtslexikon*, S. 152f.)

mehrheit darf die Freiheit niemals ausgeliefert werden. Gehorsam schulden die Bürger nur einer rechtmäßigen Regierung.

> Blinden Gehorsam kann einmal ein Staat durchaus nicht von seinen Bürgern verlangen, sondern freien, d.i. einen Gehorsam, der sich auf eigene Anerkennung der Vernünftigkeit der Gesetze gründet; außerdem würde der Staat die Bürger zu Maschinen machen, also selbst der Vernunft hinderlich sein und seine eigene Bestimmung entweihen. (G II 173)

Das Gemeinwohl ist für Krause nämlich nicht einfach der kleinste gemeinsame Nenner aller faktischen Interessen. Der Allgemeinwille gleicht nicht dem Mehrheitswillen, sondern muss aus jenem erst durch Instanzen einer am Rechtsprinzip orientierten Gesetzgebung ermittelt werden (VR 523, Heft). Der *legitime* Volkswille existiert daher gar nicht *vor* und außerhalb rechtsstaatlicher Prozeduren, sondern erwächst allererst *aus* ihnen (VR 522).[252] Man kann demokratische Substanz und rechtsstatliche Form also nicht voneinander trennen oder gegeneinander ausspielen. Prozeduren und Prinzipien bedingen und benötigen einander.

Nur sofern es sich *rechtskonform* regiert, »ist das Volk selbst der alleinige Rechtverwalter, Selbstherrscher, Autokrat« (LL 207); nur dann liegt ein »Gemeinwesen, res publica, im ganzen, echten Sinne« vor (LL 207). Unter dieser strengen und öfters unerfüllten Voraussetzung gilt »das, was die Gemeinde als Recht festsetzt, auch [als] an sich Recht« (LL 211). Wo diese *rechtliche* Repräsentation des Volkswillens gelingt, zieht Krause die Idee parlamentarischer Demokratie der seiner Zeit vorherrschenden Regierungsform konstitutioneller Monarchie vor (VR 541, Anm.). Auch und gerade die Demokratie ist also dem Recht verpflichtet und dieses der Freiheit, weshalb Krause eine transparente Politik der »absoluten Publicität« fordert (ERB 109). Legislative »Verfügungen müssen Publicität haben, d.i. öffentlich beschlossen, öffentlich bekannt gemacht werden und zu jeder Stunde jedem zur Durchsicht offenliegen.« (G II 167) Ähnlich wie Kant vertritt Krause: »Der Grund der absoluten Publicität der Staatsgewalten ist positiv, nicht Misstrauen und Furcht vor Unterdrückung.« (ERB 109) Publizität fördert Beteiligung. Individuelle Freiheit und kollektive Freiheit finden so aneinander ein Regulativ, um gemeinsam den demokratischen Willen zu konstruieren und einander dadurch wechselseitig zu optimieren.

Auch diese Wendung zu einem transparenten, dialogorientierten und selbstkritischen Politikmodell wurde von spanischen Krausisten weiter aus-

---

252 | Diese Unterscheidung zwischen unvermittelter *Volkssouveränität* und rechtlich beziehungsweise institutionell vermittelter *Nationalsouveränität* wird vor allem von Krauses Schüler Heinrich Ahrens weiter ausgearbeitet; vgl. exemplarisch: Ahrens, *Die organische Staatslehre auf philosophisch-anthropologischer Grundlage*, S. 197, Anm.

gearbeitet.[253] Sie wollten keine statische-etatistische, sondern eine gesellschaftlich-dynamische Politikgestaltung, d.h. eine Politik, die im Lichte ihrer eigenen freiheitlichen Leitidee beständig diskursiv fortgebildet wird. Anstatt, wie viele kontinentaleuropäische Liberale, vorrangig bereits erreichte Freiheiten zu verteidigen, zielten sie auf die Eroberung neuer Freiheiten.[254]

Freiheitssteigernde Politik bedarf staatlicher Institutionen. Krause stand damals aufkommenden Theorien vom baldigen Absterben des Staates darum skeptisch gegenüber. Das Unrecht (und somit die strafrechtliche Staatstätigkeit) könne wohl mit einer fortschreitenden Verbesserung der Lebensverhältnisse abnehmen (NR 230). Aber auch falls das Verbrechen einmal ganz gegen Null reduziert werden könnte, »würde nur die polizeiliche Aufsicht und die Strafe wegfallen, nicht aber das Recht.« (VR 360) Alles andere hieße, das (negierende) Straf- und Ordnungsrecht mit dem Ganzen des Rechts verwechseln und somit den (positiv-affirmativen) Charakter des Rechtsstaats verkennen (NR 239): denn »der Staat ist nicht eine Anstalt ursprünglich, um das Unrecht zu verhüten und zu vernichten, sondern er ist vielmehr die gesellschaftliche Anstalt, das Recht selbst zu verwirklichen [...].« (LL 192f.)

Dies Votum für den Rechtsstaat kommt keinesfalls einer Seligsprechung des Nationalstaats gleich.[255] Der »Volksstaat, welchen man gewöhnlich unrichtigerweise allein [...] den Staat nennt« (AR 179), nimmt zwar eine prominente Stellung im Kreise der rechtswahrenden Institutionen ein, darf aber niemals verabsolutiert werden (LL 203). Denn dem Volk als *ethnischer* Größe wird von

253 | Der Krausist, so heißt es in einer vielzitierten Studie von López-Morillas, »es liberal porque el liberalismo politico es un postulado necesario de la doctrina de Krause, ya que, al mantener que no hay más autoridad que la razón, el krausismo subraya que el libre ejercicio de ésta es imposible bajo un régimen político fundado en el cesarismo o la arbitrariedad. Decir liberalismo es [...] decir proyección política del racionalismo armónico y luchar en pro de aquél es coayudar a la implantación de éste. [...] El krausista no abrazaba el liberalismo por simple preferencia o capricho, sino que necesariamente tenía que ser liberal si quería mantenerse fiel al espíritu de la doctrina que profesaba.« (López-Morillas, *El krausismo español*, S. 176)

254 | Vgl. Julián Sanz del Río, »El derecho y el Estado según Krause«, in: *Boletín de la Institutción Libre de Enseñanza*, 6 (1882), S. 269.

255 | Besonders wichtig erscheint, dass Krause die Ablösung des Nationalstaats als Denkmodell der sozialen Vereinigung weit über hundert Jahre eher vollzog als die nachfolgenden Sozialwissenschaften, vgl. Teresa Rodriguez de Lecea, »Der spanische Krausismo als praktische Philosophie«, in: Klaus-Michael Kodalle (Hg.), *Karl Christian Friedrich Krause (1781-1832) Studien zu seiner Philosophie und zum Krausismo*, Hamburg 1985, S. 202. Zu einer heutigen Kritik des »methodologischen Nationalismus« vgl. Ulrich Beck und Edgar Grande, *Das kosmopolitische Europa: Gesellschaft und Politik in der zweiten Moderne*, Frankfurt a.M. 2004.

Krause, gegen alle zeittypischen Tendenzen, keine übermäßige Bedeutung beigemessen. Zum einen legt er ausführlich dar, wie sich rechtliche Strukturen auch unterhalb und außerhalb des nationalstaatlichen Rahmens herausbilden.[256] Zum anderen denkt er strikt kosmopolitisch und verwirft jede Form von Vaterlandsliebe, die das Ausland abwertet.[257] Nationales Recht legitimiert sich bei Krause eindeutig nicht (wie im Rechtspositivismus) durch sich selbst, sondern durch seinen funktionalen Beitrag zur Freiheit aller, d.h. konkret, um durch die Institutionalisierung politischer Autonomie jedermann »sein Menschenrecht zu leisten« (VR 350). Nationale Gesetze, sagt Krause ausdrücklich, seien stets im Hinblick auf die mögliche »Einstimmung [...] der ganzen zugleich lebenden Menschheit« zu verfassen (ebenda). Entsprechend statteten lateinamerikanische Krausisten die *kosmopolitische* und *intergenerationale* Verpflichtung aller nationalen Politik mit Verfassungsrang aus.[258]

Ein Volk ist für Krause schlicht das kulturelle Korrelat einer Rechtsgemeinschaft (LL 206). Nationen sind nur als Repräsentanten der Menschheit legitimiert, Rechtsnormen zu erlassen und zu sanktionieren. Insofern verbietet sich der Gedanke eines nationalistischen Liberalismus von selbst (NR 230, VR 352). Krause verwirft die von Fichte und Hegel propagierte Annahme, dass sich der Weltgeist bevorzugt in bestimmten Nationen und zuhöchst im deutschen Volk realisiere. Dem hält er entgegen, dass »nur alle jetzt lebenden Menschen zusammengenommen und ihrer Einheit und Zusammenstimmung gedacht als Repräsentanten der Vernunft selbst angesehen werden« sollen (G II 156f.). Bei

256 | Vgl. Vester, *Sozialphilosophie und Sozialpolitik*, S. 11ff.; nach Elias Díaz hat zur guten Aufnahme der krauseschen Lehre in Spanien erheblich beigetraten, dass sie die »exaltación hegelinana del Estado« nicht mitmacht und eine zwischen Staat und Gesellschaft strikt trennende Denkhaltung begünstigt, Díaz, *Krausismo e Institución Libre de Enseñanza: Pensamiento social y politico*, S. 64, Anm.

257 | So erklärt sich Krause etwa im November 1815 seinem Vater gegenüber: »Um das deutsche Volk zu achten und zu lieben, brauche ich kein anderes Volk ungerecht zu hassen.« (*Briefe* 435)

258 | Die argentinische Verfassung von 1853 kann in wesentlichen Momenten als krausistisch ausgewiesen werden (siehe: Julián Barraquero, *Espíritu y práctica de la ley constitucional argentina*, Buenos Aires 1878), etwa darin, dass sie sich *an alle Menschen* und nicht nur an das argentinische Volk richtet, dass die Grundrechte aus dem *Persönlichkeitsrecht* hergeleitet werden, Souveränität nur der gesamten Gesellschaft zuerkannt wird und dass in ihr eine durchgängig subsidiär-dezentrale Machtverteilung vorgesehen ist; vgl. Carlos Otto Stoetzer, »Raíces intelectuales de la Constitución argentina de 1853«, in: *Jahrbuch für Geschichte Lateinamerikas = Anuario de Historia de América Latina (JbLA)*, No. 22 (1985): 295-339; sowie Claus Dierksmeier, »Harmonischer Liberalismus am Rio de la Plata«, in: *Liberal, Vierteljahreshefte für Politik und Kultur*, 50 (2008): 46-49.

Krause gibt es also keinen Weltgeist, der hinterrücks – mal mit dieser Nation, mal jener paktierend – die Geschicke der Geschichte lenkt. Krause interessiert die Menschheit insgesamt und ihre gemeinsame kosmopolitische Vernunft.[259]

Geschichte ist der ergebnisoffene Prozess menschlicher Freiheit (LL 160). Der individuellen wie kollektiven Freiheit entspricht die Offenheit der menschlichen Geschichte.[260] Die menschlichem Handeln und Sozialleben zu Grunde liegende Freiheit ist, obschon nicht regellos chaotisch, dennoch sowohl im Einzelnen wie insgesamt unvorhersehbar (VR 200). Zwar müsse die Menschheit in ihrer ethischen Entwicklung notwendig fortschreiten, sofern sie überleben wolle (LL 129), aber dieses Überleben ist eben nicht garantiert, »denn es könnte sogar ein eignes Unglück dieser Menschheit sein, dass ihr Leben in der Jugend erlösche« (LL 175). Ob es dazu kommt, kann allein die Erfahrung zeigen. (LL 213, Anm.). Der biologisch nicht auf bestimmte Daseins- und Verhaltensformen festgelegte Mensch kann mit seinen kollektiven Projekten ebenso scheitern wie mit seinen individuellen (LL 160). Eine spekulativ vorgezeichnete Weltgeschichte gibt es daher bei Krause nicht.

Historisches Handeln wird vom jeweiligen Geschichtsverständnis beeinflusst (LL 22f.). Ob die Menschheit ihre Aufgaben bewältigt, hängt von ihrem jeweiligen Freiheitsgebrauch ab – und dieser folgt nicht zuletzt ihrem Freiheitsverständnis (NR 262). Die intellektuelle und die praktische Realisierung der Freiheitsidee beeinflussen einander (VR 200). Eine fatalistische Weltsicht kann soziale Emanzipationsbestrebungen lähmen, eine freiheitliche Theorie hingegen emanzipativ wirken (G II 119). Die Betrachtung der Kulturgeschichte wird also durch die allgemeine (Gattungs-) wie die je besondere (Individual-) *Geschichte der Freiheit* mitbestimmt (LL 401ff.). Entsprechend lässt sich einerseits von einem historischen Fortschritt zum und im Freiheitsbewusstsein sprechen, ohne doch andererseits nahezulegen, dass daraus Gewissheiten über den zukünftigen Geschichtsverlauf, beispielsweise über die Verbreitung freiheitlicher Systeme, zu folgern wären (LL 160).[261]

Geschichtlich denken heißt also, auf Deutungen zu setzen und auf Eindeutigkeit zu verzichten. Auch Krause nimmt solche Geschichtsdeutungen vor. Beispielsweise sieht er das Europa seiner Tage begriffen im allmähli-

259 | Vgl. León Esteban Mateo, »El krausismo en España: Teoría y circunstancia (I)«, in: *Historia de la Educación*, 4 (1985): 97-118.

260 | Vgl. Alfred Theodor Schneider, *Karl Christian Friedrich Krause als Geschichtsphilosoph*, Leipzig 1907, S. 37.

261 | Die Geschichtsphilosophie Tiberghiens expliziert diesen Gedankenkomplex Krauses, indem sie Geschichte als Freiheitsgeschichte normativ interpretiert und von einem strikten Rückschrittsverbot sowie einem weichen Fortschrittsgebot aus beurteilt; vgl. Susana Monreal, *Krausismo en el Uruguay: Algunos fundamentos del Estado tutor*, Montevideo, Uruguay 1993, S. 68.

chen Übergang von einer Periode intensiver nationaler und kultureller Ausdifferenzierung zu einer mehr integrativen Phase regionaler Kooperation (LL 376-396). Von dem noch vorherrschenden quasi-mechanischen »System des bloßen politischen Gleichgewichts« könne man, hofft er, alsbald zu einer mehr organischen Völkerrechtsordnung vordringen (EU 9).[262] In den meisten europäischen Staaten seien grundlegende Menschenrechte bereits anerkannt, es herrsche weitgehend Religionsfreiheit, die Verbreitung der Gedanken überwinde durch Technik zusehends die nationalen Grenzen (LL 425). Außerdem gebe es überall Ansätze eines geschichtlich fundierten gemeineuropäischen Bewusstseins (LL 422).[263] Deshalb sei wohl zuerst von Europa der epochemachende Schritt zu superstaatlichen Rechtsordnungen zu erwarten und einzufordern.[264] Zu einem derartigen Völkerverein Europas entwirft Krause sogar eine Musterverfassung, in der Hoffnung, dass ein erfolgreicher europäischer Staatenverein der Welt zum Vorbild dienen und verschiedentliche regionale Nachahmer finden könne.[265]

Nur im Rahmen einer rechtswahrenden Völkervereinigung – für die Krause ebenfalls konstitutionelle Überlegungen anstellt – sei dauerhafter Frieden für die Weltbürger erreichbar.[266] Denn solange keine alle übergreifende rechtliche Institution existiert, kann jedes Land im Konfliktfall auf sein Notwehrrecht pochen. Wo sich aber ungestraft jeder Staat zum Richter in eigener Sache macht, resultieren Gewalt- und Rüstungsspiralen (VR 500, Heft). Zu hoffen sei daher, dass die Weltbürger dies über kurz oder lang einsehen und sodann dereinst »als ganze Menschheit die Verhältnisse der Völker rechtmäßig bestimmen und einen höheren Organismus des Rechts bilden, zu dem sich die Völker, wie jeder einzelne Mensch zu seinem Volke, verhalten« (U 60). Die

---

262 | Vgl. Clay MacCauley, »Krause's Proposition for a European League of States«, in: *The Advocate of Peace (1894-1920)*, 79, No. 11 (1917): 337-339.

263 | Das proeuropäischen Denken Krauses profiliert gegenüber seinen philosophischen Zeitgenossen insbesondere Rolf Hellmut Foerster, *Europa. Geschichte einer politischen Idee*, München 1967, S. 240-243.

264 | Vgl. Lorimer, *The Institutes of Law*, S. 310.

265 | Krause hat seinen *»Entwurf eines europäischen Staatenbundes«* nicht zufällig 1814 publiziert. Er enthält Gedanken, die Krause in seiner Schrift zum »Erdrechtsbund« ausführen wollte, die aber Fragment blieb (vgl. Karl Christian Friedrich Krause, *Der Erdrechtsbund: An sich selbst und in seinem Verhältnisse zum Ganzen und zu allen Einzelheiten des Menschheitslebens*, herausgegeben von: Georg Mollat, Leipzig 1983).

266 | Zum kosmopolitischen wie pazifistischen Charakter der Philosophie Krauses vgl. Veit Valentin, *Geschichte des Völkerbundgedankens in Deutschland ein geistesgeschichtlicher Versuch*, Berlin 1920, S. 48f.; Hermann Hetzel, *Die Humanisierung des Krieges in ihrer culturgeschichtlicher Entwicklung*, Frankfurt an der Oder 1889, S. 58, 157; MacCauley, *Krause's League for Human Right*, S. 458.

dazu erforderliche Übertragung staatlicher Souveränitätsrechte an höhere regionale sowie globale Einheiten ist legitim, da ja Krause von vorneherein im Nationalstaat nur *eine*, keinesfalls die *einzige* Form sieht, das Recht der Freiheit zu institutionalisieren (LL 203f.).[267]

Weil und solange aber dieser Weltrechtszustand noch in der Ferne liegt, muss das Recht der Individuen und der Völker auf anderem Wege befördert werden.[268] Provisorische Rechtsordnungen sind zu etablieren. Hierfür reichen bereits einige wenige von einheitlichen Grundsätzen aus handelnde Einzelstaaten hin (U 142). Europa sollte vorangehen (EU 11). Beispielsweise könnte eine europäische Union beginnen, alle militärischen Binnenkonflikte auf dem europäischen Kontinent abzuschaffen (SL 318) und dafür Sorge tragen, dass wenigstens in diesem Binnenraum das »Recht der Völker immer mehr von Glück und Unglück, von der Größe ihrer Menschenzahl und von jeglicher Willkür unabhängig« werde (EU 13). Optimal wäre es, sinniert Krause, wenn nach und nach die Erde von derartigen regionalen Völkervereinen umspannt würde, die dann gemeinsam sich der Aufgabe widmeten, eine faire Erdrechtsordnung zu etablieren (LL 201; U 149).

Diese kosmopolitischen Gedanken folgen aus dem methodischen Prinzip von Krauses partizipativem Liberalismus. Da es die Rechtspflicht eines jeden ist, zum Rechtserwerb und Rechtserhalt aller anderen beizutragen, ist eben langfristig ein solcher Weltzustand anzustreben, in dem »jedem Erdbürger, wohin er auch käme, überall sein eigenstes persönliches Recht geleistet« wird (VR 467). Genauso wie man für sich Menschenrechte in Anspruch nimmt, muss man anderen helfen, die ihren zu realisieren; unabhängig davon, wie weit entfernt (räumlich oder zeitlich) sie leben.[269] Der von Krause für die Zukunft angestrebte globale Rechtszustand bringt Transformationen bestehenden Rechts (VR 449f.) und Modifikationen der bisherigen (lokalen, nationalen und regionalen) Rechtsordnungen mit sich (LL 204). Sollte es einmal zu einem »Menschheitsstaat dieser Erde« (VR 348) kommen, so ist mit einer gewissen Neuverteilung von Rechtspositionen zu rechnen, die im Lichte jenes neuen Bündnisses als reformbedürftig erscheinen (U 147).[270] Da aber die Erde ohne-

267 | Vgl. Karl Viktor Fricker, »Das Problem des Völkerrechts«, in: *Zeitschrift für die gesamte Staatswissenschaft*, 28 (1872): 91-144.

268 | Zu Krauses »grossartigem Kosmopolitismus« vgl. auch Carl Fortlage, *Genetische Geschichte der Philosophie seit Kant*, Leipzig 1852, S. 228.

269 | Vgl. Martha Nussbaum: »[...] humanity is under a collective obligation to find ways of living and cooperating together so that all human beings have decent lives.« (*Frontiers of Justice*, S. 280)

270 | Ebenso Martha Nussbaum: »One might then doubt that domestic arrangements can be insulated from scrutiny, if they are such as to make it impossible for people in other nations to live decent lives.« (*Frontiers of Justice*, S. 229)

hin »das ursprüngliche äußere Eigentum der Einen ganzen Menschheit« (VR 463) ist, und zwar von Grund auf »alles allen zu vernünftigen Zwecken auf gleiche Weise« gehört,[271] ist dies im Prinzip unproblematisch, wie strittig auch immer ihre juristisch-konkrete Umsetzung zuwege gehen werde (VR 466).

Krause liefert hiermit einen interessanten, ja brisanten Beitrag zur Globalisierungsethik. Er sucht zu vermitteln zwischen Theoretikern, die behaupten, kein Rechtsbesitz sei von bleibender Gültigkeit bis nicht die höchstmögliche Rechtsordnung etabliert sei, und denen, die behaupten, jedes historisch irgendwann einmal erworbene Recht müsse für alle Zeiten gelten. »Dazwischen tritt die parteilose Wahrheit, entscheidend: dass allerdings jene untergeordneten Rechte untergeordneter Rechtspersonen, [...] die Befugnis haben zu bestehen«, sofern sie nicht »nach Maßgabe des neu eintretenden höheren Rechtsgrundes in ein untergeordnetes Rechtsverhältnis treten, und demgemäß [...] dem nun entstehenden und sich bildenden höheren Organismus des Rechts« angepasst werden (VR 328). Das muss nicht stets den Verlust erworbener Rechtspositionen zugunsten einer modifizierten Rückgabe meinen. Denn es wird immer besondere Lebensbereiche geben, in denen individuelle »Selbständigkeit erhalten werden muss« (NR 264, Anm.). Der Beitritt eines Staates zu einer Völkergemeinschaft wird an etlichen lokalen Strukturen wenig ändern. Aber hinsichtlich geographisch bedingter Lebenschancen wäre mit Ausgleichsleistungen zugunsten benachteiligter Völker zu rechnen. Denn die tatsächliche Erschließung der nutzbaren Natur ist zufolge von Machtverhältnissen und daher oft zuwider der allen Menschen – aufgrund ihres Gemeineigentums an der Erde – gleichförmig zukommenden »Befugnis, die Erde in Besitz zu nehmen« verlaufen (NR 262). Insofern kann der erste Landbesitz nicht auch der letzte sein (NR 262).[272]

Da jedes neu geschaffene Rechtssubjekt nicht nur angehalten ist, den Gesamtumfang der in ihm beschlossenen Freiheiten durch Expansion oder interne Komplexität quantitativ zu erweitern, sondern auch qualitativ zu verbessern und d.h. von ethischer Zufälligkeit und Asymmetrie zu befreien (NR 264), sind stets einige der eingegliederten Rechtspositionen zu modifizieren (ERB 108). Eine solche gerechtigkeitsorientierte Transformation der globalen Be-

271 | Siehe Martha Nussbaum: »The capabilities approach is fully universal: the capabilities in question are held to be important for each and every citizen, in each and every nation, and each person is to be treated as an end.« (*Frontiers of Justice*, S. 78)

272 | Ähnlich äußert sich Martha Nussbaum: »Even the concept of redistribution [...] needs to be called into question, since it rests on the prior determination that people own the unequal amounts they have.« So argumentiert sie gegen die Ansicht »saying that the part of a person's holdings that is needed to support other members of a society (or world, [...]), are actually owned by the people who need them, not by the people who are holding on to them.« (*Frontiers of Justice*, S. 373)

sitzverhältnisse setzt bei den Weltbürgern »Einsicht« und »guten, rechtlichen Willen« (NR 264) voraus, die natürlich nicht immer gegeben sind. Stattdessen herrschen, wo spannungsreiche Ansprüche sich begegnen, oftmals Gewalt, Zerstörung und Krieg zwischen Einzelnen wie Völkern (NR 265). Dennoch ist die Hoffnung auf eine wachsende Verrechtlichung der sozialen Konflikträume gerechtfertigt, meint Krause. In der Kultur und im Rechtsgefühl einerseits sowie im klugen Eigennutz der Menschen andererseits liegen beachtliche Triebkräfte für den globalen Rechtsfortschritt (NR 268). Langfristige, nicht zuletzt wirtschaftliche Nutzenkalküle können im Verein mit einem Appell an »das Gewissen der Menschheit« (U 305) durchaus dazu führen, dass die Menschheit sich immer mehr durch globale Institutionen zur integrativen Rechtssetzung und Rechtswahrung findet. Wenn es aber erst einmal eine die Interessen und die Rechte aller Erdenbürger wahrende Ordnung gäbe, sei es, aufgrund der ökonomischen Vorzüge, die eine Mitgliedschaft darin mit sich brächte, auch sehr wahrscheinlich, dass sie dauerhaft bestünde.[273]

Krause will die Diversität der Menschen und Völker in jenem anvisierten globalen Rechtsbund keineswegs einebnen, sondern vielmehr durch kosmopolitische Verrechtlichung besonders schützen.[274] Während in einer rechtlich ungeregelten Welt wirtschaftliche und militärische Macht nach Belieben hergebrachte Kulturen schleifen, stünden deren Chancen auf kritisch-affirmative Bewahrung weit besser in geordeten Weltrechtsverhältnissen. Gerade weil für Krause die Erde *allen* Menschen und Völkern zur *individuellen* Freiheitsverwirklichung gehört, darf sich die Lebensgestaltung der Kulturen auch in *ungleichen* Lebensweisen manifestieren. Das Grundrecht des Menschen, ein selbstbestimmtes Leben zu führen, kann daher zu einer Vielzahl divergenter lokaler und regionaler Rechtsordnungen führen. Diese können als Bestimmungsgrößen einer global vernetzten Rechts- und Freiheitsordnung im Wesentlichen durchaus fortbestehen (VR 539f.).

Daraus ergibt sich, dass weder das eine gegründet ist, was in neuerer Zeit fanatisch behauptet und erstrebt worden ist: dass alle Menschen schlechterdings nur identische, gleiche Rechte hätten, noch auch das andere, was ebenso fanatisch ergriffen und durchgesetzt worden ist: dass jeder Mensch nur sein eigentümliches, ganz individuelles Recht habe, und mithin an ein allgemeines, für alle Menschen geltendes (menschliches) Recht nicht zu denken sei. Vielmehr beruhen diese irrigen Behauptungen beide auf zwei

273 | Vgl. Vester, *Sozialphilosophie und Sozialpolitik*, S. 11 sowie Siegfried Wollgast, »Karl Christian Friedrich Krause (1781-1832) – Bemerkungen zu seinem Menschheitbund und Friedensplan«, in: Erhard Lange (Hg.), *Philosophie und Frieden – Beiträge zum Friedensgedanken in der deutschen Klassik*, Weimar 1985, S. 260-276.

274 | Vgl. Clay MacCauley, *Karl Christian Friedrich Krause: Heroic Pioneer for Thought and Life*, Berkely 1925.

Grundwahrheiten, welche aber zugleich missverstanden und in einseitiger Übertreibung aufgefasst wurden. Das allgemeine, allen gleiche Recht der Menschen ist die ewige, unveränderliche und für alle bleibende Grundlage, aber auf dieser Grundlage muss das Recht dann [...] weiter bestimmt werden. (LL 197)

Krauses kosmopolitische Vision macht staunen. Bereits vor 200 Jahren hat er die soziologischen wie die normativen Grenzen des Nationalstaats aufgezeigt und sich des Themas der Globalisierung angenommen. Während zu Anfang des 19. Jahrhunderts die meisten deutschen Philosophen aus der *de facto* marginalisierten Rolle kolonialisierter Völker oftmals auf einen minderen Rechts- und Freiheitsstatus derselben schlossen, marschiert Krause stramm in die Gegenrichtung. Er macht »die Eine unteilbare Menschennatur« stark (VR 469), die allen Individuen zukommt und verlangt, dass sie in allen Personen – egal, wo und wie sie leben – respektiert werde.

Scharf weist Krause alle rassischen Differenzierungen im Freiheitsrecht zurück. Der seiner Zeit übliche und zur Rechtfertigung des Kolonialismus vorgebrachte Verweis auf das angebliche Kulturgefälle zwischen europäischen und außereuropäischen Völkern missfällt ihm. Krause argumentiert damals schon ähnlich wie heute etwa Thomas Pogge:[275] Weitgehend existierten jene Bildungs- und Zivilisierungsunterschiede gar nicht in der behaupteten Form und Intensität. Wo aber doch, so habe sie vielfach erst ein völkerrechtswidriger Kolonialismus hervorgebracht. Deshalb dürften kulturelle und sozioökonomische Differenzen niemals zur Rechtfertigung von Unterdrückungsverhältnissen sowie als Rechtsgründe für (weitere) Diskriminierung oder gar als Beleg für rassische Minderwertigkeit herangezogen werden. Vielmehr verpflichten uns jene Asymmetrien zur solidarischen Unterstützung der von ihnen Betroffenen sowie, im Falle der von Kolonialismus und Imperialismus geschädigten Menschen und Völker, zur Wiedergutmachung (VR 464).[276]

Zwar glaubte Krause nicht, mit Ideen allein ließe sich die Welt verändern, aber er verfiel auch nicht der spiegelverkehrten Ansicht, die Welt könne ohne sie auskommen. Der Mensch ist nicht zuletzt, was er wird; und dies ergibt sich auch daraus, wonach er strebt. Nur eine Theorie, die auch um die Ideen und Ideale der Menschheit weiß, taugt daher für die Praxis. Und um genau einen solchen realistischen Idealismus hatte sich Karl Christian Friedrich Krause zeitlebens bemüht.

---

275 | Vgl. Thomas Pogge, *World Poverty and Human Rights: Cosmopolitan Responsibilities and Reforms*, Cambridge, United Kingdom; Malden, Massachusetts 2002.

276 | Wiederum ein Vergleich zu Martha Nussbaum: »Many of the problems of poorer nations were caused by colonial exploitation, which prevented them from industrializing and robbed them of natural resources, among other things. Redistribution in the present seems an appropriate form of remediation for the past.« (*Creating Capabilities*, S. 115)

Interessant ist bei Krause der Status philosophischer Argumente und namentlich der Metaphysik. Die Bürger, nicht die Lehrstuhlinhaber, sollen letztlich entscheiden, ob und welches metaphysische Gedankengut in die öffentliche Selbstdeutung der Menschheit einfließt. Anstatt also der Welt eine einzige, große Metaphysik zu verordnen, setzt Krause sich für eine Welt ein, in der aus den vielen, kleinen Metaphysiken der Weltbürger der für kosmopolitische Belange erforderliche Konsens der Werte und Normen entsteht. So kehrt seine Freiheitsphilosophie sozusagen in sich selbst zurück: Krause hatte zunächst (*deskriptiv*) die Idee der Freiheit als unhintergehbare Grundlage humaner Selbstbestimmung beschrieben. Deren Analyse förderte zutage, dass Freiheit individuell konsistent nur in Anspruch genommen werden kann, wenn man sie allen Menschen zuschreibt. Jener universellen (*askriptiven*) Dimension der Freiheitsidee entspricht sodann (*präskriptiv*) eine normative Konsequenz, nämlich die, von der eigenen Freiheit verantwortlich im Sinne und Interesse aller Menschen Gebrauch zu machen. Die krausesche Idee einer global verantworteten Freiheit mündet aus in einer kosmopolitischen Ethik, die sich erst durch die Mitsprache eben derjenigen konkretisiert, für die sie gelten will. Insofern handelt es sich bei seiner Freiheitsphilosophie um einen partizipativen Liberalismus *par excellence*.

Dennoch, so wird sich mancher Leser fragen, wenn all das wahr ist, wenn jener Denker tatsächlich so vorausschauend und ausgewogen philosophierte, warum habe ich dann noch nie etwas von ihm gehört? Warum hat man ihm nicht wie anderen, weit langweiligeren Philosophen Denkmäler errichtet, Straßen nach ihm benannt und Büsten von ihm verbreitet? Warum taucht sein Name in den meisten Philosophiegeschichten nicht auf? In der Tat, Krause ist in der deutsch- und englischsprachigen Geisteswelt kaum bekannt. Und wer sich zu ihm im Internet oder in einschlägigen Fachlexika umtut, findet sein Werk oft weniger vorteilhaft dargestellt als hier. Ihm werden eine verquaste Sprache, träumerische Ideen und metaphysische Vorlieben zur Last gelegt; und so mag der Eindruck entstehen, er sei zu Recht vergessen.

Ich habe mich andernorts ausführlicher bemüht, diese Vorwürfe zu entkräften.[277] Hier deswegen nur einige kurze Bemerkungen. Dass Krause ein schwärmerischer Utopist mit obsoleter Metaphysik war, erscheint vor dem Hintergrund der hier rekonstruierten Argumentation zweifelhaft. Stichhaltig ist aber, dass Krause mit einer von ihm selbst entworfenen Fachsprache arbeitete, was in der Tat den unmittelbaren Nachvollzug vieler seiner Schriften nicht leicht macht. Zwar geschah dies nicht durchgängig; manche seiner Texte und auch etliche seiner posthum publizierten Vorlesungen sind klar und schwungvoll geschrieben. Dennoch behindert bis heute Krauses bisweilen exzessiver Rückzug in seine eigene Terminologie die Rezeption seiner Gedanken.

277 | Vgl. Dierksmeier, *Der absolute Grund des Rechts*.

Der äußere Anlass dafür war die religionspolitisch aufgeheizte Situation an der Universität Jena, die zunächst sein Lehrer Fichte wegen des sogenannten *Atheismusstreits* verlassen musste und von der sodann sein Kollege Schelling im Nachgang zum sogenannten *Pantheismusstreit* fortging.[278] Krause, der seine eigene Philosophie in kritischer Auseinandersetzung mit ihren Werken entwickelte, wollte sich wohl in religionsphilosophischen Fragen aus der Schusslinie bringen. Zudem strebte Krause an, den Vieldeutigkeiten alltagssprachlicher Begriffe durch eine regelförmige Ableitung der benötigten Fachbegriffe zu entkommen und so der Philosophie zu einer logisch eindeutigen Terminologie zu verhelfen. Andere Denker, die Ähnliches unternahmen, wie etwa Leibniz (mit seiner »*mathesis univeralis*«), fanden dafür jedoch weit mehr Anerkennung als Krause.

Mir scheint der eigentliche Grund für die geringe Rezeption Krauses in seiner Heimat eher seiner unglücklichen akademischen Karriere geschuldet. Seiner Zeit schafften es nur wenige außerhalb des Universitätssystems stehende Philosophen, ihr Werk ins öffentliche Bewusstsein zu rücken. Krause gelang es nie, eine ordentliche Professur zu ergattern. Zum einen lag dies an missgünstigen Schikanen von politischen und akademischen Widersachern,[279] zum anderen aber sicherlich auch an Krause selbst. Es widerstrebte ihm, für sich und sein Werk Werbung zu machen. Taktisches Lavieren lag seinem Naturell fern. Darauf vertrauend, dass seine Philosophie für sich selbst spräche, ergab er sich (allzu?) friedlich in subalterne Anstellungsverhältnisse und verwendete seine Energien lieber auf den Ausbau und die Vervollkommnung seines Systems als auf dessen Marketing. Einen besonderen Hang, als »public intellectual« zu wirken, hatte er nicht. Insofern liegt die eigentliche Verantwortung für die geringe Bekanntheit der Philosophie Krauses vielmehr in seiner Person, als in seinem Werk, dessen Wiederentdeckung von Krauses Gedanken sehr zu wünschen wäre. Angesichts der gewaltigen kosmopolitischen Herausforderungen, denen sich die Weltgemeinschaft momentan stellen muss und im Hinblick auf den notwendigen Versuch, zwischen verantwortunglosem Libertinismus einerseits und den bedrückenden Alternativen sozialistischer oder religiöser Kommandowirtschaften sowie von Tugend- oder Ökodiktaturen andererseits eine gesunde Mitte zu finden, können wir in Karl Christian Friedrich Krause einen instruktiven Vordenker des Projekts eines freiheitlichen Weltethos entdecken.

278 | Dazu vgl. Klaus-Michael Kodalle und Martin Ohst (Hg.), *Fichtes Entlassung: Der Atheismusstreit vor 200 Jahren*, Würzburg 1999.

279 | Dazu ausführlich: Ureña, *K.C.F. Krause: Philosoph, Freimaurer, Weltbürger.*

2.4 Resultate und Folgerungen

In diesem wie in den später folgenden gleichnamigen Abschnitten (3.3, 4.3) ist kurz innezuhalten, um zu schauen, was wir mit unserem historischen Schleppnetz an systematischen Erträgen eingefangen haben, und welche Konsequenzen für die gegenwärtige Theoriebildung über Freiheit sich daraus ableiten lassen.

Immanuel Kant führte vor: Erst und allein durch die Freiheit, sittlich zu handeln, können wir unsere eigenen (auch unsittlichen) Entscheidungen treffen. Ohne diese sittliche Freiheit, der zufolge wir auch unseren Neigungen zuwider votieren können, wären wir bloße Automaten, die Lustquanten verrechnen und sich von vorteilsmaximierenden Algorithmen programmiert durchs Dasein schöben. Unsere Freiheit wäre weder unbedingt noch spontan; sie könnte uns nicht zu Urhebern unserer Handlungen machen.

Natürlich ist der reale Gebrauch, den wir von jener radikalen Freiheit machen, auch bedingt von Lebensumständen, von Erziehung und Bildung, von Zugang zu materiellen wie informationellen, politischen wie kulturellen Ressourcen. Nicht nur ein Mangel an Recht wirkt freiheitsmindernd. Nicht nur juristische, auch soziale und kulturelle Stützen der Freiheit sollten daher durch eine der Freiheit verpflichtete Politik gestärkt werden. Weil aber Kant zugleich im Einklang mit dem klassischen Liberalismus verteidigt, dass *zwingende* Staatshandlungen auf den engen Bereich der Rechtspflege beschränkt bleiben sollen, müssen dafür andere, *zwangslose* Formen der Politik gefunden werden. Um den Radius ermöglichender, befähigender Politik zu erweitern, mit denen sie allen den Weg zu einer autonomen Lebensführung ebnet, muss sie sich für die Interessen und Meinungen der Bevölkerung öffnen.

Kant *legitimiert* aber nicht nur, er *limitiert* auch die demokratische Selbststeuerung der offenen Gesellschaft aus dem Prinzip einer sich bewusst selbst gestaltenden Freiheit. Damit bereitet er einen Brückenschlag zu – von vielen liberalen Konzeptionen ausgegrenzten – Theorien des Gemeinwohls vor. Freiheit, erklärt er, kann nur stimmig gedacht werden im Ausgang auf eine (für unterschiedliche Interpretationen offene) Konzeption eines »höchsten Gutes«. Das höchste Gut der Freiheit liegt also nicht fertig vor, so dass es nur aufgelesen werden müsste. Es ergibt sich erst aus einem gemeinschaftlichen Suchen und Streben: als Resultat freiheitlich-politischer Deliberation. Entgegen der bei vielen Freunden und Feinden des Liberalismus gepflegten, aber falschen Alternative von *entweder* einer wertfeindlichen *oder* einer in sittlicher Wertbindung gänzlich aufgehenden Theorie der Freiheit, eröffnet er einen dritten Weg. Kant zeigt, dass Freiheit immer schon auf Werte *ausgeht*, ohne jedoch in ihnen *aufzugehen*.

Damit Werte auf liberale Weise verwirklicht werden; damit der Staat nicht in die Versuchung geführt wird, moralischer Anomie, sittlichen Pathologien und sozialer Atomisierung gewaltsam zu begegnen; damit also ethischer Drang statt staatlicher Zwang die erforderlichen Bindungen und Institutionen schafft, welche die Individuen und die Institutionen benötigen, um Freiheit zulassen zu können, darum bedarf es der Kultur. Eine liberale Gesellschaft braucht einen Kulturstaat; nicht um eine Leitkultur zu etablieren, wohl aber, um den Bürgern die nötigen Kommunikationsmittel an die Hand zu geben, um friedlich und freiheitlich einen gemeinsamen politischen Willen auszubilden. Je besser die Repräsentation der Gemüter und die Kollaboration der Geister gelingen, desto leichter fällt die Koordination der Körper und Dinge. Kultur macht das Regieren leichter. Wo sie die Identifikation mit anderen und die Einfühlung in deren Situation erleichtert, fällt es den Menschen leichter, sich freiwillig für Rücksichtnahmen und Selbstbeschränkungen, etwa für eine Förderung des Lebens von Fremden, zu entschließen. Insbesondere im Zeitalter der Globalität und immer pluralistischer werdender Gesellschaften gewinnt daher eine kosmopolitisch ausgerichtete und die Anteilnahme am Geschick fremder Menschen fördernde Kultur zusehend an Bedeutung.

Fichte schreibt den kantischen Versuch fort, Freiheit zur Grundlage aller modernen und selbstreflexiven sowie selbstkritischen Philosophie zu machen. Er zeigt auf: Über Freiheit kann nicht ohne Rücksicht auf ihre vor allem sozialen Voraussetzungen philosophiert werden. Wie aber sind diese in den philosophischen Liberalismus zu integrieren? Fichte will dies über eine Theorie *vernünftiger* Freiheit erreichen. Allein ein durch und durch rationales Konzept von Freiheit könne ausweisen, was genau Staat und Gesellschaft für ein autonomes Leben der Individuen zu leisten haben. Da nur die (seine) Philosophie gültig die wahrhaft förderungswürdigen Freiheiten angeben kann, wird allein dem philosophisch ausgerichteten Staat – nicht aber der freien Willensbildung der Bürger – das Recht zur Definition und Konkretion des Freiheitsrechts eingeräumt.

So begibt sich Fichte auf einen lehrreichen Irrweg: Wer wie Fichte die Welt als *entweder* vernunftkonformes Material *oder* vernunftwidrigen Widerstand ansieht, wird sie ebenso behandeln. Gleiches gilt für die Mitmenschen. Der und das Andere erscheinen Fichte wertvoll nur im Dienste seines philosophischen Modells, andernfalls als wegzuarbeitendes Hindernis. In dieser Gedankenwelt gibt es keinen Raum für Grautöne. Die natürliche Umwelt und die soziale Mitwelt werden nach ihrer Freiheitsdienlichkeit sauber in Schwarz oder Weiß eingeteilt. Die normative Kraft der Vernunft wirkt sich bei Fichte daher theoretisch wie praktisch exzessiv aus. Dies führt zu einem *überschießenden Begriff* sowie zu einer *übergriffigen Realität* von Rechtszwang. So sehr Fichtes Insistieren überzeugt, dass Freiheit dem Wesen nach *sittlich orientiert* ist, so abwegig erscheint es, nur *sittlich ausgelebte* Freiheit schützen zu wollen. So richtig seine Ansicht sein mag, Zwang dürfe nur aus einer Logik der Freiheit gerechtfertigt werden, so irrig ist doch der Glaube, zu jedem freiheitsdienlichen Ziel könne Zwang das legitime Mittel darstellen.

Bei Fichte rückt der Zwang von einem *Ermöglichungsmittel* des Rechtsstaats zum politischen *Verwirklichungsmittel* eines Idealstaats der Vernunft auf. Und da liegt das entscheidende Problem. Ein markantes Beispiel dafür ist Fichtes Sozialvertragslehre. Um durch ein Räderwerk von Strafen und Anreizen die Einzelnen zu rechtskonformem Verhalten zu motivieren, ertüftelt Fichte eine Mechanik auf gleichwertiger Gegenleistung beruhender Rechts- und Wirtschaftsbeziehungen. Wo jene strikte Wechselseitigkeit ausbleibt, kommt es zu keinem Rechtsverhältnis und folglich auch zu keinem Freiheitsschutz. Asymmetrien kann dieses Modell nicht verarbeiten. Es setzt auf einen geschlossenen sozialen Raum, der durch strenge Überwachung stets (rechtlich wie ökonomisch) ein statisches Gleichgewicht wahrt. Den Menschen wird schlechterdings verwehrt, ihre Freiheit politisch oder wirtschaftlich in Weisen auszuüben, die Fichte als unvernünftig ansieht.

Im Ergebnis kommt es vielfach zur Diktatur der Vernunft im Namen der Freiheit. Da Fichte glaubt, genauestens ableiten zu können, was und wieviel jeder Mensch zum freiheitlichen Leben braucht, macht er sich etwa an die Planung eines optimalen Wirtschaftssystems. Es stehen sich dabei der Staat als das *Vernünftige* und der Markt als das *Vernunftwidrige* gegenüber. Weil der Markt bei der planerischen Verteilung der Güter nur stört, wird er eliminiert. Dabei *überschätzt* Fichte die Möglichkeit des Staats, freiheitsgerechte Wertrelationen zwischen Gütern und Dienstleistungen zu etablieren. Zugleich *unterschätzt* er den Beitrag, den Marktordnungen genau dabei leisten können. Sinnvoller wäre es, im Markt ein *außervernünftiges* Geschehen zu erkennen; eines das – je nach politischer und kultureller Einrahmung und Ausrichtung – mehr oder weniger *vernunftförmig* gestaltet werden kann.

So streiten in Fichtes Freiheitsphilosophie liberale und totalitäre Motive um die Vorherrschaft. Zugleich kämpfen kosmopolitische und nationale Motive miteinander. Einerseits gibt Fichte sich universal und schreibt jeder Person ein Urrecht auf Freiheit zu. Gleichwohl dringt er zu einem global-ausgerichteten Liberalismus nicht vor. Weil Fichte ahnt, dass die von ihm erstrebte Vernunftordnung allenfalls in kleinen, kontrollierbaren Räumen gesichert werden kann, engt er seine politische Perspektive auf das deutsche Volk ein. Und da globale Märkte nationale Gleichgewichte stören können, soll die unstabile Welt außen vor bleiben. Anstatt auf Verfahren zu sinnen, mit denen die Herausforderungen der Globalisierung in freiheitsgerechter Weise bewältigt werden können, macht Fichte sich zum Anwalt eines nationalen Alleingangs. Kein Wunder also, dass spätere völkische Denker ihn zu ihrem philosophischen Helden erkoren.

Karl Christian Friedrich Krause unternahm es, die sozialistisch-totalitären und völkisch-nationalistischen Unwuchten in Fichtes Denken auszugleichen.

Seine Kritik an Fichte setzt grundsätzlich an und unterläuft die falsche Dichotomie zwischen Natur und Vernunft. In Wahrheit, so Krause, sind die Verhältnisse von Naturnotwendigkeit und moralischer Freiheit weit komplexer. Statt in einem polarkonträren Modell stellt Krause sie in einer mehrstufigen Ordnung aus miteinander verschränkten Freiheitsformen dar. Diese Ordnung liefert eine differenziertere Grundlage für die Zuerkennung von Rechten und Verbindlichkeiten. So kann Krause etwa für eine Ökologie der Nachhaltigkeit und für Tierschutz eintreten – nicht als Schranke des liberalen Prinzips, sondern als Folgerung daraus.

Krause sucht die Grundlagen der Ethik jenseits der Logik der Wechselseitigkeit. Der fichteschen Sozialvertragstheorie (und heutiger Spieltheorie) entgegen setzt er statt auf symmetrische Tauschleistungen auf eine auch asymmetrische Lebenslagen umgreifende Fundierung des Freiheitsprinzips. So gelingt ihm eine unbedingte Sicherung der Menschenwürde: auch das ungeborene Leben, Schwerstbehinderte, Angehörige zukünftiger Generationen und Senile, die keinen ökonomisch gleichwertigen Beitrag zur Rechts- und Gesellschaftsordnung leisten, sind von ihr zu schützen. Denn Krause will die Rechte aller Personen so formulieren, dass die *Betroffenen* zu *Beteiligten* werden; wo möglich: durch Partizipation; und wo nicht: durch Repräsentation. So rückt bei Krause die Menschheit insgesamt zum Generalkorrektiv aller Anrechte auf. Rücksichtnahmen auf die Freiheitsrechte anderer Menschen erscheinen in dieser Perspektive nicht als *nachträgliche* Beschneidungen einer *ursprünglich* unendlichen Freiheit, sondern vielmehr als der *äußere* Ausdruck der *inneren* Struktur der Freiheit. Freiheit und Verantwortung für die Freiheit anderer gehen bei Krause Hand in Hand.

Besonders am Eigentumsrecht wird deutlich, wie diese andersartige Grundlegung auf einen innovativen Liberalismus führt. Eigentum und Besitz sind wertzuschätzen, so Krause, weil und insofern sie freiheitsförderlich sind. Bestimmte – *absolute* – Formen von Eigentum erweisen sich indes oft der Freiheit aller weniger dienlich als andere – *relative* – Formen. Entsprechend muss die liberale Stützung des Privateigentums nicht darauf hinaus laufen, dass Eigentum niemals kommunal und stets exklusiv besessen wird. Im Gegenteil: Die Ermöglichung eines autonomen Lebens für alle funktioniert als Regulativ der Besitzordnung; und darum wird von Krause das menschliche Anrecht auf Teilhabegerechtigkeit globalisiert. Unsere Verbindlichkeit, anderen zur Freiheit zu verhelfen, endet nicht an Haustüren, Zollschranken oder Landesgrenzen.

Krauses *Kosmopolitismus* überstrahlt das Werk seiner Vorgänger. So wie er innerhalb der Nation eine subsidiär-föderale Ordnung für den besten Schutz der Freiheit hält, so auch außerhalb: im internationalen und interkulturellen Raum. So wie Krause innenpolitisch für die bürgergesellschaftliche Herausbildung institutioneller Ordnungen plädiert, so auch außenpolitisch beziehungsweise weltinnenpolitisch. Einer Globalisierung »von oben« setzt er sein

Modell eines Kosmopolitismus »von innen« entgegen. Krause will, dass die Bindungen der Freiheit von den Weltbürgern selbst aufgebaut werden. Nicht das Plebiszit ist dabei sein bevorzugtes Verfahren, sondern eine subsidiär aus den zivilgesellschaftlichen Organisationen und Bewegungen hervorgehende Selbstbestimmung; heutige Äquivalente dieser Gedanken findet man etwa in den Konzepten von *Network Governance* und *Stakeholder Democracy*. Indem Krause die *Idee* der Freiheit im *Medium* der Freiheit in verschiedene *Begriffe* der Freiheit ausdifferenziert, kehrt seine Philosophie in ihr – bereits von Kant vorgezeichnetes methodologisches Prinzip zurück. Sie befreit Menschen zur Formung und Umsetzung ihrer eigenen Freiheitsvorstellungen.

Wir sind hier Zeugen eines nicht nur historisch, sondern auch eines systematisch fasziniernden Gedankengangs in drei Schritten: Kant hatte die Idee der Freiheit auf sich selbst zurückgebogen, indem er zeigte, dass der Geltungsgrund der eigenen Freiheit dem der Freiheit aller anderen gleicht. Rechtverstanden wird die Freiheit der anderen und ihre Förderung als Auftrag an die eigene Freiheit aufgewertet. Diese Folgerung bearbeitete Fichte weiter, indes in einer ihrem liberalen Grundanliegen oft zuwiderlaufenden Weise. Krause zog aus der von Kant gestellten Aufgabe und den übersteigerten fichteschen Lösungsvorschlägen die angemessene Konsequenz: Die Verwirklichung der Idee der Freiheit nicht nur zum Ziel der individuellen Freiheiten zu erheben, sondern Freiheitlichkeit auch zum Mittel bei der Zielverfolgung zu machen.

Entsprechend präsentiert sich das Verhältnis von Metaphysik und Freiheit bei diesen drei Denkern recht unterschiedlich. Bei Kant dient die Metaphysik dazu, die Selbstinfragestellung der alltäglichen Freiheitsverständnisse zu ermöglichen. Fichte nutzt sie, um auf jene Fragen eine definitive Antwort zu geben. Und Krause wiederum gebraucht metaphysisches Denken als einen Orientierungshorizont, vor dem Menschen die sich von der Radikalität ihrer Freiheit her stellenden Lebensfragen individuell wie institutionell beantworten können. Knapper formuliert: Bei Kant führt uns die Metaphysik auf die große Frage, wie Freiheit sich zu ihrer Lebenswelt verhalten soll; Fichtes Metaphysik liefert dazu eine einzige große Antwort; Krause aber nutzt seine Metaphysik, um die große Frage Kants mit den vielen kleinen Antworten der Weltbürger zu vereinen.

3 Quantitative Freiheit

Die Freiheitsmetaphysiken von Kant, Fichte und Krause haben, bei aller Unterschiedlichkeit im Detail, einen Grundzug gemein: Sie charakterisieren Freiheit dem *inneren* Wesen nach, bevor sie sich an die *äußere* Abgrenzung von individuellen Freiheiten machen. Sie unterscheiden zwischen wesentlichen und unwesentlichen, sinnvollen und sinnlosen Optionen und benennen erst, *welche* Freiheit in Rede steht, bevor sie angeben, *wieviel* dieser jeweiligen Freiheiten jeweils einzuräumen sei. Jener Konsens über die vorrangig qualitative Wesensnatur von Freiheit und deren lediglich nachrangige quantitative Konturierung verdankt sich der Tatsache, dass Kant, Fichte und Krause über Freiheit maßgeblich vom *Bewusstsein* der Freiheit her philosophieren. Dieses grundsätzlich qualitativ und normativ wertende Bewusstsein galt ihnen als entscheidende Prüfinstanz für die Triftigkeit ihrer Freiheitstheorie. Jedoch die Bereitschaft, um das Freiheitsbewusstsein philosophisch aufzuklären, auch metaphysische Argumente zum Einsatz zu bringen, hat seit den Tagen des *Deutschen Idealismus* spürbar abgenommen.

Angesichts einer Welt, in der im Schatten und Schutz theologischer Dogmen über Jahrhunderte die Freiheit des Denkens und bürgerliche Freiheiten beschnitten wurden, wuchs der Wunsch nach mehr theoretischer wie praktischer Freizügigkeit. Dazu schien manchen ein Frontalangriff auf die alten Mauern der Metaphysik vonnöten. Mit David Hume (1711-1776) begann daher, nach und nach, ein gegenläufiges Philosophieprogramm sich durchzusetzen. Wahrheit sollte sich fortan keineswegs mehr begrifflicher Spekulation oder kognitiver Intuition verdanken, sondern entweder *analytisch* durch die logische Überprüfung von »relations of ideas« oder *synthetisch* anhand interpersonal erfahrbarer »matters of fact« ermitteln lassen.[1] Im ersten Fall sei Erkenntnis *a priori* möglich, im zweiten nur *a posteriori;* erstere könne *unbedingte*, zweitere nur *bedingte* Geltung beanspruchen. Diese Zwei-Quellen-Theorie wurde, mit einigen Modifikationen, von den meisten positivistisch und analytisch ausge-

1 | David Hume, *Philosophical Essays Concerning Human Understanding (1751)*, herausgegeben von: der Library of Congress, London 1801, IV, 1, S. 15.

richteten Philosophen des 19. und 20. Jahrhunderts beibehalten. Die Suche nach einem dritten Quell von Wissen, nach bewusstseinsnotwendigen, von der Erfahrung unabhängigen, sie aber prägenden Erkenntnissen – wie zum Beispiel in Kants *synthetisch-apriorischen* Urteilen oder in den Dialektiken eines Fichte, Schelling, Krause oder Hegel – lehnten sie ab.[2]

Was bedeutet diese methodologische Vorentscheidung für die Freiheitstheorie? Wer als wahr nur gelten lässt, wofür entweder Logik oder Empirie zwingende Gründe liefert, muss das Wesen der Freiheit entweder durch logische Zergliederungen ermitteln oder empirisch ausfindig machen: *Voilá*, das Theorieprogramm weiter Teile der angloamerikanischen Freiheitsphilosophie im 20. Jahrhundert.

Wenden wir uns zunächst dem empirischen Ansatz zu. Dessen positivistischer Zugang engt Freiheit auf Phänomene ein, die mit den fünf Sinnen beobachtet werden können; vorrangig auf Bewegungsfreiheit. Der Urahn solcher Ansätze ist Thomas Hobbes mit seinem (bereits in Abschnitt 1.3.2 vorgestellten) *physikalistischen* Freiheitsbegriff. Der erhoffte Gewinn eines solchen Unterfangens ist ein wertfreier, rein *deskriptiver* Freiheitsbegriff, der vorab das zulässige linguistische Feld absteckt, auf dem später dann Fragen *normativer* Natur – zum Beispiel wer wem wie die (Wieder-)Herstellung welcher Freiheiten schuldet – beackert werden können.[3]

Bei der Definition der *Grenzen* der Freiheit folgt man heutzutage weniger Hobbes, für den auch Sachzwänge und natürliche Hindernisse hierzu gehören, als vielmehr Jeremy Bentham (1748-1832), der nur Vorgänge zu jenen Grenzen zählt, für die *andere Menschen* kausal verantwortlich gemacht werden können. Das Ziel auch und gerade dieser Abgrenzung ist, »freedom as normative condition and freedom as physical fact« sauber voneinander abzugrenzen; also die physische Freiheit, beruhend auf »modal categories of possibility and impossibility«, von normativen Fragen, orientiert an »deontic categories of permissibility and impermissibility«, abzusondern.[4]

Das erscheint zunächst einleuchtend: Was man *kann* und was man *darf*, ist oft zweierlei. Aber nicht immer. Nur, weil wir zwischen Können und Dürfen begrifflich klar unterscheiden können, heißt das noch lange nicht, es gebe auch in der Realität »no necessary connection between instances of normative freedom and instances of non-normative freedom«.[5] Wenn etwa Libertäre ver-

2 | Vgl. Alfred Jules Ayer, *Language, Truth and Logic*, London 1936.

3 | Repräsentativ für diese Haltungs ist etwa Felix Oppenheim; er schreibt: »An agreed descriptive language is a prerequisite for a fruitful discussion of normative issues.« (Felix Oppenheim, »›Constraints on Freedom‹ as a Descriptive Concept«, in: *Ethics*, 95, No. 2 (1985): 305-309, S. 309)

4 | Kramer, *The Quality of Freedom*, S. 59.

5 | Ebenda, S. 61.

teidigen, dass Armen die gleichen Freiheiten offenstehen wie Reichen, stützen sie sich jedoch auf eben diese Annahme: Arme *dürften* (normativ) schließlich dasselbe anstreben wie jene, *könnten* es lediglich (physisch) oftmals nicht erreichen. Ihre (präskriptive) Freiheit bleibe von diesem (deskriptiven) Unvermögen jedoch unberührt und gleiche der Freiheit begüterter Menschen. Armut sei also kein Problem für die Freiheitsphilosophie.

Dem wird von Seiten sozialliberaler Denker mit dem bekannten Einwand begegnet, dass etwa die »Freiheit, unter Brücken zu schlafen«[6] für Arme und Reiche sich doch recht unterschiedlich ausnimmt. Da Reiche auch woanders schlafen *können*, mag ihnen egal sein, ob sie unter Brücken schlafen *dürfen*. Folglich führe jene verabsolutierte Trennung von Fakt und Norm zu einer scheelen Theorie und einer zynischen Praxis. Libertäre wiederum halten dagegen: Auch wenn man arm sei, bestünde doch ein markanter Unterschied zwischen einer Gesellschaft, wo Arme wie Reiche sich diese Freiheit nehmen könnten und einer, in der die Polizei alle Brücken abriegele.[7]

Wer hat Recht? Es lohnt sich, genauer hinzusehen: Kann man wirklich stets einen Grundbestand freiheitlichen Könnens rein physikalistisch-deskriptiv beschreiben, bevor man sich um normative Belange des Dürfens und Sollens kümmert? Liegt hier tatsächlich der kleinste gemeinsame Nenner vor, auf den sich alle einigen könnten und auf den sich somit jeglicher Streit in der Freiheitsphilosophie zurückführen und sodann auflösen ließe? Können wir Freiheiten messen, abzählen, verrechnen? Liegt darin vielleicht der Schlüssel, Freiheit interpersonell vergleich- und verteilbar zu machen?[8] Zweifel scheinen angebracht.

Auch physisches *Können* entsteht im Kontext des *Dürfens*. Jemand, beispielsweise, der sich aufgrund einer Oberschenkelverletzung einen Wundstarrkrampf zuzieht, wird eine quantitative Reduzierung seines Könnens erleben: aus der physischen Freiheit zu gehen und/oder zu humpeln wird die numerisch um eins geringere »Freiheit«, nur noch zu humpeln.[9] Indes muss das nicht so sein. Die meisten Gesellschaften beugen solchen Fällen durch Tetanusspritzen vor- oder sorgen durch Penizillin nach. Der für die physische Freiheit (gehen zu können) funktionale Zugang zu Tetanus und Penizillin ist sozial vermittelt: durch ein rechtliches Dürfen, konkret: durch die Erlaubnis,

---

6 | Diese Formulierung findet sich m.W. erstmalig bei Anatole France, *Le lys rouge*, Paris 1894.

7 | Vgl. Hillel Steiner, *An Essay on Rights*, Cambridge, Massachusetts; Oxford, United Kingdom 1994, S. 14.

8 | Vgl. Christopher Megone, »One Concept of Liberty«, in: *Political Studies*, 35, No. 4 (1987): 611-622, S. 621f.

9 | Dieses Beispiel habe ich Philippe van Parijs entlehnt, vgl. Parijs, *Real Freedom for All*, S. 14.

sich (im Besitz anderer befindliche) Medikamente aneignen zu dürfen. Wer diese Erlaubnis (etwa mangels Zahlungsfähigkeit) nicht erhält, muss humpeln. *Können* und *Dürfen* lassen sich in diesem Fall also keineswegs absolut voneinander absondern. Ihre Beziehung – und damit unsere reale Freiheit – variiert von Gesellschaft zu Gesellschaft und auch innerhalb besimmter Gesellschaften von einer Zeit zur nächsten.[10] In einer kommunistischen Gesellschaft sollte der Zugang zu Medizin entweder für alle oder keinen bestehen. In einer konsequent libertär-kapitalistischen Gesellschaft mag er indes nur denen offen stehen, die sich aus privaten Mitteln versorgen können: Wer sich jenseits seines Dürfens die benötigte Medizin beschaffen möchte, den hält der starke Arm der Polizei auf: ein physischer Zwang *par excellence.* Die physische Freiheit (wieder gehen zu können) findet an physischem Zwang (des polizeilichen Besitzschutzes) ihre Schranke; jedoch nur, weil es den Betroffenen an *normativ legitimierten Optionen* (sich Medizin legal anzueignen) mangelt. Vermindertes Dürfen reduziert das physische Können; ein Mangel an normativer Freiheit reduziert die faktische.

Was folgt daraus? Die *Quantität* unserer *deskriptiv beschreibbaren* Freiheiten hängt in letzter Hinsicht von der *Qualität* der uns *normativ zugeschriebenen* Freiheiten ab, wie zum Beispiel die gesellschaftlich zugestandene oder verwehrte Freiheit zu einer vermögensunabhängigen medizinischen Grundversorgung. Der physikalistisch-quantitative Freiheitsbegriff ist daher ohne normativ-qualitative Hintergrundannahmen (wer was besitzt und wer wem was schuldet) bedeutungsleer. Die Oase semantischer Klarheit, die uns der positivistische Freiheitsbegriff suggeriert, verdampft bei näherer Betrachtung zur Fata Morgana.

Falls Freiheit wirklich nur darin bestünde, nach Gutdünken die eigenen Gliedmaßen zu bewegen, wie wollte man dann die Emphase und das moralische Pathos erklären, mit denen politische wie philosophische Diskussionen über Freiheit geführt werden? Warum klammern sich Menschen verzweifelt an bestimmte Freiheiten, verzichten aber ganz entspannt auf andere?[11] Dies zeigt: Wenn wir die Frage, was Freiheit eigentlich wertvoll macht, völlig von der Idee der Freiheit absondern, dann *subjektivieren* wir etwas, das *objektiv* zur Sache gehört. Wo *normative* Aspekte zur in Rede stehenden Freiheit selbst gehören, führt eine Beschränkung auf allein *deskriptive* Urteile und eine Ver-

10 | Vgl. Nussbaum, *Frontiers of Justice*, S. 165, 182.

11 | »If we view [...] agency as nothing but the pursuit of preference, or freedom as nothing but the absence of constraint, how are we to explain how some acts can be more central than others to the self, agency, freedom, identity or integrity [...]?« (Onora O'Neill, *Constructions of Reason: Explorations of Kant's Practical Philosophy*, Cambridge England; New York 1989, S. 205).

lagerung des Normativen ins Private in die Irre; sie opfert die Wahrheit der Methode.[12]

Wer sich dieser Einsicht – der normativen Bedingtheit und sozialen Konstruiertheit unserer Freiheiten – verschließt, muss sich zu argen Ansichten bequemen: Um dem Programm bloßer Deskription treu zu bleiben, wäre etwa auch *Zwang* nur rein physikalisch zu fassen: als *körperlich nötigende* Tat. Bloße Unterlassungen reichen mangels physischer Kausalität nicht aus. Es muss dem Handlungswilligen physisch in den Arm gefallen werden, damit Zwang vorliegt. Das aber führt zu skurrilen Ergebnissen. Denn im Sinne jener positivistisch-empirischen Vorgaben *zwingt* uns selbst eine Todesdrohung zu nichts. Wir können uns hinsichtlich der Parole »Geld oder Leben!« schließlich für die Option des Ablebens entscheiden. Eine solche Entscheidung mag vielleicht nicht *freiwillig* fallen, *frei* aber bleibe sie, meinen manche.[13] Jedoch wer angesichts von akuter Todesdrohung noch unbekümmert von Freiheit spricht, darf sich nicht als ein dem gewöhnlichen Sprachgebrauch verpflichteter analytischer Philosoph präsentieren. Denn diesem Sprachgebrauch gilt ja die Pistole auf der Brust sehr wohl als herber Freiheitsverlust.

Was lernen wir daraus? Ein bestimmter *Wert* (drohungsfrei über den Verbleib seines Portemonnaies zu befinden) geht in die *Beschreibung* der zu diskutierenden *Faktizität* von Freiheit ein. Der Gehalt der Aussage »Geld oder Leben!« wird vom Empfänger nicht an einem faktischen Standard *quantitativ abgemessen* (»Wie viele Optionen lässt oder eröffnet mir jene Aussage?«). Vielmehr wird dieses Kommando vor einem normativen Deutungshorizont *qualitativ interpretiert* (»Was ändert sich dadurch an der von mir wertgeschätzten Existenz?«). Anstatt zu feiern, dass einem, quantitativ gesehen, eine zusätzliche Option – durch fremde Schusseinwirkung zu sterben – zur Auswahl gestellt wird, dürfte der Betroffene wohl eher beklagen, eine qualitativ für wertvoller gehaltene Daseinsweise – unverletzter Portemonnaiebesitzer zu bleiben – einzubüßen. Man versteht diese Aussage richtig nur als nötigende Drohung, der man besser durch Aufgabe der Geldbörse entspricht: als Zwang.[14]

Die Suggestion also, man könne zunächst auf der Faktenebene entscheiden, ob in einer Bedrohungssituation ein physisch-kausaler Zwang vorliege, damit derselbe sodann penibel von allen Werturteilen (ob derlei wohl legitim sei) abgesondert werden könne,[15] widerstreitet unserer Erfahrung, widerstrebt unserer moralischen Intuition und wird vom natürlichen Sprachgebrauch wi-

12 | Vgl. William E. Connolly, *The Terms of Political Discourse*, Oxford 1993, S. 139-143.

13 | Vgl. Serena Olsaretti, *Liberty, Desert and the Market: A Philosophical Study*, Cambridge 2004, S. 148.

14 | Vgl. Swanton, *Freedom*, S. 109-113.

15 | Vgl. Felix E. Oppenheim, *Political Concepts: A Reconstruction*, Chicago 1981, S. 53, 160.

derlegt. Wir beschreiben auch solche Menschen als unfrei, denen zwar nicht aufgrund physischer Einwirkung, wohl aber durch glaubhafte Drohung die Chance fehlt, autonom zu handeln.[16] (Ähnliches gilt, wozu später mehr, für den Ausbleib von physischer Kausalität im Falle von unterlassener Hilfeleistung oder eines unbehobenen Mangels an Lebensgrundlagen: Auch sie beschneiden Freiheiten.)

Zwang kann also auch ohne direkte physische Einwirkung vorliegen, und ob dies der Fall ist, wird durch wertendes Urteilen festgestellt. Daher misslingt die positivistische Trennung von Fakt und Wert nicht nur bei der Freiheitsidee selbst, sondern auch beim Versuch, Freiheit angeblich ganz wertfrei – als Negation von Zwang – zu definieren. Das quantitative Programm, Freiheit durch die Formel »weniger (wertfreier) Zwang = mehr (wertvolle) Freiheit« zu erklären, scheitert. Wir benötigen einen evaluativen Begriff sowohl der Freiheit als auch des Zwangs. In den letzten Jahrzehnten hat sich darum die analytische Philosophie auch zusehends vom Versuch einer rein auf sichtbar-physische Komponenten abstellenden Definition der Freiheit entfernt. Im Rekurs auf das alltägliche Vorverständnis von Freiheit und seine sprachliche Spiegelungen werden nun immer öfter auch ›unsichtbare‹ Dimensionen beachtet, etwa moralische Aspekte der Freiheitsidee. Auch dies deutet darauf hin, dass die immanente Normativität der Freiheitsidee den wahren Grund der Kontroversen um die Freiheit darstellt.[17]

Natürlich ist es ein Gewinn, dass man heute den reicheren Bedeutungsrahmen, den unsere Alltagssprache der Freiheitsidee zumisst, nun auch philosophisch zulässt und prüft. Aber reicht das aus? Der sprachanalytische Zugriff hat schließlich auf jede über die *faktischen* Üblichkeiten und Grenzen der Sprachgemeinschaft hinausreichende Deutung der Freiheitsidee zu verzichten. Dies erschwert es, *kontrafaktische* Aspekte angemessen wahrzunehmen, etwa wenn uns die Idee der Freiheit als normative Aufforderung entgegentritt, unsere dominanten Rede- und Handlungsweisen zu verändern. Deswegen ist noch grundsätzlicher zu fragen: Ist es sinnvoll, Freiheit lediglich an ihren semantischen oder sonstigen Ausformungen (*extensional*) festzumachen? Oder sollten wir nicht doch auch die Idee der Freiheit auf ihren möglicherweise über alle bisherigen Verkörperungen hinausweisenden Bedeutungssinn (*intensional*) untersuchen? Denn falls wir vergessen, dass das bei einer rein äußerlich-

16 | Vgl. Jeremy Waldron, *Liberal Rights: Collected Papers, 1981-1991*, Cambridge England; New York 1993.

17 | William E. Connolly erklärt m.E. zu Recht, die Idee der Freiheit sei so »contested partly because of the way it bridges a positivist dichotomy between ›descriptive‹ and ›normative‹ concepts.« (William E. Connoly, »Liberty as an ›essentially contested concept‹«, in: Ian Carter und Matthew H. Kramer (Hg.), *Freedom: A Philosophical Anthology*, Malden, Massachusetts 2007, S. 200)

objektivierenden Betrachtung entstehende Bild einer von ihrem inneren Sinn und Zweck abgelösten Freiheit bestenfalls der Abdruck ihrer weltlichen Verdinglichung ist und nicht ihr Urbild, so könnten wir ungewollt ein Zerrbild der Freiheit für ihr Abbild halten. Freiheit reduzierte sich dann zu (nichts als) der Menge vorhandener Optionen, und plötzlich gälte in allen normativen Fragen die so schlichte wie schlechte Parole »je mehr, desto besser«.

Auch hierzu liefert David Hume die Vorlage. Wie Hobbes definiert er Freiheit als ungehinderte Bewegung nach eigenem Gutdünken. Der Raum, in dem sie sich artikuliert, begrenzt sie; mithin kann keine individuelle Freiheit unendlich sein, soll noch Platz für die Freiheit anderer bleiben. Es kommt zu einer – in diesem Denkmodell unvermeidlichen – Konkurrenz zwischen individuellem Freiheitswunsch und interpersonalem Koordinationsbedürfnis. Dies ist der Klumpfuß vieler angloamerikanischer Freiheitstheorien: ihr geometrisches Bild von Freiheit als einander ausgrenzender Formen auf begrenzter Fläche. Es reduziert Freiheit zu einem quasi-räumlichen Verteilungskonflikt zwischen einander wechselseitig ausschließenden Freiheitskreisen. Entsprechend erscheint Hume das Verhältnis von Gesetz und Freiheit als ein tragischer Konflikt: »In all governments, there is a perpetual intestine struggle, open or secret, between *authority* and *liberty*; and neither of them can ever absolutely prevail in the contest. A great sacrifice of liberty must necessarily be made in every government.«[18] Man scheint eine friedliche Ordnung nur um den Preis vieler Freiheit haben zu können und mithin vor die missliche Wahl gestellt, entweder die Freiheits- und Handlungsspielräume der Individuen oder die des Staates quantitativ zu vergrößern. *Tertium non datur.*

Der dagegen in der kontinentaleuropäischen Tradition gepflegte, ja gefeierte Gedanke, dass individuelle und kollektive Freiheit einander auch wechselseitig integrieren und begünstigen könnten, lässt sich in dieser Matrix nicht ausdrücken. Das ist den klassischen Anschauungsformen der quantitativen Logik – Geometrie und Arithmetik – geschuldet. Geometrisch gilt: Wo ein Körper Raum greift, kann es gleichzeitig kein anderer tun. Wo also Freiheit über ein Parallelogramm physischer Kräfte repräsentiert wird, kann die gesellschaftliche Endgestalt persönlicher Freiheiten nur als Einbuße oder Einschränkung aller ursprünglichen Bewegungsimpulse gedeutet werden. Arithmetisch kommt dasselbe heraus. Die Gesellschaft wird spiel- oder sozialvertragstheoretisch über ein Gedankenexperiment konzipiert, in dem die Individuen ihre eigene Freiheit maximieren und Eingriffe anderer minimieren wollen. Dabei ist – wie die nun folgenden Abschnitte noch näher ausführen werden – die Krux des rein quantitativen Zugangs zur Freiheitsthematik, den gesellschaftlichen Aus- und Abgleich von Wertvorstellungen nur als antagonales Nullsum-

18 | David Hume, *Theory of Knowledge. Containing the Enquiry Concerning Human Understanding*, Austin 1953, S. 156ff.

menspiel wahrzunehmen. Freiheitsgewinne auf der einen Seite müssen, dieser Logik zufolge, Freiheitsverluste auf der anderen nach sich ziehen.

In der quantitativen Logik akzeptieren die Individuen beispielsweise den Staat, nur insofern sie voraussehen, in geregelten Ordnungen mehr Vorteile für sich erhaschen zu können als in anarchischen Lebensverhältnissen. Damit diese *cost-benefit*-Rechnung aufgeht, muss, was die Einzelnen in jenem hypothetischen Tausch der Rechte und Pflichten herausbekommen, mindestens gleichwertig sein zu dem, was sie einzahlen. Und da – in dieser Forderung nach Symmetrie – liegt der Haken: Was ist mit Menschen, die nicht in der Lage sind, anderen deutlich zu nutzen oder zu schaden, und darum als unattraktive Partner für einen solchen Tausch erscheinen? Wie sind sie in die Gesellschaft zu integrieren?[19] Dies Problem stellt sich etwa angesichts der Bedürfnisse, Interessen und Rechte behinderter Menschen.

Denken wir uns einen Teenager, der wegen körperlicher Behinderung nicht aus eigener Kraft den Weg zur Schule zurücklegen kann. Im Sinne von Theorien quantitativer Freiheit wäre nur zu gewährleisten, dass niemand ihn durch physischen Zwang am Schulgang behindert. Sodann gälte seine Freiheit als unbeschädigt und es gäbe keine staatliche Pflicht, assistierend einzugreifen. Daher können sich alle anderen getrost dem Maximieren ihrer privaten Optionen hingeben; eine soziale, politische oder rechtliche Verantwortung, dem Teenager zu helfen, haben sie nicht. Der Fall wird an die Individualmoral deligiert und der Fürsorge aus privatem Mitleid anheimgestellt – die natürlich oft auch ausbleibt und zudem den Empfänger von der Gunst der Geber abhängig macht. Ganz anders sieht der Fall aus der Perspektive qualitativer Freiheit aus. Sie bewertet eine Freiheit, die nicht ausgeübt werden kann, als defizitär; also hat die Gesellschaft durch geeignete Maßnahmen den Teenager zu befähigen, seine Bildungsfreiheit wahrzunehmen. Auch also wenn niemand aktiv dem Teenager ein quantitatives »Minus« an Freiheit eingebrockt hat, erkennt eine an qualitativer Freiheit orientierte Gesellschaft das qualitative »Malus« der Beeinträchtigung an und schafft Abhilfe.

Vertreter quantitativer Theorien haben bisweilen versucht, solche Ergebnisse abzuwenden; etwa indem sie anführten, dass ja die Bürger ein Interesse an der Ermöglichung der Ausbildung von behinderten Menschen haben könnten. Man müsse nur die Aufwendungen dafür als ein Investment in deren spätere ökonomische Leistungsfähigkeit betrachten. Dann würden sich die dafür erforderlichen Zahlungen rentieren als zeitversetzte Steigerung des Bruttoinlandsprodukts (als materieller Repräsentant aufgerechneter individueller Optionen). Somit sei die von der Gedankenfigur des sozialvertraglichen Nutzentauschs eingeforderte Symmetrie der Leistungen und Gegenleistungen wieder hergestellt. – Doch trägt dies Argument? Im Falle *einiger* behinderter

19 | Vgl. Nussbaum, *Creating Capabilities*, S. 87.

Menschen mag so eine Rechnung aufgehen; für alle, vor allem für auch geistig schwerstbehinderte Personen aber wohl kaum.[20] In jedem Fall aber würde so das von der Warte qualitativer Freiheit aus als *unbedingt* anerkannte Recht der beeinträchtigten Individuen abgewertet zu einem nur *bedingt* – unter der Bedingung ihrer voraussichtlichen ökonomischen Rentabilität – eingeräumten Freiheitschancen. Die gesellschaftliche Hilfestellung erfolgte dann nicht mehr als Ausdruck der unveräußerlichen Würde des Menschen, sondern als Spekulation auf ihren veräußerbaren ökonomischen Wert. In Fällen krasser Asymmetrie von Leistung und Gegenleistung unterbliebe die gesellschaftliche Assistenz dann folgerichtig; in allen anderen Fällen erfolgte sie aus niedrigen Gründen.

In welche Schwierigkeiten quantitativ orientierte Freiheitstheorien angesichts des Problems solcher und anderer Asymmetrien (etwa im Hinblick auf globale oder intergenerationale Generationen) kommen, führen wir nun an den Werken von Friedrich August von Hayek und John Rawls vor. Beide Denker waren und sind populär: Rawls als Vordenker sozialliberaler und progressiver Liberaler sowie Hayek als Patron konservativer und wirtschaftsliberaler Kräfte. Sie trennt die politische Zielrichtung. Es verbindet sie jedoch das Unterfangen, *metaphysikfrei* über Freiheit zu sprechen. Beide philosophieren entlang der Prämissen eines rational verfolgten Eigeninteresses. Beide bewerben ihre Position darüber, dass keine anderen als die von ihnen jeweils favorisierten Institutionen zur Maximierung privater Optionen und mithin zur freiheitlichsten aller Welten führen. Beide also huldigen dem quantitativen Paradigma der Freiheit – und ihre Lehren werfen Licht auf dessen Plausibilität. Hinsichtlich stark asymmetrischer Sozialbeziehungen etwa ändern Hayek wie Rawls ihr quantitatives Modell hinterrücks mit der einen Hand so ab, dass die andere Hand die ersehnten sozial- und verteilungspolitischen Resultate in Empfang nehmen kann. Sie überführen damit – unvorsätzlich, aber höchst effektvoll – das quantitative Paradigma der Freiheit in ein qualitatives.

3.1 Freiheitliche Allokation (Friedrich August von Hayek)

Friedrich August von Hayek (1899-1992) war von Haus aus Ökonom, jedoch sein Erkenntnisinteresse umfasste zuletzt die gesamte Sozialphilosophie. Entsprechend hat Hayek es unternommen, seine Wirtschaftstheorie einem philosophischen Gesamtentwurf zu integrieren, der sich als eine Analyse des mo-

20 | »Such cases strip contractarianism bare, so to speak, and reveal a face often concealed by the moralized elements present in the strongest such doctrines.« (Nussbaum, *Frontiers of Justice*, S. 128f.)

dernen Freiheitsbewusstseins schlechthin präsentiert. In *The Constitution of Liberty* macht er diesen Zusammenhang von Fragen zur Wirtschaftsordnung hin zu Aspekten der Freiheitsphilosophie explizit. Hayek will aus der Idee der Freiheit Grund und Grenze allen staatlichen Handelns so letzt- wie endgültig herleiten.

Zeitlebens mit gewalttätigen Auswüchsen staatlicher Regelungssysteme von rechts wie von links konfrontiert, suchte Hayek nach Prinzipien, welche die Ausübung von Zwang zugleich begründen sowie wirksam beschränken könnten – und fand diese im Freiheitsbewusstsein des Individuums. Dabei gab sich Hayek nicht nur als Akademiker, sondern auch als Polemiker. Vielen ist er weniger als Verfasser subtiler theoretischer Traktate ein Begriff als vielmehr als Mann für wuchtige Thesen und kantige Abgrenzungen. Man kennt ihn etwa als Großmeister jenes denkwürdigen Paradoxes: des liberalen Denkverbots. Wie kaum ein anderer hat Hayek einerseits für die Freiheit gestritten und andererseits dagegen, dass man sich darunter etwas anderes vorstellen dürfe, als er selbst. Hayek setzte die von ihm verabscheuten Ideen der *positiven Freiheit* und der *sozialen Gerechtigkeit* gleichsam auf einen Index von für Liberale verbotenen Gedanken.

Wo zuvor noch fließende Übergänge zwischen ordo-, sozial- und neoliberalen Positionen herrschten, vertrat Hayek ein radikales Entweder-Oder; entweder Freiheit oder Soziales: »Liberty does not mean all good things or the absence of all evils. It is true that to be free may mean freedom to starve [...].«[21] Das war eine klare Ansage. Im Verbund mit seinem Mentor Ludwig von Mises und seinem Gefolgsmann Milton Friedman sorgte Hayek dafür, dass seither die Dreifaltigkeit von klassischem Liberalismus (in den Gestalten von Hume, Smith, Kant, Humboldt etc.), *new liberalism* (Green, Hobhouse, Hobson etc.) und Neo-Liberalismus (Eucken, Müller-Armack, Rüstow etc.) keine harmonische Dreieinigkeit mehr darstellt. Seit Hayeks Adepten mit dem Furor der Rechtgläubigen seine *doktrinalen Ansichten* als *dogmatische Einsichten* verfechten, hinter die künftig kein Liberaler zurückgehen dürfe, ist die liberale Theologie in Häresiestreiten verwickelt. Geflissentlich übersehen wurde dabei, dass etliche von Hayeks *politischen Positionen* im heimlichen Widerspruch zu von ihm proklamierten *philosophischen Prinzipien* stehen und letztlich nur durch Annahmen legitimiert werden können, die das Theorieprogramm Hayeks überschreiten. Um dieses Problem – und damit dem Übergang von quantitativen zu qualitativen Denkfiguren – geht es im Folgenden.

21 | Hayek, *The Constitution of Liberty*, S. 19.

3.1.1 Genese des neoliberalen Freiheitsbegriffs

Friedrich August von Hayek wurde 1944 mit einem Schlag durch die Publikation seiner Streitschrift »*The Road to Serfdom*« so berühmt wie berüchtigt. Darin erklärte er, Großbritannien sei auf dem Wege, sich in eine zweite Weimarer Republik zu verwandeln. Der deutsche Staat habe nur von Hitler erobert werden können, weil er zuvor von sozialdemokratischen Denkern sturmreif geschossen wurde. Diese hätten den Geist individueller Freiheit und Verantwortlichkeit in der erstickenden Umarmung totaler Daseinsfürsorge abgetötet und so die Gemüter der Bürger eingestimmt auf den nationalsozialistischen Kollektivismus und die Ertränkung individueller Freizügigkeit in den berauschenden Wassern des Totalitarismus. Indem England sich nun seinerseits an sozialdemokratischen Experimenten versuche, wiederhole es jenen Fehler, die korrumpierende Kraft linker Ideale zu verkennen. Wer mit der Sozialdemokratie flirte, werde zuletzt mit dem Sozialismus zwangsverheiratet; darum, trommelte Hayek, wehret den Anfängen!

So richtig liberal, so Hayek, sei es in Europa zuletzt vor dem Ersten Weltkrieg zugegangen; wohlgemerkt: als weithin noch Monarchien das Sagen hatten. Die Individuen hätten damals noch wahrhaft einen üppigen Freiheitsraum ihr eigen nennen können, und das Kollektiv sei nur marginal in Erscheinung getreten. Seither aber müsse man allerorten eine drastische Erhöhung der Staatsquoten beobachten und sehe die Menschen zusehends in die Gängelwagen von Vater Staat eingebunden. Allüberall gehe es bergab mit der Freiheit, weil die Demokratie es den Massen erlaube, die liberalen Wälle zu schleifen, die ihre Gemeinwesen vor dem Einfall kollektivistischer Versuchungen schützen. – Noch heute zitieren Neoliberale und Libertarier mit Genuss jenes Pamphlet; versorgt es sie doch mit wuchtigen Zitaten, die ihren Gegnern, ob von links, rechts oder aus dem sozialliberalen Lager, unterstellen, vorsätzlich oder fahrlässig dem Totalitarismus Vorschub zu leisten. Für das Image des libertären Populisten, das ihm anhängt, ist Hayek also nicht ganz unverantwortlich.

In späteren Lebensjahren hat Hayek jedoch versucht, differenzierter aufzutreten. Und hier gilt es, näher hinzuschauen: Indem Hayek seine Theorie über die Jahrzehnte fortentwickelte, legt er dem Publikum ein anschauliches Lehrstück vor, das gleichermaßen die Macht und die Mängel eines quantitativ ausgerichteten Liberalismus illustriert. An Hayeks Theorie wird mustergültig deutlich, was eine rein formal an privaten Optionen ausgerichtete Freiheitstheorie zu leisten vermag – und woran sie scheitert, und weshalb sie schließlich dialektisch umschlägt in qualitative Kategorien.

Auf Hayeks geistiger Bühne kämpften zeitlebens immer auch hintergründige qualitativ-freiheitliche Motive mit vordergründig rein quantitativ ausgerichteten Protagonisten um die darstellerische Regie und zwangen letzteren bisweilen einige durchaus überraschende theatralische Wendungen ab, welche seine dramatischen Texte zu einem lehrreichen Charakterstück der Freiheit formen. Betrachten wir daher zunächst etwas näher die *dramatis personae*, die Hayeks philosophisches Theater bevölkern: Als intellektuelle Ahnherren seiner Position gibt Hayek jene *Old Whigs* an, die in England für die *Glorious Revolution* von 1688 verantwortlich zeichnen.[22] Im Anschluss an diese Tradition propagiert er ein *britisches* Liberalismuskonzept, in das er sein eigenes Philosophieren einreiht. Jenes Modell, das weniger als historische Rekonstruktion denn als konzeptioneller Idealtypus ausgelegt ist,[23] steht für eine empirisch-induktive Denkhaltung. Angesichts gesellschaftlicher Organisationsfragen wird die Unplanbarkeit historischer Entwicklungen betont und kulturellen *Trial-and-error*-Verfahren die meiste politische Weisheit zugetraut. Diesem Whig-Helden tritt in Hayeks Ideendrama als Schurke ein anhand skizzenhafter Nachzeichnungen jakobinischer Freiheitslehren entwickeltes *französisches* Liberalismuskonzept gegenüber. Dieses zeichnet sich unvorteilhaft durch rationalistischen Deduktionismus und planerischen Optimismus aus. Jene begriffliche Gegenüberstellung spitzt Hayek sodann zu einer politischen Opposition zu und schlägt sich auf die Seite des britischen Modells. Er optiert für eine experimentierfreudige und erfahrungsorientierte Politik, die weise, sehr weise darauf verzichtet, in rationalen Planspielen perfekte Gesellschaftssysteme zu entwerfen.[24]

Epistemologisch unterfüttert Hayek diese Position mit dem kybernetischen Argument, dass man lediglich Systeme niederer Komplexitätsordnung, niemals jedoch Systeme gleicher oder gar höherer Komplexität vollständig begreifen kann.[25] Individuen *sollen* daher anderen nicht diktieren, was deren höchstes Gut sei, weil sie dies auf befriedigende Weise gar nicht *können*. Alle auf material-konkrete Vorstellungen vom Guten abzielenden politischen Teleologien scheitern, so Hayek, notwendigerweise an der Eigendynamik und Unvorhersehbarkeit von Freiheit. Wer das gesellschaftliche Leben einem *Generalplan* unterstellt, unterbietet die Entwicklungspotentiale, die dem selbstbestimmten Miteinander der Individuen innewohnen, das sich stets zu neuen spontanen Ordnungen fügen kann. Illiberal wäre derlei überdies.

Mit diesen Argumenten überantwortet Hayek zweitausend Jahre philosophischer Lehren über das Wesen, den Wert und die Bestimmung des menschlichen Lebens der Deponie für ausgemusterte Denkmodelle. Anstelle geplanter

22 | Vgl. Hayek, *The Constitution of Liberty*, S. 407ff.

23 | Vgl. William P. Baumgarth, »Hayek and Political Order: The Rule of Law«, in: *Journal of Libertarian Studies*, 2 (1978): 11-28 (zitiert nach dem Neuabdruck in: Wood/Woods 1996b, 52-70).

24 | Vgl. Hayek, *The Constitution of Liberty*, S. 54f.

25 | Vgl. Morris M. Wilhelm, »The Political Thought of Friedrich A. Hayek«, in: *POST Political Studies*, 20, No. 2 (1972): 169-184.

Ordnungen avanciert bei Hayek der *Markt* zum Paradigma gesellschaftlicher Beziehungen: Der Markt hilft zum einen dabei, spannungsreiche Interessen friedlich zu verfolgen und subsidiär auszugleichen. Zum andern fördert die auf dem Markt feilgebotene *Differenz* der persönlichen Interessen die soziale Produktivität. Ressourcen führt das dezentrale Markthandeln damit einem effizienteren Gebrauch zu, als Sozialtechnologen und Gesellschaftsplaner es jemals vermöchten.[26] Jene Überlegenheit ungeplanten Markthandelns über planvoll gestaltete Ökonomien veranlasst Hayek, auch im Politischen von rationalen Konstruktionen abzuraten. Aber – so ein naheliegender Einwand – sind nicht gerade unsere komplexen politischen Institutionen ein Beleg für die hohe Form- und Leistungskraft des politisch-planenden Geistes?

Hayek sieht dies anders. Man müsse das Wirken der politischen Vernunft geschichtlich verstehen; als Ausfluss *sozialer Evolution*. Die historisch aufgekommenen Sozialstrukturen seien oftmals weniger das Resultat absichtsvoller Planung, sondern hätten sich schrittweise, bisweilen zufällig oder gar erwartungswidrig, herausgebildet, schließlich aber bewährt. Unsere politischen Institutionen funktionieren manchmal eher trotz statt wegen der Vorstellungen, die man sich einstmals über deren Aufgaben und Zwecke gemacht hatte. Nichts falscher also, als eine einzelne soziale oder politische Bestimmungsform, etwa über ein vorgeblich höchstes Gesellschaftsziel durch einen fiktiven oder realen Gesellschaftsvertrag zu verabsolutieren und damit – wie Hayek es dem Freiheitsdenken des französisch-konstruktivistischen Typus anlastet – weiterer sozialer Evolution den Weg abzuschneiden.

Hayeks Äußerungen über die *deutsche* Freiheitsphilosophie ergänzen das Bild.[27] Auf den *Deutschen Idealismus* ist die Bemerkung gemünzt, man dürfe nicht eine Identität von Freiheit und Sittengesetz postulieren, weil so die Freiheit, moralisch falsch zu handeln, beschnitten werde.[28] Derlei verrät zwar nicht viel über die hier abgewertete Tradition, wohl aber über die strategischen Motive Hayeks: Jegliche inhaltliche Definition der Freiheit *de facto* werde zur Aushöhlung der Freiheit durch sittlichen Konformitätsdruck führen. Allein ein streng negativer Freiheitsbegriff, glaubt Hayek, könne das verhindern.[29]

26 | Werner Keck, *Zwischen evolutionärer und gesellschaftsvertraglicher Fundierung des Staates: Eine vergleichende Analyse der Staatsauffassungen von Rawls, Buchanan, Hayek und Nozick*, Berlin 1998, S. 212.

27 | Vgl. Hayek, *The Constitution of Liberty*, S. 16, 20.

28 | Vgl. ebenda, S. 79.

29 | Vgl. ebenda, S. 31.

3.1.2 Geltung des neoliberalen Freiheitsbegriffs

Wer Freiheit negativ definiert, dem bleibt keine Alternative, als sich – *ceteris paribus* – bei miteinander in Konkurrenz stehenden Handlungs- und Gestaltungsalternativen für diejenigen zu entscheiden, die insgesamt mehr Optionen zu bieten versprechen. Quantitativ ausgerichteter Liberalismus reibt sich daher oft an der Religion, weil jede Form von Spiritualität durch die Bindungen, die sie anempfiehlt, Freizügigkeit reduziert. So behauptet Hayek etwa, dass ein »Jesuit who lives up to the ideals of the founder of his order« als unfrei zu gelten habe, weil ihm seine geistliche Widmung zahlreiche Optionen verwehrt.[30] Stimmt das?

Nun, wenn ein Jesuit auf gewisse Freizügigkeiten verzichtet, verfügt er nicht notwendigerweise über weniger Optionen, sondern zunächst einmal über andere: solche etwa, die erst aus intensiver Widmung und Konzentration auf spirituelle Ziele entstehen, und die in einem durch und durch säkular ausgerichteten Leben vielleicht weniger vorkommen. Möglicherweise wiegen einander schon quantitativ der Verlust und der Zugewinn an Optionen auf? Manchen Manager, der sich nach einem *burn-out* ins erstbeste Kloster zum *spritual retreat* flüchtet, mag dieser Gedanke bisweilen vielleicht beschleichen. Doch selbst falls jenem Jesuiten tatsächlich eine geringere Anzahl an Auswahlmöglichkeiten zu Gebote stände, könnte es dennoch um seine Freiheit gut bestellt sein, falls nämlich die verbleibende Optionenmenge für ihn besonders erstrebenswerte Elemente enthält. Diesen Gedanken aber kann nur eine qualitativ ausgerichtete Denkungsart einfangen; rein arithmetisch ergibt er sich nicht.

Genau jene Schwierigkeit – zwischen höher- und minderwertigen Optionen zu unterscheiden – macht Hayek durchgehend zu schaffen. Seiner eigenen Rhetorik zum Trotz, dass allein eine Gesellschaftsordnung als liberal gelten dürfe, die sich der quantitativen Maximierung der individuellen Freiräume verpflichtet, findet man bei Hayek nämlich kein Plädoyer für ein totales *laissez faire*. Eine Position, welche der sozialen Umwelt gegenüber keinerlei Bindungen kennt oder nur solche Restriktionen akzeptiert, die von minimalstaatlichen Nutzentausch-Modellen aus – d.h. als reziproke Maximierungsstrategien – konzipiert werden können, vertritt Hayek nicht.[31] Eher verteidigt er – anders als viele seiner Gegner wie Befürworter glauben – eine Freiheit, die durch *rechtsethisch geformte Gesetze* ebenso beschränkt wie durch *sittliche Werte* ausgerichtet wird.

30 | Vgl. Hayek, *The Constitution of Liberty*, S. 14.

31 | So aber interpretiert H. B. Falkena, »On Hayek's Philosophy of Limited Government and the Economic Order (Review Article)«, in: *South African Journal of Economics*, 53, No. 4 (1985): 235-243.

Was die *sittlichen Werte* betrifft, so leitet Hayeks Insistieren, er vertrete partout nur einen Begriff von Freiheit, der »merely negative« sei, deshalb in die Irre.[32] Nicht Freiheit als Libertinismus, sondern Freiheit auch und gerade als Quelle sittlicher Werte will Hayek schützen, wenn er sie als »overriding principle« des Gemeinwesens postuliert.[33] Dieses Prinzip soll verhindern, dass wir zu freiheitswidrigen Mitteln greifen, um sittliche Werte zu realisieren. Ein Zwang zum Guten – etwa zu zivilgesellschaftlichem Engagement – könnte jenes Gute seiner sittlichen Qualität berauben. Dass individuelle Freiheit von moralisch motiviertem Zwang verschont werden muss, hat seinen Grund also gerade nicht in einem gänzlichen Verzicht Hayeks auf ethische Orientierung, sondern in dem Wunsch, diese erst wahrhaft zu ermöglichen. Sittliche Ziele werten die Freiheit, aus der sie hervorgehen, auf. Freiheit soll moralischen Werten also unter anderem deshalb nicht geopfert werden, weil erzwungene Tugend keine ist.

Die *rechtsethische* Beschränkung der Freiheit verteidigt Hayek, indem er sich von Jeremy Bentham (1748-1832) absetzt,[34] der (vgl. Abschnitt 1.3.2) vertreten hatte, »every law is an evil for every law is an infraction on liberty«.[35] Demgegenüber solidarisiert sich Hayek mit dem in der kantischen Tradition prominenten Gedanken vom Recht als Form der Freiheit. Wie Kant fordert Hayek Grenzen der individuellen Handlungsfreiheit, welche die Voraussetzungen der Freiheit aller schaffen.[36] Die vom späten Hayek gerne betonte Nähe seines Denkens zu Kant[37] liegt zwar keineswegs immer vor;[38] in diesem Punkt aber schon: Nicht der freiheitsgesetzlich geregelte, allein der willkürliche Zwang ist es, gegen den Hayek sich richtet. Willkürlicher Zwang setzt die Individuen zu Werkzeugen anderer herab, sie sollen und wollen aber Selbstzweck sein, sich also frei von Zwang bilden und betätigen.

---

32 | Hayek, *The Constitution of Liberty*, S. 19.

33 | Vgl. ebenda, S. 68.

34 | Vgl. ebenda, S. 60.

35 | Jeremy Bentham, Étienne Dumont und Richard Hildreth, *Theory of Legislation*, London 1887 (Originalausgabe: London, 1864), S. 48.

36 | Zum freiheitstheoretischen Anschluss an Kant sowie zu offen bleibenden Differenzen zwischen beiden Denkern vgl. Michael Kläver, *Die Verfassung des Marktes: Friedrich August von Hayeks Lehre von Staat und Markt im Spiegel grundgesetzlicher Staats- und Verfassungsrechtslehre*, Stuttgart 2000, S. 18-31.

37 | Friedrich August von Hayek, *Law, Legislation and Liberty: A New Statement of the Liberal Principles of Justice and Political Economy*, London 1976 (Originalausgabe: 1973), S. 166, Fn. 24.

38 | Zur tollkühnen, bisweilen tollpatischen Kantschmuserei Hayeks vgl. Hans Jörg Hennecke, *Friedrich August von Hayek: Die Tradition der Freiheit*, Düsseldorf 2000, S. 287-294.

Freiheit von willkürlichem Zwang verlangt, dass der Staat ein Monopol zur Zwangsausübung hat, von dem er nur freiheitsgemäß Gebrauch macht. Das staatliche Handeln soll deshalb an dem Grundsatz ausgerichtet werden, dass niemandem Zwang widerfahren dürfe, »unless he has placed himself in a position where he knows he will be coerced.«[39] Sofern die Zwangsausübung entpersonalisiert werde, indem man sie abstrakt-generellen Normen unterwirft und diese offenkundig macht, könne jedes Individuum sein Verhalten so ausrichten, dass es Zwang vermeiden kann. Die Rechtsnormen stehen dem Individuum dann ebenso hypothetisch-instrumentell zur Verfügung wie Naturgesetze. Ganz so, wie man weiß, dass Feuerlegen im Wohnzimmer zum Abbrennen des Hauses führen kann, weiß man ebenfalls, dass das vorsätzliche Abbrennen eines Hauses einen ins Gefängnis bringen kann.[40] Es findet mithin kein *willkürlicher* Zwang mehr statt, sondern nur noch solcher, den die Individuen vorsätzlich provoziert oder billigend in Kauf genommen haben. Die Regeln des Rechts weisen auf die juristische Zulässigkeit gewisser Mittel hin, überlassen die Zweckbestimmung aber allein der freien moralischen Wahl. Das Grundmuster entsprechender staatlicher Zwangsregelungen sind Konditionalordnungen (man denke etwa an die wenn/dann-Vorschriften des Strafrechts), nach denen alle informiert entscheiden können, ob sie sich in eine Situation bringen wollen, in der ihnen staatlicher Zwang droht.[41]

Natürlich können vom Staat nicht beliebige Konditionalregeln aufgestellt werden. Weder aus paternalistischer Fürsorge um seines unterstellten Wohles willen und noch viel weniger zugunsten kontingenter Ziele dürfen Bürger zu bloßen Realisierungsmitteln von politischen Zwecken herabgewürdigt werden, die sie nicht teilen. Hayek heißt nur solche Zwangsregeln gut, die den Individuen helfen, ihre *eigenen* Zwecke so zu verfolgen, dass Freiheitskollisionen mit anderen ausbleiben. Ganz wie bei Kant also wird bei Hayek der *reale Zwang* der Rechtsordnung als *ideale Rechtswohltat* dem jeweiligen Gezwungenen gegenüber, d.h. als Schutz seiner eigenen Freiheit vor ihm selbst, *legitimiert* – und auch nach diesem Grundsatz *limitiert*.

Aber gerade jener transzendentalphilosophische Anstrich seiner Gedanken legt es nahe, Hayek zu widersprechen, dass er einem rein negativ-formalen, äußerlich-quantitativen Freiheitsbegriff folge.[42] Zwar behauptet Hayek,

39 | Hayek, *The Constitution of Liberty*, S. 21.

40 | Vgl. ebenda, S. 153.

41 | Vgl. ebenda, S. 142ff.

42 | Christoph Zeitler meldet ebenfalls Zweifel an der Selbsteinschätzung Hayeks an, er sei nur einem negativen Freiheitskonzept verpflichtet, in: *Spontane Ordnung, Freiheit und Recht: Zur politischen Philosophie von Friedrich August von Hayek*, Frankfurt a.M. 1995, S. 147ff.

sein Rechtsbegriff huldige rein prozeduralen Kriterien.[43] Jedoch viele der von ihm vertretenen Überzeugungen lassen sich durchaus nicht mit *prozeduralen* Kriterien allein rechtfertigen, sondern bedürfen zu ihrer Stützung weitergehender, *substantieller* Prämissen, wie etwa des kantischen Autonomiegedankens.[44] Gesetzgeber könnten ja *formell* einwandfrei handeln und einstimmig streng allgemeine, sie selbst einschließende Gesetze erlassen, welche Hayek dennoch *materiell* zurückweisen würde.[45] Eine Gesellschaft etwa, die beschlösse, die Rechtgläubigkeit ihrer Mitglieder inklusive der Regierenden mit Stockhieben und Steinigungen abzusichern, fände seine Sympathie gewiss nicht. Angesichts von Subjekten, die ihre Freiheit so realisieren wollten, zieht Hayek eine klare Grenzlinie.

Damit jedoch weicht Hayek der Konsequenz der eigenen Formalismen aus und bringt einen *qualitativen* Wesensbegriff von Freiheit in Stellung.[46] Das geschieht typischerweise im Rückgriff auf Vorverständnisse der britischen Rechtstradition. Die *rule of law* (etwa tradierte Rechtsgrundsätze wie *nulla poena sine lege*[47]) stellt Hayek ausdrücklich *nicht* der sozialen Evolution anheim.[48] Er proklamiert dies als *common-law*-Traditionalismus. Es ist aber keiner, weil eben *diese* Tradition der *rule of law* ganz und gar nicht zur Disposition steht.[49] Die *rule of law* ist der liberale Fels in der gesellschaftlichen Brandung, an dem sich alle Wellen illiberaler Veränderungspläne brechen sollen. Während alle sonstigen Institutionen verflüssigt werden, schreibt Hayek der *rule of law* –

43 | Vgl. Hayek, *Law, Legislation, and Liberty*, S. 43.

44 | Vgl. Nikolas H. M. Roos, »Hayek's Kantian Heritage and Natural Law«, in: Jack Birner und Rudy van Zijp (Hg.), *Hayek, Co-ordination and Evolution: His Legacy in Philosophy, Politics, Economics and the History of Ideas*, London; New York 1994, S. 294.

45 | Vgl. Lionel Robbins, »Hayek on Liberty«, in: *Economica*, 28, No. 109 (1961): 66-81.

46 | Vgl. Hayek, *Law, Legislation, and Liberty*, S. 58ff. Insofern ist auch Aimar Thierry zu widersprechen, der die These aufstellt, die Normativität Hayeks sei rein hypothetisch-allgemeiner Natur, denn sie ruhe auf dem unterstellten Überlebensinteresse eines jeden auf, woraus sich jedermanns Interesse an einer gedeihlichen Wirtschafts- und Sozialordnung herleite, weshalb es sich lediglich um eine Normativität »without prescriptions« handele (siehe: »13 Coordination, Survival and Normativity: A Hayekian Perspective Revisited«, in: Jack Birner, Pierre Garrouste und Aimar Thierry (Hg.), *FA Hayek as a Political Economist: Economic Analysis and Values*, Bd. 45, London 2002, S. 225f., 230.

47 | Zu deutsch: Keine Strafe ohne (voraufgehendes) Gesetz. Weitere bekannte Grundsätze sind etwa *in dubio pro reo* (im Zweifel für den Angeklagten) und *actori incumbat probatio* (dem Kläger obliege die Beweislast).

48 | Vgl. Hardy Bouillon, *Ordnung, Evolution und Erkenntnis: Hayeks Sozialphilosophie und ihre erkenntnistheoretische Grundlage*, Tübingen 1991, S. 59ff.

49 | Vgl. John Gray, *Hayek on Liberty*, Oxford; New York 1986, S. 31ff.

was er indes weder sich noch seinen Lesern nicht recht eingesteht – *a priori* Geltung zu.[50]

Klarerweise kollidiert dieser Zugriff auf unaufgebbare Rechtsprinzipien mit dem von Hayek ansonsten durchgängig vertretenen Programm sozialer Evolution. Einige Interpreten haben Hayek daher geraten, auch die *rule of law* noch zu relativieren, anstatt sie als quasi-naturrechtlich vorgegeben zu behandeln.[51] Andere sprachen sich umgekehrt gegen Hayeks evolutionären Subjektivismus als Unterbietung der von ihm anderweitig gebrauchten Argumentationslogik aus. Diese zweite Auslegung erscheint plausibler: Durch die Thematisierung der Möglichkeitsbedingungen universaler Freiheit hat Hayek sich günstig positioniert, um klarzustellen, dass nicht jegliches Festhalten an Grundrechten und Regeln interpersonaler Anerkennung eine willkürliche Setzung konstruktionsverliebter Geister darstellt.[52]

Zum Beispiel schreibt Hayek: Nicht nur physische Gewalt hindere Menschen am eigenbestimmten Leben. Betrug und Täuschung stellen dem Zwang durchaus vergleichbare Eingriffe in die persönliche Freiheit dar. Durch sie wird dem Individuum die zur autonomen Lebensführung benötigte Realitätsgrundlage geraubt.[53] Täuschung und Betrug verneinen damit *de facto* den Freiheitsanspruch der Getäuschten und reihen sie als bloße Mittel unter die Zwecke der Täuschenden ein. Universalisieren und auf Gegenseitigkeit stellen, lässt sich derlei nicht. Entsprechend muss ein dem Freiheitsschutz gewidmetes Recht nicht nur vor Gewalt, sondern auch vor Betrug und Täuschung schützen. Mit ähnlichen – transzendental die Voraussetzungen allgemeiner Freiheit einholenden – Argumenten baut Hayek nach und nach einen Kanon formaler Rechtsgrundsätze (wie zum Beispiel: *pacta sunt servanda*) und materieller Rechtsinhalte (etwa zum Eigentumsschutz) aus.

Somit aber liefert Hayek durchaus nicht nur eine Nacherzählung einer ganz bestimmten Rechtstradition, die sich in der kulturellen Evolution zufälligerweise weithin durchgesetzt hat. Präsentiert werden diese Überlegungen vielmehr als selbstevidente Entfaltungen der Idee der Freiheit. Hier wird deduziert, nicht induziert; Spekulation gerät zum Kompass des historischen Erfahrungswissens – und nicht umgekehrt. Da Hayek seine Theorie *evolutiver*

50 | Vgl. auch die Abgrenzung zum Kommunitarismus bei Barbara M. Rowland, *Ordered Liberty and the Constitutional Framework: The Political Thought of Friedrich A Hayek*, Westport 1987, S. 119ff.

51 | Vgl. Theodore A. Burczak, »The Contradictions between Hayek's Subjectivism and His Liberal Legal Theory«, in: Jack Birner, Pierre Garrouste und Thierry Aimar (Hg.), *FA Hayek as a Political Economist: Economic Analysis and Values*, Bd. 45, London 2002, S. 201.

52 | Vgl. Roos, *Hayek's Kantian Heritage*, S. 289.

53 | Vgl. Hayek, *The Constitution of Liberty*, S. 143f.

Rechtsentwicklung scharf von der ihm verhassten Tradition des *Rechtspositivismus* abgrenzen möchte, ist für ihn eine Bekräftigung der Idee der Gerechtigkeit als meta-rechtliches Ideal unverzichtbar.[54] Darum kommt der *rule of law* in seiner Theorie eine solche Schlüsselfunktion zu. Ohne diese kontrafaktische Orientierung schlüge nämlich der von Hayek deskriptiv gebrauchte soziale Evolutionismus schnell ins Normative um. Das jedoch würde politiktheoretisch auf einen Fatalismus hinleiten ähnlich dem von Hayek zurückgewiesenen Rechtspositivismus. Man kann daher der hayekschen Version der *rule of law* ungefähr den Status eines *regulativen Ideals* im Sinne Kants zuerkennen.[55] Denn anstatt zugunsten sozialer Evolution auf sein eigenes Ideal der Gerechtigkeit zu verzichten, will Hayek vielmehr erstere an zweiterer messen.[56]

Bildhaft gesprochen: Hayeks Gedankenschiff folgt über etliche Seemeilen einer Fahrrinne, die den Ozean der Freiheit entlang ihrer gesellschaftlichen Ermöglichungsbedingungen durchmisst. Erst als er sich auf dieser Reise bis auf Sichtweite dem Kontinent der sozialen Gerechtigkeit nähert, ändert er abrupt den Kurs und steuert plötzlich die hohe See distributiver Beliebigkeit an, wo er seine Theorie und deren praktische Resultate fernab aller normativen Leuchttürme dem Wellengang des Marktes überantwortet. Obschon Hayek darauf besteht, der von ihm verwendete Begriff von Freiheit sei bloß *negativ*,[57] so kann dies zwar für jenes letzte nautische Manöver gelten. Angesichts des überwiegenden Verlaufs seiner Fahrtstrecke muss man diese Aussage ansonsten aber als Seemansgarn ansehen. Hayek navigiert ja anhand von qualitativen Koordinaten das Schiff der Freiheit sorgsam an den Untiefen des Relativismus und den Sandbänken des Positivismus vorbei. Erst als diese passiert sind, lässt er das Ruder locker und vertraut sein Gefährt den Strömungen sozialer Evolution und ihren wirtschaftsliberalen Strudeln an.

3.1.3 Staats- und Politikphilosophie

Zu jeglicher *sozialen* Evolution gehören auch bewusste und geplante Systemveränderungen, welche ihrerseits auf Orientierungen basieren, die nicht einfach den historischen Bestand abspiegeln, sondern ihn verändern wollen. Das erkennt auch Hayek ausdrücklich an. Er fordert lediglich, nur solche Schritte

54 | Vgl. Hayek, *The Constitution of Liberty*, S. 205ff.; sowie *Law, Legislation, and Liberty*, S. 44-60.

55 | Zu Kants Begriff der regulativen Idee vgl. Dietmar Köveker, *Grenzverhältnisse: Kant und das »Regulative Prinzip« in Wissenschaft und Philosophie*, 1996

56 | So aber Jacob Viner: »I do not see how this doctrine can be distinguished from ›Social Darwinism‹ [...]« (in: »Review: Hayek on Freedom and Coercion«, in: *Southern Economic Journal*, 27, No. 3 (1961): 230-236, S. 233).

57 | Vgl. Hayek, *The Constitution of Liberty*, S. 12.

auf die Gerechtigkeit hin zu tun, die das gleiche Recht aller wahren und nicht eine weitere Evolution über den gegenwärtigen Erkenntnisstand hinaus unmöglich machen. Die Bindung allen positiven Rechts an die Vorgabe der *rule of law*, dass Freiheit nur um der Freiheit willen beschnitten werden dürfe, führt also auf eine *normative* Forderung: den Staat so zu strukturieren, dass er nur solche Zwecke fördern könne, die sich mit freiheitsgerechten Mitteln realisieren lassen. Das jedoch gleicht keineswegs der »rigid position« der Libertären, der Staat solle sich allein auf Zwangsverwaltung beschränken.[58] Vielmehr akzeptiert Hayek, dass der Staat sich als »service agent« dazu aufschwingt, am gesellschaftlichen »achievement of desirable aims«, d.h. an der qualitativen Gestaltung der geteilten Freiheitsräume mitzuwirken. Dieser sozial- und kulturdemokratische Aspekt seiner Theorie darf nicht unterschlagen werden. Hayek beharrt allerdings: Wenn wir etwas als gemeinwohlförderliches Ziel akzeptieren, so folgt nicht automatisch, alle zu diesem Ziel führenden Mittel seien zulässig; oft müsse man sich mit nur zweitbesten, dafür aber freiheitskonformen Lösungen zufrieden geben, wenn anders die Lage nur durch Zwang und Dirigismus zu verbessern wäre.[59] Während ein »dogmatic democrat« alles und jedes dem Urteil und den Zielen der Mehrheit unterwerfe,[60] zieht Hayek der Politik von vornherein feste, rechtsstaatliche Grenzen. Gewisse Wirklichkeitsbereiche sind tabu.

Beispiel Minderheitenschutz: Die Mehrheit dürfe nur nach solchen Prinzipien entscheiden, »which the minorities also accept«.[61] Wie aber rechtfertigt sich die damit einhergehende Abwertung der Stimmen der Mehrheit, welche Differenzen in ein Rechtsgefüge einträgt, welches prinzipiell doch allen Rechtssubjekten in gleicher Weise dienen soll? Hayek erklärt: Gleichheit vor dem Gesetz meine nicht, alle über einen Kamm zu scheren, sondern das, was ungleich ist, auch ungleich zu behandeln.[62] Einverstanden. Doch wie findet man heraus, was im Einzelfall wesentlich gleich und was wesentlich ungleich ist? Hayek will ja bestimmte phänomenale Differenzen zu begrifflichen Distinktionen umwerten und dabei gewisse Unterschiede zwischen Menschen als rechtlich irrelevant einstufen, andere hingegen nicht; und wieder andere will er kontrafaktisch durchsetzen. Mit einer quantitativen Logik, die alle Optionen als grundsätzlich gleichartig ansieht, kommt man hier natürlich nicht weiter. Muss man also das Prinzip der Freiheit qualitativ erden?

In *The Constitution of Liberty* sucht Hayek noch nach einer pragmatischen Lösung des Problems: »So long as, for instance, the distinction is favoured by

58 | Vgl. ebenda, S. 258.

59 | Vgl. ebenda, S. 261.

60 | Vgl. ebenda, S. 106.

61 | Vgl. ebenda, S. 107.

62 | Vgl. ebenda, S. 153.

the majority both inside and outside the group, there is a strong presumption that it serves the ends of both. When, however, only those inside the group favour the distinction, it is clearly privilege; while if only those outside favour it, it is discrimination.«[63] Einmal abgesehen davon, dass diese Antwort keinerlei *theoretische* Kriterien enthält, genau jenen diskursiven Wertfindungsprozess seinerseits gegenüber alternativen Verfahren normativ auszuzeichnen, bleibt die *praktische* Schwierigkeit, einen Konsens über die »generality and equality« einer Regelung seitens *aller* Betroffenen herbeizubringen.[64] Was ist zu tun, wenn es bestenfalls zu höchst umstrittenen Mehrheitsurteilen kommt?

Erst in den der *Constitution of Liberty* nachgereichten drei Bänden zu *Law, Legislation and Liberty* (1973-1979) antwortet Hayek auf diese Frage. Hier legt er nun ausführlicher dar, wie eine entsprechende – die reale Differenz der Meinungen adäquat verwaltende – politische Selbststeuerung zu konzipieren wäre:[65] Durch ihre persönlichen, nicht zuletzt durch ihre finanziellen Interessen seien Regierende beeinflussbar, was ihre Entscheidungslogik empfindlich eintrüben kann. Das Elend der modernen Demokratien liege nicht vorrangig in der mangelnden Intelligenz und Gutwilligkeit der Politiker begründet, sondern darin, dass sie systembedingt dem Lobbyismus und der Korruption ausgesetzt sind: »So long as the present form of democracy persists, decent government cannot exist, even if the politicians are angels […], because […] we […] place them in a position in which they can obtain power […] only if they commit themselves to secure special benefits for various groups.«[66] Je besser sich bestimmte soziale Interessen organisieren lassen, umso mehr ist die politische Sachwaltung der unorganisierten Interessen in Gefahr.[67] Daher sollten sich die modernen Gemeinwesen zum eigenen Wohle die Hände binden, um gar nicht erst Interessengruppen Gefallen erweisen zu können, welche nicht im Interesse des Gemeinwohls liegen.

63 | Vgl. ebenda, S. 154.

64 | Vgl. ebenda, S. 210.

65 | Calvin M. Hoy glaubt, dass Hayek in *Law, Legislation and Liberty* die Konsenstheorie aufgegeben habe, weil diese dort nicht mehr explizit genannt wird (siehe: *A Philosophy of Individual Freedom: The Political Thought of F.A. Hayek*, Westport, Conneticut 1984, S. 86); m.E. ist eher darauf zu erkennen, dass Hayek den Gedanken eines soziale Ungleichverteilungen legitimierenden Konsenses in seinem mittlerweile ausgearbeiteten zweistufigen Demokratiekonzept aufgehoben sieht, wofür auch der Duktus der Behandlung der öffentlichen Meinung als zusätzliches politisches Legitimitätskriterium im ersten Band von *Law, Legislation and Liberty* spricht.

66 | Vgl. Friedrich August von Hayek, *Law, Legislation and Liberty: A New Statement of the Liberal Principles of Justice and Political Economy*, London 1979, S. 135.

67 | Vgl. ebenda, S. 99f.

Abhilfe soll ein Zwei-Kammer-System schaffen, das es für Lobbyisten unattraktiv macht, sich überhaupt erst ins politische Geschäft einzumischen. Dazu wäre die Funktionsdifferenz zwischen Legislative und Exekutive zu verschärfen: »the *legislative* one is to represent the *opinion* of the people about which sorts of government actions are just and which are not, and the other *governmental* assembly were to be guided by the *will* of the people on the particular measures to be taken within the frame of rules laid down by the first.«[68] Bestechung wird so erschwert. Man müsste beide Häuser koordiniert korrumpieren; und so ist es weit unwahrscheinlicher, dass die Legislative genau jene Gesetze gibt, welche der Exekutiven zupass kommen, aber auch, dass beide Häuser einander unproduktiv hemmen wie im ständigen Zwist zwischen dem amerikanischen Kongress und dem US-Präsidenten.

Die *Fortbestimmung* der *rule of law* in konkrete Gesetze obliegt dann einer *legislativen Versammlung*, die von populistischem Einfluss verschont werde, so Hayek, weil die *Anwendung* der von ihr erlassenen Gesetze einer am Volkswillen orientierten *Regierungsversammlung* anvertraut sind. Kompetenzstreitigkeiten soll ein *Verfassungsgericht* entscheiden.[69] Jenes Modell wurde als artifiziell und unpraktizierbar kritisiert.[70] Hayek hatte indes gar nicht die Absicht, »to propose a constitutional scheme for present application«.[71] Ja, er riet etablierten Demokratien sogar davon ab (!), ihre historisch bewährten Verfassungen durch jenes Modell zu ersetzen – und brachte es eher ins Gespräch als normativen Fluchtpunkt zukünftiger Verfassungsentwicklungen.

Für uns sind weniger die technischen Details des Modells interessant, als vielmehr, was sie über Hayeks Verständnis demokratischer Freiheiten verraten: Hayek sucht für den althergebrachten Gedanken, dass Demokratie in den Grenzen des Allgemeinwillens agieren solle, eine neue, institutionelle Lösung. Entgegen dem für moderne Verfassungen gewöhnlichen Schritt, die Entscheidungswillkür des Parlaments zu beschneiden, indem sie zum Beispiel in Menschenrechtsfragen gewisse *unverrückbare* Festlegungen vorab treffen, strebt Hayek ein *flexibleres* System an. Er will die Sicherheit eines Regierens nach Maßgabe der *rule of law* in einer Weise garantieren, die mit einer Offenheit des Rechtssystems für Veränderungen einhergeht.[72] Durch die zwei Kammern soll eine politische Selbstbeschränkung erreicht werden, die im Ergebnis nur

68 | Vgl. ebenda, S. 104.

69 | Vgl. ebenda, S. 103-127.

70 | Stellvertretend siehe die Kritik bei Ronald Hamowy, »The Hayekian Model of Government in an Open Society«, in: *Journal of Libertarian Economics*, 6 (1982): 137-144.

71 | Hayek, *Law, Legislation and Liberty*, S. 107.

72 | Vgl. ebenda, S. 109.

zu Entscheidungen führt, die auf gänzlich nachvollziehbare Weise zu Stande gekommen sind und denen ein jeder darum frei zustimmen kann.[73]

Der Gedanke *universaler Zustimmungsfähigkeit* kommt also, nachdem Hayek eingangs jeden rationalen Konstruktivismus zur Vordertür seines Systems hinausgesandt hatte,[74] zur Hintertür wieder herein. Mit einem Freiheitskonzept, das allein negativ und quantitativ ausgerichtet ist, verträgt sich das schlecht. Denn so macht Hayek das Vorliegen bestimmter qualitativer Voraussetzungen wie der Möglichkeitsbedingungen einer freien Rekonstruktion der jeweiligen politischen Entscheidung seitens vernünftiger Subjekte zum Kriterium der Rechtmäßigkeit eben jener Entscheidungen. Deshalb orientiert er die Politik an Entscheidungsverfahren, welche populistischem wie lobbyistischem Druck entzogen sein sollen. Nur jedoch, wenn man die *rule of law* nicht bloß als Formvorschrift, sondern als normativ anspruchs- und gehaltvolle Ausbuchstabierung des Autonomieprinzips versteht, macht dies Sinn. Andernfalls würde zur Rechtserzeugung jedweder traditionell erprobte Prozeduralismus genügen.

Klarerweise beschränkt die Art, wie hier die erstrebte Entscheidungsneutralität der Parlamentarier sichergestellt werden soll (nämlich z.B. indem die Mitglieder der Legislative weder abgewählt noch wiedergewählt werden können), die unmittelbare Ausübung des politischen Willens der Bevölkerung.[75] Hayek will so durch Staatsorganisation erreichen, was andernorts – gleichfalls den Mehrheitswillen bindend – durch Grundrechtskataloge und Staatszielbestimmungen in entwicklungsresistenten Verfassungstexten erwirkt wird: eine liberale Selbstbeschränkung der demokratischen Willensbildung. Unter diesen Voraussetzungen hält er eine verfassungsimmanente Aufzählung von Grundrechten für entbehrlich.[76] Hierin ist ihm nicht unbedingt zu folgen. Es ließe sich genauso gut argumentieren, dass insbesondere für die öffentliche Selbstlegitimierung des Verfassungsgerichts und damit für dessen Durchsetzungskraft hinsichtlich der Entscheidung formaler Kompetenzstreitigkeiten

73 | Der diesbezüglichen Kritik von Keck, dass Hayek eben jene Momente seiner Theorie – ohne die sie keine normative Eigenständigkeit gewinnen kann – nur unzureichend herausarbeitet, ist m.E. zuzustimmen; vgl. Keck, *Zwischen evolutionärer und gesellschaftsvertraglicher Fundierung des Staates*, S. 239f.

74 | Zum dabei zutage tretenden Spannungsverhältnis von Hayeks historischem Evolutionismus und dem konstruktivistischen Ansatz seines eigenen Verfassungsmodells vgl. Viktor Vanberg und James M. Buchanan, *Liberaler Evolutionismus oder vertragstheoretischer Konstitutionalismus? Zum Problem institutioneller Reformen bei F.A. von Hayek und J.M. Buchanan*, Tübingen 1981, S. 35ff.

75 | Vgl. Hoy, *A Philosophy of Individual Freedom*, S. 110.

76 | Die entscheidende Passage lautet: »The enumeration of certain rights in this Constitution shall not be construed to deny or disparage others retained by the people« (Hayek, *Law, Legislation and Liberty*, S. 111; siehe auch S. 185f).

zwischen den beiden Körperschaften sowohl als auch hinsichtlich einer materialen Verwerfung bestimmter Gesetze – ein Katalog ausformulierter Schutzgüter durchaus wünschenswert wäre. Wie dem auch sei, entscheidend ist: Die im Hintergrund stehenden qualitativen Vorstellungen, was als freiheitsphilosophisch akzeptable Politikresultate gelten kann, erweisen sich durchweg als bedeutsamer als die rhetorisch bei Hayek in den Vordergrund geschobenen Prozeduralien. Ein System der quantitativen Freiheit führt nur zu liberalen Lebensverhältnissen, sofern dessen politische Prozesse im Hinblick auf qualitative Freiheitsideale konzipiert wurden. Kurz: Hayeks Politiktheorie verschleiert die qualitativen Voraussetzungen, von denen ihr erfolgreiches Wirken abhängt.

3.1.4 Wirtschafts- und Sozialphilosophie

Während quantitativ-freiheitliche Positionen typischerweise Nähe zum *laissez faire*-Denken suchen, verwirft Hayek ganz ausdrücklich den *hands off-approach* des frühen 19. Jahrhunderts als irreleitende Maxime.[77] Das Ziel liberaler Wirtschaftspolitik ist für Hayek – entgegen den Ansichten vieler seiner Anhänger – keineswegs »that government should never concern itself with any economic matter«.[78] Es gehe nicht um »absence of all government action«, sondern darum, dass die »freedom of economic activity« allein nach *freiheitsgesetzlichen* Regeln beschränkt werde.[79] Die Wirtschaftsordnung sei durch die Rechtsordnung so vorzustrukturieren, dass gewisse *Mittel* staatlichen Handelns (wie zum Beispiel arbiträrer Zwang gegen Private) prinzipiell als unzulässig gelten. Dadurch wird dem Staat die Realisierung gewisser, nur durch solche Mittel erreichbarer *Zwecke* (etwa eine totale Gleichverteilung der Vermögen) verwehrt.[80]

Hayeks Wirtschaftspolitik konzentriert sich auf Strukturmaßnahmen. Ohne »certain activities on the part of the state«[81] kann keine Wirtschaftsordnung gedeihen. Das gilt sowohl hinsichtlich der *formalen Rahmenbedingungen* des Marktgeschehens – Geldsystem, Gewichte, Maßeinheiten etc. – als auch im Blick auf die *materiellen Rahmenbedingungen* derselben: Maßnahmen zur Gestaltung des Risikoschutzes (Bauvorschriften, Arbeitsplatzgestaltung), der Infrastruktur, zur Schaffung öffentlicher Güter und zur Landesverteidigung

77 | Vgl. G. R. Steele, *The Economics of Friedrich Hayek*, New York 1993, S. 47.

78 | Hayek, *The Constitution of Liberty*, S. 231.

79 | Vgl. ebenda.

80 | Vgl. ebenda, S. 221ff.

81 | Vgl. ebenda, S. 220.

etwa.[82] Ein Gemeinwohlaspekt findet sich bei Hayek also durchaus.[83] Auch insofern geht es ihm nicht um die quantitative Minimierung des Staatshandelns in der Wirtschaft, sondern um dessen qualitative Optimierung durch eine Konzentration auf bestimmte, unerlässliche Aufgaben.

Hayeks Ökonomik will die Bürger aktivieren. Das in der Gesellschaft dezentral vorhandene Wissen und Können der Individuen stelle das eigentliche Human- und Sozialkapital einer Volkswirtschaft dar, welches je nach ökonomischem System besser oder schlechter genutzt werde. Als besonders flinkes und flüssiges Medium einer zur arbeitsteiligen Kollaboration nötigen Kommunikation erscheinen Hayek die Marktpreise. In ihnen teilen Bürger einander auf unpersönliche, ehrliche und effiziente Weise mit, was ihnen gewisse Güter und Leistungen wert sind. Den in Preisentwicklungen sich abbildenden individuellen Zahlungsbereitschaften folgt die Produktion. Um ihres eigenen ökonomischen Vorteils willen werden Bürger sich zu etlichen sozial nützlichen Aktivitäten bequemen, indem sie Ressourcen dorthin schaffen, wo diese höchstmögliche Renditen versprechen. Der Markt indiziert und koordiniert somit, dezentral und gegenseitig, Nachfrage und Angebot. Information über Knappheit und Überfluss muss also nicht den Umweg über ein staatliches Zentrum nehmen. Güter werden dadurch effizienter verteilt, und aufgrund ihrer dadurch erhöhten *relativen-individuellen* Nützlichkeit steigt auch der *aggregiert-absolute* Nutzen der Gesellschaft.

Während Preise das Vokabular in der Sprache ökonomischer Wertschätzung bilden, hat der Staat die Grammatik zu diesem Sprachspiel zu liefern. Er soll durch strukturelle Maßnahmen (Regeln, Steuern) erreichen, dass das individuelle Agieren im Wettbewerb möglichst wenig negative Externalitäten (öffentliche Übel) und möglichst viele positive Externalitäten (öffentliche Güter) freisetzt.[84] Zugleich darf der Staat aber auch in gewissen Situationen seine eigene Stimme einbringen, etwa um öffentliche Güter zu schaffen, die der Markt nicht hervorbringt. Für solche Vorgänge empfiehlt Hayek eine mehrstufige Prüfung: Sind die staatswirtschaftlichen Maßnahmen rechtlich zulässig? Falls ja, ist zu untersuchen, »whether the benefits are worth the cost«.[85] Wo auch dies affirmiert wird, geht die Examinierung von formalen, quantitativen Kriterien auf qualitative über. Etwa darf der Staat niemals solche Monopole in die Welt setzen, die ausschließen könnten, dass die gegenwärtig durch staatliche Unternehmen sichergestellten Güter später einmal aus privater Hand hervorgebracht würden.

82 | Vgl. ebenda, S. 220-223.

83 | Vgl. Steve Fleetwood, *Hayek's Political Economy: The Socioeconomics of Order*, London; New York 1995.

84 | Vgl. Hayek, *Law, Legislation and Liberty*, S. 44f.

85 | Vgl. Hayek, *The Constitution of Liberty*, S. 222.

Ein Mix aus quantitativen und qualitativen Freiheitsvorstellungen findet sich auch bei Hayeks Diskussion des Steuerrechts. Die Crux einer jeden Steuer liegt in quantitativ-liberaler Betrachtung ja darin, dass sie ein staatliches Zwangsmittel darstellt: Sie wird auch dann eingetrieben, wenn der Einzelne sie lieber nicht zahlen möchte und sie als ein Minus an persönlicher Freiheit empfindet. Es muss also scharf begründet werden, warum mit Zwangsmaßnahmen in die Freiheitsmittel der Individuen eingegriffen wird. Hayek meint, da es überhaupt zulässig sei, dass der Staat Geld durch Steuern für Gemeinschaftsaufgaben erhebe, so komme es bei der Verteilung dieser Gelder nur auf einen Mehrheitsbeschluss an. Soweit nicht dabei Individuen in ihren elementaren Privatrechten verletzt würden, seien die entsprechenden Ausgaben schon durch die allgemeine Akzeptanz des demokratischen Systems mit legitimiert: eine überraschend sozialdemokratisch anmutende Volte seines Denkens.

Interessanterweise würde hier ein qualitativ-liberaler Zugang zu einem stärkeren Schutz der Individuen führen. Da auch im Steuerrecht nur Freiheit den Zwang legitimieren kann, so drängt sich aus qualitativer Perspektive die Sicht auf, dass unausweichliche Steuern nur für unausweichliche – die Freiheitsfähigkeit der Bürger sichernde – Aufgaben verwendet werden dürfen. Es wären somit beispielsweise alle *direkten* Steuern auf die essentiellen Staatsaufgaben zu konzentrieren (Rechtspflege, Landesverteidigung, Subsistenzerhalt und Grundbildung der Bürger).[86] Sonstige Aufgaben des Staats müssten aus *indirekten*, die Freiheit des Bürgers prinzipiell, d.h. aufgrund der Möglichkeit alternativer Konsumentscheidungen, beibelassenen Steuern bestritten werden. Folgt man diesem Gedanken noch einige Schritte weiter, so hätte man überdies zu fordern, dass Aufkommen- und Ausgabenseite einander strikt entsprechen. Man könnte also nicht etwa unter dem Legitimationsargument »Ökologie« über eine Benzinsteuer Gelder eintreiben, die sodann für den Gestaltungszweck »Altersvorsorge« ausgegeben werden. Hayek hingegen übergeht diese qualitativ-liberale Bindung völlig.[87]

Umso radikaler meint Hayek sich in Fragen der Umverteilung geben zu müssen. So moniert er, dass für die Progression von Steuern nach Einkommensgruppen keinerlei gerechtes Kriterium existiere, weil nicht allseitige Zustimmung über derartige Unterscheidungen vorliege. Keine Steuer dürfe die *relative* Zahlungskraft der wirtschaftlichen Akteure zueinander verändern.[88]

86 | Morris Wilhelm fragt etwa, wo die kriterielle Grenze zu einer ganz generell zwangsweise geordneten Staatskultur läge, wenn der Staat dazu übergeht, durch Zwangssteuern einige ausgewählte kulturelle Belange zu finanzieren (Bau von Theatern etc.); in: *The Political Thought of Friedrich A. Hayek*, S. 171f.

87 | Vgl. Keck, *Zwischen evolutionärer und gesellschaftsvertraglicher Fundierung des Staates*, S. 216.

88 | Vgl. Hayek, *The Constitution of Liberty*, S. 316.

Und zwar aus Gründen sowohl der Ethik als auch der Effizienz, d.h. einmal zugunsten eines gleichen Rechts für alle und zum anderen, da ansonsten Anreize zu unproduktiver Wirtschaftstätigkeit gegeben würden.[89] Während nämlich die Individuen oder die Berufsgruppen über den Markt und seine Preisanreize automatisch zum effizientesten Ressourcengebrauch angehalten sind, weil die produktivsten Tätigkeiten im Wettbewerb durch Geld belohnt und mithin verstärkt werden, so werde jede nicht-proportionale Steuer eben diese Auszahlungsmatrix verändern und dadurch marktpolitisch verfehlte Ermutigungs- und Entmutigungseffekte bewirken.[90] Der Vorteil der Begünstigten werde so durch den Nachteil aller erkauft.[91]

Ähnliches vertrat schon Hayeks Mentor Ludwig von Mises (1881-1973).[92] Mises hatte es bereits in den 1930er-Jahren unternommen, wirtschaftswissenschaftliche Lehrstücke wie die vom Grenznutzen und Grenzertrag in philosophischen Termini und als Bestandteile einer allgemein-menschlichen *Praxeologie*[93] zu reformulieren. Diese sollte eine von von allen menschlichen Zwecken abgelöste Analyse der Handlungen rationaler Akteure liefern, um so für alle praktischen Wissenschaften relevante Erkenntnisse bereitzustellen. Jene Praxeologie sollte ohne Werturteile auskommen, denn, so Mises: »Die Ziele und Zwecke liegen jenseits des Bereiches der Vernunft. Sie sind der Überprüfung und Beurteilung durch die Vernunft und durch das Denken entzogen.«[94] Die Praxeologie bereitet diese Evaluierung aber vor, indem sie auf Implementierungsprobleme und Durchführungskosten bestimmter Vorhaben aufmerksam macht. So schärft sie den Blick auf die im Verfolgen eines bestimmten Zwecks gewollt oder ungewollt mitgesetzten Auswirkungen.

Damit legte Mises den intellektuellen Grundstein zu der später durch Oskar Morgenstern (1902-1977) mitbegründeten *Spieltheorie*. Auch diese will ja nicht normativ vorgehen. Dem Entscheider wird nicht *geraten*, was zu tun sei; er wird nur *beraten*, was seine alternativen Optionen für Konsequenzen nach sich ziehen, welche in seine Abwägungsentscheidung – so sie vollständig rational sein will – miteingehen müssten. Das passt methodisch gut zum quantitativen Liberalismus, der zugunsten vermeintlich höherer Wissenschaftlichkeit auf alle qualitativen Zielsetzungen verzichtet. Entsprechend stark ist die

89 | Vgl. Hayek, *Law, Legislation and Liberty*, S. 95f.

90 | Vgl. Hayek, *The Constitution of Liberty*, S. 317.

91 | Vgl. Hayek, *Law, Legislation and Liberty*, S. 67ff.

92 | Zur Marktfreiheit bei Hayek vgl. Kläver, *Die Verfassung des Marktes*, S. 165ff.

93 | Vgl. dazu Ludwig von Mises, *Nationalökonomie: Theorie des Handelns und Wirtschaftens*, Genf 1940; Ludwig von Mises, *Nationalökonomie: Theorie des Handelns und Wirtschaftens*, München 1980 (unveränderter Nachdruck der Originalausgabe, Genf 1940), S. 89ff.

94 | Von Mises, *Nationalökonomie*, S. 44f.

Durchdringung quantitativer Liberalismen mit spieltheoretischen Denkmodellen, etwa durch *agent-based modeling* am Beispiele des *homo oeconomicus*.

Hayek ging nicht alle Schritte dieses gezielt reduktionistischen Programms mit; Werturteile etwa finden sich bei ihm bisweilen, eine Mathematisierung der Ökonomik hingegen nicht. In zentralen politischen Fragen allerdings wendet er selbst die praxeologische Methode an. Etwa im Blick auf Subventionen sowie staatliche Preis- und Lohngarantien zeigt Hayek auf, dass diese bestimmte, wahrscheinlich unerwünschte Sekundäreffekte nach sich zögen. Dies, meint Hayek, sei insbesondere der Fall beim Abweichen von proportionalen zugunsten von progressiven Steuersätzen. Denn proportionale Steuern ließen sich politisch nur durch Grundsätze stützen, welche »most people would not approve if they were stated abstractely. That a majority should be free to impose a discriminatory tax burden on a minority; that, in consequence, equal services should be remunerated differently; and that for a whole class, merely because its incomes are not in line with those of the rest, the normal incentives should be practically made ineffective – all these are principles which cannot be defended on grounds of justice.«[95]

Hayek will alle redistributiven Steuern auf das quantitativ kleinstmöglichste Maß beschränken. Zum einen lehnt er die *Zielvorstellung* einer künstlich ausgeglichenen gesellschaftlichen Wohlstandsverteilung ab. Sie würde die vorhandenen Ressourcen entgegen den Gesetzen der Produktivität verteilen und so allen schaden in dem Versuch, einigen zu nützen.[96] Zum anderen sperrt er sich gegen die, wie er meint, illiberalen *Mittel*, mit denen eine solche Vermögenspolitik allein zu realisieren wäre.[97] Hayek dramatisiert solche Maßnahmen als den Beginn einer sozialdemokratischen Schussfahrt, die im Jammertal des Sozialismus endet: Zunächst werde sich eine *Wertschätzungsbehörde* über die individuellen Urteile der Bürger, was ihnen wirtschaftlich etwas – nämlich ihr eigenes Geld – wert ist, hinwegsetzen: ein erster Bruch mit der Verfügungsfreiheit der Bürger.[98] Dann störe eine *Wertumverteilungsbehörde* nach sozialpolitischem Gutdünken die bürgerlichen Eigentumsrechte: ein zweiter Freiheitsbruch. Zuletzt – weil darüber das Marktsystem so beeinträchtigt würde, dass es eine bedarfsgerechte Versorgung zusehends weniger sicherstellen könnte – müsse man mithilfe einer *Arbeits- und Produktionsleitungsbehörde* die selbst erzeugten Marktversagen auffangen. Jene Institution müsste schließlich per Dekret die Menschen zu den erforderlichen Arbeitsleistungen zwingen. Der

95 | Vgl. Hayek, *The Constitution of Liberty*, S. 332.

96 | Vgl. Gerhard Wegner, *Wohlfahrtsaspekte evolutorischen Marktgeschehens: Neoklassisches Fortschrittsverständnis und Innovationspolitik aus ordnungstheoretischer Sicht*, Tübingen 1991, S. 103ff.

97 | Vgl. Hayek, *The Constitution of Liberty*, S. 87.

98 | Vgl. Hayek, *Law, Legislation and Liberty*, S. 72, 75.

anfänglich bloß gelegentliche Bruch mit dem Freiheitsprinzip wüchse sich so zu einem System allumfassenden Zwangs aus: diktatorische Planwirtschaft.[99]

Was ist dran an diesem Schauergemälde? Plausibel scheint Hayeks Argument: Wer eine *freie Rechtsverfasssung* will, sollte auch zur grundsätzlich *freien Wirtschaftsordnung* stehen.[100] Deshalb sind in aller Regel unter der Ägide der Freiheit individuelle Rechtspositionen wie etwa Privatverfügungen über Eigentum in der Regel anzuerkennen. Eine liberale Regierung wird daher vorzugsweise nur auf *zukünftige* Vermögensverteilungen einwirken – und das durch *abstrakt-generelle* Gesetze; *einzelfallorientierte* Eingriffe in *gegenwärtiges* Vermögen aber wird sie tunlichst unterlassen. Doch dass, wie Hayek glauben machen will, *jede* progressive Besteuerung zum letztendlichen Untergang des Abendlandes führen müsse, folgt weder begrifflich noch entspricht es historischer Erfahrung. Hier regiert Rhetorik über Realismus.[101]

Hatte Hayek nicht vertreten, wesentlich Ungleiches dürfe beziehungsweise müsse auch ungleich behandelt werden? Insofern ein krasser quantitativer Unterschied zwischen reich und arm zu einer qualitativen Differenz der Lebensverhältnisse führt, könnte ja durchaus eine die Ungleichbehandlung rechtfertigende Ungleichheit vorliegen. Das will besagen: Ein qualitativ-liberaler Ansatz kann auch eine progressive Steuer und die darin liegende Beschränkung der individuellen Vermögensfreiheit akzeptieren: als quantitativer Ausdruck einer reziproken Selbstbegrenzung der Staatsbürger durch allgemeine Regeln, die allen Bürgern Lebenschancen ermöglichen. Demgegenüber verstellt Vertretern quantitativer Freiheit das darin liegende Minus an pekuniärer Wahlfreiheit seitens der Besteuerten die Sicht auf gesamtgesellschaftlichen Freiheitsgewinn. Quantitative Schablonen verzerren die qualitative Natur der Sache.

Hayek behauptet zäh, dass niemals und nirgends sein *kann*, was nach seinem Verständnis der Dinge, nicht sein *darf*: eine Harmonie von Freiheit und sozialer Gerechtigkeit. Für Hayek ist die Idee *sozialer Gerechtigkeit* schlicht ein Unding. *Justice* tauge allein als Konzept *individuellen* Verhaltens, nicht als Maß gesellschaftlicher Verhältnisse.[102] Damit befindet er sich im Widerspruch zum alltäglichen Sprachgebrauch, aber auch zur eigenen Theorie. Denn wie steht es dann mit der Verfahrens- und Strukturgerechtigkeit? Hayek erkennt ja »justice« durchaus in jenem überindividuellen Sinne an, der zum Beispiel den rechtsstaatlichen Prozeduren und Regeln anhaftet. Er misst also mit zweierlei

99 | Vgl. ebenda, S. 82.

100 | Vgl. Hayek, *The Constitution of Liberty*, S. 192.

101 | Vgl. Reinhard Zintl, *Individualistische Theorien und die Ordnung der Gesellschaft: Untersuchungen zur Politischen Theorie von James M. Buchanan und Friedrich A.v. Hayek*, Berlin 1983, S. 226.

102 | Vgl. Hayek, *Law, Legislation and Liberty*, S. 96f.

Maß: Was ihm für die formalen Rechtsregeln rechtens erscheint, sollte hinsichtlich materieller Gerechtigkeit nicht billig sein. Wie wäre das zu rechtfertigen?

Auf der Suche nach intellektueller Rückendeckung zitiert Hayek gerne Immanuel Kant herbei. Kants Kritik an der materialen Unbestimmbarkeit des Begriffs der »Wohlfahrt« soll Hayeks eigene Kritik am Konzept der *social justice* stützen. Allerdings war Hayeks Lehrstück von der Unmöglichkeit sozialer Gerechtigkeit bereits abgeschlossen, als die erste intensivere Begegnung mit der kantischen Rechtsphilosophie stattfand.[103] Im Ergebnis hat sich darum nicht Hayek an Kant ausgerichtet, sondern die kantische Philosophie seiner eigenen Lehre eingepasst.[104] So unterläuft Hayek aber den sozialkritischen Impuls der kantischen Position. Der kategorische Imperativ fungiert bei Hayek nämlich nur als ein negativer Universalisierungstest, welcher vor dem Hintergrund einer tradierten, an sich selbst aber nicht hinterfragten Rechtskultur funktioniert und ermitteln soll, ob gewisse Handlungsvorhaben sich harmonisch zu diesem vorgegebenen Rechts- und Besitzkontext fügen.[105] Damit biegt Hayek indes die wesentliche kritische Spitze der kantischen Theorie um.[106] Diese geht nämlich von einer vorpositiven Teilhabe eines jeden am Gemeinbesitz der Erde aus: Mithin ist alles Eigentum von Grund auf sozialpflichtig,[107] eine für den von Hayek gehätschelten Besitzindividualismus äußerst ungünstige Ausgangslage.

Kant spricht sich zwar *gegen Verteilungsgutdünken,* jedoch *für Teilhabegerechtigkeit* aus, während Hayek für solche Differenzierungen die begrifflichen Möglichkeiten fehlen. Durch die pauschale Zurückweisung des Begriffs sozialer Gerechtigkeit zwingt sich Hayek daher selbst dazu, alles, was als Unter-

---

103 | Das Werk, das Hayek hier am intensivsten beeinflusst hat, ist – nach seinen eigenen Angaben (*Law, Legislation and Liberty*, Bd. 2, S. 166, Fn 24) – die Kantdarstellung von Mary J. Gregor (*Laws of Freedom: A Study of Kant's Method of Applying The Categorical Imperative in The Metaphysik Der Sitten*, Oxford; New York 1963), welche erst drei Jahre nach der Erstveröffentlichung seiner *The Constitution of Liberty* erschien.

104 | Dies spiegelt sich auch in der Hayek-Literatur; etwa übersieht die teilhabegerechten Aspekte bei Kant auch der ansonsten sehr informative Abgleich der Positionen Kants und Hayeks bei Bernhard Erning, *Hayeks Moralphilosophie: Freiheit und Gerechtigkeit in der Grossen Gesellschaft*, 1993: 107-132, vgl. S. 118ff., insbesondere 125.

105 | Vgl. Hayek, *Law, Legislation and Liberty*, S. 42.

106 | Hierzu auch Kläver, *Die Verfassung des Marktes*, S. 59-76.

107 | Vgl. Köhler, *Iustitia distributiva*, S. 457ff.; zu einer entsprechenden Kritik Hayeks siehe auch Stephan Rothlin, *Gerechtigkeit in Freiheit: Darstellung und kritische Würdigung des Begriffs der Gerechtigkeit im Denken von Friedrich August von Hayek*, Frankfurt a.M. 1992, S. 188.

stützungsleistung für Bedürftige geleistet wird, in die Kategorien von sozialer Systempflege und politischer Sorge um den gesellschaftlichen Frieden abzudrängen.[108] Mit gesucht drastischen Formulierungen begibt sich Hayek in eine von ihm selbst nie aufgelöste Spannung zu den sozialpolitisch eher ausgewogenen Inhalten seiner Theorie. So schreibt er etwa, dass es sich bei der sozialen Gerechtigkeit um etwas so Undenkbares handelt, wie zum Beispiel einen »moralischen Stein« oder auch, auf soziale Gerechtigkeit zu setzen, sei gar dem Glauben an »witches or ghosts« vergleichbar.[109] Er vertritt einerseits lautstark, seiner Theorie zufolge habe der Staat kein Amt betreffs der individuellen Vermögenszustände. Andererseits relativiert er dies in der Praxis aber, indem er für Leistungen zur Subsistenzsicherung der Besitzlosen, zum Bildungszugang aller, zur Hilfe zur Selbsthilfe und sogar zur partiellen Teilhabe der unverschuldet Erwerbslosen am Wohlstandszuwachs eintritt.[110] Theoretische Inkonsistenz zwingt ihn zu praktischer Inkonsequenz.[111]

Ein weiteres Beispiel bekräftigt diesen Punkt. Hayek grenzt die von ihm eingeforderte Tatenlosigkeit des Staates gegenüber den Resultaten des wirtschaftlichen Tauschkreislaufs hinsichtlich von *Monopolen* scharf ein. Falls nämlich jemand ein Monopol auf lebenswichtige Güter habe (sein Beispiel: durch Besitz einer Oase in der Wüste[112]), so müsse er Rücksicht auf die legitimen Bedürfnisse seiner Kunden nehmen oder zu einer solchen Rücksicht von Rechts wegen gezwungen werden können. Damit aber widerspricht Hayek wiederum seiner Behauptung, der Staat solle nur zum Schutz der negativen Freiheit tätig werden. Wer anderen beim Verdursten zusieht, macht sich an allerlei schuldig, aber nicht am Begriff negativer beziehungsweise quantitativer Freiheit; er verletzt ja weder den physischen Freiheitskreis der Dürstenden, noch reduziert er aktiv deren zuhandene Optionen. Hayeks Plädoyer für einen staatlichen Eingriff ist also nur durch qualitative Kriterien – wie zum Beispiel einen normativ-kontrafaktischen Anspruch auf Ernährung – stimmig aufrechtzuerhalten.[113]

So wird der enorme Preis sichtbar, den Hayek für sein Beharren darauf zahlt, dass die Idee der Freiheit nur negativ und quantitativ zu bestimmen sei. Weil er Freiheit allein als Menge zwangsfreier Optionen charakterisiert, darf

108 | Vgl. Hayek, *The Constitution of Liberty*, S. 202.

109 | Vgl. Hayek, *Law, Legislation and Liberty*, S. 66.

110 | Vgl. Hayek, *The Constitution of Liberty*, S. 257.

111 | Vgl. hierzu auch die (ebenfalls von Kant her ausgerichtete) Kritik von Kläver, *Die Verfassung des Marktes*, S. 246ff., 299f.

112 | Vgl. Hayek, *The Constitution of Liberty*, S. 135.

113 | Vgl. David Miller, »Constraints on Freedom«, in: *Ethics*, 94, No. 1 (1983): 66-86, S. 83; sowie John Gray, »Hayek on Liberty, Rights, and Justice. (F.A. Hayek)«, in: *Ethics*, 92, No. 1 (1981): 73-84.

seine rechte Hand nicht wissen, was die linke tut. Während er mit der rechten jede Form sozialliberalen Engagements abweist, geleitet er sie mit der linken hinterrücks wieder in sein Gedankengebäude hinein. Das lässt ihn aus neoliberaler Perspektive als wenig konsequent und aus sozialliberaler als wenig glaubwürdig erscheinen. Auch hierfür ein Beispiel: Hayeks Kritik am Sozialneid und des lobbyistisch organisierten Partikularegoismus[114] nimmt durchaus nicht einseitig Partei für die Besitzenden. Sie wird auch dann durchgehalten, wenn damit Einbußen an Privilegien und Vermögensbeständen einhergehen. So lehnt Hayek etwa eine Gesellschaftsabschottung gegenüber verarmten Einreisewilligen im Interesse besitzender Schichten ab.[115] Das Prinzip Freiheit endet für Hayek nicht dort, wo es beginnt, etwas zu kosten. Im Gegenteil: Da die Freiheit der *Individuen* das legitimierende Prinzip der Politik ausmacht, hält Hayek es für falsch, *nationalen* Interessen stets das Primat zu erteilen gegenüber den Anliegen anderer Völker. In außenpolitischer Hinsicht folgt daraus Hayeks Votum für eine liberale Weltrechtsordnung, die, der *rule of law* verpflichtet, der Freiheit aller Erdenbewohner dienen soll.

Im Ergebnis lässt sich sagen: Entgegen landläufiger Vorurteile pocht Hayek nicht stets auf einen Minimalstaat, sondern sieht einige positive Aufgaben vor, die der Staat, der Gesellschaft als ganzer Dienste leistend, übernehmen sollte. Für die Ausgestaltung dieser staatlichen Aufgaben liefert seine Theorie wichtige Kriterien und eigenständige verfassungstheoretische Ideen. Jedoch kann Hayek diese Ergebnisse nicht auf dem von ihm vorgezeichneten Weg im Ausgang von einem rein negativ ausgerichteten Prinzip der Freiheit einholen. Seine Theorie des Rechtsstaats und des von ihm vorgeformten Wirtschaftssystems sind durchzogen von zahlreichen positiven Postulaten. Implizit gibt er seiner Freiheitstheorie eine Ausrichtung, die deutlich über ihre expliziten quantitativen Grundlagen hinausweist: in Richtung auf qualitative Freiheit.

3.2 Freiheitliche Distribution (John Rawls)

Kaum ein Philosoph wurde zu Ende des 20. Jahrhunderts so viel zitiert wie John Rawls (1921-2002). Kaum eine philosophische Konzeption wird nun, zu Beginn des 21. Jahrhunderts, so sehr kritisiert wie seine. In den 1970ern schien sein Werk eine probate Antwort auf die Frage zu liefern, wie der moderne Nationalstaat die spannungsreichen Ideale von Freiheit und sozialer Gerechtigkeit in Einklang bringen könnte. Heute, im Zeitalter der Globalität, befriedigt diese Antwort weniger. Denn der Belastungsdruck globaler und intertemporaler Probleme hat etliche Bruchstellen der Konzeption von Rawls offengelegt,

114 | Vgl. Hayek, *Law, Legislation, and Liberty*, Bd. 2, S. 98.

115 | Vgl. Wilhelm, *The Political Thought of Friedrich A. Hayek*, S. 168.

die zwar schon in deren Konstruktionsplänen angelegt waren, zunächst jedoch oft übersehen wurden.

John Rawls beabsichtigte, dem Liberalismus eine neue Heimstatt zu errichten, die sich nahtlos in die theoretische Architektur der Gegenwart einfügte. Dazu wollte er Kants Freiheitstheorie in wesentlichen Punkten *inhaltlich* weiterführen, *methodisch* aber hinter sich lassen. Liberalismus ohne Freiheitsmetaphysik: dieser Versuch, Kant selektiv zu beerben, verbindet und motiviert die verschiedenen Stufen von Rawls' Werk und die sich in ihnen nach und nach vollziehende Entwicklung seiner eigenen Freiheitstheorie. Rawls möchte etwa die von ihm favorisierte Gesellschaftsordnung nicht aus substantiellen Prinzipienvorgaben ableiten, sondern vermittels rein formaler Verfahren – aus theoretischen Gedankenexperimenten und praktischer politischer Repräsentation – entstehen lassen. Durch seitens der Bürger selbst vor- und hinnehmbare Reflexionen soll die freiheitliche Ordnung begründet werden; ein Projekt, das seiner Zeit auch andere Denker, wie Charles Larmore, vorantrieben und das auch heute noch von ansonsten scharfen Gegnern des rawlsschen Ansatzes, wie Martha Nussbaum, weiter verfolgt wird.

Die Crux dabei ist Rawls' Versuch, einen vorgeblich rein deskriptiven Interessenbegriff durch Strukturvorgaben prozedural so einzuhegen, dass ein vorgeblich aus reiner Tauschlogik resultierender Sozialvertrag zu exakt der von ihm gewünschten, fairen Sozialordnung führt. Jedoch der präferenztheoretische Begriff von Freiheit als Menge aller privat zuhandenen Optionen, den John Rawls vordergründig zur Grundlage seines philosophischen Werkes erklärt, harmoniert nicht mit dem von ihm hintergründig gehegten Freiheitsverständnis. Eher gefährdet jene quantitative Freiheitstheorie das Freiheitsverständnis, um das es Rawls eigentlich zu tun ist.

3.2.1 Ansatz und Methode

Rawls lässt zu keiner Zeit Zweifel daran aufkommen, was für eine Gesellschaftsordnung er favorisiert und mit seiner Philosophie befördern möchte: eine liberale Ordnung, in welcher Menschenrechte unverletzlich gelten und in der kein Bürger einem anderen vorschreibt, nach welchen Vorstellungen vom Guten dieser sein Leben auszurichten hat. Der Mensch soll frei leben dürfen und in dieser Freiheit nur beschränkt werden, insofern dies zum Schutz der Freiheit anderer erforderlich ist oder der Ermöglichung der Freiheit der Mitmenschen dient. Über diesem klassisch-liberalen Grundakkord bauen sich die Leitmotive der rawlsschen *Theory of Justice*[116] auf. Um an zeitgenössische Kompositionen gestellte Erwartungen zu erfüllen, arrangiert Rawls jedoch die

116 | John Rawls, *A Theory of Justice*, Cambridge, Massachusetts 1999 (Originalausgabe: 1971).

Harmoniefolgen seines in Melodie und Rhythmus stark an Kant orientierten liberalen Werks um. Da aber Rawls (fälschlich) Kant unterstellt, seine Harmonien der Freiheit von einer metaphysisch einstimmigen Kadenz moralisch-rechtlich-politischer Freiheitsverständnisse aus erklingen zu lassen, verpflichtet er sich auf ein anderes Programm. Sein Ziel ist, die gewünschten liberalen Tonfolgen aus den dissonanten Ausgangsklängen von nur ihrem Selbstinteresse verpflichteten Musikern zu entfalten. Darum mixt Rawls kantische Akkorde mit vertragstheoretischen Klängen. Rawls unterstellt Kant, einer metaphysischen Komposition von Freiheit anzuhängen, die für post-metaphysische Zeiten nicht mehr tauge.[117]

Diese in der englischsprachigen Literatur gängige Deutung des kantischen Opus (attraktive Melodien, unattraktiver Generalbass) stützt sich bei Rawls – ein entsprechender Passus in der *Theory of Justice* hebt das klar heraus[118] – auf die Kantstudie von Henry Sidgwick *The Kantian Conception of Free Will.*[119] Dieser Text liefert einen entscheidenden Schlüssel zu Rawls' Kant-Rezeption sowie zu seinem Freiheitsverständnis insgesamt. Sidgwick diskutiert dort Kants Theorie und grenzt dabei drei Freiheitsbegriffe voneinander ab: erstens Freiheit als chaotisch-ungeregelte Willensbestimmung, zweitens Freiheit als Wahlfreiheit und drittens Freiheit als Konformität mit dem Sittengesetz. Der erste scheidet sogleich wieder aus. Eine chaotische Willensbestimmung ist für Sidgwick weder mit Kant noch der Sache nach zu denken: Wo der Zufall regiert, gibt es keine Verantwortung. Von daher stellt sich die Frage, welchen der verbleibenden zwei Freiheitsbegriffe Kant favorisiere. Beide tauchen im kantischen Oeuvre mehrfach auf und seien aber, so Sidgwick, miteinander unverträglich.

Folge man dem konformitätstheoretischen Ansatz, so verstrickt man sich, Sidgwick zufolge, in die Gewebe dunkler Metaphysik. Man bleibt so etwa ohne Auskunft, wie das Böse in die Welt komme, da doch – einerseits – das rein Freiheitliche, d.h. der autonome Vollzug des Sittengesetzes, niemals böse ist, und – andererseits – das rein Natürliche, mangels Freiheit, nicht eigentlich böse genannt werden kann. Also bleibe nur der Begriff der Wahlfreiheit. Setzt man jedoch auf ihn, so verliert man die rigorosen Potentiale der kantischen Moral-

117 | Dazu vgl. Onoral O'Neill, *Autonomy, Coherence, and Independence*, S. 214.

118 | Rawls Schriften werden nach den folgenden Siglen zitiert: (TJ): *A Theory of Justice*, Cambridge, Massachusetts 1999 (Originalausgabe: 1971); (PL): *Political Liberalism*, New York 1996 (Originalausgabe: 1993); (JFR): *Justice as Fairness: A Restatement*, Cambridge, Massachusetts 2001; (LP): *The Law of Peoples*, Cambridge, Massachusetts 2002 (Originalausgabe: 1999).

119 | Vgl. Henry Sidgwick, *The Methods of Ethics*, Indianapolis 1981, S. 511ff. Rawls fand diese Studie so bedeutend, dass er sie als Appendix der von ihm besorgten Ausgabe des Sidgwick'schen Hauptwerkes *The Methods of Ethics* beifügte.

lehre – etwa dass stets und unbedingt dem Sittengesetz zu folgen sei. Stattdessen stellt sich nun, etwas peinlich, die Frage: Warum überhaupt moralisch sein? Denn, so Sidgwick, ohne Zuhilfenahme der Konformitätsthese lasse sich mit kantischen Mitteln keinerlei rationale Präferenz begründen zwischen den Maximen eines Heiligen (*saint*) und eines Halunken (*scoundrel*). Universalisieren ließe sich ja jede; man könne also beide konsistent (d.h. universalisierbar) als handlungsleitende Präferenzsysteme wählen.

Mit dem Aufweis dieser Schwierigkeit hält Sidgwick die kantische Position für erledigt. Nicht so Rawls: Er folgt Sidgwick zwar in der Abkehr vom metaphysischen Freiheitsbegriff. Auch stimmt er ihm zu, dass Kants Theorie nicht plausibel erklären könne, warum das freie Subjekt sich eigentlich zu einer moralischen Lebensführung entschließen solle. Rawls meint aber, man könne diesen vermeintlichen »defect« der kantischen Theorie heilen.[120] Es komme eben darauf an, gute Gründe anzugeben, warum das wahlfreie Subjekt sich für sittliche Optionen entscheiden solle. Ließe sich zeigen, dass derlei im *wohlverstandenen Eigeninteresse* jedes Handelnden läge, so wäre doch ein plausibles Motiv für ein anständiges Betragen aufgewiesen. Die Ergebnisse der kantischen Freiheitslehre wären dann ohne die Bürde metaphysischen Denkens zu haben. Dazu empfiehlt Rawls seine eigene Theorie der *original position* (dazu unten mehr):

> The original position may be viewed then, as a procedural interpretation of Kant's conception of autonomy and the categorical imperative within the framework of an empirical theory. [...] No longer are these notions purely transcendent and lacking explicable connections with human conduct, for the procedural conception of the original position allows us to make these ties.[121]

Diese Stelle liefert den Quellcode für Rawls' *Theory of Justice*: die Ableitung substantieller Positionen aus prozeduralen Postulaten. Ähnlich wie schon die klassische deutsche Philosophie unterscheidet Rawls dabei zwischen Verstand (*rationality*) im engeren Sinne, als einem klugen Anpassen von Mitteln zu gegebenen Zwecken, und Vernunft (*reasonableness*) im weiteren Sinne, als einem weisen Erwägen auch von Sinn und Zweck unserer Absichten. Anders als die Philosophen des *Deutschen Idealismus* versucht Rawls jedoch, die *Vernünftigkeit* sittlichen Handelns als Ausdruck angemessen prozeduralisierter *Verständigkeit* auszuweisen. Er will *inhaltlich* nach wie vor viele der Positionen Kants verteidigen, dabei aber *formal* dessen Argumente durch Kalküle der *Rational-Choice*-Theorien ersetzen.[122] Zur erforderlichen Begrenzung der individuellen

120 | Vgl. Rawls, *A Theory of Justice*, S. 224.

121 | Ebenda, S. 226.

122 | Vgl. ebenda, S. 14f.

Freiheit (d.h. beispielsweise zur Auswahl von rechtlich erlaubten versus unerlaubten Optionen) sei allein auf formal-prozedurale Kriterien (wie Widerspruchsfreiheit, Reziprozität etc.) zurückzugreifen. Rawls will, sozusagen, den politischen Liberalismus vor Metaphysik und Moral schützen.

Über den Zwischenschritt einer hypothetischen Situation, in der von einem »veil of ignorance« von den spezifischen Umstände ihres Lebens abgeschirmte, rationale Entscheider über die grundlegenden Strukturen ihrer Gesellschaftsordnung beratschlagen, führt diese Idee einer ausschließlich formalen Repräsentation des politischen Willens der Bürger Rawls auf eine duale Konzeption von Freiheit, gekennzeichnet durch die folgende Unterscheidung: »*liberty* is represented by the complete system of the liberties of equal citizenship, while the *worth of liberty* to persons and groups depends upon their capacity to advance their ends within the framework the system defines.«[123] Diese Differenzierung zwischen *liberty* und dem *worth of liberty* spiegelt die Differenz zwischen einer liberalen und einer utilitaristischen Argumentation zugunsten von Freiheit wieder. Einmal stellt Freiheit (deontisch) einen Wert an sich dar: »Freedom as equal liberty is the same for all« (ebenda). Zum anderen erkennt Rawls (konsequentalistisch) an, dass ein liberales Regime für einige Menschen nützlicher ist als für andere. Reiche etwa profitieren von einer freiheitswahrenden Ordnung typischerweise mehr als Arme; kurzum »the worth of liberty is not the same for everyone.« (Ebenda)

Weil bei Rawls alle inhaltlichen Kriterien zur Evaluierung der Freiheit unter Metaphysikverdacht stehen, bleibt den Individuen nur eine formal-komparative Logik zur Bewertung ihrer Optionen: In Ermangelung qualitativer Maßstäbe müssen sie sich quantitativ orientieren. Sie werden daher Regelungen vorziehen (müssen), die ihnen eher »mehr« als »weniger« Nutzen versprechen. Beide – die Freiheit an sich und ihr Nutzen für uns – sollen deshalb maximiert werden. Ausdrücklich strebt Rawls sowohl »the most extensive scheme of liberties« für alle an, als auch eine Distributionstechnik, die geeignet ist, »to maximize the worth of liberty« seitens der Schlechtestgestellten (ebenda). Ausdehnung des Freiheitsradius und Maximierung der darin beschlossenen Optionen – diesen quantitativen Leitmetaphern folgt der rawlssche Entwurf über weite Strecken.

Ein solcher Ansatz birgt allerdings Schwierigkeiten in sich. Zwei sind schon jetzt auszumachen. Zum einen stellt sich das Problem, dass nun beide Zielwerte – die Freiheit sowie ihr Nutzen – messbar und kommensurabel gemacht werden; eine nicht ganz unproblematische Vorgabe: Wie bitte zählt oder wiegt man Freiheit ab? Gibt es einen Zollstock, mit dem auch die nicht in der physischen Welt befindlichen Aspekte der Freiheit akkurat abgemes-

123 | Ebenda, S. 178 (Herv. C.D.).

sen werden können?[124] Zum anderen ergibt sich die Schwierigkeit sicherzustellen, dass bei den von Rawls vorgeschlagenen quantitativen Kalkülen und Verfahren herauskommt, was ihm qualitativ akzeptabel erscheint – nämlich ein auch auf soziale Fairness ausgerichteter Liberalismus. Rawls versucht, dies durch bestimmte Verfahrensregeln sicherzustellen. Zur Rettung einiger ihm besonders ans Herz gewachsener Positionen (etwa der Verteilungsgerechtigkeit) muss Rawls sich jedoch mühsam wieder aus eben jenem quantitativen Denkkorsett befreien, in das er sich zuvor eingeschnürt hat.

Ein Rückblick auf Kant hilft, um Rawls' Projekt schärfer zu konturieren. Kant benötigte, wie gezeigt (Kapitel 2.1.1), für seine Rechtsphilosophie nur einen Begriff von Freiheit, der die Zurechnung *äußerer* Handlungen zu subjektiven Akteuren möglich macht. Allein für die Moralphilosophie strebte Kant einen Freiheitsbegriff an, der überdies auch das *Innenleben* thematisiert.[125] Insofern ist zu fragen: Wovon genau grenzt sich Rawls eigentlich ab, wenn er sich von der kantischen Freiheitsmetaphysik absetzt? Rawls folgt Sidgwick in der Annahme, »that the noumenal self can choose any consistent set of principles«,[126] solange man diesem Selbst nicht gewisse fixe »desires« zuspricht, etwa das »desire to express their nature as rational and equal members of the intelligible realm«.[127] Jenen (fälschlich) unterstellten Mangel an Bestimmtheit in Kants Persönlichkeitsbegriff meint Rawls nun heilen zu müssen; und zwar durch eine – ihrerseits unabgeleitete – Einführung gewisser natürlicher Bedürfnisse nach Sittlichkeit, nämlich durch ein »desire to act justly« und ein »desire to express most fully what we are or can be, namely free and equal beings«.[128] Ein philosophischer Münchhausen-Trick: Um sich von *grundsätzlicher Metaphysik* zu befreien, flüchtet sich Rawls also in *grundlose Spekulation*.

Kants Theorie des *noumenalen* Selbst ist aber für dessen Liberalismus weder unverzichtbar noch charakteristisch.[129] Kants Subjekttheorie war Teil seiner kritischen Philosophie, nicht seiner angewendeten Ethik.[130] Kants Liberalismus muss also weder von noch vor der Metaphysik gerettet werden. Rawls hätte sich weit weniger verrannt, wäre er enger bei Kant geblieben und dessen Unterscheidung zwischen einem phänomenal reduzierten (sowie metaphysikfreien) juristischen Personenbegriff einerseits und einem Vollbegriff der

124 | Vgl. Onora O'Neill, »The Most Extensive Liberty«, in: *Proceedings of the Aristotelian Society* (1979): 45-59.

125 | Vgl. (AA VI, 223f).

126 | Rawls, *A Theory of Justice*, S. 224.

127 | Ebenda, S. 225.

128 | Ebenda.

129 | Vgl. Krasnoff, *How Kantian Is Constructivism?*.

130 | Vgl. Otfried Höffe, »Öffentliche oder politische Vernunft? Zu Rawls II«, in: *Zeitschrift für Philosophische Forschung* (1994): 259-269.

moralischen Persönlichkeit andererseits gefolgt (AA VI, 214). Wie zuvor schon dargestellt (Abschnitt 2.1.1): Die Metaphysik liefert keinesfalls die Grundlage für Kants politische Philosophie, welche sich rein auf den Raum der äußerlich-faktischen und justiziablen Handlungen zwischen Personen bezieht (AA VI, 230). Wer äußere Handlungsfreiheit zugibt, braucht sich für Fragen der Politik-, Rechts- und Wirtschaftsethik auf Kants Transzendentalphilosophie gar nicht weiter einzulassen.[131] Kants politischer Liberalismus hängt mithin, entgegen Rawls Deutung, durchaus nicht von dessen Metaphysik und Moraltheorie ab.[132] Er ruht auf einem Argument *sui generis* zugunsten externer Freiheit auf,[133] weshalb es zum Aufbau eines Rechtssystems, wie Kant schrieb, auch unter einem »Volk von Teufeln«, also in einer Gemeinschaft ganz und gar nicht moralisch motivierter oder metaphysisch ausgerichteter Subjekte, kommen könne (AA VIII, 366.). Und Teufeln wird ja kaum jemand ein natürliches »desire« unterstellen, sich artig zu verhalten.

Anders Rawls: Damit in der von ihm angestrebten, wohlgeordneten Gesellschaft die Neigung, »to act as a free-rider« nicht ausgelebt werde, müsse diese, lesen wir, in einem »effective sense of justice« ihren nötigen Widerpart finden, der unter Bedingungen institutionalisierter Gerechtigkeit gewissermaßen das natürliche Korrelat jener urwüchsigen »desires« darstellt.[134] Auch mit dieser wuchtigen anthropologischen These unterläuft Rawls seinen eigenen, vorgeblich metaphysikfreien Ansatz. Denn jene Annahmen werden ja von Rawls nicht etwa im Rahmen einer empirisch validierten Theorie eingeführt, sondern *ad hoc*, als Setzungen.

Rawls will also eine Hypothek abzahlen, die Kant gar nicht aufgenommen hat; und tut dies, indem er sich bei der *rational choice theory* verschuldet. Er übernimmt die Verbindlichkeit, seine Argumente ganz und gar in den Wechseln eines aufgeklärten Eigeninteresses einzulösen. Damit aber belastet er sein Vorhaben über Gebühr. Denn die von Rawls für notwendig erachtete Ablösung der von Kant vermeintlich eingegangenen Kredite soll durch eine philosophische Austeritätspolitik erfolgen: inhaltlich »by posing more limited questions« und methodisch »by substituting prudential for moral judgment«.[135] Rawls verzichtet mithin auf die gesamte Kaufkraft ethischer Währungen: Theorien des guten Lebens werden als illegitime Zahlungsmittel zurückgewiesen. Nor-

131 | Vgl. Marcus Willaschek, »Right and Coercion: Can Kant's Conception of Right Be Derived from His Moral Theory?«, in: *International Journal of Philosophical Studies*, 17, No. 1 (2009): 49-70.

132 | Vgl. Thomas Pogge, »Is Kant's Rechtslehre Comprehensive?«, in: *The Southern Journal of Philosophy*, 36, No. S1 (1998): 161-187.

133 | Vgl. Gregor, *Laws of Freedom*, S. 67.

134 | Rawls, *A Theory of Justice*, S. 499.

135 | Vgl. ebenda, S. 39.

mative Rechnungen sollen nicht länger durch genuin moralische Vernunft beglichen, sondern durch »a judgment of rational prudence« eingelöst werden.[136] Selbst die Bonität der von Rawls so begehrten »principles of justice« ruht nicht länger, wie noch bei Kant, in ihrer Vernünftigkeit. Gerechtigkeitskriterien erfahren ihre »justification« nur noch durch die kontingente Tatsache, »that they would be chosen«.[137] Philosophische Wertbestände mit vormals unbedingter Geltung werden so zu einer nur durch ihr faktisches Akzeptiertwerden kaufkräftigen Umlaufwährung abgewertet.

Rawls hält das für einen Gewinn. Zumutungen normgemäßen Verhaltens wären somit drastisch reduziert, da alle ja nun die gesellschaftlichen »obligations« als »self-imposed« anerkennen könnten, was eine gute »basis for a public acceptance of the corresponding principles of justice« liefere.[138] Derlei Einstimmigkeit kommt indes nur zu Stande, wenn man keine voraussetzungsreichen sowie kontroversen Selbstverständnisse annimmt. Man habe von äußerst reduzierten Merkmalen der menschlichen Existenz auszugehen, beispielsweise dem individuellen Selbstinteresse und der Fähigkeit zu logischem Denken. Im Lichte dieser Prämissen, meint Rawls, lasse sich in einer »hypothetical situation« eine gesellschaftliche Rahmenordnung aushandeln, in welcher das aufgeklärte Selbstinteresse alle zur Anerkenntnis eben der Regeln bewegen werde, die ihnen ein gerechtes Zusammenleben ermöglichen.[139] Kurz: Der *kategorische* Imperativ Kants, dass das Gerechte *unbedingt* zu tun sei, wird umgewidmet in das *bedingte* Gebot eines *hypothetischen* Imperativs, dass das Gerechte anzustreben sei, weil (und sofern) es dem rational verfolgten Selbstinteresse dient.[140]

Es ist schwer zu sehen, was hierbei gegenüber Kant gewonnen ist.[141] Kant zufolge entsteht die sittliche Bindung der Person *nicht* aus der Einsicht in gewisse außermoralische Gründe der Moral oder durch den Wunsch, gewissen, außermoralischen Bedürfnissen nach Moral zu entsprechen. Vielmehr resultiert sie schlicht aus der vernünftigen Erkenntnis und der damit einhergehenden emotionalen Anerkennung (Achtung) der Triftigkeit des moralischen Gebots.[142] Kants Ansatz ist insofern konsequenter und weitreichender als der von

136 | Ebenda.

137 | Ebenda, S. 37.

138 | Ebenda, S. 12.

139 | Ebenda, S. 11.

140 | Vgl. John Martin Gillroy, »Making Public Choices: Kant's Justice from Autonomy as an Alternative to Rawls' Justice as Fairness«, in: *Kant-Studien*, 91, No. 1 (2009): 44-72.

141 | Vgl. zum Folgenden: Robert S. Taylor, *Reconstructing Rawls: The Kantian Foundations of Justice as Fairness*, 2011, S. 280ff.

142 | Vgl. Dieter Schönecker, »Das gefühlte Faktum der Vernunft. Skizze einer Interpretation und Verteidigung«, in: *Deutsche Zeitschrift für Philosophie*, No. 1 (2013): 91-107.

Rawls, denn er erstreckt sich stets von Anfang an – und nicht erst auf dem Wege sekundärer Ableitungen – auch auf Fälle, in denen dem Eigennutz zuwider sittlich zu handeln wäre. Die kantische Konstruktion erscheint mir simpler und voraussetzungsärmer als die rawlssche Variante.[143]

3.2.2 Transzendentale oder transaktionelle Freiheit?

Stilbildend für Rawls' Freiheitsphilosophie ist die Spannung zwischen einerseits dem Plädoyer für eine transaktionell generierte Ordnung der Freiheit und andererseits der umfangreichen einschränkenden Bedingungen, unter denen allein sich der eigennützig-quantitative Verstand konstruktiv betätigen darf:

> Among the essential features of this situation is that no one knows his place in society, his class position or social status, nor does any one know his fortune in the distribution of natural assets and abilities, his intelligence, strength, and the like. I shall even assume that the parties do not know their conception of the good or their special psychological propensities. The principles of justice are chosen behind a veil of ignorance. [...] Since all are similarly situated and no one is able to design principles to favor his particular condition, the principles of justice are the result of a fair agreement or bargain.[144]

Hinter jenem vielzitierten »Schleier des Unwissens« werden die Subjekte aller Möglichkeiten beraubt, sich selbst taktische Vorteile zu verschaffen, etwa durch die Wahl eigennütziger, aber sozialschädlicher Regeln. Zufolge dieser Einschränkungen können sie dann in der Tat ihren eigenen Nutzen nur mehren, indem sie *nolens volens* den Nutzen aller steigern. Niemand will sich selbst in den Finger schneiden; und wenn man, hinter dem Schleier des Nichtwissens, nicht weiß, in wessen Finger man schneidet, so führt man die Klinge eben sanft.

Bekanntlich erklärt Rawls, die Abweichung von einer »benchmark« ursprünglicher Vermögensgleichheit werde in der »original position« genau dann allgemein als akzeptabel bewertet, wenn diese mittelbar auch diejenigen begünstigt, die durch das Zulassen von Einkommensdifferenzen nicht unmittelbar profitieren. So kommt es zu Rawls' berühmt-berüchtigtem »Differenzprinzip« zugunsten der ökonomisch Schwächsten: Wenn nach einer hypothetischen Umverteilung alle *absolut* mehr haben, sollte dies auch jene befriedigen, die gegenüber anderen *relativ* weniger besitzen als zuvor. Wirtschaftspolitisch umformuliert: Sofern noch das kleinste Stück einer kapitalistischen Torte grö-

143 | »For Kant [...] the theory simply defends the principles that ordinary agents accept. But for [...] Rawls, theory claims to construct the principles for society as a whole.« (Krasnoff, *How Kantian Is Constructivism?*, S. 409)

144 | Rawls, *A Theory of Justice*, S. 11.

ßer ausfiele, als jedes Stück einer zu gleichen Teilen aufgeschnittenen, aber insgesamt eben kleineren sozialistischen Torte, wäre doch wohl eine kapitalistische Konditorei der sozialistischen vorzuziehen, oder? Also muss man vom Gedanken eines völlig deregulierten libertären Teigwarenmarkts abrücken und durch eine Ordnung des Backgewerbes dafür sorgen, dass ein hinreichender Teil der Gesamtproduktion den Hungrigsten zugeführt wird; das ist in etwa der Grundgedanke.

Der *indirekte* Charakter dieses Solidaritätskonzepts sticht sofort ins Auge. Warum findet die gesellschaftliche Umverteilung nicht aus einer *direkten* Stellungnahme zugunsten von ökonomisch Benachteiligten statt? Statt aus einer Reflexion auf das *quantitative Aggregat* (in den Händen aller Besteuerten) wäre es naheliegend, mit Blick auf das *qualitative Resultat* (in den Händen der Bedürftigen) zu schauen.[145] Warum nicht – um im Bild zu bleiben – Untergrenzen einer Minimalsättigung festlegen, die jede Teigproduktion zu erreichen hat, die als gerecht gelten will? Zwar können unbestreitbar mittels des »Differenzprinzips« Vermögensverteilungen ausgeklügelt werden, die für Gesellschaften sowohl pragmatisch wie normativ akzeptabel erscheinen; genau darauf beruht ja auch die Popularität des rawlsschen Modells. Doch führt es im Extremfall zu Situationen, welche die ihm zu Grunde liegenden Anliegen *ad absurdum* führen und deren theoretische Schwächen offenbaren.

Man denke sich beispielsweise eine extrem reiche Gesellschaft, in der jeder ein Millionär wäre, einige aber – bei unbegrenzt zugelassener Vermögensdifferenzierung – den Sprung zum Milliardär schaffen. Auch in einer derartigen Gesellschaft wäre Rawls zufolge noch ständig umzuverteilen. Das Differenzprinzip kann ja kein qualitativ motiviertes »*Es ist genug!*« ausrufen; es wird aus jedem sich quantitativ vergrößernden Delta zu den »am wenigsten Begünstigten« einen Appel zu deren relativer Besserstellung ableiten. Umgekehrt dürfte man selbst in einer Gesellschaft, in der weite Kreise unterhalb des Subsistenzniveaus ihr Dasein fristen, nur quantitativ-proportional zum jeweiligen Zuwachs der gesellschaftlichen Vermögensdifferenz umverteilen, jedoch nicht über diese Proportion hinaus. Es könnten so drastische Notlagen – durch Naturkatastrophen erzeugte Hungersnöte etwa – entstehen, in denen der Staat passiv bleiben müsste, weil er sich nicht legitimiert glaubt, radikaler (etwa auf die Substanz und nicht allein den Zuwachs der Besitzstände zugreifend) umzuverteilen. Wie auch wollte man, ohne qualitatives Kriterium für einen unverzichtbaren Grundbedarf, mit Rawls' Modell solche (stärker) egalisierenden Umverteilungen rechtfertigen?

145 | Vgl. etwa Martha Nussbaums Gegenentwurf: »My theory speaks only of a social minimum and does not address inequalities above that (very ample) social floor.« (*Frontiers of Justice*, S. 178)

Rawls' Versuch, das qualitativ-allseitig Gerechte als Nebenfolge des quantitativ-wechselseitig Nützlichen resultieren zu lassen, scheitert jedoch nicht nur in Extremsituationen. Das eigentliche Problem liegt tiefer: in dem Gedanken, dass (allein) das Selbstinteresse der Einzelnen die Basis allgemeiner Zustimmung zum Sozialvertrag ausmacht. Rationale Entscheider werden es als in ihrem aufgeklärten Selbstinteresse liegend begreifen, sich in gesellschaftliche Verhältnisse zu begeben, falls und insofern die Gesellschaft als »a cooperative venture for mutual advantage« (TJ 4) ausgestaltet wird.[146] Die Bereitwilligkeit der Einzelnen zur »social cooperation« wird also darüber erkauft, dass sie im Ergebnis einem jeden nützt (TJ 126). Falls allen in einer geregelten Gesellschaft mehr Resourcen und damit auch zahlreichere Freiheitsoptionen zur Verfügung stehen als in einer gedachten Isolation oder in ungeregelten Lebensverhältnissen, so wird es im Rahmen quantitativer Freiheitstheorie folgerichtig zur Etablierung einer Rechtsgesellschaft kommen.

Dieses rational verfolgte Interesse aber steht und fällt mit der genauen Kenntnis der *spezifischen* Situation, in der man sich jeweils befindet. Menschen in privilegierten Verhältnissen dienen andere politische Regeln zum Vorteil als Personen mit Migrationshintergrund. Zum Beispiel: Ohne Wissen um das eigene satte Privatvermögen wird man vielleicht annehmen, von Regeln (wie etwa stark progressiven Vermögens- und Einkommenssteuern) zu profitieren, die auch und gerade die Schlechtestgestellten gut stellen. Solange man sich aber bereits als Millionenerben weiß, macht derlei – in der nackten Ratio quantitativer Vorteilsmaximierung – kaum Sinn. Dies zeigt: Hinter einem *veil of ignorance* und ohne Information über ihre persönliche Lebenslage, können Individuen ihrem *tatsächlichen* Nutzen daher nur sehr gebremst dienen, was ja auch Rawls' erklärte Absicht ist (TJ 148). Weshalb aber würden Menschen sich dann überhaupt auf das Gedankenexperiment der *original position* einlassen? Warum sollten sie sich in eine hypothetische Entscheidungssituation hinein denken, in der ihnen das erfolgreiche Maximieren ihres Eigennutzes *de facto* unmöglich gemacht wird? Das erscheint höchst unplausibel, sofern die einzige Eigenschaft, die alle Entscheider dem Modell zufolge besitzen, eben das rationale Verfolgen ihres Selbstinteresses ist. Und genau da liegt ein erhebliches Problem der rawlsschen Theorie.

Während sich Rawls darum sorgt, zu zeigen, dass die von ihm aufgestellten Prinzipien der Gerechtigkeit (das Freiheitsprinzip und das Differenzprinzip) eine rationale Wahl aller Beteiligten *innerhalb* der *original position* darstellen, kann er kaum erklären, wie man von *außerhalb* dieser Warte darauf verfallen

146 | Dagegen argumentiert Martha Nussbaum, dass diese Fixierung auf wechselseitigen Vorteil schlicht einen »wrong account of the primary basis for social cooperation« darstellt; *Frontiers of Justice*, S. 129. Dieser Beurteilung werde ich im Folgenden, mit ähnlich gelagerten Argumenten, zustimmen.

sollte, sich die mit ihr einhergehenden Wissensbeschränkungen aufzuerlegen. Das nämlich scheint ein *quantitativ* orientierter Eigennutz keinesfalls zu gebieten. Wirtschaftstheoretisch gewendet: Ein *homo oeconomicus*, der sich selbst die Voraussetzungen raubte, ein effizienter *homo oeconomicus* zu sein, ist kein besonders effektiver *homo oeconomicus* – beziehungsweise gar keiner. Allenfalls ein immer schon *qualitativ* ausgerichtetes Pflichtbewusstsein mag uns antreiben, die rawlsschen Denkrestriktionen zu akzeptieren, um gerechtigkeitsdienliche – und durchaus nicht immer maximierende – Verteilungsergebnisse zutage zu fördern. Wer nicht schon sittlich motiviert ist, wird sich kaum auf das Spielchen mit dem Schleier des Unwissens einlassen. Wer es aber ist, könnte vorziehen, das Antlitz der Gerechtigkeit direkt zu beschauen, anstatt dessen Umriss allein im Licht eines durch komplizierte Prozeduralien gebrochenen Strahls eigennütziger Rationalität zu betrachten.

Jene Einwände führen auf die kantische Problemstellung zurück, den normativen Gehalt des Freiheitsbewusstseins an und für sich aufzuklären (vgl. Abschnitt 2.1). Und es ist durchaus fraglich, ob man sich dazu überhaupt des Modells eines für alle beteiligten Parteien vorteilhaften Sozialvertrags bedienen muss.[147] Rawls verficht dies, denn er nimmt an, nur durch unzulässige Metaphysik komme man zu einer inhaltlichen Auszeichnung des Guten und Gerechten. Also darf, bei Strafe unendlichen Streits über metaphysische Fragen, der direkte Weg zur Gerechtigkeit nicht eingeschlagen werden. Nur indirekt sollte die Gesellschaft jenes hehre Ziel ansteuern. Den gesuchten Umweg liefert das Sozialvertragsmodell.

Kann aber substantielle Gerechtigkeit allein über Formen prozeduraler Fairness erreicht werden? Rawls glaubt: »there is a correct or fair procedure such that the outcome is likewise correct or fair, whatever it is, provided that the procedure has been properly followed« (TJ 86). Vorausgesetzt werde nichts weiter als rational verfolgtes Eigeninteresse. Dieses Interesse muss dann jedoch von Rawls durch etliche Verfahrenstricks eingehegt werden, damit es zu einer Quasi-Identität zwischen Entscheidern und Entscheidungsbetroffenen kommt.[148] Niemand schadet sich schließlich vorsätzlich selbst, also werden – im richtigen prozeduralen Rahmenwerk – kluge Entscheider schon im Interesse aller handeln. Nur dann funktioniert das Modell.

Von den Entscheidern wird dabei, so scheint es auf den ersten Blick, nicht allzu viel verlangt; nur ein generelles Vermögen, »to take part in and to act in accordance with the public understanding of the initial situation« (TJ 505). Wer etwa die Regeln eines typischen Strategiespiels begreifen kann, taugt bereits fürs rawlssche Gedankenexperiment; überragende Intelligenz ist nicht vonnöten. Es reicht, wenn das Denkvermögen sich »within the normal range« be-

147 | Vgl. Brian Barry, *Justice as Impartiality*, Oxford, United Kingdom; New York 1995.

148 | Vgl. Martha Nussbaum, *Frontiers of Justice*, S. 16f.

findet (TJ 25). Damit will Rawls seiner selbstgegebenen Richtlinie »to assume as little as possible« (TJ 129) genügen. Die meisten Menschen verfügen ja über genau jene instrumentelle Rationalität, die hier nachgefragt wird. »Only scattered individuals are without this capacity, or its realization to the minimum degree« (TJ 506).

Aber reicht das aus? Rawls suggeriert, dass eine im Rahmen der von ihm vertretenen Prinzipien strukturierte Gesellschaft für alle Beteiligten mehr Nutzen stiftet, als eine ungerecht strukturierte Sozialordnung und somit aus rein rationalem Selbstinteresse zu wollen sei. Aber vielleicht trifft das eben nur für einige, bestenfalls für die meisten, jedoch nicht für alle zu. Nur dann, wenn man die Fiktion der »original position« zur Realität hypostasiert – also annimmt, die Leute wüssten tatsächlich nicht, wer sie sind und was ihnen in ihrer spezifischen Lage am meisten nützt –, liefern das *Differenzprinzip* und die *rational choice theory* gleiche Ergebnisse.[149] Im realen Leben ist es aber nicht immer und nicht für alle von Vorteil, sich mit anderen zu einer auch das Privatvermögen umverteilenden Gesellschaft zusammen zu schließen.

Was ist beispielsweise mit jenen »scattered individuals«, von denen soeben die Rede war, denen es am Mindestmaß an strategischer Rationalität fehlt? Geistig schwer behinderte Menschen etwa dürften in mindestens zweierlei Hinsicht nicht in ein solches Kalkül passen:[150] Zum einen könnten sie nicht zu den geforderten kognitiven Abstraktionsleistungen in der Lage sein, welche die von Rawls entworfenen Kalküle zur Berechnung des eigenen langfristigen Vorteils verlangen. Zum anderen könnten andere aus dem Kreise der klugen Vorteilssucher solche eingeschränkt leistungsfähigen Menschen gar nicht erst mit in den Gesellschaftsvertrag aufnehmen wollen, weil ihr Beitrag zum gesellschaftlichen Gesamtnutzen als zu klein befunden wird. Sofort tauchen brisante Fragen auf: Wie sollte dann den Rechten und Interessen jener Personen entsprochen werden? Werden sie zu Schutzbefohlenen des Rechtswesens und Bürgern zweiter Klasse erklärt? Das zeigt: Stark asymmetrische Lebensverhältnisse können ein am Gedanken reziproker Symmetrie orientiertes Gesellschaftsmodell sprengen.

Aber Zweifel am Gedankenmodell des *veil of ignorance* und der *original position* sind natürlich nicht nur aus der Perspektive des durch die rawlsschen Verfahrensvorschriften eventuell vereitelten Eigennutzes anzumelden. Was ist von einer Freiheitskonzeption zu halten, die sich anhand der Fiktion weitgehend eigenschaftsloser Menschen konkretisiert? Folgen wir nämlich Rawls bis zu dem Punkt, an dem wir einen nackten Präferenzmaximierer vor Augen haben, so haben wir jenes in Rede stehende Subjekt bereits zweier entschei-

149 | Vgl. Fred D'Agostino, *Free Public Reason: Making It Up as We Go*, New York 1996, S. 40-44.

150 | Zum Folgenden vgl. Martha Nussbaum, *Frontiers of Justice*, S. 135-145.

dender Dimensionen entkleidet. Erstens ist hier nirgends die Rede von einer der instrumentellen Rationalität übergeordneten Vernünftigkeit. Wo aber keine sittliche Vernunft den technischen Verstand steuert, fallen Entscheidungen so automatisch aus wie die von softwaregesteuerten Expertensystemen. Ist das schon Freiheit? Zweitens fehlt diesen Subjekten hinter dem »Schleier« jede sinnlich-körperliche oder spirituell-geistige Dimension, die ihren Entscheidungen eine genuin individuelle oder gar private Seite geben könnte. Jene Entscheider sind also, streng genommen, gar nicht sie selbst, sondern nur Masken des Allgemeinen. Ist das noch Freiheit?

Letzteres gilt inbesondere angesichts moralischer oder religiöser Lebensziele. Solange ich aufgrund des *veil of ignorance* nicht weiß, ob ich religiöse Gesinnungen hege und, falls ja, welche, mag es schon klug sein, eine Gesellschaftsform zu befördern, in der ich nicht unter die Knute von fundamentalistischen Überzeugungstätern geraten kann. Bedenkt man die Sache jedoch von einer festen religiösen Warte aus, was dann? Sicher gibt es reichlich religiöse Menschen, die von ihrem eigenen theologischen Standpunkt aus offene Gesellschaften und den in ihnen institutionalisierten religiösen Pluralismus einfordern. Doch gebietet intellektuelle Redlichkeit, sich einzugestehen, dass auch das Gegenteil vertreten wird. Mancher Gläubige empfindet schon den hypothetischen Eintritt in jene vom *veil of ignorance* postulierte Situation theologischer Amnesie als absurd oder gotteslästerlich und weist die aus ihr resultierenden Forderungen nach säkularen politischen Institutionen und umfassender bürgerlicher Toleranz als häretisch zurück. Nur, wer bereits motiviert ist, seine eigenen (hier: religiösen) Interessen zugunsten eines Konzepts allgemein-akzeptabler (hier: toleranter) Lebensverhältnisse zu überwinden – konkret: nur wer bereits ein Toleranz gebietendes liberales Religionsverständnis hat (dazu mehr im Abschnitt 5.1) – wird die von Rawls geschaffenen Reflexions-Vorbedingungen gerne akzeptieren. Jedoch wird diese *qualitative* Motivation ihrerseits kaum einer *quantitativ* vorteilsmaximierenden Ratio entstammen.[151]

Dieses Problem hat Rawls erspürt. Weil es höchst fraglich ist, dass Menschen seiner Vorstellung von prozeduraler Gerechtigkeit stets und notwendigerweise mehr dienen wollen als ihren damit eventuell sich reibenden Vorstellungen vom Guten oder von Gott, erklärt meines Erachtens, weshalb Rawls zu jenem bereits erwähnten »desire for justice« Zuflucht nimmt, das *ad hoc* eingeführt und allen unterstellt wird. Rawls versichert uns: »the desire to express our nature as a free and equal rational being can be fulfilled only by acting on the principles of right and justice as having first priority.« (TJ 503) Aber, woher, wenn nicht aus metaphysischer Theorie oder moralischer Intuition, will er das

151 | Vgl. Bernard P. Dauenhauer, »Response to Rawls«, in: Richard A. Cohen und James L. Marsh (Hg.), *Ricoeur as Another: The Ethics of Subjectivity*, New York 2002, S. 208ff.

so genau wissen? Verfängt diese Priorisierung der Gerechtigkeit – und zu welchem Preis wird sie erkauft?

Was zur argumentativen Stützung jenes »desire for justice« herangezogen wird, sind Thesen fern jeder metaphysischen Zurückhaltung. Rawls erklärt kurzerhand: »the self is prior to the ends which are affirmed by it [...].«[152] Damit ist gemeint: Die philosophische Besinnung auf Gerechtigkeitsgrundsätze gehört zum inneren Kern der Person. Religiöse Zwecke beispielsweise aber seien eine Sache der äußeren Schale; eine sicher nicht unumstrittene Ansicht. Die hier behauptete Priorität des Selbst über seine Attribute und Ziele blickt zwar auf eine ehrwürdige Tradition zurück, und sie mag auch vielen *prima facie* plausibel erscheinen. Aber darauf kommt es nicht an. In Rawls' anti-metaphysischem Theorierahmen kann sie nämlich weder abgeleitet noch verteidigt werden.[153] Ob also Rawls in der Sache richtig liegt, ist unerheblich, denn rechtfertigen kann er jene emphatischen Deklarationen mit seinen eigenen Methodenvorgaben nicht.

Zielsicher haben denn auch Rawls' Kritiker jene metaphysischen Restbestände in der *Theory of Justice* ausgemacht und angeprangert. Kommunitaristen wie Theologen, denen Rawls' Präferenz des Rechten über das Gute missbehagte; Utilitaristen wie Spieltheoretiker, die auf die Unschlüssigkeit eines Kalküls aus ungenutztem Situationswissen hinwiesen; Pragmatisten wie Relativisten, die Rawls' massiven Anspruch auf Normativität zurückweisen wollten; sowie Positivisten und Neoliberale, denen die sozialpolitischen Ziele seiner Gerechtigkeitstheorie zuwider waren: Sie alle fanden einen gemeinsamen Nenner darin, Rawls nachzuweisen, dass er bei weitem nicht so unmetaphysisch und voraussetzungslos zugunsten von Freiheit und Gerechtigkeit argumentierte, wie er vorgab. Seine Kritiker kamen zudem darin überein, dass Rawls nur scheinbar einem abstrakt-maximierenden Konzept von inhaltlich neutraler Freiheit folge, in Wahrheit aber einer (sehr) konkret ausgerichteten Freiheitslehre huldige. Rawls' Reaktion auf diese Kritik konnte zweifach ausfallen: entweder als Verteidigung der von ihm bislang schon in Anspruch genommenen qualitativen Voraussetzungen oder als ein Rückzug ins Quantitative.[154] Welche Alternative ergriff er?

---

152 | Rawls, *A Theory of Justice*, S. 491.

153 | Vgl. Michael J. Sandel, »Review on John Rawls: Political Liberalism«, in: *Harvard Law Review*, 107, No. 7 (1994): 1765-1794, S. 1780ff.

154 | Vgl. William Arthur Galston, »Two Concepts of Liberalism«, in: *Ethics*, 105, No. 3 (1995): 516-534.

3.2.3 Relativistischer versus dogmatischer Liberalismus

In *Political Liberalism*[155] und *The Law of Peoples,*[156] sowie in *Justice as Fairness – A Restatement*[157] antwortete Rawls seinen Kritikern. Dabei bediente er sich beider oben genannter Strategien – der taktischen Flucht nach vorn ebenso wie des strategischen Rückzugs –, was es erschwert, seinem Spätwerk interpretativ gerecht zu werden. Unstrittig ist jedoch: Rawls hat sich in späteren Jahren von den quantitativen Maximierungsvorgaben seiner ursprünglichen Theorie (»the most extensive scheme«; »to maximize the worth of liberty«; »mutual advantage«) distanziert,[158] ohne aber das vertragstheoretische Modell insgesamt aufzugeben.[159] Der ursprünglich intendierten *quantitativen* Vermessung eines einzigen Freiheitstyps und seines jederzeit kommensurablen Wertes kehrte er den Rücken zu und gestand freimütig ein, »that the idea of the *extent* of a basic liberty is useful only in the least important cases« (JFR 112, Herv. C.D.). Stattdessen schlug er nun eine auch *qualitativ* an der Suffizienz und Optimierung von Freiheit orientierte Theorie vor.

In *Political Liberalism* ist nun eher die Rede von »society as a *fair* system of cooperation over time« (PL 14, Herv. C.D.). Gelegentlich scheint Rawls sogar die Struktur symmetrischer Tauschverhältnisse zur Disposition zu stellen, etwa wenn er erklärt: » [t]he idea of reciprocity is *not* the idea of mutual advantage« (PL 17, Herv. C.D.).[160] Stattdessen werden nunmehr zwei »moral powers« des Menschen seinem Liberalismus zu normativen Vorgaben: die Fähigkeiten, einerseits Prinzipen der sozialen Gerechtigkeit zu verabreden und andererseits eine Vorstellung des Guten für das eigene Leben zu entwickeln. Mit ihrer Hilfe gewichtet Rawls in seinen späteren Schriften die Optionen der Freiheit *qualitativ*: als mehr oder weniger wichtig (»significant«):

---

155 | Originalausgabe: 1993. Zitiert wird nach der zweiten Ausgabe: John Rawls, *Political Liberalism*, New York 1996.

156 | Originalausgabe: 1999. Zitiert wird nach der vierten Ausgabe: John Rawls, *The Law of Peoples: With »The Idea of Public Reason Revisited«*, Cambridge, Massachusetts 2002.

157 | John Rawls, *Justice as Fairness: A Restatement*, herausgegeben von: Erin Kelly, Cambridge, Massachusetts 2001.

158 | Ebenda, S. 112-114.

159 | Martha Nussbaum urteilt: »However, at the end of the day Rawls was unwilling to drop the social contract structure in favor of a more purely Kantian theory.« (*Creating Capabilities*, S. 85)

160 | Martha Nussbaum kritisiert angesichts dessen zurecht, dass Rawls über den damit erzeugten Widerspruch zu seinem bisherigen Werk nonchalant hinweggeht: »He is simply silent about the apparent contradiction.« (*Frontiers of Justice*, S. 59)

a liberty is more or less significant depending on whether it is more or less essentially involved in, or is a more or less necessary institutional means to protect, the full and informed exercise of the moral powers in one (or both) of the two fundamental cases. The more significant liberties mark out the central range of application of a particular basic liberty; and in cases of conflict we look for a way to accommodate the more significant liberties within the central range of each. (JFR 112f.)

Am Beispiel der Redefreiheit verdeutlicht sich Sinn und Zweck dieser Unterscheidung. In Hinsicht auf politische Meinungskundgaben sei Redefreiheit unbedingt zu schützen, meint Rawls, zum Zwecke privater Diffamierung vielleicht eher nicht. Die Begründung der Differenz liegt im jeweiligen (im ersten Fall gegebenen, im zweiten mangelnden) Beitrag zur Ausgestaltung der zwei »moral powers« (ebenda 114).

Alles das ist natürlich glasklar *qualitatives* Denken, welches – einmal mehr – hinsichtlich der Natur der Menschen und ihrer »moral powers« vollmundig bestimmte anthropologische Voraussetzungen in Anspruch nimmt. Rawls gesteht nun allerdings auch freimütig ein, dass er dabei von inhaltlich aufgeladenen Annahmen ausgeht, wie etwa von einem normativen Begriff freier und gleicher Personen, die bereits sowohl am Gerechten als auch am Guten orientiert sind; ferner von einem zweistufigen Konzept von Vernünftigkeit, das die rein *technische* Zweck-Mittel-Rationalität *sittlich* überformt; sowie auch von einem Konzept politischer Gemeinschaft als einer von vorneherein auf *faire* Kooperation angelegten Ordnung.

Damit jedoch ändert sich der Status begrifflicher Konstruktion in Rawls' Theorie. Es geht nun nicht mehr darum, eine liberale Werteordnung herzuleiten, sondern diese auszugestalten:

We *start* with the fundamental idea of a well-ordered society as a fair system of cooperation between reasonable and rational citizens regarded as free and equal. We *then* lay out a procedure that exhibits reasonable conditions to impose on the parties, who as rational representatives are to select public principles of justice for the basic structure of such a society. (PL 103, Herv. C.D.)

Doch weigert sich Rawls, diese grundlegenden, gehaltvollen Voraussetzungen (beispielsweise die Annahme »reasonable and rational citizens regarded as free and equal«) *inhaltlich* zu verteidigen. Er zieht sich vielmehr auf das eigenwillige Argument zurück, eine solche Verteidigung liefe dem liberalen Interesse seiner Theorie zuwider.[161] Das hat ihm den Spott eingetragen, er sei wohl be-

161 | Vgl. Patrick Neal, »Does He Mean What He Says? (Mis)Understanding Rawls's Practical Turn. (John Rawls)«, in: *Polity*, 27, No. 1 (1994): 77-111, insbesondere S. 87.

reit, die liberale Grundordnung mit Waffen zu verteidigen, hingegen nicht mit Worten.[162]

Seinen Argumentationsverzicht begründet Rawls damit, dass in pluralistischer Öffentlichkeit sich ein Dissens über letzte Wahrheiten selbst seitens sowohl wohlmeinender als auch intellektuell kompetenter Urteilender nicht vermeiden lasse. Wolle man nicht diktatorisch irgendeine Position durchsetzen, so habe man eben das Faktum pluraler Anschauungen zu akzeptieren. Keine Staatstheorie könne sich allgemeiner Zustimmung erfreuen, die auf nur eine einzige der vertretenen Weltanschauungen, Philosophien oder sonstigen »comprehensive doctrines« zurückgreife. Aus pragmatischen Gründen sei daher eher ein »overlapping consensus« möglichst vieler solcher Doktrinen anzustreben (PL 38).

Laut Rawls dürfen in jenen Konsens nicht sämtliche vertretenen Ansichten eingehen, sondern nur solche, die sich schon durch eine bestimmte Vernünftigkeit (*reasonableness*) auszeichnen. Besagte Vernünftigkeit bestünde darin, sagt er, den Diskussionspartner nicht auf die je eigenen Ableitungsgründe (Religion, Moral, Tradition etc.) festzulegen. Man habe ihn allein mit solchen Argumenten anzusprechen, welche dieser bloß als Mitbürger teilen kann. Man verzichtet auf die intellektuelle Vereinnahmung des anderen und spricht diesen lediglich auf staatsbürgerlich-gemeinsame Grundlagen an. Nur Begründungen, welche dieser Reziprozitätsbedingung entsprechen, sollen seitens der öffentlichen Vernunft, d.h. konkret: in den gesetzgebenden und rechtsprechenden Institutionen des Staats, berücksichtigt werden.[163]

Wie aber kommt es zu einer Zustimmung aller Bürger zu so toleranten Prämissen wie etwa, dass jegliche Mitbürger als frei und gleich sowie deshalb als Mitentscheider anzuerkennen sind? Rawls Antwort verblüfft: Man muss, kurz gesagt, das Glück haben, bereits in einer liberal verfassten Gesellschaft zu leben. Ist dies der Fall, so findet sich alles dafür Benötigte (ein weithin akzeptierter Begriff von den Grundrechten der freien, gleichen Persönlichkeit sowie die Vorstellung von Gesellschaft als einer aus reziproker Übereinkunft hervorgehenden, fairen Kooperationsordnung) bereits in der politischen Kultur und Verfassungswirklichkeit verankert.

---

162 | »Political liberals will, one assumes, defend liberalism with arms; but they will not do so with words.« (J. Judd Owen, *Religion and the Demise of Liberal Rationalism: The Foundational Crisis of the Separation of Church and State*, Chicago 2001, S. 120)

163 | Zur Habermas'schen Kritik des Rawls'schen Begriffs der öffentlichen Vernunft vgl. Jürgen Habermas, »Reconciliation Through the Public Use of Reason: Remarks on John Rawls's Political Liberalism«, in: *The Journal of Philosophy*, 92, No. 3 (1995): 109-123, S. 119ff.; Cristina Lafont, »Procedural Justice? Implications of the Rawls-Habermas Debate for Discourse Ethics«, in: *Philosophy & Social Criticism*, 29, No. 2 (2003): 163-181, S. 171ff.

Daran ist richtig: Wo man sich auf einen bereits inkulturierten »overlapping consensus« von toleranten Überzeugungen berufen kann, in offenen Gesellschaften also, lässt sich in der Tat normalerweise eben jene breite Unterstützung organisieren, die man benötigt, um den in rawlsschen Konsensgedanken implizit schon affirmierten Werten auch zur expliziten politischen Realisierung zu verhelfen. Insofern bestünde die Aufgabe der politischen Philosophie sodann nicht mehr darin, einen liberalen Wertekanon *herzuleiten*, sondern ihn *anzuwenden*, zum Beispiel indem mit dem Gedankenexperiment des »veil of ignorance« bereits geteilte Grundwerte weiter ausdifferenziert und auf konkrete Probleme angewendet werden. Anstatt eines Philosophierens *über die Grundlagen* freiheitlicher Ordnungen und Verfassungen, wird von Rawls ein Philosophieren *auf deren Grundlage* zum Programm seines revidierten Liberalismus gemacht.

Die Kontextrelativität jenes Programms ist so *auffällig* wie *anfällig*. Realisiert sie Rawls normative Ansprüche oder untergräbt sie dieselben? Sicherlich kein Zufall ist, dass Richard Rorty versuchte, Rawls' neue Lehre für sich, d.h. für seinen eigenen, ausdrücklich *relativistischen* Liberalismus zu vereinnahmen.[164] Er erkannte freudig in Rawls einen unverhofften Parteigänger seiner Ansicht, dass der Liberalismus eben keine universale Wahrheit anbiete, sondern lediglich die gefälligen Gepflogenheiten des Westens reformuliere. Doch damit unterläuft Rorty klarerweise den Selbstanspruch von Rawls, mehr als nur eine Nachzeichnung des politischen *comme-il-faut* abendländischer Demokratien zu bieten.[165] Rawls sucht vielmehr eine Theorie, die einerseits gegenüber philosophischen, religiösen oder moralischen Voraussetzungen unabhängig ist, andereseits indes nicht bloß deskriptiv operiert.

Rawls sucht nach dieser Zwischenstellung auf dem Wege einer erneuten Auseinandersetzung mit Kants Philosophie. Bei dieser handele es sich um einen »comprehensive liberalism«; er selbst hingegen wolle mit einem schmaleren »political liberalism« auskommen. Dasselbe Urteil trifft im Übrigen John Stuart Mill, einen weiteren ehemaligen Referenzautor, dessen Bedeutung nun ebenfalls heruntergestuft wird. Gemeint ist, Kant, oder auch Mill, lege eine Theorie vor, in welcher zugunsten der politischen Freiheit nicht mit rein politischen, sondern mit moralischen und/oder metaphysischen Gründen argumentiert werde.[166] Das ähnele Argumenten aufgrund religiösen Glaubens; und die seien unbrauchbar für eine dem Pluralismus der Moderne verpflichtete politische Theorie. Moralische und metaphysische Argumente, so Rawls, richten sich eben vorrangig an diejenigen, die deren Prämissen teilen; das aber

164 | Vgl. Richard Rorty, *Contingency, Irony, and Solidarity*, New York 1989, S. 57.

165 | Vgl. Farid Abdel-Nour, »Liberalism and Ethnocentrism«, in: *Journal of Political Philosophy*, 8, No. 2 (2000): 207-226, S. 213.

166 | Vgl. Rawls, *The Law of Peoples*, S. 156.

sind – wo man auf Gesinnungsterror und philosophische Zwangsbekehrungen verzichtet – niemals alle.[167] Zwar sei gut und ehrenhaft, wenn man sich als *moralisches* Individuum der kantischen Ethik verpflichte, aber derlei dürfe nicht zum Prinzip politischen Handelns erhoben werden. Ebenso lehnt Rawls es erneut ab, dass ein *metaphysischer* Glaube zum Maßstab staatlichen Handelns erhoben werde.

In diese Argumentation schließt Rawls nunmehr auch den »Glauben« an Freiheit im kantischen Sinne ein. Somit formuliert Rawls jetzt – entgegen seiner bisherigen Konzeptionen –, dass man den kantischen Begriff einer transzendental über ihren Interessen und Zielen stehenden Person *nicht* zur Grundlage des politisch-rechtlichen Personenverständnisses erheben dürfe.[168] Dem mag man beipflichten, solange man sich klarmacht, dass Rawls mit diesen Argumenten nicht Kant, sondern nur seine eigene, defizitäre Kant-Interpretation trifft, die an der irrigen Annahme hängt, Kant übertrage seinen metaphysischen und moralischen Freiheitsbegriff auf die politische Arena. Jedoch Kant hatte weder das eine noch das andere vertreten (vgl. hier Abschnitt 2.1.2).[169] Dabei fordert Kant durchaus *nicht*, dass man sich die Verbindlichkeit zur Rechtstreue auch zum *inneren*, d.h. moralischen Bestimmungsgrund mache.[170] Bei Kant fungiert der *äußere* Rechtszwang als analytisches Moment des Rechtsprinzips, eben weil das Recht unabhängig von der Moral oder sonstigen Überzeugungen durchgesetzt werden soll. Insofern werden in Kants *Rechtslehre* die Moraltheorie – und erst recht die Metaphysik – strikt vom Recht separiert. Erst und allein in der *Tugendlehre* erklärt Kant die Erfüllung der rechtlichen Verbindlichkeiten auch zum inneren Anliegen einer sittlichen Lebensführung; dabei handelt es sich aber sodann um eine binnenmoralische Verpflichtung ohne politischen Geltungsanspruch.

Gegen Rawls' Vorhaben, Recht unabhängig von Moral und Metaphysik zu fundieren, ist nichts einzuwenden. Nur wäre es besser, diese Absicht nicht *gegen* Kant, sondern *mit* ihm umzusetzen. Eigentlich sollte Rawls aufgrund mehrjähriger Vorlesungen über Kants praktische Philosophie die systematischen Grundlagen genauestens kennen, die im System Kants eine ebensolche Trennung des Moralischen vom Rechtlichen fundieren.[171] Dennoch aber

167 | Vgl. Thomas Nagel, »Rawls and Liberalism«, in: Samuel Freeman (Hg.), *The Cambridge Companion to Rawls*, Cambrigde 2003, S. 83ff

168 | Vgl. Rawls, *Political Liberalism*, S. 100.

169 | Vgl. Pogge, *Is Kant's Rechtslehre Comprehensive?*

170 | Vgl. Marcus Willaschek, »Which Imperatives for Right? On the Non-Prescriptive Character of Juridicial Laws in Kant's Metaphysics of Morals«, in: Mark Timmons (Hg.), *Kant's Metaphysics of Morals: Interpretative Essays*, Oxford 2002, S. 68.

171 | Vgl. Beate Rössler, »Kongenial und aufmerksam. Rezension zu John Rawls: Geschichte der Moralphilosophie«, in: *Deutsche Zeitschrift für Philosophie*, 51, No. 2 (2003): 325-329.

folgt er in seiner Identifikation der rechtlichen Freiheit Kants mit dem Prinzip moralischer Autonomie einer Interpretation, welche jene Differenzierung vernachlässigt. Jedoch lässt sich *de facto* Kants Rechtslehre, ganz so wie Rawls es von seiner eigenen Theorie verspricht,[172] als ein *Modul* verstehen, dessen reduzierter Freiheitsbegriff in verschiedenste breitere Theorien (eines »comprehensive liberalism«) eingegliedert werden kann.[173]

Dieser Punkt wird hier besonders betont, weil es bei der in Rede stehenden Definition des rechtlich-politischen Mediums um eine heikle und für den Liberalismus insgesamt zentrale Materie geht: die Begründung legitimer Zwangsgewalt.[174] Wie kann eine Legitimation der Staatsgewalt durchgeführt werden, ohne dass die anspruchsvollen liberalen Ziele des rawlsschen Ansatzes Schaden nehmen? Da die für konkrete politische Entscheidungen relevanten grundsätzlichen theoretischen Bestimmungen von Rawls allesamt in Rahmenbedingungen seiner Theorie vorverlegt werden, mündet die Frage nach der Geltungsfähigkeit seines Neuansatzes in folgende Überlegung ein: Was hat zu passieren, wenn jene Vorabklärungen, was ein gültiges Verfahren zur politischen Entscheidungsfindung sei, eben *nicht* von allen Beteiligten geteilt werden? Wie ist etwa mit einzelnen oder mit ganzen Gesellschaften umzugehen, für die das politische Gemeinwohl keineswegs darin liegt, unter Wissensausschluss über die jeweils eigenen Guts- und Heilsvorstellungen nach einer fairen Kooperation zwischen Freien und Gleichen zu suchen? Wie mit solchen, die (wie zum Beispiel Feministinnen) nicht strikt zwischen dem Privaten und dem Öffentlichen trennen? Oder jenen, die (wie zum Beispiel bestimmte religiöse Gruppen) es ablehnen, zwischen dem Heiligen und dem Profanen, dem religiösen und dem politischen Lebensbereich, eine saubere Linie zu ziehen? Mit Menschen also, die nicht ihre *letzten* sowie tiefsten Gründe zugunsten *vorletzter*, pragmatischer Erwägungen zurücknehmen und einschränken wollen?[175] Die Forderung nach solchen Trennungslinien stellt ja in den Augen vieler Menschen bereits ein *liberales Dogma* dar – und ein ihnen *unplausibles* zumal. Als Zumutung erscheint ihnen nicht erst, was unter den von Rawls dekretierten Diskursbeschränkungen *herauskommt*, sondern bereits, was an

172 | Vgl. Rawls, *Political Liberalism*, S. 144.

173 | »Rather than presuppose much more than Rawls does [...] he in fact presupposes much less. He makes no appeal to fundamental ideas prevalent in the public culture of his society, nor does he insist that persons have certain moral powers and matching higher-order interests in their development and exercise, nor does he seek to identify all-purpose means needed for realizing the conceptions of the good that citizens of a society like his own are likely to have.« (Pogge, *Is Kant's Rechtslehre Comprehensive?*, S. 175)

174 | Vgl. Rawls, *Political Liberalism*, S. 567.

175 | Vgl. Banu Kilan, »J. Rawls's Idea of an ›Overlapping Consensus‹ and the Complexity of ›Comprehensive Doctrines‹«, in: *Ethical Perspectives*, 16, No. 1 (2009): 21-60.

strukturellen und inhaltlich restriktiven Vorbedingungen in den politischen Diskurs *eingeht*.[176]

Wie also verteidigt sich Rawls' liberaler Prozeduralismus gegen illiberale Überzeugungen? Was kann er etwa dem Argument entgegensetzen, dass keineswegs alle Menschen gleich seien, sondern eine Gottheit eigens Unterschiede geschaffen habe zwischen Männern und Frauen, zwischen Angehörigen der einen und der anderen Kaste, der einen und der anderen Hautfarbe, des einen und des anderen Glaubens, die eben auch entsprechend in den Verfahren politischer Willensbildung – zum Beispiel durch ein unterschiedliches Wahlrecht – berücksichtigt werden müssten? Wie verteidigt Rawls seinen Ansatz gegenüber dem Glauben, es stelle ein Sakrileg dar, das Wissen um die individuelle wie gemeinschaftliche Heilsbindung einzuklammern; oder es rechtfertige jenes Heilswissen die Praktiken der Inquisition im Namen des Seelenheils? Was hat Rawls jemandem zu entgegnen, der allen Ernstes erklärt, Sinn und Zweck der politischen Ordnung sei die höchstmögliche Umsetzung theokratischer Ideale – einschließlich der Unterdrückung Andersgläubiger? Und was ist davon zu halten, wenn ganze Staaten sich solchen Ansichten verschreiben und von daher die Gewährung der Menschenrechte ganz oder teilweise verweigern?[177]

Rawls' Antwort auf diese Fragen fällt, gelinde gesagt, überraschend aus. Er verbietet sich eine inhaltliche Stellungnahme zu solchen Konzeptionen und verweigert, seine eigenen philosophischen Hintergrundüberzeugungen in Anschlag zu bringen, um Fanatismus zu bekämpfen.[178] Doch will er sich keineswegs relativistisch geben und etwa Fundamentalismus tolerieren. Eher beabsichtigt Rawls, solange er innerhalb seiner eigenen Gesellschaft einen hinreichenden »overlapping consensus« hinter sich weiß, derartigen Ansichten überhaupt keine Beachtung zu schenken. Er sondert sie von vorneherein aus dem Reigen der *politisch* in Betracht kommenden Theoreme aus: Wer nicht die Voraussetzungen argumentativer Wechselseitigkeit und säkularer Toleranz einhalte, disqualifiziere sich eben selbst als nicht »reasonable« und sei daher nicht zum Abwägungsverfahren der legitimationsstiftenden öffentlichen Vernunft zuzulassen.

Der dabei von Rawls genutzte Begriff von »reasonable« ist verblüffend eng; auch »perfectly rational« argumentierende Subjekte gelten ihm nur als »reasonable«, wenn sie sich *nicht* von ihren spezifischen Vorstellungen vom Guten leiten lassen. Sie haben vielmehr ein »desire to engage in fair cooperation as

176 | Vgl. William Arthur Galston, *Liberal Pluralism: The Implications of Value Pluralism for Political Theory and Practice*, Cambridge, UK 2002.

177 | Vgl. Steven J. Kautz, *Liberalism and Community*, Ithaca 1995, S. 179f.

178 | Vgl. Owen, *Religion and the Demise of Liberal Rationalism*, S. 120.

such« zu dokumentieren[179] und »for its own sake« eine Welt anzustreben, »in which they, as free and equal, can cooperate with others on terms all can accept«.[180] Dieser nun doch *sehr* spezifische Begriff von Vernünftigkeit spiegelt zwar akkurat den Kerngehalt des rawlsschen Liberalismus wieder: nämlich, den durch reziprokes Argumentieren erzeugten Konsens über jeden sonstigen Inhalt und Wert in der Politik zu stellen. Aber darin liegt keineswegs nur eine *formale*, sondern auch eine *inhaltliche* Stellungnahme. Unter dem Sichtschutz prozeduraler Wertneutralität wird so ein höchster Wert eingeschmuggelt: der Konsens. Kein Wert verdiene es, das resultiert aus diesen Überlegungen, die Suche nach Konsens und konfliktfreiem Miteinander aufzugeben.[181] Damit aber wird im Vergleich jeder andere Wert herabgesetzt und seiner eventuellen Unbedingtheit beraubt, obschon vordergründig gar nicht über Werte geredet wird![182]

Vor diesem Hintergrund spitzt sich die Frage brisant zu, wie mit Personen umzugehen ist, die sich auf eine solche säkulare Depotenzierung und die nachfolgende politische Einzäunung ihrer Werte nicht einlassen, weil sie etwa glauben »that certain questions are so fundamental that to insure their being rightly settled justifies civil strife?«[183] Angesichts dieser Frage lässt Rawls alle Masken fallen und spricht Klartext. Wenn aus dem Glauben an andere höchste Werte, wie zum Beispiel »the salvation of a whole people«, ein Widerstand gegen die liberalen Diskursbedingungen entsteht, so erklärt Rawls kurzerhand: »At this point we may have no alternative but to deny this, or to imply its denial [...].«[184] Augenscheinlich reicht es ihm, solchen Gläubigen nachzuweisen, dass ihre Lehre sich mit dem Faktum pluraler Anschauungen nicht verträgt, um ihre Ansichten politisch abzuwerten. Vorzugswürdig sei es zwar, wenn man schon innerhalb der jeweiligen Wert- und Religionsgemeinschaften Strömungen oder Gruppierungen verstärken könnte, welche ihrerseits bereits die pluralistische Öffnung jener Gemeinschaften betrieben. Aber wenn derlei tolerante Strömungen, welche Rawls vorrangig im Christentum und vereinzelt auch im Islam ausmacht, zu schwach sind, um sich durchzusetzen, bleibe nur der Ausschluss der religiösen Rede vom Diskurs.

---

179 | Rawls, *Political Liberalism*, S. 51.

180 | Ebenda, S. 50.

181 | Vgl. Owen, *Religion and the Demise of Liberal Rationalism*, S. 113f.

182 | »Rawls seems to suppose that a fundamentalist can believe in the unambiguity of God's commandments for human life [...] – while nevertheless putting those commandments aside politically.« Das indes erfordert »a change in one's beliefs concerning God's will. One must come to believe that it is consistent with God's will that it be set aside in politics.« (Owen, ebenda, S. 117)

183 | Rawls, *Political Liberalism*, S. 152.

184 | Ebenda.

So aber verkommt Rawls' Rede von der staatlichen Wertneutralität zu einem Lippenbekenntnis. Indem Rawls den Radius dessen, was er als Raum öffentlicher Vernunft anerkennt, derartig reduziert, raubt er dem politischen Disput wesentliche Tiefendimensionen. Die Suggestion, auch ohne Einbeziehung letzter Gründe seien die propositionalen Gehalte der jeweiligen (oft religiösen) Hintergrundtheoreme verlustfrei ins politische Medium zu übersetzen, überzeugt eben genau jene nicht, deren letzten Gründe eine kompromisslose und sich dem Konsens- und Toleranzprinzip widersetzende Widmung einfordern.[185] Rawls' Vorhaben, gewisse Begründungen gar nicht erst in den politischen Entscheidungsprozess eingehen zu lassen, wirkt sich vor einem solchen Hintergrund keineswegs neutral, sondern parteilich aus: Sein Modell entwertet prozedural all jene Gründe, die ein allen denkbaren Konsensen übergeordnetes Gut anstreben. Hierbei offenbart sich seine vorgebliche Toleranz gegenüber dem religiösen Bewusstsein als dessen mehr schlecht als recht kaschierte Ablehnung; was Rawls auch bündig eingesteht: »Of course, we do not believe the doctrine believers here assert, and this is shown in what we do.«[186]

Diese Überlegungen machen auf eine systematische Schwäche des rawlsschen Liberalismus aufmerksam. Zunächst behauptet Rawls, von allen *qualitativen* (moralischen oder metaphysischen) Wertungen abzusehen und, geradezu positivistisch, alle rational verfolgten Präferenzen *quantitativ* gleich gelten zu lassen. Doch dann schreckt er vor der letzten Konsequenz dessen zurück. Wo es brenzlig wird, weil die tatsächlichen Präferenzen auf ungeliebte Gesellschaftsformen hindrängen, zieht Rawls die Notbremse; er schneidet die quantitative Freiheit (aller) zu politischer Meinungsäußerung und Partizipation zurück auf den qualitativen Begriff (einiger), was denn überhaupt *vernünftige* politische Argumente seien.

Jedoch kann man der Lobpreisung eines »political liberalism« und der Suche nach einem von allen gesellschaftlichen Gruppierungen mitgetragenen »overlapping consensus« folgen, ohne Rawls im Ergebnis zuzustimmen.[187] Überzeugend erscheint, politische Probleme als *vorletzte* Fragen zu behandeln, deren Lösungen nicht aus den *letzten* Gründen der menschlichen Existenz deduziert, sondern von der jeweiligen politischen Gemeinschaft bearbeitet werden: in einer sich von den Reflexionen aller Bürger getragenen Debatte. In der Tat: Metaphysik ist nicht Staatsräson.[188] Keineswegs aber erzwingt diese Überlegung automatisch den Schluss, darum dürfe man niemals die Prämissen von

185 | Vgl. Stephen Macedo, »Liberal Civic Education and Religious Fundamentalism: The Case of God v. John Rawls?«, in: *Ethics*, 105, No. 3 (1995): 468-496, S. 482ff.

186 | Rawls, *Political Liberalism*, S. 152f.

187 | Vgl. Martha Nussbaum *Frontiers of Justice*, S. 6 u.ö.

188 | Vgl. Charles E. Larmore, *The Morals of Modernity*, Cambridge, England; New York 1996.

Freiheit und Gleicheit hinterfragen oder deren Geltung von der jeweils eigenen Weltanschauung aus thematisieren. Die Metaphysik ins politische Exil zu schicken, erscheint mir weder durchführbar noch wünschenswert (dazu mehr in Kapitel 5.2 und 5.3).

In der rawlsschen Fadenführung scheint ein übliches Strickmuster quantitativ-liberalen Denkens auf: die Präsumption eines wertneutralen Freiheitsbegriffs, verklöppelt mit dem Garn bloßer Quantität. Weil aber so diejenigen Prinzipien nicht gesichert werden können, auf die es Liberalen eigentlich ankommt, werden im Nachgang qualitative Kritierien in die quantitativen Theoreme eingewebt, um diesen beispielsweise Postulate weltoffener Toleranz und maßvoller Bürgerlichkeit anzunähen. Eine wahrlich mühselige Nadelarbeit.

Ganz anders die gedankliche Webtechnik Kants: Dieser hat ja ebenso scharf wie Rawls alle Versuche zurückgewiesen, aus religiösen oder moralischen Gründen die Freiheit anderer zu beschneiden. Er aber musste dafür nicht zwischen politisch zulässigen und politisch unzulässigen Meinungen unterscheiden. Dass Vorhaben in die politische Entscheidungsbildung eintreten, welche dem individuellen Freiheitsrecht zuwiderlaufen, schließt sein Rechtsbegriff von vorneherein aus. Das indes resultiert bei Kant direkt aus einer qualitativ konturierten Idee rechtlicher Freiheit. Es muss nicht eigens über die vermeintliche Wahrung des Eigeninteresses indirekt hergeleitet werden. Diese strikte Festlegung wirkt sich befreiend, nicht begrenzend für die liberale Sache aus. Kant ist mithin ein orthodoxerer und zugleich toleranterer Liberaler als Rawls. Orthodoxer ist er, weil er die Lehre der Freiheit inhaltlich verteidigt, wozu er auch seine philosophischen Grundüberzeugungen heranzieht, etwa vom Vorrang der Freiheit gegenüber den durch sie zu etablierenden politischen Gütern. Kant erweist sich aber auch als toleranter, da er den Sieg unliebsamer Meinungen nicht durch politische Entmündigungsverfahren ausschließen will, sondern der öffentlichen Vernunft zutraut, innerhalb und vermittels demokratischer Prozesse mit illiberalen Ansinnen fertig zu werden.[189] Wenn ein Volk etwa gegen die religiöse Vereinnahmung der politischen Sphäre und/oder seiner individuellen Freiheitsrechte nicht aufbegehrt, so kann auch Kant dies natürlich verhindern, wohl aber immerhin, anders als Rawls, als normativ verfehlt zurückweisen.[190]

189 | Vgl. Gillroy, *Making Public Choices*.

190 | »Unlike Rawls' original position [...], the principle of publicity is not a hypothetical choice situation in which ordinary citizens will place or imagine themselves. The substantive work of Kant's political philosophy is done not by the constructive procedure of the social contract, but by the constructed ideas of publicity and possible political agency. [...] Kant is not a hypothetical proceduralist [...].« (Krasnoff, *How Kantian Is Constructivism?*, S. 405)

Rawls hingegen verstellt sich die Möglichkeit, ethisch oder religiös motivierten Relativierungen politischer Freiheiten anders als durch einen Machtspruch entgegenzutreten, weil er unter postmodernen Bedingungen jedes substantielle Argumentieren für die Freiheit als politisches Prinzip als unzulässig ablehnt. Indem aber Rawls ohne Angabe inhaltlicher Gründe die liberalen politischen Verfahren des Westens vorschreibt, widerspricht er performativ seinen eigenen liberalen Grundanliegen. Er setzt voraus, was zu begründen wäre; nämlich, dass im Eintreten für freiheitsrechtliche politische Entscheidungsverfahren mehr und anderes geschieht als das Durchdrücken eines liberalen Credos gegen andere Überzeugungssysteme. Freiheit so durchzusetzen *dogmatisiert* den Liberalismus jedoch. Zugleich *relativiert* es ihn, da man sich dann konsequenterweise auch umgekehrt mit illiberalen politischen Prozeduren anfreunden müsste, sobald die gesellschaftlichen Vorzeichen wechseln; eine Konsequenz, die Rawls persönlich sicher nicht hätte ziehen wollen.

3.2.4 Wessen Freiheit?

Das Schwanken zwischen einem dogmatischen und einem relativistischen Freiheitsverständnis stellt meines Erachtens keinen Ausrutscher im Werk von Rawls dar. Es ist vielmehr für das ungeklärte Verhältnis von qualitativen zu quantitativen Kriterien in seiner Konzeption kennzeichnend. Dies zeigt sich nicht nur, wie der letzte Abschnitt herausgearbeitet hat, wenn man fragt, *welche* Optionen, Lebenschancen oder Befähigungen im Namen der Freiheit maximiert werden sollen. Es tritt auch hervor, wenn man näher hinsieht, um *wessen* Freiheiten es der von Rawls anvisierten Gesellschaft geht. Rawls Antworten auch auf diese qualitative Frage bleibt unbefriedigend.

Schon in der *Theory of Justice* stellte sich das Problem, die Rechte der Behinderten oder zukünftiger Generationen angemessen zu thematisieren. Der Grund: Im Rahmen der »original position« sollte eine den individuellen Nutzen maximierende Zweckrationalität zum Zuge kommen. Verbindlichkeiten gegenüber anderen mussten als Tausch von privaten Nutzen- oder Freiheitsmengen rekonstruiert werden. Unter solchen Voraussetzungen werden alle Parteien auf symmetrische Reziprozität abzielen und das Ihre nur leisten, falls sie ein quantitativ gleichwertiges Anderes zurückerhalten. Dass dabei faire Tauschergebnisse herauskommen, ist sofern und solange denkbar, wie als Tauschpartner zeitgenössische und ähnlich starke Subjekte auftreten, »who can play the role of fully cooperative members« (JFR, 24). Wenn aber der zu begünstigende Andere ein noch nicht geborenes Subjekt oder ein schwer Behinderter ist, von welchem man nichts oder nur wenig zurückerwartet, so macht die Gewährung von Leistungen in einem derart auf quantitativen Vorteil bedachten Kalkül keinen Sinn.[191] Tieren konnte Rawls deshalb im Rahmen seiner Theorie erklärtermaßen keinen Status als Rechtssubjekte einräumen (TJ 504-512). Bei Menschen mit Behinderungen liegt der Fall ähnlich. Vielleicht auch hat Rawls deshalb die Thematisierung der Rechte Behinderter zeitlebens stets vor sich her und hinaus geschoben.[192]

An einer Herleitung der Rechte zukünftiger Generationen hatte Rawls sich indes bereits in der *Theory of Justice* versucht.[193]Um die von ihm gewünschten Resultate (einer nachhaltigen Umwelt- und Finanzpolitik) zu erhalten, führte Rawls zunächst anthropologische Zusatzannahmen ein, wie etwa die Unterstellung emotionaler Sorge der Kontraktpartner um ihren eigenen Nachwuchs. So lädt er uns ein, eine Folge von miteinander verzahnten Generationen zu denken. Dann könne, von Stufe zu Stufe, ein mehr oder weniger *symmetrischer* Nutzentausch stattfinden, sofern man den rationalen Entscheidern ein Eigeninteresse am Wohlsein ihrer Nachkommen zuschreibe.[194] Dabei bleibt Rawls indes den Nachweis schuldig, warum man sich nicht bei einer Politik begnügen sollte, die zwar der ersten und zweiten und eventuell dritten nachfolgenden (d.h. in der eigenen Biographie noch erlebbaren) Generation noch nutzt (und eventuell auch noch den von diesen Generationen erlebten Nachkommen), aber die Interessen etwa der (von jenem Konstrukt nicht einzufassenden) siebten oder achten Generation gänzlich außer Acht lässt.

Zudem machte Rawls sich in den Augen seiner Kritiker erneut einer *ad hoc*-Metaphysik schuldig: Denn Sorge um den Nachwuchs ist ja nichts, was im Begriff eines rationalen Vorteilssuchers analytisch angelegt wäre. Aber auch seine von jenen *ad hoc*-Annahmen bereinigten Versuche, zukünftigen Generationen rechtlichen Interessenschutz zu gewähren, überzeugen nicht. So erklärt Rawls, dass eine jede Generation es als in ihrem Interesse liegend emp-

191 | Vgl. Brian Barry, *The Liberal Theory of Justice: A Critical Examination of the Principal Doctrines in ›A Theory of Justice‹ by John Rawls*, Oxford 1973; siehe auch: Barry, *Justice as Impartiality*.

192 | Bei Martha Nussbaum findet sich in *Frontiers of Justice* eine ausführliche Diskussion jener Schwierigkeit im Werk von Rawls. Sie zeigt, dass Rawls das Problem einer gleichwertigen Berücksichtigung der Menschenrechte von Personen mit Behinderungen nur hätte lösen können, falls er sich bereit gefunden hätte, die wesentlichen Grundlagen seiner Vertragstheorie zur Disposition zu stellen; wozu er aber bekanntlich nicht bereit war. Dieser Analyse habe ich nichts hinzuzufügen.

193 | Vgl. Claus Dierksmeier, »John Rawls on the Rights of Future Generations«, in: Jörg Tremmel (Hg.), *Handbook of Intergenerational Justice*, Cheltenham, United Kingdom; Northampton, Massachusetts, 2006, 73-85.

194 | Vgl. Jörg Tremmel, »Welche Prinzipien der Generationengerechtigkeit würden Vertreter aller Generationen unter dem Rawls'schen Schleier der Unwissenheit festlegen?«, in: *Zeitschrift für politische Phliosophie*, (2009).

finden müsse, sich auf Handlungsgrundsätze zu verpflichten, von denen sie wünscht, dass sie von früheren Generationen berücksichtigt worden wären.[195] Stellen wir jedoch auf einen rein quantitativen Freiheits- und Nutzentausch ab, so werden gegenwärtige Entscheider es sicher freudig begrüßen, dass *bisherige* Generationen mit ihrer Umwelt sorg- und sparsam umgingen. Warum aber sollte es im Interesse ihres Eigennutzes liegen, sich gleichermaßen zu einer (notwendigerweise unvergolten bleibenden) Rücksichtnahme auf die Nachgeborenen durchzuringen? Rawls proklamiert also, was *de facto* nicht stimmt: Rationaler Egoismus und die Interessen zukünftiger Generationen fallen öfters eben *nicht* zusammen – darum werden ja auch die Rechte der Nachgeborenen ständig mit Füßen getreten.[196]

Weniger Eigennutz und Vorteilsdenken als vielmehr Anstand und Moral braucht es von daher. Wer sich aus *unbedingter* Achtung vor den Nachkommen verpflichtet sieht, nachhaltig mit dem Planeten Erde zu verfahren, folgt eben keinem durch quantitativ-symmetrischen Tausch *bedingten* Nutzentauschkalkül, sondern weiß sich einem anderen Freiheitsverständnis verbunden. Erst von der Warte einer qualitativen Konzeption aus, derzufolge nicht jeder Freiheitsgebrauch quantitativ gleichen Wert hat – die Freiheit zu zerstören denselben wie Freiheit zu bewahren etwa –, lässt sich plausibel eine Verantwortung auch für die siebte oder achte nachfolgende Generation begründen.

Rawls' aufwendige Konstruktionen zur Generationengerechtigkeit führen somit unvorsätzlich die Misslichkeiten einer ihre qualitativen Prämissen ausblendenden Theorie vor Augen: In der *Theorie of Justice* hatte er noch zugunsten intuitiv anerkannter, qualitativer sowie auch asymmetrisch ausgerichteter Pflichten korrigierend in das Räderwerk des quantitativ-symmetrischen Tausches durch willkürliche Zusatzannahmen eingegriffen. Nach der Depotenzierung der in der *Theory of Justice* noch dienstbaren Spekulationen über die Freiheit und Gleichheit aller Personen von *präskriptiven metaphysischen Universalien* zu nur noch *deskriptiven Generalisierungen* über liberale Gesellschaften will so ein Ausbruch aus der Logik symmetrischer Wechselseitigkeit nicht mehr gelingen. Rawls kann mit quantitativen Mitteln allein nicht begründen, warum in gewissen Themenbereichen der politischen Rechtsverwaltung eine rein quantitative Ratio der Tauschkalküle nicht mehr beziehungsweise nicht allein zum Zuge kommen dürfe.

Rawls fehlen qualitative Leitlinien, die auch abseits symmetrischer Beziehungen den betroffenen Subjekten das Ihre sichern. Da er sich weigert, *hypothetisch-wechselseitige Interessenslagen* durch *kategorisch-unbedingte*

195 | Vgl. Rawls PL 1996, S. 271ff.; LP, S. 159 ff.

196 | Vgl. Mark W. Anderson, Mario Teisl und Caroline Noblet, »Giving Voice to the Future in Sustainability: Retrospective Assessment to Learn Prospective Stakeholder Engagement«, in: *Ecological Economics*, 84 (2012): 1-6.

Anerkennungsforderungen zu überformen, muss er – streng genommen – überall dort, wo symmetrische Beziehungen nicht konstruierbar sind, die Zuerkennung von Rechten verweigern oder mindestens doch deren faktische Verweigerung als theoriekonform akzeptieren. Dass sich so die Rechte zukünftiger Generationen und von Menschen mit Behinderungen oder gar von Tieren in den Rahmen seiner Theorie nur schwerlich integrieren lassen, hat Rawls selbst gesehen und eingestanden: »While we would like eventually to answer all these questions, I very much doubt whether that is possible within the scope of justice as fairness as a political conception.« (PL 21)

Dieser Befund mag überraschen; ihm scheint entgegenzustehen, dass man beim späten Rawls allüberall viel liberales Pathos findet: etwa einen emphatischen Begriff von Personen, die sich selbst und einander als freie und gleiche begreifend die Regeln ihres interessegeleiteten Verstandes im Lichte sittlicher Vernunft sowohl überprüfen wie gegebenenfalls transformieren. In der Tat: Wenn am Altar von Rawls' Theorie Aspekte der Personalität verhandelt und verwandelt werden, durchziehen dichte Schwaden humanistischen Weihrauchs die kalte Kathedrale seines Denkens. Der Eindruck aber täuscht, damit läge mehr als nur wohlriechender Nebel vor. Eine echte Wandlung zu einem tauglichen normativen Korrektiv, das symmetrieorientierte Nutzenkalküle zugunsten unverletzlicher Personenrechte in die Schranken weisen könnte, vollzieht sich nicht.

Seinen Personenbegriff eben fundiert Rawls keinesfalls *kontrafaktisch* – das gliche allzusehr der von ihm mit Pein gemiedenen kantischen Metaphysik –, sondern allein *historisch*, indem er ihn aus den faktisch-angewendeten Prinzipien praktischer Vernunft in liberalen Staatswesen destilliert. Rawls erklärt nur: *Sofern* jene Prinzipien der Anerkennung von anderen Personen als freier und gleicher Individuen überhaupt historisch auffindbar seien, müsse es zu der in ihnen sich artikulierenden Vernunft auch Subjekte geben, für die jene Prinzipien etwas bedeuten. Also gibt es Personen, die mit dem Vermögen ausgestattet sind, zwischen dem (nachrangigen) Guten und dem (vorrangigen) Gerechten zu unterscheiden (JFR, 107). Die für seine *Theorie* nötige zweistufige sittliche Orientierung, welche eine Kritik der je eigenen Vorstellungen vom Guten im Lichte allgemeiner Gerechtigkeitsformen ermöglicht, existiere also bereits in der *Praxis*. Dieses Argument ist so zirkulär wie ergebnisarm. Es etabliert die *Geltung* jener Prinzipien eben nur in Gemeinwesen, wo diese bereits historische *Gültigkeit* haben. Ein derartig erarbeiteter Personenbegriff kann jedoch keine normative Kraft *jenseits* liberaler Gesellschaften entfalten. Daraus folgt: Im Versuch, seinen Liberalismus theoretisch zu entlasten, beraubt Rawls ihn eben der argumentativen Grundlagen, welche eine Philosophie der Freiheit benötigt, um ihre normativen Ansprüche zu verteidigen.[197]

Augenfällig wird dieser Punkt angesichts der Ausgrenzung bestimmter Menschen und Gruppen aus dem Schutzrahmen des Sozialvertrags in Rawls' Theorie des Völkerrechts. Man hätte aus der Logik seiner bisherigen Theorie darauf spekulieren können, dass es ihm im internationalen Rahmen darauf ankäme, die normativen Maßgaben seiner *Theory of Justice* auf die globale Ebene auszuweiten und Postulate internationaler sozialer Gerechtigkeit sowie einen globalen Katalog personaler Freiheitsrechte zu verteidigen. Stattdessen aber redet Rawls in *The Law of Peoples* einer anderen Politik das Wort. Er schlägt einen in Fragen der Verteilungsgerechtigkeit weithin untätigen Staatenbund vor, an dem auch Nationen teilnehmen dürfen, die es bei den Menschenrechten nicht sonderlich genau nehmen.[198]

Rawls' Position ist: Solange illiberale Staaten sich im *Außenverhältnis* an Grundsätze halten, die von einer völkerrechtlichen »original position« zweiter Ordnung her geboten seien, solle man es akzeptieren, wenn sie im *Innenverhältnis* nicht vollauf den seitens der »original position« erster Ordnung entwickelten Anforderungen genügten (JFR, 70). Sofern jene Staaten nur »a special class of urgent rights« jedermann zugestehen, wie zum Beispiel »freedom from slavery and serfdom« (JFR, 79), seien sie als Bündnispartner für einen globalen Staatenbund akzeptabel. Man wolle ja nicht Grundüberzeugungen eines »Western individualism« (LP 69) anderen Völkern aufnötigen. Darum müsse man leider auch Ungleichheiten in der Ausgestaltung und im Schutz der Menschenrechte von Nation zu Nation anerkennen (LP 65-71). Gewisse Beeinträchtigungen der – seitens der »original position« *erster Ordnung* noch scharf eingeforderten – liberalen Abwehrrechte (insbesondere, scheint es, von Frauen) solle man aus Respekt vor der internen Souveränität jener Staaten im Völkerrecht, d.h. aus der »original position« *zweiter Ordnung*, hinnehmen.

Wir sehen: Die letzte Quelle aller Normativität ist und bleibt bei Rawls die nationale Gemeinschaft, die Rawls als »a closed system isolated from other societies« denkt (TJ 8). An sie allein, an den Nationalstaat also, haben sich die Einzelnen zu halten, die ihre Menschenrechte einfordern. Damit hier keine hässliche theoretische Lücke aufklafft, müssen die Nationen so gedacht wer-

197 | Vgl. Stephen Macedo, *Diversity and Distrust*, Cambridge, Massachusetts 2000, S. 183.

198 | Vgl. David Ingram, »Between Political Liberalism and Postnational Cosmopolitanism: Toward an Alternative Theory of Human Rights«, in: *Political Theory*, 31, No. 3 (2003): 359-391; Charles R. Beitz, »Human Rights as a Common Concern«, in: *American Political Science Review*, 95, No. 2 (2001): 269-282. Eine ausgedehnte Verteidigung der Rawls'schen Position findet sich hingegen bei David A. Reidy, »Rawls on International Justice: A Defense«, in: *Political Theory*, 32, No. 3 (2004): 291-319.

den, als ob sie samt und sonders über alle Voraussetzungen verfügten, den menschenrechtlichen Ansprüchen ihrer Bürger gerecht zu werden. Man muss aber mit einem Blick auf die realen Verhältnisse wohl in Frage stellen, dass alle Nationalstaaten sowohl über die notwendigen (ökonomischen) wie hinreichenden (politischen) Mittel verfügen, allen Menschen distributiv gerecht jeweils das Ihre zukommen zu lassen.

Das hat namhafte Kritiker auf den Plan gerufen. Falls sich nämlich eine bestimmte *polis* nicht um die Auswirkungen ihrer Politik auf Ausländer oder um menschenrechtliche Feinheiten schert, so kennt die rawlssche Theorie »no systematic way of opening up the reflections in the original position to the eyes of mankind«, monierte etwa Amartya Sen (IJ 127). Auch Martha Nussbaum kritisiert die Annahme, dass Staaten ihre Bevölkerung stets fair sowohl innen- wie außenpolitisch repräsentieren als »idealism carried to a point at which it loses useful contact with reality«.[199] Schließlich gibt es Regierungen, bei denen Menschenrechtsverletzungen nicht die Ausnahme, sondern die Regel, da Teil ihres politischen Programms, sind. Nussbaum stellt die eminent wichtige Frage: Wer steht den Unterdrückten bei? Wer schützt die Bürger vor (Unrechts-) Staaten?[200] Fragen, die unten noch näher erörtert werden anhand von Sens Kritik, dass Rawls keine »procedural barricade against succeptibility to local prejudices« vorsähe und sich damit eines ebenso engstirnigen wie engherzigen »parochialism« schuldig mache (IJ 127).

Rawls hat so nicht nur die in ihn gesetzten Hoffnungen auf die Vorlage eines überzeugenden *kosmopolitischen* Liberalismus enttäuscht.[201] Mit der internationalen Begrenzung seiner liberalen Grundanliegen beschädigte

199 | Nussbaum, *Frontiers of Justice* 233.

200 | »Rawls seems to accord legitimacy to the status quo, even when it is not fully accountable to people. One of the things people themselves might want out of international relations is help in overthrowing an unjust regime, or winning full inclusion in one that excludes them.« So kommentiert dies Martha Nussbaum in *Frontiers of Justice*, S. 234.

201 | Vgl. Charles R. Beitz, »Rawls's Law of People«, in: *Ethics*, 110, No. 4 (2000): 669ff; Allen Edward Buchanan, »Rawls's Law of Peoples: Rules for a Vanished Westphalian World«, in: *Ethics*, 110, No. 4 (2000): 697; Simon Caney, »Cosmopolitanism and the Law of Peoples«, in: *Journal of Political Philosophy*, 10, No. 1 (2002): 95-123; Andreas Føllesdal und Thomas Winfried Menko Pogge, *Real World Justice: Grounds, Principles, Human Rights, and Social Institutions*, Dordrecht 2005; Andrew Kuper, »Rawlsian Global Justice: Beyond The Law of Peoples to a Cosmopolitan Law of Persons«, in: *Political Theory*, 28, No. 5 (2000): 640-674; Kok-Chor Tan, »The Law of Peoples: With ›The Idea of Public Reason Revisited‹ (Review)«, in: *Canadian Journal of Philosophy*, 31, No. 1 (2001): 113(20). Eine m.E. wenig überzeugende Verteidigung des rawlsschen Standpunkts zur Globalisierungsethik findet sich hingegen bei: Huw Lloyd Williams,

Rawls den politischen Liberalismus zudem auf *nationaler* Ebene. Schließlich zog Rawls so auch den präskriptiven Charakter der »original position« *erster Ordnung* – und mithin seines Begründungswerkzeugs *par excellence* – in Zweifel. Handelte es sich nämlich bei der »original position« wirklich, wie noch die *Theory of Justice* suggerierte, um eine Verbildlichung der normierenden Kraft menschlicher Vernunft, so müssten ihre Regeln schlechthin universal gelten – und folglich für jeden Staat der Welt verbindlich sein. Akzeptiert man hingegen, dass nur *einige* Staaten den in der »original position« erster Ordnung etablierten Kriterien gerecht werden, was dann? Sofern man (mit dem späten Rawls) für andere Staaten auch politische Repräsentationsverfahren als gültig anerkennt, welche beispielsweise über hierarchische Stellvertretung unter Ausschluss marginalisierter Schichten sowie des weiblichen Geschlechts arbeiten, so entwertet er doch rückwirkend den Status der »original position« auch in liberalen Gesellschaften. Von einer transzendentalen Legitimationsbedingung *aller* Herrschaft wird sie somit heruntergestuft zu einer Beschreibung *einiger* Politikverständnisse.[202] Der Liberalismus im Westen verkümmert damit, ganz wie bei Rorty, zum Liberalismus allein des Westens.[203]

Theoretischen Vorentscheidungen fällt so die Praxis globaler Solidarität zum Opfer. Anstatt die Menschheit – wie es von Kant her naheläge[204] und von Krause ausgeführt wurde (vgl. Abschnitt 2.3.4) – insgesamt als Ausgangs- und Anspruchssubjekt globaler Gerechtigkeit zu positionieren, bleibt Rawls einem methodologischen Nationalismus verhaftet. Jenseits der Nationalstaaten versucht er gar nicht erst, dem Gedanken einer Teilhabegerechtigkeit (*iustitia distributiva*) Eingang in die politische Praxis zu verschaffen. Angesichts krasser globaler Armutsverhältnisse hat Rawls nicht viel mehr zu bieten, als verarmten Nationen die wesentliche Verantwortung für ihre missliche Lage selbst zuzuschieben:

> I believe that the causes of the wealth of a people and the forms it takes lie in their political culture and in the religious, philosophical, and moral traditions that support the

On Rawls, Development and Global Justice: The Freedom of Peoples, Houndmills, Basingstoke, Hampshire; New York 2011.

202 | Zu einer Verteidigung der Modifikationen im Konzept der *original position* vgl. Terrence Kelly, »Sociological not Political: Rawls and the Reconstructive Social Sciences. (Special Issue: Papers from the Second St. Louis Roundtable on Philosophy of the Social Sciences, April 2000, Part 1)«, in: *Philosophy of the Social Sciences*, 31, No. 1 (2001): 3-19.

203 | Vgl. dazu die Kritik bei Martha Nussbaum, *Frontiers of Justice*, S. 235ff. und besonders S. 301ff.

204 | Vgl. Brian J. Shaw, »Rawls, Kant's Doctrine of Right, and Global Distributive Justice«, in: *The Journal of Politics*, 67, No. 1 (2005): 220-249.

basic structure of their political and social institutions, as well as in the industriousness and cooperative talents of its members, all supported by their political virtues. (LP 108)

Die lähmende Konsequenz ist klar: Wenn es in der Hand einer jeden Nation liegt, ihre Bürger vor Armut zu schützen, dann liegt es eben auch in der Verantwortung von niemandem sonst.[205]

Das Ergebnis verwundert sowohl mit Blick auf die Vergangenheit (Kolonialismus, Imperialismus) als auch auf Gegenwart und Zukunft (zum Beispiel hinsichtlich struktureller Ungerechtigkeiten im Welthandel).[206] Leben wir denn in einer Welt, in der Nationalstaaten als »rough equals« miteinander um ökonomische Vorteile und politische Gestaltung so schachern können, dass die Interessen und Rechte ihrer Bürger zureichend gewahrt werden? Oder ist jene Quasi-Symmetrie nicht völlig fiktiv angesichts einer Welt, die militärisch von einzelnen Staaten, ökonomisch von wenigen Nationen sowie Firmen und finanziell von etlichen, Hedgefonds und Investmentbankern aus dem Gleichgewicht gebracht werden kann?[207] Das weitgehend von den wohlhabenderen Nationen der Welt geformte *Global Governance*-System und die daraus resultierenden bisherigen wie gegenwärtigen ökonomischen Nachteile für ärmere Länder haben doch vielmehr eine Welt erschaffen, die für die absehbare Zukunft wohl doch eher durch Asymmetrie als durch Symmetrie charaktisiert sein wird.

Insofern ist dem scharfen Urteil von Martha Nussbaum zuzustimmen: »To assume a rough equality between parties is to assume something so grossly false of the world as to make the resulting theory unable to address the world's most urgent problems.«[208] Ganz im Gegenteil konstatiert Martha Nussbaum: »We live in a world in which it is simply not true that cooperating with others on fair terms will be advantageous to all.«[209] Deshalb postuliert sie gerade für die

205 | Sehr richtig notiert Martha Nussbaum mit Blick auf Rawls, dass man Fragen der globalen Gerechtigkeit keineswegs Appelle an »thrift and virtue« (*Frontiers of Justice*, S. 240) überspielen kann. Rawls hingegen »ratified philosophically what the powerful nations of the world, especially the United States, like to do anyway: they pretend their system is fixed and final, and resist with might and main any demand that they change internally, whether in matters of human rights or in environmental matters or in matters of economic policy, either in response to the situation of the rest of the world or in response to international treaties and agreements. [...] In the real world, however, we see this tactic for what it is: an arrogant mentality that is culpably unresponsive to grave problems. One should not grant it philosophical respectability.« (Ebenda, S. 236)

206 | Vgl. Martha Nussbaum, ebenda, S. 20f.

207 | Vgl. Martha Nussbaum, ebenda, S. 262ff.

208 | Martha Nussbaum, ebenda, S. 235.

209 | Martha Nussbaum, ebenda, S. 273.

wohlhabenderen Institutionen und Staaten einseitige Pflichten zur Schaffung einer gerechteren Weltrechts- und Weltwirtschaftsordnung. Natürlich weiß sie: Die Mächtigen und Wohlhabenden dieser Welt »pretend their system is fixed and final, and resist with might and main any demand that they change internally, whether in matters of human rights or in environmental matters or in matters of economic policy, either in response to the situation of the rest of the world or in response to international treaties and agreements.«[210] Politisch ist derlei ernst zu nehmen; philosophisch aber nicht. Es handelt sich dabei lediglich um eine »arrogant mentality that is culpably unresponsive to grave problems.« Insofern, so Nussbaum mit einem Seitenhieb auf Rawls, laute die einzig stimmige Konsequenz: »One should not grant it philosophical respectability.«[211]

Diese Kritik unterstreicht eine generelle Schwäche von Sozialitätstheorien auf der Grundlage quantitativ-maximierender Logik. Einige Staaten dieser Erde sind so hilfsbedürftig, dass sich für die reicheren Nationen die Errichtung eines auch ihre Interesse wahrenden Nutzentauschsystems schlicht nicht lohnt. Hier scheitert die von Spiel- und Vertragstheorien verkündete Logik einer Kooperation zum Zwecke wechselseitigen Vorteils. Wer dies erkennt und zugleich weder kosmopolitische Anarchie noch ein System der globalen Siegerjustiz für akzeptabel erachtet, muss also jene quantitativen Kalküle durch qualitative Kriterien für ein weltbürgerliches Miteinander überformen.[212] Denn kosmopolitische Rechte und Pflichten werden zwar oftmals zu Lebensverhältnissen führen, die unmittelbar auch den sie beachtenden Weltbürgern nutzen, aber dies ist keineswegs immer der Fall. Globale und intertemporale Gerechtigkeitsforderungen können daher in letzter Konsequenz aus quantitativen Tauschkalkülen nur bestärkt, nicht begründet werden. Sie bedürfen einer eigenständigen Fundierung auf der Grundlage qualitativer Freiheit: Um einen konsistenten Liberalismus zu vertreten, hat man das Prinzip der Freiheit inhaltlich und nicht nur formal, qualitativ und nicht nur quantitativ zu vertreten. Man hätte etwa zu zeigen, dass und warum der Respekt des Liberalismus der menschlichen Person als solcher gilt, nicht nur den Angehörigen bestimmter Gruppen, Klassen, Ethnien oder Vorteilstauschgemeinschaften. Nur so lässt sich die normative Kraft des Freiheitsideals gleichermaßen auf alle Menschen beziehen und aus diesem Prinzip ein universales Ethos der Verantwortung begründen.

210 | Martha Nussbaum, ebenda, S. 236.

211 | Ebenda.

212 | Ebenso fällt das Urteil von Martha Nussbaum über Rawls' Ansatz aus: »So we must have a richer account of the purposes these very different nations pursue together.« (*Frontiers of Justice*, S. 249)

3.3 Resultate und Folgerungen

Rawls und Hayek gelten als äußerst unterschiedliche Liberale. Diese Bewertungsweise orientiert sich, eher oberflächlich, an den *politischen* Ausrichtungen ihrer Lehren und übersieht dabei die *strukturelle* Ähnlichkeit beider Ansätze. Beide versuchen, einen philosophischen Liberalismus zu vertreten, ohne inhaltlich über Freiheit zu reden: Rawls, weil er Metaphysik fürchtet, und Hayek, weil er gegen Theorien der positiven Freiheit eingenommen ist. Ihre Prämissen und Ziele unterscheiden sich, nicht aber ihr methodisches Vorgehen. Rawls operiert von der Annahme einer *fiktionalen* Verhandlungssituation aus, Hayek setzt auf *reale* Prozesse historischer Entwicklung. Beide indes misstrauen ihren Gewährsleuten. Rawls gängelt seine *hypothetischen* Entscheider und lenkt durch *prozedurale* Vorgaben deren Maximierungslogik ab, wo immer ihm deren Wahlakte nicht gefallen. Hayek weist umgekehrt *faktische* Entscheidungen als illegitim zurück, wo sie seinen *substantiellen* Anliegen zuwiderlaufen. Obschon sich also der Sozialliberalismus von Rawls und der Altliberalismus von Hayek klar politisch unterscheiden, gleichen sie einander doch in ihrer methodischen Inkonsequenz. Beide gerieten deshalb ins Kreuzfeuer falscher Freunde und echter Gegner: Während letztere sie zu mehr methodologischer Konsequenz in unerwünschter inhaltlicher Richtung aufriefen, appelierten letztere, im Namen ihrer Grundüberzeugungen die gewählten Methoden aufzugeben. Einig aber waren sich Kritiker wie Fans in der Zurückweisung der augenfälligen Widersprüchlichkeit der jeweiligen Ansätze.

Die Studien zu Rawls und Hayek zeigen damit mustergültig: Um nicht inhaltlos zu bleiben, muss quantitatives Denken Anleihen bei qualitativen Voraussetzungen machen. Wo diese Anleihen jedoch nicht ausdrücklich gemacht werden, entstehen Probleme. *Entweder* wird die Konsistenz und Konsequenz des theoretischen Ansatzes unterminiert. Dann wird ein der Sache nach qualitatives Programm als quantitatives, ein dem Wesen nach positiver Freiheitsbegriff als negativer, ein der Idee nach materielles Freiheitsverständnis als formales, ein substantielles Anliegen als bloß prozedurales verkauft. Es resultiert mithin eine Theorie, die mit ihren Prämissen in einem oft unbemerkten Widerspruch steht. *Oder* aber es wird Quantität – allen inneren Intuitionen und äußeren Beobachtungen zum Trotz – zur qualitativen Kategorie erhoben und damit Quantifizierbares zum alleinigen Thema von Freiheitsphilosophie gemacht. Es resultiert eine Theorie im stets merklichen Widerspruch zur Lebenswelt. Beides schadet dem Anliegen und Ansehen der Freiheitsidee.

Wir müssen uns daher von der stupiden Armut des Optionenzählens lösen, um für den stupenden Artenreichtum der Freiheit empfänglich zu werden. Hartnäckige Anhänger quantitativer Ansätze sprechen sich jedoch nach wie vor gegen ein solches Vorgehen aus und behaupten, ihr Modell könne alle benötigten qualitativen Differenzierungen in seiner quantitativen Matrix wiedergeben. Optionen seien dazu lediglich hinsichtlich ihrer quantitativen Fruchtbarkeit (»fecundity«) zu bewerten.[213] Man zähle nur die Folgeoptionen (zweiter Ordnung), die einem eine bestimmte Option (erster Ordnung) eröffne oder verwehre, schon habe man den Multiplikator ausgemacht, mit dem sich jede Option erster Ordnung mit (scheinbar qualitativ) konkurrierenden Alternativen (erster Ordnung) verrechnen lasse. So könne man getrost bei der quantitativen Matrix verharren und zugleich qualitativen Wertdifferenzen Rechnung tragen.

Doch dies Argument ist mit Charles Taylor als »either vacuous or false« zurückzuweisen.[214] Nichtssagend (*vacuous*) und kontraproduktiv ist die Aussage, dass (qualitativ) wertvollere Freiheit stets auch (quantitativ) höher einzuschätzen sei; das ist *keine* Bestärkung quantitativer Ansätze, sondern die Essenz *qualitativer* Freiheitstheorien: das Herausheben des begriffslogischen Vorrangs des Qualitativen. Falsch (*false*) wäre hingegen die Annahme, dass das, was mehr quantitative Freiheit einräumt, stets auch qualitativ höherwertige Freiheit darstellt. Beispielsweise engen die gewöhnlichen Strafgesetze über Diebstahl und Betrug den Handlungsspielraum sehr vieler Menschen in etlichen Lebensbereichen ein. Gesetze gegen radikale politische Meinungsäußerung und »fringe political activity«[215] betreffen dagegen nur weit weniger Menschen in enger umrissenen Aktionsfeldern. Dennoch beurteilen wir nicht erstere, sondern letztere als besonders freiheitsgefährdend. Die Qualität, nicht Quantität jener Optionen gibt hier klarerweise den Ausschlag.

Martha Nussbaum mahnt daher, wir müssten endlich ausdrücklich anerkennen, »that some freedoms are central for political purposes, and some are distinctly not. [...] Some lie at the heart of a view of political justice, and others do not. Among the ones that do not lie at the core, some are simply less important, but others may be positively bad.«[216] Als Beispiel für die zweite Variante führt sie an: »the freedom to harass women in the workplace« (ebenda); als Beispiel für die erste: »the freedom of motorcyclists to drive without helmets« (CC 73). Kurzum: Einige Freiheiten bedeuten mehr als andere. Diese so elementare wie essentielle Einsicht nötigt zum Überdenken der Fundamente der genau diese Unterscheidung verwischenden quantitativen Freiheitstheorien.

Insbesondere die materialistischen und positivistischen Grundlagen quantitativer Freiheitstheorien gehören auf den Prüfstand. Denn ein Freiheitsbegriff, der allein auf die Anzahl ungezwungen realisierbarer Präferenzen zielt, lässt allzu leicht übersehen, dass Freiheit ganz wesentlich auch in der – idealistisch und normativ motivierten – Reflexion, Kritik und Änderung unserer

213 | Vgl. Feinberg, *Freedom and Fulfillment.*

214 | Vgl. Charles Taylor, *What's Wrong with Negative Liberty?*

215 | Vgl. Ronald Dworkin, *Taking Rights Seriously*, London 1977, S. 268.

216 | Martha Nussbaum, *Creating Capabilities*, S. 72.

Präferenzen besteht. Einige wenige Präferenzen (zweiter Ordnung) können zahllose Präferenzen (erster Ordnung) kritisch evaluieren und langfristig transformieren. Man denke zum Beispiel an elementare sittliche Maximen, die eine Vielzahl hedonistischer Vorlieben in Schach halten. Wäre unserer Freiheit etwa geholfen, wenn aufgrund der Mehrzahl der Letzteren irgendwann Erstere aufgehoben würden? Erfahren vielleicht Menschen, deren moralische Reflexionsfähigkeit sabotiert wird, in der Befriedigung ihrer sodann unreflektierten Bedürfnisse ein Höchstmaß an Freiheit?

Um diesen Einwand zu verdeutlichen, muss man gar nicht erst auf die bei heutigen Philosophen so beliebten schrillen Gedankenexperimente (Halluzinationsmaschinen, Glücksdrogen, Parallelexistenzen etc.) zurückgreifen. Denken wir uns lediglich eine Gesellschaft, die immer mehr auf öffentliche Medien und Bildung verzichtet und die Formung von Geist und Geschmack zunehmend privaten Anbietern überlässt. Dies könnte uns ja durch kommerzielle Manipulation abgerichtete Bürger bescheren, die ihre Lebenszeit artig-konform im Kaufrausch vertändeln und für eine Politik votieren, die sich der beständigen Erweiterung von Konsumoptionen verschreibt. Zufolge des quantitativen Freiheitsverständnisses müssten nun aber diese Menschen als freier gelten als Bürger anderer liberaler Gesellschaften, die, obschon autonom informiert und gebildet (*plus 1*), etwas weniger Kaufoptionen (*minus n+1*) zur Auswahl hätten.[217] Will man dies ernsthaft behaupten?

Der Verabsolutierung von Wahlfreiheit muss also entgegengetreten werden. Und zwar nicht allein aufgrund der Alltagserfahrung, dass uns gelegentlich etwas weniger quantitative Freiheit ganz genehm ist, weil uns etwa vor überquellenden Supermarktregalen schon mal eine Sehnsucht nach einer »freedom from decision« beschleicht.[218] Auch wäre die Kritik nicht vorrangig psychologisch und an dem Gedanken auszurichten, dass ein Zuviel an Auswahlmöglichkeiten zu überzogenem Individualisierungs- und Authentizitätszwang führen mag, der manch' arme Seele depressiv macht.[219] Nein, wir soll-

217 | Vgl. Dworkin, *The Theory and Practice of Autonomy*, S. 15.

218 | So stellt schon Quine heraus, dass wir gelegentlich nach einer »freedom of second order: freedom from decision« verlangen; Willard van Orman Quine, *Quiddities: An Intermittently Philosophical Dictionary*, Cambridge, Massachusetts 1987, S. 68. Ausführlich behandelt die psychologischen Dimensionen einer solchen Flucht vor der Überforderung autonomen Lebens Alain Ehrenberg, *Das erschöpfte Selbst: Depression und Gesellschaft in der Gegenwart*, Frankfurt a.M. 2008.

219 | Vgl. Axel Honneth, »Organized Self-Realization«, in: *European Journal of Social Theory*, 7, No. 4 (2004): 463-478 und Anders Petersen, »Authentic Self-realization and Depression«, in: *International Sociology*, 26, No. 1 (2011): 5-24.

ten ganz grundsätzlich hinterfragen, ob es klug ist, Freiheit zur Wahlfreiheit zu reduzieren und als abzählbare Ware (»commodity«) zu konzipieren.[220]

Um hier nicht missverstanden zu werden: Dass quantitative Theorien Freiheit zur Ware verdinglichen, ist keine Unterstellung, sondern der Sachvortrag ihrer Verfechter. Apologeten quantitativer Ansätze präsentieren dieses Argument als ultimative Verteidigung ihrer Position: Freiheit, die aus qualitativer Perspektive als Selbstzweck *erscheine, sei* in Wahrheit nur Mittel zum Zweck (vgl. die Einleitung zu Kapitel 3). Obschon unsere Wahlfreiheit kein konkretes Mittel (zu vordefinierten Zwecken) darstelle, so doch ein abstraktes Instrument. Und diese Abstraktheit mache den Reiz der Sache aus. Wie Geld, so stelle auch Freiheit ein *Allzweckmittel* dar, von dem man gar nicht genug haben könne, ganz egal, was man damit anzustellen gedenke. Fälschlich also werde Freiheit für intrinsisch *höherwertig* gehalten als die Güter, die sie verschafft. Tatsächlich sei ihr Wert ganz so *extrinsisch* wie der Wert jener; nur eben – dies ist die Pointe – quantitativ ungleich *größer*, da diese Ware durch ihre besagte Abstraktheit auch zukünftige, jetzt noch unbestimmte Nutzungen mit einschließe.[221]

Wer jedoch Freiheit wie oder geradewegs *als* Geld denkt, macht sie zum Fetisch, da im Verabsolutieren ihres quantitativen Tauschwerts ihr qualitativer Gebrauchswert vernachlässigt wird. Mehr noch: Um der postulierten Kommensurabilität zu genügen, ist der Warenwert der Freiheit durch eine Reduktion auf rein materielle Optionen zu budgetieren. Um aber Freiheit auf diese Weise vergleichbar machen und messen zu können, müssen wir uns, heißt es, die gesamte Welt einschließlich unserer selbst und unserer Freiheit mechanisch denken: »we need to think of space and time as granular in order to produce measurements of ›the extensiveness of available action‹.«[222] Genau dann nämlich ließen sich alle qualitativen Werturteile restlos auf quantitativ genauestens ermittelbare Raum-Zeit-Relationen zurückführen.

Welch' verdrehte Logik: Man legt sich zuerst darauf fest, Freiheit rein quantitativ zu betrachten. Dazu wird dann ihre Kommensurabilität und dafür wiederum ihre Messbarkeit postuliert. Letztere aber erfordert eine physikalische Betrachtung der Welt sowie unserer selbst. Jene lässt nun ihrerseits nur quantitative Auswertungen, keine qualitativen Bewertungen zu. Schlussendlich werden deshalb alle qualitativen Aspekte der Freiheit als unwesentlich ausgegeben, und es wird behauptet, diese könnten verlustfrei auf quantitative Differenzen zurückgeführt werden. Ein *circulus vitiosus*.

220 | Vgl. Dworkin, *Taking Rights Seriously*, S.268: »It is very difficult to think of liberty as a commodity.«; siehe auch Will Kymlicka, *Liberalism, Community and Culture*, Oxford 1989.

221 | Vgl. Ian Carter, *A Measure of Freedom*, Oxford 1999, S. 50-52.

222 | Ebenda, S. 174.

Dasselbe gilt für den Zwangsbegriff, den die quantitative Tradition ebenfalls rein physikalisch fassen möchte. Zuvor schon (vgl. Einleitung zu Kapitel 3) hatte ich Zweifel daran angemeldet, dass sich ein normativ reichhaltiger Freiheitsbegriff aus einer rein physikalischen Zwangsdefinition herausklauben lässt. Für gewöhnlich ist die Erfahrung von Zwang ja »emphatically and technically contextual«; im realen Leben mischen sich deskriptive Aspekte gerne mit präskriptiven.[223] Alltagserfahrungen, normative Verhaltenserwartungen und situative Vorverständnisse – und nicht allein physische Aspekte – definieren, was freiheitsverletzende, zwingende Akte sind.

Wer beispielsweise in ein Haus einbricht und sich fremde Gegenstände aneignet, negiert die Besitzfreiheit der Eigentümer. Gewaltsame, physische Kausalität liegt vor. Dass aber jene Gegenstände zuerst einmal von der Aneignung *anderer* durch Zäune und Wände abgegrenzt wurden, stellt ebenfalls eine physische Kausalität dar, welche *deren* Bewegungs- und Aneignungsfreiheit beschränkt.[224] Wer jene (räuberisch *gegen* das Privateigentum gerichtete) Kausalität kritisiert, muss diese (schützend *für* das Privateigentum wirkende) Kausalität legitimieren. Ohne solche Legitimation herrscht ein Patt zwischen den physischen Freiheiten beziehungsweise Zwängen der Hausbesitzer und denen der Eindringlinge: was die einen als *Minus* an Freiheit beziehungsweise Zwang erfahren, verbuchen die anderen als *Plus*. Wer sich mit diesem geradezu Proudhonschen Patt (»Eigentum ist Diebstahl«[225]) nicht zufriedengeben mag, hat die Beweislast und muss die Rechtmäßigkeit der durch das Privatisieren von Objekten vorgenommenen Privation aller anderen begründen. Das aber lässt sich klarerweise nicht physikalistisch, sondern nur ethisch leisten: durch eine qualitative Freiheitstheorie.

Die Theorie quantitativer Freiheit gibt sich wertneutral, ist es aber nicht. Vielmehr fällt sie in der physikalistischen Beschränkung auf das empirisch Zählbare eine versteckte Wertung: eben gegen so nicht zu ermessende, aber gleichwohl relevante Aspekte der Freiheit.[226] Mit welchem Recht wird festgelegt, dass nur kausale Einwirkungen als Freiheitsschranken gelten, nicht aber auch Unterlassungen von Leistungen, die für das Bewahren oder Zustande-

223 | Vgl. Alan Wertheimer, »Social Theory and the Assessment of Social Freedom«, in: *Polity*, 7, No. 3 (1975): 334-360.

224 | Vgl. Cohen, *Self-Ownership*.

225 | Proudhon, *Traité du domaine de propriété, ou de la distinction des biens; considérés principalement par rapport au domaine privé*, Paris 1862, S. 37.

226 | Dazu Connolly, in *The Terms of Political Discourse*, S. 141: »Without the normative point of view from which the concept is formed we would have no basis for deciding what ›descriptive terms‹ to include or exclude in the definition.«

kommen der Freiheit Dritter unerlässlich sein können?[227] Können wir überhaupt definieren, was eine Freiheitsverletzung darstellt, bevor wir uns über unsere Pflichten gegeneinander verständigt haben?[228] Kurz: *Wert*fragen gehören zur *Erkenntnis* der Freiheit. Ohne ihre Beantwortung ist der Radius der Freiheit nicht abzustecken, und wir können nicht angeben, was wir anderen gegenüber mit Recht verteidigen dürfen und was wir von ihnen einzufordern berechtigt sind.[229] Der Gehalt der Freiheitsidee muss also auch aus einer Theorie des Sollens, nicht allein des Seins gewonnen werden.[230]

Die quantitative Unschärfe, die man sich durch die Wendung ins Qualitative bisweilen einhandelt, ist kein Verlust an Präzision, sondern ein Gewinn an Sachnähe. Mit Aristoteles zu sprechen: Man sollte niemals präziser sein als der Gegenstand es erlaubt.[231] Ansonsten tauscht man ungenaue Wahrheiten gegen präzise Falschheiten ein. Wer mit Methoden der Naturwissenschaften ein wesentlich geisteswissenschaftliches Phänomen untersucht, darf sich nicht wundern, wenn sich dabei Aspekte verflüchtigen, welche jenseits des Materiell-Physischen liegen. Genau an dieser kritischen Selbstreflexion jedoch mangelt es der Theorie quantitativer Freiheit. Sie nimmt ihr reduktionistisches Bild von der Freiheit als kommensurabler Ware für allzu bare Münze.

Wo aber Freiheit als naturgegebenes Vermögen wahrgenommen wird, erscheinen Mitmenschen in allererster Linie als mögliche Störer desselben.[232] Übersehen wird die soziale Mitkonstruiertheit der Freiheit[233] und es folgt die lebensweltlich absurde Konsequenz: Je weniger individuelle Freiheit sozial beeinflusst oder mitgestaltet wird, desto besser. Freiheit muss demnach in souveräner Unabhängigkeit gesucht und jegliche Regulierung privater Freiheit

227 | Vgl. David Miller, »Reply to Oppenheim«, in: *Ethics*, 95, No. 2 (1985): 310-314, S. 313.

228 | »To refuse to bring these considerations into one's deliberations about ›freedom‹ is to deny oneself access to the very considerations that can inform judgment about the concept or to delude oneself by tacitly invoking the very considerations formally eschewed.« (Connolly, *The Terms of Political Discourse*, S. 142)

229 | Vgl. Kristján Kristjánsson, *Social Freedom: The Responsibility View*, Cambridge, England; New York 1996, S. 32.

230 | Vgl. Richard E. Flathman, *The Philosophy and Politics of Freedom*, Chicago 1987, S. 105.

231 | Vgl. Aristoteles, *Nicomachische Ethik* I, 3, 1049b24.

232 | »Jene individuelle Freiheit [...] lässt jeden Menschen im andern Menschen nicht die *Verwirklichung*, sondern vielmehr die *Schranke* seiner Freiheit finden.« (Karl Marx und Friedrich Engels, *Werke*, Berlin 1988, S. 365)

233 | Vgl. Guido De Ruggiero, *The History of European Liberalism*.

als potentielle Negation derselben wahrgenommen werden.[234] Entsprechend zeigen die auf der Logik quantitativer Freiheit beruhenden Theorien regelmäßig eine Tendenz, Schranken der privaten Wahlfreiheit so weit wie möglich zurückzudrängen. Das andernorts als ›Nachtwächterstaat‹ karikierte Konzept eines Minimalstaats erfreut sich bei Vertretern der quantitativen Freiheit also nicht zufällig großer Beliebtheit.[235]

Quantitative Freiheitstheorien schützen typischerweise allein Freiheiten, die man bereits (faktisch) hat, nicht solche, auf die man vielleicht (kontrafaktisch) ein Recht haben könnte.[236] Sie orientieren sich (*extensional*) an Freiheit in ihrer materiellen Ausformung – Selbstverfügung über den eigenen Leib und Besitzstand –, nicht (*intensional*) an ihrem ideellen Begriffssinn. Sie optimieren nicht nicht konkrete Lebenschancen, sondern maximieren abstrakte Optionen – verkörpert in einklagbaren Eigentumsrechten.[237] Die politische Gemeinschaft verdampft so zu einer Eigentümer- und Anspruchsgesellschaft, die sich statt zu allseitiger Freiheitsermöglichung zum wechselseitigem Besitz- und Forderungsschutz verbindet und verpflichtet.[238] So wird im quantitativen Liberalismus mit trauriger Folgerichtigkeit die Gemeinschaft entsolidarisiert, wie an Hayeks Invektiven gegen Sozialpolitik und am rawlsschen Scheitern an den Herausforderungen globaler und intergenerationaler Gerechtigkeit deutlich wurde.

Vertragstheoretisch aber erscheinen solche Resulte leider stimmig: Wozu auf Menschen Rücksicht nehmen, von denen wir weder Vor- noch Nachteile erwarten? Folglich erscheint es nur konsequent, wenn Solidarität etwa an Nationsgrenzen halt macht, wann immer nachteilige (zum Beispiel ökonomische oder sicherheitspolitische) Rückwirkungen nicht zu erwarten sind und sich umgekehrt keine handfesten Vorteile dadurch erlangen lassen. Fragen globaler und intergenerationaler sozio-ökonomischer Partizipation werden im Rahmen quantitativ-liberaler Theorien daher gerne ausgespart oder ungern und stiefmütterlich behandelt.

---

234 | Vgl. John Stuart Mill, *On Liberty and Other Essays, herausgegben von: John Gray*, Oxford; New York 1991, S. 8.

235 | Vgl. Macpherson, *Democratic Theory*, S. 91.

236 | Vgl. Cohen, *Self-Ownership*.

237 | »In the profoundest sense there *are* no rights but property rights. [...] Each individual, as a natural fact, is the owner of himself, the rule of his own person. Then, ›human‹ rights of the person [...] are, in effect, each man's *property right* in his own being, from *this* right stems his right to the material goods he has produced.« (Narveson, *The Libertarian Idea*, 175); siehe auch Murray Newton Rothbard, *Government and the Economy*, Kansas City Kansas 1977, S. 238.

238 | Vgl. Harold Laski, *The Rise of European Liberalism*, London 1962, S. 105.

Jedoch zeichnet sich allmählich ein Wandel ab. Während die gestrigen Säulenheiligen des quantitativen Liberalismus noch mit einer, der römischen Marktregel *volenti non fit inuria* (deutsch: dem Einwilligenden geschieht kein Unrecht) vorgeblich innewohnenden Magie die Wandlung des irdisch-alltäglichen Brotes ökonomischer Verträge zum geheiligten Fleisch der Freiheit herbeibeteten,[239] unterzieht man diese sakramentale Wandlung derzeit einer nüchternen Symbolkritik. Dass tatsächlich dem Einwilligenden kein Unrecht geschehe, gilt natürlich nur, wo keine »asymmetries of power« die Interessenlage der Vertragspartner verzerrten. Echte ökonomische Vertragsfreiheit setzt ja »the absence of domination, not just the absence of interference« voraus; andernfalls komme es allzu schnell zu »appaling contractual arrangements«, denen wir, gerade im Interesse und Namen der Freiheit, unsere Zustimmung verweigern müssen.[240] Zusehends meldet sich daher auch bei Vertretern quantitativer Theorien Widerstand an gegen die »libertarian thesis that only coercion undermines voluntariness«.[241] Aus dem längst überfälligen Eingeständnis, dass Not nötigen kann, erwächst nun auch in den Lagern quantitativer Freiheitstheorien eine kritische Reflexion auf die Natur ökonomischer Freiheit. Wirtschaftsfreiheit im besonderen dürfe der Idee der Freiheit im allgemeinen nicht zuwiderlaufen, heißt es nun; weshalb einige angloamerikanische Liberale sogar die Forderung aufstellen, »that no one may so acquire goods that others suffer severe loss of liberty as a result.«[242]

In den letzten Jahrzehnten fand der zuerst von Gerald MacCallum ins positivistische Grundwasser eingeleitete Gedanke seinen Weg durch die Gesteinsschichten angloamerikanischer Philosophie, sozialpolitische Anliegen in den Freiheitsbegriff selbst mit aufzunehmen. So sickerte in analytische Theorien die Idee ein, nicht vom Startpunkt ungehinderter Aktionen aus, sondern besser von der Ziellinie der verfügbaren Optionen her zu denken. Freiheit sei weniger anhand des Volumens der Zu- oder Abflüsse, sondern eher durch das allen zugängliche Gesamtreservoir an liquiden Optionen zu messen. Damit wendete sich jedoch die Fließrichtung des quantitativen Liberalismus gegen den ehedem breiten Strom libertärer Marktvergötzung und erzeugte so eine für den Besitzindividualismus gefährliche Untiefe. Während nämlich noch bis vor kurzem die quantitativ-liberalen Gewässer an den Sandbänken der Armut kühl und ruhig vorbeiflossen, erzeugen nunmehr einige aus links-libertären Quellen gespeisten Zuflüsse eine beständig stärker werdende, gegenläufige

239 | Vgl. Robert Nozick, *Anarchy, State, and Utopia*, Oxford 1975 (Originalausgabe: 1974), S. 262ff.

240 | Vgl. Philip Pettit, *Republicanism: A Theory of Freedom and Government*, Oxford; New York 1997, S. 65f.

241 | Vgl. Olsaretti, *Liberty, Desert and the Market*, S. 149.

242 | Cohen, *Self-Ownership*, S. 37.

Unterströmung, welche die ehedem eindeutig konservative Ausrichtung quantitativ-liberaler Theorien verwirbelt.

Verwirrt finden sich konservative Libertäre mit kessen Fragen konfrontiert wie zum Beispiel: »How is libertarian capitalism libertarian if it erodes the liberty of a large class of people?«[243] Auf einmal ist die Rede von einer allseitigen Hilfe zum Autonomieerwerb[244] zufolge der Einsicht: »A society is as free as its underdogs are.«[245] Es schwankt die stille Allianz zwischen libertärem Denken und einer gegen soziale Gerechtigkeit ausgerichteten Politik. Hillel Steiner etwa folgt der libertären Annahme, dass sich Freiheit primär durch Besitz- und Verfügungsrechte verwirklicht, versetzt mit einem Schuss sozialistischer Logik. Wenn allen in gleicher Weise ein Recht auf gegenstandsbezogene Freiheit zusteht, dann sollte auch allen dieses Recht in mehr oder weniger *gleicher Menge* zukommen. Jeder muss also von einer quantitativ vergleichbaren Anfangsposition aus ins Leben starten können. Da eine solche Allokation der Lebensgüter nicht von selbst zu Stande kommt, seien entsprechende Umverteilungen als freiheitsschaffend anzusehen und einzufordern, so Steiner.[246]

Der in solchen Argumenten aufscheinende *präskriptive* Anspruch auf solidarische Unterstützung widerstreitet jedoch klarerweise dem *deskriptiven* Methodenideal der quantitativen Logik, die erklärtermaßen von der Negation der Negation bereits *vorfindlicher* Freiheitspositionen aus operieren will. Es geht den Denkern des »left-libertarianism« hier ja nicht mehr um die quantitative Ausdehnung einer *faktisch* gegebenen Freiheit, sondern um die Einforderung *kontrafaktischer* Freiheiten. Damit aber wird unter der Hand die Matrix gewechselt. Die *Qualität* des allen zuzugestehenden Freiheitsgrundbestandes wird der quantitativen Logik vorgeordnet und fordert sodann deren quantitative Egalität ein. Damit wandelt sich das Plateau, und wir wechseln plötzlich – wie schon bei Hayek und Rawls gesehen – von faktisch-quantitativen zu kontrafaktisch-qualitativen Fragestellungen, die nicht nur die Zahl (»*number*«), sondern auch die Art (»*nature*«) unserer Optionen eruieren.[247] Man redet uneingestandenermaßen von qualitativen Prämissen aus.

---

243 | Cohen, ebenda.

244 | Wenn wir »freedom as the non-restriction of options, rather than the absence of impediments« ansehen, dann ist auch klar, dass gesellschaftliche Assistenz zum Freiheitserwerb genauso zu einer liberalen Philosophie gehört wie die Verteidigung von Freiheiten gegenüber Beeinträchtigungen. Stanley Isaac Benn und W.L. Weinstein, »Being Free to Act, and Being a Free Man«, in: *Mind*, 80, No. 318 (1971): 194-211, S. 201.

245 | Bay, *The Structure of Freedom*, S. 7.

246 | Vgl. Steiner, *An Essay on Rights*, S. 28.

247 | Vgl. Cohen, *Self-Ownership*, S. 53.

Dieser Einwand trifft auch die jüngst in Mode gekommenen Versuche des *libertarian paternalism*,[248] die Spitze antilibertärer Kritik durch die Integration besonders populärer (sozial- und umweltpolitischer) Forderungen umzubiegen. Dabei wird versucht, die eigentlichen Interessen der Individuen besser zu erkennen, als diese selbst. Der *libertarian paternalist* glaubt sich berechtigt, ja – bis auf expliziten Widerruf seitens der Betroffenen – sogar verpflichtet, die den Menschen (anhand des *homo oeconomicus*-Modells) unterstellten Interessen durch staatliches Handeln zu bestärken. So sichere man den Einzelnen auf lange Sicht mehr Freiheiten. Sich selbst überlassen würden die Individuen zu viele (Fehl-)Entscheidungen treffen, die ihren wahren, rational-eigennützigen Interessen zuwiderliefen, und so nach und nach den Raum ihrer Optionen ungebührlich reduzierten. Von diesem an ökonomischer Rationalität orientierten Urbild ›wahrer‹ Interessen aus betrachtet geraten etliche vertraute Lebensweisen in Verdacht, ›irrational‹ zu sein. Diese sollen folglich keinesfalls maximiert werden. Damit werden dann aber auch die Freiheitsverständnisse, auf denen sie aufbauen, abgewertet. Wer im Sinne des *libertarian paternalism* der individuellen Freiheit einen rational-maximierenden Eigennutz als abwählbare *default position* vorgibt, betreibt wertorientierte Metaphysik – nur heimlich.

Verbrämt als quantitativer Algorithmus findet somit sowohl seitens des »left libertarianism« wie seitens des »libertarian paternalism« eine qualitative Auswahl von angeblich mehr oder weniger ›guten‹ Freiheitsformen statt. Wie man die Sache also auch dreht und wendet, um die inhaltliche Erörterung dessen, was als Freiheit gelten sollte, kommt man nicht herum. Die Theorie der Freiheit muss qualitativ ausgerichtet werden, ehe sie sich quantitativen Fragen zuwenden kann.

248 | Zum *libertarian parternalism* siehe: Richard R. Thaler und Cass H. Sunstein, »Libertarian Paternalism«, in: *The American Economic Review*, 93, No. 2 (2003): 175-179. Zur aktuellen Diskussion vgl. Nick Gill und Matthew Gill, »The Limits to Libertarian Paternalism: Two New Critiques and Seven Best practice Imperatives«, in: *Environment and Planning C*, 30, No. 5 (2012): 924-940; Riccardo Rebonato, *Taking Liberties: A Critical Examination of Libertarian Paternalism*, 2012; Mozaffar Qizilbash, »Sugden's Critique of Sen's Capability Approach and the Dangers of Libertarian Paternalism«, in: *International Review of Economics*, 58, No. 1 (2011): 21-42; Jessica Pykett et al., »Interventions in the Political Geography of ›Libertarian Paternalism‹«, in: *Political Geography*, 30, No. 6 (2011): 301-310; Jennifer Prah Ruger, *Health and Social Justice*, Oxford; New York 2010.

4 Qualitative Freiheit

Unsere bisherigen Studien zeigten: Freiheit kann nicht wertneutral analysiert werden. Während die Optionen von Robotern in rein quantitativen Termini zureichend beschrieben werden können, setzt die Rede über menschliche Freiheit ein Transzendieren von »overall amounts«, also der schieren »quantity of freedom« voraus.[1] Das wird heute zusehends anerkannt, und so wird auch immer öfter die Wichtigkeit qualitativer Erwägungen von Freiheit zugegeben.[2] Jedoch oft nur als kleines Zugeständnis einer nach wie vor überwiegend quantitativen Denkungsart; nach dem Motto: Qualitative Momente könne man ja gerne privat in jenem Raum ausleben, den eine an der Konzeption quantitativer Freiheit orientierte Politik eröffne.[3] Man müsse nur genug Raum für Vielfalt schaffen, und schon könnten tausend Blümlein blühen; auch die der qualitativen Freiheit. Aber Mannigfaltigkeit ist kein quantitatives Konzept. *Vielzahl* ist quantitativ. *Vielfalt* jedoch zielt auf *Diversität* in der Vielzahl: auf eine qualitativ unterschiedlich gegliederte Menge.

Das lässt sich am Beispiel des Verhältnisses des öffentlichen zum privaten Nahverkehr zeigen. Wer etwa in den USA über den Weg zur Arbeitsstelle nachdenkt, hat zumeist nur die Wahl zwischen verschiedenen Automarken; die Möglichkeit, das Fahrrad oder den Zug zu nehmen, fällt in Ermangelung an Fahrradwegen oder effizientem öffentlichen Nahverkehr oft aus; bisweilen sogar schlicht deshalb, weil die einzige Verbindung zwischen zwei Orten ein *highway* ist. Einmal unterstellt, der Automarkt sei in den USA mit deutlich mehr Marken und Modellen übersät als in Europa: rein quantitativ (im Sinne einer schieren Mehrzahl) wären die Menge aller Optionen für private Trans-

1 | Miller, *Constraints on Freedom*, S. 83.

2 | Die Idee »qualitativer Freiheit« wurde bereits im politischen Diskurs aufgegriffen. Vgl. etwa die Einleitung und den Beitrag von Christian Lindner in: Philipp Rösler und Christian Lindner (Hg.), *Freiheit: gefühlt – gedacht – gelebt. Liberale Beiträge zu einer Wertediskussion*, Wiesbaden 2009.

3 | Vgl. Eric Nelson, »Liberty: One Concept Too Many?«, in: *Political Theory*, 33, No. 1 (2005): 58-78.

portfreiheit größer. Qualitativ dagegen (im Sinne signifikanter Verschiedenheit) erscheint die Auswahl betrüblich beengt. Von einer wirklichen Wahl der Transportmittelwahl kann vielerorts nicht die Rede sein. Die Moral von der Geschichte: Wer eine echte Vielfalt der Lebensverhältnisse wünscht, verlangt qualitative, anstatt quantitative Freiheit. Erst die qualitative Differenz macht aus blasser Vielzahl bunte Vielfalt.

Aber *welche* Freiheiten gehören denn in jenen Raum schützenswerter Möglichkeiten? Alle? Auch destruktive? Es muss eine Auswahl getroffen werden;[4] daher greifen zuletzt auch – wie in den vorigen Kapiteln gezeigt – Theorien, die sich erklärtermaßen einem quantitativen Denkmodell verpflichten, auf qualitative Unterscheidungen zurück. Im umgekehrten Falle ist dies ähnlich. Auch jede qualitativ ausgerichtete Theorie muss angeben, welche von miteinander konkurrierenden Freiheiten zuerst realisiert werden soll, wieviel derselben zu gewähren ist und ab wann andere Freiheiten zum Zuge kommen sollten. Qualitative Freiheit hat also die Freiheiten, von denen sie handelt, zu quantifizieren. Quantitatives und qualitatives Freiheitsdenken greifen also beide auf einander zu, jedoch in unterschiedlicher Weise.

Im quantitativen Denken muss eine Konkurrenz von Freiheiten stets nach der Maßgabe entschieden werden, bedingungslos vorzuziehen, was mehr Optionen und Folgeoptionen schafft. Es handelt sich um eine *absolute* Messung zwischen Optionen und ihren unterstellten Folgen. Dem höchsten numerischen Wert an Optionen wird automatisch der höchste Freiheitswert zugeschlagen. Wo aber Qualität allein aus Quantität resultiert, wird sie letztlich auf diese reduziert. Im Rahmen quantitativer Freiheitstheorien gerät Quantität zur (einzig akzeptierten) Qualität von Freiheit. Im Falle qualitativ ausgerichteter Theorien ist dies anders. Sie empfehlen, denjenigen Optionen den Vorzug zu geben, die bestimmten inhaltlichen Kriterien genügen, wie zum Beispiel Menschenwürde, Vernünftigkeit, Reziprozität, Universalisierbarkeit, Autonomie, Förderung von Lebenschancen etc.[5] Zur Durchführung dieses Vergleichs reichen *relative* Rangverhältnisse aus. Ein Vertreter einer qualitativen Theorie muss also nicht die Freiheitlichkeit von bestimmten Optionen aufs Gramm genau *abwiegen*; er wird aber die Vorzugswürdigkeit unterschiedlicher Möglichkeiten *abwägen*. Man kann etwa sinvoll sagen, dass die Freiheit, eine bestimmte Meinung äußern zu dürfen, wesentlicher sei als die Freiheit, auf einer bestimmten Seite der Autobahn fahren zu dürfen, ohne doch genau abzumessen, *um wieviel* exakt die erste Option besser ist als die zweite.

Ökonometrisch gewendet: Quantitative Freiheit fordert kardinale Skalen mit kommensurablen Messgrößen, qualitative Freiheit etabliert ordinale Rang-

4 | Vgl. John Christman, »Saving Positive Freedom«, in: *Political Theory*, 33, No. 1 (2005): 79-88.

5 | Vgl. Martha Nussbaum, *Creating Capabilities*, S. 32.

ordnungen, in denen auch inkommensurable Güter zum Vergleich gebracht werden. Diese theoretische Differenz hat spürbare praktische Konsequenzen. Zum Beispiel und im Vorgriff auf die nachfolgenden Kapitel: Während im Rahmen quantitativ ausgerichteter Freiheitstypen ein Zuwachs an privaten Optionen – etwa im Rahmen einer freien Markt- und Verkehrswirtschaft – *per se* gutzuheißen ist, können qualitativ ausgerichtete Liberalismen differenzierter urteilen und auch die Art jener Optionen (samt ihrer Opportunitätskosten) mit in den Blick nehmen. Masse ist nicht Klasse und Freiheit daher auch nicht einfach mit Marktfreiheit gleichzusetzen.[6] Während an quantitativer Freiheit ausgerichtete Theorien etwa den Markt für gewöhnlich als Himmel ökonomischer Freiheit ausmalen, weil er definitionsgemäß ja nichts anderes ist als Ort und Aggregat freiwilliger Tauschakte,[7] geht es bei der Theorie qualitativer Freiheit deutlich irdischer zu. Sie fragt nach der Qualität der am Markt getätigten Transaktionen und hinterfragt die Freiheitlichkeit hinter jener Freiwilligkeit der Tauschakte: War Not im Spiel oder lag eine Manipulation vor?[8] Sind freiwillige Transaktionen auch dann akzeptabel, falls sie die Menschenwürde untergraben?[9] Wie steht es zudem um sittenwidrige und ehrverletzende Geschäfte?

Aufgrund solcher Reflexionen wird qualitative Freiheit nicht jedwede Vermehrung von Optionen gutheißen und wirtschaftliche Ziele konsequentermaßen nicht im Sinne eines rein quantitativen Wachstums definieren.[10] Vielmehr soll eine Balance *zwischen* Freiheiten gefunden werden: zwischen Wirtschaftsfreiheit auf der einen und politischen und kulturellen Freiheiten auf der anderen Seite sicherlich. Aber auch zwischen der ökonomischen Freiheit dieser und jener Bürger, sowie natürlich ebenfalls zwischen unterschiedlichen Formen ökonomischer Freiheit, zum Beispiel zwischen kurzfristig oder langfristig orientierten, mehr oder weniger ökologisch und sozial nachhaltigen Wirtschaftszielen usw. (vgl. Abschnitt 5.2). Bei der Einhegung ökonomischer Maximierungstendenzen kämpft also – entgegen landläufiger neoliberaler und libertärer Stereotypen – nicht Freiheit gegen *Unfreiheit*,[11] sondern – wie wir sogleich an den Freiheitstheorien von John Kenneth Galbraith und Amartya Sen zeigen werden – es konkurrieren differente Formen von Freiheit miteinander.

6 | Vgl. Eric MacGilvray, *The Invention of Market Freedom*, 2011.

7 | Vgl. John Thrasher, »John Tomasi: Free Market Fairness«, in: *Public Choice*, 159, No. 1-2 (2014): 309-311.

8 | Vgl. Richard Arneson, »Meaningful Work and Market Socialism Revisited«, in: *Analyse und Kritik-Zeitschrift für Sozialwissenschaften*, 31, No. 1 (2009), S. 139

9 | Vgl. Martha Nussbaum, *Creating Capabilities*, S. 35.

10 | Vgl. Philip Mirowski und Esther-Mirjam Sent (Hg.), *Science Bought and Sold: Essays in the Economics of Science*, Chicago; London 2002.

11 | Vgl. Colin Crouch, *The Strange Non-death of Neo-liberalism*, Cambridge 2011.

Qualitativ denkender Liberalismus fordert ein Primat des Politischen und die gesellschaftliche Debatte darüber ein, welchen Zielsetzungen unsere Wirtschaftsfreiheit genügen sollte. So wird auf liberalem Fundament der von Aristoteles bis Adam Smith als verbindlich anerkannte – seither aber in der Wirtschaftstheorie zusehends verdrängte – Verweisungszusammenhang von Ökonomie auf Politik und von Politik auf Ethik wieder hergestellt. Natürlich ist nicht ökonomische Freiheit im Namen politischer Freiheit abzuschaffen.[12] Umgekehrt jedoch, so betonen Galbraith und Sen, darf auch nicht die Freiheit einiger zu wilden Transaktionen die Freiheit aller zur Teilnahme am Wirtschaftsleben und an der gesellschaftlichen sowie politischen Mitwirkung untergraben. Freiheit ist und bleibt nur dann ein universal ansprechendes Konzept, wenn sie auch universal zugesprochen wird.

In der Tat: »Freiheit gehört nicht nur den Reichen.«[13] Ein Mensch schläft unter freiem Himmel, möglicherweise weil er ein Bewunderer des Sternenzeltes ist, oder vielleicht auch, weil ihm die nötigen Mittel fehlen, sich ein Dach über dem Kopf zu leisten. Jener gestaltet seine Freiheit, ein Obdach zu nutzen, diesem fehlt sie. Da also *de facto* Freiheit von Bedingungen abhängt, – wer unfreiwillig draußen schläft, ist unfrei –, rückt die Theorie der qualitativen Freiheit die *Ermöglichungsbedingungen* gelebter Freiheiten und wirtschaftliche Lebensverhältnisse ins Augenmerk. Die Philosophie qualitativer Freiheit reformuliert den Begriff ökonomischer Freiheit daher so, dass in ihm nicht nur die Gestaltungsfreiheit einiger, sondern die Teilhabefreiheit aller berücksichtigt wird.

4.1 Faire Freiheit (John Kenneth Galbraith)

Mit Milton Friedman (1912-2006) und John Kenneth Galbraith (1908-2006) verstarben vor wenigen Jahren die beiden wirkmächtigsten us-amerikanischen Ökonomen des 20. Jahrhunderts. Obschon in der deutschen Wahrnehmung Milton Friedman eine größere Rolle spielt, wird international vielfach der Titel des »most widely known American economist of the twentieth century« seinem intellektuellen Gegenspieler Galbraith zugesprochen.[14] Mit seinen theoretischen Schriften und sozialkritischen Romanen erwarb sich Galbraith von

12 | Vgl. Parijs, *Real Freedom for All*.

13 | Vgl. Herzog, *Freiheit gehört nicht nur den Reichen*.

14 | Die von Richard Parker verfasste Biografie (*John Kenneth Galbraith: His Life, His Politics, His Economics*, New York 2005) übertrifft die bislang vorliegenden Darstellungen zu Galbraith Leben und Werk an Genauigkeit und Detailtreue; ihr besonderer Vorzug ist die kompetente Einordnung der intellektuellen Biografie von Galbraith in den Gesamtzusammenhang der jüngeren Ökonomie- und Politikgeschichte.

Russland über Indien bis Südamerika Weltruhm. Im öffentlichen Leben der USA übernahm er die Rolle des streitbaren Keynesianers. In der akademischen Welt machte Galbraith sich durch betriebswirtschaftliche sowie ordnungspolitische Modifikationen der Keynesianischen Lehre einen Namen. Als US-Botschafter in Indien sowie als politischer Vordenker und persönlicher Ratgeber von John F. Kennedy konnte er zudem auf die amerikanische Politik bedeutenden Einfluss nehmen.

In den letzten Jahren hat die Forschung zu Galbraith einen Aufschwung erfahren.[15] Dabei stehen – inbesondere aufgrund seiner hellsichtigen Studien zur Natur von Weltfinanzkrisen – die ökonomischen Aspekte seines Wirkens im Vordergrund der Aufmerksamkeit. Weniger berücksichtigt ist bislang noch Galbraith' Beitrag zur Sozial- und Politikphilosophie der Gegenwart und die freiheitsphilosophische Relevanz seiner Wirtschaftstheorie. Dabei hat er auch hier viel zu bieten. John Kenneth Galbraith hat das ökonomische Denken in einen an individueller Freiheit und sozialer Gerechtigkeit zugleich interessierten Diskurszusammenhang eingebunden und einen qualitativ ausgerichteten Freiheitsbegriff entwickelt; nicht auf dem Wege abstrakt-philosophischer Prinzipienüberlegungen, sondern vermittels einer Analyse konkreter sozialwirtschaftlicher Sachzusammenhänge.

Seinen Ausgang nimmt Galbraith' Freiheitstheorie von einer Kritik der vorherrschenden wirtschaftswissenschaftlichen Methodologie. Seine Kernthese ist, dass die Ökonomik die wirtschaftlichen Emanzipationspotentiale weit besser erfassen und nutzen könnte, wenn sie nur selbstreflexiver verführe. Die Axiome der Neoklassik seien zu hinterfragen, um die auf ihnen beruhenden politischen Handlungsempfehlungen neoliberal-konservativer Natur zu überprüfen. Es gelte, jenen Lehren einen Begriff wirtschaftlicher und politischer Freiheit gegenüber zu stellen, der sich affirmativ zu seinen kulturellen Voraussetzungen, seinen rechtlichen Ermöglichungsbedingungen und seinen sozialen wie ökologischen Verpflichtungen verhält und so einer nachhaltigen Integration von persönlicher Autonomie und ökonomischer Wirklichkeit zuarbeitet. Galbraith erstrebt eine Ökonomik nicht der quantitativen Maximierung, sondern der qualitativen Optimierung, die das Wirtschaften nicht nur an materiellen, sondern auch an ästhetischen, moralischen, sozialen, kulturellen und ökologischen Zielen orientiert.

---

15 | Vgl. Stephen P. Dunn, *The Economics of John Kenneth Galbraith: Introduction, Persuasion and Rehabilitation*, New York 2010; Blandine Laperche, James K. Galbraith und Dimitri Uzunidis (Hg.), *Innovation, Evolution and Economic Change: New Ideas in the Tradition of Galbraith*, Cheltenham, United Kingdom; Northampton, Massachusetts 2006; Kevin Mattson, *When America Was Great: The Fighting Faith of Postwar Liberalism*, New York 2004.

4.1.1 Demokratisierte Ökonomik

Vornehmstes Ziel der Wirtschaftswissenschaften ist für Galbraith die Emanzipation der Bürger zum autonomen Mitgestalten ihrer wirtschaftlichen Umwelt. Darum muss Ökonomik als Lehre von der Ökonomie so betrieben werden, dass die Öffentlichkeit sich ein informiertes Urteil über die entscheidenden wirtschaftspolitischen Fragen bilden kann. Genau diesem Anspruch genügen die Wirtschaftswissenschaften jedoch nicht, moniert Galbraith. Statt Transparenz über das Entscheidende und Aufklärung über das Wirkliche zu leisten, tendiere die Theoriebildung innerhalb der ökonomischen Zunft nicht selten zum Trivialen oder Fiktionalen. Im beständigen Neuaufguss konventioneller Ansichten (»conventional wisdoms«) baue die akademische Ökonomik Theorien auf, deren Popularität weniger objektiv als subjektiv zu erklären sei, d.h. weniger aus sachlichen Erschließungsleistungen resultiere, als aus dem in sie eingegangenen »vested interest in painfully acquired error«. Wirtschaftswissenschaftler, spottet Galbraith, huldigten allzu gerne dem, »what is closest in belief and method to the scholarly tendency of the people who already have tenure in the subject.« (AAL 135)[16] Statt der Wahrheit dienten sie lieber ihrer eigenen Karriere.

Wie ist es dazu gekommen? Wann und wo verlor die Ökonomik ihren Kompass? Um dies zu eruieren, betreibt Galbraith wirtschaftliche Ideengeschichte und zeigt: Im Bestreben, sich zu verwissenschaftlichen, haben sich die Wirtschaftswissenschaften im 18. und 19. Jahrhundert von ihrer Einbettung in moralphilosophische und sozialwissenschaftliche Kontexte gelöst. Die ehedem als *Politische* Ökonomie oder als Nationalökonomie mit konkreten ökonomischen Zuständen und deren rechtlichen Rahmenvorgaben befasste Wirtschaftswissenschaft verengte sich, so Galbraith, immer mehr auf abstrakte Fragestellungen hin. Das Ziel dieses Unterfangens, ökonomische Probleme sowohl wert- als auch erfahrungsfrei zu bearbeiten und für diese universal gültige Lösungen zu entwickeln, wurde indes nicht erreicht, urteilt Galbraith. Der Grund: Man orientierte sich am falschen Paradigma, an einem Musterbild von

16 | Die Zitationen der Werke von Galbraith folgen den nachstehenden Siglen: (AAL): Annals of an Abiding Liberal, New York 1979; (AP): *The Anatomy of Power*, New York 1985; (AS): *The Affluent Society*, New York 1958; (CC): *The Culture of Contentment*, New York 1993; (CCC): *Capitalism, Communism, Coexistence: From the Bitter Past to a Better Prospect*, New York 1988; (EIF): *The Economics of Innocent Fraud: Truth for our Time*, New York 2004; (EPL): *A Contemporary Guide to Economics, Peace and Laughter*, New York 1971; (EPP): *Economics and the Public Purpose*, New York 1973; (GS): *The Good Society: The Humane Agenda*, New York 1996; (M): *Money, Whence it Came, Where it Went*, New York 1975; (NIS): *The New Industrial State*, New York 1986 (Originalausgabe: 1971).

Wissenschaftlichkeit, das zum Sachgegenstand »Wirtschaft« nicht passt, weil es das Wirtschaften aus seinen historischen und soziopolitischen Zusammenhängen herauslöst.

Indem sie sich an einem formal-quantitativen, der Physik, namentlich der Mechanik, entlehnten Wissenschaftsideal orientierte, ging die Wirtschaftswissenschaft immer mehr dazu über, die Wissenschaftlichkeit von Theorien an der Quantifizierbarkeit ihrer Elemente und an der Mathematisierbarkeit ihrer Aussagen zu messen.[17] Diese Orientierung kann aber den Blick auf deskriptive Befunde wie normative Argumente eintrüben. Gewisse Wirklichkeiten lassen sich nur qualitativ, nicht quantitativ beschreiben – und sind deswegen doch nicht weniger real oder bedeutend. Manche Argumente lassen sich erst spät und andere vielleicht niemals formalisieren – und sind allein darum doch nicht weniger vernünftig. Trotzdem werde innerhalb der etablierten Ökonomik in der Regel alles, was »oral rather than mathematical« daherkommt, »readily dismissed by the men of scientific reputation or pretension« (EPL 96). Und das, erklärt Galbraith, führe zu einer bedenklichen Selbstimmunisierung gegenüber von Informationen, die nicht zu vorherrschenden Überzeugungen passen wollen.

Gerade gegenüber drastischen sozialen Veränderungen verstellt das mechanische Paradigma der konventionellen Ökonomik die Sicht: »Thus does a scientific or pseudoscientific posture direct economics away from accomodation to underlying social institutional change. And it does so with the blessing of presumptively scientific attitude, method and conscience.« (EPL 96) Galbraith verdeutlicht dies am Basismodell der Neoklassik: der Konkurrenzwirtschaft multipler kleiner Anbieter. Diese war, wirtschaftsgeschichtlich, nur für die Zeit von 1750-1850 stilbildend, spiegelt jedoch nur unzureichend die moderne Realität oligopoler Großunternehmen mit Einfluss auf makroökonomische Rahmenbedingungen. Gerade jene Strukturen der modernen Industriegesellschaft und ihre historische Entwicklung interessieren Galbraith jedoch brennend, weil sie zu einer Verschiebung der ökonomischen Machtverhältnisse führen – mit weitreichenden Konsequenzen für die moralische Bewertung und politische Mitgestaltung wirtschaftlicher Beziehungen.

---

17 | Vgl. George Lennox Sharman Shackle, *Epistemics and Economics: A Critique of Economic Doctrines*, Cambridge, England 1972, S. 360; Deirdre N. McCloskey, *Knowledge and Persuasion in Economics*, Cambridge, England; New York 1994, S. 9 ff.; David Colander und Arjo Klamer, »The Making of an Economist«, in: *The Journal of Economic Perspectives*, 1, No. 2 (1987): 95-111; Lawrence H. Summers, Nils Gottfries und Birgit Grodal, »The Scientific Illusion in Empirical Macroeconomics Comments Source: Scandinavian Journal of Economics«, in: *The Scandinavian Journal of Economics*, 93, No. 2 (1991): 129-148; Robert M. Solow, »How Did Economics Get That Way and What Way Did It Get?«, in: *Daedalus*, 126, No. 1 (1997): 39-58.

Galbraiths Kritik an der akademischen Ökonomik: Statt an zeittypischen Fakten orientierte sich die wirtschaftswissenschaftliche Theoriebildung bis weit in die 1970er-Jahre hinein lieber an Gegebenheiten der Vergangenheit, etwa an kleinen agrarischen Familienbetrieben, die aufgrund ihrer winzigen Betriebsgröße keinerlei Möglichkeiten zur Verzerrung der (von der Neoklassik postulierten) Gleichgewichtspreise am Arbeitsmarkt ausüben können (NIS 411). Der Druck etwa, den Gewerkschaften und Großkonzerne zusammen durch Absprachen über Lohnzahlungen auf die gesellschaftliche Preisentwicklung ausüben, wurde lange Jahre nicht eingehend studiert oder als theoretisch irrelevant abgetan. So aber raubte sich die Ökonomik der Möglichkeit, die *tatsächlichen* Lohn- und Preisentwicklungen angemessen zu beschreiben. Dies wirkte sich nachteilig aus in den Stagflationskrisen der 70er-Jahre, als Stagnation und Inflation gemeinsam auftraten, obschon dies ›theoretisch unmöglich‹ war. Jene Krise verschärfte sich also auch deshalb, weil die akademische Ökonomik aufgrund ihrer unrealistischen Modelle bestimmte, für die tatsächlichen Verhältnisse höchst unangemessene, wirtschaftspolitische Empfehlungen formulierte.

Der hier zutage tretende linkische Umgang mit historischem Wandel und politischen Kontexten, sei, meint Galbraith, weitgehend dem naturwissenschaftlichen Erkenntnisideal der Ökonomik anzulasten. Der Gegenstand der Physik bleibt sich gleich; Wissenschaftsfortschritt resultiert daher aus einer immer genaueren und immer weiter spezialisierten Beschreibung dessen, was von jeher der Fall ist. Dem nacheifernd hat sich die akademische Ökonomik eine bessere Erfassung ihres Gegenstandes erhofft und durch eine immer weiter fortschreitende Spezialisierung und eine immer feinere Untergliederung in Teildisziplinen zu erzwingen gesucht (NIS 411). Im Ergebnis bewirkte dies indes eher eine Abschottung der ökonomischen Spezialbereiche gegen wichtige Information aus umliegenden Disziplinen sowohl innerhalb wie außerhalb der Wirtschaftswissenschaften und führte damit zu einem bedenklichen Erkenntnis- und Realitätsverlust seitens der Ökonomen. Quantitative Kalküle verdrängten qualitatives Denken und mathematische Konstrukte phänomenologische Rekonstruktionen.

Doch gibt es natürlich nirgends »die Wirtschaft« als überzeitlich ein für allemal festliegende Entität. Allerorts tritt wirtschaftliches Handeln in unterschiedlicher Form auf und unterliegt mannigfaltigen, oft simultan auftretenden kulturellen wie politischen Einflüssen. Ökonomische Ereignisabläufe sind zudem hochgradig wechsel- und rückbezüglich. Eine Abstraktion von all dem entpuppt sich als zwangsläufige Fehlerquelle (NIS 403).

Wenn zum Beispiel gesellschaftlicher Wandel in mehreren ökonomischen Subsystemen gleichzeitig auftritt, muss die Anwendung von *ceteris paribus*-Regeln einer umfassenderen Perspektive, die möglichst alle im Wandel begriffenen Entitäten einbezieht, weichen. Tut sie das nicht, blendet sie tatsächlich kausale Faktoren aus und schreibt stattdessen an und für sich irrelevanten Phänomenen Kausalität zu. Daraus resultieren dann doppelt verfehlte Handlungsempfehlungen: Zunächst wird zur Einwirkung auf Faktoren geraten, die gar nicht im erhofften Sinne ereigniskausal sind. Anschließend wird aus dem Scheitern solcher Maßnahmen geschlossen, dass noch nicht stark genug vorgegangen wurde: der Mitteleinsatz wird erhöht; es kommt zu dramatisch sich aufstufenden Fehlschlägen (NIS 405).

Ein Beispiel hierfür ist die Theorie des Marktes: Ein Markt, auf dem unter fairen Konkurrenzbedingungen gehandelt wird, fällt nicht vom Himmel, sondern ist Resultat oft jahrhundertelanger kultureller wie rechtspolitischer Bemühungen, individuelles wie organisationelles *free-rider*-Verhalten auszumerzen.[18] Einer Theorie, die aus methodischen Gründen alle soziokulturellen Rahmenvorgaben ausblendet, muss der Markt indes gleichsam als ein sich selbst ins Gleichgewicht bringendes Naturphänomen erscheinen. Man wird daher gestörtes Marktgeschehen auf irritierende gesellschaftliche Einflüsse zurückführen und den Markt deshalb durch Deregulierung zu optimieren suchen. Bei ausbleibendem Effekt bleibt nur die Schlussfolgerung, der Markt sei noch nicht genügend dereguliert worden; und das wiederholt sich im Zweifel solange, bis der zuvor noch partiell intakte Markt vollends zusammenbricht. Die Schuld dafür wird sodann (*ex post*) gravierenden Macht- und Informationsasymmetrien (zum Beispiel oligopolen Anbietern) in die Schuhe geschoben, deren verhängnisvolles Wirken indes zuallererst (*ex ante*) durch massive Deregulierung ermöglicht wurde. So fällt die Ökonomik in eine von ihr selbst gegrabene Grube.

Wer hingegen, wie Galbraith, die soziokulturellen Rahmenbedingungen von Märkten in die Analyse mit aufnimmt, erstrebt keine Wiederherstellung jenes (ohnehin fiktionalen) Markt-Naturzustandes. Vielmehr gebietet eine sozial- und kulturwissenschaftlich eingebettete Ökonomik, die Rahmenordnung und Umweltbedingungen von Märkten so zu justieren, dass faire und freie Austauschbeziehungen vorherrschen. Statt eines wirtschaftspolitischen Gestaltungsverbots vertritt eine solche Ökonomik ein dezidiertes gesellschaftliches Gestaltungsgebot.

18 | Vgl. Marshall David Sahlins, *Stone Age Economics*, Hawthorne, New York 1972, S. 85f.; S. Todd Lowry, *The Archaeology of Economic Ideas: The Classical Greek Tradition*, Durham 1987; Karl Menninger, *Number Words and Number Symbols. A Cultural History of Numbers*, Cambridge, Massachusetts 1969, S. 212f.

4.1.2 Demokratische Ökonomie

John Kenneth Galbraith will das ökonomische Denken von seiner selbstverschuldeten Politikferne befreien. Er sieht und zeigt, dass es sich bei der mathematischen Engführung der ökonomischen Theorie keineswegs um eine unschuldige akademische Abstraktionsleistung handelt: Wann immer nichtquantifizierbaren Faktoren wirtschaftsprägende Kraft zukommt, verleitet die Ausblendung derartiger Aspekte zu Fehlschlüssen. Eine Ökonomik, die etwa den Bürger durch ihre methodologischen Festlegungen (etwa vom *homo oeconomicus* als streng rationalem Verfolger seiner Interessen) daran hindert zu verstehen, wie und von wem er in seinem (oft irrationalen) Wahlverhalten beeinflusst wird (Werbung, Marketing etc.), dient nicht dem Allgemeininteresse. Sie dient, wird Galbraith nicht müde zu wiederholen, identifizierbaren, so aber unidentifiziert bleibenden Spezialinteressen.

Ähnlich lässt die in den Wirtschaftswissenschaften übliche Verbannung des Themas der »Macht« den Einfluss von organisierten Interessen auf ökonomische Regelungs- und Verteilungsfragen nur aus der Theorie, nicht aus der Praxis verschwinden (AL 136). Wo dieser Einfluss stattfindet, ohne thematisiert zu werden, stellt Wirtschaftswissenschaft die Wirklichkeit nicht dar, sondern verschleiert sie. Ökonomik wird somit leicht zur Ideologie des Bestehenden oder – wie Galbraith das spitz formuliert – zum »influential and invaluable ally of those whose exercise of power depends on an acquiescent public.« (AAL 151) Nur wo Wirtschaftswissenschaftler ökonomische Macht – und die Gefahren, die sie für die Freiheit bedeuten mag – identifizieren, können Wirtschaftspolitiker sie regulieren.

Wer täuscht, raubt Freiheit. Fehlinformation macht aus zur Autonomie befähigten Subjekten heteronom steuerbare Objekte. Menschen können ihre eigenen Zwecke nur auf der Grundlage eines hinreichend adäquaten Realitätsbildes wirksam verfolgen. Wer dies Bild manipuliert, subsumiert Personen als bloße Mittel unter die Ziele anderer. Illusionsbildung ist schädlich, Täuschung schändlich, denn erstere instrumentalisiert Menschen unbewusst, zweite bewusst. Darum kommt Wissenschaftlern eine wichtige gesellschaftliche Verantwortung zu; diese nicht wahrzunehmen, ist schuldhaft.

Dem steht in der Ökonomik die Weigerung der Ökonomen entgegen, überhaupt anzuerkennen, dass ihr Forschungsgegenstand im Rahmen begrifflicher Konstruktion von ihnen selbst mitgestaltet wird.[19] Der reale Einfluss der

19 | Mit dieser Ansicht steht Galbraith nicht alleine: »In natural science, what is thought is built upon what is seen; but in economics, what is seen is built upon what is thought.« (Shackle, *Epistemics and Economics*, S. 66); zu dieser These ausführlicher Warren J. Samuels, »Galbraith on Economics as a System of Professional Belief«, in: *Journal of Post Keynesian Economics*, 7, No. 1 (1984): 67-76.

Ökonomik auf Ökonomie und Gesellschaft wird dadurch noch verstärkt, meint Galbraith. Denn so werde der Ökonomik zunächst von ihren Vertretern und sodann auch seitens der Gesellschaft zu wenig Skepsis entgegengebracht. Ihre Empfehlungen gälten eben als »wissenschaftlich« und mithin als überparteilich. Für die soziale Verantwortung der Wirtschaftswissenschaftler ist das misslich: Je weniger sich nämlich die Ökonomik als wirklichkeitsgestaltend wahrnimmt, um so gleichgültiger gegenüber den gesellschaftlichen Konsequenzen ihrer Ratschläge wird sie verfahren. Sie hat ja die wirtschaftlichen »Gesetze« – so lässt man sich und andere gerne glauben – nur verkündet, nicht gemacht.

Da aber wirtschaftspolitische Handlungsempfehlungen sich auf wirtschaftstheoretische Beschreibungen stützen, gelte es, so Galbraith, die Ökonomik als selbstkritische Sozialwissenschaft neu zu konzipieren, um ihren demokratisch verantworteten Gebrauch zu ermöglichen.[20] Viele Ökonomen halten dem entgegen, man wolle – und könne – doch nicht Wertwissenschaft betreiben. Im Gefolge des *Werturteilsstreits* zu Anfang des 20. Jahrhunderts hat sich die Mehrheit der Ökonomen der Ansicht angeschlossen, die Wirtschaftswissenschaften hätten nicht über die Ziele des Wirtschaftens zu befinden, sondern dienten allein einer Aufklärung über den bei gesetzten Zwecken intelligentesten Gebrauch vielfach verwendbarer, knapper Mittel.[21] Bis heute verweigern deshalb viele Ökonomen einen Diskurs über die angemessenen (individuellen wie gesellschaftlichen) Zwecke wirtschaftlichen Handelns. Legitimiert wird dies zumeist mit einer sich bescheiden gebenden Abstinenz von Letztbegründungen und/oder einem schneidigen Verweis auf die nicht quantifizierbare Natur der in Zielfestlegungen unweigerlich zum Zuge kommenden qualitativen Wertungen.

Galbraith zufolge befindet sich die Ökonomik dabei in einer gefährlichen Selbsttäuschung. Auch wenn sie explizite (kategorische) Orientierungen vermeidet, so muss sich Wirtschaftswissenschaft doch wenigstens implizit (hypothetisch) auf bestimmte Ziele und Messgrößen ausrichten, um auch nur einfachste strategische Empfehlungen sowie eine ihre Teildisziplinen integrierende Forschungsperspektive zu formulieren. Das geschieht natürlich auch, und so optieren die Wirtschaftswissenschaften generell für ein »Mehr« (in Fragen der Güterversorgung, Produktion, Beschäftigung etc.) gegenüber einem

20 | Ähnlich auch: Kenneth E. Boulding, »Economics as a Moral Science«, in: *The American Economic Review*, 59, No. 1 (1969): S. 1-12.

21 | Vgl. etwa in der zum Klassiker avancierten Formulierung von Lionel Robbins: »Economics is the science which studies human behavior as a relationship between ends and scarce means which have alternative uses« (Lionel Robbins, *An Essay on the Nature and Significance of Economic Science*, New York 1932, S. 16). Siehe auch Milton Friedman (Hg.), *Essays in Positive Economics*, Chicago 1953, S. 3-43.

»Weniger« (NIS 408). In der Tat: Dass volkswirtschaftlicher Erfolg allein anhand des Bruttoinlandprodukts und betriebswirtschaftlicher Erfolg lediglich anhand eines Plus in der »bottom line« evaluiert wurde, ist so lange noch nicht her.

Im Schutze der Behauptung, Ökonomik stelle sicher, dass der Gesellschaft hinreichende Mittel zu den von ihr verfolgten Zwecken zur Verfügung stünden, avanciert das *Produktionswachstum* zum heimlichen Ziel der ökonomischen Theorie und Praxis. Aus einer Arbeitshypothese wird flugs ein unheimlicher wirtschaftspolitischer Imperativ. Die dabei zu Grunde gelegte *quantitative* Prämisse, dass menschlichen Zwecken samt und sonders eher durch ein »Mehr« als durch ein »Weniger« an materiellen Gütern gedient sei, übersetzt sich jedoch in eine *qualitative* Abwertung alternativer Zielvorgaben. Wirtschaftswissenschaftler unterziehen etwa politische Optionen einer *cost/benefit*-Analyse und raten typischerweise von allem ab, was mehr kostet als einbringt. Dass allerdings in die ökonometrische Bewertung nur solche Aspekte einfließen, die sich quantitativ messen lassen, bringt derartige Entscheidungsprozesse in eine materialistische Schieflage. Ideelle Gebilde lassen sich zumeist weit schlechter quantifizieren als körperliche Dinge. Sinn und Bedeutung unverzweckter natürlicher wie kultureller Räume gehen in ökonomische Wertkalküle nur vermindert ein. Sie finden folglich weniger Berücksichtigung. Allein darum schon solle die Gesellschaft Ökonomen nicht zum »highest arbiter of social policy« ausrufen (NIS 408).

Die Fokussierung auf mehr und mehr Produktion und folglich, um diese abzusetzen, auf immer extensiveren und intensiveren Konsum drängt alternative Lebensentwürfe zurück: Ziele wie »more sharing of work«, »more relaxed conditions of toil or less air and water pollution«, »a larger amount of leisure« etc., die unter anderem auf eine Drosselung der Produktionszuwächse angewiesen wären (NIS 408), fallen dieser Festlegung automatisch zum Opfer. Denn in der Optik des Bruttoinlandsprodukts kann ein Gewinn an Muße nicht gemessen werden, wohl aber ein Zuwachs an Gütern in Privatbesitz. So wird ökonometrisch der private Kauf und Betrieb eines Autos gesellschaftlichem Wohlfahrtsgewinn gleichgesetzt. Auch noch eine absurd hohe Dichte an Privatfahrzeugen führt durch die anfallenden Regelungsaufgaben (Verwaltung, Verkehrssicherheit), die nötige Infrastruktur (Straßenbau, Regelungstechnik), den erhöhten Rohstoffverbrauch und Schadensbeseitigungsmaßnahmen (Unfallkosten, Umweltschäden) zu einem gesteigerten Bruttoinlandsprodukt (EPL 100). Wem aber wäre damit gedient?

Die Abstraktion der Ökonomie von ihrer humanen Zielbestimmung führt also zu einem »progress toward the wrong goals« (NIS 409). Deshalb plädiert Galbraith dafür, dass sich eine Gesellschaft ihre moralischen, ästhetischen und politischen Werte ökonomischen Wohlstand kosten lassen solle (EPL 104). Zwar werden in sehr armen Ländern die im engeren Sinne ökonomischen Ziele auch die politisch vordringlichen sein; jede Gesellschaft hat schließlich ihren Mitgliedern die Lebensgrundlagen zu sichern. Je wohlhabender eine Gesellschaft aber ist, desto weniger sollte sie Politik und Kultur dem Imperativ eines ungebremsten ökonomischen Wachstums unterwerfen. Zusehends müssten Fragen der Lebensqualität Vorrang vor rein quantitativen Zwecksetzungen erhalten (EPL 98). Letztlich ist der Mensch der Zweck der Wirtschaft – und nicht umgekehrt (EPL 101). Deshalb plädiert Galbraith dafür, die Wirtschaftswissenschaft für den gesellschaftlichen Diskurs um das gute Leben zu öffnen und eine wert- und umweltbezogene Ökonomik zu entwickeln (NIS 407).

Dem setzt die ökonomische Zunft noch immer Widerstand entgegen. Mit einer Depotenzierung rein wirtschaftlicher Werte im Rahmen der gesellschaftlichen Prioritätensetzung geht zwangsläufig ein Bedeutungsverlust hergebrachten ökonomischen Wissens einher. Ökonomen aber wollen nicht obsolet werden (EPL 93) und hielten, mutmaßt Galbraith, vielleicht deshalb so hartnäckig am Wachstumsparadigma fest (EPL 95); ein Trend, der durch die zunehmende Privatisierung des akademischen Sektors noch verstärkt werde. Etliche Ökonomen erhalten heute ihr Brot – oder doch wenigstens ein sehr üppiges Zubrot – aus der Privatwirtschaft (NIS 373). Neben der in allen Wissenschaften zu beobachtenden Tendenz, dem akzeptierten Wissen den Vorzug vor unbequemen Neuerungen zu geben, würden manche Wirtschaftswissenschaftler vom Aussprechen unbequemer Wahrheiten zudem noch durch die Neigung zurückgehalten, nicht die Hand zu beißen, von der man gefüttert wird (AP 130).

Die größte Chance für eine Abkehr von der Vergötterung des Produktionszuwachses liegt darum in einem allseits bemerkten Scheitern des vorherrschenden Paradigmas. Insofern die Ökonomik letzten Endes an der Praktikabilität ihrer Handlungsempfehlungen gemessen wird, kann sie ein bestimmtes Maß an Realitätsferne und Steuerungsversagen nicht unbeschadet überstehen. Wenn der Lauf der Welt die »conventional wisdom« des Faches so nachdrücklich Lügen straft, dass Aussicht besteht, mit dem Ruf nach Reform akademische Karriere zu machen, werden sich zusehends mehr Ökonomen für einen Paradigmenwechsel erwärmen. Der »march of events« (AS 13) könne zuletzt erzwingen, was bisher für kollegiale Kritik und gute Worte nicht zu haben ist: die Ablösung des neoklassischen Evangeliums des Marktes.

4.1.3 Kritik der neoklassischen Wirtschaftswissenschaft

Der Kunde ist König! – so lautet die Fundamentalthese von Ökonomen, die glauben, dass marktwirtschaftliche Handlungsabläufe stets und allein »von unten«, d.h. von der freien Wahl des Konsumenten und mithin quasi-demokratisch gesteuert werden (NIS 210). Die philosophischen Grundlagen jener Ansicht stammen von Jeremy Bentham (1748-1832) und James Mill (1773-1836).

Ihre ökonomische Ausarbeitung beginnt unter David Ricardo (1772-1823). Kanonische Gestalt erfährt sie bei Ludwig von Mises (1881-1973) und ihre Absicherung gegen widerstreitende Erfahrung mithilfe der *revealed preference theory* sodann bei Paul Samuelson (1915-2009). Man muss diese Denkbewegung vor Augen haben, um zu verstehen, warum genau Galbraith mit der neoklassischen Ökonomik so hart ins Gericht geht. Im Kern geht es um die philosophische Grundentscheidung, die althergebrachte Debatte um das (objektiv) Gute aus dem Forschungsfeld der Ökonomik zu verbannen. Gut ist, – so der britische Utilitarismus unisono mit der etwa später kommenden österreichischen Grenznutzenschule –, was man (subjektiv) dafür hält. Ende der Debatte. In den famosen Worten von Bentham: »Prejudice apart, the game of push-pin is of equal value with the arts and sciences of music and poetry. If the game of push-pin furnish more pleasure, it is more valuable than either.«[22]

Was folgt? Da niemand so gut wie das betroffene Subjekt selbst von seinen Vorstellungen vom Guten Kenntnis hat, muss jede von außen kommende Verhaltenssteuerung notwendigerweise suboptimale Ergebnisse liefern. Sofern man wie Bentham und seine Nachfolger das Gemeinwohl kurzerhand mit der Summe des Wohlbefindens aller Einzelnen gleichsetzt, müssen solche Eingriffe das Gemeinwohl beeinträchtigen. Das paradoxe Resultat: Wer das Gemeinwohl fördern will, wird ihm schaden; nutzen kann ihm nur, wer die Individuen an ihre Eigeninteressen verweist. Unter dieser Voraussetzung können Beschränkungen individueller Freizügigkeit überhaupt nur legitimiert werden, insofern man sie den betroffenen Subjekten als rational sinnvoller Umweg zum eigenen Wohlbefinden nahebringt – wie zum Beispiel rechtliche Koordinationsregeln, die, obschon bisweilen lästig, doch anerkanntermaßen Konflikte vermeiden helfen. Politik als weise Staatskunst hat ausgedient. Es muss lediglich sichergestellt werden, dass die Individuen durch ihre Stimmabgaben die politischen Gestalter dahingehend dirigieren können, dass sie beziehungsweise ihre Präferenzen den Souverän spielen. Die beste Politik wäre demnach diejenige, welche das denkbare Maximum an Wahlfreiheit durch ein Minimum an Willkürbeschränkungen erreicht. *Voilá*, die Theorie quantitativer Freiheit auf utilitaristischer Grundlage.[23]

Parallel zu diesem Politikverständnis formuliert die moderne Ökonomik ihre Theorie der »*consumer sovereignity*«, derzufolge die Wirtschaft ganz und allein vom Konsumenten durch die Abgabe seiner Kaufentscheidungen gelenkt wird (NIS 211). Seinem individuellen Nutzen nachstrebend kauft der Einzelne, was ihm (relativ am meisten) gefällt – und informiert damit den Markt, welche

---

22 | Jeremy Bentham und John Bowring, *The Works of Jeremy Bentham*, New York 1962, Bd. II, S. 253f.

23 | Vgl. Conrad Waligorski, *The Political Theory of Conservative Economists*, Lawrence, Kansas 1990.

Bedürfnisse (relativ am dringlichsten) zu erfüllen sind. Nur der Konsument selbst verfügt über eine intime Kenntnis des Katalogs seiner Bedürfnisse. Er allein wird darum seine Geldmittel optimal einsetzen und zwar stets so, dass die Grenznutzen aller von ihm erworbenen Güter einander gleichen: Man wird also zum Beispiel nicht so unverständig sein, noch eine zusätzliche Einheit Salz zu kaufen, wenn stattdessen ein Anstieg des heimischen Zuckervorrats zu höherem Glück verhilft. Jede Einmischung in individuelle Kaufentscheidungen von Seiten der Regierung muss jenes Grenznutzenkalkül verzerren und wird insofern *per definitionem* die Ressourcen des Individuums weniger effizient verteilen, mithin deren Glück und folglich die als deren Summe definierte Wohlfahrt der Gesellschaft mindern (NIS 213). Man sollte folglich die Wirtschaft einfach machen lassen (*laissez faire*) und sich nicht seitens der Politik in das Marktgeschehen einmischen.

Folgen wir dem Modell noch einige Schritte weiter: Die Unternehmen werden durch die Abgabe der in den Preisen kommunizierten Information ›gezwungen‹, sich an die Erfüllung der gesellschaftlich vorhandenen Bedürfnisse zu machen. Die Anbieter stehen ja miteinander im Wettbewerb. Um darin zu bestehen, erstreben sie die ständige Verbesserung und Vermehrung ihres Angebotes. Somit reinvestieren Unternehmer ihre Profite in neuere, effizientere Produktionstechnik. Und da die Konkurrenz mitzieht, gilt es Profite zu maximieren, um so beim Wettlauf um die beste Technik vorne zu liegen. Stetig sinken daher die Stückkosten, und diese Ersparnis wird aufgrund von Anbieterkonkurrenz an die Konsumenten in Form sinkender Preise weitergegeben. Im Endeffekt bietet der Markt also zum jeweils günstigsten Preis genau das feil, was Konsumenten am meisten wünschen, und jeder erlangt folglich das höchstmögliche Maximum an Nutzen: Der ungehemmte Kapitalismus schafft die beste aller Welten.

Diese Modell funktioniert sogar bisweilen, etwa wenn als Unternehmer Manufakturbesitzer im Stile des späten 18. Jahrhunderts auftreten, die mit Eigenkapital arbeiten. *Marktkonkurrenz* bewahrheitet dann das »Saysche Gesetz«[24]: Wenn ein Gut überproduziert wird, bleibt dem Produzenten nichts anderes zu tun übrig, als dessen Preis immer weiter zu senken, bis es wieder Abnehmer findet. Der fallende Preis kommuniziert anderen Produzenten, dass sich ein Investment in dieses Gut nicht lohnt. Überproduktion wird abgebaut; alsbald herrscht ein erneutes Gleichgewicht aus Angebot und Nachfrage (NIS 220). Alle sind zufrieden.

Ähnlich gelingt die *geldpolitische Steuerung* des unternehmerischen Handelns zu wohlfahrtsdienlichen Zwecken. Wenn der Staat zur Abkühlung einer

24 | Vgl. Jean-Baptiste Say, *Traité d'économie politique, ou simple exposition de la manière dont se forment, se distribuent, et se composent les richesses*, Paris 1803, S. 138f.

überhitzten Spekulation künstlich die Geldmenge verknappt, bekommen Unternehmer am Geldmarkt aufgrund gestiegener Zinssätze Investivkapital nur noch gegen erhöhte Preise. Etliche zuvor noch marginal profitable Investitionen rentieren sich fortan nicht mehr und unterbleiben folglich. Der Markt kühlt sich ab. Es herrscht erneut Harmonie.

Galbraith bestreitet nicht, dass selbst heute noch Märkte existieren, die dem nahekommen: der kommunale Gemüsemarkt lokaler Anbieter etwa. Er behauptet aber, dass im Rahmen industrieller und post-industrieller Produktion durchaus nicht jene »accepted sequence« einer »Wirtschaftssteuerung von unten« abläuft. Vielmehr ist eine »revised sequence« zu beobachten, derzufolge die wesentliche Lenkungskraft nicht bei Konsumenten, sondern bei den Unternehmen liegt (NIS 212ff.). Nicht mehr die isolierte Wahlfreiheit der Abnehmer, sondern die organisierte Macht der Anbieter gibt den Takt vor, was natürlich die Einschätzung verändert, ob die Politik die im Markt verkörperte Freiheit mit Samthandschuhen anfassen sollte oder nicht. Denn nun geht es ja nicht länger um ein Mehr oder Weniger an wirtschaftlicher Freiheit schlechthin, sondern um eine Abwägung, entweder der Freiheit der Konsumenten oder der Freiheit der Unternehmen Vorzug zu erteilen.

Die Gründe für die historische Verlagerung der Marktmacht von Konsumenten zu Produzenten sind praktischer Natur: Durch fortlaufende Modernisierung haben sich die industrielle Güterproduktion und ihr Absatz in den vergangenen Jahrzehnten radikal verändert. Vermehrter Einsatz von Technologie führte zu einem stark gestiegenen Bedarf an Kapital und qualifiziertem Personal. Zugleich haben sich Produktionsvorlaufzeiten und Planungsbedarf erheblich erhöht. Ein Flugzeugträger etwa wird mit einem ungleich höheren technischen, personellen und finanziellen Aufwand produziert als eine Pferdekutsche. Das zieht wichtige betriebs- und volkswirtschaftliche Konsequenzen nach sich, die ihrerseits wirtschaftspolitisch aufgefangen werden müssen (AP 141).

Die Unternehmen haben auf die Komplexitätszunahme im Produktionssektor mit einer internen funktionalen Ausdifferenzierung reagiert. Statt wie seinerzeit beim privaten Kapitalgeber, der als Unternehmenseigner, Erfinder und Entscheider zugleich wirkte, liegt heute die *finanzielle* Last bei den Anteilseignern, die *technische* Konstruktion bei einem Stab von Spezialisten und die *personelle* Unternehmensführung beim Management. Die Entscheider im modernen Großunternehmen unterliegen finanziellen Zwängen weit weniger als ein Privatkapitalist. Sie haften nicht oder nur geringfügig für das Unternehmen, und allein das schon verändert ihre Einstellung zu Profitmaximierung und Unternehmensführung (EPP 266). So kann das Management oft ungestraft von dem neoklassischen Postulat abweichen, sein Einkommen proportional am jeweiligen Unternehmensprofit auszurichten, und stattdessen einfach dessen Höhe und Zusammensetzung diskret für sich selbst verabschieden (EIF 27). Das hilft, meint Galbraith, das allseits diskutierte Phänomen zu erklären, dass CEO-Gehälter in aller Regel auch dann noch steigen, wenn Unternehmen in den Bilanzen abstürzen (CC 74).

Die Anteilseigner, denen rechtlich gesehen ja das Unternehmen gehört, sind vielleicht frustiert, aber zumeist machtlos.[25] Das erzwingt eine Neubewertung des Begriffs unternehmerischer Freiheit (EIF 31). Wenn, anders als von der Neoklassik angenommen, die Manager nicht durch die Gehaltsschraube zu ganz bestimmtem Handeln genötigt werden, wie beeinflusst man sie dann? Außerhalb mathematischer Idealwelten haben Manager sehr reale Handlungsspielräume,[26] welche sie, Galbraith zufolge, dafür nutzen, korporative sowie gesellschaftliche Rollenerwartungen zu erfüllen (*identification*) oder auch das Unternehmen ihren Eigeninteressen anzupassen (*adaptation*).[27]

Die neoklassische Theorie hat sich solcher Phänomene lange Zeit nicht thematisiert. Einmal sind solche Maximen »not easily adapted to the simplifications of mathematics and symbolic logic« (NIS 146). Zum anderen vereiteln sie das Argument, Unternehmen könnten allein schon deshalb keine moralische Verantwortung für ihr Handeln übernehmen, weil ihnen (durch Markt und Anteilseigner bedrängt) dazu die Freiheit fehle. Anzuerkennen indes, dass das Management sehr wohl in der Lage ist, Eigeninteressen zu verfolgen, heißt nicht nur, das neoklassische Dogma infrage zu stellen, dass private Unternehmen ihre Konsumenten jederzeit zu einem Minimum gesellschaftlicher Kosten mit einem Optimum an Qualität versorgen. Es heißt auch zuzugeben: Wo die Freiheit zum egoistischen Abweichen von der Maximierungslogik besteht, gibt es auch eine Freiheit zum sozial orientierten Handeln. Kurz: Freiheit begründet die Verpflichtung zu ihrem verantwortlichen Gebrauch.

Die Forderung nach *Corporate Social Responsibility* ist also nicht, wie noch Milton Friedman glauben machte,[28] ein unbotmäßiger Angriff auf die Profitabilität des Unternehmens und mithin auf die Rechte seiner Anteilseigner und

25 | Vgl. Richard Michael Cyert und James G. March., *A Behavioral Theory of the Firm*, Cambridge, Massachusetts 1992; Robin Lapthorn Marris, *The Economic Theory of »Managerial« Capitalism*, London 1964; Michael Useem, *Investor Capitalism: How Money Managers are Changing the Face of Corporate America*, New York 1996.

26 | Vgl. Stephen A. Marglin, »John Kenneth Galbraith and the Myths of Economics«, in: Helen Sasson, Derek Curtis Bok und Andrea D. Williams (Hg.), *Between Friends: Perspectives on John Kenneth Galbraith*, Boston 1999, S. 114-138, insbesondere 134.

27 | Vgl. Oliver E. Williamson, *Corporate Control and Business Behavior: An Inquiry into the Effects of Organization Form on Enterprise Behavior*, Englewood Cliffs, New Jersey 1970; Adrian Wood, *A Theory of Profits*, Cambridge, England 1975; Harvey Leibenstein, *Inside the Firm: The Inefficiencies of Hierarchy*, Cambridge, Massachusetts 1987.

28 | Vgl. Milton F. Friedman, »The Social Responsibility of Business Is to Increase Its Profits«, *in: New York Times Magazine*, Heft 33, 13. September 1970.

die Interessen seiner Kunden, sondern zunächst einmal Ausdruck gesellschaftlich verantworteter unternehmerischer Freiheit. Galbraith zeigt überdies, wie diese Sicht der Dinge nicht selten auch vom Management selbst geteilt wird. Die *corporate bureaucracy* in modernen Großunternehmen ist an der Stabilität ihrer Jobs und deshalb an deren gesellschaftlicher Akzeptanz interessiert. Ein aufgeklärt handelndes Management wird daher durchaus nicht immer Profite maximieren.[29] Denn allzu radikale Profitverfolgung bringt das Unternehmen dreifach in die Bredouille: Erstens kann sie einen existenzgefährdenden Verdrängungspreiskampf mit der Konkurrenz einleiten. Zweitens führt eine allzu aggressive Lohnpolitik (zur Kosteneinsparung) zum Konflikt mit der (oftmals organisierten, streitbaren) Arbeitnehmerschaft. Drittens, wenn das Unternehmen allzu rabiat Stakeholder-Interessen zugunsten der Bilanz aufopfert, bringt es schließlich auch den Gesetzgeber und die Gesellschaft insgesamt gegen sich auf.

All das gefährdet die langfristige Geschäftstätigkeit und damit die berufliche Sicherheit der Manager. Wenn aber das Unternehmen indes einer moderateren Gewinntätigkeit nachgeht, kann es friedlicher wachsen ohne Verdrängungswettbewerb, Straßenschlachten und Kulturkampf. Größenzuwachs sichert die berufliche Position der Manager; mit ihrem Personal wächst ihr Gehalt und Prestige. Mehr noch: Wo das Management die Anreize und Zielvorgaben seiner Stakeholder berücksichtigt, kann es Prozesskosten senken, Reputationsschäden verhindern und den Kooperationsnutzen seiner Mitarbeiter und Zulieferer erhöhen. Auch verschafft soziale Anerkennung einen höheren Kapitalzufluss. Der Erfolg des modernen Managements wird nicht zuletzt am Kapitalmarkt zusehends danach evaluiert, inwieweit sich die Unternehmenspraxis mit verbreiteten Wertvorstellungen in Einklang befindet. All das wirkt sich auch auf die Bilanz aus. Ethik kann sich also durchaus rentieren.[30] Entsprechend befinden sich managementgeleitete Unternehmen also keineswegs immer in Opposition zu Arbeitnehmerschaft und Öffentlichkeit. Unternehmerische Freiheit hat sich also in der managementgeführten Firma nicht verloren, sondern verwandelt. Galbraith liefert also mit seiner Theorie des modernen Großunternehmens wichtige theoretische Grundlagen für die heutige Debatte um *Corporate Social Responsibility, Corporate Citizenship, Social Entre-*

29 | Diese These hat bei ihrer Publikation zunächst heftigen Widerspruch ausgelöst. Vgl. Marris, *The Economic Theory of »Managerial« Capitalism*, S. 37-45; sowie Eli Goldston und Harold Demsetz, »Discussion«, in: *The American Economic Review*, 60, No. 2 (1970): 479-484, S. 481ff. Sie wurde aber schon wenig später empirisch und analytisch unterstützt: vgl. Williamson, *Corporate Control and Business Behavior*, S. 93ff.

30 | Vgl. Geoffrey M. Heal, *When Principles Pay: Corporate Social Responsibility and the Bottom Line*, New York 2008; Simon More Elise Webley, *Does Business Ethics Pay? Ethics and Financial Performance*, London 2003.

preneurship etc., indem er erklärt, warum es sich für Firmen rechnen kann, zugunsten einer sozial sowie ökologisch nachhaltigen Unternehmenspolitik vom Grundsatz kurzfristiger Profitmaximierung abzurücken.[31]

Doch nicht alles steht zum Besten. Die Handlungsspielräume des Managements können auch weniger artig genutzt werden – auch dafür bietet die heutige Wirtschaftslage etliche Anreize. Says Gesetz, dass bei sinkenden Preisen jede Ware letztlich ihren Abnehmer findet, mag noch für knappe Bedarfsgüter gelten. Heute allerdings findet Handel zunehmend in Waren statt, die der Käufer nicht dringlich braucht wie Prestigegüter, Markenartikel und Unterhaltungselektronik. Die subjektive Meinung, die der Käufer über sein Vermögen und über die Welt im allgemeinen hegt, beeinflusst erheblich die Nachfrage solcher Güter und macht so einen Teil ihres objektiven Verkehrswertes aus. Man kauft aufgrund einer Liquiditätspräferenz oftmals auch – und bisweilen gerade dann – *nicht*, wenn Preise sinken. Jedoch können sich moderne Unternehmen ungleich schwerer als ihre frühkapitalistischen Vorläufer auf Schwankungen der Nachfrage einstellen. Anders als in der präindustriellen Ära lassen sich Nachfrageschwankungen bei planungs- und kapitalintensiven Industriegütern (wie zum Beispiel Autos) weder durch drastische Änderungen der Menge oder Art der Produktion noch über radikale Preissenkungen abfangen. Sowohl von Konsumenten- als auch von Unternehmerseite aus wird also dem von Say postulierten Marktgehorsam getrotzt.

Wo aber Unternehmen eher auf eine Stabilisierung der Nachfrage denn auf maximale Profite setzen, müssen sie auf die individuelle wie gesamtgesellschaftliche Abnahme Einfluss nehmen. Es liegt im systemischen Interesse der Unternehmen, die ›freie‹ Kaufentscheidung des Einzelnen zu manipulieren und die von der Neoklassik aufs Podest gehobene Konsumentensouveränität zu untergraben. Werbung gäbe es nicht, wäre sie gänzlich erfolglos. Wer dennoch die These von der »consumer sovereignity« aufrechterhalten will, muss konsequentermaßen behaupten, Werbung wirke lediglich informativ – etwa indem sie die *Rationalität* (im Nutzenkalkül) der Kaufentscheidungen durch produktrelevante Information erhöhe. Aber brüsten sich Werbefachleute nicht gerade damit, *suggestiv* und über Appelle an unsere *irrationalen* Motivationskräfte zu wirken, um vorhandene Bedürfnisse zu verstärken sowie neuartige zu schaffen (EIF 35)?

So wird Konsumentensouveränität gleich zweifach untergraben: einmal, offensichtlich, bei der einzelnen Kaufentscheidung: Wenn etwa ein einkommensschwacher Bürger zu der Überzeugung gelangt, seine begrenzten finan-

31 | Vgl. Stephen Dunn, »John Kenneth Galbraith and the Multinational Corporation. (The New Industrial State)«, in: *Challenge*, 48, No. 2 (2005): 90-112; John Adams, »Galbraith on Economic Development«, in: *Journal of Post Keynesian Economics*, 7, No. 1 (1984): 91-102.

ziellen Mittel statt auf gesunde Nahrung lieber in eine Designersonnenbrille zu investieren, befriedigt er auf Kosten natürlichen Bedarfs ein künstlich geschaffenes Bedürfnis. Neoklassische Ökonomik findet das unproblematisch. Aufgrund ihrer Abstraktion von qualitativen Wertfragen stellt sie künstlich erzeugte Bedürfnisse allen anderen Präferenzen gleich.[32] Aber selbst in massiv von Werbung überzogenen Gesellschaften führt der Konsum von Luxusgütern verglichen mit Gütern des Grundbedarfs nur selten zu gleichen Befriedigungskurven. Doch auch falls dies *deskriptiv* einmal anders ausfiele, bleibt doch die *normative* Frage bestehen, ob die Gesellschaft das eine dem anderen gleichstellen solle; besonders, wenn Luxusgüterbefriedigung auf Kosten öffentlicher Güter geht oder anderweitige Opportunitätskosten mit sich bringt (AS 128). Nur durch Werbung absetzbare Produkte haben schließlich einen steil abfallenden Grenznutzen, denn »since the demand [...] would not exist, were it not contrived, its utility or urgency, *ex contrivance*, is zero.« (AS 131) Die Produktion schlechthin ›unnützer‹ Güter steht jedoch in krassem Widerspruch zum neoklassischen Postulat, dass deregulierte Wirtschaftstätigkeit automatisch zur maximalen Effizienz gesellschaftlicher Ressourcennutzung führe (AS 129). Sie verschwendet anderweitig nutzbare Mittel und reduziert somit die ökonomische Freiheit der Bevölkerung insgesamt.[33]

Aber – argumentieren Verteidiger des *status quo* – könnten wir uns nicht vom Marketing emanzipieren und den Kauf noch so viel beworbener Produkte

32 | Vgl. George J. Stigler und Gary S. Becker, »De Gustibus non est et disputandum«, in: *American Economic Review*, 67, No. 2 (1977): 76-90; dagegen: Kenneth E. Boulding, »The Economics of Pride and Shame«, in: *Atlantic Economic Journal*, 15 (1987): 10-19, S. 10-19.

33 | Aus diesem Grunde halte ich die Galbraith von Jean Baudrillard entgegengebrachte Kritik für verfehlt, dieser folge einem naiv-naturalistischen oder/und einem gleichermaßen naiv-idealistischen Wertbegriff (siehe: Jean Baudrillard, *La société de consommation: ses mythes, ses structures*, Paris 1970, S. 17-26). In seiner Rolle als Ratgeber einer sich diskursiv konstruierenden politischen Öffentlichkeit empfiehlt Galbraith, was er für gut und richtig erachtet - in diesem Fall eine Anlehnung an biologisch gegebene oder vernünftig begründete Bedürfnisse. Konkre tritt er dafür ein, in der gesellschaftlich zu erarbeitenden Prioritätsordnung für die Wirtschaft das Beheben von Hunger und Not als ein gegenüber dem Verlangen nach Luxusgütern vorrangig zu befriedigendes Bedürfnis anzuerkennen. Der darin liegende Appell an Natur und Verunft ist indes nicht wertnaturalistisch vorgetragen, sondern politisch. Galbraith empfiehlt der gesellschaftlichen Debatte eine solche Orientierung, oktroyiert sie ihr aber nicht metaphysisch, während umgekehrt die neoklassisch-neoliberale Lehre einen solchen Diskurs über die Qualität von Freiheit durch eine Absolutsetzung quantitativer Freiheit verweigert. Einen dem Galbraithschen sehr ähnlichen Begriff humaner Grundbedürfnisse verwendet im übrigen bereits John Maynard Keynes in: *Essays in Persuasion*, London 1931, S. 358-373.

verweigern? Schon, bisweilen. Jedoch noch auf einer anderen, subtileren Ebene beeinträchtigt das ungehemmte Einwirken von Suggestivwerbung die individuelle wie gesellschaftliche Autonomie; insofern nämlich, als es die gesellschaftlichen Voraussetzungen vernünftiger Selbstorientierung angreift. Die eigenen Präferenzen kritisch zu evaluieren, ist schließlich kein angeborenes, sondern ein herangebildetes Vermögen des mündigen Subjekts, das kulturell begünstigt oder beeinträchtigt werden kann. Nun lässt sich aber über den Zuwachs an Lebensqualität durch eine immer weiter ausdifferenzierte Produktquantität wenig Wahres sagen, also hat die zum Kaufen verführen müssende Werbung eben viel zu lügen. »Social distinction must be associated with [...] a swimming pool, sexual fulfilment with a particular shape of automobile, social acceptance with a hair oil or mouthwash, improved health with a hand lotion [...].« (EPL 104)

In einer Gesellschaft, in der alle öffentlichen Räume von Botschaften überflutet werden, die im Konsumieren die Antwort auf alle Lebensfragen versprechen, hat es ein an Wahrhaftigkeit ausgerichteter Diskurs um das gute Leben schwer. Dies untergräbt die kulturellen Voraussetzungen moralischer und politischer Autonomie.[34] Zudem ruiniert die Verstellung aller natürlichen wie künstlichen Räume mit Konsumappellen die Chancen einer in humaner Ästhetik gestalteten Lebensumwelt. Je mehr wir unsere Lebenswelt dem Diktat kommerzieller Bedürfnisse, bequemen Konsums und effektiver Produktbewerbung unterwerfen, desto hässlicher wird sie (EPL 104); ein grässlicher Troll, der da im Gewande wirtschaftlicher Freiheit daherkommt.

Zwar begehrt die Bevölkerung immer lauter, vor ungewollter Beeinflussung, gefährlichen Produkten, vermeidbarer Umweltbelastung und der Mühsal unnötiger Produktionsprozesse geschützt zu werden. Doch ironischerweise wird das gerade von einer Ökonomik ignoriert, die sich methodologisch ganz und gar am Individuum ausrichtet. Die Neoklassik deutet das explizite Schutzverlangen des Bürgers kurzerhand als Wunsch nach Paternalismus um, dem nachzugeben – so Mises, Hayek, Friedman, Stigler, Becker und viele andere mehr – eine unzulässige Abkehr vom Prinzip der Freiheit bedeute. Der *bewusste* Gebrauch, den die Bürger von ihrer qualitativen Meinungsäußerungsfreiheit machen, wird also abgewertet im Namen eines ihnen bloß unterstellten (und von vielen sehr bewusst bestrittenen) *unbewussten* Verlangens nach quantitativ grenzenloser Konsumfreiheit. Ein Schelm, wer Böses dabei denkt.

34 | Zustimmend und das Galbraith'sche Argument ausweitend Richard L. Lippke, »Advertising and the Social Conditions of Autonomy«, in: *Business & Professional Ethics Journal*, 8, No. 4 (1989): 35-58; ähnlich Roger Crisp, »Persuasive Advertising, Autonomy, and the Creation of Desire«, in: *Journal of Business Ethics*, 6, No. 5: 413-418; sowie Vance Packard, *The Hidden Persuaders*, Brooklyn, New York 2007.

Paul Samuelsons Theorie der »*revealed preferences*« etwa verkündet (ausführlicher dazu im anschließenden Sen-Kapitel), dass unser Kaufverhalten enthüllt, was wir jeweils am meisten erstreben, ansonsten würden wir – als definitionsgemäß rationale Konsumenten – ja etwas anderes erwerben. Zu sagen, der Bürger segne den ihm aufgeschwatzten Konsum mit seinen Kaufentscheidungen ab, da er mit diesen ja affirmativ auf Werbungsbotschaften reagiere, gleicht jedoch einem Schildbürgerstreich. Ebenso gut, spottet Galbraith, könne man einen Mann mit einer Axt zu Boden strecken und dann behaupten, dies wäre ganz offensichtlich, wonach er sich gesehnt hätte: schließlich habe er ja deutlich auf den ihm verabreichten Impuls reagiert (NIS 349).

Lieber sollten wir den Mythos aufheben, unser heutiges Wirtschaftssystem beruhe ganz und gar auf Konsumentensouveränität (NIS 218). Solange nämlich die Illusion fortbesteht, dass das marktwirtschaftliche System lediglich neutral die aggregierten Freiheitsentscheidungen aller beteiligten Individuen ausdrückt, kommt den bestehenden Verhältnissen eine pseudoliberale Scheinlegitimität zu. Diese steht politischen Reformen im Weg; zum Nachteil des Gemeinwohls – sowie zum Vorteil einiger Privilegierter. So kulminiert Galbraith' Kritik der neoklassischen Mikroökonomik in der Forderung nach einer wirtschaftsphilosophischen Selbstaufklärung der Gesellschaft, die einer autonomen politischen Qualifizierung ihrer gesellschaftlichen Freiheiten den Weg ebnen soll.

4.1.4 Kritik der neoliberalen Wirtschaftspolitik

Das moderne Unternehmen verfolgt systembedingt gewisse Eigeninteressen, die nicht automatisch mit dem Gemeinwohl konvergieren. Statt innerhalb mathematischer Idealwelten von fiktiven Zwängen zur Profitmaximierung zu fabulieren, sollte die Ökonomik daher lieber die real existierende unternehmerische Freiheit studieren, meint Galbraith. Entgegen der Neoklassik sind Unternehmen ja keine Maschinen, deren Algorithmen außerhalb ihrer selbst zu analysieren und zu optimieren wären. Unternehmen sind vielmehr selbstbezügliche, ideengeleitete Entscheidungssysteme. Auch die Idee unternehmerischer Freiheit wirkt sich, je nachdem wie stark sie in den Köpfen von Managern verankert ist, auf deren Handeln aus. Indem die Wirtschaftswissenschaft steuert, inwieweit Freiheit und Verantwortung Bestandteil der ökonomischen Theoriebildung und Pädagogik sind, gestattet sie auch den Einfluss jener Ideen auf die Praxis mit.

Das zeigt sich am Beispiel des unternehmerischen Bestrebens, Planungsunsicherheiten durch Nachfragemanipulation zu minimieren. Marketing zielt ja nicht nur in Richtung auf den individuellen Kunden, sondern oft auch auf den Staat und die Gesellschaft insgesamt als Abnahmegaranten. Gefährlicher noch als ein Schwanken der Kaufneigungen vereinzelter Marktteilnehmer ist für viele Firmen ein Wegbrechen der gesamtgesellschaftlichen Nachfrage aufgrund von Rezession, Inflation etc. Also gilt es, die gesamtgesellschaftliche Kaufkraft und letztendlich die staatliche Wirtschaftspolitik insgesamt zu beeinflussen. Insbesondere hochtechnisierte industrielle Großunternehmen suchen deshalb die Nähe zum Staat: Sind Kapitalinvestitionen hoch und ist der Produktionserfolg unsicher – wie etwa bei neuen Rüstungstechnologien – mag sich der Hersteller kaum auf das Risiko einer ausbleibenden Abnahme einlassen. Wer etwa ein komplexes Raketenabfangsystem produziert, muss bei Strafe des Bankrotts wissen, dass er dafür einen sicheren Käufer hat. Man wird daher von Unternehmerseite mit allen erlaubten (und gegebenenfalls unerlaubten) Mitteln sicherstellen, dass der Staat langfristig eine vorhersehbare und möglichst steigende Gütermenge abnimmt (CC 136). Intime personelle Verflechtungen von Schwer- und Rüstungsindustrie mit der Politik bis hin zur Mitgestaltung der Außenpolitik seitens der industriellen Entscheider sind naheliegende Konsequenzen (EIF 54).

Wenn aber – was *mutatis mutandis* auch für andere kapitalintensive Sektoren (Fahrzeugindustrie, Baugewerbe) zu beobachten ist – die Politik bereits großflächig mit der Wirtschaft kooperiert, worauf läuft dann, fragt Galbraith, die neoklassisch-neoliberale Forderung eigentlich hinaus, dass sich die Politik aus der Wirtschaft heraushalten soll? Warum sollte der Zugriff der sichtbaren Hand der Demokratie auf eine Wirtschaft verweigert werden, die von den unsichtbaren Händen der Lobbyisten bereits nach Belieben geformt und geknetet wird? Wessen Freiheit und welche Freiheit wird da eigentlich geschützt und warum? Anders als die Neoklassik, welche Staat und Privatwirtschaft kategorial trennt und deshalb vor ihrer faktischen Annäherung gerne die Augen verschließt, sieht Galbraith die Überlappungen des öffentlichen und des privaten Sektors als die Regel, nicht die Ausnahme moderner Wirtschaftspraxis an und will die Firmen deshalb nicht in den politikfreien Raum entlassen (CC 75).

Betrachten wir den volkswirtschaftlichen Hintergrund dieses Arguments etwas näher: Konjunkturelle Krisen zeichnen die transformierten Strukturbedingungen der modernen Wirtschaft im Negativ nach. Einerseits ist es für jede technisch aufwendige Produktion vonnöten, dass seitens der Unternehmen viel gespart wird, damit die zurückgelegten Summen durch den Kreditmarkt an die Unternehmen übergeben und kostenintensive Investitionen getätigt werden können. Aber je mehr gespart wird, umso größer ist auch die Hebelwirkung auf das Wirtschaftsgeschehen, wenn jene Gelder einmal *nicht* in den Wirtschaftszyklus zurückgespeist werden (NIS 222).

Großunternehmen können auf reduzierte Nachfrage nur eingeschränkt preiselastisch reagieren. Neben den bereits beschriebenen produktionstechnischen Gründen liegt dies auch daran, dass der Aktienmarkt ein Absinken der Profitrate in aller Regel abstraft, und dass so das Unternehmen proportional zu den Anteilen, die es an sich selbst hält, an Investiv- und Deckungskapital verliert. Um Eigenkapital zu erhöhen, legt das Eigeninteresse des Managements es nahe, die Betriebskosten zu senken. Das kann durch Produktionsverknappung sowie die Entlassung von Arbeitskräften erreicht werden. Betriebswirtschaftlich rationales Handeln führt dann aber statt zur optimalen Allokation aller Ressourcen zu volkswirtschaftlich manifest nachteiligem Verhalten: Durch Arbeitslosigkeit und ausbleibende Lohnzahlungen sinkt die gesellschaftliche Kaufkraft weiter ab, was den Trend, aus dem die Absatzprobleme resultierten, noch verstärkt. Es kommt zu Unterbeschäftigungsgleichgewichten.[35]

Galbraith verficht darum eine antizyklische Wirtschaftspolitik. Anders als John Maynard Keynes (1883-1946) glaubt er aber nicht an den Segen von Arbeitsbeschaffungsmaßnahmen. Sie greifen zu langsam und lassen sich, einmal ins Leben gerufen, nicht mehr so leicht aus der Welt schaffen. Genau das setzte Keynes aber voraus: dass nämlich im Falle inflationärer Überhitzung der Staat die Konjunktur auch künstlich bremse. Geschieht dies nicht, kommt es langfristig zur Stagflation. Der Staat fährt darum besser, weil flexibler, meint Galbraith, wenn er mit dem beweglicheren Steuersystem operiert. Dieses vermag – sofern progressiv aufgebaut – als automatisches Konjunkturkorrektiv zu wirken. Bei progressiven Steuern kommt es, wann immer besonders hohe Gewinne auftreten, zu einer übermäßigen Abschöpfung seitens des Staates; eine konjunkturelle Überhitzung durch fortlaufende Reinvestitionen wird somit erschwert. Bleiben die Gewinne hingegen aus, sinken umgekehrt die steuerlichen Belastungen der Unternehmer überproportional und gleichen deren Verlust an Investivkraft partiell wieder aus (CCC 182).

Um Steuereinnahmen wieder in den Wirtschaftszyklus zurückfließen zu lassen, braucht es einen öffentlichen Sektor. Galbraith unterstreicht, dass die Zeiten im 20. Jahrhundert, in denen die öffentliche Hand intensiv im amerikanischen Wirtschaftsleben mitmischte (während des Zweiten Weltkrieges und beim Wettlauf zum Mond), zugleich diejenigen Epochen waren, in denen die amerikanische Wirtschaft am stärksten prosperierte. Heutzutage, notiert er, übernimmt jene konjunkturstabilisierende Wirkung die amerikanische Rüstungsproduktion (EPP 284f.). Man gebe also erst einmal die neoklassische Illusion auf, es handele sich bei der mit dem Regierungsapparat intim verflochtenen Militärwirtschaft und Schwerindustrie um nichts weiter als etwas (zu) groß geratene Privatunternehmungen mit zufälligerweise stets gefüllten Auftragsbüchern (AP 142). Dann falle nämlich auch die Konklusion weg, der Staat dürfe sich keinesfalls einmischen (EIF 54ff.). Falls mit dem Militärbudget der USA Wirtschaftspolitik gemacht wird, sollte diese auch demokratischer Kontrolle unterliegen. So könne man überdies den Militäretat schrittweise reduzieren und in Investitionen für zivile Forschung umlenken, die zur Stabilisierung

35 | Vgl. N. Gregory Romer David Mankiw (Hg.), *New Keynesian Economics*, Cambridge, Massachusetts 1991, S. 412.

der Konjunktur ebenso tauge, außenpolitisch aber weniger bedenkliche Resultate zeitige (NIS 229).

Generell, so Galbraith, gehe es darum, die in den Lehrbüchern gepredigte abstrakt-quantitative Freiheit eines virtuellen Konsumentenstaates in die konkret-qualitativen Freiheiten einer realen Bürgergesellschaft zu überführen. Die Wirtschaftsskandale der vergangenen Jahrzehnte zeigen indes, dass das Gegenteil passiert. Das Zusammenspiel von kreativen Buchhaltungskünstlern, achtlosen privaten Unternehmensprüfern und nachsichtigen öffentlichen Aufsichtsgremien konnte nur vonstatten gehen, weil es im Schlagschatten einer neoliberalen Politik und einer neoklassischen Wirtschaftstheorie operierte (EIF 50), die regulierende und kontrollierende Eingriffe prinzipiell als freiheitswidrig und effizienzmindernd ablehnt (EIF 8). Die augenfällige Koinzidenz zwischen der Deregulierung des amerikanischen Security-Sektors und dem darauf folgenden *savings and loans*-Debakel, zwischen der Deregulierung des Investment-Bankings und der sich anschließenden WorldCom-Pleite sowie zwischen der Deregulierung des Buchhaltungsrechts und dem Enron/Arthur-Andersen-Skandal drängt die Einsicht auf:[36] Regierung und Verwaltung verfahren keineswegs *per se* ineffizient, und umgekehrt stellen Unternehmen nicht *per se* produktive Gebilde dar, die man deshalb von jeder gesellschaftlichen Aufsicht entlasten muss. Weil aber, so Galbraith, den Vertretern der Neoklassik der freie Markt »a semireligious totem« ist (CC 135), verschließen sie die Augen davor, dass Unternehmen nur unter bestimmten, keineswegs immer gegebenen Voraussetzungen produktiv und gemeinwohlförderlich operieren.

Der Konflikt zwischen dem von Galbraith vertretenen Freiheitsbegriff, der nach der qualitativen Wertigkeit der gesellschaftlich erzeugten Freiheit fragt, und dem bloß quantitativ-ausgerichteten Freiheitsbegriff der Neoklassik findet besonders im Streit über Fiskalismus versus Monetarismus einen spannungsreichen Austrag. Anstelle einer antizyklischen Fiskalpolitik, die direkt den Bürgern nützt und nur indirekt (über eine steigende Gesamtnachfrage) den Unternehmen,[37] präferiert eine quantitativ-liberale Agenda Wirtschaftspolitik für monetaristische Maßnahmen, welche direkt allein den Unternehmen dienen (Planungssicherheit), deren gesteigerter Wohlstand allenfalls indirekt zur Be-

36 | Vgl. David Bailey, George Harte und Roger Sugden, »Corporate Disclosure and the Deregulation of International Investment«, in: *Accounting, Auditing and Accountability*, 13, No. 2 (2000): 197-218; Gerald Vinten, »The Corporate Governance Lessons of Enron«, in: *Corporate Governance: The International Journal of Business in Society*, 2, No. 4 (2002): 4-9; C. Richard Baker, »Investigating Enron As a Public Private Partnership«, in: *Accounting, Auditing and Accountability*, 16, No. 3 (2003): 446-466.

37 | Dazu auch: Giovanni Andrea Cornia, *Inequality, Growth and Poverty in an Era of Liberalization and Globalization* 2004, S. 3-26.

völkerung herabsickert (*trickle down-economics*).[38] In monetaristisch geführten Ökonomien verlieren die ärmeren Schichten nicht nur kontinuierlich an relativem Einkommen, sondern damit Zug um Zug auch an gesellschaftspolitischem Gewicht im Wettstreit um die öffentliche Meinung gegenüber einer aktiv Politikfinanzierung und Meinungsmache betreibenden Firmenwelt (EPP 255).

Besonders zynisch ist es daher, wenn – wie seitens der *Chicago School*-Ökonomen – monetaristische Politik unter der Fahne wirtschaftlicher Freiheit gegen fiskalistische Sozialpolitik antritt. Umgekehrt wird eher ein Schuh draus: »Income rising above the level of mere subsistence is [...] a liberating force. [...] It is one of the curiosities of much social comment that such welfare measures are regularly seen as limitations on freedom – the freedom presumptively inherent in the free enterprise system.« (AP 51) Ernsthafter Liberalismus schützt inbesondere die Freiheit der ökonomisch Schwachen (CCC 151).

Wo nicht »countervailing powers« (CCC 128) wie Gewerkschaften, Genossenschaften, kooperative Unternehmungen, wohltätige Vereine etc. für ein Wirtschaften sorgen, das den menschlichen Grundbedürfnissen Rechnung trägt, müssen rechtliche Institutionen, wie das Recht auf ein Mindesteinkommen (EPP 262) und Maßnahmen der »social security«, den Armen den Rücken stärken (AP 187). Wo derlei ausbleibt, werde die »social balance« verspielt; »private opulence« und »public squalor« beziehungsweise »public penury and private affluence« kontrastierten immer krasser, und das Gemeinwesen zerfalle, zuletzt auch politisch (EPL 93).[39] Dem nachhaltigen Erfolg und Ansehen des Kapitalismus schadet daher nichts so sehr, resümiert Galbraith, wie die Regentschaft seiner Apologeten (M 312). Jedoch sperre sich stets die Schicht der »contented and [...] comfortable« gegen die nötigen Reformen (CC 144). Deshalb sah sich Galbraith zu der düsteren Prognose veranlasst: »The present age of contentment will come to an end only when *and if* the adverse developments that it fosters challenge the sense of comfortable well-being.« Dies aber sei wohl nur von einer wirtschaftlichen Katastrophe zu erwarten (CC 156f.).

Wie sähen taugliche Alternativen aus? Zwar kann Politik bisweilen dafür sorgen, dass Unternehmen die von ihnen produzierten negativen externen Effekte internalisieren. Das gelingt, wenn Ordnungspolitik – vermittels Verbrauchssteuern und Emissionsabgaben – dazu führt, dass Unternehmen beispielsweise die öffentlichen Kosten ihres Produktionsprozesses in ihre Bilanz aufnehmen und so zu einem sorgsameren Umgang mit der Umwelt angetrieben werden. Dabei muss man sich allerdings vor Augen führen, dass das Sprachspiel der Internalisierung von Externalitäten eines gerade nicht

38 | Vgl. James Bradford De Long, »The Triumph of Monetarism?«, in: *The Journal of Economic Perspectives*, 14, No. 1 (2000): 83-94.

39 | Vgl. Thomas Karier, »The Heresies of John Kenneth Galbraith«, in: *Challenge*, 36, No. 4 (1993): 23(6), 23-28.

zum Ausdruck bringt: Wenn lediglich der Markt als Allokationsmechanismus thematisiert wird, dann beeinträchtigt das all jene Güter, die am Markt selbst unter optimalen Rahmenvorgaben nicht gehandelt werden können. Lokale Umweltschäden lassen sich nur mit hohem taxometrischen Aufwand einigermaßen quantifizieren und lediglich durch staatlichen Druck in unternehmerische Kostenkalküle implementieren. Noch schlechter steht es zum Beispiel um ästhetische und moralische Güter, deren qualitative Wesensart eine quantitative Verrechnung weit weniger zulässt. Die eilfertige Antwort, dass derartige Güter dann eben von gesellschaftlicher Seite aus geschaffen werden müssen, ist so richtig wie ungenügend. Denn die Möglichkeiten des nationalstaatlich regulierbaren Rechts bleiben zusehends hinter den Wirklichkeiten der global operierenden Wirtschaft zurück: Die globalisierte Wirtschaftspraxis überstrapaziert die Lösungskompetenz nationaler Politik nicht nur punktuell, sondern strukturell.

Schon darum liegt die Gestaltungsmacht für ›Weltinnenpolitik‹ heute nicht nur bei der Staatenwelt. Vielmehr fällt einer in alle wirtschaftlichen und politischen Nischen schauenden engagierten Öffentlichkeit eine wichtige Rolle zu. Sie agiert dabei durchaus nicht nur gegen die Firmenwelt an, sondern auch im Verbund mit zunehmend mehr Unternehmen, die in augenscheinlichem Ernst und mit augenfälligem Erfolg ihrer Verantwortung als Korporationen im öffentlichen Leben gerecht werden und dafür am Markt von mündigen Konsumenten und selektiven Investoren präferiert werden. Und Galbraith zeigt ja, dass entsprechend motivierte Unternehmer auch über Entscheidungs- und Handlungsspielräume verfügen, der aus ihrer wirtschaftlichen Freiheit erwachsenden Verantwortung auch gerecht zu werden.

Jedoch auch Initiativen der Zivilgesellschaft und der Wirtschaft (*UN Global Compact* etc.) können staatliches Handeln nicht vollauf ersetzen. Insbesondere die ungeheuren Ungleichheiten in der globalen Vermögensverteilung verlangen nach einer koordinierten Initiative der Staatengemeinschaft, meint Galbraith. Eine Allianz aus öffentlicher Meinung und aufgeklärtem unternehmerischen Selbstinteresse kann staatlich betriebene Weltwirtschaftspolitik schon deshalb nicht überflüssig machen, weil ihr als *ultima ratio* der Rechtszwang fehlt. Wo aber Politik die Bedingungen für Armut geschaffen hat, indem sie vorhandene Governance-Strukturen zerstörte, muss sie auch die Verantwortung für die Wiederherstellung des Rechts akzeptieren. Das gilt für weite Teile der Dritten Welt, wo eine Diktatur der Großkonzerne durch vorhergehendes Kolonialunrecht und die damit einhergehende Zerstörung vormals autochthoner Gemeinwesen ermöglicht wurde. Den so von den Industrienationen selbst herbeigeführten regellosen Zuständen nunmehr unter Verweis auf die begrenzten Möglichkeiten nationaler Politik tatenlos zuzusehen, ist in Galbraiths Augen nur eine hohle »formula for selfishness«. (GS 131) Um den Benachteiligten der Erde ökonomisch aufzuhelfen, müssen sich die Wohlhabenden letztendlich zum Aufbau einer sozial wie ökologisch ausgewogenen Weltwirtschaftsordnung bereitfinden (GS 135).

Somit liefert Galbraith wichtige Bausteine für eine zeitgerechte Theorie verantworteter Freiheit: Seine Wirtschaftsphilosophie vermag, die Forderungen ökologischer und sozialer Nachhaltigkeit als qualitative Steigerung statt quantitative Minderung unserer ökonomischen Freiheit zu begreifen. Von einer Kritik ihres physikalistischen Selbstverständnisses aus plädiert Galbraith für Ökonomik als selbstkritische Sozialwissenschaft. Da die Wirtschaftswissenschaften direkt (über wirtschaftspolitische Empfehlungen) wie indirekt (durch Meinungsbildung) zur Realisierung ihrer Konzepte beitragen, müssen sie sich dem gesellschaftlichen Wertediskurs öffnen. Solange aber die Wirtschaftswissenschaft ihren praktischen Einfluss nicht reflektiert, wird sie bestenfalls – sofern an gegenwärtigen Phänomenen orientiert – konservativ, schlimmstenfalls aber – sofern an überkommenen Prämissen ausgerichtet – reaktionär wirken. Soll Wirklichkeit indes korrekt begriffen und angemessen auf sie reagiert werden, ist ein Wechsel des vorherrschenden materialistischen Paradigmas in der Ökonomik vonnöten.

Angesichts der organisierten Macht der Konzerne zur Marktverzerrung und zur Beeinflussung öffentlicher Entscheidungen – und der entsprechend geschwächten Position des Individuums und des Staats – lassen sich etliche der Axiome der neoklassischen Ökonomik heute nicht mehr aufrechterhalten. Eine dem realen Strukturwandel gerecht werdende Wirtschaftswissenschaft kann etwa nicht länger dem Markt als Allheilmittel und Freiheitsgaranten vertrauen. Sie findet aber in den durch die multinationalen Großunternehmen veränderten ökonomischen Handlungs- und Entscheidungsstrukturen ein neues Gebiet für die Analyse von wirtschaftlicher Freiheit und Verantwortung. Es gelte nunmehr, durch gezielte Wirtschaftspolitik und umsichtige *Corporate Social Responsibility*, jene Verhältnisse abzubauen, in denen vorgeblich im Namen der Freiheit den Menschen – aber gegen deren ausdrücklichen Willen – die Grundlagen eines lebenswerten Lebens Schritt für Schritt entzogen werden. Deshalb sollten Ökonomen Freiheit nicht länger nur als »maximum range of choice« verstehen (NIS 217), sondern sich des Gedankens von Freiheit als vernünftiger Autonomie annehmen. Aber vernünftig kann unsere Freiheit nur dann ausgerichtet werden, wenn sie sich nicht methodisch ihrer anthropologischen Hinsichten, ihrer psychologischen Einsichten und ihrer moralischen Ansichten beraubt. Um also ein emanzipatives sowie nachhaltiges Wirtschaften zu ermöglichen, will Galbraith daher eine an qualitativ ausgerichteter Freiheit basierende Ökonomik vorantreiben.[40]

40 | Vgl. die Bewertung von Sen, Heilbronner und Marglin in: Sasson, Helen, Derek Curtis Bok und Andrea D. Williams (Hg.), *Between Friends: Perspectives on John Kenneth Galbraith*, Boston 1999.

4.2 Verantwortliche Freiheit (Amartya Sen)

Die Freiheitstheorie von Amartya Sen (*1933) wurde ausgebildet in einer über-Jahre gehenden, engen intellektuellen Zusammenarbeit mit Martha Nussbaum (*1947). Beide kritisierten den gegenwärtigen Entwicklungsstand liberaler Politikphilosophie als unzureichend, suchten nach Alternativen und schlugen diese dann im Rahmen eines heute weltweit rezipierten theoretischen Entwurfs, des Capabilities-Ansatzes, vor. Obschon Sens Werk entwicklungsgeschichtlich eng mit dem Nussbaums zusammenhängt, konzentriere ich mich hier vorwiegend auf Sens Ansatz und zeige Parallelstellen im Werk Nussbaums in den Fußnoten an.[41] Dies geschieht aus zwei Gründen: Zum einen spielt die Idee der Freiheit bei Martha Nussbaum nicht die überragende Rolle, welche ihr bei Sen zukommt. Zum anderen konzentrieren sich Sens Arbeiten weit mehr als die breiter angelegten Schriften Nussbaums auf Fragen der Ökonomik und sind somit für die in dieser Studie verfolgten wirtschaftsphilosophischen Anliegen informativer. Näher eingehen werde ich auf das Verhältnis von Nussbaum und Sen nur an einem Streitpunkt der beiden: anhand der zentralen Frage, wie die Freiheitsidee in konkrete Begriffe der Freiheit ausdifferenziert werden sollte.

Sens Arbeiten schließen an das Werk von John Kenneth Galbraith nahtlos an. Erstens bestärkt Sen die Galbraithsche Ansicht, Ökonomik lasse sich nicht auf quantitativ formalisierbare Inhalte und Fragen verkürzen. Der Gegenstand soll die Methode bestimmen und nicht umgekehrt: Mathematik und Logik haben Diener, nicht Herren der Ökonomik zu sein.[42] Zweitens geht es auch Sen um die wirtschaftspolitische Emanzipation der Öffentlichkeit. Wie Galbraith strebt er an, ökonomische Strukturzusammenhänge so transparent zu machen, dass sie demokratisch gestaltbar werden. Drittens will auch Sen über einen abstrakt-quantitativen Freiheitsbegriff hinaus vordringen zu einer Theorie von Freiheit (»substantive freedom«), welche die konkret-qualitativen Lebenschancen der Bürger untersucht.

Aber Amartya Sen arbeitet jene Anliegen anders ab als John Kenneth Galbraith. Während Galbraith den Akzent auf greifbare Verwerfungen der wirtschaftlichen Lebenswelt legt und von Problemen der Praxis zu solchen der Theorie vordringt, dreht Sen oftmals die Reflexionsrichtung um und konzentriert sich immer wieder auf die Axiomatik ökonomischen Denkens. Trotz höchster praktischer Relevanz liegt insgesamt der Schwerpunkt seines Arbei-

41 | Zu Gemeinsamkeiten und Unterschieden beider Konzeptionen vgl. ausführlich: Nussbaum, *Creating Capabilities*.

42 | Vgl. Amartya Sen, »Galbraith and the Art of Description«, in: Helen Sasson/Derek Curtis Bok und Andrea D. Williams (Hg.), *Between Friends: Perspectives on John Kenneth Galbraith*, Boston 1999, S. 139-146, zu den Vorteilen qualitativ beschreibender Ökonomik bei Galbraith.

tens eher im Theoretisch-Prinzipiellen. Wo Galbraith historisiert, kontextualisiert und personalisiert, generalisiert und formalisiert Sen.

Ausgehend von Sens Kritik tradierter Wirtschaftstheorien und der Rationalitätskonzepte, auf denen sie fußen, konturiere ich seinen Freiheitsbegriff in Abgrenzung zu eben jenen Ansätzen. Im Anschluss arbeite ich die praktischen Konsequenzen seiner Freiheitstheorie für Wirtschaft und Politik heraus. Diese Sequenz folgt der Systematik des Senschen Denkens: Im Verlauf seiner akademischen Tätigkeit gelangte Sen an einen Punkt, wo er die von ihm beabsichtigten Forschungsprogramme nicht durchführen konnte, ohne eine neue, freiheitliche Bewertungsgrundlage für die Gegenwartsökonomik zu finden. Sein Wunsch, blinde Flecken der wirtschaftswissenschaftlichen Methodik zu beheben, zwang ihm zuletzt eine Analyse der ökonomischen Optik insgesamt auf. Sen erkannte: Zwischen einer kritisch selbstreflexiven *Ökonomik* mit Freiheit in der Wahl ihrer Methoden und Themen und einer freiheitlichen *Ökonomie* besteht ein enger Zusammenhang. Wer eine liberale *Wirtschaftspraxis* fordert, muss eine freiheitsbasierte *Wirtschaftstheorie* fördern. Denn das Bild der Wirtschaft entsteht in unserem Kopf. Dort werden wirtschaftliche Erfahrungen selektiert, sortiert und sequenziert. Unser Denken richtet die Linsen der Ökonomik aus; diese Wahl der Perspektiven sollte seitens der Wirtschaftswissenschaften bewusst gemacht sowie bewusst genutzt werden. Ökonomik ist kein passives Produkt ihrer Objekte, sondern ein Konstrukt aktiver Subjekte. Und als solches – als Werk menschlicher Freiheit – sollte sie auch studiert und betrieben werden. Ansonsten droht eine Diktatur vermeintlicher Sachzwänge.

4.2.1 Kritik des neoklassischen Paradigmas

Etliche utilitaristisch-welfaristisch ausgerichtete Ökonomen des 19. wie 20. Jahrhunderts versuchten, strittige Debatten um das qualitative Ziel der Ökonomie zu verabschieden und durch quantifizierende Entscheidungslogiken zu ersetzen. Dieses Unterfangen beurteilt Sen skeptisch, denn die dabei anvisierte Maximierung von *utility* steht und fällt mit der Operationalität von Nutzenvergleichen. Dass personaler Nutzen jedoch gar nicht streng intersubjektiv vergleichbar ist, ging seit den 1920er-Jahren immer mehr führenden Ökonomen wie Alfred Marshall (1842-1924), Arthur Cecil Pigou (1877-1959) und John Hicks (1904-1989) auf. Daher verteidigt man das Postulat der Nutzenmaximierung seither lieber *analytisch* (RF 364)[43]. Tonangebend beim Versuch, die Nütz-

43 | Amartya Sens Schriften werden nach den folgenden Siglen zitiert: (DF): *Development as Freedom*, New York 1999; (IV): *Identity and Violence: The Illusion of Destiny*, New York; London 2007; (CWB): »Capability and Well-Being« , in: Martha Nussbaum und Amartya Sen, *The Quality of Life*, Oxford 1993; (RF): *Rationality and Freedom*, Cambridge, Massachusetts; London 2002; (IJ): *The Idea of Justice*, Cambridge, Massachusetts 2009.

lichkeit des Nutzenfokus rein begrifflich zu erweisen, war Paul Samuelson (1915-2009) mit seiner *revealed preferences theory* (die uns schon bei Galbraith begegnete, vgl. Abschnitt 4.1.3).[44] Er drehte den Spieß einfach um. Anstatt zu *zeigen*, dass die am Markt getroffenen Wahlentscheidungen die Präferenzen der Marktteilnehmer optimal realisierten, *postulierte* er es. Wenn es sich nämlich definitionsgemäß bei allen Käufern um streng rationale Entscheider im Sinne des *homo oeconomicus*-Modells handele, so müssten eben deren Kaufentscheidungen ihre jeweiligen Präferenzen sowohl enthüllen als auch erfüllen. Entsprechend bewarb Samuelson seine Theorie damit, dass sie »freed from any vestigial traces of the utility concept« sei.[45]

Das darin liegende methodische Programm, »to explain behavior without reference to anything other than behavior«, gleicht aber laut Sen dem Versuch, »to get an empirical rabbit out of a definitional hat.« (RF 364) Menschen, die bekommen, was sie wählen, erhalten durchaus nicht immer, was sie wünschen. Der Rückschluss vom Gewählten auf das Gewünschte übersieht, dass stets innerhalb bestimmter Optionen gewählt wird, während das Gewünschte oftmals jenseits derselben liegt. Man hat daher, um eine Formulierung von James Buchanan aufzugreifen, nicht nur die *choice within constraints*, sondern auch die *choice of constraints* zu bedenken.[46] Wird diese (trans- beziehungsweise meta-systemische) Wahl mit jener (intra-systemischen) gleichgeschaltet, fällt es schwer, den *status quo* in Frage zu stellen; es wird sodann unterstellt, dass alle, die am Marktgeschehen teilnehmen, dabei *eo ipso* Glück und Wohlergehen fänden. Der Kniff mit den »revealed preferences«, erdacht als artige Dienstbarkeit der Theorie, schlägt in eine unartige Verteidigung etablierter Praxis um. Selbiges hatte John Kenneth Galbraith schon notiert und moniert (siehe Abschnitt 4.1.3).

Zudem liegt der Wert von Optionen nicht nur in dem, was sie erzielen, sondern besteht auch darin, dass es sie überhaupt gibt: sie verschaffen Individuen Alternativen.[47] Freiheit geht daher keineswegs in der Summe getätigter Wahlentscheidungen auf, sondern umschließt auch »spurned options« (RF 593, Anm.) und »options forgone« (RF 608). Schon darum kann der Wert

44 | Vgl. Paul A. Samuelson, »A Note on the Pure Theory of Consumer's Behaviour«, in: *Economica*, 5, No. 17 (1938): 61-71.

45 | Ebenda, S. 71.

46 | Vgl. James Buchanan, »The Domain of Constitutional Economics«, in: *Constitutional Political Economy*, 1, No. 1 (1990): 1-18.

47 | Vgl. Martha Nussbaum: »Thus the Capabilities Approach departs from a tradition in economics that measures the real value of a set of options by the best use that can be made of them. Options are freedoms, and freedom has intrinsic value.« (*Creating Capabilities*, S. 25)

von Freiheit nicht einfach durch eine Messung der Nützlichkeit der getätigten Wahlentscheidungen ermittelt werden.

Amartya Sen kritisiert ferner die Annahme, dass subjektives Glücksempfinden ein notwendiges sowie hinreichendes Kriterium für objektives Wohl darstellt. Der Arme, der sein Los akzeptiert; der Kranke, der über seinen Zustand nicht informiert ist; der Ungebildete, der sich kein besseres Leben ausmalen kann und sich ins Gegebene fügt; sie alle schicken sich in ihr Dasein und finden vielleicht sogar zu bescheidenem persönlichen Glück (DF 62). Subjektive Akkomodation etabliert aber weder objektives Wohlsein noch echte Autonomie (RF 90f.). Der Maßstab von »pleasure and desire« ist also »too malleable to be a firm guide to deprivation and disadvantage.« (DF 63)[48] Wer sich nämlich auf die Metrik individuellen Glücksempfindens als *alleinigen* Maßstab der Wohlfahrtspflege einlässt, müsste konsequentermaßen auch bereit sein, bescheidenen Armen Zuwendungen zu verweigern, um sie gierigen Reichen zuzustecken; Menschen also, die unglücklich allein deshalb sind, weil sie den Hals nicht voll genug kriegen können (RF 82).

Man entkommt diesem Einwand auch dann nicht, wenn man den Utilitarismus mit Egalitarismus paart, meint Sen. Es ließe sich ja denken, dass Geld als Allzweckmittel allen in gleicher Weise zugestanden werde, damit ein jeder sich den jeweils ersehnten Nutzen verschaffen könnte: Der eine würde Brot, der andere Nerzmäntel erwerben; wäre so nicht dem Glück aller gedient? Lassen sich so etwa die alten utilitaristisch-welfaristischen Axiome retten?

Kaum. Der Wohlfahrtsegalitarismus scheitert an der »diversity of human beings«, erklärt Sen. »Differences in age, gender, special talents, disability, proneness to illness, and so on can make two different persons have quite divergent opportunities of quality of life *even when* they share exactly the same commodity bundle.« (DF 69) Eine Behinderung macht das Leben teurer. Ähnliches gilt für Alter und Krankheit. Benachteiligungen machen sich zudem oft doppelt bemerkbar, nicht nur auf der Kostenseite, sondern auch auf der Einkommensseite. Ein behinderter Mensch hat in der Regel aufgrund beschränkter Erwerbsmöglichkeiten auch weniger Einkünfte. Diesem »coupling of disadvantages« (DF 70ff.) muss gerechterdings in distributiven Belangen Rechnung getragen werden. Hier versagt Gleichverteilung. Allen dasselbe zu geben, heißt vielmehr, Ungleiche gleich zu behandeln. Es verletzt genau jenen Fairnessanspruch, dem egalitäre Theorien genügen wollen (IJ 255-259).[49]

---

48 | Vgl. Martha Nussbaum *Creating Capabilities*, S. 54f.

49 | Natürlich haben egalitaristisch gesonnene Autoren – wie Thomas Pogge – auf diesen Einwand bereits durch entsprechende Differenzierungen und Modifikationen ihrer »basic goods«-Theorien reagiert; zur Kritik dieser differenzierteren Positionen (und einer Bekräftigung des Senschen Kernarguments) siehe Jonathan Wolff und Avner De-Shalit, *Disadvantage*, Oxford; New York 2007.

Menschen mit Behinderungen stellen daher einen besonderen Fall eines allgemein geltenden Befunds dar: Individuen sind objektiv zu ungleich ausgestattet und subjektiv zu ungleich ausgerichtet, als dass es Sinn macht, sie ökonomisch allesamt über einen Kamm zu scheren. Eine menschengerechte Ökonomik ist daher eine, die auch und gerade jener Differenz von objektivem Bedarf und subjektiven Bedürfnissen Rechnung trägt. Dazu hat man sich von der Fixierung auf die verteilten ökonomischen Mittel zu lösen und eher darauf zu achten, welche Befähigungen und Lebenschancen diese für die in Frage kommenden Personen jeweils kreieren; eine Perspektive, die ohne einen Rückgriff auf Werte und Normen gar nicht eingenommen werden kann.[50]

Diese an den Grundfesten sowohl des Utilitarismus als auch des Egalitarismus ansetzende Kritik erschüttert den welfaristischen Überbau der auf der Basis beider beruhenden neoklassischen Ökonomik. Denn während sich die deutschen Ökonomen zur Wende vom 19. ins 20. Jahrhundert noch einen »Methodenstreit« sowie einen »Werturteilsstreit« darüber leisteten, welchen Status moralische Normen und empirisch-induktives (historisches, statistisches) Wissen in der Ökonomik haben sollten, waren englische und amerikanische Ökonomen Mitte des 20. Jahrhunderts nahezu geschlossen auf das Programm einer rein deskriptiven sowie vorrangig deduktiven Wirtschaftswissenschaft eingeschwenkt.[51] Diese positivistische Ökonomik sollte von wenigen, klar definierten Axiomen aus operieren und dadurch, dem Anspruch nach, wirtschaftliches Verhalten in quasi-naturwissenschaftlicher Weise gesetzmäßig beschreiben und vorhersagbar machen.

Das *homo oeconomicus*-Modell bringt diese Aspirationen auf den Punkt.[52] Um Algorithmen bilden zu können, reduziert es wirtschaftliches Verhalten auf einfachste Elemente: Rationalität und Selbstinteresse. Auf dieser Grundlage schickt sich die Neoklassik an zu erklären, was die wirtschaftliche Welt im Innersten zusammenhält. Gegen das Rationalitätsaxiom als wissenschaftliche Arbeitshypothese sei nichts einzuwenden, findet Sen, wohl aber gegen dessen Verknüpfung mit einer »presumption of ubiquitous selfishness« (DF 118). Die-

50 | Vgl. Martha Nussbaum: »I typically use the plural ›Capabilities‹ in order to emphasize that the most important elements of people's quality of life are plural and qualitatively distinct: health, bodily integrity, education, and other aspects of individual lives cannot be reduced to a single metric without distortion. Sen, too, emphasizes this idea of plurality and nonreducibility, which is a key element of the approach.« (*Creating Capabilities*, S. 18)

51 | Ausführlicher dazu: Claus Dierksmeier, *The Freedom-Responsibility Nexus in Management Philosophy*.

52 | Zur Beschreibung und Verteidigung des Modells siehe Gebhard Kirchgässner, *Homo Oeconomicus: The Economic Model of Individual Behavior and Its Applications in Economics and Other Social Sciences*, New York 2008.

se Unterstellung leiste nämlich entweder viel zu wenig und sei prognostisch unergiebig, wenn man sie – wie in der »*revealed preference theory*« von Paul Samuelson – mit dem faktischen Wahlverhalten am Markt engführe. Oder aber sie leiste viel zu viel; falls sie sich nämlich vorwagt zu der »highly restrictive and thoroughly dubious empirical assumption that people, in fact, chose entirely according to their respective personal interests and well-beings.« (RF 589) Der Glaube, reiner Egoismus regiere die Wirtschaftswelt, ist empirisch ebenso haltlos wie die umgekehrte Unterstellung, Menschen handelten einzig aus Altruismus. Wer letztere Sicht der Dinge als »high-minded sentimentality« ablehnt, muss auch, erklärt Sen, erstere als eine spiegelverkehrte »low-minded sentimentality« (RF 26) zurückweisen.

Kontraktualisten und Spieltheoretiker versuchen zwar hartnäckig, »to make us accept the peculiar understanding that rational choice consists only in clever promotion of self-interest«, aber in der Sache spricht nun einmal kläglich wenig für diesen »remarkably alienating belief« (IJ 32).[53] Wer die Rationalität des *homo oeconomicus* auf Eigennutz verkürzt, konstruiert einen »rational fool«, d.h. jemanden, der auf höchst *verständige* Weise zutiefst *unvernünftig* handelt. Indem sie den individuellen Entscheider allein auf eigennützige Präferenzen festlegt, reduziert sie ohne Not den Radius seiner als »rational« geltenden Wahlentscheidungen. »Being self-interested need not be foolish, but not to have the freedom to consider whether to be self-interested (and to what extent) is a serious limitation of rationality.« (RF 7, Anm.) Das Eigennutzaxiom stellt daher keine harmlose Arbeitshypothese dar, sondern ein irreführendes »*a priori* prejudice« (RF 26).

Sen vertritt demgegenüber ein Modell ökonomischer Rationalität, das unsere kritisch-reflexive Freiheit »to reason about what one should pursue« (RF 46) einschließt. Damit bezieht Sen Stellung gegen Lionel Robbins' geradezu kanonische Formulierung von Ökonomik als einer »science which studies human behavior as a relationship between ends and scarce means which have alternative uses«.[54] Jenen ökonomischen Positivismus, der nur auf die Angemessenheit der gewählten Mittel, aber nicht auf die der Ziele fokussiert, charakterisiert und karikiert Sen mit dem folgenden Bild: Ein Mann, der eifrig daran arbeitet, sich mit einem stumpfen Messer die Zehen abzuschneiden, handelt kaum rationaler, sobald er – nach einer Analyse der relativen Ineffi-

53 | Vgl. auch Hilary Putnam, *The Collapse of the Fact/Value Dichotomy and Other Essays*, Cambridge, Massachusetts 2002.

54 | Vgl. Lionel Robbins, *An Essay on the Nature and Significance of Economic Science*, London; New York 1932, S. 16. Eine (kritische) Bewertung von Robbins Beitrag zur positivistischen Theorientwicklung der Gegenwartsökonomik sowie eine (affirmative) Würdigung des gegenläufigen Beitrags von Sen findet sich bei Pressman und Summerfield, *The Economic Contributions of Amartya Sen*.

zienz des gewählten Mittels – nunmehr zu einem scharfen Messer greift (RF 39). Man kann, will dies besagen, nicht sinnvoll über ökonomische Rationalität reden und die Debatte über die angemessenen Ziele und Zwecke unseres Handelns aussparen.

Sen beabsichtig deshalb, »to reclaim for humanity the ground that has been taken from it by various arbitrarily narrow formulations of the demands of rationality.« (RF 51) Er hält am Rationalitätspostulat fest, zeigt aber, dass es sich durchaus mit einer ethischen Reflexion auf die Ziele der Wirtschaft verträgt: »a selfless person who wants to maximize, say, the aggregate social welfare, or some feature of equity or social justice, need not, for that reason, depart from maximizing behavior.« (RF 37) Die Rationalität menschlichen Verhaltens hänge nicht von utilitaristischen oder egoistischen Prämissen ab, sondern könne auch unter anderen, zum Beispiel moralischen Vorzeichen bewahrt werden.

Sens Beispiel: Zwar möchten wir auf einer Gartenparty vielleicht gerne im bequemsten Stuhl sitzen und uns die letzte Frucht im Obstkorb zu Munde führen (RF 161). Aber oft tun wir es nicht, da wir auf andere Rücksicht nehmen. Wir betrachten die Situation nicht nur von unseren Interessen her, sondern entwerfen unser Verhalten im Hinblick auf den sozialen Kontext (RF 161). Verteidiger des *homo oeconomicus*-Modells bringen vor, dass solche Rücksichtnahmen immer noch dem Selbstinteresse geschuldet sein könnten, etwa weil man auf das eigene Image im Auge der anderen erpicht sei. Das ist möglich, geht aber an Sens Kritik vorbei. Er behauptet: Wir wollen häufig etwas für uns nur dann in Anspruch nehmen, wenn wir damit die Interessen anderer nicht ungebührlich verletzen. So überlassen wir, Sen zufolge, den besten Stuhl und die letzte Frucht im Korb nicht nur deshalb anderen, weil wir uns *indirekt* um unser eigenes Interesse kümmern, sondern zumindest bisweilen auch, weil wir ein *direktes* Interesse an deren Vorlieben nehmen (RF 161).

Autoren wie Gary Becker haben auch diesen Einwand aufzufangen gesucht: durch die Postulierung von fremdorientierter, aber gleichwohl egoistischer Freude am Wohlergehen anderer. Die Alltagserfahrung, dass wir uns freuen, wenn wir das Wohlergehen anderer steigern, wird dabei so umgedeutet, dass wir uns zunächst erfreuen wollen und sodann, aus kluger Einsicht in unsere nächstenliebende Form des Selbstgenusses, anderen wohlzutun bereitfinden. Der eigene Vorteil bleibt – *quod erat demonstrandum* – das Entscheidende. Sen jedoch kontert: Sportler wollen oft aus einem Spiel nur als Sieger hervorgehen, sofern sie es *fair* gewinnen; egal, ob sie für diese Selbstbindung an Fairness Anerkennung einheimsen oder nicht. Zwar folgen unsere Wünsche nicht immer einer normativen Logik des Miteinanders, die privaten Nutzen nur in Formen *richtigen* Handelns verfolgt (RF 12), wohl aber öfters[55] und mitunter – und

55 | Sen folgt der Ansicht von Thomas Scanlon, daß wir uns im allgemeinen an Prinzipien orientieren (sollen) »that others could not reasonably reject«, Thomas Scanlon, *What We*

hier bricht die Logik des Eigennutzes in sich zusammen – sogar zum eigenen Nachteil.[56] Das normativ Richtige wird folglich nicht ausschließlich durch seine Vorteile *für uns*, sondern auch *an sich* angestrebt. Der von der Ökonomik postulierte *rational agent* verhält sich also in Wahrheit – zumindest gelegentlich – als eine *reasonable person* mit moralischen Orientierungen.[57]

Daraus folgen gewichtige Konsequenzen für das Rationalitäts- und Wissenschaftsverständnis der Ökonomen.

> The first and the most direct use of rationality, it can be argued, must be normative: we want to think and act wisely and judiciously, rather than stupidly and impulsively. If the understanding of rationality is firmly tied to the systematic use of reason, the normative use of rationality is easily placed at the center of the stage. (RF 42)

Zur Absicherung dieser Forderung stützt Sen sich auf Arbeiten von Hilary Putnam.[58] Dieser hatte – seinerseits aufbauend auf der Kritik Willard van Orman Quines (1908-2000) an der lange von der analytischen Philosophie dogmatisierten Fakt/Theorie-Unterscheidung[59] – die Fakt/Norm-Differenz in der Ökonomik kritisch unter die Lupe genommen. Jener Physikalismus der Ökonomik scheitert, Putnam zufolge, zunächst schon an einem unterkomplexen Verständnis von Physik. Die für das späte 18. und frühe 19. Jahrhundert noch stilbildende saubere Trennung von empirischer Beobachtung und analytischer Aussage lässt sich heute schwerlich aufrechterhalten. Beispiele dafür sind das nicht direkt beobachtbare, sondern lediglich indirekt inferierte, negativ gekrümmte Raum-Zeit-Kontinuum im Großen oder die Quantendynamik im Kleinen. Wie insbesondere bei der Welle-Teilchen-Dualität von Elektronen gut zu studieren, hängt, was man jeweils sieht, davon ab, wie man beobachtet. Und

---

Owe to Each Other, Cambridge, Massachusetts 1998; darin lokalisiert er, mit Scanlon, den sowohl deskriptiven wie normativen Kern richtigen Entscheidens (DF 92).

56 | Vgl. Paul J. Zak, »Neuroeconomics«, in: *Philosophical Transactions: Biological Sciences*, 359, No. 1451 (2004): 1737-1748; Timothy Killingback und Etienne Studer, »Spatial Ultimatum Games, Collaborations and the Evolution of Fairness«, in: *Proceedings: Biological Sciences*, 268, No. 1478 (2001): 1797-1801; Peter A. Ubel, *Free Market Madness: Why Human Nature is at Odds with Economics- and Why It Matters*, Boston, Massachusetts 2009.

57 | Vgl. Vivian Walsh, *Rationality, Allocation, and Reproduction*, Oxford; New York 1996.

58 | Vgl. Hilary Putnam, *The Collapse of the Fact/Value Dichotomy*, S. 7-45 und Hilary Putnam, »For Ethics and Economics without the Dichotomies«, in: *Review of Political Economy*, 15, No. 3 (2003): 395-412, S. 397.

59 | Vgl. Willard van Orman Quine, »Main Trends in Recent Philosophy: Two Dogmas of Empiricism«, in: *The Philosophical Review*, 60, No. 1 (1951): 20-43.

das ergibt sich daraus, wie das jeweilige Objekt gedacht wird. Erfahrung folgt Beobachtung, und diese ihrerseits orientiert sich, bewusst oder unbewusst, gewollt oder nicht, an Theorien. Wie man in der gegenwärtigen Physik selten von theoriefreien Ereignissen sprechen kann, so gebricht es der Ökonomik oft an wertfreien Aktionen.[60] So wie in der Physik Theorie (je komplexer sie wird, desto mehr) definiert, was als *Datum* gilt, so konturieren in der *Ökonomik* (implizite eher denn explizite) Wertvorstellungen, was als *Faktum* zählt.

Wer dies nicht berücksichtigt und sich an einer rein positivistischen Deutung wirtschaftlicher Realitäten versucht, verwechselt das Spiegelkabinett der eigenen Projektionen mit der Welt. Der ökonomische Positivist sieht sich so gezwungen, Menschen Motive abzuerkennen, die sie haben, und ihnen stattdessen Präferenzen unterzuschieben, die ihnen abgehen. Normativität gehört also schlicht deshalb zur Theorie ökonomischer Faktizität, weil Normativität zur Faktizität dessen gehört, wovon ökonomische Theorie handelt. Normative Werte und Ego-Ideale orientieren unser Leben. Das Sollen hat ein Sein – in unseren Strebungen. Gegen den *homo oeconomicus* ist also einzuwenden, dass er nicht *realistisch* genug ist, indem er nicht *idealistisch* genug vom Menschen spricht.

Noch einmal: Falls menschliche Rationalität allein in Kosten-Nutzen-Kalkülen besteht, wieso lassen wir uns unsere Moral mitunter etwas kosten?[61] Manche Ökonomen deuten die moralischen Aufwendungen der Menschen zwar so um, dass diese als raffinierte Formen einer – auf soziale Anerkennung oder transzendentes Heil erpichten – Selbstsorge erscheinen.[62] Mithilfe von heimlichen, den Akteuren unbekannten Motiven wird gewöhnlicher Altruismus als außergewöhnlicher Egoismus rekonstruiert. Wenn es aber solcher, wissenschaftlich fragwürdiger, *ad hoc*-Unterstellungen bedarf, um moralisches Handeln zum eigenen Nachteil nicht schlichtweg als *irrational* abzutun,

60 | Siehe auch Vivian Walsh, »Fact/Value Dichotomy«, in: Jan Peil und Irene van Staveren (Hg.), *Handbook of Economics and Ethics*, Cheltenham, United Kingdom; Northampton, Massachusetts 2009.

61 | Vgl. Paul Pecorino und Mark Van Boening, »Fairness in an Embedded Ultimatum Game«, in: *Journal of Law and Economics*, 53, No. 2 (2010): 263-287; Francesco Guala, »Paradigmatic Experiments: The Ultimatum Game from Testing to Measurement Device«, in: *Philosophy of Science*, 75, No. 5 (2008): 658-669; Catherine Eckel, Martin Johnson und Rick K. Wilson, »Fairness and Rejection in the Ultimatum Bargaining Game«, in: *Political Analysis*, 10, No. 4 (2002): 376-393; Killingback und Studer, *Spatial Ultimatum Games*.

62 | Vgl. Gary S. Becker, *The Economic Approach to Human Behavior*, Chicago 1976; Gary S. Becker, *Accounting for Tastes*, Cambridge, Massachusetts 1996; Gary S. Becker und Richard A. Posner, *Uncommon Sense: Economic Insights, from Marriage to Terrorism*, Chicago; London 2009.

was sagt das über die hier zur Anwendung kommende Theorie aus? Was, fragt Sen, ist von einer Ökonomik zu halten, die »Gandhi, Martin Luther King Jr., Mother Theresa, and Nelson Mandela« zu »huge idiots« erklärt (IV 21)?

Mit dem Eigennutzdogma bricht ein wesentlicher Stützpfeiler der neoklassischen Ökonomik weg. Ein anderer steht und fällt mit der Mathematisierbarkeit aller ökonomisch relevanten Phänomene. Das Programm quantitativer Maximierung verlangt die Kommensurabilität aller Nutzenfunktionen. Diese setzt die Austauschbarkeit aller Güter und Leistungen voraus; und jene ist, zufolge Sen, überhaupt nicht gegeben. Menschen zielen ständig auf verschiedenartige und oftmals inkommensurable (hedonistische wie moralische, materielle wie ideelle, praktische wie ästhetische etc.) Güter zugleich und wägen flexibel ab, welche jeweils den Vorrang haben sollen. Diese Überlegung ihrerseits führt auf qualitative Wertfragen, welche die quantitative Logik herkömmlicher Ökonomik nicht nur *partiell*, sondern *prinzipiell* überschreiten.

Schon ein und dieselbe Person kann hinsichtlich ein und derselben Sache oft nicht alle relevanten Aspekte auf einen einzigen Nennwert reduzieren. Der Wert eines Autos etwa lässt sich weder in seiner Spitzengeschwindigkeit noch in seinen Komfort- und Sicherheitsfunktionen, noch in seiner Umweltfreundlichkeit, noch in seinem Design, Look oder Markenstatus *allein* bemessen. Auch lassen sich die differenten Bewertungsmaßstäbe nicht immer auf einen gemeinsamen Nenner zurückführen. Dennoch können wir, ohne die vom *homo oecnomicus*-Modell vorgegebenen Rationalitätsbedingungen zu erfüllen, am Kraftfahrzeugmarkt mehr und weniger vernünftige Kaufentscheidungen treffen.[63] Wenn aber schon Einzelne hinsichtlich einzelner Objekte keine eindimensionale Nutzenskala ausbilden, wie steht es dann um die gesellschaftliche Bewertung multipler, sowohl intersubjektiv relevanter als auch interdependent zu bewertender Güter? Wer glaubt da noch ernsthaft, die Gesellschaft könne sich hierbei einfach an simple Kosten-Nutzen-Vergleiche halten?

Zwar löst der Gedanke einer letzten Inkommensurabilität ökonomischer Güter »anxiety and panic among some valuational experts« aus, die lieber in einer Welt lebten, die »agreeably trivial« ist und in der alle wichtigen Entscheidungen »simply by quantity« abgewogen würden (IJ 240). Sen hält jedoch dagegen, dass wir bereits in Alltagshandlungen – beim Einkaufen etwa – mit jener Inkommensurabilität verschiedener Güter recht gut umzugehen wissen (IJ 241). Komplexe gesellschaftliche Entscheidungen auf simple *cost-benefit*-Analysen zu reduzieren, gleiche daher einem »daydream«, meint er, den man wachen Auges besser verabschiede: »To insist on the mechanical comfort of having just one homogenous ›good thing‹ would be to deny our humanity as reasoning creatures.« (DF 77) Von der ohnehin fiktiven Maximierung eindi-

63 | Vgl. Nicholas Rescher, *Ethical Idealism: An Inquiry into the Nature and Function of Ideals*, Berkeley 1987, S. 55ff.

mensionaler Güter sollten wir daher zugunsten einer realistischeren Balancierung mehrdimensionaler Werte abrücken. Da die ökonomische »cost-benefit analysis« alle Optionen dem Diktat des Quantitativen (»mehr ist besser als weniger«) unterwirft, hat sie ihrerseits durch »social choice judgments« eingehegt zu werden. Der verselbständigte wirtschaftliche Verstand muss zur politischen Vernunft gebracht werden.

Die gesellschaftliche Rolle und Wertschätzung des Marktes veranschaulicht, was gemeint ist. Als Entdeckungsverfahren für Knappheit und Wertschätzung taugt der Markt, aber eben nur im Bezug auf kommensurable Güter. Wird hier der Teil für das Ganze genommen und der Markt sowie die durch ihn zu befördernde Pareto-Effizienz[64] zum Richter aller – auch der nicht oder nur schwer marktgängigen – Dinge erkoren, schlägt die vielgerühmte Informationsleistung des Marktes in ihr direktes Gegenteil um. Es kommt zu Fehlallokationen. Sen notiert so klar wie lapidar: »a Pareto efficient outcome may well be thoroughly unequal and nasty« (RF 524). Mehr noch: Auch innerhalb seines kommensurablen Vokabulars verhaspelt sich der Markt, wenn in seinem Sprachspiel nur einige Wenige zu Wort kommen. Als Indikatoren funktionieren Märkte umso besser, je mehr Bürger sich an der gesellschaftlichen Preisbildung durch Zahlungen beteiligen. Aber kein an unregulierten Märkten erzielbares pareto-effizientes Gleichgewicht kann die dafür *idealiter* geforderte ökonomische Kommunikationsfähigkeit aller Bürger sichern.[65] Der Markt kann, auf sich allein gestellt, seine eigenen Effizienzbedingungen weder schaffen noch reproduzieren.[66]

Sen fordert die Entmystifizierung des Marktes; er soll vom Himmel auf die Erde geholt werden. Die »oddly common presumption that there is such a thing as ›*the* market outcome‹, no matter what rules of private operation,

64 | Der Begriff der Pareto Effizienz bezeichnet (in Anlehnung an den Ökonomen Vilfredo Pareto) einen Zustand der Güterallokation, in dem die Wohlfahrt einiger Menschen nicht durch Umverteilung gebessert werden kann, ohne dass zugleich die Wohlfahrt anderer reduziert würde. Ein Zustand unterhalb dieses Niveaus drückt einen Mangel an Allokationseffizienz aus (einige Güter sind so verteilt, dass sie weniger als die maximale aggregierte Nützlichkeit stiften und könnten daher mit anderen substitutiert werden, so dass manche Personen besser gestellt würden, niemand aber schlechter). So erfüllt Paretoeffizienz eine Minimalforderung technischer Rationalität, sagt aber nichts über substantielle Verteilungsfragen (jenseits technischer Effizienz) aus; dazu siehe E.J. Mishan, »The Futility of Pareto-Efficient Distributions«, in: *The American Economic Review*, 62, No. 5 (1972): 971 976.

65 | Vgl. Partha Dasgupta, »Positive Freedom, Markets and the Welfare State«, in: *Oxford Review of Economic Policy*, 2 (1986).

66 | Vgl. Jens Beckert, *Beyond the Market the Social Foundations of Economic Efficiency*, Princeton, New Jersey 2002.

public initiatives, and nonmarket institutions are combined with the existence of markets« (IV 136, Herv. i.O.), hat einer Anerkennung der sozialen Konstruiertheit von Marktwirtschaften zu weichen. *Den* (freien) Markt gibt es nicht; lediglich verschiedenste, aus einem Wechselspiel der Interessen und Werte erwachsende Formen eines sozial regulierten Güteraustauschs. Märkte und die Optionen, die sie bieten, sind Schöpfungen der in ihre Ordnung und Umwelten eingegangenen Wertvorstellungen; ohne diese können jene nicht bestehen. Darum sind Märkte so zu gestalten, dass sie ihre eigenen sozialen, kulturellen, moralischen und ökologischen Voraussetzungen nicht untergraben. Für dieses Marktdesign indes reichen rein *quantitative* Imperative nicht aus.

Um die Vor- und Nachteile von Märkten *qualitativ* zu evaluieren, hatte vormoderne Ökonomik auf Ethiken theologischer und metaphysischer Provenienz zurückgegriffen. Aber faktisch wie normativ steht dem heute die Pluralität individueller und sozialer Selbstverständnisse entgegen. Das Fundament unserer sozialen Wirklichkeit muss die freie Entscheidung aller über Wert und Unwert ihrer Optionen bilden. Auch die Wirtschaftswissenschaften dürfen nicht hinter die Idee der Freiheit zurückfallen (DF 30). Die Konsequenz des Senschen Ansatzes ist es, wirtschaftliche Orientierungsfragen über ein »›social choice‹-exercise« mithilfe von »public discussion« zu entscheiden (DF 78f.). Die Ökonomik schuldet den Bürgern die Möglichkeit »to discuss and debate – and to participate in the selection of – values in the choice of priorities« (DF 30). Die Wirtschaftswissenschaft soll sich daher für »public scrutiny and criticism« öffnen (ebenda). Was alle angeht, muss auch von allen angegangen werden.

Demokratisch vereinbarte Ziele sollen auf ökonometrische Messgrößen führen – und nicht umgekehrt *technokratische* Messgrößen die Wirtschaftspolitik diktieren (ebenda). Welche Werte und Ziele dabei die Politik leiten sollen, ist *a priori* unausgemacht und muss von Gesellschaft zu Gesellschaft, von Ort zu Ort und von Zeit zu Zeit neu ausgehandelt werden. Wohl geht es bei einer solchen Suche nach einem konsensfähigen Wertemix bisweilen »extremely messy« zu, gesteht Sen. Er weiß, »many technocrats are sufficiently disgusted by its messiness to pine for some wonderful formula that would simply give us ready-made weights that are ›just right‹.« (DF 79) Aber leider existiere eben keine solche »magic formula«, die uns den Streit über die unser (ökonomisches) Leben bestimmenden Werte abnähme; derlei kann nur vermittels »judgment«, nicht durch »some impersonal technology« entschieden werden (DF 79). Die Freiheit der Individuen, aktiv die Bedingungen mitzugestalten, die ihre Lebenschancen beeinflussen, muss geschützt werden gegenüber allen Tendenzen der Ökonomik, sich im Interesse simplerer Berechnungs- und Entscheidungsverfahren hermetisch abzuriegeln und die ihr innewohnende »choice of values and weights« durch »cultivated opaqueness« unsichtbar zu machen (DF 110).

Anstatt also ökonomische Wertmaßstäbe in den Prämissen und Axiomen der Ökonometrie zu verstecken, sollen sie durch »public participation« zur Aussprache kommen und von der Gesellschaft durch »responsible social choice« abgesegnet oder verworfen werden (DF 110).[67] Indem diese Verfahren die impliziten Wertvorstellungen der Diskursteilnehmer explizieren (DF 80), ermöglichen sie zugleich deren öffentliche Kritik (DF 81). Es ist die Last der Freiheit, dass solche »social choice«-Verfahren praxistaugliche Ergebnisse nur dann produzieren, wenn Leitwerte gefunden oder geformt werden, die allen Beteiligten akzeptabel erscheinen (DF 79). Genau in dieser Bürde liegt jedoch auch die Würde jener Verfahren (RF 526). Die unschöne Kluft, die zwischen der abstrakten »freedom-invoking rhetoric« mancher Ökonomen und ihrem Desinteresse an der konkreten Emanzipation bedürftiger Individuen klafft, könne so vielleicht geschlossen werden, spekuliert Sen (DF 26).

Bevor die Wirtschaftswissenschaften erfolgreich Splitter aus der Wirklichkeit entfernen können, müssen sie sich also des Balkens im eigenen Auge bewusst werden. Weil um der Zielgrößen der *Ökonomie* willen auch die der *Ökonomik* zur Debatte stehen, muss die Ökonomik sich vom quantitativen Paradigma der Physik lösen und sich als Sozial- sowie Humanwissenschaft wiederherstellen, in der qualitative »value judgments« weder vermieden werden können, noch sollen (DF 110). Um jedoch bei der Umstellung von den vormaligen eindimensionalen Zielgrößen der Ökonomik auf eine mehrdimensionale Freiheitsidee genau jene demokratische Transparenz zu bieten, die er bei seinen Kollegen vermisst, will und darf Sen seinen eigenen Bewertungsrahmen nicht einfach vorgeben. Den von ihm wirtschaftstheoretisch zu nutzenden Freiheitsbegriff muss er seinerseits für alle nachvollziehbar begründen: durch eine Kritik konkurrierender Freiheitsbegriffe.

4.2.2 Kritk reduktionistischer Freiheitsbegriffe

Sen hat sein eigenes Freiheitsverständnis in gemeinsamen Seminaren und im Gespräch mit Nozick, Rawls und Scanlon herausgearbeitet. Zunächst wollte er lediglich Einseitigkeiten vorherrschender Ansätze ausgleichen. Dies hat er indes so gründlich angefangen, dass aus der Summe und Einheit dieser kritischen Bestrebungen eine neue Freiheitstheorie erwuchs, die Sen 1998 seit seiner Schrift *Development as Freedom* dann auch als solche deklariert.[68] Diese Theorie grenzt sich vor allem in zwei Richtungen ab: gegenüber utilitaristischen und libertären Positionen.

---

67 | Vgl. Tapas Majumdar, »Amartya Sen in Search of Impure Welfare Economics: Finding New Space«, in: *Economic and Political Weekly*, 33, No. 45 (1998): 2860-2862.

68 | Vgl. Malcolm Bush, »Amartya Sen, Development as Freedom«, in: *Social Service Review*, 75, No. 3 (2001): 514-517.

Gegen utilitaristische Freiheitstheorien, die den Wert der Freiheit ganz und gar über ihren Nutzen bestimmen, argumentiert er: Obschon Freiheit sich nicht selbst genügt, gefällt sie doch an sich selbst. Freiheit ist zwar einerseits auf Ziele bezogen – geht aber andererseits nicht in ihnen auf. Die Achtung von Freiheit als Selbstzweck ist von ihrem Wert als Mittel zu durch sie erreichbaren Gütern zu unterscheiden (CWB 39). Die intrinsische und die instrumentelle Wertschätzung von Freiheit sind zweierlei.[69]

Freiheit erstreckt sich zudem nicht nur auf gegebene Präferenzen erster Ordnung (wie etwa den Wunsch, zu rauchen), sondern auch auf »second order preferences«, wie zum Beispiel die Meta-Präferenz, »not to have the preference for smoking« (RF 18). Anstatt robotisch fixierte Präferenzordnungen je nach der Stärke der in ihr auftretenden Vorlieben abzuarbeiten, kann Freiheit kritisch fragen, »what preference should I have?« (RF 619). Wahre Freiheit maximiert nicht unkritisch, was bestimmte Vorlieben verlangen, sondern evaluiert und optimiert deren Vollzug.

Dabei umgreift die Idee der Freiheit zweierlei. Zum einen die *interne* Bedingtheit von Präferenzen: Der bloße Wunsch, keine Vorliebe für Zigaretten zu haben, lässt diese ja nicht sofort erlöschen. Zum anderen wirft jene Reflexion auch Licht auf *externe* Bedingungen, welche unsere Präferenzen beeinflussen: eine Umwelt etwa, die das Rauchen als besonders attraktiv oder abscheulich portraitieren. Insofern folgt aus dem *direkten* Anspruch auf Freiheit ein *indirektes* Verlangen, auf jene Kontexte der Freiheit einzuwirken.

Freiheit ist mithin von Grund auf politisch. Sie manifestiert sich nicht bloß durch eine Wahl *zwischen* (vorgegebenen) Alternativen, sondern immer auch in der Wahl *von* (besseren) Alternativen und in der Suche nach ihnen.[70] Deswegen schätzt Sen die Tradition der Theorien »positiver Freiheit« (zur Genealogie der »positiven Freiheit« bei Thomas Hill Green und im Deutschen Idealismus vgl. Abschnitt 1.2.1).[71] Sie beinhalten eine – mindestens implizite, besser explizite – Stellungnahme zur Wertigkeit gegebener Optionen und bedenken

---

69 | So sieht das auch Martha Nussbaum: »Freedom to choose and to act, however, is an end as well as a means, and it is this aspect that the standard utilitarian position cannot capture.« Weswegen sie ganz wie Sen resümmiert: »In short, the utilitarian approach undervalues freedom.« (*Creating Capabilities*, S. 56)

70 | Vgl. Paul Streeten, »Amartya Sen. Rationality and Freedom«, in: *Economic Development and Cultural Change*, 52, No. 4 (2004): 889-891.

71 | Sehr anerkennend nimmt Sen auf Thomas Hill Green Bezug (siehe u.a. RF 586f.). Auch Sens Zitationspraxis gibt überhaupt seine Sympathie für Vertreter positiver Freiheitstheorien deutlich zu erkennen; zustimmend erwähnt werden des öfteren etwa: Ronald Dworkin, *Taking Rights Seriously*, London 1977; Partha Dasgupta, *The Control of Resources*, Oxford 1982; Partha Dasgupta, »Positive Freedom, Markets and the Welfare State«, in: *Oxford Review of Economic Policy*, 2 (1986); Alan P. Hamlin und Philip Pettit,

die gesellschaftlichen Voraussetzungen freiheitlicher Lebensverhältnisse. In Übereinstimmung mit dieser Tradition steht für Sen etwa außer Frage, dass zu Freiheit im vollen Sinne auch eine Sozialpolitik gehört, die allen Menschen faire Lebenschancen sichert. Dem, der keinen konkreten Besitz hat, ist schließlich mit dem abstrakten Recht auf dessen (»negative«) Verteidigung nicht sonderlich geholfen.[72] Eine Zurücknahme der Besitzfreiheit einiger zugunsten der (»positiven«) Teilhabefreiheit aller wäre daher ratsam.[73]

Und so kommt es zur Abgrenzung von libertären Positionen. Theorien negativer Freiheit missverstehen, so Sen, dass es oft weit weniger auf die *private Kontrolle* über Handlungsräume ankommt, als auf deren *Ausgestaltung*.[74] Während Libertäre glauben, jeder quantitative *Zuwachs* staatlicher Kontrolle zöge notwendig einen *Verlust* an individueller Freiheit nach sich, kann genau das Gegenteil der Fall sein. Entgegen der herrschenden Lehre im Camp der Libertären sei, beispielsweise, die Privatautonomie der Bürger in einem Wohnviertel, wo die Polizei patroulliert, sicher besser geschützt, als dort, wo die Bürger mittels privater Schusswaffen für Ruhe und Ordnung sorgen (RF 397).[75] Das Beispiel verdeutlicht, dass in Sens Augen die *primär* freiheitsrelevante Unterscheidung nicht quantitativ (ein *Plus* oder *Minus* an Staatsgewalt) ausfällt, sondern qualitativ: Es kommt darauf an, *wie* und *wofür* jene Gewalt eingesetzt wird. Erst *sekundär* zu diesen Erwägungen lässt sich plausibel deren quantitatives Maß erörtern.

Beide Abgrenzungen – die zu utilitaristischen Positionen ebenso wie die gegenüber libertären Freiheitskonzeptionen – sind zugleich im Auge zu behalten. Dem utilitaristischen Wertmaßstab der »cumulation outcomes«, d.h. dem summarischen Bemessen *materialer* Endzustände, stellt Sen ein Konzept

The Good Polity: Normative Analysis of the State, Oxford 1989; Dieter Helm (Hg.), *The Economic Borders of the State*, Oxford 1989.

72 | Vgl. Ann Nevile, »Amartya K. Sen and Social Exclusion«, in: *Development in Practice*, 17, No. 2 (2007): 249-255.

73 | »This is a curtailment of a certain kind of freedom of control. But it is motivated by considerations of freedom of another kind: freedom to achieve things.« (Partha Dasgupta, »Power and Control in the Good Polity«, in: Alan P. Hamlin und Philip Pettit (Hg.), *The Good Polity: Normative Analysis of the State*, Oxford 1989, S. 191)

74 | Vgl. Skinner, *Liberty Before Liberalism*, S. 86.

75 | »If, as libertarians believe, every individual has the right to own his person and property, it then follows that he has the right to employ violence to defend himself against the violence of criminal aggressors. [...] Gun prohibition is the brainchild of white middle-class liberals who are oblivious [...].[...] If we wish to encourage a society where citizens come to the aid of neighbors in distress, we must not strip them of the actual power to something about crime.« (Murray Newton Rothbard, *For a New Liberty*, New York 1973, S. 86-88)

von »comprehensive outcomes« entgegen, welches auch an der Freiheitlichkeit der zu den jeweiligen Resultaten führenden *formalen* Verfahren festhält (DF 27). Sen koaliert insofern also mit Verteidigern negativer Freiheit, als er wie diese jedwede Beglückungsdiktatur ablehnt, die Menschen Lebenschancen auf Kosten ihrer staatsbürgerlichen Freiheiten einräumt (RF 510). Jedoch will Sen die Idee der Freiheit durchaus nicht in jener prozeduralen Dimension aufgehen lassen. *Achtsamkeit* gegenüber den Verfahren, in denen Rechte und Verbindlichkeiten ausbuchstabiert werden, ist keineswegs gleichzusetzen mit einer *Achtlosigkeit* bezüglich der absehbaren Konsequenzen jener Prozeduren (IJ 232f.): »Even if [procedural, C.D.] liberty is given a special status, it is highly implausible to claim that it would have as absolute and relentless a priority as libertarian theories insist it must have.« (DF 67)

Das Recht auf Besitz und Eigentum, zum Beispiel, »must not necessarily be taken as being just as momentous as my right not to be tortured or killed« (RF 636). Eben solche Differenzierungen aber werden verwehrt, wenn Libertäre beide Rechte gleichrangig als »side constraints« der Freizügigkeit behandeln (RF 636). Verabsolutiertes Bestehen auf der formalen Dimension von Freiheitsrechten kann zu krassen materiellen Freiheitsverlusten führen (RF 511). Gegen Nozick und Gauthier[76] gibt Sen zu bedenken, dass »institutional fundamentalism« (IJ 83), d.i. ein Freiheitsschutz, der *nur* auf Verfahren, *nie* auf Endresultate achtet, kontraintuitive Ergebnisse zeitigen kann: »even gigantic famines can result without anyone's libertarian rights (including property rights) being violated. The destitute such as the unemployed or the impoverished may starve precisely because their ›entitlements‹ – legitimate as they are – do not give them enough food.« (DF 66)

Wer aber wagt zu behaupten, dass Individuen, die verhungern, keinen Schaden an ihrer Freiheit nähmen, wo es ihnen doch an der elementarsten aller Freiheiten – an der »basic freedom to survive« (DF 15) – mangelt? An solchem konsequenzvergessenen »sledgehammer reasoning« (RF 561) sind also starke Zweifel angebracht. Die Kraft dieses Einwands wurde von Robert Nozick wahrgenommen. In einer (nicht nur von Sen) vielbeachteten Fußnote einer späteren Ausgabe seines Werks *Anarchy, State, and Utopia* qualifiziert er seine dort vorgelegte Theorie von Freiheit als Summe aller rechtsfesten »entitlements«: Zur Vermeidung von »catastrophic moral horrors« könnten bisweilen vielleicht doch Einschränkungen jener »entitlements« legitim sein.[77]

76 | Vgl. Nozick, *Anarchy, State, and Utopia*; David P. Gauthier, *Morals by Agreement*, Oxford, Oxfordshire; New York 1986.

77 | Nozick schrieb: »The question of whether these side constraints reflecting rights are absolute, or whether they may be violated in order to avoid catastrophic moral horror, and if the latter, what the resulting structure might look like, is one I hope largely to avoid.« Robert Nozick, *Anarchy, State, and Utopia*, S. 30. Im persönlichen Gespräch

Nozick klärt aber nicht darüber auf, was diese *Ausnahme* von der Regel über die Geltungskraft eben jener *Regel* eines rein prozeduralen Freiheitsschutzes aussagt. Sen kommentiert: »But once such an exception is made, it is not clear what remains of the basic priorities in his theory of justice« (IJ 85). Denn entweder markiert Nozicks Einlassung eine ehrlich gemeinte Relativierung der zuvor von ihm verabsolutierten negativen Freiheit; dann aber kann man seine Theorie getrost übergehen und sich Konzeptionen zuwenden, die – wie Sens eigener Ansatz – von vorneherein versuchen, formale und materiale Freiheitsaspekte auszubalancieren. Oder aber – und das scheint wohl wahrscheinlicher – Nozick baut diese Einlassung seiner Theorie nur als Ventil ein, um sie vor einem Explodieren an sozialem Überdruck zu schützen. Dann erweist sich diese Einlassung sachlich als ebenso schädlich in der Sache wie schändlich im Blick auf das Motiv. In beiden Fällen aber erweist sich die Konzeption negativer Freiheit als unbefriedigend.

Warum jedoch ist die Theorie negativer Freiheit trotz ihrer augenfälligen Mängel noch immer so verbreitet? Sen führt dies, wie auch Galbraith (vgl. Abschnitt 4.1.3), auf exogene Gründe zurück. Ein rein formaler Freiheitsbegriff lässt sich leichter quantifizieren und einer mathematisierten Ökonomik einpassen. Man zählt einfach Optionen und identifiziert jeden Zuwachs derselben mit Freiheitsgewinn, schon befindet man sich in den vertrauten Gefilden der Maximierungslogik. Doch so lügt man sich in die Tasche (vgl. auch hier die Einleitung zu Kapitel 3). Wer Freiheit ansieht »as a matter of the size of the set from which one can choose«, übersieht zum eigenen Schaden, dass das Ausmaß individueller Freiheit nicht sinnvoll beurteilt werden kann »without reference to the persons's values and preferences« (RF 514). Eine Wahl muss beurteilt werden »not just in terms of the *number* of options one has, but with adequate sensitivity to the *attractiveness* of the available options.« (DF 117) Die Quantität von Optionen gewinnt also Bedeutung erst sekundär: im Hinblick auf die primär zu bewertende Qualität derselben (CWB 33f.).

Eine rein formale Theorie der Freiheit läuft ins Leere. Nicht nur sind einige wenige gute Optionen einer Auswahl aus zahllosen scheußlichen Möglichkeiten sicher vorzuziehen (RF 13). Oftmals führt auch erst ein quantitatives Reduzieren zur qualitativen Verbesserung von Optionen (RF 602). So können etwa autonom verfügte Beschränkungen der »freedom to act« einen Zugewinn an der »freedom to achieve« erwirken (RF 597): Indem mehrere sich in ihrem Handeln aufeinander abstimmen, wird allen das Erreichen bestimmter gemeinsamer Ziele möglich. Kollektive Aktionsformen und soziale

am 22. April 2008 stellte Sen heraus, dass er zuvor keinen persönlichen Kontakt zu Nozick hatte und diese Einschränkung also wohl nicht ausgelöst habe; um dann klipp und klar seine eigene Position hierzu noch einmal mit den Worten zu umreißen: »I am no big fan of property rights. Property must be justified by what it does.«

Ordnungen begrenzen individuelle Freiheit also nicht nur, sondern erweitern sie auch, indem sie allererst einige, andernfalls ausbleibende Möglichkeiten stiften. Zugang zu sinnvollen Optionen zu haben, steht und fällt klarerweise mit der Möglichkeit, in Koordination mit anderen die eigenen Präferenzen sowie Lebenschancen zu evaluieren und in Kollaboration mit ihnen zu verändern (RF 12).

Positionen, die sich ganz und gar auf negative Freiheit – die Abwehr von Eingriffen in faktische Besitz- und Anspruchsrechte – versteifen, hält Sen schon deshalb für unterkomplex. Vielmehr erklärt er, »both positive and negative freedom can be simultaneously valued« (RF 12, Anm.). Voraussetzung dieser gefälligen Harmonie ist indes eine klare Rangordnung. Sen ordnet den Begriff negativer Freiheit dem der positiven Freiheit eher *ein* und *unter* als *bei* – und schon gar nicht *über*. Weil wir *positive* Freiheit schätzen, sollten wir *negative* schützen (RF 646).

> I have found it more useful to see »positive freedom« as the person's ability to do the things in question *taking everything in account* (including external restraints as well as internal limitations). In this interpretation, a violation of negative freedom must also be – unless compensated by some other factor – a violation of positive freedom, but not vice versa. (RF 596)

Ein vollständiges Konzept von Freiheit sollte alle sozial mitbedingten »capabilities to do things that a person has reason to value« mit einschließen (DF 56). Weil aber das duale Schema von »negative« und »positive freedom« die Artikulation dieses Gedankens erschwert, ersetzt Sen es zuletzt durch ein eigenes, dreigliedriges Modell. Dieses unterscheidet einen »opportunity aspect«, der sich auf unsere Lebenschancen richtet, von einem »process aspect«, der untersucht, wie diese zu Stande kommen. Beide Aspekte werden sodann im Begriff einer »substantive freedom« zusammengeführt und verschweißt. Zufolge dieser Konzeption sind individuelle und kollektive Freiheiten untrennbar aufeinander verwiesen. Institutionen bestimmen die Präferenzen sowie Lebenschancen der Individuen mit. Wir müssen daher auch diese Institutionen »in the light of their contributions to our freedom« evaluieren und reformieren (DF 142). Wer sozial vermittelte Freiheit in Anspruch nimmt, darf sich der Mitarbeit an der sozialen Konstruktion der Freiheit anderer nicht verweigern: »we have to see individual freedom as a social commitment« (DF XII).[78]

Ein Denker, der genau das eindringlich betont hatte, ist John Rawls. Das emanzipative Moment seiner Gerechtigkeitstheorie besteht ja in dem sozialliberalen Anliegen, allen diejenigen »basic goods« zukommen zu lassen, die sie benötigen, um zu einem realen Freiheitsgebrauch materiell wie ideell befähigt

78 | Ebenso Martha Nussbaum, *Creating Capabilities*, S. 22 u.ö.

zu werden. Diesen Versuch unternimmt, wie im vorigen Kapitel ausgeführt, Rawls' *Theory of Justice*, deren Entwurf idealer gesellschaftlicher Institutionen ausmitteln soll, *wieviel* (quantitativ) jeder jedem schuldet, damit alle in Freiheit leben können. Im Urteil von Sen scheitert aber auch dieser Ansatz, da Rawls versucht, die Idee der Freiheit fest an eine einzige Gerechtigkeitskonzeption, die rawlssche eben, zu binden. Sen jedoch hält Rawls' Suche nach einer perfekten Gerechtigkeitsnorm für »neither necessary, nor sufficient« (IJ 15). Sie ist nicht erforderlich, weil nicht erst ein absoluter, sondern schon ein nur komparativer Begriff von Gerechtigkeit zureicht, um eklatante »capability deficits« zu beheben. Zureichend ist jene Konzeption nicht, weil selbst ein Konzept optimaler Gerechtigkeit bei der Evaluierung konkreter Missstände kaum weiterhilft. Sen erläutert diese Kritik an anschaulichen Beispielen. Selbst wenn man sich, meint er, auf die Mona Lisa von Leonardo als das weltbeste Gemälde einigen könnte, gäbe uns das allein noch kein taugliches Kriterium an die Hand, um etwa Werke von Picasso und Dali zu evaluieren (IJ 101).[79] Auf die Frage sozialer Gerechtigkeit übertragen heißt das: Rawls' Versuch, einen einzigen, fixen Maßstab von Gerechtigkeit zu finden, übersieht, dass unterschiedliche Distributionssysteme auf abweichenden Wertmaßstäben beruhen können – und zwar berechtigterweise. Der Unterschied politischer Gerechtigkeitsformen von Gesellschaft zu Gesellschaft wird zwar nicht immer legitime Wertdivergenzen zum Ausdruck bringen, oft aber schon (IJ 52ff.).

Sen vertritt daher: Freiheit ist rekursiv; sie muss freisetzen – auch und gerade zum Finden immer neuer und anderer Antworten, was Freiheit ausmacht beziehungsweise was sie jeweils – hier: vermittels distributiver Gerechtigkeit – ermöglicht (IJ 232ff.). Die Fähigkeit und Bereitschaft von Individuen, ihre Wertvorstellung an der Perspektive eines unparteiischen Beobachters kritisch zu überprüfen (IJ 108, 125, 138), ist dafür entscheidend. Sie ermöglicht es, die von Rawls verwendete *rational choice*-Theorie durch eine *social choice*-Praxis zu ersetzen. Letztere kann auch qualitative Kritierien verarbeiten, anstatt wie erstere die Vernünftigkeit der gewählten Optionen lediglich quantitativ, nämlich »simply as smart maximization of self-interest« zu rekonstruieren (IJ 179).

Diese Erweiterung der Perspektive um qualitative Gesichtspunkte ist entscheidend: Wie zuvor (im Rawls-Kapitel) gezeigt, versagen angesichts von Menschen, die uns niemals nutzen oder schaden können, die Modelle quanti-

79 | Ebenso weist Sen auch die Platonische »methexis«(=Teilhabe)-Lehre (IJ 16) zur Gerechtigkeitsbestimmung zurück, mit folgendem Beispiel: Ob man nun weißen oder roten Wein als den idealen ansähe, ein Weinkenner werde jedenfalls gegenüber einer Pansche den jeweils zweitrangierten Wein vorziehen, obschon die Pansche ja als Gemisch näher am Ideal läge. Insofern sei die Verrechnung unterschiedlicher Maßstäbe in nur einen einzigen durchaus nicht stets die beste Methode, zu optimalen Ergebnissen zu kommen.

tativ-symmetrischer Reziprozität. Nicht ein abstraktes Gedankenexperiment, in dem wir mit den sämtlichen betroffenen Personen vertraglich ein für alle Seiten vorteilhaftes Betragen aushandeln, verpflichtet uns. Es ist vielmehr die sehr konkrete Tatsache, dass wir das Leben zukünftiger Generationen gravierend beeinflussen (RF 535). Wir fühlen uns nicht nur im Sinne eines »benign humanitarianism«, sondern aus Gründen der Fairness verbunden, auf die Bedürfnisse jener Menschen Rücksicht zu nehmen (IJ 129). Weder als »social contractor« noch als »utilitarian in camouflage« (IJ 138) können wir aber erklären, warum wir uns in dieser unilateralen Verantwortung wähnen (IJ 144, 205).

Jenes Scheitern symmetriefixierter Sozialphilosophien an der Klippe temporärer oder geographischer Asymmetrien ist für den weiteren Theoriefortschritt ein heimlicher Segen (IJ 129, 145ff.).[80] Es lässt uns erkennen, dass die Idee der Freiheit eines normativen Fluchtpunkts bedarf, der jenseits des »limited – and limiting – framework of social contract« (IJ XI) liegt. Und das befähigt uns, auch *asymmetrische* Interessenlagen in den Blick zu nehmen: Weit entfernt lebende oder erst zukünftig zur Welt kommende Menschen kommen zwar als Vertragspartner von rein quantitativ vorteilsorientierten Geschäften nicht in Frage, wohl aber als Anspruchsberechtigte einer qualitativ-fairen Denkungsart: An die Stelle kommerzieller Wechselseitigkeit tritt sittliche Gegenseitigkeit.

Was aber bleibt von der konventionellen Sozial- und Wirtschaftsphilosophie, wenn, wie von Sen gefordert, die eigennutzorientierte Axiomatik der *rational choice*-Modelle auf moralische Dimensionen hin erweitert (IJ 32 u.ö.) und der Präferenzformalismus (und die damit einhergehende instrumentalistische Engführung der Wahlfreiheit) zurückgewiesen wird (IJ 83 u.ö.)? Das Rationalitätspostulat, genauer: die unaufgebbare »interdependence of rationality and freedom« (RF 52), derzufolge die wahre Qualität von Freiheit angemessen nur in gemeinschaftlicher, politischer Suche nach ihrer vernünftigen Ausrichtung konturiert werden kann (IJ 232ff.). Der Schritt von den Kalkülen symmetrischer Wechselseitigkeit zu Theorien auch einseitiger und asymmetrischer Verbindlichkeiten ist ja als Ausdruck, nicht Aufhebung vernünftiger Freiheit gemeint. Zum Formulieren einer solchen Theorie verantwortlicher Freiheit, derzufolge individuelle Freiheit im Beitrag zur Emanzipation anderer – recht verstanden – nicht reduziert, sondern realisiert und nicht konterkariert, sondern komplettiert wird, bedarf es, so Sen, des *capabilities*-Ansatzes.

---

80 | Vgl. Harry Brighouse und Ingrid Robeyns, *Measuring Justice: Primary Goods and Capabilities*, Cambridge, England; New York 2010.

4.2.3 Freiheit durch »capabilities«

Weder Libertarier noch Utilitaristen noch Rawlsianer hätten die für das reale Leben der Menschen entscheidende »freedom to achieve actual livings that one can have reason to value« angemessen auf den Begriff gebracht, moniert Sen (DF 73). Erst Martha Nussbaum sei dies gelungen (ebenda). Nussbaum hatte im Ausgang von Aristoteles die menschlichen »capabilities to function« (CWB 32) einzeln unter die Lupe genommen und ihren jeweiligen Beitrag zu einem empirisch gesättigten sowie philosophisch stimmigen Freiheitskonzept untersucht.[81] In jenem von Nussbaum begründeten »capabilities approach« begrüßt Sen die Gelegenheit, »some of the old heritage of professional economics« (DF 25) zurückzugewinnen, um die seit Ende des 18. Jahrhunderts vernachlässigte Tradition qualitativ ausgerichteter Ökonomie fortzuschreiben (DF 24f.).

Sen erklärt: »A person's ›capability‹ refers to the alternative combinations of functionings that are feasible for her to achieve. Capability is thus a kind of freedom: the substantive freedom to achieve alternative functioning combinations (or, less formally put, the freedom to achieve various lifestyles).« (DF 75) Ein Reicher, zum Beispiel, der fastet, mag sich in einem ähnlichen Entbehrungszustand befinden, wie ein Armer, der hungert. Trotz gleicher »functionings« haben jedoch beide klarerweise ein unterschiedliches »capability set«; der eine kann jenen Zustand abwählen, der andere nicht (DF 75). Der Unterschied zwischen »functionings« und »capabilities« ist zum einen epistemisch: »The two give different types of information – the former about the things a person does and the latter about the things a person is substantively free to do.« (DF 75) Zum anderen nimmt sich jener Unterschied sachlich aus, indem der »value of choosing« (DF 76) von den Optionen, zwischen denen man wählt, unterschieden wird. »While the combination of a person's functionings reflects her actual *achievements*, the capability set represents the *freedom* to achieve: the alternative functioning combinations from which this person can choose.« (DF 75)

Nicht nur auf die abstrakte Quantität formell und allgemein zugestandener Möglichkeiten kommt es an, sondern zentral auch auf die konkrete Qualität der von ganz bestimmten Menschen hier und heute realisierbaren Lebenschancen, eben auf die »substantive freedoms – the capabilities – to choose a life one has a reason to value« (DF 74). Und die Frage, welchen Freiheitsgewinn bestimmte »functionings« erbringen, führt, Sen zufolge, auf von Fall zu Fall differente Antworten: einmal weil Personen mit unterschiedlichem *objektivem* Bedarf divergenten Nutzen aus gleichen Gütern ziehen, zum anderen aber

81 | Vgl. Giovanola, *Re-Thinking the Anthropological and Ethical Foundation of Economics and Business: Human Richness and Capabilities Enhancement*; Paul Anand, Graham Hunter und Smith Ron, »Capabilities and Well-Being: Evidence Based on the Sen-Nussbaum Approach to Welfare«, in: *Social Indicators Research*, 74, No. 1 (2005): 9-55.

auch, weil je nach den *subjektiven* Präferenzen selbst bedarfsproportionierte Güterzumessungen verschiedenen Individuen Unterschiedliches bedeuten.[82]

Die »substantive freedom«, die Sen anstrebt, ist durch mehrere Komponenten und deren Zusammenwirken gekennzeichnet. Sein Konzept umfasst zugleich »(1) political freedoms, (2) economic facilities, (3) social opportunities, (4) transparency guarantees, and (5) protective security.« (DF 38ff.) Sen fordert also nicht nur traditionelle Freiheitsrechte ein, sondern legt zugleich dar, dass diese nur dann zum Tragen kommen, wenn zum Beispiel Schutz vor Korruption und Gaunerei besteht (4) und die Individuen effektiven Zugriff auf die zur reflexiv-kritischen Selbstbestimmung notwendigen ökonomischen (2), pädagogischen und gesundheitlichen (3) sowie sozialen Bedingungen (5) haben (ebenda). Dabei be- und verstärken die Teilaspekte jener »substantive freedom« einander. Je mehr politische Freiheit ein Gemeinwesen hat, desto besser kann es etwa seine ökonomischen Institutionen demokratisch ausrichten und soziale Teilhabe ermöglichen. Umgekehrt stärkt beispielsweise ein hohes Maß an institutioneller Transparenz das korruptionsfreie Funktionieren ökonomischer Transaktionen und politischer Deliberationen. Die verschiedenen Momente der »substantive freedom« sind daher nicht nur intrinsisch, sondern auch instrumentell wichtig (DF 37).

Soweit stimmen Sen und Nussbaum vollkommen überein. Ihre Ansichten laufen indes auseinander, welchen Stellenwert innerhalb dieser »substantive freedoms« die prozedurale Freiheit hat. Bei Aristoteles, dem geistigen Ahnherren jenes Ansatzes, gibt es, Nussbaum zufolge, eben »just *one* list of functionings [...] that do in fact constitute human good living« (NFC, 152, Herv. C.D.).[83] Ähnlich käme es auch heute darauf an, diese *eine* Grundmenge möglichst exakt zu definieren. Nussbaum vermisst bei Sen daher einen »*objective* normative account of human functioning«. Sie kritisiert, seinem Modell mangele eine »procedure for *objective* evaluation by which functionings can be assessed for their contribution to the good human life.« (NFC, 176, Herv. C.D.)

Martha Nussbaum sieht ihren eigenen Zugang zur Capabilities-Theorie ganz wesentlich durch ein »commitment to *political liberalism*« im rawlsschen

82 | Vgl. Douglas A. Hicks, »Gender, Discrimination, and Capability: Insights from Amartya Sen«, in: *The Journal of Religious Ethics*, 30, No. 1 (2002): 137-154; David A. Clark, »Sen's capability approach and the many spaces of human well-being«, in: *The Journal of Development Studies*, 41, No. 8 (2005): 1339-1368.

83 | Martha Nussbaums Schriften werden nach den folgenden Siglen zitiert: (NFC): Nussbaum, Martha Craven, Nature, Function, and Capability: *Aristotle on Political Distribution*, Oxford Studies in Ancient Philosophy (1988), 145-184; (FJ): *Frontiers of Justice: Disability, Nationality, Species Membership*, Cambridge, Massachusetts 2006; (CC): Nussbaum, Martha Craven, *Creating Capabilities: The Human Development Approach*, Cambridge, Massachusetts 2011.

Sinne ausgezeichnet (CC 75, Herv. C.D.); sie will also wie Rawls nur von Argumenten Gebrauch machen, von denen sie ausgehen darf, dass sie bereits vom »overlapping consensus« des jeweiligen Gemeinwesens gedeckt sind: »my capability-based theory of justice refrains from offering a *comprehensive* assessment of the quality of life in a society, even for comparative purposes, because of the role of political liberalism in my theory requires me to prescind from offering any *comprehensive* account of value.« (CC 19, Herv. C.D.) Insofern findet sie einerseits, Sens Liberalismus gehe *zu weit*, indem er mit viel Elan die Notwendigkeit von »capability fulfillment as freedom« vortrüge, geradezu im Sinne einer eigenständigen »*comprehensive* doctrine« (ebenda, Herv. C.D.). Andererseits aber geht Sen *ihr nicht weit genug*, weil er keine Liste der für ihn unaufgebbaren Grundvermögen aufstellt (CC 76).

Beim »Capabilities Approach« handele es sich, erklärt Nussbaum, um die »substantial freedoms« (CC 18). Folglich gehöre es sich, genau zu sagen, welche dies genau seien. (*Nota bene*: Sie schreibt nicht, wie Sen, »substantive freedoms«, sondern »substantial«; dazu unten mehr; C.D.). Sen bleibt Nussbaum zufolge also schlicht eine Antwort auf die Frage schuldig: »Which capabilities are the most important?« (CC 27) Stattdessen begnüge er sich mit Andeutungen: »Sen takes a stand on the valuational issue by emphasis, choice of examples, but he does not attempt anything like a systematic answer« (CC 27). Man gewinnt den Einduck, Sen sei zwar in die richtige Richtung angelaufen, aber letztlich zu kurz gesprungen.

Sen stößt sich umgekehrt an Nussbaums Elimination von Deutungsspielraum zugunsten einer fixen Konzeption von »well-being« (CWB 47). So wie Sen nämlich seinen Begriff der »substantive freedom« versteht, schließt dieser ja nicht nur die materiellen Resultate von Freiheit, sondern auch deren prozedurale Dimensionen mit ein. Diesem »process aspect« zuliebe will Sen den »capability approach« offenhalten für divergierende Antworten auf die Frage, welche Freiheiten jeweils die vorzugswürdigsten sind (CWB 47). Nicht Ökonomen oder Philosophen sollen hier das letzte Wort haben, sondern die Betroffenen. Statt einer einzigen Antwort auf die Frage, welche »capabilities« Menschen in den Stand von »substantive freedom« versetzen, soll es genauso viele Antworten wie politische Gemeinschaften geben: hier und jetzt möglicherweise ganz andere als andernorts zu anderen Zeiten. Die Offenheit seines Ansatzes verteidigt Sen deshalb als »*deliberate* incompleteness« (CWB 47, Herv. C.D.).

Nun ist es indes zwar nicht so, wie Sen manchmal suggeriert, dass Martha Nussbaum schlicht von Expertenseite aus einen »blueprint« anfertigt (IJ 232), der ein für allemal erklärt, was jeder Mensch zu jeder Zeit und an jedem Ort zum Freisein benötigt – und basta. Obschon Martha Nussbaum in der Tat eine Liste mit zehn »Capabilities« aufstellt (CC 33f.), die sie für essentiell für jegliches Menschenleben hält, zielt ihr Ansatz durchaus auch auf eine gewisse

Offenheit für die jeweiligen politischen und kulturellen Kontexte des menschlichen Lebens: Sie versteht erstens ihre Liste als »open-ended« und offen für »ongoing revision«, gibt sie zweitens dezidiert zu einer von Gesellschaft zu Gesellschaft unterschiedlichen Konkretisierung frei, setzt sie drittens als »modulare«, d.h. in verschiedenste »comprehensive doctrines« einfügbare Konzeption auf, räumt viertens den Individuen wichtigen Entscheidungsspielraum ein, indem sie typischerweise nur das Sicherstellen von »capabilities«, nicht aber das Realisieren von »functionings« verlangt; und sie integriert fünftens gestaltungsoffene klassisch-bürgerliche Freiheiten in die Liste sowie stellt sechstens klar, dass es ihr insgesamt eher um die »justification« des Capability-Konzepts, als um eine Blaupause für die »implementation« ginge (vgl. FJ 296ff.).

Dies sind bedeutende Flexibilisierungen und Dynamisierungen. Sie genügen aber wohl doch nicht dem Senschen Anspruch, dass einer jeden *polis* immer auch zugestanden werden muss, einzelne Punkte der Liste komplett abzuwählen oder ganz andere auf die Agenda zu setzen. Hier liegt meines Erachtens die entscheidende Differenz beider Denker. Für Sen nämlich ist Freiheit ein Gut, das eindeutig die es ermöglichenden Grundvermögen begrifflich überragt und deswegen überhaupt nur zu integrieren vermag. Sen würde also anders als Nussbaum in der Priorisierung der Freiheit über ihre Verwirklichungsbedingungen keine Schwäche, sondern die eigentliche Stärke seiner Theorie erblicken. Nur so erklärt sich auch die radikale Prozeduralität seines Ansatzes: Zur Idee der Freiheit gehöre unverzichtbar die prozedurale Freiheit, die konkreten Freiheiten zu definieren, die eine Gemeinschaft etabliert. Und das wiederum begründet, warum Amartya Sen *partout* keine definitive Liste unverzichtbarer Grundvermögen aufstellen mag.

Sen verweigert sich also aus methodischen wie sachlichen Erwägungen Nussbaums Versuch, »to move on relentlessly until one [...] arrives at exactly one interpretation of the metaphysics of value« (CWB 48). *Methodisch* spräche viel dagegen, Wertungsfragen zu entscheiden, bevor »an agreement is reached on the choice of an evaluative space« (ebenda); d.h. bevor klar ist, wer das Recht hat zu entscheiden beziehungsweise zu irren. Diese vorgeordnete Frage aber ist in Sens Augen wiederum nur demokratisch, nicht technokratisch zu entscheiden. Damit hängt die *sachliche* Überlegung eng zusammen, dass Wahlfreiheit ja an sich selbst ein Gut darstellt – und zwar nicht nur für Liberale, sondern, genau genommen, auch für teleologische Theoretiker des »well-being«; denn die »freedom to choose our live can make a significant contribution to our well-being« (IJ 18). Anstatt also von akademischer Warte aus festzulegen, was der absolut beste Kanon substantieller Freiheiten wäre, will Sen sicherstellen, dass derlei die Bürger selbst entscheiden. Niemand anderes als die Bevölkerung ist aufgerufen, die Prozeduren festzulegen, mittels derer verhandelt wird, und über die Sache zu befinden. Beide Entscheidungen – die *prozedurale* sowie die

substanzielle über die Art und Priorisierung der substantiellen Freiheiten – müssen letztlich vom Volk, nicht von den Professoren getroffen werden, meint Sen.

Dieser indirekte Zugang zur *Capability*-Förderung will erreichen, dass Freiheit nicht auf ein einziges Gut und dessen Maximierung reduziert, sondern vielmehr als »an inherently diverse concept« respektiert wird (DF 298).[84] Sens Idee der Freiheit erlaubt, ja fordert, dass ihr Differenzen sozialer, kultureller, politischer und institutioneller Natur eingeschrieben werden. Darum verlangt Sen keine Gleichheit in der jeweiligen Operationalisierung der Freiheitsidee, sondern lediglich, dass dieselbe durch ihrerseits freiheitliche, d.h. partizipative Prozeduren vorgenommen werde. In Sens Konzept bleibt also die »capability perspective [...] inescapably pluralist.« (DF 76) Die Konkretisierung der »capabilities« überlässt Sen ganz und gar den jeweiligen politischen Gemeinschaften (IJ 232). Hier trennen sich daher die Wege des liberalen Aristotelismus von Nussbaum und des aristotelischen Liberalismus von Sen.

Somit operiert Sens Theorie der Sache (wenngleich nicht dem Namen) nach mit der für diese Studie essentiellen Unterscheidung zwischen (abstrakt-allgemeiner) *Idee* und (konkret-situativem) *Begriffen* qualitativer Freiheit. Gerade deshalb aber erscheint Sens Wortwahl ungeschickt. Zwar grenzt das Adjektiv »substantive« wichtigere von unbedeutenden Aspekten ab und dient so, rein lexikalisch betrachtet, durchaus dem Senschen Anliegen, zu einem qualitativ differenzierten Umgang mit Freiheit aufzurufen. Aber das Wort liegt eben auch gefährlich nahe an dem im Englischen gebräuchlicheren »substantial« und kann damit verwechselt oder gleichbedeutend verwendet werden. So findet sich beispielsweise, wie bereits angemerkt, in Nussbaums Kritik eine Beschreibung von Sens Position als einer Theorie von »substantial freedoms« (CC 18). Nun geht im Englischen aber das Adjektiv »substantial« mit der Konnotation von selbständigen, sich gegenüber Wandel durchhaltenden Attributen einher. Es markiert mithin sehr genau, worum es Martha Nussbaum – weniger aber Amartya Sen – beim »Capabilities Approach« geht: die Festlegung eines festen Kerns von Grundvermögen. Anders formuliert: Zu »substantial« verhält sich »prozedural« semantisch als polarkonträrer Gegenbegriff. Doch ist es ja gerade der Clou der Senschen »substantive freedom«, dass bei ihr das prozedurale Moment nicht an den Rand, sondern ins Zentrum gerückt wird.

Aufgrund dieser Anliegen wäre es vermutlich zielführender, die von Sen skizzierte Vorstellung von Freiheit als *qualitative* Freiheit zu titulieren und mit quantitativen Ansätzen zu kontrastieren. Das Attribut »qualitativ« legt ja zu-

84 | Insofern trifft m.E. Nussbaums Vorwurf nicht zu: »Sen sometimes speaks as if all capabilities were valuable zones of freedom and as if the overall social task might be to maximize freedom. He speaks of a ›perspective of freedom‹ – as if freedom were a general, all-purpose social good of which the valued capabilities were simply instances.« (*Creating Capabilities*, S. 70)

nächst allein auf Sachhaltigkeit im allgemeinen, aber nicht auf ganz bestimmte Qualitäten (Washeiten) fest. Es geht zudem mit der Konnotation von Gutheit einher, ohne jedoch diese als einzigartig und unwandelbar anzusehen (wie es aber der Begriff der Substanz nahelegt). Kurzum der Ausdruck »qualitative Freiheit« erreicht, was der »capability approach« Sen zufolge leisten soll: einerseits auf einer sinnvollen Bestimmung von Freiheit zu bestehen, ohne diese jedoch anderseits ein für allemal vorzugeben. Insofern erscheint mir »qualitative Freiheit« als zugleich genauere sowie einfachere Bezeichnung dessen, was Sen mit »substantive freedom« im Sinn hat.

Wie dem auch sei, jedenfalls folgt aus Sens Ansatz: Freiheitliche Ökonomik handelt nicht ontologisch von *Gütern*, sondern verhandelt axiologisch *Meinungen* über Güter. Nicht Werte *an sich*, sondern Werte *für uns* sind ihr Thema. Nicht *die* Wirtschaft, sondern *unser* Wirtschaften in *dieser* politischen Gemeinschaft gilt es zu untersuchen.[85] Eine dieser Idee gerecht werdende Ökonomik muss vielfältige und zumeist ungleichartige Informationen verarbeiten und steht daher im ausdrücklichen Widerspruch zum von der analytischen Mechanik des frühen 19. Jahrhunderts orientierten Methodenideal.[86] Vom Ziel absoluter Kommensurabilität aller Werte hat sie zugunsten einer pragmatischeren Betrachtung abzuweichen und, wo nötig, abstrakte Präzision für konkrete Sachangemessenheit einzutauschen. Somit sollte die Ökonomik nicht den Status einer alle historische und kulturelle Differenzen vernachlässigenden Disziplin mit ewigen sowie universalen Ziel- und Messgrößen anstreben. Vielmehr ist die Ökonomik für den freiheitlichen Wandel der gesellschaftlichen Werte und Institutionen zu sensibilisieren.

Nur demokratisch, nicht technokratisch kommt es in einer solchen Disziplin zur »conceptualization of ›needs‹« (DF 148). Entsprechend weist Sen es als einen »significant mistake« zurück, den »capability approach« als Ausdruck oder Fortschreibung des »methodological individualism« zu identifizieren (IJ 244). Denn dieser übersieht, dass Individuen sich gesellschaftlich konstituieren. Soziale Institutionen und Kollektive machen einen elementaren Bestandteil des individuellen Selbst- und Freiheitsverständnisses aus (IJ 246). Anstatt dass einzelne, für sich existierende Privatrechtssubjekte dadurch erst die Gesellschaft konstituieren, dass sie einen ihren jeweiligen, separat voneinander bestehenden Interessen förderlichen Sozialvertrag aushandeln, gilt das Gegenteil: Durch soziale Rollen und politische Deliberation finden Subjekte ihre Identität, erst in und durch Gesellschaft finden und bestimmen sie ihre persönlichen Interessen.

Der Andere ist der Deutungshorizont des Selbst. »Individual freedom is quintessentially a social product« (DF 31). Durch die »interactive formation of

85 | Vgl. Pressman und Summerfield, *The Economic Contributions of Amartya Sen.*

86 | Vgl. Dierksmeier, *The Freedom-Responsibility Nexus in Management Philosophy.*

public perceptions and collaborative comprehension of problems and remedies« (DF 31) konstituieren sich das Privat-Individuelle und das Politisch-Allgemeine wechselseitig: Deswegen gipfelt seine Theorie der Freiheit in der Frage, wieviel soziale Gerechtigkeit offene Gesellschaften sich und einander schulden. Konsequenterweise mündet Sens philosophischer Liberalismus daher kosmopolitisch aus. In der Aufgabe, allen Weltbürgern zu substantieller Freiheit zu verhelfen, entledigt sich die Idee der Freiheit aller falschen Beliebigkeit und konkretisiert sich in globaler Verantwortung (IJ 138, 248ff.).

4.2.4 Kosmopolitische Freiheit

In einer zusehends entgrenzten und vernetzten Welt verlieren Begründungsmodelle, die nur unter Voraussetzung geographischer Abschottung funktionieren, an Plausibilität. Darum kritisiert Sen Rawls' Prämisse einer »closed society: [...] self-contained and [...] having no relations with other societies [...]« (IJ 151). Rawls' Verteidigung des methodologischen Nationalismus als einer für die philosophische Konzentration aufs Wesentliche angeblich unentbehrlichen Denktechnik, kontert er schlicht mit der Frage, »whether considering ideas and experiences from elsewhere are matters of ›distracting details‹ that are somehow to be shunned [...].« (IJ 151)[87] Oder gelte nicht vielmehr: Wer in einer globalisierten Welt lebt, müsse auch global handeln und denken?

Ebenso wenig wie globalisierungsblinder Nationalismus helfe indes der von manchen Rawls-Schülern ins Gespräch gebrachte, undifferenzierte Universalismus eines »gigantic global social contract« (IJ 71). Die Vision eines durch globalen Sozialvertrag errichteten Weltstaats hält Sen für »deeply unrealistic – now or in the foreseeable future« (IJ 140). Sen lehnt also Lokalchauvinismus ebenso ab wie Globalismus und strebt statt beider einen differenzoffenen Kosmopolitismus an. Auf der Suche nach jener goldenen Mitte, jedoch, so muss auch Sen konstatieren, findet sich bisher nur gähnende Leere: theoretisch wie praktisch (IJ 141). Wie wäre sie zu füllen? Nach welcher Form von *Global Governance* sollte die Menschheit streben? Mithilfe welcher Philosophie?

Sen hegt Zweifel gegenüber jedem nicht selbstkritisch situierten Denken. Fragen der *Global Governance* lassen sich weder einfach mit lokalen Parametern noch aus einer ortlosen Perspektive heraus beantworten – etwa im Sinne von Thomas Nagels Forderung nach »position independence« durch eine »view from nowhere«.[88] Sen spricht sich eher für ein Mittleres aus, für eine Theorie von »positional objectivity«, die »person-invariant but position-relative« verfährt (IJ 157). Diese Alternative gehe auf die *Relativität* des jeweiligen Standpunkts in historischer Zeit und kulturellem Raum ein, verabsolutiere sie

87 | Vgl. Auch Rawls, *Political Liberalism*, S. 12.

88 | Vgl. Thomas Nagel, *The View from Nowhere*, New York 1986, S. 5.

aber nicht zu einem ethischen *Relativismus*. Obschon uns Menschen durch Einbindung in Rollen, geographische Verortung und physische Bedingungen eine absolute, letztgültige Weltwahrnehmung verwehrt bleibt, sei eine für praktische Zwecke hinreichende Unparteilichkeit des Denkens möglich, meint Sen. Positionalität muss von Parteilichkeit, Bedingtheit von Beliebigkeit unterschieden werden. Letztere jeweils ruinieren faires Urteilen, nicht Erstere.[89]

Im Gegenteil: Manchmal sind es gerade die konkreten Positionen (kulturelle Regionen, klimatische Zonen) und Vollzüge des Lebens (Elternschaft, Amtsinhabe, Rollen etc.), welche uns für bestimmte Fragen hellsichtig und kompetent machen. Man hat also zwischen legitimen (unparteilich-generellen) und illegitimen (privat-willkürlichen) Einflüssen auf unsere Werturteile zu unterscheiden. Die einen überstehen ihre kritische Infragestellung durch Reziprozitäts- und Generalisierungstests, die anderen nicht. Schematischer Universalismus übersieht die Ersteren, ethischer Relativismus geht über Letztere hinweg (RF 469-471). Eine selbstkritisch freiheitliche Vernunft wird daher für eine Art und Weise der Globalisierung plädieren, welche nicht jegliche lokalen und regionalen Besonderheiten plattwalzt, sondern legitimierbare kulturspezifische Differenzierungen zulässt (DF 18).[90]

Sen grenzt seine Globalisierungsethik daher doppelt ab: einmal gegen den »identity disregard« grobschlächtiger Universalisten, aber andererseits auch gegen klüngelnde Kommunitaristen, die in der bloßen Abkehr vom Globalen das Heil suchen und, wie er meint, unter einer »singular affiliation«-Neurose leiden (IV 20). Deren Modelle liefen darauf hinaus, die Buntheit menschlichen Lebens und Strebens »in a single-minded celebration of only one community« zu ertränken (IV 38). Menschen aber sind *»diversely different«* (IV XIV); sie unterscheiden sich nach Religion, Beruf, Geschlecht, Geschmack, politischer Überzeugung, Hobbies usw. Darum ist die menschliche Lebenswelt auch »diversely divisive« und die Zuordnung der »global population into distinct ›nations‹ or ›peoples‹« (IJ 141) weder die einzig mögliche noch die wichtigste Kategorie für unser Denken.[91] Freiheitsphilosophie darf die globale Lebenssituation der Menschen folglich nicht allein auf eine einzige – nationale oder

89 | Vgl. Streeten, *Amartya Sen. Rationality and Freedom*.

90 | Sen zitiert in diesem Zusammenhang mit Zustimmung die Plädoyers für vernünftig begründete Differenzen von Bernard Arthur Owen Williams, *Ethics and the Limits of Philosophy*, Cambridge, Massachusetts 1985, S. 133, und John Gray, *Two Faces of Liberalism*, New York 2000, S. 139.

91 | Siehe auch David A. Crocker, *Ethics of Global Development: Agency, Capability and Deliberative Democracy*, Cambridge; New York 2008; Kwame Anthony Appiah, »Sen's Identities«, in: Kaushik Basu und Ravi Kanbur (Hg.), *Arguments for a Better World: Essays in Honor of Amartya Sen*, Bd. 1, Oxford; New York 2009, S. 488.

religiöse – Zugehörigkeit hin verengen. Sie muss für mehrfache Rollen und spannungsreiche Identitäten offen sein.

Anstatt wie »many communitarian thinkers« kulturelle und religiöse Identität statisch zu betrachten, »as if it were a purely natural phenomenon« (ebenda), betont Sen die dynamische Gestaltbarkeit unserer »different affiliations and associations« (IV 5). Unser Pass ist nicht unser Geschick; Nationalität nicht unsere Bestimmung, denn »the preservation of something with which a person is stamped, simply because of birth, can hardly be, in itself, an exercise of freedom.« (IV 116f.) Menschen stecken in ihren Kulturen und Umgebungen nicht fest wie die Wurst in der Pelle, sondern treffen »choices that continue to exist in any *encumbered* position one happens to occupy.« (IV 35, Herv. i.O.) Zur Idee der Freiheit gehört daher auch die Dimension einer »*cultural liberty* [...] to preserve or to change our priorities« (IV 113). Das besagt: Der Wert kultureller Differenzen resultiert aus der Wertschätzung kultureller Freiheit (so oder anders sein zu dürfen) und nicht umgekehrt (IV 116). Diversität, die durchgesetzt wird auf Kosten der Freiheit, die »cogency and relevance« der eigenen Identitäten zu hinterfragen, findet in eben jener kulturellen Freiheit ihre normative Grenze (IV 4). Nicht Differenz an sich hat Dignität, sondern die Dignität menschlicher Freiheit begründet den Wert von Differenz.

Kulturrelativismus widerspricht sich daher, streng genommen, selbst (RF 477). In jeder Gesellschaft gibt es schließlich »dissenters«, »skeptics« und »minorities« (RF 476). *Wessen* kulturelle Spezifizität rät uns der Kulturrelativist nun zu respektieren, die der Mehrheit oder die der Minderheiten? *Welche* Freiheit gibt den Ausschlag, die zur Dominanz oder die zum Dissens? Wer sich hier nicht schlicht auf die Seite der Übermacht schlagen möchte, muss verhindern, dass die Toleranz, andere anders sein zu lassen, umschlägt in Indolenz angesichts von deren möglicher Intoleranz gegenüber Dritten (RF 477). Falls der Kulturrelativismus sich zu einer Toleranz militanter Intoleranz bereitfindet, versündigt er sich an eben jener kulturellen Freiheit, die er zu verteidigen vorgibt. Pauschale Skepsis gegen jegliche »global ideas (such as democracy and personal liberty)« als vermeintlich rein-westlicher Schöpfungen läuft von daher ins Leere (IV 89). Eine Abwendung von der Idee universaler Menschenrechte, von Rechten also, die gerade nicht das regional Besondere, sondern das transpersonal Allgemeine der menschlichen Existenz adressieren (IJ 143), bringt genau jene geistige Provinzialität und Parteilichkeit zum Ausdruck, der Kulturrelativisten zu entkommen suchen. Denn die Universalität der Menschenrechte rührt ja gerade daher, dass ihr die Personalität, anstatt die Partikularität der Individuen zum Rechtsgrund dient.

Nicht zuletzt darum kämpft Sen mit einer eigenen Kulturgeschichte gegen das angebliche Schisma zwischen asiatischen und europäischen beziehungsweise östlichen und westlichen Werten an (IJ 227f.).[92] »Valuing liberty or defending public reasoning« sei nicht »exclusively ›Western‹« (IV 84). Beide Werte, zeigt Sen in eindringlichen geistesgeschichtlichen Exkursen, sind vielmehr »part of our global past« (IV 84). Anstatt der »temptation of solitary identities and priorities« zu erliegen und von diesem Ausgangspunkt über einen »clash of civilizations« zu sinnieren (IV 99), gälte es vielmehr, diese selbstgestrickte ›Zwangsjacke des Geistes‹ (IV 11) abzulegen. Andernfalls befördere man die soziale Etablierung solcher Rubriken und der von ihnen genährten Antagonismen (IV 27). Reduktionismus in den luftigen Höhen der Philosophie kann gewalttätigen Abgrenzungen in den Niederungen der Politik Vorschub leisten (IV XVI). Denn »theories of civilizational clash« arbeiten – ungewollt vielleicht, aber nichtsdestoweniger effektiv – denen zu, welche ein Interesse an »cultural bigotry and political tyranny« (IV 105) haben. Wenn akademische Theorien resentimentgeladene Weltverständnisse aufrüsten, tragen sie Anteil an der Schuld derer, die sich aus ihnen mit ideologischer Munition versorgen (IV 44). Deswegen müsse die »extraordinary naïveté« monolithischer kultureller Zuordnungen »in a world of obviously plural affiliations« (IV 175) schleunigst ein Ende haben.

Aller Provinzialität des Denkens setzt Sen ein Plädoyer für dessen planetarische Ausweitung entgegen. Zug um Zug mit dem weltweiten Austausch und Verkehr sollten wir uns um eine Globalisierung des Geistes (IV 99) und unseres Gerechtigkeitssinns bemühen (IV 147). Immer wieder geht Sen dabei mit dem ethischen Relativismus zu Gericht, den er nicht nur theoretisch als »lazy resolution« einer erschlafften Vernunft (IJ X), sondern auch als praktisch schädlich anprangert. Kulturrelativistischer Fatalismus schwäche das Bewusstsein unserer Pflichten gegenüber der Menschheit und leistet so einer verlogenen Selbstgerechtigkeit Vorschub: Verhungernde etwa sind unfrei. Ihre Situation als Ausdruck kultureller Spezifizität abzutun, ist zynisch (RF 88). Anstatt Armut als kulturelle Selbstbestimmung auszulegen, sind deren systemische Hauptursachen – strukturelle Gerechtigkeitsdefizite und das globale Institutionenversagen – zu bekämpfen.

Bei den Armen dieser Welt komme oft nicht das Zuckerbrot der globalen Deregulierung der Real- und Finanzmärkte an, sondern allein die Peitsche wild flukturierender Spekulation (IV 139-141).[93] Hier, so Sen, liegt das entscheidende Problem; hier muss Abhilfe geschaffen werden. Derlei abzuwiegeln mit dem Argument, dass es im Zuge der Globalisierung doch den Armen ökonomisch besser ginge als zuvor, sei scheinheilig. Während Autoren wie Thomas

92 | Vgl. Emanuela Fornari, *Modernity Out of Joint: Global Democracy and Asian Values in Jürgen Habermas and Amartya K. Sen*, Aurora, Colorado 2007.

93 | Vgl. Nevile, *Amartya K. Sen and Social Exclusion*; David B. Grusky, S. M. Ravi Kanbur und Amartya Sen, *Poverty and Inequality*, Stanford, California 2006.

Pogge mit guten statistischen Gründen die empirische Prämisse dieses Argumentes in Zweifel ziehen,[94] kritisiert Sen dessen Logik. Nicht ob globalisierte Kollaboration bessere Ergebnisse zeitigt als isoliertes Wirtschaften steht also zur Debatte. Sondern die entscheidende Frage lautet, ob von allen real verfügbaren Kooperationsmöglichkeiten die für die Ärmsten geeignetste gewählt wurde (IV 135). Und da die Antwort darauf ein beschämendes Nein ist, dürfe man sich keinesfalls mit den *status quo* zufriedengeben.

The consideration on which many of the debates on globalization have concentrated, to wit, whether the poor too benefit from the established economic order, is an entirely inadequate focus for assessing what has to be assessed. What must be asked instead is whether they can feasibly get a better - and fairer - deal with less disparities of economic, social, and political opportunities, and if so, through what international and domestic rearrangements this could be brought about. This is where the engagement lies. (IV 136)

Konsequent zu Ende gedachte Freiheitsphilosophie führt also auf das Mandat, gerechtere *Global Governance*-Verhältnisse zu erwirken. Dazu ist zwar kein Weltstaat, sehr wohl aber eine durchgreifende Reform der globalen Institutionen vonnöten, meint Sen (IV 184). Damit die »vexation without representation« auf Weltebene ein Ende findet, muss, so Sen, der ökonomischen Globalisierung eine politische nachgeliefert werden. Insbesondere bedarf es einer redlichen Demokratisierung der globalen Entscheidungsgremien (IJ 139). Das schließt auch die Hoffnung ein, dass unter günstigeren weltpolitischen Vorzeichen einmal festere rechtliche Bande zwischen den Weltbürgern geknüpft werden als bisher.[95] Jedenfalls aber gilt es auch im momentanen Institutionen-

94 | Vgl. Thomas Pogge (Hg.), *Freedom From Poverty as a Human Right: Who Owes What to the Very Poor?*, New York; Oxford; Paris 2007. Pogge zeigt, dass beabsichtigte oder unbeabsichtigte Bemessungsfehler sowie über die Zeit vorgenommene, aber sachlich unbegründete Wechsel der Messungsstandards zu einer unrichtigen, unverhältnismäßig positive Darstellung der globalen Armutsentwicklung in den letzten Jahrzehnten geführt habe; siehe auch: Brighouse und Robeyns, *Measuring Justice*.

95 | Sen gibt sich in seinen Publikationen zu Fragen einer möglichen zukünftigen Weltregierung betont verhalten. Im persönlichen Gespräch (im Sommer 2008) gab er jedoch eine Vorliebe für den Gedanken einer demokratisch verfaßten und föderal-subsidär operierenden Weltregierung zu erkennen, setzte aber zugleich hinzu, es sei gegenwärtig klüger, sich allein für mehr *Global Governance* statt ein *global government* auszusprechen, denn: 1) konzentriere man sich so auf das Erreichbare und 2) würde man durch ein zu offenes Eintreten für den Weltregierungsgedanken die erreichbaren Fortschritte im Hinblick auf mehr *Global Governance* gefährden, weil man so allfälligen Ängsten vor einem globalen Moloch Vorschub leiste.

gefüge bereits, alles Mögliche zu tun, um jedem Menschen dieser Erde ein Leben in substantieller Freiheit zu ermöglichen (IV 136). Und dafür nimmt Sen schlechthin alle – Individuen, Institutionen, Staaten – in die Pflicht, die helfen können – unilateral und allein darum, weil und soweit sie es vermögen: Niemand dürfe sich aus jener Menschheitspflicht herausklügeln.[96]

Sen findet es intolerabel, dass wir in einer Welt leben, in der »unprecendented opulence« und »remarkable deprivation, destitution and oppression« unvermittelt nebeneinander existieren (DF XI). Mit »constructive impatience« bemerkt er, wie wir angesichts dessen weit hinter unseren technischen und politischen Möglichkeiten, menschliches Elend zu lindern, zurückbleiben (DF 11). Nicht jedoch die Globalisierung an sich sei schuld an der weltweiten Mise-

96 | Was darunter praktisch zu verstehen ist, wird bei Martha Nussbaum deutlich(er). Weltweit stimmen Menschen mit den Füßen gegen ihre jeweiligen politischen und wirtschaftlichen Systeme ab und richten ihre Hoffnungen auf die Weltgemeinschaft. »One of the things people themselves might want out of international relations is help in overthrowing an unjust regime, or winning full inclusion in one that excludes them.« (FJ 234) Wir dürften uns daher nicht von einem falschen Relativismus vorgaukeln lassen, dass wir allein unseren eigenen Mitbürgern moralisch verpflichtet seien. Flüchtlingsströme zwingen der wohlsituierten Welt kosmopolitisches Denken auf: Man kann ihnen praktisch nicht Gerechtigkeit widerfahren lassen, ohne ihrer menschenrechtlichen Situation theoretisch gerecht zu werden. Dazu gehört es, den naiven (unter anderem von Rawls geschürten) Glauben aufzugeben, jede Nation sei ihres eigenen Glückes Schmied, so Nussbaum. Denn selbst wenn Staaten sich noch so um gute Governance bemühen, ist ihnen dabei durchaus nicht immer Erfolg beschieden. Andere Kräfte bestimmen ihr Geschick mit. Zu bedenken seien etwa »the global economic order and the disadvantages it imposes on poorer nations« (FJ 262), so Nussbaum. Die weltweiten Handelsbündnisse und die hinter ihnen stehenden Mächte verändern und beschränken die Möglichkeiten nationaler Politik und so können oft auch intern akzeptabel regierte Staaten aufgrund außenwirtschaftlicher Nachteile ihren Bürgern keine hinreichende Weltteilhabe gewähren. Hinzu kommt der Einfluss mächtiger »multinational corporations« (FJ 225), die in logistischer und finanzieller Potenz etliche Staatswesen in den Schatten stellen, ohne sich politisch rechtfertigen zu müssen. Im Weltmaßstab scheitert daher die vertragstheoretische Hypothese eklatant, dass allein schon ein intelligentes Streben aller Nationen nach »mutual advantage« zu sozioökonomisch akzeptablen Bedingungen für alle Erdenbürger führen werde (FJ 270). Schließlich sind einige Staaten »just too poor for the richer nations to gain anything from treating them as rough equals.« (FJ 249) Was aber soll die Weltgemeinschaft mit Gesellschaften anfangen, die – rein ökonomisch betrachtet – als ein »drag on the whole system« erscheinen? Ihre Antwort lautet im Einklag mit Sen, »different principles will have to be chosen to deal with them.« (FJ 249) Statt wechselseitiger Nutzenstiftung soll das Prinzip zur globalen Gerechtigkeit in gegenseitiger Anerkennung, »human fellowship and human respect« gefunden werden (FJ 270).

re, sondern ihr Missmanagement (IV 121). Und letzteres habe seinen Grund nicht zuletzt in Missverständnissen darüber, was Sinn und Zweck des Wirtschaftens ist, meint Sen. Eine Wendung unseres Blicks von materiellen Wohlstandsbegriffen zu mehr idealistischen Konzeptionen, die sich an der substantiellen Freiheit aller Menschen ausrichten, sei daher dringend vonnöten.[97] »Freedom – rather than well-being« müsse daher die »foundational role« (RF 9) in der Sozial- und Wirtschaftsphilosophie übernehmen.

Damit die Freiheit der einen die Befreiung der anderen nicht hindert, sondern fördert, muss die individuelle wie institutionelle Inanspruchnahme von Freiheit kosmopolitisch austariert werden. Obschon und gerade weil Freiheit universal erstrebt und erfahren wird (DF 118), kann man daher nicht wie im Zuge des »Washington Consensus« einfach beliebige Freiheitsbegriffe globalisieren und von ihnen aus alle lokale Politik gängeln. Wenn man das eigentliche Anliegen liberalen Denkens nicht methodologisch unterlaufen will, so ist vielmehr stets anzuerkennen: »Freedom is an irreducibly plural concept.« (RF 585) So sehr konsequenter Liberalismus einer Theorie derjenigen »capabilities« bedarf, deren Vorhandensein oder Mangel den Grad substantieller Freiheit anzeigt, über die ein Mensch verfügt, so wenig darf eben jene Theorie schlicht dekretiert werden. Essentiell ist, dass die entscheidenden »capabilities« im Ausgang vom demokratischen Selbstverständnis der Bürger – und nicht vom Katheder herab – bestimmt werden. Mit dieser Wendung unterwirft sich Sens Ansatz eben jener reflexiven Rekursivität, die er von anderen einfordert. Sens Theorie übersteht also ihre kritische Selbstanwendung und löst damit in Form wie Substanz schlüssig den Anspruch ein, eine Philosophie der Freiheit und für die Freiheit zu sein.

4.3 Resultate und Folgerungen

Während die vorausgegangenen Studien zu Hayek und Rawls zeigten, *dass* ein Denken in Modellen quantitativer Freiheit nicht ausreicht und notwendig auf qualitative Unterscheidungen zutreibt, führen Galbraith und Sen vor, *wie* eine zeitgerechte Philosophie der qualitativen Freiheit aufgegleist werden kann. Beide lenken den Fokus auf die soziale Lebenswelt: Der Mensch ist auf die Hilfe und Herausforderung seiner Mitmenschen angewiesen. Seine Freiheit bedarf ihrer ideell wie materiell: *ideell*, um überhaupt auszumitteln, was die wahren Bedürfnisse und Interessen des menschlichen Lebens sind – und *materiell*, um diese zu erfüllen. Während quantitativ orientierte Freiheit Selbstbestimmung

97 | Vgl. George Mavrotas, Anthony F. Shorrocks und World Institute for Development Economics Research, *Advancing Development: Core Themes in Global Economics*, Houndmills, Basingstoke, Hampshire; New York 2007.

maximieren und Fremdbestimmung minimieren will, zielt qualitative Freiheit darauf, Selbstbestimmung durch soziale Mitbestimmung zu optimieren. Sie begreift in den Anderen und in der Gesellschaft eher *Sphären* als *Schranken* der individuellen Freiheit. Sie liest die Welt der gesellschaftlichen Koordination als Eloge der sozial vermittelten Freiheit und nicht als Elegie über unausweichliche Zwangsverhältnisse.

Galbraith wie Sen bestehen auf einer gerechteren Ausdifferenzierung der persönlichen wie der politischen Freiheit; von daher gewinnen sie ihre Kritik an vorherrschenden *neoliberalen Moden* in Wirtschaft und Politik sowie an den sie fundierenden *libertären Modellen* in der Wirtschafts- und Politiktheorie. Galbraith und Sen zeigen auf, dass unsere Praxis immer schon freiheitstheoretisch konstruiert und polarisiert ist. Beide betonen, dass unsere sozioökonomischen Realitäten nicht die Konsequenz von Naturgewalten sind, sondern das Ergebnis von einem direkten Wirken und Walten individueller wie institutioneller Freiheit und indirekt damit auch ein Resultat der sie bestimmenden Freiheitstheorien. Von daher wäre es verkürzt, nur Verteilungskonflikte zwischen *faktischen* Freiheitsbeständen zu thematisieren. Vielmehr müssen stets auch *kontrafaktische* Erwägungen angestellt werden. Zum Beispiel ist zu fragen, welche *Freiheitsalternativen* eigentlich durch den gegenwärtigen *ökonomischen wie politischen status quo* verhindert und welche *alternativen Freiheitskonzeptionen* durch den *intellektuellen status quo* behindert werden.

Ähnlich gelagerte Einwürfe gegen das quantitative Paradigma liberalen Denkens formulieren der Kommunitarismus und der Feminismus. Als Ausprägungen der Gegenwartsphilosophie, die zwar der Idee der Freiheit wohlwollend, dem modernen Liberalismus aber kritisch gegenüberstehen, sind sie für unser Projekt gleichermaßen informativ. Beide Strömungen werfen dem Liberalismus vor, er gehe im Höhenflug der begrifflichen Abstraktion über die spezifischen Belange der von ihm betroffenen Subjekte hinweg. Sich als liberal rühmende Politik, so ein typischer Einwand, lasse nicht selten die konkreten Lebenswelten derjenigen Individuen außer Acht, deren Freiheit sie angeblich zuarbeitet.[98] Wenn die je in ihrem Eigensinn zu würdigenden Lebensformen regionaler Lebensformen, die kulturellen Praktiken tradierter Gemeinschaften sowie bestimmte, zum Beispiel durch Geschlechterrollen eingefärbte Handlungsmuster im kalten Licht bloß funktionaler, quantitativ maximierender Rationalität durchleuchtet werden, was folgt? Bringen nicht solche, zumeist ins enge Korsett von *cost-benefit*-Analysen eingeschnürte Abstraktion die gerade

98 | Vgl. Debra Satz und Rob Reich (Hg.), *Toward a Humanist Justice: The Political Philosophy of Susan Moller Okin*, Oxford; New York 2009; Onora O'Neill, »Justice, Gender, and International Boundaries«, in: Pablo De Greiff und Ciaran Cronin (Hg.), *Global Justice and Transnational Politics Essays on the Moral and Political Challenges of Globalization*, Cambridge, Massachusetts 2002, S. 303-323.

kraft der Konkretheit jener Lebenskontexte geleistete Abstützung persönlicher Freiheit und sozialer Autonomie (wie etwa durch »*care*« und »*community*«) zum Verschwinden?

Zumeist kristallisieren sich solche Bedenken am *homo oeconomicus*-Theorem, der zentralen spiel- und vertragstheoretischen Gedankenfigur quantitativ orientierter Denkmodelle: So bestärkt jenes Modell eines rationalen Nutzenmaximierers zufolge feministischer Kritik unter dem Deckmantel wertfreier Wissenschaftlichkeit bestimmte, eigennützige Verhaltenserwartungen.[99] Umgekehrt brandmarkt es sozial ausgerichtetes Betragen geradezu als »moral failure«;[100] etwa durch die Abwertung von »participation in nonreciprocal relationships; low privacy needs; a greater willingness to seek the approval of the group, [...] and irrationality (defined as a failure to seek utility maximisation; in other words, extraordinary and even ordinary acts of altruism and benevolence).«[101] Feministen vertreten daher die These, die *homo oecomomicus*-Lehre erschwere Frauen die Selbstbehauptung »with their unchosen dependency relationships with children and others in need, their alleged proclivity towards moral decisions based on partial and contextual grounds, their putative lack of respect for rights in the face of needs, and their supposed tendency to define identity through relationships with others rather than through the values of separation and self-realisation.«[102]

Aber, so die Kritik, auch Männer würden im quantitativen Denken durch nutzenrationalistische Rollenvorstellungen in ein Räderwerk akkumulierender Verhaltensweisen eingepfercht.[103] Denn alle, die den Maximierungsimperativen nicht Folge leisten, stehen in einer sich an diesem Modell ausrichtenden Gesellschaft schlussendlich mit weniger Ressourcen da und haben sich dies, der dem Modell inhärenten Eigensorgelogik zufolge, dann selbst zuzuschreiben.[104] Die Logik der Eigennutzenmaximierung trifft, sofern sozialstaat-

---

99 | Siehe hierzu die Debatte in: Ann. E. Cudd und Nancy Holmstrom, *Capitalism, For and Agaist*, Cambrigde, United Kingdom 2011.

100 | Vgl. Riane Eisler und David Loye, »The ›Failure‹ of Liberalism: A Reassessment of Ideology from a New Feminine-Masculine Perspective«, in: *Political Psychology*, 4, No. 2 (1983): 375-391 m.w.N.

101 | Vgl. Lisa Cohen Elliot D. Hill, »Homo Economicus, Different Voices, and the Liberal Psyche«, in: *International Journal of Applied Philosophy*, 13, No. 1 (1999): 21-46.

102 | Ebenda.

103 | Siehe auch Okin und Mansbridge, *Feminism*; Martha Fineman und Terence Dougherty, *Feminism Confronts Homo Economicus: Gender, Law and Society*, Ithaca, New York 2005.

104 | Vgl. Jennifer Chan, »Between Efficiency, Capability and Recognition: Competing Epistemes in Global Governance Reforms«, in: *Comparative Education*, 43, No. 3 (2007): 359-376.

lich ungebremst, also gleichermaßen Menschen, die jener Rationalität nicht Folge leisten *wollen*, wie solche, die es nicht *können*.

Beim Können geht es übrigens keineswegs nur um körperliche Hindernisse. Auch geistige und charakterliche Hürden müssen überwunden werden. Erwerbsfleiß fällt ja nicht vom Himmel, sondern wird auf Erden anerzogen. Seine Ausbildung hängt unter anderem von soziokulturellen Voraussetzungen ab, zu denen nicht alle gleichen Zugang haben. Nicht nur das Können, auch das Wollen ist also kulturvermittelt. Somit verleiten Theorien, die kulturelle Kontexte ausblenden, dazu, sozial konstruierte Unterschiede samt der ihnen anhaftenden Privilegien und Diskrimierungen als naturwüchsige Verwachsungen zu deuten. Von diesem Denkfehler wird dann der Ungleichheit gern ein sozialdarwinistisches Mäntelchen umgehängt – nach dem Motto: »Ohne Fleiß kein Preis!«. Wer geflissentlich vernachlässigt, woher denn eigentlich der Fleiß kommt, übersieht, dass in einer deregulierten Marktgesellschaft die Menschen durchaus nicht immer (moralisch) verdienen, was sie (ökonomisch) verdienen. So hingegen scheitert der Wirtschaftsliberalismus an seiner eigenen Forderung nach Meritokratie.[105]

Der systematische Grund für diese Verzeichnungen liegt in der Matrix quantitativen Denkens. Denn quantitative Freiheit erstrebt die maximale Realisation subjektiver Präferenzen beziehungsweise die Minimierung ihrer Restriktionen. Dabei werden jene Präferenzen als naturgegeben angesehen. Das aber ist kurzsichtig, sagen Kommunitaristen wie Feministen.[106] Was gilt beispielsweise, wenn die Präferenzen einer Person sich unter oppressiven Umständen ausgebildet haben? Eine Frau, die in einer sie entwürdigenden Kultur durch Jahrzehnte der Sozialisation dazu gebracht wurde, auf Missbrauch mit Unterwürfigkeit zu reagieren, mag ihre Situation als ausweglos, vielleicht sogar rechtmäßig ansehen.[107] Auch wenn sich dann (zum Beispiel durch Umzug in eine Gesellschaft, welche Gleichberechtigung pflegt) ihre physischen Optionen (i.S.v. quantitativer Freiheit) für ein emanzipiertes Leben ändern, vergrößert sich nicht notwendig auch die von ihr theoretisch oder praktisch wahrgenommene (qualitative) Freiheit, diese zu nutzen.

Ähnlich lässt sich kommunitaristisch argumentieren: Was gilt, wenn die Präferenzen eines Individuums von korrupten Kontexten geprägt wurden, beispielsweise in einem Unrechtsstaat wie dem Dritten Reich? Sind solche Prä-

---

105 | Vgl. Herzog, *Freiheit gehört nicht nur den Reichen*.

106 | Vgl. Nancy J. Hirschmann, *The Subject of Liberty: Toward a Feminist Theory of Freedom*, Princeton, New Jersey 2003, S. 236f.

107 | Zur von Sen und Nussbaum forcierten Diskussion über »adaptive preferences« siehe: Ann E. Cudd, »Oppression by Choice«, in: *Journal of Social Philosophy*, 25 (2005): 20-49 und Serene J. Khader, *Adaptive Preferences and Women's Empowerment*, Oxford 2011.

ferenzen denen gleich zu achten, die sich in einer von gegenseitiger Achtung und Verantwortung geprägten Gemeinschaft ausprägen? Sind beide Typen quantitativ gleich zu bemessen? Oder muss man nicht zwangsläufig auf eine Logik umschalten, welche die Formierungsbedingungen subjektiver Präferenzen qualitativ unterschiedlich (zum Beispiel als autonomiefreundlich oder -feindlich) gewichten kann?[108]

So wenigstens argumentiert der amerikanische Philosoph Joseph Raz, der Freiheit an ihrem Beitrag zur Steigerung von vernünftiger Selbstbestimmung evaluiert.[109] Entgegen der in quantitativen Freiheitsmodellen vorherrschenden Annahme einer normativ leeren Welt, in die erst und allein unsere Wahlentscheidungen Werte einschreiben, vertritt Raz, zur Freiheit gehöre essentiell die »ability to respond appropriately to (perceived) normative aspects of the world.«[110] Nicht indem sie Kapriolen individualistischen Beliebens schlägt, gedeihe Freiheit, sondern indem sie situativ angemessen handele und der jeweiligen ›Natur der Sache‹ gerecht werde. Jene Zungenschläge sind so metaphysisch gemeint, wie sie klingen. Das muss aber niemanden erschrecken, sind diese Argumente doch nicht als Tischvorlage für die *Politik* formuliert, sondern als philosophischer Beitrag zum *Diskurs* der Bürger über ihre gemeinsamen Freiheitsräume. Welche Optionen »valuable or valueless« sind, kann und soll, so Raz, letztlich nicht die Regierung entscheiden.[111] Dazu fehle ihr zumeist Kompetenz und stets die Legitimität. Es obliegt der Gesellschaft pluralistisch zu debattieren und so dem Staat aufzuzeigen, welche Formen öffentlichen Lebens eher als andere die Ausbildung individueller wie institutioneller Autonomie bestärken.

Bisweilen sind es gerade staatlicher Zwang und Interferenzen mit individueller Freiheit, welche den Bürgern erst echte Freiheit ermöglichen, denn »some options one is better off not having«.[112] Auch die *Abwahl* ungewollter Möglichkeiten trägt zur persönlichen wie politischen Autonomie und ihrer Herausbildung bei. Die *polis* habe daher wenig Anlass, »to provide, nor any reason to protect, worthless let alone bad options«, wenn sie dadurch niemanden zu Autonomie befähigt (ebenda). Genau deshalb müsse der philosophische Liberalismus sowohl seine »blind obsession with the avoidance of coercion« (ebenda) als auch die quantitative Fixierung auf eine inhaltsneutrale Optionenmaximierung aufgeben. Die ordnungspolitischen und auch kulturstaatlichen Aktivitäten müssen ihrerseits selbstverständlich die Freiheit und Autonomie

108 | Vgl. Christman, *Saving Positive Freedom.*

109 | Vgl. Raz, *Morality*, S. 407ff.

110 | Vgl. Raz, *Engaging Reason: On the Theory of Value and Action*, Oxford; New York 1999, S. 77.

111 | Raz, *Morality*, S. 410.

112 | Raz, *Morality*, ebenda.

der Individuen respektieren, der sie zuarbeiten. Raz beschränkt daher die Staatstätigkeit darauf, die »background conditions which enable a person to be autonomous« sicherzustellen. Da diese sowohl intellektueller wie kultureller, pädagogischer wie gesundheitlicher, sozialer wie materieller Natur sind, muss jedoch der Staat des öfteren »far beyond the negative duties of non-interference« tätig werden.[113] Insofern sei die wahrhaft liberale Rolle der Regierung durchaus »extensive and important«, doch allenthalben »confined to maintaining framework conditions conducive to pluralism and autonomy« (ebenda).

Ein solcher, qualitativ unterscheidender Liberalismus führt weder auf ein Minimalstaatskonzept noch auf die Vision einer Maximalstaatlichkeit. Diese quantitativen Festlegungen treten vielmehr zurück hinter das qualitative Kriterium, bis wohin genau der Konsens der Bürger über ihre Pflichten gegenüber einander und dem Gemeinwohl reichen. Der Staat soll die individuelle Autonomie nur durch solche Maßnahmen fördern, über die bereits »a large measure of social consensus« besteht. Wer Freiheit zum Ziel nimmt, muss bei den Mitteln von »coercive and of greatly confining measures« absehen und »gentler measures« finden, meint Raz (ebenda). Politisch denkenden und handelnden Bürgern wird insofern angeraten, eine gemäß der Intensität und Relevanz der jeweils zu fördernden Freiheiten durchgestufte Theorie zwangsfreier Motivations- und Anerkennungsformen auszubilden; was ja auch schon von Kant (Abschnitt 2.1.4) und Krause (Abschnitt 2.3.4) als Kulmination liberaler politischer Kulturpflege eingefordert worden war.

Qualitativer Liberalismus ist dafür sensibilisiert und darauf angewiesen, kontextuelle Differenzierungen in sich aufzunehmen. Damit kann er sich gegenüber traditionellen Kulturformen und sittlichen Lebensgemeinschaften entspannter verhalten. Ein qualitatives Freiheitsverständnis muss kommunitäre Beschränkungen der individuellen Handlungsmacht nicht *per se* bekämpfen. Es kann etliche davon – in der Form freiwilliger Qualifizierungen – affirmieren. Quantitativer Liberalismus hört derlei nicht gerne. Gemeinwohlorientierte und tugendethische Einwände werden zumeist als Ausdruck deplazierter Empfindsamkeit abgewertet oder auch als engstirnige Versuche, unbequeme universale Forderungen abzuschwächen. Das aber verkennt die in jener Kritik sich artikulierenden, liberalen Sachanliegen. Freiheit besteht ja, wie wir schon bei Kant lernen konnten, ganz zentral auch darin, die eigenen Präferenzen zu evaluieren und zu transformieren (vgl. Abschnitt 2.1.1).

Noch einmal: Nicht nur Präferenzen erster Ordnung gehören zur Freiheit, sondern auch deren Umformung durch Präferenzen zweiter Ordnung. Darum sind auch die sozialen und kulturellen Kontexte, unter welchen sich solche reflexiven Rekurse und die Fähigkeit zur Selbstkritik und Selbstkontrolle

113 | Alle folgenden Raz-Zitate: ebenda, S. 407-429.

ausformen, als genuiner Gegenstand liberalen Denkens anzuerkennen.[114] Wo aber die innere Freiheit zur Selbstgesetzgebung zum Thema wird, schließt ihre deskriptive Erfassung präskriptive Momente unvermeidlich mit ein. Um Freiheit korrekt zu *beschreiben*, müssen wir verstehen, was wir uns im Namen der Freiheit immer schon selbst *vorschreiben*. Die Faktizität von Freiheit lässt sich letztlich nur ermessen im Ausgang von kulturell vermittelten normativen Zielvorgaben. Unsere Ideale gehören zur Realität unserer Freiheit.

Während das Modell quantitativer Freiheit von einer in Independenz und Indifferenz sich gefallenden Freiheit ausgeht, die sich von sozialen, moralischen oder religiösen Bindungen nach Gutdünken isolieren kann,[115] wird von der Warte qualitativer Freiheit aus Autonomie auch in dependenten und interdependenten Lebensverhältnissen denkbar.[116] Das macht einen großen praktischen Unterschied. Die Frage nach einer liberalen Gestaltung der Lebensverhältnisse kann folglich nicht beantwortet werden nach der simplen quantitativen Gleichung: mehr Independenz = weniger Dependenz = mehr Freiheit. Sie verlangt vielmehr nach einer qualitativen Antwort darauf, *welche* Formen von Dependenz und Interdependenz unsere Autonomie am geeignetsten fördern. Manche Rahmenvorgaben mögen Freizügigkeit beschneiden, aber gerade dadurch Freiheit ermöglichen, weil sie die Intaktheit unserer Zivilisation sowie der sie tragenden Werte und Tugenden pflegen.

Die Philosophie qualitativer Freiheit erfasst daher beispielsweise das Phänomen religiöser Widmung besser. Statt einer dem spirituellen Leben ganz äußerlich bleibenden, rein mengenmäßigen Betrachtung der Optionen gläubiger Menschen, nimmt die Theorie qualitativer Freiheit das Phänomen religiöser Selbstbindung ernst. Sie erkennt zudem im Drängen der Religion auf »verantwortliche Freiheit« einen wertvollen Bundesgenossen.[117] Wer Freiheit als Geschenk des Höchsten begreift, ist vielleicht weniger geneigt, Wert und Wesen der Freiheit allein über Kalküle der Nutzenmaximierung zu bemessen[118] und findet sich womöglich eher bereit, die Freiheit anderer auch dann und dort zu fördern, wo dies dem Eigennutz abträglich erscheint.[119] Und wer Freiheit aus gleichem Grund als verpflichtenden Auftrag versteht, will anderen zu ebensol-

114 | Vgl. Dworkin, *The Theory and Practice of Autonomy*, S. 15.

115 | Vgl. Christman, *Saving Positive Freedom*, S. 123, 143.

116 | Vgl. O'Neill, *Autonomy, Coherence, and Independence*, S. 212-221, inbesondere S. 220.

117 | Vgl. Benedict XVI, *Charity in Truth – Caritas In Veritate: Encyclical Letter*, San Francisco 2009.

118 | Vgl. Karl Rahner, *Freiheit und Manipulation in Gesellschaft und Kirche*. München 1970.

119 | Vgl. Karl Lehmann, *Frei vor Gott: Glauben in öffentlicher Verantwortung*. Freiburg i.Br. 2003.

cher Freiheit verhelfen, wie das Beispiel der lateinamerikanischen Befreiungstheologie vor Augen führt.[120]

Zudem erweist sich nicht selten beim Lösen gesellschaftlicher Interessenkonflikte und Probleme eine spirituelle Hermeneutik als hilfreiche Heuristik für säkulare Probleme. Denn da religiöse Selbst- und Weltverständnisse oft noch den Fernsten zum Nächsten erklären und der gesamten Welt mit einem seins- oder schöpfungstheoretisch begründeten Respekt begegnen, haben sie der gegenwärtig durch globalisierte Wirtschaftsbeziehungen und Umweltkrisen erzwungenen kosmopolitischen Entgrenzung unserer Perspektiven schon längst vorgegriffen. Auch eine weltanschaulicher Neutralität verpflichtete Poli-

120 | Im Ausgang von den Werken Thomas von Aquins (1225-1274), die sich (wie die *Summa Contra Gentiles*) an die Vernunftfähigkeit *aller* Menschen, auch der Nicht- und Andersgläubigen, richteten, erarbeiteten zu Anfang des 16. Jahrhunderts die Theologen der »Escuela de Salamanca« eine kosmopolitische Philosophie und Globalisierungsethik mit Blick auf die indigenen Völker. Dabei waren vor allem die Schriften von Francisco de Vitoria (1483-1546) und Domingo de Soto (1494-1560) ausschlaggebend für die weitere Theoriebildung. Vitoria verteidigte die politische Freiheit und Autonomie der lateinamerikanischen Bevölkerung (Francisco de Vitoria, Luciano Pereña und C. Baciero, *Relectio De indis. Carta Magna de los Indios: 450 aniversario, 1539-1989*, Madrid 1989); de Soto ging auch Fragen des Sachbesitzes und der wirtschaftlichen Freiheit an (Domingo de Soto und Venancio Diego Carro, *De Iustitia et Iure. [De la justicia Frontiydel derecho]*, Madrid 1967). Ihre Schriften dienten zunächst dominikanischen Theologen zur Grundlage einer Kritik politischer Unterdrückung und ökonomischer Ausbeutung der eingeborenen Bevölkerung. Dabei stachen vor allem Bartolomé de las Casas (1484-1566) und Alonso de la Vera Cruz (1507-1548) heraus, welche beide mit philosophischen sowie politischen Argumenten sich gegen kolonialistisches Unrecht und für das Recht zur freiheitlichen Selbstbestimmung der Lateinamerikaner einsetzten (vgl. Bartolomé de las Casas, *An Account, Much Abbreviated, of the Destruction of the Indies, with Related Texts*, Indianapolis, Indiana 2003 und Cruz Alonso de la Vera, *De dominio infidelium et iusto bello, I-II*, Mexico 2000). Im 20. Jahrhundert berief sich sodann die befreiungstheoretische Bewegung in Lateinamerika erneut auf dieses intellektuelle Erbe einer (theologisch) die Freiheit des Menschen als Geschenk Gottes ansehenden beziehungsweise (philosophisch) alle Personen zum eigenen Vernunft- und Freiheitsgebrauch ermutigenden Tradition. Dies gilt besonders für die befreiungstheologischen Schriften von Gustavo Gutierrez (Gustavo Gutierrez, *A Theology of Liberation: History, Politics, and Salvation*, Maryknoll, New York 1973) und Ignacio Ellacuría (Ignacio Lee Michael Edward Ellacuría, *Ignacio Ellacuría: Essays on History, Liberation, and Salvation*, 2013) sowie für die befreiungspädagogischen Werke von Paulo Freire (Paulo Freire und Antonio Faundez, *Learning to Question: A Pedagogy of Liberation*, Geneva 1989) und nicht zuletzt für die Befreiungsphilosophie von Enrique Dussel (Enrique D. Dussel, *Philosophy of Liberation*, Maryknoll, New York 1985).

tik kann sich von jenen spirituellen Antworten auf humane Orientierungsfragen anregen lassen.[121]

Qualitativer Liberalismus tritt indes kritisch auf den Plan, wenn freiheitliche Lebenschancen mit vorgeblich religiösen Gründen außer Kraft gesetzt werden. Religionsgemeinschaften müssen etwa divergente Weltanschauungen und Lebensformen tolerieren, schon um nicht eben diejenige Freiheit zu negieren, die sie für sich selbst in Anspruch nehmen. Die Perspektive qualitativer Freiheit erlaubt also einen differenzierteren Umgang mit der Spiritualität. Während quantitative Freiheit gegenüber Religionen prinzipiellen Argwohn hegt, weil und insofern sie einige Optionen zurückweisen und zu bestimmten Formen der individuellen wie kollektiven Selbstbindung aufrufen, verschließt sich qualitative Freiheit allein fundamentalistischen Kräften, welche Freiheit nur für die eigene Botschaft, aber nicht für konkurrierende Bekenntnisse zulassen wollen.[122] Qualitativer Liberalismus schwingt sich nicht zum säkularen Richter über das religiöse Wissen und Gewissen auf, überprüft aber die Prozeduren religiöser Willensbildung und Selbstartikulation auf ihre gesellschaftliche Freiheitsverträglichkeit. So sind Religionen etwa darauf zu verpflichten, zu respektieren, dass Menschen sich in spirituellen Dingen frei bilden und entscheiden, auch und gerade wo dies einschließt, dass Menschen sich über alternative – nicht zuletzt: irreligiöse – Weltanschauungen informieren und diesen folgen.

Umgekehrt gehört es ebenfalls zur Freiheit, auch »disparate voices, even those who endorse traditional and authoritarian values« Gehör zu gewähren.[123] Aber wo liegt die Grenze des dabei Zulässigen? In welcher Weise entspricht beispielsweise eine religiösen Lebensformen entgegengebrachte Toleranz dem weltanschaulich neutralen Rechtsstaat und ab wann widerspricht sie ihm? Im Sinne eines qualitativen Liberalismus muss die Antwort lauten: Solange die religiöse Meinungsbildung und Meinungsäußerung frei von »hypnotic suggestions, manipulation, coercive persuasion, subliminal influence« usw. bleibt, besteht kein Grund, Menschen mit spirituellen Bindungen für weniger frei oder mehr schutzbedürftig zu halten als Atheisten und Agnostiker.[124] Das

121 | Vgl. Guilherme Baraúna und Viktor Schurr, *Die Kirche in der Welt von heute; Untersuchungen und Kommentare zur Pastoralkonstitution »Gaudium et spes« des 2. Vatikanischen Konzils*, Salzburg 1967. Ähnlich argumentiert: Jörg Dierken, *Selbstbewusstsein individueller Freiheit: Religionstheoretische Erkundungen in protestantischer Perspektive*, Tübingen 2005.

122 | Vgl. Claus Dierksmeier, *Noumenon Religion*. Einen ähnlichen Standpunkt vertritt Martha Nussbaum, *Frontiers of Justice*, S. 182-185.

123 | Vgl. John Philip Christman, *The Politics of Persons: Individual Autonomy and Socio-historical Selves*, Cambridge; New York 2009, S. 173.

124 | Vgl. Dworkin, *The Theory and Practice of Autonomy*, S. 19.

Mandat des Liberalismus, im politischen Raum für friedliche Pluralität zu sorgen, gleicht also keinem Imperativ zur Säkularisierung. Der Liberalismus hat die Freiheit zur Religion nicht mehr, aber auch nicht weniger zu schützen als die Freiheit von der Religion. Dabei steht die Theorie qualitativer Freiheit außerdem im Einklang mit einer über sich selbst aufgeklärten Religiosität.[125] Denn es wird die weltanschauliche *Neutralität* des Staats ja nicht nur von *säkularen*, sondern gerade auch von etlichen *spirituellen* Selbstverständnissen aus gefordert; als Ausdruck eines Respekts vor der Unverfügbarkeit des persönlichen Gewissens.[126]

Dem quantitativen Liberalismus hingegen mangelt es an einem zureichenden Maßstab für eine solche, behutsame Grenzziehung. Zumeist begegnet quantitativer Liberalismus allen Bindungen spiritueller und traditioneller Art mit Misstrauen. Denn streng genommen erlaubt quantitatives Denken keine Differenz hinsichtlich der Applikation der Idee der Freiheit. Mehr Optionen müssen *überall* und *stets* als vorzugswürdig gelten.[127] Wo aber kulturelle oder religiöse Gemeinschaften diesem Maximierungsimperativ ein eigenständiges, um bestimmte Optionen reduziertes Profil entgegensetzen, kommt es über kurz oder lang zu Reibungen. Qualitative Freiheit verfährt liberaler. Sie zieht eine Grenze der Toleranz allein angesichts einer Toleranz der Intoleranz. Sie bewertet Freiheitsgebrauch danach, ob und wie er die ungleichartigen, aber gleichförmigen Freiheiten anderer schützt und steigert. Religionsfreiheit wäre daher daraufhin zu prüfen, ob und wie ihr Gebrauch dazu führt, alternative Formen der Spiritualität zu nivellieren oder zu attackieren.

Um es bildhaft auszudrücken: Quantitativer Liberalismus identifiziert sich allein mit dem weißen Licht der Freiheit und sieht in allen Spektralfarben politische Gegner. Qualitativer Liberalismus erkennt, dass jene Spektralfarben nichts weiter sind als Aspekte des weißen Lichts der Freiheit im Prisma lebensweltlicher Spezifizität und Symbole. Während quantitative Freiheit die Buntheit bekämpft, in welcher sich qualitative Freiheit gefällt, richtet sich qualitativer Liberalismus lediglich gegen das Schwarz der Fundamentalisten.

---

125 | Vgl. Claus Dierksmeier, »Bundesrepublikanisches Staatskirchenrecht aus kantischer Perspektive«, in: *Rechtstheorie – Zeitschrift für Logik und Juristische Methodenlehre, Rechtsinformatik, Kommunikationsforschung, Normen- und Handlungstheorie, Soziologie und Philosophie des Rechts*, 30, No. 1 (1999): 110-112.

126 | Vgl. Jon Kabat-Zinn und Richard Davidson, *The Mind's Own Physician: A Scientific Dialogue with the Dalai Lama on the Healing Power of Meditation*, Oakland 2012; Dierken, *Selbstbewusstsein individueller Freiheit*

127 | Vgl. Flathman, *The Philosophy and Politics of Freedom*, S. 92: »It makes good sense to talk of more and less freedom, but the notion of complete, or full, or perfect freedom is a misunderstanding.«.

5 Fazit

Viele Menschen haben heutzutage Störgefühle, wenn die Rede auf den Liberalismus kommt. Nicht nur hinsichtlich liberaler Politik besteht derzeit eine wachsende Skepsis. Auch an der Philosophie der Freiheit selbst werden Zweifel angemeldet. Das politische und das philosophische Problem hängen zusammen. Die Unfähigkeit des politischen Liberalismus, sich zu drängenden sozialen und ökologischen Herausforderungen klar zu positionieren, hat auch mit der Verwirrung über den eigentlichen Gehalt der Freiheitsidee zu tun. Da die überkommenen Begriffe (vor allem von *negativer* versus *positiver* Freiheit) nicht weiterführen (vgl. Abschnitt 1.2), habe ich eine neue Terminologie vorgeschlagen. Die in den vorangegangenen Kapiteln erarbeitete und erprobte Unterscheidung von *quantitativer* und *qualitativer* Freiheit liefert meines Erachtens größere konzeptionelle Klarheit als alle bisher angebotenen Terminologien.

Während es quantitativ gedachter Freiheit auf ein »je mehr, desto besser« an Freiheitsoptionen ankommt, setzt qualitativ ausgerichtete Freiheit ihren Akzent auf ein »je besser, desto mehr«. Quantitative Freiheit umschreibt ein maximierendes Grundanliegen, dem es um die höchstmögliche *Anzahl* oder die größtmögliche *Ausdehnung* individueller Wahlmöglichkeiten geht. Die Idee der qualitativen Freiheit will uns demgegenüber für das notwendige *Bewerten, Schaffen* und *Verändern* jener Möglichkeiten sensibilisieren: einige sollten wir besonders fördern, andere weniger. Während *quantitative* Freiheit darauf sinnt, *wieviel* Freiheit dem Einzelnen gewährt wird, achtet *qualitative* Freiheit darauf, *welche* Freiheiten wir einander einräumen und *wessen* Freiheit wir ermöglichen. Bildlich ausgedrückt: Quantitative Freiheitstheorien betrachten Freiheit wie einen Bogen Papier, der umso kleiner wird, an je mehr Personen Stückchen davon ausgeteilt werden. Es liegt also im Interesse der Einzelnen, andere Menschen von jenem knappen Gut auszuschließen, um den eigenen Anteil daran zu vergrößern. Qualitative Freiheit tendiert dagegen dazu, Freiheit wie ein Licht anzusehen, dessen Leuchtkraft umso stärker wird, an desto mehr Personen es weiter gegeben wird.

Aber es geht hier um mehr als nur um Begrifflichkeiten, nämlich um eine neue Architektonik des liberalen Denkens, die es ermöglicht, Variationen im

Freiheitsverständnis des philosophischen Liberalismus zu integrieren. Dies gelingt durch die Unterscheidung verschiedenster *Begriffe* von Freiheit (*was* ein Gemeinwesen als Freiheiten schätzt und schützt) von der *Idee* qualitativer Freiheit (*dass* jene Konkretisierung vorgenommen wird). Weil die *Idee qualitativer Freiheit* strukturelle Gleichheit mit substantieller Diversität in den *Freiheitsbegriffen* verbinden kann, vermag der von ihr getragene Liberalismus seine *Einheit im Prinzip* bei gleichzeitiger *Pluralität in der Ausformung* zu bewahren.

Beides lässt sich vereinbaren, wenn wir beim Nachdenken über Freiheit sauber unterscheiden zwischen einem Beitrag der *Philosophen* zur *Idee* der Freiheit und den durch Diskurs der *Bürger* entwickelten *Begriffen* – Konzeptionen und Programmen – von Freiheit. Diese Differenzierung ist gerade bei der Frage nach den praktischen Konsequenzen liberaler Theorie zu beachten. Es macht einen wichtigen Unterschied, ob Autoren (auf der Ebene der *polity*) philosophische Reflexionen zu Verfassungs- und Verfahrensfragen anstellen, oder ob sie sich auf dem Hintergrund solcher Überlegungen als Mitbürger zu Fragen politischer Programmatik (*policy*) und Prozesse (*politics*) äußern. Das eine erlaubt mehr Gewissheit und Genauigkeit, das andere verlangt eher Konkretheit und Lebensnähe. Ich halte es daher für einen entscheidenden Vorzug meiner Theorie gegenüber bisherigen Entwürfen, dass sie diese Differenzierung ermöglicht und verteidigt. So kann vermieden werden, dass politische Differenzen zu philosophischen Oppositionen führen und umgekehrt.

Das Haus der Freiheit hat viele Zimmer; die liberale Idee kann verschiedenen Liberalismen Heimat bieten. Die unterschiedlichen Typen liberalen Denkens, die sich historisch wie kulturell ausgeformt haben, sollten daher nicht gegeneinander ausgespielt, sondern anhand des sie verbindenden Grundanliegens ausgesöhnt werden. Darum will ich an dieser Stelle ganz ausdrücklich auf die unterschiedlichen Stimmen aufmerksam machen, mit denen ich im Folgenden spreche. Während ich im *Rückblick* auf die bisher rekonstruierten Theorien (Abschnitt 5.1) die *wissenschaftlichen* Ergebnisse dieser Untersuchung systematisiere, spreche ich danach weniger als *akademischer Philosoph*, sondern vielmehr als *Bürger* und *Weltbürger*. Im *Hinblick* sowohl auf die gegenwärtigen Probleme liberalen Denkens in Wirtschaft und Politik (Abschnitt 5.2) als auch im *Ausblick* auf noch zu führende Diskussionen in kosmopolitischer Hinsicht (Abschnitt 5.3) führe ich meine eigenen liberalen Überzeugungen aus.

Dieser Wechsel aus der bisweilen farblosen Prosa der Philosophie in die Mundart des bunten Lebens erfolgt, um die praktische Relevanz der vorausgegangenen Studien herauszuheben und um zum Mitvollziehen der zuvor vorgeschlagenen Gedankenfiguren zu ermuntern. Um den akademisch-grauen Konstruktionen der Freiheitsphilosophie zu Farbigkeit zu verhelfen, werde ich meine eigenen wirtschaftsethischen und politischen Stellungnahmen in den hier angefertigten Theorierahmen einsetzen; nicht, um sie durchzusetzen oder um politische Reflexe abzurufen, sondern um zu politik- und wirtschaftsphilosophischen Reflexionen einzuladen.

5.1 Rückblick

Um Freiheit als universale Idee auszuweisen, ist sie kosmopolitisch als tauglich zu erweisen. Nicht nur bei der Herstellung derjenigen sozialen, wirtschaftlichen sowie ökologischen und kulturellen Bedingungen, die ihre globale Verwirklichung dauerhaft sichern, sondern auch im Hinblick auf ihre Prozeduralisierung. Die Globalität der Freiheit verlangt, alle Menschen – nah wie fern lebende Personen, gegenwärtige wie zukünftige Generationen – an der Konkretisierung der Freiheitsidee, direkt oder repräsentativ, zu beteiligen: Ohne Mitbestimmung keine Durchbestimmung, ohne prozedurale Differenzierung keine substantielle Ausdifferenzierung der Freiheit!

Allein darum schon muss sich der Diskurs über Freiheit auf die Werte hin öffnen, die Individuen in und aus Freiheit anstreben. Freiheit ist Selbstzweck, aber nicht alleiniges Ziel menschlichen Lebens. Deswegen widmeten wir uns in den Kapiteln dieses Buches durchgängig den Fragen: Wie kann Freiheit durch autonome Bindungen und selbstverfügte Grenzen an Qualität gewinnen, anstatt bloß an Quantität zu verlieren? Wie also können wir das Schema einer *quantitativen Maximierung* versus *Minimierung* an Optionen verlassen, um eine Konstruktion der *qualitiven Optimierung* von Freiheit zu ermöglichen? Und wie lässt sich sodann das Denken über Freiheit von jener Skala befreien, auf der bisherige Theorien es ewig zwischen den Polen der *Selbst- und Fremdbestimmung* hin- und herbewegen, ohne doch jemals eine allseitig befriedigende Einheit aus *Selbst- und Mitbestimmung* zu erreichen?

Kants Philosophie entwickelte dazu eine Theorie einer sich selbst bestimmenden Öffentlichkeit. In einem politischen Imperativ, der zur öffentlichen Selbstkritik und Transformation politischer Freiheit aufruft, legt Kant eine frühe Verteidigung reflexiver Demokratie und prozeduraler Politik vor. Kant fragt, was die Einzelnen befähigt, am öffentlichen Entwicklungsprozess gesellschaftlicher Freiheit aktiv teilzunehmen und eine Politik der Freiheit voranzubringen. Er gibt seinen Nachfolgern damit die spannende Aufgabe mit, die unverzichtbaren kulturellen, pädagogischen und ökonomischen Bedingungen zu klären, welche die Bürger benötigen, um sich an diesem Projekt freiheitlicher Politik zu beteiligen.

Kant betont, dass Freiheit uns berechtigt und ermächtigt, verschieden zu sein und dem einheitlichen liberalen Prinzip differente Ausformungen zu geben. Der Grundgedanke der Autonomie ermuntert unterschiedlichste Lebensformen. Kant zielt also auf eine Synthese aus Einheit und Differenz: *Einheit* hinsichtlich der Struktur der Freiheit, *Differenz* hinsichtlich der substantiellen, durch durch das Prinzip der Freiheit zwar evaluierbaren, nicht aber vorzugebenden Lebensformen. Mit der Trennung zwischen der *Idee* der Freiheit und ihrer prozeduralen Umformung in divergente *Begriffe* geben wir diese Unterscheidung hier wieder. Kant legt damit einen nach wie vor für *interkulturelle* Fragen höchst relevanten Gedanken vor. Seine Theorie kann erklären und rechtfertigen, dass Menschen je nach Kontext variierende Freiheitsverständnisse gewinnen und Freiheit abweichend ausleben. Kant muss daher die Welt nicht zu Jüngern seiner eigenen Vision gelingenden liberalen Zusammenlebens machen, damit die Anliegen seiner Freiheitstheorie sich erfüllen. Das unterscheidet ihn wohltuend von so manchen seiner intellektuellen Nachfolger.

Fichte wollte Kant freiheitsphilosophisch überbieten. Die Philosophie sei berufen, auch die konkreten Realisierungsformen gelebter Freiheit abzuleiten und dem Staat zu diktieren, wie er diese zum Wohle wahrer Freiheit – und, falls erforderlich, auch entgegen der Freiheitsvorstellungen der Bürger – zu realisieren habe. Fichtes grundsätzlicher Gedanke: Freiheit braucht Voraussetzungen. Wer jene will, sollte diese schaffen. Es geht ihm vor allem um die Rettung der Freiheit vor ihrer Entwertung durch Not und Abhängigkeit. Fichte erkennt, dass streng asymmetrische wirtschaftliche Verhältnisse politische und kulturelle Freiheit zur Farce machen können und dass der Liberalismus nicht nur gegenüber staatlichen Übergriffen, sondern auch gegenüber ökonomischer Macht auf der Hut sein muss. Auch und gerade wer die konkreten Folgerungen nicht teilt, die Fichte zog, sollte sich mit dieser Optik eines sozial engagierten Liberalismus vertraut machen. Denn wer auf dem linken Auge blind ist, dem fehlt auch für die politische Mitte die nötige Tiefenperspektive.

Zugleich sollte uns aufmerken lassen, dass Fichte, unter dem Zeichen der Freiheit antretend, im Ergebnis zu einem erdrückend engen Staats- und Politikmodell riet. Wo also liegt der Fehler, der von der stimmigen Einsicht in die Voraussetzungshaftigkeit aller Freiheit auf die abschüssige Bahn eines linken Paternalismus führt? Als Fichte bis ins Kleinste den Aufbau, die Aufgaben und Vorgehensweisen eines Musterstaates der Freiheit deduzierte, meinte er, lediglich die von Kant übersehenen sozialphilosophischen Folgerungen aus dessen Ansatz zu ziehen. Darin irrte er. Aus Interesse an einer monolithischen Freiheitsmetaphysik verabschiedete Fichte Kants Unterscheidung zwischen *Idee* und *Begriff* der Freiheit und verspielte so die Chance, Einheit und Differenz im Liberalismus zugleich zu beherbergen. Während die Metaphysik bei Kant der *Grund* der Freiheit war, gerät sie bei Fichte zu ihrem *Abgrund*. Indem Fichte nämlich übersieht, wie man sowohl die strukturelle Allgemeinheit der Freiheitsidee verteidigen als auch deren konkrete lebensweltliche Ausführung dem Bürgerwillen anheimgeben kann, meint er, zwischen Vernunftfreiheit und demokratischer Selbstbestimmung wählen zu müssen – und opfert zuletzt die bürgerlichen Freiheiten.

Genau darin sind ihm Karl Marx (1818-1883) und Friedrich Engels (1820-1895) gefolgt, mit politischen Konsequenzen, die oft vergessen lassen, dass auch ihre Theorien, dem eigenen Verständnis nach, *Freiheits*philosophien waren. Weil sie – mit guten Gründen – jede Theorie ablehnten, die nur der »negativen« Freiheit das Wort redete, schlugen sie sich – mit weniger guten Gründen – auf die Seite einer, von ihnen kommunistisch ausgestalteten »positiven« Freiheit. Zwar dekliniert, wer heute über die sich auf Marx und Engels berufenden Regime nachdenkt, den sich im – selten authentischen – Anschluss an ihre Werke legitimierenden Sozialismus kaum in der Grammatik des Liberalismus durch. Dennoch lagen im Ringen um die Freiheit aller Bürger die philosophischen Wurzeln der sozialistischen Systeme. Solange wir dies nicht verstehen und begreifen, was hier konzeptionell schieflief, sind wir nicht dagegen gewappnet, die historisch gemachten Fehler zu wiederholen.

Diese Fehler resultieren letztlich aus einer unterkomplexen Freiheitstheorie, die zwischen dem Prinzip der Freiheit und seinen Einlösungsformen nicht klar genug unterscheidet. Denn letztlich ist es ja unerheblich, ob man Freiheit nun von links oder von rechts denkt und sie kommunistisch oder kommunitär mit Bedeutung auflädt. Entscheidend ist vielmehr, ob es beim Schritt über Konzeptionen »negativer« Freiheit hinaus schlicht zu Wunschzettelphilosophien kommt. Nicht zufällig deckt sich ja die Konzeption »positiver« Freiheit zumeist vollauf mit den gesellschaftlichen Zielen ihrer jeweiligen Autoren, welche sodann von aller Kritik immunisiert und zur Staatsaufgabe erklärt, ja verklärt werden. Erst wenn wir begreifen, dass es sich dabei nicht in erster Linie um ein autorenspezifisches, sondern um ein systemisches Problem – nämlich um ein strukturelles Defizit der Begrifflichkeit von »negativer« versus »positiver« Freiheit (vgl. hier Abschnitt 1.2) – handelt, können wir es systematisch vermeiden.

Genau bei dieser Differenzierung hilft uns die Theorie von Karl Christian Friedrich Krause (1781-1832), der sich die Frage vorlegt, mit welchen Verfahren man am besten der Unterscheidung zwischen Idee und Begriffen politisch gerecht wird. Krause liefert insofern auch zu Fichtes Sozialismus die entscheidende Kurskorrektur: Zweck und Mittel der Freiheit müssen harmonieren. Wer Freiheit will, solle sich des Zwangs nur unter klar definierten (qualitativen) Bedingungen und auch dann (quantitativ) nur so wenig wie möglich bedienen. Die Voraussetzungen der Freiheit sind vermittels der Freiheit der Bürger anstatt gegen dieselbe herzustellen. Die Philosophie habe den Menschen nicht einfach liberale Lebenswelten vor die Nase zu setzen. Freiheit soll Methode der Philosophie sein. Von *passiven Objekten* der Theorie werden die Bürger deshalb zu *aktiven Partizipateuren* im Programm einer sich schrittweise reflexiv selbst bestimmenden Freiheit erhoben. Krause führt also den von Kant begonnenen Gedanken zu Ende, dass Freiheit ihr eigenes Projekt ist und begründet überzeugend, warum Freiheit auf gemeinschaftliche Ziele *ausgeht*, ohne dass sie ganz und gar in ihnen *aufgeht*.

Krause zufolge kann und sollte Freiheit *zugleich* Selbstzweck und Mittel zum Zweck sein. Ihr übergeordneter intrinsischer Wert schließt ihre untergeordnete instrumentelle Bedeutung ein, nicht aus; ein Gedanke, der heute vor allem in *capability*-Theorien wiederkehrt (vgl. Kapitel 4.2): Befähigungen (*capabilities*) sollen Verwirklichungen (*functionings*) ermöglichen, nicht erzwingen. Erstere finden in Letzteren ein Ziel, aber nicht ihren Grund; und jener Grund ist und bleibt stets die Freiheit der Bürger. Die Menschen sollen nicht in liberale Verhältnisse gezwängt werden, sondern sie herbeiführen. Aus diesem Freiheitsverständnis erwachsen die unzähligen faszinierenden Innovationen des krauseschen Liberalismus (wie zum Beispiel Forderungen nach intergenerationeller Gerechtigkeit, Nachhaltigkeitsethik etc.). Wo irgend möglich setzt Krause auf *Partizipation* und involviert die Bürger *direkt* in die sie betreffenden Entscheidungsprozesse. Wo dies (noch) unmöglich ist, etwa in globalen Zusammenhängen, setzt er auf deren *indirekte* Beteiligung vermittels *Repräsentation*. Im Zuge einer solchen weltbürgerlichen Modellierung der politischen Aufgaben nimmt Krause mit deutlichen Worten Fichtes Nationalismus zurück und richtet seinen philosophischen Liberalismus dezidiert kosmopolitisch aus.

Das in dieser auf sich selbst reflektierenden Philosophie der Freiheit beschlossene Potential für eine Umgestaltung der Lebenswelt wird besonders deutlich, wenn wir uns auf die Entwicklung des Eigentumsbegriffs von Kant, Fichte und Krause konzentrieren. Nicht zufällig liefert die Frage nach der Legitimation und der Limitation von Privateigentum einen entscheidenden Schlüssel zum Verständnis, welchen Typus liberalen Denkens man jeweils vor sich hat. Wo Wirtschaftsliberale gerne herausheben, wie Privateigentum die Freiheit der Einen ermöglicht, betonen Sozialliberale, wie dies nicht selten die Freiheit Anderer verhindert. Wer etwas für sich eingrenzt, grenzt andere zumeist aus. Darum macht es wenig Sinn, Privateigentum *per se* als freiheitsförderlich oder freiheitswidrig auszugeben. Weder darf man es libertär zum Inbegriff noch umgekehrt kommunistisch zur Antipode der Freiheit erheben. Die spannende Frage ist vielmehr, wie man die konkurrierenden Ansprüche vermittelt, welche Menschen an die Dinge dieser Welt stellen.

Kant hatte zur Beantwortung das Recht auf Eigentum in ein klares Ableitungsverhältnis zum Recht auf Freiheit gebracht. Angeboren, unverlierbar und unbedingt ist nur das Menschenrecht auf Freiheit. Eigentum hingegen verhält sich dazu lediglich als eine von vielen Formen und Voraussetzungen. Weil also die Freiheit stets höher steht als das Eigentum, folgt, dass ein *absoluter* Anspruch allein darauf bestehen kann, dass jeder Mensch in geschützter Weise an der Welt teilhaben und sich in ihr verdinglicht realisieren kann; auf *irgendein* Eigentum also. Auf *bestimmte* Eigentümer zur freien Nutzung haben Menschen aber stets nur *relative* Rechte; Rechte also, die mit dem höherrangigen Menschenrecht aller anderen Weltbürger zur Weltteilhabe ins Verhältnis gesetzt werden müssen. Eine Welt, in der einige fast alles und alle fast nichts besitzen, wäre auf dieser Grundlage schwerlich zu rechtfertigen. Fraglich bleibt indes bei Kant, inwieweit, mit welchen Mitteln und nach welchen Regeln die politischen Gemeinschaften die existierenden Eigentumsverhältnisse korrigieren dürfen.

Fichte meinte diesbezüglich, allein der Staat könne sowohl das allgemeine Institut des Privateigentums als auch besondere Privatvermögen rechtlich etablieren wie legitimieren. Damit wird das Privateigentum indes ganz und gar Verfügungsmasse politischen Handelns. Da aber die Staatsgemeinschaft bei Fichte nicht auf die konkreten Individuen sieht, sondern sie als Rechtssubjekte nur in ihrer Eigenschaft als Personen überhaupt achtet, erlaubt er wenig Raum für besitzrechtliche Unterschiede. Wo nicht diese und jene konkreten Menschen, sondern nur abstrakte Personen betrachtet werden, gleicht natürlich ein Individuum völlig dem anderen. Bei gleichen Rechtsgründen auf Eigentum müssen dann auch die Eigentumsverhältnisse einander weitgehend gleichen, so Fichte. Wo der besitzindividualistische Liberalismus des 19. Jahrhunderts die Freiheit der Armen stets am Zaun der Reichen enden ließ, machte es Fichte genau umgekehrt: bei ihm verhindert das Freiheitsrecht der Armen allen privaten Reichtum. Während also der Manchesterliberalismus im Privateigentum den Schutzwall der Freiheit sieht, erkennt Fichte ihn im Gemeineigentum. Wo jene das Soziale allenfalls als Substitut und Rettungsnetz des Privaten gelten lassen, definiert Fichte das Private ganz und gar als Ableitung und Unterfall des Allgemeinen.

Zwischen diesen Extremen sucht Krause die maßvolle Mitte. Statt aufs quantitative Maximieren individueller oder aber kollektiver Optionen kommt es ihm auf das qualitative Optimieren konkreter Lebenschancen an – für jegliche und alle. Im Anschluss an Kant will Krause jedem Menschen durch Eigentum und Nutzungsrechte Zugänge zur Freiheit ebnen. Ihm ist aber auch klar, dass die Menschen und ihre Lebenswelten unterschiedlich sind: Um in würdiger Freiheit zu leben, sind Menschen mit Behinderungen beispielsweise auf Hilfsleistungen angewiesen. Also darf man nicht alle Weltbürger über einen einzigen quantitativen Kamm scheren, sondern hat die qualitative Differenz der Lebensverhältnisse zu beachten. Zudem soll nicht eine einzige philosophische Doktrin, sondern die prozedurale Freiheit aller das Mittel zu freiheitsdienlichen Lebensverhältnissen sein. Also sind politische Verfahren zu ersinnen und zu rechtfertigen, mit denen durch gesetzliche Normen und solidarisches Handeln allen Menschen zu einer dinglich vermittelten Freiheit verholfen wird. – Wirklich allen Menschen? Ja, weil das Recht auf Eigentum aus dem Freiheitsrecht aller Personen folgt, obliegt, streng genommen, seine Regulierung der Menschheit insgesamt. Die jeweilig weitreichendste, sanktionsmächtige politische Ordnung kann daher nur vorläufige, nicht letztgültige Umverteilungsentscheidungen treffen. Dies bliebe einer Weltrechtsgemeinschaft vorbehalten, die aber ihrerseits wiederum im Blick auf die Rechte zukünftiger Generationen zu handeln habe. Mit diesem Argument erreicht Krause zweierlei: Man darf heute schon in lokalen, nationalen und regionalen Gemeinwesen im Namen der Freiheit aller Beteiligten gestrige Verhältnisse korrigieren, ohne damit einer morgigen Überbietung im Namen aller Betroffenen den Weg zu verstellen.

So testen die Freiheitsphilosophien von Kant, Fichte und Krause die Chancen und Risiken *metaphysischer* Liberalismen aus, die einen auf alle Personen schlechthin sich erstreckenden Raum der Fragen und Anliegen umgreifen. Angesichts unserer weithin globalisierten Welt wird zusehends klar, dass jene Globalität metaphysischer Konstrukte eine willkommene Chance für gegenwärtiges Philosophieren bedeutet. Metaphysisches Philosophieren leitet zum Übersteigen enger zeitlicher und räumlicher Horizonte an und kann dem Denken ein geistiges Auge für Aspekte öffnen, die unseren leiblichen Augen oft verborgen bleiben. Nicht der Nationalismus, sondern der Kosmopolitismus ist die »default option« der Freiheitsmetaphysik.

Zugleich birgt jede Metaphysik Risiken. Der von Fichte erhobene Alleinvertretungsanspruch für die praktische Umsetzung von Freiheit markiert, wie schnell bisweilen die *Inklusivität* einer metaphysischen Idee zur *Exklusivität* eines bestimmten Lebens- und Politikstils umschlägt. Metaphysik kann dazu missbraucht werden, alternative Perspektiven abzuwerten und ein experimentierendes Denken abzuwehren – im vermeintlichen Besitz letzter spekulativer Wahrheiten. Und weil Denker wie Fichte und Hegel auch mit jenem doktrinären Zug ihres Denkens wirkmächtig wurden, wollten später – als die historischen und soziologischen Beschränkungen jener Perspektiven weithin offenbar geworden waren – viele Philosophen mit der Metaphysik endgültig brechen.

Jener ab 1870 immer schärfer werdenden Kritik fielen allerdings zu Unrecht auch *offene* Metaphysikentwürfe, wie der Krauses, zum Opfer. Übersehen wurde so der genuin liberale Beitrag, den ein über alles Vorfindliche hinausgreifendes metaphysisches Denken leisten kann. Krause zeigte bereits auf, was erst viel später Denker wie Popper und Dewey erneut betonten: Metaphysische Ideen und falsifikationsoffenes Denken beziehungsweise philosophische Spekulation und pragmatisches Handeln können durchaus Hand in Hand gehen – und so der Freiheit aller dienen. Statt unsere Konzeptionen im *Rückgriff* auf bestimmte spekulative Voraussetzungen festzulegen, kann es diese im *Vorgriff* auf noch unbestimmte Entwicklungen zur Veränderung freisetzen. Statt begriffliche und praktische Experimente im Namen einer höheren Realität zu untersagen, hat es dieselben vielmehr im Interesse einer immer verbesserungsfähigen Wirklichkeit stets einzufordern.

Vor allem an deutschen Universitäten setzten sich aber seinerzeit nicht jene *offenen, dynamischen* Entwürfe durch, sondern eher *geschlossene, statische* Gedankensysteme. In der Abgrenzung von jenen erprobte die Philosophie seit Ende des 19. Jahrhundert vor allem drei Alternativen. *Erstens* eine zwar pronounciert metaphyische, aber nicht mehr in Systemform gegossene Philosophie (wie etwa bei Nietzsche und Kierkegaard). *Zweitens* ein radikaler – aber genau darin ebenfalls metaphysischer – Materialismus (von Feuerbach, Marx und Lenin etwa). Und *drittens* formallogische, analytische und empirische Methoden. Insbesondere letztere gaben seit der Wende ins 20. Jahrhundert immer stärker den Ton an. Das blieb für die Freiheitstheorie nicht konsequenzenlos. Im Zuge dieser theoriegeschichtlichen Entwicklung wurde die so offensichtlich sozial und kulturell geprägte Idee der Freiheit zusehends traktiert als numerisch messbares sowie algorithmisch maximierbares Ding. Das geistige Wesen der Freiheit schrumpfte zur Sache körperlicher Bewegungsfreiheit. Humanistische Reflexionen über die Idealität von Freiheit wurden durch die mechanistischen Modelle des Materialismus ersetzt. Um dieses neue Paradigma im Freiheitsdenken besser zu verstehen und die immanenten Probleme seiner quantitativen Methodik aufzulösen, haben wir uns mit zwei Denkern befasst, denen genau dieser selbstgewählte methodologische Leitfaden zum programmatischen Fallstrick wurde.

Friedrich August von Hayek (1889-1992) personifiziert ein zentrales Anliegen quantitativer Freiheitsphilosophie: Der Staat soll ein Maximum individueller Freiheit durch ein Minimum an Staatlichkeit etablieren. Weil keiner die Bestimmung der anderen erraten kann, müssen teleologische Generalpläne unterbleiben. Darum fordert Hayek eine stets hinzu lernende Politik, die auf sozialen Evolutionismus, dezentrale Informationsflüsse, subsidiäre Entscheidungsverfahren, föderale Strukturen und eigenverantwortliches Handeln in weitestgehender Privatautonomie setzt: Institutionen dürfen nicht verabsolutiert werden, sondern müssen stets überbietbar und verbesserungsfähig bleiben. Man soll sich nicht der Illusion hingeben, die Menschen und ihr Verhalten jemals ein für alle Mal vorhersagen zu können. Dies gilt auch von der und für die Wirtschaft. Hayek fordert eine demütige Wirtschaftstheorie und eine bescheidene Wirtschaftspolitik. Die erstere soll den Wahn aufgeben, das seinem Wesen nach freie Wirtschaften in mathematisch-naturgesetzlichen Formeln aufzuzeichnen; die zweite sich der Illusion entschlagen, die Wirtschaftsfreiheit durch perfekte Pläne vorzuzeichnen.

Hayek vertritt, dass es gleichermaßen Ausdruck unserer sittlichen Bestimmung ist, wie auch in unserem wohlverstandenen Eigeninteresse liegt, mit den Mitteln von Recht und Politik eine Ordnung des freien ökonomischen Wettbewerbs und des freien sozialen Miteinanders zu errichten und zu schützen. Zwang soll Menschen nur in vorhersehbarer Weise widerfahren: wenn sie vorsätzlich oder fahrlässig gegen die vom Rechtsstaat erlassenen Koordinationsregeln des Zusammenlebens verstoßen, nicht aber, um ihnen ein bestimmtes Wohlverhalten abzupressen. Gleichwohl ist Freiheit für Hayek immer auch ein seiner sittlichen Nutzung zugewendetes Prinzip. Sie ist daher – anders als viele Libertäre meinen – nicht nur gegenüber Theorien zu verteidigen, die mit viel

Solidaritätspathos die Basis individueller Selbstzweckhaftigkeit und Spontaneität aufzuheben ansetzen. Sie muss auch gegen Ansätze in Schutz genommen werden, die den Wert der Freiheit rein instrumentell im Interesse einer Funktionalität für egoistisch-materielle Belange missverstehen.

Hayek ist also, seinem Selbstverständnis nach, nicht nur der Anwalt der Freiheit der Reichen. In Hayeks Rechtsphilosophie manifestiert sich ein Begriff von Freiheit, der auf die Befähigung aller Personen zum Rechtsgebrauch und zur selbstbestimmten Partizipation an der Politik abstellt. Dies spiegelt sich auch in der Wirtschaftsphilosophie Hayeks, wo dafür argumentiert wird, seitens des Staats die *sozialen Voraussetzungen für das selbständige Wirtschaften* aller Bürger zu schaffen. Beide Forderungen gehen jedoch über den Ideengehalt negativer Freiheit und über ein rein quantitativ-nutzentheoretisches Kalkül hinaus. Wo es ihm nötig oder wünschbar erscheint, reduziert Hayek die Freiheit der einen, um die Freiheit der anderen zu optimieren. Das aber widerspricht seinen minimalistischen Grundannahmen. Hintergründig führen also bei Hayek qualitative Leitideen (insbesondere solche der Philosophie Immanuel Kants) die Regie über eine vordergründige Dramaturgie bloß quantitativer Freiheitsmaximierung. Entgegen der noch immer vorherrschenden neoliberalen Lesart von Hayeks Theorie – gegen den sie zwar nicht gänzlich, wohl aber doch in weiten Teilen in Schutz zu nehmen ist – leistet diese also weniger eine besonders schlüssige *Konstruktion* eines quantitativen Freiheitsbegriffs als vielmehr (vgl. Abschnitt 3.1.2) einen schönen, wenngleich eher unfreiwilligen Beitrag zu dessen *Dekonstruktion.*

John Rawls (1921-2002) steht ebenfalls in einem spannungsreichen Verhältnis zu Immanuel Kant. Er will Kants Freiheitslehre zwar in etlichen Aspekten inhaltlich, nicht aber methodisch beerben. Um metaphysische Argumente zu vermeiden, versucht er, die von ihm qualitativ erstrebten Grenzen privater Freiheitlichkeit durch quantitativ ausgerichtete Nutzenkalküle zu legitimieren. Jedoch wurde Rawls von seinen Kritikern bald nachgewiesen, dass er in seiner *Theory of Justice* noch ausgiebigen Gebrauch von einer Reihe uneingestandener metaphysischer Annahmen machte. Darum legte er es in seinem Spätwerk darauf an, eine ganz und gar metaphysikfreie Begründung für die liberale Gesellschaftsordnung vorzulegen. Dies verlangte, auf jegliche substantielle Vorgaben über die Natur und Bestimmung des Menschen zu verzichten. Zugleich aber wollte Rawls im Ergebnis nicht die von ihm anvisierte tolerante, offene Gesellschaft gefährden. Deshalb versuchte er, die Gestaltungsfreiheit der den Gesellschaftsvertrag verabredenden Individuen durch bestimmte Verfahrensvorschriften zu gängeln. Er hegte bei der Aushandlung der politischen Rahmenbedingungen die rationale Tauschlogik der Bürger vorab so ein, dass sich nur sittlich akzeptable Ergebnisse als formal zulässige Verhandlungsresultate erweisen konnten.

Dieser Trick, inhaltliche Qualifizierungen über prozedurale Rahmenvorgaben einzuschmuggeln, ist natürlich schon an und für sich fragwürdig. Er funktioniert überdies nur, solange die Vertragsparteien miteinander in ständigen Rückwirkungsverhältnissen stehen. Als kluger Maximierer des eigenen Nutzens lässt man sich auf faire Verhandlungsbedingungen nur dann ein, wenn man solcher Bedingungen gelegentlich auch selbst bedarf. Alles hängt also von einer ungefähren Symmetrie der Nutz- und Drohpotentiale zwischen den Tauschenden ab. Strikt asymmetrisch situierte Subjekte – etwa: zukünftige Generationen oder schwerstbehinderte Menschen – kommen trotz verschiedenster Ansätze und Versuche von Rawls bei solchen Absprachen nicht überzeugend zum Zug; ihre Interessen lassen sich mithin ungestraft vernachlässigen. Das aber widerspricht dem eigentlich universal-liberalen Grundanliegen von Rawls.

Rawls untergräbt die Geltungskraft seines eigenen *Political Liberalism* im Versuch, sich aller gehaltvollen, selbst aller freiheitsphilosophischen Fundamente zu entledigen. Innerhalb bereits liberal verfasster Gesellschaften will Rawls fundamentalistischen Stimmen das politische Gehör verweigern; angesichts fundamentalistischer Regime vertritt er umgekehrt eine Politik der Nicht-Einmischung. Das erzeugt im Ergebnis ein explosives Gemisch aus ethischem Relativismus (außenpolitisch) und dogmatischem Liberalismus (innenpolitisch). Was zeigt: Quantitativ-zweckrationale Freiheit findet bei Rawls ihr notwendiges Maß nicht in und aus sich selbst, sondern allenfalls durch implizite qualitative Vorgaben, die sie aus ihrer eigenen Logik heraus weder explizieren noch affirmieren kann.

So oszillieren die Theorien von Rawls und Hayek zwischen Annahme und Ablehnung der Liberalismuskritik hin und her. Darin spiegeln sie ein Merkmal des quantitativ ausgerichteten Liberalismus insgesamt. Der quantitative Ansatz kann – auf sich allein gestellt – nicht funktionieren und treibt stets über sich selbst hinaus auf qualitative Konzeptionen hin. Letztere werden in Theorien quantitativer Freiheit meistens entweder als (prozedurale) Seitenbegrenzungen (wie bei Rawls) eingeführt oder als (materiale) Ausnahmen (wie bei Hayek). Dies zeigt: Die Antwort auf die Herausforderung der Kritik kann nicht quantitativ – auf der Schiene von alles, etwas oder nichts – gefunden werden. Ein Liberalismus, der keine Kritik anerkennt, ist dogmatisch; einer, der jede gelten lässt, relativiert sich selbst; und ein Liberalismus, der ohne erkennbare Richtwerte mal so und mal so verfährt, je nach Gutdünken der jeweiligen Autoren, bleibt theoretisch unklar und praktisch unwirksam.

Aus diesen Beobachtungen ziehen wir die Konsequenz: Die Theorie quantitativer Freiheit ist unselbständig; sie bedarf der qualitativen Ergänzung wie Fundierung. Was im Einzelnen die Freiheit fördert oder hindert, kann nicht allein aus den Vektoren einer auf physisch-quantitative Aspekte reduzierten Gedankenwelt abgeleitet werden. Es ist stets aufs Neue vor dem Hintergund unserer momentanen Daseinsdeutung zu verhandeln. Hermeneutik und Heuristik gehen dabei Hand in Hand. Je nachdem wie wir unsere Lebenswelt deuten, sehen oder übersehen wir bestimmte Lebenschancen, verstehen wir gewisse Bindungen als freiheitsdienliche Ligaturen[1] oder als Fesseln der Freiheit. Jene Deutung des Lebens wird natürlich von Person zu Person, von Ort zu Ort und von Zeit zu Zeit verschieden ausfallen; und dies markiert den angemessenen Ort für Metaphysik im Liberalismus.

Falsche Furcht vor der Metaphysik und ihren Methoden (etwa von Introspektion und Intuition) haben den philosophischen Liberalismus nach und nach zu einem positivistischen Physikalismus verdorren lassen, in dessen Ödnis nur das stachelige Gestrüpp zugespitzter Willkürfreiheit (*choice*) gedeihen kann. Anstatt aber die inhaltlich-normative Seite der Freiheitsidee in die vermeintliche Schmuddelecke von »metaphysical pseudo-questions« zu verbannen, muss dieser Aspekt herausgeputzt werden, damit der Liberalismus erneut glänzen kann.[2] Statt jedoch (mit Fichte) die Gestaltungsanfrage der Lebenswelt mit einer einzigen »großen« Metaphysik ein für allemal zu beantworten, sollten wir (mit Krause) eher die Infragestellung suchen, die, bescheidener und menschlicher, aus den vielen »kleinen« Metaphysiken, d.h. aus verschiedensten Letztbegründungssystemen, alltäglichem Orientierungswissen, aus spirituellen wie säkularen Weisheiten hervorgeht. Wenn Bürger angesichts ihrer Vorstellungen vom guten Leben an die Freiheit bestimmte *Anmutungen* zur mit-, um-, und nachweltlichen Verantwortung formulieren, so werden diese aus qualitativer (anders als aus quantitativer) Perspektive nicht als illiberale *Zumutungen* verstanden, sondern vielmehr als *Anregungen*, das liberale Denken für zukünftige Aufgaben aus- und fortzubilden.

Dies demonstriert der letzte Teil der Untersuchung: Freiheit kann nicht schlicht mit der schieren Anzahl von Wahlmöglichkeiten identifiziert werden. So wie jeder Einzelne eine kleine Anzahl attraktiver Optionen jederzeit einer großen Menge ungeliebter Wahlmöglichkeiten vorzieht, so muss auch die politische Gemeinschaft Freiheitsoptionen inhaltlich evaluieren. Dies zeigt sich insbesondere, wenn jene konfligieren, wie etwa die Freiheit von Rauchern und Nichtrauchern in geschlossenen Räumen. Dafür bedarf es legitimer Wertmaßstäbe, die von einer Reflexion auf die Qualität der Freiheit aus deren quantitativen Radius bestimmen. Recht verstanden resultiert also quantitative Freiheit aus der Idee qualitativer Freiheit; sie ist ihr dialektisch ein- und unterzuordnen als ein den Gedankengang fortbestimmendes Moment. *Quantitative Freiheit findet in qualitativer Freiheit ihren Grund; qualitative Freiheit gibt sich in quantitativer Freiheit ihr Maß.*

---

1 | Vgl. Ralf Dahrendorf, *The Modern Social Conflict: The Politics of Liberty*, New Brunswick, New Jersey 2008.

2 | Charles Taylor, *What's wrong with Negative Liberty?*, S. 218.

In Kapitel 4.1 wird, stellvertretend für ökonomisches und politisches Denken im Lichte qualitativer Freiheit, die Freiheitstheorie von John Kenneth Galbraith (1908-2006) rekonstruiert. In seiner Ökonomik sucht er den Anschluss an die Sozialwissenschaften und an eine im Zeichen der Freiheit und Gerechtigkeit operierende praktische Philosophie. Indem er im Lichte ihres historischen Wandels die gesellschaftliche Gestaltbarkeit der Wirtschaft offenlegt, will Galbraith einer an der freiheitlichen Reform ihrer Lebenswelt interessierten Öffentlichkeit die konzeptionellen Mittel dazu an die Hand geben: Die Bürger sollen lernen, wirtschaftliche Macht zu identifizieren, um sie modifizieren zu können. Basierend auf einer Kritik neoklassischer Axiome (*homo oeconomicus*, perfekter Wettbewerb etc.) und darauf basierender neoliberaler Theorien von Politik und Wirtschaft (Gleichgewichtspostulate, Markteffizienz, laissez faire etc.), macht sich Galbraith für eine Demokratisierung der Ökonomie auf dem Wege einer reflexiv-selbstkritischen Ökonomik stark. Galbraith entkleidet die Wirtschaftswissenschaften des Gewands wertfreier (Natur-)Wissenschaft, das die implizite Normativität der Ökonomik überdeckt. Er verficht dagegen die Offenlegung der sowohl Ökonomie wie Ökonomik leitenden Wertvorstellungen. Nur so können wir die wirtschaftlichen Institutionen und Ordnungsparameter in Freiheit mitbestimmen.

Wer angesichts des Verhältnisses von Individuum und Staat auf die freiheitssichernde Rolle des Rechts dränge, müsse auch das Potential von Betrieben, Banken und Börsen beachten, die Freiheit der Weltbürger zu mehren oder zu mindern. Galbraith zeigt auf, welche gewaltige Rolle wirtschaftlichen Unternehmen bei der Gestaltung von Meinung, Macht und Markt zufällt. Damit unsere Freiheit nicht auf ihre kommerziellen Aspekte reduziert wird, strengt Galbraith eine Debatte über die qualitativen Dimensionen von Freiheit (Lebensqualität etc.) an und fordert eine Demokratisierung der Wirtschaftspolitik ein. Galbraith will so die einseitig auf Maximierung des Materiellen ausgerichteten Tendenzen der Wirtschaft durch gesellschaftliche Gegenkräfte (*countervailing powers*) austarieren. Diese sollen im Dienste der Freiheit aller ein Leben jenseits wirtschaftlicher cost-benefit Analysen ermöglichen und die Präsenz öffentlicher Güter stärken.

Amartya Sen (* 1933) nähert sich der nämlichen Frage nach der Qualität von Freiheit anders: von einer Reflexion auf die Grundvermögen (*capabilities*) der Einzelnen her. Weil es Sen nicht um abstrakte Freiräume, sondern um konkrete Freiheiten, d.h. um jene *comprehensive outcomes* zu tun ist, die aus unseren wirtschaftlichen wie politischen Einrichtungen für das Leben der Bürger folgen, spricht er sich für ein Konzept von *substantive freedom* aus. Dieses zielt darauf ab, die vereinseitigten Aspekte anderer Freiheitstheorien in sich zu vereinen und im Brennpunkt individueller Lebenschancen zu bündeln. Sen konzipiert daher politische Autonomie so, dass sie die Wahl wirtschaftlicher Ziele und Erfolgskriterien mit formell-prozeduralen Anforderungen von Liberalität harmonisiert. Formale und materiale Dimensionen der Freiheit sollen nicht gegeneinander ausgespielt, sondern ausbalanciert werden. Denn an der freiheitlichen Debatte um die vorzugswürdigen Qualitäten der politisch zu fördernden Freiheiten kommt keine Gesellschaft vorbei, so Sen. Eine wahrhafte Liberalisierung unserer Lebenswelt setzt eine prozedurale Emanzipierung der Wirtschaft und der die Wirtschaftspolitik materiell leitenden Zwecke voraus. Quantitativ maximiert kann schließlich nur werden, was der Qualität nach definiert ist. Jene Definition aber soll *demokratisch nach qualitativen Maßstäben, nicht technokratisch nach quantitativen Maßgaben* erfolgen.

Somit bestätigen die qualitativen Freiheitstheorien von Galbraith und Sen eine bereits aus unseren Studien zur Metaphysik der Freiheit (Kapitel 2) vertraute Einsicht. *Freiheit wird zwar um ihrer selbst willen gesucht, kann sich aber nicht selbst genügen; sie muss frei sein, um sich zu binden, und sie muss sich binden, um wahrhaft frei zu bleiben.*[3] Was vielleicht paradox klingt, ist es nicht. Die Spannung beider Aussagen löst sich auf, wie gezeigt, in der Unterscheidung zwischen *Idee* und *Begriff* qualitativer Freiheit. Was die Idee der qualitativen Freiheit als Selbstzweck *schützt, schätzt* man im Lichte konkreter Freiheitsbegriffe um der Ziele willen, die man (nur) in Freiheit erreicht. Wem es etwa gelingt, mit Schiller zu reden, »eines Freundes Freund zu sein«,[4] der wird in jener Freundschaft weniger die abstrakte Manifestation seiner Freiheit suchen, als vielmehr das konkrete Wohl dieses Freundes und dieser Freundschaft. Wo Freundschaft gelingt, stärkt sie die Freunde auch individuell, indem sie ihnen zu neuen, tieferen und stärkeren Beziehungen verhilft: Sie bekräftigt die Autonomie der Einzelnen im Verhältnis jeweils zu sich, zu einander, zur Welt. Gelingende Freundschaft kann jedoch nicht erzwungen werden, sie ist nur als freiwillige Bindung denkbar. Was Freiheit und Freundschaft für uns leisten können, erfahren wir nur, wenn wir sie an sich zu schätzen wissen. Der instrumentelle Wert von Freiheit kann von ihrer intrinsischen Würde nicht abgelöst werden.

Dass Freiheit überhaupt inhaltlich bestimmt werden muss (sprich: die allgemeine *Idee* qualitativer Freiheit), entscheidet noch nicht, *was* im Namen dieser Idee gefordert und gefördert werden soll (sprich: der besondere jeweilige *Begriff* von Freiheit). Da die Theorie der qualitativen Freiheit zwischen ihrer einheitlichen *Leitvorstellung* und deren vielfältigen *Einlösungsformen* differen-

3 | Dies ist ein in der katholischen Sozialtheologie seit Thomas von Aquin oft durchdeklinierter Gedanke: Die Abhängigkeit und die Abkünftigkeit der auswählenden Willkürfreiheit von der sittlichen Willensfreiheit beziehungsweise der »freedom of indifference« von der »freedom for excellence«; dazu siehe näher: Leo XIII, *Human Liberty, Encyclical Letter*, New York 1941 und Servais Pinckaers, *The Sources of Christian Ethics*, Washington, D.C. 1995.

4 | Schiller, Werke, I, S. 133 (*Ode an die Freude*).

ziert, kann sie verschiedenste Freiheitsbegriffe (negative, positive, substantielle, emanzipative, republikanische, prozedurale etc.) integrieren. Der Idee qualitativer Freiheit schwebt also kein »one size fits all«-Modell substantiell-liberaler Lebensverhältnisse vor. Im Vergleich: Während quantitative Ansätze alle Menschen zur Optionenmaximierung antreiben, rät die Idee der qualitativen Freiheit zu Offenheit und Diversität. Sie erlaubt es etwa, eine durch Mannigfaltigkeit bestimmte Optionenvielfalt einer möglicherweise nur zahlenmäßig imposanten Optionenmenge vorzuziehen. Qualitative Überlegungen müssen daher der quantitativen Vermessung individueller und sozialer Freiheitsräume vorausgehen und diese anleiten. So kann qualitative Freiheit quantitative Belange implementieren und dimensionieren.

Ein qualitativer Liberalismus erstrebt eine Vielfalt der Lebenschancen. Gerade weil aber Vielfalt – anders als Vielzahl – schon an sich ein qualitativer Begriff ist, kommt man nicht um die Frage »Welche Freiheit?« herum. Auch Libertäre stellen sich diese Frage, glauben jedoch, dass allein ihre Antwort selig macht. In solchem Dogmatismus liegt indes ein zentrales Problem des gegenwärtigen Liberalismus. Man streitet *gegeneinander über* die Freiheit, nicht *miteinander für* sie; mit dem Ergebnis, dass verschiedene Gruppen, die sich selbst allesamt als *Freunde der Freiheit* feiern, einander als *Feinde der Freiheit* verfemen. Hier schafft die Idee der qualitativen Freiheit Abhilfe, indem sie Uniformität meidet und uns ermuntert, je nach Situation und Kontext unterschiedliche Konzeptionen auszuprobieren. Denn das generelle Postulat der Idee der qualitativen Freiheit, *dass* über die Qualität von Freiheit debattiert werden müsse, lässt verschiedene Plädoyers zu, *welche* Freiheiten im gegebenen religiösen, kulturellen und geographischen Kontext jeweils anzustreben sind.

Qualitativ gedacht kann sich die Idee der Freiheit so kritisch wie konstruktiv auf ihre Umwelten beziehen. Die Idee der qualitativen Freiheit ist relational gedacht. Somit stellt im qualitativ ausgerichteten Liberalismus die Kontextualisierung von Freiheiten keine Ausnahme zur Regel dar, sondern einen Ausdruck ihres Prinzips. Zum Beispiel erstreckt sich, um ein Beispiel von Martha Nussbaum aufzugreifen, in Deutschland das Grundrecht auf Meinungsäußerungsfreiheit nicht auf die »Ausschwitz-Lüge«. Umgekehrt aber wird, angesichts der Verfolgung von sogenannter »Entarteter Kunst« in den 1930er und 1940er Jahren, das Grundrecht auf Kunstfreiheit schrankenlos gewährt. Vor dem Hintergrund der Erfahrungen Deutschlands mit dem Dritten Reich ist beides verständlich; und ebenso auch, dass andere freiheitliche Gemeinwesen hier andere Schwerpunkte setzen.[5]

5 | Vgl. Claus Dierksmeier, »Die Würde der Kunst – Überlegungen zu Schutzbereich und Schranken eines schrankenlosen Grundrechts«, in: *Juristenzeitung (JZ)*, 18, No. 55 (2000): 883-889.

Folglich ist der *politische* Streit um die Bedeutung von Freiheit sowie um konkrete Freiheiten nicht zu beklagen, sondern zu begrüßen. Er mediatisiert und meliorisiert die Geltungsansprüche aller gesellschaftlichen Kräfte. Prozedural umgesetzt konstitutiert und konstruiert sich politische Freiheit hierüber selbst. Am Streit um die beste Konzeption der Freiheit sowie ihre angemessenen Ziele zerbricht das Gemeinwesen nicht; aus ihm wird es immer wieder aufs Neue kommunikativ erzeugt.[6] Somit kann liberales Denken im Streit über unterschiedliche Freiheitsvorstellungen viel gewinnen. Statt stets einen Angriff auf liberale Positionen zu wittern, ermutigt die Theorie qualitativer Freiheit dazu auch in wertkonservativen, ökologischen oder sozialen Forderungen mögliche Bemühungen um die Nachhaltigkeit freiheitlicher Lebensverhältnisse zu erkennen. So mancher politische Mittelweg wird dann nicht länger als illiberaler Abweg erscheinen, sondern als gerade Route einer auf ihre natürlichen und gesellschaftlichen Voraussetzungen reflektierenden Freiheit.

Darum auch sollte von der Freiheitstheorie nicht nur auf den Staat und die Parteien geschaut werden, wo es um die Konkretisierung der Freiheit geht. Ohne zivilgesellschaftliches Vordenken und erprobendes Handeln – sei es im kooperativen Agieren der Bürgerschaft, durch wettbewerbliche Innovation seitens der Wirtschaft oder im Zuge der Wahrheitssuche der Wissenschaft – fehlen der Politik die nötigen Erfahrungen und Anschauungen, um ihre Ziele mit Augenmaß zu verfolgen. Was die Gesellschaft nicht kennt, wird die Politik nicht können.

Natürlich kann nicht jeder Freiheitsbegriff legitim die Idee qualitativer Freiheit konkretisieren. Gegen totalitäre Definitionen muss sich jeder Liberalismus wehren. Aber wie? Mit welchen Verfahren soll der Schritt von der Idee zu den Begriffen qualitativer Freiheit vollzogen werden? Klarerweise muss jene Prozeduralisierung ihrerseits im Lichte der Idee qualitativer Freiheit erfolgen; Philosophen sprechen diesbezüglich gerne von einer Iteration der Idee in ihrer Anwendung: Die Idee der Freiheit verlangt nach freiheitlichen Verfahren zur Konkretisierung ihrer selbst. Nur Verfahren, die offen sind für die Partizipation aller, um deren Freiheit es geht, werden diesem Anspruch gerecht. *Dass* Freiheit qualitativ gedacht wird, legt zwar nicht fest, *was* jeweils als qualitative Freiheit zu gelten hat, zeigt aber schon auf, *wie* eine Gesellschaft dies (nicht) ermitteln sollte. Entscheidungsverfahren, welche Einzelne und Gruppen diskriminieren und verhindern, dass Minderheiten heute so geschützt werden, dass sie morgen zwanglos zu Mehrheiten werden können, sind im Lichte der Idee der qualitativen Freiheit unzulässig.

Die Idee der qualitativen Freiheit hat strukturell in allen ihren Konkretisierungen identifizierbar zu bleiben. Dafür eignet sich – im Rückblick auf die

6 | Vgl. Volker Gerhardt (Hg.), *Der Begriff der Politik: Bedingungen und Gründe politischen Handelns*, Stuttgart 1990.

politische Fassung des kategorischen Imperativs Kants (vgl. Abschnitt 2.1.4) sowie auf Krauses Entwurf eines partizipativen Liberalismus (vgl. Abschnitt 2.3.4) – als Testverfahren der gedankliche Rollentausch: Wer etwa seine Bewegungsfreiheit durch die Unterdrückung anderer ausüben will, untergräbt die von ihm in Anspruch genommene Freiheit. Wer seine Freiheit so umsetzt, dass, falls die Rollen getauscht würden, ihm keine Freiheit bliebe, widerspricht sich und untergräbt so die Geltungskraft seines eigenen Freiheitsverlangens. Nur ein solcher Freiheitsbegriff kann daher als Übersetzung der Idee qualitativer Freiheit gelten, der seine kritische Universalisierung und Selbstanwendung übersteht.[7] Die menschliche Selbstbestimmung, Grund und Ziel der Idee der qualitativen Freiheit, gerät allen konkreten Begriffen qualitativer Freiheit zum Maß.

Freiheit meint also immer auch die Freiheit der anders Lebenden. Ein Gebrauch von Freiheit, der schwer umkehrbare Pfadabhängigkeiten schafft, steht unter einer weit höheren Begründungslast als einer, dessen Wirkung leichthin reversibel ist. Ökonomisch haben wir schon lange anerkannt: Wer ein temporäres Monopol dazu nutzt, dass andere auf Dauer keinen Marktzugang gewinnen können, gebraucht seine Freiheit unzulässigerweise zur Verhinderung der Freiheit anderer. Gilt dasselbe auch ökologisch? Wer etwa um wirtschaftlicher Zwecke willen das Wattenmeer ruiniert, schließt damit nicht nur gegenwärtig unzählige andere freiheitliche Nutzungen desselben Lebensraums aus, sondern auch zukünftig. Dürfen solche Handlungen gleichgesetzt werden mit Aktionen, welche die Freiheiten anderer begünstigen oder gar erst ermöglichen? Sicherlich nicht.

Da also der qualitativen Freiheit in ihrer Rückbindung an das auf alle Personen zielende Recht auf Selbstbestimmung klare Kriterien als Parameter ihrer Konkretisierung zu Gebote stehen, ist keine kontextuelle Verwässerung der liberalen Grundanliegen zu befürchten. So kann qualitative Freiheit trennscharf unterscheiden zwischen sinnvoller Kritik am gegenwärtigen Liberalismus und dem unkritischen Ausverkauf liberaler Grundwerte an sich wandelnde Moden und Geschmäcker. Qualitative Freiheit liefert daher eben jenen liberalen Gundrechtsschutz, den viele bei Konzeptionen quantitativer Freiheit suchen; allerdings ohne die im Theoriedickicht des quantitativen Denkens verborgenen Altlasten.

Natürlich ist kein Kraut dagegen gewachsen, dass trotzdem einige im Namen der Idee qualitativer Freiheit illiberale Vorhaben verfechten. Dennoch hilft es nichts, sich zur Vermeidung dessen mit einem minimalistisch-quantitativen Freiheitsbegriff einzumauern. Wer glaubt, einen Freund am besten vor

7 | Zur Genalogie dieser Gedanken aus dem Geiste der »Goldenen Regel« und im Hinblick auf ein die Menschen aller Regionen verbindendes Weltethos vgl. Martin Bauschke, *Die Goldene Regel: Staunen – Verstehen – Handeln*, Berlin 2010.

Angriffen zu bewahren, indem er ihn lebendig begräbt, irrt genauso fatal wie die Diskussionsverweigerer auf Seiten negativer und quantitativer Freiheitskonzeptionen. Freiheit braucht Luft zum Atmen. Wer ihr diese Luft durch allzu enge negativ-libertäre oder quantitativ-liberale Einschnürungen abschneidet, wird die Kraft der Freiheit schwächen, nicht stärken. Wer von vorneherein eine Debatte über die qualitativen Ziele und Voraussetzungen von Freiheit verweigert, erstickt den liberalen Geist und verwehrt, dass dieser sich im Forum öffentlicher Auseinandersetzungen bewährt. Der umgekehrte Weg verspricht mehr Aussicht auf Erfolg: die Öffnung der Idee der Freiheit auf die konkreten Ziele und Nöte der Menschen hin. Freiheit will ja nicht nur verteidigt, sondern auch erobert werden. Optionen autonomen Lebens müssen nicht nur geschützt, sondern vielfach erst geschaffen und immer wieder neu errungen werden. Unterlassungen können daher genauso wie Taten unsere Lebenschancen reduzieren. Nicht nur zum Abbau von Gefahren benötigen Menschen die politische Gemeinschaft; auch zum Aufbau freier Lebensformen. Wir sollten uns daher den Liberalismus nicht als Atlas denken, der über das Abstützen der ewig selben Last mürrisch wird, sondern als glücklichen Sysiphus, dem der immer neue Aufstieg zur Freiheit als das beste aller Ziele, als der schönste aller Wege erscheint.

Welche politischen Prozeduren im Einzelnen für welche gesellschaftlichen und politischen Aufgaben taugen, sollte nicht von Metaphysikern vom Katheder herab beantwortet werden. Als Zielvorgabe einer im Namen der Freiheit vertretenen Politik darf aber gelten, dass sie populär, jedoch nicht populistisch gerate. Sie strebt nach so viel Bürgerbeteiligung wie möglich und lebt mit so viel Staat wie nötig. Das ins Werk zu setzen, ist eine *politische,* keine philosophische Aufgabe: verschiedenste Instanzenwege, bürgergesellschaftliche Deliberation, direkte Demokratie, öffentliche Dialoge, Planungszellen, Bürgerforen, Befragungen, Mediationsverfahren etc. kommen hierfür in Frage.[8] Hier besteht momentan noch viel Handlungsbedarf und eine große Forschungslücke – gerade mit Blick auf die zunehmende Globalisierung und Virtualisierung unserer Lebenswelt und die sich daraus ergebenden Probleme angemessener Mitbestimmung. Denn stets müssen sich die Formen der Freiheitspolitik der Zeit anpassen. Technische und zivilisatorische Innovationen verändern natürlich die Erfahrung von Freiheit und damit auch die Anforderungen an ihren politischen Gebrauch.[9] Wenn man Demokratie als »Selbst-

8 | Vgl. Raban D. Fuhrmann, *Der Bürger der Bürgergesellschaft: »Bürgergutachten« aufgrund von fünf »Bürgergutachtenzellen« nach dem Verfahren »Planungszelle«*, Berlin 1999.

9 | Vgl. Jürgen Howaldt und Michael Schwarz, *»Soziale Innovation« im Fokus: Skizze eines gesellschaftstheoretisch inspirierten Forschungskonzepts*, Bielefeld 2010.

bestimmung der Menschheit« versteht,[10] dann gilt: Wo die gesellschaftlichen Anliegen die Kompetenzen nationalen Rechts überfordern, dort hat man auch jenseits des staatlichen Denkgerüsts nach Antworten zu suchen. Zufolge der zunehmenden Verflüssigung hergebrachter Verantwortungsraster kann Politik sich heute nicht länger auf staatliche All- und Alleinzuständigkeit in festen geographischen Räumen verlassen.[11]

Eine von Kant (Publizität) via Krause (Partizipation) zu Sen (Prozeduralität) verlaufende Gedankenlinie stellt klar heraus: Für eine zeitgerechte Umsetzung der Freiheitsidee benötigen wir eine *Demokratiepolitik*, die überall dort partizipative und/oder repräsentative Verfahren bereitstellt, wo das Leben uns ein gemeinsames Entscheiden und Handeln abfordert; zunehmend fernab des durch Parteipolitik vermessenen parlamentarischen Raumes; unterhalb und oberhalb sowie außerhalb der Entscheidungsgremien nationaler Gemeinwesen sowie immer öfter auch in digitalen Lebenswelten.[12]

Die Idee qualitativer Freiheit wehrt sich daher nicht gegen jede Fremd- und Mitbestimmung. Wo indes die Abwehrfunktion der qualitativen Freiheit zum Einsatz kommt, dort tritt sie mit voller Schärfe auf den Plan. Das richtige und wichtige Anliegen negativer Freiheitstheorien, den Individuen bestimmte Schutzräume zur Erfahrung und Erprobung ihrer eigenen Autonomie zuzusichern, findet im Rahmen qualitativer Freiheitsphilosophie unverbrüchlichen Schutz. Aber qualitativ ausgerichtetes Freiheitsdenken erstreckt sich auch – und das ist ein wichtiger Vorteil – auf asymmetrische Beziehungen.[13] Wie wir vor allem von Karl Christian Friedrich Krause (Kapitel 2.3) und Amartya Sen (Kapitel 4.2.) gelernt haben: Nicht vertragstheoretisch bedingte Wechselseitigkeit, sondern moralphilosophisch unbedingte Allseitigkeit ist entscheidend. Auch Menschen gegenüber, von denen wir nichts zurückerhalten (können), schulden wir Gewähr und Schutz ihrer Freiheitsrechte. So verpflichtet uns qualitative Freiheit auf eine zeitliche (intergenerationale) sowie räumliche (globale) Ausweitung der Verantwortungsbezüge der Freiheit sowie auf deren interne Differenzierung: Forderungen nach einem moralisch, sozial und öko-

10 | »Demokratie arbeitet an der der Selbstbestimmung der Menschheit, und erst wenn diese wirklich ist, ist jene wahr. Politische Beteiligung wird dann mit Selbstbestimmung identisch sein.« (Jürgen Habermas, *Über den Begriff der politischen Beteiligung*, Neuwied am Rhein 1961, S. 15)

11 | Vgl. Xavier de Souza Briggs, *Democracy as Problem Solving: Civic Capacity in Communities across the Globe*, Cambridge, Massachusetts 2008, S. 13.

12 | Vgl. Hildegard Hamm-Brücher, *Und dennoch...: Nachdenken über Zeitgeschichte, Erinnern für die Zukunft*, München 2011, S. 106f.

13 | Hierin ist m.E. vollauf Brian Barry (*Theories of Justice: A Treatise on Social Justice*, Berkeley 1989, S. 163) zu folgen: Gerechtigkeit muss gerade unter Asymmetriebedingungen sich bewähren; rein symmetrische Gerechtigkeit ist keine.

logisch nachhaltigen Wirtschaften werden von der Warte qualitativer Freiheit unverkrampft respektiert: als theoriekonformes Engagement zugunsten der freiheitlichen Lebenschancen gegenwärtiger sowie zukünftiger Generationen.

Aber wird mit dieser Ausweitung der Verantwortungsbezüge die Freiheitsidee nicht verunklart oder überlastet? Von quantitativer Warte aus, d.h. unter der Zielvorgabe, ein Maximum an privaten Optionen zu erreichen, mag das so erscheinen. Die Theorie qualitativer Freiheit jedoch flirtet erst gar nicht mit der Fiktion unbegrenzter Freiräume. Sie hinterfragt individuelle Freizügigkeit stets darauf, inwiefern sie der Freiheit aller zuträglich ist.[14] Belastungen und Grenzen, die diesem Zweck dienen, sind daher nicht (wie in quantitativer Logik) als ungeliebte, obschon unumgängliche Freiheitsbeschränkungen anzusehen. Sie sollten (in qualitativer Denkungsart) vielmehr als Formen allseitiger Freiheitsermöglichung bejaht werden: als Akte, durch die sich Freiheit selbst verpflichtet und einschränkt. Qualitativer Liberalismus begreift Verantwortungsforderungen nicht *per se* als *negative Begrenzungen*, sondern erwägt, inwiefern es sich dabei um *positive Bestimmungen* der Freiheit handeln könnte. Oft werden ja die jeweils aufgegebenen Optionen durch die so allein erst zu gewinnenden Lebenschancen – bisweilen auch quantitativ, jedenfalls aber qualitativ – aufgewogen. Das gilt vor allem im Hinblick auf die heute mehr denn je gefährdete Nachhaltigkeit freier Lebensverhältnisse.

Die qualitative Sichtweise erlaubt den intellektuellen wie institutionellen Bruch mit Stereotypen. Viel zu lange schon haben die Schemata des quantitativen Denkens die liberale Vorstellungskraft ausgedörrt und auf lebensferne bipolare Spektren (Freiheit *versus* Zwang; Individuum *versus* Staat, privat *versus* öffentlich etc.) festgelegt. Deren theoretische Dürftigkeit und praktisches Ungenügen liegen auf der Hand. Politik findet ja fast vollständig jenseits dieser Antipoden statt. Am liebsten enthält sie sich allem physischen Zwang, um ihre Ziele zu erreichen; allein schon, um nicht kurzfristig Zustimmung und darüber langfristig ihr Mandat zu verlieren. Die Politik ist gut beraten, sich einer feingestimmten Klaviatur verschiedenster Formen von Anerkennung und Ermunterung zu bedienen, damit die Bürger gerne tun, was im allgemeinen Interesse liegt. Erfolgreiche gesellschaftliche Mitwirkung bei politischen Vorhaben verdankt sich nur sehr selten Zwangsdrohungen. Eher erfolgt sie aufgrund der hohen Binde- und Motivationswirkung attraktiver Konzepte und Symbole. Entsprechend sollte der politische Liberalismus sich an der Suche nach stimulationsreichen Formen der Mitbestimmung und gesellschaftlichen

---

14 | Vgl. Glenn E. Tinder, *Liberty: Rethinking an Imperiled Ideal*, Grand Rapids, Michigan 2007.

Koordination beteiligen. Hierin liegt meines Erachtens eine riesige Aufgabe für eine zukünftige liberale Philosophie der Weltbürgergesellschaft.[15]

Die Mittel liberaler Politik sollen – so sahen wir vor allem bei Krause und Sen – ihren Zielen entsprechen, damit Freiheit, wo irgend möglich, durch Freiheit erreicht werde. Substantielle und prozedurale Freiheit gehören also unverbrüchlich zusammen. Jede Gesellschaft muss nicht nur selber darüber befinden, welchen Rechtsschutz, welche Lebenschancen, welche Unterstützung sie ihren Bürgern gewähren will. Auch muss sie autonom die *Verfahren* für solche Entscheidungen festlegen. Die Theorie qualitativer Freiheit fragt daher nicht, wie weite Ströme bisheriger Wirtschafts- und Politiktheorie, technokratisch: »Wer hat Recht?«, sondern demokratisch: »Wer hat das Recht zu entscheiden?« und damit natürlich auch: »Wer hat das Recht zu irren?«.

So führt der Auftrag der Idee qualitativer Freiheit, die Anliegen der individuellen wie der gesellschaftlichen Freiheiten so miteinander zu vermitteln, dass alle in Freiheit leben können, auf den Demokratiebegriff – und qualifiziert ihn sogleich. Schon Kant holte die Demokratie vom Thron eines *Selbstzwecks* und wies ihr einen funktionalen Rang zu: als *Mittel* zum Zweck des autonomen Lebens aller Weltbürger. Demokratie gewinnt ihre Souveränität daher vor allem aus ihren Aufgaben. Sie soll Verfahren liefern, mit denen aus Betroffenen Beteiligte werden. Nicht weniger, aber auch nicht mehr hat sie zu leisten als die gemeinsame Bearbeitung geteilter Probleme auf der Grundlage einer deliberativen Partizipation und politischen Repräsentation der Freiheit aller. Die Idee der qualitativen Freiheit verpflichtet uns daher nicht darauf, anderswo sogleich das parlamentarische System durchzudrücken. Sie dringt aber argumentativ auf eine faire Repräsentation (samt Minderheitenschutz) der Weltbürger überall; nicht zuletzt in ihren jeweiligen nationalen Gemeinwesen.

Dass dafür parlamentarische Systeme besonders geeignet erscheinen, überzeugt. Es handelt sich hierbei aber um eine Verfahrensfrage auf der *Begriffsebene*, nicht um eine inhaltliche Vorgabe auf der *Prinzipienebene*. Etliche Gemeinwesen, die vom angloamerikanischen Politik- und Gesellschaftsmodell abweichen, treten ja keineswegs *gegen* die Idee der Freiheit *an*, sondern *für* Freiheit *ein*, wenngleich in alternativen Formen. Es kann nicht darum gehen, in übereifrigem Freiheitsimperialismus und aus vermeintlich besserem Wissen um das wahre Wesen der Freiheit eine Suppe der »Liberalisierung« zu kochen, die alle anderen sodann auszulöffeln haben. Zu paternalistisch-liberalem Gouvernantentum müssen wahre Liberale Distanz wahren. Gegen den Pauschalliberalismus quantitativer Denkart lässt sich aus der Perspektive qualitativer Freiheit präzise erkennen und benennen, dass *Divergenz in der Praxis* nicht *Differenz im Prinzip* bedeuten muss. Im prozeduralen Politikmodell des

15 | Vgl. Christopher Gohl, »Beyond Strategy: Prozedurale Politik«, in: *Zeitschrift für Politikberatung*, 1, No. 2 (2008): 191-212.

qualitativen Liberalismus ist vielmehr vorgesehen, dass die jeweiligen Zivilgesellschaften selbst definieren, in welcher Form sie ihre politische Freiheit praktizieren wollen.

Im qualitativen Liberalismus endet also die amtliche Rede der Philosophie am Scharnier von *Idee* zu *Begriff*. Angesichts konkreter Freiheitsbegriffe sprechen *Philosophen* nur als *Bürger*: ohne definitive Sicherheiten sowie in stets überstimmbaren Voten. Politische Debatten sind nicht durch philosophische Lehrformeln zu ersetzen. Wir müssen uns alle an die Auslegung der Idee der qualitativen Freiheit machen – und das stets aufs Neue. Die akademische Philosophie darf dabei keinen Anspruch auf Sonderwissen erheben; sie drängt aber auf Mitsprache im gesellschaftlichen Dialog.[16] Denn wo es darum geht, aus der Menge aller politisch legitimen Optionen einige gegenüber anderen auszuzeichnen, gibt nicht abstraktes Prinzipienwissen den Ausschlag, sondern konkrete Urteilskraft. Die Politik muss, um eine farbige Formulierung von Gerald Dworkin aufzugreifen, Argumente benützen, die nicht nur von Akademikern, sondern auch von theoretisch ungebildeten, aber praktisch erfahrenen »Bauern« (*farmers*) verstanden werden können.[17]

Beim politischen Dialog über die angemessenen Konturen der gesellschaftlich vermittelten Freiheit sprechen nicht nur Liberale und Libertäre miteinander; sondern die entsprechenden Argumente werden von allen nur denkbaren politischen und ideologischen Lagern aus geprüft. Somit wird liberalen Anliegen eine zusätzliche Begründungslast aufgenötigt; nämlich außerhalb ihres eigenen argumentativen Kanons zu überzeugen; und das ist gut so. Auf dem Forum der Politik findet schließlich kein herrschaftsfreier Diskurs um hehre Prinzipien statt, sondern ein interessengeleiteter Streit um profane Praxis.[18] Die Freunde der Freiheit müssen daher ihre Vorhaben den Anhängern anderer Werte und Ideologien schmackhaft machen. Und dies wird nur gelingen, wenn sie den Leistungsbeitrag freiheitlicher Lebensformen für *andere* (konservative, sozialdemokratische, ökologische etc.) Wertvorstellungen verdeutlichen können. (Die von Amartya Sen vorangetriebene Diskussion über das Wechselverhältnis von Freiheit und sozialer Gerechtigkeit gibt dafür ein instruktives Beispiel, siehe Kapitel 4.2). Schon von daher kann sich der politische Liberalismus der Frage nach mehr oder weniger sinnvoller Freiheit, höher- oder minderwertigen, mehr oder weniger nützlichen Freiheiten nicht verweigern. Deswegen sollten Liberale dieses Gespräch nicht im Namen quantitativer Freiheit verweigern, sondern solche Diskussionen unter dem Banner qualitativer Freiheit selbst führen.

---

16 | Vgl. Gerhardt, *Partizipation*. Siehe auch Pettit, *Republicanism*, S. 57, 59.

17 | Vgl. Dworkin, *The Theory and Practice of Autonomy*, S. 17.

18 | Vgl. Michael Walzer, *Thinking Politically: Essays in Political Theory*, New Haven, Connecticut 2007.

Wie auf der psychologisch-pädagogischen Ebene, so reift und gedeiht auch in der Politik Freiheit dadurch, dass sie selber Verantwortung übernimmt und von außen verantwortlich gemacht wird. Handlung und Haftung gehören zusammen – aus liberalen Gründen. Wenn die Gesellschaft beklagt, dass etwa seitens der Finanzindustrie ›Gewinne privatisiert und Verluste sozialisiert‹ werden, so müssen Liberale darin ihr eigenes Anliegen wiedererkennen: dass einzelne Individuen und Institutionen nicht die Chancen ihrer Aktionen internalisieren, deren Risiken aber externalisieren. An der Qualität ihres Beitrags zur universellen Freiheit findet persönliche wie organisationelle Freiheit den Maßstab ihrer Bewertung – und auch ihrer Begrenzung.

Die Idee der qualitativen Freiheit hat also ganz klar die Förderung besonders wertvoller und nachhaltiger Optionen zum Ziel. Sie wäre aber völlig missverstanden, glaubte man, dass darum die individuelle wie kollektive Auswahl allein auf solche Optionen verengt werden dürfe. Qualitativer Liberalismus weist daher einerseits die Ansicht des quantitativen Dogmas zurück, dass der Philosophie der Freiheit *alle* Optionen *gleichwertig* erscheinen müssen. Andererseits aber verwirft qualitative Freiheit auch den in manchen Metaphysiken und Religionen gepflegten Glauben, dass Freiheit sich *allein* in ganz bestimmten, zum Beispiel in besonders sittlichen Praktiken manifestiere. Qualitative Freiheit will *ermöglichen* und begünstigen, dass Personen und Gemeinwesen sich in verantwortlicher Freiheit um das Gemeinwohl kümmern; sie will dies jedoch nicht *erzwingen*. Freiheit ist zwar auf qualitativ wertvolle Güter und Aktivitäten ausgerichtet, gleichwohl übersteigt der Wert der Freiheit aber (wie insbesondere Kant, Krause und Sen uns lehrten) den Wert der Summe der von ihr realisierten Projekte.

Qualitativer Liberalismus betrachtet Freiheit daher weder (wie die Theorie quantitativer Freiheit) als *fertiges Sein* noch (wie manche metaphysische Doktrin und religiöse Dogmatik) als *festes Sollen*. In der Perspektive qualitativer Freiheit ist und bleibt Freiheit stets ein *flüssiges Werden*. Freiheit muss sich ausprobieren, scheitern und von neuem beginnen dürfen. Genauso wie ihr Sein, so ist auch ihr Sollen der aktiven Gestaltung und Fortbildung immer bedürftig. Freiheit lebt und überlebt nur in ihrem Vollzug. Was Freiheit soll, erfährt sie aus einer Reflexion auf sich selbst: Was uns als Freiheit gegeben und was uns für sie aufgegeben ist, kann nur in Freiheit identifiziert werden. Der Streit um die Freiheit und ihr wahres Verständnis muss deshalb gesellschaftlich geführt werden: im Dialog aller mit allen.

Auf der Grundlage der vorgestellten Ansätze kann als Fazit gezogen werden, dass quantitative und qualitative Freiheit keine gleichartigen, sondern hierarchisch-dialektische Konzepte darstellen. Obschon Theorien quantitativer Freiheit zumeist qualitative Überlegungen explizit zurückweisen, können sie ohne implizite Anleihe bei diesen nicht funktionieren. Ihre Rekonstruktion kommt deshalb ihrer Dekonstruktion – d.h. ihrer dialektischen Überführung in die Kategorie der Qualität – gleich. Umgekehrt ist die Idee qualitativer Freiheit von vornherein auf die Integration des Quantitativen ausgerichtet. Qualitatives Werten will quantitatives Messen sachgerecht und verhältnismäßig zum Einsatz bringen, nicht ersetzen. Qualitative Freiheit eliminiert quantitative Freiheit nicht; wohl aber deren Absolutsetzung. Während das quantitative Denken alle qualitativen Forderungen negiert und externalisiert, wird umgekehrt die quantitative Dimension vom qualitativen Ansatz affirmiert und integriert. Die Idee qualitativer Freiheit erweist sich damit als integrationsfähiger und genießt somit kategorialen Vorrang.

5.2 Einblick

In den letzten Jahrzehnten hat sich die Liberalismuskritik erheblich vertieft und verbreitert. Daraus erwächst der praktizierten Liberalität in offenen Gesellschaften eine ernstzunehmende *Bedrohung*. Aufgrund derselben und wegen der zugleich fortbestehenden, ja im Zeitalter der Globalität noch verstärkten *Bedeutung* des Freiheitsideals sah ich mich zu dieser Untersuchung veranlasst. Dabei konnte ich natürlich nicht auf alle Strömungen der Kritik eingehen – etwa aus erkenntnistheoretischen Quellen (John Henry Newman, George Santayana) sowie aus theologischen (Karl Barth, Carl Schmitt), kommunitaristischen (Charles Taylor, Martin Walzer, Michael Sandel), ökologischen (Hans Jonas, Franz Josef Radermacher), kulturphilosophischen (Herbert Marcuse, Slavoy Zizek, Roger Scruton), postmodernen (Jean Baudrillard, George Bataille) und feministischen (Nancy Frase, Susan Moller Okin) Richtungen.[19]

Angesichts der Breite und Tiefe dieser Kritiken ist zweierlei herauszustellen. *Erstens*, dass diese Kritik hinsichtlich *quantitativ* ausgerichteter Freiheitstheorien oft durchaus zutrifft. Es ist wahr: Ein Liberalismus ohne qualitative Musikalität ist für viele Melodien der Lebenswelt taub und stampft stumpf einen banalen Rhythmus aus – zum Schaden nicht zuletzt der Freiheit selbst und ihrer differenzierten, inneren Harmonien. *Zweitens* gilt aber auch, dass jene Kritik weithin an einem *qualitativ* ausgerichteten Liberalismus vorbeigeht. Denn dieser widmet sich nicht erst und allein aus taktisch-pragmatischen, sondern bereits aus strategisch-prinzipiellen Gründen den Anliegen solcher Kritik. Beides möchte ich nun im Hinblick auf die gängigen Empfehlungen liberaler Denker für Wirtschaft und Politik erörtern und exemplarisch an den unterschiedlichen Menschenbildern verdeutlichen, die seitens der jeweiligen Freiheitstheorien verwendet werden. Dazu ziehe ich im Falle des quantitativen Denkens das in der Wirtschafts- wie auch der Politik- und Sozialtheorie so

---

19 | Vgl. hierzu bereits ausführlich: Ronald Beiner, *What's the Matter with Liberalism?*, Berkeley, California; London 1992.

verbreitete *homo oeconomicus*-Modell heran und betrachte umgekehrt für den qualitativ ausgerichteten Liberalismus die Konzeptionen der *conditio humana* und der Menschenwürde. Beide Ansätze führen, wie kaum überraschen dürfte, auf einen grundsätzlich verschiedenen Umgang mit unseren wirtschaftlichen und politischen Institutionen hin.

Bereits im Kapitel 4.2 zu Amartya Sen beschäftigten wir uns näher mit der dem *homo oeconomicus*-Modell zu Grunde liegenden Grundannahme eines stets rational nach einem Mehr an Optionen zur individuellen Präferenzerfüllung strebenden Nutzenmaximierers. Noch immer verteidigen Teile der akademischen Ökonomik das *homo oeconomicus*-Theorem. Etwa mit dem Argument, dass dadurch nicht Realitäten beschrieben, sondern Modelle gebildet, keine Anwendungen eingeleitet, sondern allenfalls vorbereitet würden. Generalisieren, abstrahieren und vereinfachen müsse die Wissenschaft schließlich immer. In diesem Sinne liefere das Theorem doch ein hilfreiches Mittel, um strenge Wissenschaft zu betreiben und gute Vorhersagen zu treffen. Wo also läge das Problem?

Zusehends wird aber seitens der Sozialpsychologie, der *behavioral economics* und der Neuro-Ökonomik hinterfragt, ob das Modell überhaupt brauchbare Vorhersagen liefert.[20] Verhaltensbeobachtungen, Entscheidungstests sowie zahlreiche anthropologische, psychologische, evolutions- und neuro-ökonomische Studien zeigen übereinstimmend: Reale Menschen handeln nur selten dem Modell gemäß.[21] Sie führen ihre Unternehmen nach davon abweichenden Kriterien, erwarten und honorieren modellwidriges Verhalten sowie investieren aufgrund alternativer Zielsetzungen. Tatsächliches ökonomisches Verhalten weist eher die Merkmale von »bounded rationality«,[22] »bounded willpower«[23] und »bounded self-interest«[24] auf. Sozialforscher beschreiben heute die Menschen nicht als reine Vorteilsrechner, sondern als Personen, die sich um ihre Mitwelt, Umwelt und Nachwelt sorgen, an moralischem Verhalten starkes Interesse haben und dafür, wie fMRI-Scans der Belohnungszentren im Gehirn hübsch bunt illustrieren, sogar gerne (!) Opfer bringen.[25]

---

20 | Vgl. Jennifer Arlen und Eric L. Talley, *Experimental Law and Economics*, Cheltenham, United Kingdom; Northampton, Massachusetts 2008.

21 | Vgl. Daniel McFadden, »Free Markets and Fettered Consumers«, in: *The American Economic Review*, 96, No. 1 (2006): 3-29.

22 | Vgl. Herbert A. Simon, *Models of Thought*, New Haven, Connecticut 1979.

23 | Vgl. Richard H. Thaler, *Quasi Rational Economics*, New York 1991; Thomas C. Schelling, *Choice and Consequence*, Cambridge, Massachusetts 1984.

24 | Vgl. Christine Jolls, Cass R. Sunstein und Richard Thaler, »A Behavioral Approach to Law and Economics«, in: *Stanford Law Review*, 50, No. 5 (1998): 1471-1550.

25 | Vgl. Ernst Fehr und Antonio Rangel, »Neuroeconomic Foundations of Economic Choice—Recent Advances«, in: *The Journal of Economic Perspectives*, 25, No. 4 (2011): 3-30.

Das *homo oeconomicus*-Modell reduziert menschliches Verhalten also so weit, dass es die Probe aufs prognostische Exempel nicht mehr besteht. Gleichwohl ist es noch immer fester Bestandteil der Wirtschaftspädagogik. Moralisches Verhalten und soziale Emotionen seien keine triftigen Einwände dagegen, heißt es von seinen Befürwortern: Sie ließen sich als *Ausnahmen zur Regel* des selbstinteressierten Verstandes ansehen und dann leichthin als modifizierende *Variablen* mit dem rationalen Selbstinteresse als fortgeltender *Konstante* verrechnen. Die Datenlage legt jedoch das genaue Gegenteil nahe: *Grundsätzlich* scheint menschliches Verhalten sozial eingebettet und moralisch grundiert; *ausnahmsweise* jedoch wird auch atomistisch-egoistisch agiert. (Nebenbei bemerkt: So hatte es auch die vormoderne Wirtschaftsphilosophie von Platon bis einschließlich Adam Smith stets gesehen[26]).

Egal, sagen einige Apologeten: Weder auf Beschreibung noch auf Prognose kommt es an! Auch wenn das Modell weder erklärt, was gestern war, noch vorhersieht, was morgen kommt, könne es doch anraten, was heute zu tun sei. Die Logik des Eigennutzes erlaube es, Schlupflöcher unserer legalen wie sozialen Belohnungs- und Sanktionsinstitutionen zu finden. Aufgrund von Wettbewerbsdruck würden diese Schlupflöcher zunächst einige, bald aber immer mehr Personen ausnutzen, bis zuletzt nur noch der Ehrliche der Dumme ist, der sich das versagt. Zuletzt brechen dann unsere gesellschaftlichen Institutionen aufgrund fortschreitender Unterhöhlung ein. Das *homo oeconomicus*-Modell fungiere daher als nützliche *Sonde* für eben solche Einbruchstellen im Sozialgefüge und als Frühwarnsystem gegen Systemmissbrauch.[27]

Das mag bisweilen klappen. Doch Vorsicht: Dies Erkenntniswerkzeug verhält sich keineswegs passiv wie eine observierende *Sonde,* sondern vielmehr aktiv wie eine aggressive *Säure.* Säuren legen im Laborversuch zwar verlässlich die jeweils gesuchten anorganischen Strukturen frei, aber nur indem sie alles sonstige Gewebe wegätzen. Ähnlich zersetzt das *homo oeconomicus*-Modell ihm ungleiche Menschenbilder, zum Beispiel in Form ethischer Maßstäbe und Werte. Schon seit längerem gibt es zahlreiche alarmierende Befunde, dass wirtschaftswissenschaftlich ausgebildete Studierende eine geringere Moralkompetenz aufweisen als andere.[28] Zunächst einmal beurteilen sie die Erfolgschancen für moralisches Verhalten geringer und neigen stärker zu materiellen und hedonistischen Zielen als Absolventen anderer Fächer. Das wirkt sich auch in ihrem Verhalten aus. Zum Beispiel erlauben solche Studierenden sich mehr »free-riding«, sind seltener bereit zu teilen, übervorteilen andere eher,

---

26 | Vgl. Hühn und Dierksmeier, *Will the Real A. Smith Please Stand Up!*

27 | Vgl. Karl Blome-Drees Franz Homann, *Wirtschafts- und Unternehmensethik*, Göttingen 1992.

28 | Einen exzellenten Überblick über die diesbezüglichen Studien liefert Juan Elegido, *Business Education and Erosion of Character*, 2009.

schummeln mehr bei Tests. Auch zeigt sich bei ihnen später im Berufsleben öfter opportunistisches bis hin zu regelverletzendem Verhalten: Sie tendieren etwa eher dazu, Sicherheits- und Gesundheitsstandards zu umgehen, Bestechungen zu akzeptieren usw. Umgekehrt findet sich bei ihnen eine geringere Bereitschaft, in öffentliche Güter zu investieren oder sich philanthropisch zu betätigen.[29]

Studierende der Wirtschaftswissenschaften weichen also *theoretisch* in ihrem Menschenbild und *praktisch* in ihrem Verhalten von ihren Kommilitonen aus anderen Fächern ab. Sind sie zuvor schon der Moral weniger zugeneigt und schreiben sich deshalb in ökonomische Kurse ein (Selbstselektionseffekt) oder macht die ökonomische Lehre sie erst der Moral abspenstig (Indoktrinationseffekt)? Die dazu erhobenen empirischen Daten zeigen zwar einen kleinen Selbstselektionseffekt auf; zu einem weit größeren Maße aber lassen sich jene Testergebnisse auf Indoktrination im Studium zurückführen.[30] Was sagt uns das? Zum einen, dass das Wirtschaftsstudium praxiswirksam ist; zum anderen: in einer kaum wünschenswerten – und auch von den wirtschaftswissenschaftlichen Hochschullehrern selbst nicht gewünschten – Weise:[31] Studierende ökonomischer Fächer urteilen skeptischer und verhalten sich zynischer.

29 | Vgl. Gerald Marwell und Ruth E. Ames, »Economists Free Ride, Does Anyone Else? Experiments on the Provision of Public Goods, IV«, in: *Journal of Public Economics*, 15, No. 3 (1981): 295-310; John R. Carter und Michael D. Irons, »Are Economists Different, and If So, Why?«, in: *The Journal of Economic Perspectives*, 5, No. 2 (1991): 171-177; Robert H. Frank, Thomas Gilovich und Dennis T. Regan, »Does Studying Economics Inhibit Cooperation?«, in: *The Journal of Economic Perspectives*, 7, No. 2 (1993): 159-171; Charles Bram Cadsby und Elizabeth Maynes, »Choosing between a Socially Efficient and Free-riding Equilibrium: Nurses Versus Economics and Business Students«, in: *Journal of Economic Behavior & Organization*, 37, No. 2 (1998): 183-192; Bruno S. Frey und Stephan Meier, »Are Political Economists Selfish and Indoctrinated? Evidence from a Natural Experiment«, in: *Economic Inquiry*, 41, No. 3 (2003): 448-462; Ariel Rubinstein, »A Sceptic's Comment on the Study of Economics«, in: *The Economic Journal*, 116, No. 510 (2006): C1-C9; Donald L. McCabe, Kenneth D. Butterfield und Linda Klebe Treviño, »Academic Dishonesty in Graduate Business Programs: Prevalence, Causes, and Proposed Action«, in: *Academy of Management Learning & Education*, 5, No. 3 (2006): 294-305.

30 | Vgl. Neil Gandal et al., »Personal Value Priorities of Economists«, in: *Human Relations*, 58, No. 10 (2005): 1227-1252; Sumantra Ghoshal, »Bad Management Theories Are Destroying Good Management Practices«, in: *Academy of Management Learning & Education*, (4/2005): 75-91.

31 | Vgl. Dirk C. Moosmayer, *Die Intention betriebswirtschaftlicher Hochschullehrer zur Beeinflussung von Werten: Konzeptionelle Entwicklung und globale empirische Überprüfung*, Frankfurt a.M. 2013.

Mit der kalten Rationalität des Eigennutzes nicht konform gehende Einstellungen werden von der vorherrschenden Wirtschaftspädagogik also geschwächt. Die Durchsetzung einer moralisch, sozial und ökologisch verantwortlichen Wirtschaftstheorie und einer auf ihr basierenden humanen Wirtschaftspraxis wird so erschwert.[32]

Ein wichtiger Grund dafür liegt meines Erachtens in der quantitativen Denkungsart der *homo oeconomicus*-Anthropologie. Warum? Zwischen Moralphilosophen und Moralpsychologen herrscht Konsens, dass *Selbstbilder* die *Selbstwirksamkeit* beeinflussen.[33] Menschen, die sich frei und imstande glauben, moralisch zu handeln, gelingt es eher, als denen, die an ihren Gestaltungsmöglichkeiten zweifeln.[34] Anders sieht es aus, wo man eben diese Freiheit zufolge von Annahmen modelliert, die dem (in seiner extremen Reduziertheit zwar höchst weltfremden, aber dafür besonders mathematiktauglichen) *homo oeconomicus*-Theorem entstammen; wie etwa in der für Managementlehre nach wie vor tonangebenden *principal/agent-theory*.[35] Studierende werden so dazu verführt, auch außerhalb jener Modellwelten damit zu rechnen, dass sich Menschen modellgetreu (d.h. opportunistisch) verhalten.[36] Wenn man aber im »Agenten« einen durch und durch eigennützigen, allein finanziell motivierbaren, ansonsten aber unwilligen Vertragspartner des »Prinzipals« erkennt, was dann? Führen nicht die von solcher Theorie aus gefolgerten und geforderten Sanktionsmaßnahmen (im Unternehmen: totale Überwachung, Konditionierung, Incentivierung etc. und außerhalb: strenge Disziplinierung durch Quartalsberichterstattung gegenüber den Finanzmärkten) geradewegs in eine Abwärtsspirale? Verstärken und bewirken sie also das vorausgesetzte oppor-

---

32 | Vgl. Henry Mintzberg, *Managers not MBAs: A Hard Look at the Soft Practice of Managing and Management Development*, San Francisco 2004; Henry Mintzberg, Robert Simons und Kunal Basu, »Beyond Selfishness«, in: *MIT Sloan Management Review*, 44, No. 1 (2002): 67-74; Ghoshal, *Bad Management Theories Are Destroying Good Management Practices.*

33 | Vgl. John Dewey, *Democracy and Education: Freedom and Culture*, Denver 2009 (Originalausgabe: 1939).

34 | Vgl. Dierksmeier, *The Freedom-Responsibility Nexus in Management Philosophy*; sowie Michael von Grundherr, »Kompetenz, Selbstwirksamkeitserwartung und die Rolle von Vorbildern in der Ordnungsethik«, in: *Zeitschrift für Wirtschafts- und Unternehmensethik*, 15, No. 3 (2014).

35 | Vgl. Michael C. Jensen und William H. Meckling, »Theory of the Firm: Managerial Behavior, Agency Costs and Ownership Structure«, in: *Journal of Financial Economics*, 3, No. 4 (1976): 305-360.

36 | Vgl. Arne Manzeschke, Veronika Drews-Galle und Marburger Arbeitskreis Theologische Wirtschafts- und Technikethik, *Sei ökonomisch! Prägende Menschenbilder zwischen Modellbildung und Wirkmächtigkeit*, Berlin 2010.

tunistische Verhalten in der Praxis?[37] Genau das zeigt sich empirisch;[38] was übrigens den Vater der *principal/agent-theory*, Michael Jensen, dazu bewogen hat, sich – anders, leider, als das Gros seiner Zunft – von seinem eigenen Modell zu verabschieden und nun umgekehrt alle seine pädagogische Energie auf Theorien der *Integrity* und der *Authenticity* zu richten.[39]

Auch die Gesellschaft insgesamt nimmt Kollateralschaden, wo immer der *homo oeconomicus* als Musterbild ökonomischer Rationalität angesehen wird und sich der Geist des Modells in eine Anleitung (oder Entschuldigung) für eigennütziges Verhalten übersetzt.[40] Wenn man nämlich den realen Menschen mit dem fiktiven *homo oeconomicus* ersetzt und diesen sich dann in imaginierten perfekten Märkten – also: unter *Ausschluss* aller Machtasymmetrien, Zugangshindernisse und Pfadabhängigkeiten, aber unter *Einschluss* vollständiger, kostenloser Information – austoben lässt, folgt als Imperativ höchster Effizienz: Wo jeder für sich selbst sorgt, ist für alle gesorgt. Im Planspiel des ökonomischen Geistes mag das angehen; außerhalb desselben aber produziert solches Denken traurige Zyniker *en masse*. Der Ehrliche, aus Angst der Dumme zu sein, begeht »präventive Defektion«, wie das in der Sprache der Spieltheoretiker heißt.[41] Er bricht also, noch bevor es die anderen – eventuell – tun, mit den Geboten der Anständigkeit lieber selbst. Damit aber erzeugt er einen Anlass für andere, es ihm nach- und gleichzutun. So schlägt die durch zweifelhafte Theorie erzeugte Einbildung in eine Praxis um, als deren unzweifelhafte Abbildung die Theorie sich dann ausgibt – und verkündet: Um in der Welt nicht unterzugehen, müsse man sich eigennützig benehmen. *Quod erat demonstrandum?*

Jedoch Erfahrung folgt Beobachtung, und diese orientiert sich, bewusst oder unbewusst, gewollt oder nicht, an theoretischen Modellen. Es gibt keine Praxis ohne Theorie, weil Wirklichkeit nicht außerhalb von mentalen Modellen wahrgenommen wird. Wer im Leben nicht von selbstgemachten Gespins-

37 | Vgl. Chris Argyris, *Increasing Leadership Effectiveness*, Malabar, Fla. 1984 (Originalausgabe: 1976).

38 | Zum Einfluß der Finanzmärkte auf Entscheidungsprozesse im Unternehmen vgl. John R. Graham, Campbell R. Harvey und Shiva Rajgopal, »The Economic Implications of Corporate Financial Reporting«, in: *Journal of Accounting and Economics*, 40, No. 1-3 (2005): 3-73.

39 | Ein besonders eindrücklicher Text hierzu ist das »Working Paper« von Werner Erhard, Michael C. Jensen, and Kari L. Granger: *Creating Leaders: An Ontological Model*, (2010): http://hbswk.hbs.edu/item/6570.html

40 | Vgl. Wolfgang Amann et al. (Hg.), *Business Schools under Fire: Humanistic Management Education as the Way Forward*, Houndmills, Basingstoke, Hampshire 2011.

41 | Vgl. K. Sridhar Moorthy, »Using Game Theory to Model Competition«, in: *Journal of Marketing Research*, 22, No. 3 (1985): 262-282.

ten gefoppt werden will, muss seinen persönlichen Anteil am eigenen Weltbild und an den Konstruktionen begreifen lernen, von denen er sich im Leben leiten lässt. Das gilt auch und gerade für das Wirtschaften. Die bisherige, ganz aufs quantitative Maximieren fokussierte Wirtschafts- und Sozialanthropologie sieht aber ihren Gegenstand – das Transaktionsverhalten des Menschen – durch eine grob verzerrte Linse, die unausgesetzt schiefe Bilder liefert. Wer dies nicht berücksichtigt, verwechselt das Spiegelkabinett seiner Projektionen mit der Welt. Und sofern Menschen sich an verzerrten Modellen ausrichten, übersetzen sich die theoretischen Mängel der Modellwelt in praktische Defizite im Leben.

Eine falsche, jedoch für wahr befundene Theorie verleitet dazu, systematisch an der Realität vorbei zu handeln. Dazu gehört etwa der weit verbreitete und handlungswirksame Glaube, man habe Egoismus ganz klar als realistisches Faktum hinzunehmen, müsse Altruismus aber als idealistische Fiktion ansehen. Doch das ist eine optische Täuschung. Eigen- wie Fremdinteressen sind beides: Werte genauso wie Fakten; normativ ungleich zu bewerten, empirisch ungleich verteilt; sicherlich. Aber ihre Differenz liegt nicht darin, dass Eigennutz in der Welt des Seins haust, die *per definitionem* der Nächstenliebe verschlossen wäre. Man ist keineswegs umso realistischer je eigennütziger man denkt und handelt, sondern man fällt solcherart nur ein – bestreitbares – Werturteil!

Das *homo oeconomicus*-Modell ähnelt insofern einem falsch eingehakten, aber durchgehend zugezogenen Reißverschluss. Vorübergehend suggeriert es Geschlossenheit, bevor es unter dem Druck realer Verhältnisse aufplatzt. Zwar verfolgen wir privaten Nutzen *nicht nur* in Formen eines moralisch richtigen Handelns, wohl aber öfters; und bisweilen sogar zum eigenen Nachteil.[42] Das Gute wird keineswegs – wie von Vertretern des *homo oeconomicus*-Modells gerne suggeriert[43] – nur durch seine Vorteile *für uns*, sondern bisweilen auch *an sich* angestrebt. Auch und gerade dem muss eine für ökonomische und politische Belange zu operationalisierende Anthropologie Rechnung tragen. Ansonsten ist sie Ideologie, nicht Wissenschaft; schafft nicht Wissen, sondern verbreitet Illusionen.

Die konventionelle Ökonomik suggeriert so etwa, man könne beim Mitmenschen (Kunden, Mitarbeiter, Stakeholder etc.) auf kein Interesse an Moral setzen oder nur dann, wenn dies einen unmittelbaren finanziellen Vorteil einträgt. Dieser theoretische Ansatz verdeckt wichtige Chancen für erfolgreiches

---

42 | Vgl. Zak, *Neuroeconomics*; sowie Killingback und Studer, *Spatial Ultimatum Games*.

43 | Vgl. Gary S. Becker, *Economic Theory*, New Brunswick, New Jersey 2007 (Originalausgabe: 1971); Gary S. Becker, *Accounting for Tastes*; sowie Gary S. Becker, *Human Capital: A Theoretical and Empirical Analysis, with Special Reference to Education*, Chicago 1993 (Originalausgabe: 1964).

Handeln jenseits eigennütziger Kalküle. Das ist nicht nur akademisch betrüblich, sondern auch wirtschaftlich unprofitabel. Ungesehene Chancen bleiben ungenutzt. Ein *business case*, der aufgrund des *homo oeconomicus*-Modells übersehen wird, kann auch nicht positiv zu Buche schlagen.[44] Das gilt namentlich für die derzeit vielleicht spannendsten Vertreter innovativen Wirtschaftens: die *Social Entrepreneurs*, die sich strategisch von moralischen Werten leiten lassen,[45] und ihre Zwillingsbrüder in konventionellen Firmen, die *Social Intrapreneurs*.[46] Beide Gruppen richten ja nicht nur bestimmte Bereiche ihrer Unternehmenspolitik, sondern ihre gesamten Geschäftsmodelle ökologisch, sozial und/oder moralisch aus – und verdienen *damit* im doppelten Sinne des Wortes ›gutes Geld‹ und erhalten *deswegen* Zugang zu nachhaltigkeitsorientiertem Finanzkapital.[47] Was in diesen Innovatoren gelingt, steht im Prinzip allen offen: *Wirklichkeit beweist Möglichkeit*. Dass Prinzipien zu Profiten führen können, dass also Wirtschaften zum Wohle der natürlichen wie kulturellen Mitwelt durchaus profitabel sein kann, zeigen daher auch etliche »case studies« von konventionellen Firmen und zwar von überall aus der Welt und aus jeglichen Industrien wie Wirtschaftssektoren.[48]

Deswegen schon sollten moralische Themen von der ökonomischen Theorie aus- und nicht abgewiesen werden, ins Zentrum der Forschung gerückt, anstatt an den Rand der Lehrpläne gedrängt werden. Anstatt mit dem *homo oeconomicus*-Modell unausgesetzt die Wirklichkeit zu verfehlen, bestünde eine tauglichere Alternative darin, die tatsächliche *conditio humana oeconomica* zu analysieren. Realismus schafft Relevanz! Wir haben das Wesen des Menschen von den Welten her zu rekonstruieren, in und mit denen er lebt: Religion, Wis-

44 | Vgl. Dierksmeier, *The Freedom-Responsibility Nexus in Management Philosophy*.

45 | Vgl. André Habisch, »Gesellschaftliches Unternehmertum – Blinder Fleck wirtschafts- und sozialwissenschaftlicher Gemeinwohltheorien«, in: Helga Hackenberg und Stefan Empter (Hg.), *Social Entrepreneurship – Social Business: Für die Gesellschaft unternehmen*, Wiesbaden 2011; John Elkington und Pamela Hartigan, *The Power of Unreasonable People: How Social Entrepreneurs Create Markets that Change the World*, Boston, Massachusetts 2008.

46 | Vgl. Ronald Venn und Nicola Berg, »Building Competitive Advantage through Social Intrapreneurship«, in: *South Asian Journal of Global Business Research*, 2, No. 1 (2013): 104-127; Walter Baets und Erna Baets-Oldenboom, *Rethinking Growth: Social Intrapreneurship for Sustainable Performance*, Basingstoke 2009; David Grayson, Heiko Spitzeck et al., *Social Intrapreneurism and All That Jazz*, Sheffield 2014.

47 | Vgl. Heiko Spitzeck, Michael Pirson und Claus Dierksmeier, *Banking with Integrity: The Winners of the Financial Crisis?*, Houndsmills, Basingstoke Hampshire; New York 2011.

48 | Vgl. Ernst von Kimakowitz et al. (Hg.), *Humanistic Management in Practice*, New York 2010.

senschaft, Kunst, Moral etc.[49] – Was der Mensch ist, wird sichtbar in dem, was er schafft und schöpft.[50] Das moralische Sollen hat sein Sein in unseren Strebungen und spiegelt sich in unseren Sitten, Religionen, Kodizes, Gewohnheiten und Gebräuchen. Daher sieht eine unverkürzte Lehre vom Menschen auch auf symbolische Welten. Sie begreift, dass ideelle, spirituelle und metaphysische Bauten ebenfalls zum Menschsein und zur Behausung seines Daseins gehören. Eine langfristig erfolgreiche Firmenstrategie lässt sich folglich am besten von einem alle menschlichen Antriebskräfte umfassenden und darum auch ethisch informierten Menschenbild aufbauen.

Ökonomische Wertschöpfung erwächst nicht zuletzt aus menschlicher Wertschätzung und moralischer Wertbindung. So selbstverständlich das in den Augen etlicher Praktiker klingt, so unselbstverständlich ist es noch immer für viele ökonomisch ge- oder verbildete Akademiker. Denn noch bis vor wenigen Jahren legte man die *haute couture* der Wirtschaftsethik ganz und gar für den engen Laufsteg des *homo oeconomicus* aus. So kam es zu den äußerst schmal zugeschnittenen Korsettagen des *Compliance Management* und einer mühsam zwischen Zuckerbrot und Peitsche eingezwängten *Corporate Social Responsibility*-Lehre. Dass etliche Unternehmer diese ihnen jegliche Bewegungsfreiheit beschneidenden Kostüme nur allzu gerne wieder loswerden wollen, wer will es ihnen verargen? Dass der praktische Erfolg dieser Programme oft ausblieb, wen wundert's?

Langsam, aber sicher ändert sich das vorherrschende Schnittmuster und erlaubt den Firmen mehr moralische Bewegungsfreiheit. Die quantitative Schere im Kopf weicht endlich einer lockereren Fadenführung, die das Einweben vom Kunden qualitativ gewünschter Muster ermöglicht. Die aktuelle Mode der Unternehmensethik stimmt sich derzeit auf eine prozedurale Designgestaltung ein, welche eher dem Muster qualitativer Freiheit entspricht.

Kunden und die Öffentlichkeit erwarten zunehmend von der Wirtschaft ein Verhalten, das zu einem *race to the top* führen kann;[51] vor allem, wenn dabei NGOs (*non-governmental organizations*) als kompetente intermediäre Sachwalter mitwirken.[52] In den vergangenen Jahren wurde durch sektor-spezifische Programme (wie der *Kimberly Process* in der Diamantenbranche oder *EITI* in der Abbauwirtschaft), durch industrieübergreifend operierende Institutionen

49 | Vgl. Ernst Cassirer, *The Philosophy of Symbolic Forms*, New Haven 1953; Donald Phillip Verene, *The Origins of the Philosophy of Symbolic Forms: Kant, Hegel, and Cassirer*, Evanston, Ill. 2011.

50 | Vgl. Helmuth Plessner, *Conditio humana*, Frankfurt a.M. 1983.

51 | Vgl. Sebastiaan Princen, »Trading up in the Transatlantic Relationship«, in: *Journal of Public Policy*, 24, No. 1 (2004): 127-144.

52 | Vgl. Shaomin Li et al., »Corporate social responsibility in emerging markets«, in: *Management International Review*, 50, No. 5 (2010): 635-654.

(zum Beispiel *Transparency International* und den *WWF*) sowie durch universal ausgerichtete Institutionen (*UN Global Compact*) mit den Mitteln weicher Sanktionen (organisierte Öffentlichkeit, Reputationsschäden, Kooperationsverweigerung) trotz mangelnder rechtlicher Sanktionen auf globaler Ebene viel erreicht.[53] Ähnliche Steuerungswirkungen entfalten ethisch ausgerichtete Finanzspritzen seitens sowohl privater Geldgeber (vom *Socially Responsibly Investing* über das *Impact Investing* hin zur *Venture Philanthropy*) als auch nationaler wie internationaler öffentlicher Institutionen (wie etwa der *Government Pension Fund of Norway* und die *Weltbank*).

An zahlreichen auf soziale, moralische sowie ökologische Nachhaltigkeit setzenden Firmen lässt sich gut ablesen, dass Unternehmen zusehends mit differenzierteren Erfolgskriterien arbeiten. Immer öfter wird Erfolg bereits im Sinne einer auf die Harmonisierung sozialer, ökologischer und finanzieller Interessen (*people, planet, profit*) ausgerichteten *triple bottom line* definiert.[54] Auch gibt Anlass zur Hoffnung, dass in Managerkreisen Begriffe wie »network governance« und »stakeholder management«[55] hoffähiger werden. Das ist qualitative Freiheit in Anwendung: Mitregieren lässt ihr Netzwerk nur eine Firma, die genau darin keinen Freiheitsverlust, sondern einen Freiheitsgewinn versteht. Und ein *Stakeholder-Dialogue* lässt sich nur produktiv führen, wenn man nicht stets schon zu wissen glaubt, worauf die Anliegen des Gegenübers hinauslaufen. Im Gegensatz zum fiktiven *homo oeconomicus* kann man reale Mitmenschen nicht algorithmisieren. Man hat mit ihnen in einen *offenen* Dialog zu treten und seine Stakeholder, sollen sie sich nicht als Opfer einer

53 | So hat beispielsweise in den letzten Jahren das Wirken von *Transparency International* die internationale Dominanz von Bestechung als eines akzeptablen Mittels der Geschäftsanbahnung gebrochen. Basierend auf mustergültiger Datenrecherche bietet *Transparency International* verläßlich Aufklärung über nationale Korruptionsniveaus an. Diese Information wird sowohl von öffentlichen wie privaten Geldgebern für Investitionsentscheidungen genutzt und schafft so Anreize zur ökonomischen Redlichkeit. Vgl. Michel van Hulten (Hg.), *Transparency International*, Leiden 2009. Zur Arbeit des Global Compact siehe Klaus M. Leisinger, Aron Cramer und Faris Natour, »Making Sense of the United Nations Global Compact Human Rights Principles«, in: Andreas Rasche und Georg Kell (Hg.), *The United Nations Global Compact: Achievements, Trends and Challenges*, Cambridge; New York 2010.

54 | Vgl. Klaus M. Leisinger, »Capitalism with a Human Face«, in: *Journal of Corporate Citizenship*, No. 28 (2007): 113-132.

55 | Vgl. R. Edward Freeman, »The Stakeholder Approach Revisited«, in: *Zeitschrift für Wirtschafts- und Unternehmensethik*, 5, No. 3 (2004): 228-241.

PR-Kampagne vorkommen, wo möglich auch an der strategischen Unternehmensausrichtung zu *beteiligen*.[56]

Ich breche diese wirtschaftsethische Modenschau hier ab: Die Geschäftsmodelle von *Social Entrepreneurs* und *Social Intrapreneurs* zeigen jedenfalls klar auf, dass Theorien irren, die, orientiert an den Prämissen des *homo oeconomicus*-Modells und quantitativer Freiheit, ethisches Wirtschaften für unrentabel ausgeben. In der Praxis muss ein Unternehmen keinesfalls wählen zwischen der Pest eines relativistischen »anything goes« und der Cholera einer Verhandlungslogik, die nur auf Eigennutzmaximierung abstellt. Beide Zugänge erlauben ja, bestenfalls, kooperative Untergleichgewichte und führen, schlimmstenfalls, zur Erosion der sozialen, kulturellen wie natürlichen Grundlagen der wirtschaftlichen Kollaboration. Darum ist schon seit jeher die Verbindung von Ethik und Erfolg das tagtägliche Brot vieler, insbesondere mittelständischer Firmen sowie Familienunternehmer und keineswegs nur eine Sache des *Social Business*-Sektors. Geschäftsmodelle, die Gewissen mit Gewinn aussöhnen, gibt es zuhauf; in der Real- wie in der Finanzökonomie.[57] Deren Gelingen zu erklären und aufzuzeigen, warum es bisweilen sogar konventionellen *business models* überlegen ist, also zu unterrichten, warum und wie »anständig wirtschaften«[58] funktioniert, das sollte zum Ziel der Wirtschaftspädagogik werden.

Einzulösen vermag diese Vorgabe allerdings erst eine Managementtheorie, die den realen Menschen zum Zentrum der ökonomischen Lehre erhebt. Die Ökonomik muss endlich den moralischen Potentialen innerhalb der Theorie denselben Status einräumen, den sie in der Praxis haben, da sie handlungs- und preiswirksam sind. Moral senkt Konflikt- und Transaktionskosten, verhilft Firmen zu freiwilliger, unvergoltener Unterstützung seitens ihrer Stakeholder und inspiriert Unternehmen zu strategischer Innovation. Die wirtschaftswissenschaftliche Ausbildung darf nicht länger die tatsächlichen Frei- und Spielräume des Managements unsichtbar machen, welche eine strategisch ausgerichtete *Corporate (Social) Responsibility* ermöglichen. Man kann schließlich nicht gestalten, was man nicht sieht. Erst wenn die Idee der Freiheit die Grundlage der Ökonomik ausmacht, wird Verantwortung als natürliches Korrelat ökonomischen Handelns verständlich, anstatt als lästiger »side constraint« desselben zu erscheinen.[59] Wir dürfen daher nicht länger Generationen von Ökonomen ausbilden, die über das stete Anblicken theoretischer Fiktionen

56 | Vgl. Jon Burchell und Joanne Cook, »Stakeholder Dialogue and Organisational Learning: Changing Relationships between Companies and NGOs«, in: *Business Ethics: A European Review*, 17, No. 1 (2008): 35-46.

57 | Vgl. Heiko Spitzeck, Michael Pirson und Claus Dierksmeier, *Banking with Integrity*.

58 | Vgl. Hans Küng, *Anständig wirtschaften. Warum Ökonomie Moral braucht*, München 2010.

59 | Vgl. Dierksmeier und Pirson, *Modern Corporation*.

ihre Augen für die praktisch nötigen Einblicke in die Realität moralisch, sozial und nachhaltigen Wirtschaftens verderben.[60] In den wirtschaftswissenschaftlichen Curricula muss umgestellt werden von der Modellierung toter, mechanistischer Produktionsfaktoren auf das Grundprinzip überhaupt allen Wirtschaftens: das lebendige, freie menschliche Handeln. Statt mechanistischer Ökonomik brauchen wir *humanistic management*.[61]

Was auf der betriebswirtschaftlichen Ebene recht ist, sollte auch auf der volkswirtschaftlichen billig sein. Zwar mag für einen *homo oeconomicus* eine quantitative Steigerung des Bruttoinlandsprodukts das rationale Ziel aller Wirtschaftspolitik darstellen, für Menschen aus Fleisch und Blut ist es das noch lange nicht. Sie können und müssen qualitativ abwägen, ob ihnen mehr und mehr Produktion und Konsum tatsächlich zu einem freieren und würdigeren Leben verhelfen.[62] Darum ist es zu begrüßen, dass man nunmehr in der makroökonomischen Debatte zusehends von eindimensional-quantitativen Standards wie dem Bruttoinlandprodukt abrückt und sich anhand einer Fülle von alternativen Parametern zu orientieren sucht.[63] Die bislang tonangebende, quantitative Konzeption ökonomischer Freiheit (namentlich der *Chicago School of Economics*) weicht allmählich einer qualitativ an den sozialen, moralischen

60 | Vgl. Dierksmeier, *The Freedom-Responsibility Nexus in Management Philosophy.*

61 | Zur Geschichte und Theorie von »humanistic management« sowie zu einschlägigen Publikationen zum Thema siehe http://humanisticmanagement.org/.

62 | Vgl. Domènec Melé und Claus Dierksmeier (Hg.), *Human Development in Business: Values and Humanistic Management in the Encyclical Caritas in Veritate*, New York 2012.

63 | Hier eine kleine Auswahl solcher Maßstäbe (samt der sie administrierenden Institutionen in Klammern): Human Development Index (The United Nations Develop-ment Programme), The Global Gender Gap Report (The World Economic Forum), The Index of Social Health (Fordham University), American Human Development Report (The Social Science Research Council), The Calvert-Henderson Quality of Life Index; Child Development Index (Save the Children), The Child and Youth Wealth-Being Report (The Foundation for Child Development), State of the World Population Report (United Nation's Population Fund) System of National Accounts (The United Nations), The Civic Health Index (The National Council on Citizenship), Commission on the Measurement of Economic Performance and Social Progress Counting on Care Work (University of Massachusetts), The Gender Equity and Quality of Life Report (The Center for Partnership Studies), Genuine Progress Indicator (Redefining Progress), Levy Institute Measure of Economic Well-Being (Bard College), Missing Dimensions of Poverty Data (Oxford Poverty and Human Development Initiative), National Accounts of Well-being (The New Economics Foundation), Organisation for Economic Co-operation and Development Index of Statistical Variables Real Wealth Indicators (The Center for Partnership Studies),The (Un) Happy Planet Index 2.0 (The New Economics Foundation).

und ökologischen Bedingungen ihrer eigenen Nachhaltigkeit ausgerichteten Konzeption von Wirtschaftsfreiheit. Um wirtschaftliche Verantwortung in der Praxis zu stärken, braucht es diese Wende in der Theorie. Vor allem, wenn es darum geht, in unvertrauten Konstellationen gelingende Kollaborationen zu inspirieren – über alle kulturellen Grenzen hinweg.[64]

Ähnliches gilt für die Politiktheorie. Auch hier hat in den letzten Jahrzehnten das dekontextualisierte Modellieren menschlichen Verhaltens anhand des Axioms rationaler Eigennutzmaximierung um sich gegriffen; auch hier hat diese auf den isolierten Einzelnen fokussierte Linse ein schiefes Bild der Wirklichkeit geliefert. Systematisch gerieten Aspekte aus dem Blick, die nur in einer die natürliche Umwelt und die soziale Mitwelt des Menschen berücksichtigenden Perspektive aufscheinen. Darum ist auch im Interesse einer realistischeren und darum relevanteren Politiktheorie einer anderen Anthropologie das Wort zu reden und zu zeigen: Der Mensch ist ein Lebewesen, das essentiell auf andere und anderes verwiesen ist.[65] Freisein setzt Eingebundensein voraus. Freiheit ist kein autarkes Vermögen. Mitmenschen, Sitten, Gebräuche, Lebensformen befördern oder aber behindern die individuellen Lebenschancen. Freiheit gedeiht nicht allein in exklusiver Privatheit, sondern blüht auch und gerade in der Inklusivität autonomer Bindungen und Gemeinschaften auf. Folglich tritt der Sozialverbund – der Freund, die Familie, der Verein, die Firma, der Verband etc. – nicht künstlich zur Individualexistenz hinzu, sondern ist immer schon eine natürliche Form menschlicher Freiheitsverwirklichung.[66]

Anders als in kontraktualistischen Theorien geht es im realen Gesellschaftsleben nicht immer streng funktional zu, sondern es kommt auch zu ungeplanter Wertschöpfung und unverzwecktem Selbstausdruck. Menschen benötigen und benutzen einander ja keinesfalls nur zur wechselseitigen Mängelbeseitigung; sie vereinigen sich auch zu edleren Zwecken. Über Defizitkompensation hinaus streben Individuen die Vervollkommung ihrer selbst und ihrer Umwelt an. Geselligkeit entsteht daher nicht allein durch die Kontingenz der Koexistenz, sondern – wie insbesondere Krause zeigt (Abschnitt 2.3.3) – auch durch freie Wahl von Kooperation und Kollaboration im Verfolgen von qualitativ für besonders wertvoll erachteten Zielen der Freiheit. Solche, jegliche quantitative Nutzenkalküle übersteigenden Dimensionen von Sozialität werden von der Theorie qualitativer Freiheit besonders akzentuiert. Anstatt Personenverbindungen samt und sonders – wie Sozialvertrags- und Spieltheoretiker – zweckrational zu rekonst-

64 | Vgl. Claus Dierksmeier und Anthony Celano, »Thomas Aquinas on Justice as a Global Virtue in Business«, in: *Business Ethics Quarterly*, 22, No. 2 (2012): 247-272.

65 | Vgl. José Ortega y Gasset und Helene Weyl, *Concord and Liberty*, New York 1946.

66 | »What, indeed, could be less scientific than to construct the notion of man, in abstraction from society, and then to explain society in terms of his desires?« (John Petrov Plamenatz, *English Utilitarians*, Oxford 1958, S. 152)

ruieren, fokussiert qualitativer Liberalismus auf das an und für sich bestehende Geselligkeitsverlangen des Menschen, d.h. auf den menschlichen Hang zu kulturellem Austausch, symbolischer Kommunikation, spiritueller Kontemplation sowie auf die Freiheit zu sittlicher Verbindung.

Festzustellen und festzuhalten ist: Individuelle Freiheit wird durch kollektives Handeln vielfach komplementiert und komplettiert. Zwar wird Liberalismus niemals Kollektivismus sein, er muss aber deswegen noch lange nicht auf Privatismus und Libertinismus hinauslaufen.[67] Im Gegenteil: Weil Menschen relationale Lebewesen sind und sich freiwillig in gewisse Sozialverbände integrieren, kommt diesen und ihren Normen ein besonderer Status im philosophischen Liberalismus zu: Sie bringen die implizite Sozialität von Freiheit explizit zum Ausdruck – als Formen und Funktionen der Freiheitsverwirklichung.[68] Zum Beispiel wird ein auf einem unbewohnten Planeten ausgesetzter, wiewohl mit Speis und Trank üppig ausgestatteter Mensch sich kaum als sonderlich frei erfahren, obschon er physisch ungehindert und sozialmoralisch unbeschränkt der Erfüllung seiner Vorlieben nachgehen kann. Der Freiheitstraum der Libertarier von unbehinderter und quantitativ schrankenloser Freiheit erweist sich, radikal erfüllt, als Albtraum.

Zur Entfaltung persönlicher Freiheit ist Einbindung unabdingbar.[69] Die Gesellschaft hat schon immer gewisse Freiheitsformen privilegiert und zumeist die Freiheit zu zerstören, der Freiheit zu erschaffen oder der Freiheit zu bewahren nachgeordnet. Und das mit gutem Grund: Ohne symbolische Formen und ihre Normen verkümmert der Mensch, und seine Freiheit verkommt. Durch die Verantwortung aber, die Freiheit für ihre Kontexte übernimmt, erweitert und erfüllt sie sich. Freiheit überlebt nicht ohne eine sie bejahende und tragende Kultur, also sollte sie zu deren Gedeihen beitragen.[70]

In diesem Sinne beachtet und betont ein qualitativ denkender Liberalismus, dass alle tätig werden müssen, damit jede und jeder frei sein kann: ob im Einsatz für Bildung und Erziehung, in der Verteidigung privaten, aber sozialpflichtigen Eigentums als Grundlage selbständigen Weltumgangs oder in der karitativen Sorge für andere; ob im Engagement für den Schutz der natürlichen Lebensgrundlagen, beispielsweise um zukünftigen Generationen ein freies Leben zu ermöglichen, oder im solidarischen Wirken für die Armen und Ausge-

67 | Vgl. Leonard Trelawny Hobhouse, *Liberalism*, New York 1911; Hobson, *The Crisis of Liberalism: New Issues of Democracy*, London 1909.

68 | Vgl. Dahrendorf, *The Modern Social Conflict*; Avital Simhony und D. Weinstein, *The New Liberalism: Reconciling Liberty and Community*, Cambridge 2001.

69 | Vgl. Benn, *A Theory of Freedom*, S. 181: »Someone who had escaped such a socialization process would not be free, unconstrained, able to make *anything* of himself that he chose; he would be able to make nothing of himself, being hardly a person at all.«.

70 | Vgl. Di Fabio, *Kultur*, S. 75.

grenzten von heute. So, wie andere uns Freiheit geben, ist uns der Einsatz für die Freiheit anderer aufgegeben.

Freiheit benötigt Voraussetzungen. Darin stimmen alle in dieser Studie analysierten Denker überein. Das bedeutet zum einen den Abbau von Schranken. Es liegt in der Natur der Freiheitsidee, gegen Diskriminierungen anzukämpfen, welche (basierend auf Rasse, Geschlecht, Klasse, Religion etc.) die Freiheiten einiger gegenüber der Freiheit anderer privilegieren. So war der Liberalismus von jeher eine Bastion der Abwehrrechte. Doch – und auch das ist Konsens der hier behandelten Liberalismen – das reicht klarerweise nicht hin. Zum anderen müssen die Voraussetzungen persönlicher Autonomie aktiv durch die Gemeinschaft gefördert werden, da weder Markt noch Natur sicherstellen, dass alle pädagogisch und wirtschaftlich zur Autonomie befähigt werden. Das *Fordern* von individueller Verantwortung und das *Fördern* ihrer Voraussetzungen müssen Hand in Hand gehen, damit nicht Herkunft allein über die Zukunft entscheidet.

Die Idee qualitativer Freiheit nimmt deshalb die Einzelnen *und* die Gemeinschaft in Anspruch: Sich aus selbstverschuldeter Unmündigkeit zu befreien, obliegt – das hatte Kant mustergültig gezeigt – jedem selbst. Die Befreiung aus unverschuldeter Unmündigkeit jedoch – darauf stellten Fichte und Krause, sowie später Galbraith und Sen ab – schulden alle einander, sowohl materiell wie ideell. Es ist zynisch, von Verhungernden Ehrfurcht vor Privateigentum zu verlangen und utopisch, von Analphabeten unternehmerische Glanztaten zu erwarten. Nur wer echte Chancen einräumt, verficht faire Freiheit. Wir sollten daher die Gesellschaft nicht als Vertrag zur wechselseitigen Versicherung des Habens, sondern als Bund zur allseitigen Ermöglichung des Seins betrachten.

Freiheit wächst nicht auf Bäumen, sondern gedeiht nur in Gesellschaft. Ohne sozialen Subtext mögen wir zwar theoretisch auf eine Restgröße metaphysischer Freiheit rekurrieren, aber ohne ernsthafte Chancen, diese lebenspraktisch zu kultivieren. Freiheit benötigt deshalb nicht nur die *Abwesenheit* von Rechtsverletzungen, sondern auch die *Anwesenheit* bestimmter Bedingungen: Freiheit bedarf etwa eines aktivierenden Sozialstaats, der alle zur Autonomie ermächtigt und befähigt, eines wirksamen Umweltschutzes, einer wachsamen Zivilgesellschaft und einer wertevermittelnden Kulturgemeinschaft. Was von unserer Freiheit ausgeht, geht schlussendlich auch wieder in sie ein. Die Art und Weise, wie Gesellschaften mit Natur und Kultur, mit Raum und Zeit umgehen, beeinflusst die Sitten: wem oder was man Achtsamkeit schenkt, ob Verantwortungsbereitschaft zu- oder abnimmt, inwieweit ungeschriebene sowie gesetztliche Regeln freiwillig oder nur im Hinblick auf drohende Sanktionen eingehalten werden.[71] Die Praxis der Freiheit beruht auf Voraussetzungen, die

71 | Vgl. Robert Levine, *A Geography of Time – On Tempo, Culture And The Pace of Life: The Temporal Misadventures of a Social Psychologist, or: How Every Culture Keeps Time Just a Little Bit Differently?*, New York 1997.

sie selber verändert. Die Pflege der Um- und Mitwelt ist liberal, weil Freiheit relational ist. Qualitativ orientierte Freiheit verfährt daher ökonomisch wie ökologisch behutsam. Gerade weil liberales Denken niemandem bestimmte Lebensziele vorschreibt, muss es angesichts endlicher Ressourcen und unendlicher gegenwärtiger wie zukünftiger menschlicher Ziele zum sorgsamen Gebrauch unserer geteilten Lebenswelt und der *Global Commons* anleiten.

Auch eine humane Grundversorgung und allgemeinen Zugang zu öffentlichen Gütern wie Bildung, Gesundheit, Kultur und Verkehr sollte meines Erachtens ein sich auf die Idee qualitativer Freiheit berufender Liberalismus einfordern. Nicht aus einem direkten Interesse an materieller Gleichheit, wohl aber indirekt motiviert – aus Interesse an einem gleichförmigen Zugang zu den Voraussetzungen und Bedingungen einer autonomen Lebensführung – ist zudem nach ausgewogenen Vermögensverhältnissen zu streben. Weder die Sezession der Reichen noch die (mit extremer materieller Ungleichheit einhergehende) Exklusion der Armen kann eine Freiheitsidee dulden, die für eine (Welt-)Gesellschaft kämpft, in der jeder dazu beiträgt, dass alle in Würde leben können.[72]

Anders als manche Theorien positiver Freiheit zieht aber die Idee qualitativer Freiheit – ähnlich der von Amartya Sen vertretenen »capability theory« – eine wichtige prozedurale Grenze, wenn es zur Umsetzung dieses Gedankens kommt: Während die *allgemeine Ermöglichung* qualitativer Freiheit zu Recht das vornehmste Anliegen des Sozial- und Kulturstaats ist, so bleibt die *spezifische Gestaltung* der so eröffneten Freiheitsdimensionen Sache allein der Bürger selbst. Es gibt auch ein Recht, sich durch individuelles Wirken von anderen zu unterscheiden. Leistung soll sich lohnen, insofern dadurch das für alle gleiche Recht, sich ungleich zu entfalten, honoriert wird.

Qualitative Freiheit, übersetzt in unsere heutigen politischen Verhältnisse, verlangt nicht nur die soziale Einbettung und Abfederung des Marktgeschehens, sondern – unter dieser Voraussetzung – auch dessen freiheitliches Wirken. Fairer Liberalismus ist also weder *marktversessen* noch *marktvergessen*. Er respektiert die Resultate der freiheitlichen Verkehrswirtschaft als Ausdruck individueller Wertungen und Anstrengungen, *sofern* der Markt – eine niemals zu unterschlagende, oft aber verletzte Bedingung – so geordnet ist, dass in ihm die Stimmen aller und nicht nur die Portemonnaies einiger weniger zum Ausdruck kommen.[73] Damit liegt die Idee qualitativer Freiheit quer zu gängigen links-rechts Schematisierungen, die der Logik quantitativen Denkens folgen,

72 | Vgl. Parijs, *Real Freedom for All*.

73 | Das ist insbesondere des Weltmarktes eine leider allzu oft verletzte Voraussetzung, die aus der (unter idealen Bedingungen) potentiell segensbringenden Wirtschaftspolitik des Freihandels (unter realen Bedingungen) eine Geißel der Armen macht, vgl. Agus Pakpahan, *Freedom for Farmers, Freedom for All*, Bogor 2007.

wonach stumpf gilt: mehr Gleichheit/Solidarität = weniger Freiheit. Sozialdemokraten situiert man für gewöhnlich auf der linken Seite jenes Spektrums samt des ihnen unterstellten Strebens, durch so viel Freiheit wie nötig so viel Gleichheit wie möglich zu erzielen. Dem korrespondieren auf der Rechten sodann Libertäre und Neoliberale, die nur so viel Gleichheit wie nötig erlauben, um so viel Freiheit wie möglich zu erlangen. Irgendwo dazwischen balgt sich der klassische Liberalismus mit dem *new liberalism* um die Definitionshoheit über die goldene Mitte.[74] Diesem quantitativen Schema liegt der Aberglaube eines grundsätzlichen Konfliktes zwischen Gleichheit und Freiheit zu Grunde, demzufolge Gewinne auf der einen Seite als Verluste auf der anderen zu verbuchen sind: ein Nullsummenspiel.[75]

Nicht nur an Extremfällen scheitert jedoch dieses Modell: Wo keinerlei Gleichheit herrscht, gibt es typischerweise auch kaum Freiheit und umgekehrt ebensowenig. Anarchische und tyrannische Verhältnisse versagen den Bürgern zumeist sowohl Freiheit als auch Gleichheit. Diese praktische Defizienz hat ihren Grund im theoretischen Defizit an unterscheidungskräftigen Kategorien. Der »alleged conflict between equality and liberty« ist in Wahrheit »a ›category mistake‹«.[76] Selbst Libertäre wollen ja Gleichheit, nur eben beschränkt auf formale und prozedurale Aspekte. Auch Sozialisten wollen Freiheit, indes durch planvolle ökonomische Distribution. Insofern befindet sich die *Idee* der Freiheit keineswegs in einem unauflöslichen quantitativen Tauziehen mit der Gleichheit; allenfalls bestimmte *Begriffe von Freiheit* sind mit Ansprüchen materieller Gleichheit auszutarieren.[77] Wo quantitative Freiheit ein abstraktes Patt der Ideen deklamiert, konstruiert die Frage nach der konkreten Qualität der jeweiligen Freiheiten einen Ausweg: die Eingliederung bestimmter Aspekte der Gleichheit als genuine Forderungen der liberalen Idee. Wo in quantitativer Perspektive Liberale in den Sozialdemokraten einen Erbfeind haben, sieht man sie von qualitativer Warte aus um freiheitsverträgliche sowie freiheitsförderliche Formen der Gleichheit ringen.

Gleiches gilt für die ökologische Ausrichtung des Liberalismus. Über Jahre hinweg wurde von beiden Seiten ein falscher Antagonismus zwischen liberalen und grünen Bewegungen zelebriert. Heute ist immer mehr Menschen offenbar, dass die Idee der Freiheit das Prinzip der Nachhaltigkeit einschließt. Sobald sich der Liberalismus von der quantitativen Fixierung auf symmetri-

---

74 | Vgl. Thomas Nagel, »Review: Libertarianism without Foundations«, in: *The Yale Law Journal*, 85, No. 1 (1975): 136-149.

75 | Vgl. Harry Frankfurt, »Equality as a Moral Ideal«, in: *Ethics*, 98, No. 1 (1987): 21-43.

76 | Vgl. Amartya Sen, *Inequality Reexamined*, New York; Cambridge, Massachusetts 1992, S. 23.

77 | Vgl. Dworkin, *Taking Rights Seriously*, S. 270-273.

sche Nutzentauschkalküle abwendet und sich im Interesse und zum Schutze der Rechte zukünftiger Freiheit dem qualitativen Gedanken einer auch in streng asymmetrischen Verhältnissen bindenden Verpflichtung öffnet, werden Gebote der Nachhaltigkeit sofort als unverzichtbarer Bestandteil liberaler Programmatik erkennbar. Umgekehrt sollte offensichtlich sein, wie sehr grüne Politik von liberalen Grundsätzen profitiert. Eine glaubwürdige Abgrenzung von ökodiktatorischen Positionen wird nur über ein ausgesprochenes Bekenntnis zur Freiheit als primärer Geltungsgrundlage der Wertschätzung aller Lebensformen gelingen: Eine Politik der Nachhaltigkeit kann nur als Tochter der Freiheit ihr bürgerliches Erbe antreten.

Die Philosophie qualitativer Freiheit steckt das Spektrum des Liberalismus nicht zwischen den *sachfernen Antipoden* von links und rechts, sondern zufolge der *sachlichen Spannung* zwischen Freiheitsvoraussetzungen und Freiheitszielen ab. Politik im Sinne qualitativer Freiheit muss stets zwischen den besonderen Absichten und den allgemeinen Bedingungen von Freiheit vermitteln. Dabei bedingen und begrenzen einander die Dimensionen verantwortlicher und fairer Freiheit. *Verantwortliche Freiheit* zeichnet wertvolle Ziele aus, während *faire Freiheit* die Voraussetzungen persönlicher Autonomie wahrt. So kann ein qualitativ ausgerichteter Liberalismus beispielsweise zu Kooperationen sowohl mit progressiven wie mit konservativen Kräften aufrufen. Im Namen verantwortlicher Freiheit wäre etwa die (»konservative«) Pflege familiärer Werte anzuraten, die der individuellen Freiheit Sinn und Richtung geben, aber eben auch – und um desselben Grundes willen – die (»progressive«) Verteidigung nicht-traditioneller Lebensformen, in denen ebenfalls Individuen zu Autoren über ihre Biographie heranreifen.

Weil faire und verantwortliche Freiheit eine feste dialektische Einheit bilden, können sie nur gemeinsam, nicht vereinzelt die Idee der qualitativen Freiheit ausdrücken. Sozialpolitik muss etwa eine Balance zwischen subsidiärer Verantwortung einerseits und solidarischer Fairness andererseits erstreben. Wer in der Sozialpolitik allein auf Solidarität setzt, dem ufert sie schnell in den Paternalismus umfassender Daseinsfürsorge aus. Umgekehrt macht bloße Subsidiarität die Lebenschancen der Armen vom Privatismus der Geber abhängig. *Weder Paternalismus noch Privatismus ist liberal.* Die Idee des qualitativen Liberalismus wird nicht durch den *vereinseitigten*, sondern nur durch den *vereinten* Einsatz verantwortlicher und fairer Freiheit konturiert. Nur in subsidiärer Gestalt kann Solidarität verantwortlich gehandhabt werden, und nur in solidarischer Form ist Subsidiarität fair. *Subsidiäre Solidarität* und *solidarische Subsidiarität* sollten daher die Leitplanken liberaler Sozialpolitik bilden.

Eine Gesellschaft, die Freiheit will, muss Fehler verzeihen. So wie wir in Privatverhältnissen Personen stets zweite und dritte Chancen geben, damit ihre (und unsere!) Freiheit neue Wege beschreiten kann und nicht in den Sackgassen der Vergangenheit steckenbleibt,[78] sollten wir es auch im wirtschaftlichen Sektor halten. Alle Menschen benötigen Chancen auf Arbeit und Teilhabe am Wirtschaftsgeschehen, um für sich und die Ihren sorgen zu können. Wer verschuldet oder unverschuldet den Zugang zur Erwerbstätigkeit verliert, muss neue Chancen zur Teilnahme und Teilhabe erlangen. Der Staat der qualitativen Freiheit ist zwar kein Almosen-, wohl aber ein Chancengeber. In einer ökonomischen Ordnung, welche individuelle Risiken im Interesse des Gemeinwohls nicht ausschließt, hat der Staat die Pflicht, die Einzelnen stets aufs Neue zu befähigen, das Ihrige zum Ganzen beizutragen. Freiheit *zum* ökonomischen Risiko hat auch mit Freiheit *vom* Risiko sozialer Ausgrenzung einherzugehen. Wirtschaftliche Chancen können am besten die nutzen, denen im Falle des Scheiterns der Sozialstaat einen Neuanfang ermöglicht.[79] Der Staat kann auf die Leistung der Einzelnen vertrauen, wenn die Einzelnen auf die staatlichen Sozialleistungen bauen können. Die Steuern, die das finanzieren, ruinieren unsere ökonomische Freiheit nicht, sondern ermöglichen und konditionieren sie.[80] Wer Verantwortung predigt, muss zur Verantwortung befähigen.

Umgekehrt sollte erneut dem Gedanken Nachdruck verliehen werden, dass Freiheit verpflichtet. Dem heutigen Liberalismus stünde die antike Einsicht gut zu Gesicht, dass Freiheit sich in Tugend verwirklicht und ertüchtigt. Das Loblied auf die Freiheit sollte nicht wie eine Hymne an die niederen Instinkte und den kleinsten gemeinsamen Nenner klingen. Genau darin aber – in der qualitativen Unterscheidung zwischen dem wahren Antlitz der Freiheit und der falschen Fratze einer auf hedonistischen Konsumismus verkürzten Freizügigkeit – zeigte sich die Politik des Westens zuletzt so uneinsichtig wie ungeschickt. Im trunkenen Glauben an die seligmachende Kraft unbegrenzten Wachstums wurde übersehen, dass Freiheit, die lediglich quantitativ gedeiht, Zug um Zug mit ihren qualitativen Bestimmungen auch ihre Gemeinwohlorientierung verliert. Die Ausrichtung der Freiheit an der *res publica* wurde übereilt als unbotmäßige Beschneidung des Privaten abgewiesen.

Freiheit hängt mehr an der Klasse als an der Masse unserer Optionen.[81] Ein philosophisch über sich selbst aufgeklärter Liberalismus kapriziert sich daher nicht allein auf das quantitative *Abwiegen* abstrakter Optionen, sondern konzentriert sich zuerst einmal auf das qualitative *Abwägen* konkreter Lebenschancen. Wo hingegen im Gefolge quantitativen Denkens alle Freiheiten gleich gelten, lässt der Liberalismus die Menschen gleichgültig. Darum ist festzuhal-

---

78 | Vgl. Klaus-Michael Kodalle, *Annäherungen an eine Theorie des Verzeihens*, Mainz; Stuttgart 2006.

79 | Vgl. Parijs, *Real Freedom for All*, S. 28.

80 | Vgl. Pettit, *Republicanism*, S. 66, auch 110, 273.

81 | Vgl. Claudia Mills, »Choice and Circumstance«, in: *Ethics*, 109, No. 1 (1998): 154-165.

ten: Je essentieller eine Freiheit, umso stärker sollten wir sie – in Konkurrenz zu alternativen Möglichkeiten – fördern. Diesem qualitativen Ermessen folgt sodann das quantitative Vermessen; denn hinsichtlich einiger (beispielsweise wenig nachhaltiger Lebenspraktiken) kann auch *weniger* durchaus *mehr* sein. Freiheit zeigt sich ja bisweilen auch im Reduzieren von Optionen.[82] Dies gilt insbesondere für die ethische Ausrichtung des Liberalismus.[83] Da die Idee der qualitativen Freiheit individuelle mit universeller Freiheit verschränkt, sieht sie in der Übernahme von Verantwortung für andere eine interne Manifestation und keine externe Negation von Freiheit.

Von qualitativer Warte aus besehen hat daher der Liberalismus etliche unerledigte Emanzipationsaufgaben und lange übersehene Verantwortungsdimensionen aufzugreifen. Wir brauchen durchgängig einen inklusiveren Liberalismus als ihn symmetriefixierte vertrags- und spieltheoretische Denkmodelle uns zu geben vermögen. Zum Erreichen von fairer und verantwortlicher Freiheit ist eine Umkehr des liberalen Diskurses vonnöten: durch eine Abkehr von den quantitativen Freiheitsbegriffen der Neoliberalen und Libertären und eine Rückkehr zu den immer schon qualitativ ausgerichteten progressiven Wurzeln des angloamerikanischen *liberalism* und zu der ebenfalls qualitativ orientierten ordoliberalen Tradition des deutschsprachigen Liberalismus.

Der Liberalismus von heute bedarf, zusammengefasst, einer *Philosophie der Freiheit* im *genetivus objectivus*: als einer Philosophie für die Freiheit, wie auch im *genetivus subjectivus*: als einer freiheitlich sich entwickelnden Philosophie. Diese Philosophie finden wir im Ausgang von der Idee qualitativer Freiheit. Denn qualitative Freiheit will die spannungsreichen Zielsetzungen der Individuen und Gemeinwesen miteinander vermitteln (um Freiheit zu erhalten), koordinieren (um Freiheit zu gestalten) und veranlassen, dass Menschen persönliche Freiheit zum Wohle der Autonomie anderer einbringen (um Freiheit zu entfalten).

5.3 Ausblick

Die Freiheit der anderen definiert nicht nur die *Grenze* der unsrigen, sondern determiniert auch eines ihrer vornehmsten *Ziele*. Freiheit ist uns niemals einfach nur *gegeben*, sondern stets auch *aufgegeben*. Sie ruft zur Befreiung: Sowohl nach innen, zur Emanzipation unserer selbst, wie nach außen, zur Freisetzung aller anderen. Weil weder Markt noch Natur sicherstellen, dass *alle* ein autonomes Leben führen können, müssen das *Fordern individueller* Freiheit und das *Fördern* ihrer *generellen* Voraussetzungen Hand in Hand gehen.

82 | Vgl. Robert Young, *Personal Autonomy: Beyond Negative and Positive Liberty*, London; New York 1986; Dworkin, *The Theory and Practice of Autonomy*.

83 | Vgl. Brian Morris, *Bakunin: The Philosophy of Freedom*, Montréal; New York 1993.

Nicht nur schon innegehabter Besitz und bereits gesicherte Freiheiten sollten folglich von Liberalen verteidigt werden, sondern auch jedermanns Anspruch auf Eigentums- und Rechtseinräumung. Persönliches Eigentum sichert Weltteilhabe; Weltteilhabe aber ist Menschenrecht. Und da Freiheit uns allein aus Gründen zusteht, die sie allen zuschreiben, ist zu folgern: Solange auch nur ein einziger Mensch sich in Unfreiheit befindet, ist die Freiheit aller anderen unvollkommen.

Qualitative Freiheit ist daher *per se* keine lokale oder nationale, sondern eine globale, keine irgendwen ausgrenzende, sondern eine alle einbeziehende Idee. Rasse, Geschlecht und Religion sind für die Forderung nach Freiheit sowie deren Geltungskraft unerheblich, aber auch zeitliche und räumliche Distanz. Die Bürger ferner Länder und die Angehörigen zukünftiger Generationen haben ebenso ein Menschenrecht auf die Zugangsbedingungen zu einem freien Leben wie jene Personen, mit denen wir in direkter Interaktion oder kommerziellem Austausch stehen. Deshalb weitet eine konsequent ausgeführte Idee der Freiheit, nicht nur das Schädigungsverbot, sondern auch die Pflicht zur Freiheitsermöglichung auf asymmetrische, zum Beispiel auf globale und intertemporale Verhältnisse aus. Nur ein global solidarischer Liberalismus ist konsequenter Liberalismus.

Dass der Liberalismus im Ausgang von einer Theorie qualitativer Freiheit auf eben jene weltweite Solidaritätspflicht reflektieren muss, hat unsere Arbeit aufgewiesen. Freiheit ist somit sichtbar geworden als eine Menschheitsaufgabe, der es zukommt, ihre historischen Errungenschaften stets und immer aufs Neue zu überschreiten. Dennoch ist dem liberalen Denken damit kein fixer weltgeschichtlichen Parcours vorgeschrieben. *Wie* genau jedoch ein im Namen qualitativer Freiheit aufzubauender kosmopolitischer Liberalismus sich ausgestaltet, dies zu entscheiden ist letztlich Sache der Weltbürger, nicht der akademischen Philosophie.

Gerade weil der Anspruch der Freiheit sich auf alle Personen erstreckt, darf Freiheit nicht nur von Ort zu Ort verschieden ausgelebt, sondern auch konzeptionalisiert – und damit auch unterschiedlich auf ihre globale Verantwortung hin ausgedeutet – werden können. Die Einheit der Freiheit zielt nicht auf Gleichmacherei, sondern auf Einheit in Vielheit. Zugleich aber hilft der globale Anspruch der Freiheitsidee als universeller Zuspruch der für ein autonomes Leben erforderlichen Voraussetzungen und Zugangsbedingungen jedem Liberalismus ›vor Ort‹, die lokal jeweils angemessenen Formen von Freiheit qualitativ (zum Beispiel durch Priorisierungen konkurrierender Ansprüche) und quantitativ (zum Beispiel hinsichtlich der Größe der individuellen wie institutionellen Freiheitsräume, Reichweite gesellschaftlicher Mitbestimmung etc.) festzulegen. An dieser Stelle soll jenem weltweiten Dialog über die zukünftigen Farben und Formen der Freiheit nicht vorgegriffen, wohl aber vorgearbeitet werden. Anstatt jene im Werden begriffene Gestalt der qualitativen

Freiheit auszumalen, möchte ich abschließend konturieren, welchen Fragen und Herausforderungen sich ein solcher Diskurs über die Globalität der Freiheit stellen müsste.

Angesichts des stark ramponierten globalen Image der Freiheitsidee scheint es derzeit mehr als zweifelhaft, dass die Menschen und Völker dieser Welt gerade unter dem liberalen Banner zu einander finden. Der Freiheit wird Skepsis und Misstrauen entgegen gebracht; und dies nicht ohne Grund: Nach dem Einbruch des »real-existierenden Sozialismus« wurde schließlich lauthals propagiert, dass endlich die Idee der Freiheit gesiegt habe und nunmehr die Geschichte des Menschengeschlechts zu ihrem sinnerfüllten Ende führe.[84] Diese der fulminanten These Hegels – »die Weltgeschichte ist nichts als die Entwicklung des Begriffs der Freiheit« (TWA 12, 539f.) – nachgesprochene Geschichtsdeutung findet heute deutlich weniger Anklang als noch vor wenigen Jahren.

Noch vor zwei Jahrzehnten schien derlei liberaler Optimismus durch die Zeitgeschichte gerechtfertigt. Die Revolutionen in Osteuropa waren ja in der Tat durch ein Verlangen nach bürgerlichen Freiheiten gekennzeichnet. Durch den umfassenden Sieg demokratischer Freiheiten über sozialistische Kommandowirtschaften schien die Welt den Ausweg gefunden zu haben aus einem jahrtausendealten Labyrinth politischer und ökonomischer Verwirrungen. Am Wesen der Freiheit konnte und sollte deshalb die Welt genesen, darin kamen intellektuelle Interpreten wie Samuel Huntington oder Francis Fukuyama mit weniger intellektuellen Politikern wie George W. Bush überein.[85] Die individuelle Freiheit, die persönlichen Potentiale und die eigene ökonomische Potenz zu aktivieren, sowie die kollektive Freiheit zur kooperativ-korporativen und zur demokratisch-partizipativen Gestaltung der geteilten Lebenswelt schienen den Weg in eine bessere Zukunft zu weisen: in eine Welt des Überflusses und des Friedens, in einen zweiten Garten Eden.

Dieser Optimismus ist schal geworden. Der in den 1990ern so heftig sprudelnde Schaumwein demokratischer Autonomie war schon kurz nach der Jahrtausendwende abgestanden. Von innen durch Korruption fermentiert und von außen durch Krisen erhitzt, vergärte in Ost- und Mitteleuropa der Champagner freiheitlichen Selbstregierens schnell zum Essig bitterer Systemzwänge.

84 | Vgl. Christopher Bertram und Andrew Chitty (Hg.), *Has History Ended? Fukuyama, Marx, Modernity*, Aldershot, United Kingdom; Brookfield, Vermont, USA, 1994; Timothy Burns, *After History? Francis Fukuyama and His Critics*, Lanham, Maryland 1994; Francis Fukuyama, *The End of History and the Last Man*, New York; Toronto 1992.

85 | Vgl. Samuel P. Huntington, *The Clash of Civilizations and the Remaking of World Order*, New York 1996; Fukuyama, *The End of History and the Last Man*; George W. Bush, *Our Mission and Our Moment: Speeches since the Attacks of September 11*, Washington, D.C. 2001.

Gerade die jüngsten Globalisierungs- und Wirtschaftskrisen haben Liberale weltweit ernüchtert. Dem Rausch sich rasant globalisierender Freiheit folgte der zähe Kater kosmopolitischer Verantwortung und weltweiter Nachhaltigkeitsprobleme.

Militärische Ausfälle westlicher Staaten gegen das internationale Rechtsgefüge und wirtschaftliche Einfälle in nationale Souveränitätsräume – zynischer, dummer oder perfider Weise im Namen der Freiheit durchgeführt – haben dem Nimbus der liberalen Idee erheblich geschadet.[86] Etlichen Menschen und Völkern brachte etwa die im Gefolge des *Washington Consensus*[87] vorangetriebene »Liberalisierung« der Märkte stärkere ökonomische Abhängigkeit. Zwar liegt die Urheberschaft für jenes Deregulierungsprogramm im Lager der Libertären[88] und Neoliberalen[89] und weniger bei klassischen Autoren des Libera-

86 | Vgl. Carl Mirra, *Enduring Freedom or Enduring War? Prospects and Costs of the New American 21st Century*, Washington, D.C. 2005; Aziz Rana, *The two Faces of American Freedom*, Cambridge, Massachusetts 2010; Anthony Bogues, *Empire of Liberty: Power, Desire, and Freedom*, Hanover, New Hampshire 2010.

87 | Vgl. Shahid Javed Burki und Guillermo Perry, *Beyond the Washington Consensus: Institutions Matter*, Washington, D.C. 1998; Ben Fine, Costas Lapavitsas und Jonathan Pincus, *Development Policy in the 21st Century: Beyond the Post-Washington Consensus*, London; New York 2001; A. K. N. Ahmed, *Washington Consensus: How and Why It Failed the Poor*, Dhaka 2004; Narcís Serra und Joseph E. Stiglitz (Hg.), *The Washington Consensus Reconsidered: Towards a New Global Governance*, Oxford; New York 2008.

88 | Zur Terminologie libertärer und libertarischer Positionen in Philosophie und Politikwissenschaft vgl. Fussnote 3 in der Einführung. Eine konzise Verhältnisbestimmung liberalen und libertären Denkens liefert Samuel Freeman, »Illiberal Libertarians: Why Libertarianism Is Not a Liberal View«, in: *Philosophy and Public Affairs*, 30, No. 2 (2001): 105-151.

89 | Eine kurze Anmerkung zur Verwendung des Begriffs »neoliberal«: Das Prädikat »neoliberal« tauchte zunächst im Kreis ordoliberaler Denker (Eucken, Röpcke, Müller-Armack) auf. Diese kritisierten vor allem in der Zeitschrift »Ordo« als »paläoliberal« ziemlich genau jene minimalstaatlichen Attitüden (radikale Privatisierung, Deregulierung, *laissez faire* etc.), die man heute oft unter dem Etikett »neoliberal« abbucht. Sie vertraten demgegenüber unter dem Etikett »neoliberal« einen auch auf soziale Belange achtenden Ordoliberalismus. Diese an der deutschen Herkunftsgeschichte sich anlehnende Verwendung des Begriffs »neoliberal« findet aber heute kaum Nachahmer, weil international dieser Sachverhalt nach wie vor weithin unbekannt ist. Im globalen Diskurs konturiert der Begriff »neoliberal« daher vielmehr die von Mises und Hayek inspirierte Abkehr der Chicago School of Economics (und der von ihr inspirierten Politiktheorien) von den moralischen sowie sozialen und demokratischen Elementen des klassischen Liberalismus von Hume und Smith zugunsten fortschreitender Deregulierung und Privatisierung. In diesem weit gebräuchlicheren Sinn wird »neoliberal« auch hier verwendet.

lismus oder den deutschen Ordoliberalen, und schon gar nicht bei den progressiven *liberals* in den USA oder dem britischem *new liberalism*. Dennoch nahm die Idee der Freiheit insgesamt Kollateralschaden. Etliche lasteten die Fehler dieses Programms nicht allein den eigentlichen Akteuren wie dem *International Monetary Fund* (IMF) und der *World Trade Organization* (WTO) an, sondern der liberalen Ideologie als solcher. Viele, die man in den letzten Jahrzehnten auf das Rad der ökonomischen Liberalisierung spannte, verargen die dabei erlittenen Verrenkungen dem Freiheitsgedanken selbst und nicht nur seiner libertären Überstreckung.

Zudem ist die Empfindung weitverbreitet, dass es sich bei den jüngst erlebten ökonomischen Krisen nicht nur um wirtschaftliche, sondern auch um eine gesellschaftliche, nicht nur um finanzielle, sondern auch um moralische, nicht nur um zufällige, sondern um zwangsläufige Krisen handelte.[90] Entsprechend erfolgt immer lauter der Ruf nach systemischer Reform und – dem vorausgehend – systematischer Reflexion. Die seit 2008 schwelende Wirtschaftskrise hat so erheblich zu einem weltweiten Bewusstseinswandel beigetragen, indem sie etliche gestrige Rezepte liberaler Politik – weniger Staat, *laissez faire*, deregulieren, monetarisieren, incentivieren – als vorgestrig entwertete.[91] Entsprechend leiser singt das liberale Lager gegenwärtig das Credo der ›Liberalisierung‹.

Neoliberale und Libertäre muss dies verunsichern, hatten sie doch lange das Streben nach Freiheit und Profit geradewegs verkuppelt: Der aus Axiomen der neoklassischen Ökonomik und neoliberaler Politiktheorien zusammengeschweißte Rennwagen hatte ja überdies auch eine Weile gut im Rennen gelegen! Jenes von Thatcher, Reagan und ihren Nachfolgern mit dem Sprit entregelter Wirtschaften auf Hochtouren gejagte Gefährt deregulierter quantitativer Freiheit schien geradezu schwerelos über politische Bürden, kulturelle Barrieren, ökologische Probleme und religiöse Empfindsamkeiten hinwegzugleiten. Doch auf der Zielgeraden zur staatsarmen Globalgesellschaft verlor der schnittige Bolide die Bodenhaftung, geriet auf dem Ölfilm der Spekulativfinanz ins Schlittern und raste vor die harte Wand der Wirklichkeit. Nun, da der Karren zu Schrott gefahren ist, will es natürlich keiner gewesen sein.

Zum »deutschen Sonderweg« in der Begriffsgeschichte siehe Viktor Vanberg, »›Ordnungstheorie‹ as Constitutional Economics: The German Conception of a ›Social Market Economy‹«, in: Walter Eucken (Hg.), *ORDO: Jahrbuch für die Ordnung von Wirtschaft und Gesellschaft*, Bd. 39, 1988.

90 | Vgl. Rowan Williams und Larry Elliott, *Crisis and Recovery: Ethics, Economics, and Justice*, New York 2010; Kean Birch und Vlad Mykhnenko (Hg.), *The Rise and Fall of Neoliberalism: The Collapse of an Economic Order?*, London; New York 2010.

91 | Vgl. Olivier J. Blanchard et al., *In the Wake of the Crisis: Leading Economists Reassess Economic Policy*, 2012; Adair Turner, *Economics after the Crisis: Objectives and Means*, 2012.

Libertäre putzen linke Ausleger heraus (wie Hillel Steiner); Wirtschaftsliberale besinnen sich auf moralphilosophische Stoßdämpfer (wie bei Adam Smith); und im Lager des Ordoliberalismus werden marktkritische Reparaturwerkzeuge (etwa von Wilhelm Röpke) aus dem Reservelager geholt. Plötzlich erinnert man sich landauf und landab der Einsicht des klassischen Liberalismus, dass das eigennützige Rasen einiger von einer Grundsicherung für alle abgebremst und von sittlichen Regeln für jeden eingerahmt werden muss. Diese Einsichten sind in der Tat vortrefflich – vor allem als indirektes Schuldeingeständnis derer, die ebendies allzulange fahrlässig oder vorsätzlich vergaßen. Sie reichen aber nicht aus, um die Kiste wieder flottzumachen. Der Crash war schließlich kein Zufall, sondern der Tatsache geschuldet, dass das wirtschaftsliberale Unglücksgefährt von einem Freiheitsverständnis gesteuert wurde, das Seitenblicke auf die ökologischen, sozialen und ethischen Leitplanken der ökonomischen Fahrstrecke systematisch versperrte. Um den Wagen der Freiheit wieder ins Rollen zu bringen, muss vor allen Dingen die eigentliche Unfallursache – der quantitative Tunnelblick – behoben werden. Ansonsten sind zukünftige Unfälle bereits vorprogrammiert.

Gegen die Marktvergötzung quantitativer Liberaler (in ihrer Rede von der »Marktgesellschaft« etc.) ist als qualitatives Grundprinzip festzuhalten: Die Freiheit zur Selbstbestimmung soll durch Märkte realisiert, nicht unterminiert werden. Der Markt hat den Menschen und ihrer Freiheit zu dienen, nicht umgekehrt.[92] Qualitativ denkende Liberale fördern deshalb einen Welthandel, der allen die Chance gibt, sich autonom zu entfalten. Insofern muss gelten: Allein fairer Handel ist wahrhaft freier Handel. Nur, wenn alle Parteien einer ökonomischen Transaktion so gestellt sind, dass sie von »humanly intolerable exchanges« auch Abstand nehmen können, darf man aus der formellen Freiwilligkeit des Handelsgeschäfts auf die materielle Legitimität desselben schließen.[93] Damit dabei alle Seiten zu ihrem Recht kommen, bietet es sich an, wie im Sport, so auch hier nach Gewichtsklassen zu differenzieren. Kleine Staaten und schwache Ökonomien brauchen bisweilen schützende Regeln; ihnen dazu zu verhelfen, ist ein Gebot liberaler Solidarität. Denn Ungleiches gleich zu behandeln, ist ebenso ungerecht, wie Gleiches ungleich zu behandeln.[94]

Fälschlich meinen manche Liberale, in Globalisierungskritikern *per se* Gegner erkennen zu müssen. Wer (wie die Vertreter des *Washington Consensus*) anderen vorschreibt, Freiheit sei allein quantitativ zu verstehen, d.h. als Ma-

92 | Vgl. Ronald Dworkin, *Sovereign Virtue: The Theory and Practice of Equality*, Cambridge, Masschusetts; London 2000.

93 | Vgl. Vivian Walsh, »Amartya Sen on Rationality and Freedom«, in: *Science and Society*, 71, No. 1 (2007): 59-83, S. 63.

94 | Vgl. Mark R. Reiff, *Exploitation and Economic Justice in the Liberal Capitalist State*, Oxford 2013.

ximierung von – inbesondere ökonomischen – Optionen, verstößt ja vielmehr selber gegen jene, von allen Liberalen hochgehaltene Freiheit zur bürgerlichen Selbstbestimmung. Es ist vielmehr das zutiefst liberale Anliegen – politische Autonomie für alle – der Globalisierungskritiker anzuerkennen, die ja erklärtermaßen für die Freiheit zur regionalen und lokalen Selbstbestimmung streiten. Entsprechend darf ein qualitativ ausgerichteter Liberalismus nicht tatenlos zusehen, wenn Verkehrsformen der Wirtschaft internationalisiert werden, während deren rechtliche Gestaltungsformen und gesellschaftliche Einflussmöglichkeiten national beschränkt bleiben. Ansonsten fallen schnell ökologische, kulturelle und soziale Freiheiten der Wirtschaftsfreiheit zum Opfer.

Wessen Freiheit ist gedient, falls die Profite des internationalen Wirtschaftens überwiegend reichen Nationen und großen Unternehmen zufallen, während die negativen Externalitäten sich vornehmlich in armen Ländern und zu Lasten kleiner Lebens- und Wirtschaftsverbände niederschlagen?[95] Hier wird nicht nur das Prinzip der Gerechtigkeit verletzt, sondern auch die kosmopolitische Dimension der Idee der Freiheit. Liberale sollten deshalb protestieren, wenn die Postulate des Freihandels und der Wettbewerbsgerechtigkeit nur dann und nur insoweit durchgesetzt werden, als sie mit den Erwerbsinteressen wohlhabender Nationen zusammenfallen. Qualitativ ausgerichtete Freiheit hat nicht nur dort gegen menschenrechtswidrige Diskriminierungen zu streiten, wo sie von deren Beseitigung ökonomische, politische oder sonstige Vorteile erwarten darf (Marktöffnung, neue Allianzen etc.). Anliegen und Stolz der ordoliberalen Schule war es stets, durch geregelten Wettbewerb wirtschaftliche Macht zu brechen;[96] zu diesem Gedanken müssen wir heute im globalen Maßstab zurückkehren.

Qualitativer Liberalismus hat sich auch und gerade dort zu engagieren, wo dies bedeutet, sich mit den Mächtigen unserer Tage – diktatorischen, hegemonialen, oligarchischen sowie plutokratischen Strukturen – zu überwerfen. Das aber geschah unter der Flagge quantitativer Freiheit zu wenig. Und daraus erklärt sich meines Erachtens viel des weltweiten Unbehagens an der Idee der Freiheit. Weil im Zeichen des Universalismus unaufrichtig und unehrenhaft

---

95 | Vgl. J. Timmons Roberts und Bradley C. Parks, *A Climate of Injustice: Global Inequality, North-South Politics, and Climate Policy*, Cambridge, Massachusetts 2007; M. Gardiner Stephen, »Ethics and Global Climate Change«, in: *Ethics*, 114, No. 3 (2004): 555-600; JoAnn Carmin und Julian Agyeman (Hg.), *Environmental Inequalities beyond Borders: Local Perspectives on Global Injustices*, Cambridge, Massachusetts 2011; Flavio Comim, »Climate Injustice and Development: A Capability Perspective«, in: *Development*, 51, No. 3 (2008): 344-349.

96 | Vgl. hierzu die Beiträge in: Walter Eucken et al. (Hg.), *Freiheit und wettbewerbliche Ordnung: Gedenkband zur Erinnerung an Walter Eucken*, Freiburg 2000 sowie im Euckenschen Original: Walter Eucken, *Grundsätze der Wirtschaftspolitik*, Bern 1952.

gekämpft wurde, verbrennen heute viele die Fahnen des Kosmopolitismus. Weil die Ideen des Menschenrechts und der Freiheit zu einseitig verfochten wurden, werden sie nun von allzu vielen Seiten angefochten. Dringend benötigt die Idee der Freiheit daher neue Heeresleiter (*strategoi*) und erfolgreichere – qualitativ orientierte – Strategien. Wir müssen Freiheit von Grund auf neu denken, um die auf beiden Seiten irrige Einteilung der Welt in Freunde und Feinde der Freiheit hinter uns zu lassen.

Während quantitative Theorien alle Formen globaler Verantwortung, die sich nicht für die Erweiterung der jeweils eigenen Optionen rechnen, zumeist in die Privatmoral auslagern, besteht die Idee qualitativer Freiheit von Anfang an und auf einer Verantwortung für das Ganze. Da das individuelle Recht auf Freiheit nicht in der *Partikularität* der Subjekte, sondern in ihrer *Personalität* wurzelt, endet qualitativ ausgerichtete Freiheitsphilosophie notwendigerweise *kosmopolitisch*: in der Aufgabe, allen zur Autonomie zu verhelfen. Qualitative Freiheit beginnt und endet beim Weltbürger und seinen realen Lebenschancen. Einem qualitativ ausgerichteten Liberalismus ist daher nationaler Egoismus fremd. Entsprechend proaktiv, nicht defensiv, sollten sich Liberale an der freien Selbstbestimmung *jedes* Menschen interessiert zeigen und sich für die Emanzipation *aller* Weltbürger einsetzen.

Wer aber ist dieser Weltbürger? Wie schon die alte Frage nach dem Wesen des Menschen, so ist auch diese nicht materialistisch-empirisch zu beantworten. Wir können weder den *Menschen an sich* noch den *Weltbürger an sich* nackt auf eine Teilchenwaage legen und sodann präzise seine anthropologisch-metaphysische Masse ablesen. Natürlich nicht; denn insofern der Mensch ein relationales Wesen ist, so kann man ihn auch nicht losgelöst von seinen Beziehungen analysieren. Weniger auf das biologische Skelett kommt es an, als auf das symbolische Gerüst der menschlichen Lebenswelt. Die künstlich geschaffenen Welten aus Wissenschaft und Religion, Moral und Recht, Wirtschaft und Politik, mit denen Menschen sich auf ihr zukünftiges Selbst hin entwickeln, zeigen uns: Es gehört zur menschlichen Freiheit, werktätig zu sein; und ihre Werke sind nicht nur materiell, sondern auch ideell. Metaphysiken gehören ebenso zur humanen Grundausstattung wie Monumente; seiner Ideale gewissert sich der Weltbürger an den Bauten seines Geistes ebenso wie anhand körperlicher Gebäude. Vor dem ewigen Hintergrund der letzten Dinge der Religion und Metaphysik erwägt die Menschheit stets erneut zeitgemäße Antworten auf die vorletzten Fragen von Politik und Wirtschaft, Recht und Moral. Es ist darum kein Ausdruck einer besonders modernen, sondern Abdruck einer besonders lebensfernen Denkungsart, vom Menschen einen endgültigen Abschied von der Metaphysik, von Religion und Spiritualität zu erwarten oder zu verlangen.

Die übergreifenden normativen Prinzipien, welche der Weltgemeinschaft auch im Falle konfligierender Interessen noch Orientierung bieten sollen, können den Menschen nicht von außen aufgenötigt werden. Sie müssen den

Menschen vielmehr von ihren jeweiligen Lebens- und Weltanschauungen her nahegebracht werden und kraft ihrer eigenen Vernunft einleuchten. Ich betrachte darum mit Skepsis Versuche akademischer Philosophie, zur Lösung der Probleme der Weltökologie, Weltökonomie und Weltpolitik von Grund auf das moralische Rad der Menschheit neu zu erfinden. Man muss kein Kostverächter sein, um die Vorstellung einer für alle gleichen »Weltspeise« unappetitlich zu finden, mit der allüberall die Menschen abzufüttern wären. Ebensowenig erscheint mir der Gedanke einer »Weltethik« attraktiv, die allen zu jederzeit und an jedem Ort bis ins Kleinste vorschreibt, was sie tun sollen. Plausibler sowie der prozeduralen Vorgabe qualitativer Freiheit gemäßer wäre es, meine ich, nach einer Konvergenz derjenigen Werte zu suchen, an denen die Weltbürger sich bereits von sich aus orientieren.

Hierzu muss die Freiheitsphilosophie den Elfenbeinturm verlassen und sich auf die Straßen dieser Welt begeben und auflesen, was in den jeweiligen kulturellen Gemeinschaften als verantwortliche Freiheit geachtet wird.[97] Dort wird sie die Menschen als sich unausgesetzt selbst interpretierende und moralisch korrigierende Personen vorfinden. Nur wenige Menschen aber orientieren sich in ihren normativen Selbstbildern an rein säkularen mentalen Modellen. Die meisten nehmen reichlich spirituelle Beimischungen in ihre kognitive Diät auf. Ein Liberalismus, der diese Zukost nicht verdauen kann, wird an ihnen früher oder später erkranken.[98] Anders als Theorien quantitativer Freiheit (vgl. Abschnitt 4.3) muss ein auf den tatsächlichen *homo sapiens* achtender Liberalismus daher auch spirituelle und metaphysische Orientierungsangebote verstehen können und ins Verhältnis zu seinen eigenen Wertüberzeugungen setzen. Dies erscheint nur im Rahmen qualitativer Freiheitstheorie möglich. Allerdings – das war der wichtige Ertrag der Philosophie Kants und Krauses – in einer Weise, die den Bürgern nie mehr oder andere Formen des Nachdenkens über die letzten Dinge zumutet, als diese selber nachfragen.

Der qualitativ ausgerichtete Liberalismus beerbt die metaphysischen und spirituellen Traditionen also selektiv – und kritisch. Wenn religiöse Bürger politische Maximen im Ausgang von ihren spirituellen Überzeugungen formulieren, so sind solche Argumente nicht schon deshalb verdächtig, weil sie von spirituellen Prämissen aus geführt werden. Wo jene religiösen Überzeugungen jedoch den Anspruch erheben, kollektives Handeln und politisches Entscheiden unmittelbar anzuleiten, ist zu prüfen, inwiefern jene Argumente auch für Nicht- und Andersgläubige überzeugen können.[99] In einem qualitativ-

97 | In ähnlicher Richtung argumentierend: Ganesh Nathan, *Social Freedom in a Multicultural State*, 2014 (Originalausgabe: 2010).

98 | Vgl. Di Fabio, *Kultur*, S. 8.

99 | Vgl. Todd Hedrick, *Rawls and Habermas: Reason, Pluralism, and the Claims of Political Philosophy*, Stanford, California 2010.

liberalen Staatswesen nehmen religiös oder metaphysisch begründete Wahrheiten also nicht direkt politisches Gewicht an, sondern allenfalls indirekt: insofern sie Werte formulieren, die auch von anderen weltanschaulichen Positionen her affirmiert werden.

Letzteres wird umso mehr der Fall sein, je genauer die dabei jeweils in Anspruch genommenen Werte mit universal-menschlichen Grundüberzeugungen wie etwa der *Goldenen Regel*[100] übereinstimmen. Bei solchen Prinzipien wird die Transformation spiritueller Weisheit in säkulare Geltungskraft leicht gelingen; bei anderen Wertvorstellungen (etwa im Blick auf bestimmte Sexualnormen) eher weniger. Wo sich aber eine stabile interkulturelle Übereinstimmung in bestimmten grundlegenden Werten ergäbe, könnte diese in politischen Diskursen durchaus als hintergründiger Filter vordergründiger Gestaltungswünsche fungieren. Etwa dürften sich politische Vorhaben religiöser (wie säkularer) Interessengruppen und Gemeinschaften, die sich innerhalb jener Schnittmenge global konvergierender Werte bewegen, größerer Zustimmung und damit höherer Realisierbarkeit erfreuen als andere.

Aber gibt es einen solchen menschheitlichen Konsens denn überhaupt und worin könnte er bestehen? Dieser Frage wurde in den letzten Jahren verstärkt nachgegangen, auf spritueller,[101] agnostischer[102] wie säkularer[103] Grundlage, inbesondere im Rahmen des 1990 von Hans Küng an der Universität Tübingen begründeten *Projekts Weltethos*.[104] Dort kam es in den letzten 25 Jahren zu einer Ermittlung der Wertgrundlagen, welche Menschen aller Nationen und Regionen miteinander verbinden und zu einer viele tausend Seiten umfassenden Forschungsliteratur. Neben umfangreichen Monographien zu den gemeinsamen ethischen Werten von Judentum,[105] Christentum,[106] Islam,[107] im Daoismus und Konfuzianismus[108] sowie im indischen Geistesleben von Hin-

100 | Vgl. Bauschke, *Die Goldene Regel*.

101 | Vgl. Fethullah Gülen, *Toward a Global Civilization of Love & Tolerance*, Somerset, New Jersey 2004.

102 | Hier ist vor allem an die jüngeren Veröffentlichungen des Dalai Lama zu denken, etwa an: *Beyond Religion: Ethics for a Whole World*, Boston 2011.

103 | Eine Sammlung säkularer Ansätze finden sich bei: Dierksmeier, *Humanistic Ethics in the Age of Globality*.

104 | Vgl. Hans Küng, *Projekt Weltethos*, München 1990.

105 | Vgl. Hans Küng, *Das Judentum. Die religiöse Situation der Zeit*, München 1991.

106 | Vgl. Hans Küng, *Das Christentum: Wesen und Geschichte*, München; Zürich 2007 (Originalausgabe: 1994).

107 | Hans Küng, *Der Islam: Wesen und Geschichte*, München; Zürich 2007.

108 | Vgl. Hans Küng, *Tracing the Way: Spiritual Dimensions of the World Religions*, übersetzt von: John Bowden, London 2002.

duismus, Buddhismus und Jainismus[109] spürte das Team von Hans Küng jener Konvergenz der Werte auch im Feld interkultureller Literatur[110] und Philosophie[111] nach.

Das zentrale Ergebnis jener Studien war, dass zwei formale Prinzipien und vier substantielle Werte über alle zeitlichen und räumlichen Grenzen hinweg von der Menschheit stets als moralisch bindend anerkannt – wenngleich natürlich nicht immer eingehalten – wurden.[112] Dabei handelt es sich *erstens* um die *Goldene Regel* der Gegenseitigkeit (bekannt durch Anweisungen wie »*Was Du nicht willst, daß man Dir tu'*....«) und das Prinzip der Menschlichkeit, Menschen menschlich zu begegnen, d.h. personale Subjekte nicht wie dingliche Objekte zu behandeln. Angewendet auf die alltägliche Lebenswelt führen diese beiden formalen Prinzipien *zweitens* auf vier substantielle Grundwerte, die ihrerseits ebenfalls globale Zustimmung erfahren: Wahrhaftigkeit, Gerechtigkeit, Partnerschaft und Friedfertigkeit. Gemeinsam konstituieren jene Regeln und Werte den Kern einer ethischen Haltung, die Menschen überall und stets zu sittlichem Handeln inspiriert hat, eben ein *Weltethos*.

Da jene Werte stets erneut in ungleichen kulturellen Kontexten vergleichbaren Ausdruck gefunden haben, weil also das *Weltethos*[113] gewissermaßen zum Grundbestand der menschlichen Selbstorientierung gehört, so kann man es als Kern einer realistisch-idealistischen Anthropologie ansehen. In ihm spiegelt sich das Erbe aller Traditionen der Menschheit: In der *greifbaren Vielheit der Kulturen* reflektiert sich so die *begriffliche Einheit der ethischen Natur* der Menschheit. Das Weltethos ähnelt insofern einem unsichtbaren Bund der Zivilisationen und Kulturen. Jener Bund ersetzt natürlich nicht die sichtbaren Anstrengungen derer, die ihn bilden. Er weist Menschen aller Herkünfte aber

109 | Vgl. Stephan Schlensog und Hans Küng, *Der Hinduismus: Glaube, Geschichte, Ethos*, München 2006.

110 | Vgl. Karl-Josef Kuschel, *Im Ringen um den wahren Ring: Lessings »Nathan der Weise« – eine Herausforderung der Religionen*, Ostfildern 2011; Karl-Josef Kuschel, *Jesus im Spiegel der Weltliteratur. Eine Jahrhundertbilanz in Texten und Einführungen*, Düsseldorf 1999.

111 | Vgl. Hans-Martin Schönherr-Mann, *Globale Normen und individuelles Handeln: Die Idee des Weltethos aus emanzipatorischer Perspektive*, Würzburg 2010; Hans-Martin Schönherr-Mann und Hans Küng , *Miteinander leben lernen: Die Philosophie und der Kampf der Kulturen*, München; Zürich 2008.

112 | Eine gute Übersicht hierzu und zum Folgenden liefert: Küng, Gebhardt und Schlensog, *Handbuch Weltethos*.

113 | Vgl. Hans Küng und Karl-Josef Kuschel, *Wissenschaft und Weltethos*, München 1998; Helmut Reinalter, *Projekt Weltethos: Herausforderungen und Chancen für eine neue Weltpolitik und Weltordnung*, Innsbruck 2006; Schönherr-Mann, *Globale Normen und individuelles Handeln: die Idee des Weltethos aus emanzipatorischer Perspektive*.

an, worauf und wodurch sie sich theoretisch einigen und wie sie praktisch kooperieren können. Durch jene Konvergenz elementarer Werte können, so der Grundgedanke des *Projekts Weltethos*, Personen unterschiedlichster Herkünfte im Dialog geteilte Vorstellungen entwickeln und auf dieser Basis zielführend kooperieren.[114]

Klarerweise, um universell zu verpflichten, sind die Werte des Weltethos nicht nur spirituell, sondern auch säkular zu fundieren. Damit sie auch zwischen Gläubigen und Nichtgläubigen greifen, jenseits aller *spirituellen* Fundamente, dafür müssen *säkulare* Gründe angeführt werden. Diese können historisch sowie systematisch ausfallen. *Historisch* dürfte man Agnostiker und Atheisten am ehesten mit dem Argument erreichen, dass über die Jahrhunderte hinweg immer wieder Konzeptionen einer ethisch sich selbst bindenden Freiheit entlang der im Weltethos-Projekt identifzierten Werte auftreten. Menschen haben über alle historischen und geographischen Räume hinweg, sich wieder und wieder auf diese Grundnormen des Zusammenlebens geeinigt; natürlich in von Ort zu Ort und von Kultur zu Kultur unterschiedlicher Ausgestaltung: in den Weisheitslehren Chinas wie Indiens, in den Philosophien Nordeuropas wie Südamerikas ebenso wie im Dichten und Denken afrikanischer Kulturen.[115] *Systematisch* ist zu zeigen, warum eine an jenen Werten orientierte Lebensführung konsistent und kohärent die vernünftige Selbstbindung menschlicher Freiheit zum Ausdruck bringt.

Zwar gehen Menschen darüber auseinander, *was* sie als höchste Qualität von Freiheit berühmen; aber, so konnte unsere Studie zeigen, sie können sehr wohl übereinstimmen, *dass* und *wie* die menschliche Freiheit ethisch auszurichten wäre. Von dieser Warte aus erscheinen die Werte des Weltethos als Ausbuchstabierung qualitativer Freiheit im Sinne einer auf die würdevolle Autonomie aller Mitmenschen zielenden Verantwortungsübernahme. Das jahrtausendealte Ringen der Weltkulturen um ein gutes, wahres und sinnerfülltes Leben erscheint im Lichte eines qualitativen Freiheitsverständnisses darum als essentiell für gelingendes Menschsein überhaupt: als Ausdruck der sittlichen Selbstbestimmung unserer Freiheit. Entsprechend respektvoll muss ein qualitativer Liberalismus den spirituellen und säkularen Weisheitstraditionen aller Völker begegnen.

Natürlich sind die im *Weltethos*-Gedanken zusammengefassten Regeln höchst allgemeiner Natur und müssen, je nach Anwendungskontext, weiter

---

114 | Vgl. Hans Küng, »We Need Bridge-Builders – No Survival for the World Without a Global Ethic«, in: *East-West Divan In Memory of Werner Mark Linz*, London 2014.

115 | Vgl. Christel Hasselmann, *Hans Küngs Projekt Weltethos interkulturell gelesen*, Nordhausen 2005; Hans Küng, *Ein Weltethos für die neue Weltepoche*, 1998; Hans Küng, *Weltordnung braucht Weltethos – Interkultureller Dialog als Schlüssel zu friedlicher Koexistenz*, 1997; Dierksmeier, *Humanistic Ethics in the Age of Globality*.

fortbestimmt werden. Daher hat man sich seitens der *Stiftung Weltethos* an die Konkretisierung der Bedeutung jener Werte und Normen für Fragen beispielsweise der (Welt-)Politik,[116] des (Welt-)Rechts,[117] der (Welt-)Wirtschaft,[118] der Wissenschaft,[119] der Kultur,[120] der Pädagogik,[121] des Sports,[122] der Nachhaltigkeit,[123] etc. gemacht. Diese Arbeit in einer interkulturell möglichst inklusiven Weise fortzuführen und auszubauen, ist das gemeinsame Anliegen sowohl der *Stiftung Weltethos* als auch des 2012 an der Universität Tübingen gegründeten *Weltethos-Instituts*.[124] Jedoch kann und will das *Projekt Weltethos* nicht exakte Anweisungen für jegliche *Handlungen* im Sinne einer allverbindlichen »Weltethik« geben, sondern die hinter den divergierenden Moralsystemen der Menschheit aufscheinenden gemeinsamen sittlichen *Haltungen* namhaft machen. Ziel ist die Orientierung und Koordination, nicht die Normierung und Standardisierung von Verhalten, damit Menschen allerorten gemeinsam im

116 | Vgl. Hans Küng, »Weltpolitik und Weltethos«, in: *Evangelische Akademie Bad Boll: Aktuelle Gespräche*, 43, No. 4 (1995): 30-35; Hans Küng, »Zur Problematik von Weltpolitik, Weltstaat und Weltethos«, in: Stefan Gosepath und J.C. Merle (Hg.), *Weltrepublik Globalisierung und Demokratie*, München 2002.

117 | Vgl. Hans Küng, »Menschen-Rechte und Menschen-Verantwortlichkeiten«, in: Hans Küng (Hg.), *Dokumentation zum Weltethos*, München 2002.

118 | Vgl. Hans Küng; Leisinger, Klaus M.; Wieland, Josef, *Manifest Globales Wirtschaftsethos: Konsequenzen und Herausforderungen für die Weltwirtschaft (Deutsch/Englisch) = Manifesto Global Economic Ethic: Consequences and Challenges for Global Businesses (German/English)*, München 2010; Hans Küng, »Weltethos und globale Führungsverantwortung«, in: Uto Meier und Bernhard Still (Hg.), *Führung. Macht. Sinn: Ethos und Ethik für Entscheider in Wirtschaft, Gesellschaft und Kirche*, Regensburg 2010.

119 | Vgl. Küng und Kuschel, *Wissenschaft und Weltethos*.

120 | Vgl. Hans Küng, »Weltmusik – Weltreligionen – Weltethos. Interkulturelle Kommunikation durch Musik«, in: Christine Büchner et al. (Hg.), *Kommunikation ist möglich Theologische, ökumenische und interreligiöse Lernprozesse, Festschrift für Bernd Jochen Hilberath*, Ostfildern 2013.

121 | Vgl. Stephan Schlensog und Walter Lange (Hg.), *Weltethos in der Schule: Unterrichtsmaterialien der Stiftung Weltethos*, Tübingen 2008.

122 | Vgl. Hans Küng, »Welt – Sport – Ethos. Weltethos«, in: Eckhard Nagel (Hg.), *Deutscher Evangelischer Kirchentag Hannover 2005*, Gütersloh 2005.

123 | Vgl. Hans Küng, »Nachhaltige Entwicklung und Weltethos«, in: Heidi Bohnet-von der Thüsen (Hg.), *Denkanstöße '99 Ein Lesebuch aus Philosophie, Natur- und Humanwissenschaften*, München 1998.

124 | Mehr Information zur Arbeit des Instituts findet sich auf www.weltethos-institut.org/.

Lichte geteilter Grundüberzeugungen zu zeit- und kontextgerechten Lösungen für die sie gemeinsam betreffenden Probleme finden.

Das induktiv von den großen ethischen Stromsystemen der Menschheit her gewonnene »Weltethos« hat gegenüber einer philosophisch herbei deduzierten »Weltethik« nicht nur den *pragmatischen* Vorzug, dass es die Menschen dort abholt, wo sie sind, anstatt ihnen einen steilen intellektuellen Weg zu abstrakten philosophischen Erkenntnisformen abzunötigen. Der entscheidende Vorteil ist *prinzipieller* Natur. Während eine »Weltethik« sich allzu leicht als endgültige *Antwort* auf alle Fragen verstehen kann, steht das *Projekt Weltethos* für das genaue Gegenteil: für den *Beginn* eines interkulturellen Gesprächs, um im Lichte geteilter Haltungen und Überzeugungen das Trennende zu bearbeiten und Konflikte wie Probleme zu bewältigen. Im Lichte des Weltethos wären kulturell bedingte Wertdifferenzen zum Reden zu bringen und auszutragen, anstatt sie, wie von der Warte einer Weltethik aus zu befürchten wäre, abzutragen und so zum Schweigen zu bringen.

Qualitativer Liberalismus und Weltethos-Projekt konvergieren in der Grundeinsicht, dass man Freiheit nur bewahrt, wo sie sich angesichts weltweiter ethischer Herausforderungen bewährt. Dabei verhält sich vom *Projekt Weltethos* eingeforderte kosmopolitische Verantwortungsübernahme zur individuellen Freiheit nicht wie ein Riegel zur Tür, sondern wie Haut zum Körper. Sie ist eine *Grenze*, die der Freiheit Kontur und Individualität verleiht, nicht eine *Schranke*, die sie verhindert. Unsere Untersuchung hat erbracht: Werte – und der globale Dialog über sie – gehören ins Zentrum des freiheitlichen Selbstverständnisses. Sowohl angesichts der räumlichen Globalität unserer Lebensverhältnisse als auch im zeitübergreifenden Angesicht der Generationen, die nach uns kommen, sowohl in Rücksicht auf unsere Um- und Mitwelt wie auch in Vorsorge für unsere Nachwelt, sowohl im Ausblick auf das Ideal integrativer Toleranz als auch im Hinblick auf die Realitäten ausgrenzender Intoleranz, sowohl eingedenk des materiellen Unterbaus des Lebens wie seiner spirituellen Überformung bewusst, führt eine Freiheit, die im Weltethos ihr Maß und ihre Mitte ausprägt, Menschen einander zu, indem sie die Freiheit jeder Person zur Erfüllung der Freiheit aller Weltbürger aufruft.

Qualitativ orientierte Freiheitsphilosophie findet also beim Versuch, die sie leitende Idee sachgerecht einzulösen, im *Projekt Weltethos* eine ihr zutiefst entsprechende ethische Inspiration. Umgekehrt liefert eine philosophisch ausgearbeitete Theorie qualitativer Freiheit dem *Projekt Weltethos* eine wichtige säkulare Stütze. Ein qualitativ fundierter Liberalismus kann begründen, warum die in das *Projekt Weltethos* eingehenden spirituellen Traditionen auch von säkularer Warte aus zu Rate gezogenen werden. Denn der Mensch ist, was er wird; und er wird, wonach er strebt; und so gehören auch die kulturellen und spirituellen Aspirationen der Menschen, aller Menschen, zur Bestimmung des *homo sapiens* hinzu.[125] Der Mensch ist *von Natur aus Kulturwesen*, insofern als er sich erst vermittels eigens hervorgebrachter symbolischer Welten und Deutungen realisiert. Als sinnsuchendes Wesen lebt er grundsätzlich in Wertewelten. So betrachtet, gehören moralische Gebote und der weite Kosmos kontemplativer und meditativer Praktiken sowie religiöser Symbole ebenso zum Menschsein wie die biologische Umwelt und die Flora und Fauna, die sie bevölkern.[126] Anstatt also die Werte für die lebensweltliche Orientierung der Freiheit aus dem Nichts erzeugen zu müssen, lassen sie sich aus der Fülle spiritueller wie säkularer Entwürfe und geschichtlich erarbeiteter Praktiken aufgreifen.[127]

Bei der kritischen Sichtung von Werten und bei der Auslese zukunftstauglicher und problemgerechter Programme obliegt es der Philosophie wie eh und je, die seitens der Diskutanten eingebrachten (metaphysischen, moralischen, politischen, religiösen) Konzepte analytisch zu prüfen und mit den Ansprüchen der Vernunft abzugleichen. Dass dabei im lebhaften Austausch religiöser wie philosophischer, spiritueller wie säkularer Argumente zugleich jener Zugriff auf das Überlieferte pluralistisch-bescheiden bleibt, genau dafür trägt die – in den Kapiteln zu Karl Christian Friedrich Krause und Amartya Sen besonders herausgearbeitete – *prozedurale Dimension* des qualitativen Liberalismus Sorge. Ihr zufolge dürfen ja nur diejenigen Werte umgesetzt werden, die sowohl ihre kritische Selbstanwendung (vgl. Abschnitt 4.3) überstehen und zugleich von den Bürgern als Form freiheitlicher kollektiver Selbstbindung ausgezeichnet werden. Durch liberale Prozeduren kann Freiheit somit als ein moralisch so ansprechendes wie anspruchsvolles Ideal zurückgewonnen werden, ohne doch die Idee der Freiheit auf ein einziges Set sittlicher Ziele zu verengen.

Jene optimistische Aussicht darauf, dass die wechselseitige Selbstprüfung von Freiheitsansprüchen im öffentlichen Raum anhand von der Menscheit durchgängig affirmierter Werte stattfinden und vermittels einer »cosmopolitan conversation«[128] über die gemeinsame Bewältigung der die Weltbürger bedrängenden Probleme erfolgen kann, wird von säkularen wie spirituellen Fundamentalisten. Den ersten stößt negativ auf, dass spirituelle Fundamente überhaupt Eingang in die öffentliche Urteilsbildung finden. Den zweiten behagt nicht, dass ihre religiösen Fundamente einer kritischen Prüfung unterzogen werden; das setze unzulässig die Vernunft über Gott zum Richter ein. Denn der religiöse Fanatiker gibt sich ja keineswegs mit der Toleranzforderung

125 | Vgl. Ernst Cassirer, *Freiheit und Form. Studien zur deutschen Geistesgeschichte*, Berlin 1916.

126 | Vgl. Helmuth Plessner, *Die Stufen des Organischen und der Mensch; Einleitung in die philosophische Anthropologie*, Berlin 1965.

127 | Vgl. Arnold Gehlen, *Anthropologische Forschung*, Reinbek bei Hamburg 1967.

128 | Vgl. Kwame Anthony Appiah, *The Ethics of Identity*, Princeton, New Jersey 2005.

zufrieden, dass er zwar in der *Innenperspektive* seine Glaubenswahrheit für voll und ganz wahr erachten, aber nicht in der *Außenperspektive* als absolut vertreten und rücksichtlos durchsetzen darf.[129]

Den säkularen Fundamentalismus (etwa eines Rawls) hatten wir bereits entkräftet (vgl. Abschnitt 4.3). Ebenso ist natürlich dem spirituellen Fundamentalismus entgegenzutreten. Zwar werden die Ansichten religiöser Fundamentalisten in pluralen Gesellschaften heutzutage normalerweise zügig moderiert und mediatisiert. Aber auch wo derzeit die Stabilität bürgerlicher Toleranz ungefährdet scheint, existiert sie ja dem Willen der Fundamentalisten zuwider und ist oft erst das späte Resultat jahrhundertelanger, blutiger Auseinandersetzungen.[130] Für den intra- wie intergesellschaftlichen Frieden ist es daher wichtig, religiösen Fanatikern zu verstehen zu geben, dass eine Verabsolutierung ihres eigenen Standpunktes schon diesem selbst – und nicht nur den liberalen Prozeduralien offener Gesellschaften – zuwider ist. In diesem Argument liegt die wahre Stärke des weltanschaulichen Pluralismus: Fundamentalistische Religion widerspricht dem wahren Wesen von Religion; Fanatismus ist irreligiös.[131]

Wer religiöse Botschaften als Zeichen mit zweistelliger Bedeutungsfunktion – hier das Zeichen, dort das Bezeichnete – ansieht, missversteht sie. Heilige Schriften funktionieren nicht wie Verkehrszeichen gleichgültig gegen sowie gleichgeltend für jeden Betrachter. Religion kommuniziert vielmehr *symbolisch*, in einer dreistelligen Relation, wo in die Mitte zwischen das Zeichen und das Bezeichnete der Gläubige eintritt (oder auch nicht). Ohne ihn als Interpreten wird der Bedeutungsfluss von Zeichen zu Bezeichnetem unterbrochen und kein gedanklicher Funke übertragen. Nur wenn der Gläubige persönlich jene interpretative Verbindung herstellt, kann religiöser Strom fließen. Der spirituelle Fundamentalist widerspricht sich also performativ selbst, wenn er anderen genau das versagt, was ihn religiös elektrisiert: das individuelle Aneignen und Auslegen religiöser Symbole. Er kann die Wahrheit seines Glaubens nur auf eine Weise erfassen, die er, sofern er sie zum Glauben führen will, anderen ebenfalls zugestehen muss. Auch die Menschen, die der religiöse Fundamentalist missionieren will, werden nur auf ihre je ganz persönliche Weise zum Relay ihrer eigenen spirituellen Hermeneutik – oder niemals zu authentischer Religiösität finden. Die Einzigartigkeit religiöser Wahrheit in

129 | Vgl. Hans Küng, *Existiert Gott? Antwort auf die Gottesfrage der Neuzeit*, München 1978.

130 | Vgl. Heiner Bielefeldt, »Universalism Versus Relativism on the Necessity of Intercultural Dialogue on Human Rights«, in: Kai Hafez und Mary Ann Kenny (Hg.), *The Islamic World and the West: An Introduction to Political Cultures and International Relations*, 2000.

131 | Zum Folgenden vgl. Dierksmeier, *Noumenon Religion*.

der Innenperspektive und die Pluralität derselben in der Außenperspektive sind daher, recht verstanden, ein- und dasselbe. Darum wird in der Forderung nach der Toleranz Andersgläubiger der spirituelle Mensch in seiner religiösen Freiheit nicht beschnitten, sondern bestätigt.[132]

Weil der säkulare Fundamentalismus in die Leere läuft und der spirituelle Fundamentalismus sich selbst durchkreuzt, kann die metaphysische Frage, wer jener Weltbürger ist, dessen Freiheit sich qualitativer Liberalismus verpflichtet weiß, niemand anderes beantworten, als eben jener Weltbürger selbst. Und in diese Antwort werden natürlich auch religiöse und spirituelle Stimmen einfließen. Schon darum benötigen wir einen Liberalismus, der auch in spiritueller Hinsicht sprachfähig ist. Anstatt, wie es Merkmal und Makel der Theorien quantitativer Freiheit war, ein für allemal säkular festzulegen, was Freiheit ausmacht, geht es unter der Ägide qualitativer Freiheit darum, allererst die Diskussion darüber anzuregen, was wir gemeinschaftlich, hier und heute, als Freiheit schützen sollten. Freiheit in und von der Religion verteidigt eine Gesellschaft also nicht durch das Fernhalten, sondern durch das Abhalten und Aushalten spiritueller Dispute. Vertrauen wir auf die gerade auch in solchen Kontroversen sich behauptende Kraft prozeduraler Vernunft zur argumentativen Bestenauslese!

Die Idee qualitativer Freiheit kann kulturelle Spezifität integrieren, ohne sich lokalen Wertvorstellungen relativistisch auszuliefern. Alle politisch zur Geltung gebrachten normativen Ansprüche sind ja stets kritisch an einer Legitimationskette zu messen, deren höchsten Punkt die gedachte Gesamtheit aller gegenwärtigen wie zukünftigen Personen bildet. Was die politische Durch- und Umsetzung anbelangt, führt der Weg zu einer Kosmopolis der Freiheit über all jene lokalen und regionalen zwei- und mehrseitigen Institutionen, zu denen sich Menschen und Völker zur Wahrung ihrer gegenwärtigen Interessen zusammenfinden. In Geltungsfragen gibt aber die (von Kant in Aussicht gestellte und von Krause erstmals systematisch ausgearbeitete) Idee eines allseitigen Menschheitsbundes den Ausschlag. Unterfangen, die nicht im Namen der Menschheit vertreten werden können, sind mittels qualitativer Freiheit nicht legitimierbar. Für eine post-, supra- und transnationale sowie intergouvernmentale Politik ist qualitativer Liberalismus darum besonders hilfreich, da seine Freiheitsidee, indem sie sich mit diesem Argument selbst begrenzt, schlüssig auf die Konzeption universaler Menschenrechte führt.[133]

---

132 | Vgl. Heiner Bielefeldt, »Misperceptions of Freedom of Religion or Belief«, in: *Human Rights Quarterly: A Comparative and International Journal of the Social Sciences, Philosophy, and Law*, 35, No. 1 (2013): 33-68.

133 | Vgl. Heiner Bielefeldt, *Philosophie der Menschenrechte: Grundlagen eines weltweiten Freiheitsethos*, Darmstadt 1998; Heiner Bielefeldt, »Historical and Philosophi-

Einige meinen nun aber, ohne eine fest installierte Weltregierung sei keine Globalisierung der Freiheitsrechte möglich.[134] Stimmt das? Brauchen wir einen Weltstaat, einen Weltbundesstaat oder wenigstens doch einen Weltstaatenbund, um der Freiheit zu globaler Wirkung zu verhelfen? Gilt das von Naturrechtslehrern bis auf den heutigen Tag stets wiederholte Gebot, den rechtlich ungeregelten Naturzustand zu verlassen (»exeundum est e statu naturali«) auch für die Weltrechtsebene?

Meines Erachtens besteht eine wichtige Ungleichheit zwischen einem hypothetischen Naturzustand unter Individuen (vor und abseits aller gesellschaftlichen Organisation) und einem analog konzipierten Naturzustand zwischen Staaten.[135] Die meisten Weltbürger sind ja bereits rechtlich in (zumeist nationale) Gemeinwesen eingebunden, so dass es *begrifflich* einer unmittelbaren Mitgliedschaft aller Menschen in einem Weltbürgerstaat nicht bedarf, um dem Ruf nach universaler Rechtssicherheit zu genügen.[136] Damit ist die Forderung nach einem *realen* Schutz der Menschenrechte natürlich noch nicht abgegolten. Jedoch die Möglichkeit besteht immerhin, dass die realen Verhältnisse in der Praxis den idealen Forderungen der Theorie eines Tages einmal hinreichend entsprechen. Dann aber müsste die universale Anerkennung der Menschenrechte auch verlässlich sanktionierbar sein, so dass die Zugehörigkeit von Individuen zu bestimmten politischen Gemeinwesen zu ihrer *systemischen Realisierung*, nicht aber (wie in korrupten Regimen) zu ihrer *systematischen Verhinderung* führt.

Gegenwärtig jedoch gibt es bekanntlich etliche Lebensräume, die in normativer und/oder faktischer Hinsicht jenem Anspruch kosmopolitischen Menschenrechtsschutzes nicht genügen.[137] Wo die vorhandenen Mächte einen befriedigenden Menschenrechtsschutz nicht gewährleisten können (wie in zerfallenden Staatsgefügen) oder wollen (wie im Terrorstaat des IS), ist die Weltgemeinschaft in der Pflicht. Das gilt insbesondere für gewalttätige Auseinandersetzungen: Religiös motivierte Bürgerkriege und Genozide sind nichts, was man mit einem Verweis auf die nationale Souveränität der jeweils betroffenen Territorialstaaten *ad acta* legen kann.

---

cal Foundations of Human Rights«, in: Catarina Krause und Martin Scheinin (Hg.), *International Protection of Human Rights: A Textbook*, Turku; Abo 2009.

134 | Vgl. James A. Yunker, *Political Globalization: A New Vision of Federal World Government*, Lanham, Maryland 2007.

135 | Vgl. Martha Nussbaum, *Frontiers of Justice*, S. 237. Siehe auch: Pauline Kleingeld, *Kant and Cosmopolitanism: The Philosophical Ideal of World Citizenship*, Cambridge; New York 2011.

136 | Vgl. Shaw, *Rawls, Kant's Doctrine of Right, and Global Distributive Justice*.

137 | Vgl. James W. Nickel, »Is Today's International Human Rights System a Global Governance Regime?«, in: *The Journal of Ethics*, 6, No. 4 (2002): 353-371.

Daraus folgt nicht sogleich, dass wir einer mit universaler Sanktionsmacht ausgestatteten Weltregierung (*Global Government*) das Wort reden müssten. Die historische Genese und die systematische Geltung globaler Rechtsakte fallen eben auseinander. Auf der zeitlosen Ebene philosophischer Geltung steht allen Weltbürgern ein unbedingter Schutz ihrer Menschenrechte zu. Historisch hingegen stellt sich stets die Frage nach den jeweils geeigneten Bedingungen, unter denen dieser Anspruch am ehesten umzusetzen wäre. So könnte beispielsweise derzeit eine Verfestigung und Verbesserung der bestehenden Institutionen von *Global Governance* das geeignetste Mittel zur schrittweisen Erreichung dieses Zwecks darstellen. Vielleicht ist die Norm universaler Menschenrechte gegenwärtig eher über einzelne, gemeinsam aber den Globus umspannende Netzwerke und Institutionen einzulösen, als im übereilten Ausgriff auf supranationale Rechtsgebilde, die von der Völkergemeinschaft momentan (noch) nicht erwünscht sind. Im Bereich der Etablierung und Durchsetzung nachhaltiger Sozial- und Umweltstandards befindet sich die Menschheit ja eventuell gerade auf dem Weg zu einer solchen schrittweisen Ausweitung und Ausdifferenzierung transnationaler Normen und Werte. Der Ausgang dieses Prozesses bleibt abzuwarten.

Viele beklagen, die bisherige Unterregulierung des globalen Wirtschaftsraumes ermögliche ein *race to the bottom*: Produktionsorte, an denen mangels adäquater rechtlicher Vorgaben geringere Kosten für kontextschädliches Handeln entstehen, locken Firmen an; Konkurrenten fühlen sich gezwungen nachzuziehen; Wirtschaftsstandorte treten sodann in einen Negativwettbewerb um die niedrigsten ökologischen und rechtlichen Standards ein, um sich den Zustrom ausländischen Kapitals und damit Arbeitsplätze sowie Steuereinnahmen zu verschaffen oder zu erhalten.[138] Kommt es also zwangsläufig zu einer Negativspriale, die im *worst case scenario* erst endet, wo alle wirtschaftlichen Gewinne privatisiert, seine sämtlichen umweltlichen und sozialen Kosten aber sozialisiert sind? Wird sich der Schneeball maßlosen Profitstrebens auf der schiefen Ebene einer unbalancierten Weltwirtschaftsordnung zu einer unaufhaltsamen Lawine nachhaltigkeitsfeindlichen Wirtschaftens auswachsen?[139] Empirisch bestätigt sich diese Prophezeihung nicht durchgängig.[140] Die

138 | Vgl. Andrea Amaro und William Miles, »Racing to the Bottom for FDI? The Changing Role of Labor Costs and Infrastructure«, in: *The Journal of Developing Areas*, 40, No. 1 (2006): 1-13.

139 | Vgl. Andreas Georg Scherer und Guido Palazzo, »Toward a Political Conception of Corporate Social Responsibility: Business and Society Seen from a Habermasian Perspective«, in: *Academy of Management Review*, 32, No. 4 (2007): 1096-1120.

140 | Vgl. David M. Konisky, »Regulatory Competition and Environmental Enforcement: Is There a Race to the Bottom?«, in: *American Journal of Political Science*, 51, No. 4 (2007): 853-872.

tatsächliche Freiheits- und Menschenrechtsbilanz der Globalisierung fällt weniger negativ aus.[141] Sie kennt auch Aufwärtsspiralen. Durch die technische Erleichterung des physischen und informationellen Verkehrs begünstigt, hat sich eine kritische Weltöffentlichkeit herangebildet, deren schiere Faktizität normative Wirkung entfaltet. Pragmatische Imperative des Wirtschaftens führen daher heute schon nicht selten dazu, dass sich auch in unterregulierten Gesellschaften einige Unternehmen anspruchsvollen transnationalen Standards der *Corporate Governance* unterwerfen, etwa um für globale Investoren attraktiv zu werden.[142]

Dennoch kann letzten Endes die Regulierung der weltöffentlichen Sphäre natürlich nicht allein dem Gutdünken wirtschaftlicher Organisationen und unzureichend demokratisch legitimierter Nichtregierungsinstitutionen überlassen werden.[143] Auch die pfiffigsten Anreizsysteme können nicht Institutionen verbindlichen Rechts ersetzen. Nicht jeder Konflikt kann durch Mediation beigelegt, nicht jede Spannung bi- oder multi-lateral aufgehoben und nicht jede Schandtat durch *naming, blaming* und *shaming* bewältigt werden. Die *Global Governance*-Krisen der letzten Jahre haben das auf unliebsame Weise bestätigt. Während also für einige Ziele der Menschheit der flexible Zugang einer schleichenden Regulierung durch *Global Governance* sich als durchaus geeignet erweist, wird meines Erachtens für andere, etwa für den unbedingten Schutz der Menschenrechte, besser durch klassische *Government*-Institutionen gesorgt werden müssen, weshalb die Spekulation über eine institutionelle Optimierung der weltrechtlichen Repräsentation der Menschheit keineswegs müßig erscheint.[144]

Auf jeden Fall hat eine jede im Namen von Freiheit betriebene Weltinnenpolitik auf inklusive partizipative Prozeduren zu dringen. Wenn etwa auf nationaler Ebene das »one man, one vote«-Prinzip gilt, was spricht dann eigentlich – aus *liberaler* Perspektive – dagegen, es auch auf globaler Ebene gelten zu lassen?[145] Zwar gibt es eine Fülle *pragmatischer* Bedenken (in den reichen Ländern), was wohl passieren würde, falls man jeden Weltbürger (auch der armen Länder) gleichmäßig an *Global Governance*-Entscheidungen beteiligte. Aber

141 | Vgl. Jagdish N. Bhagwati, *In Defense of Globalization*, New York 2004.

142 | C. Lattemann, »On the Convergence of Corporate Governance Practices in Emerging Markets«, in: *International Journal of Emerging Markets*, 9, No. 2 (2014): 316-332.

143 | Vgl. Sangeeta Kamat, »The Privatization of Public Interest: Theorizing NGO Discourse in a Neoliberal Era«, in: *Review of International Political Economy*, 11, No. 1 (2004): 155-176.

144 | Dazu siehe die Überlegungen des World Federalist Movement (http://www.wfm-igp.org).

145 | Vgl. Parijs, *Real Freedom for All*, S. 228f.

die *ethische* Validität dieser Bedenken erscheint mir fraglich,[146] inbesondere sofern wir Freiheit – prozedurale wie substantielle – als Grundrecht einer jeden Person als solcher postulieren. Knapper ausgedrückt: »Everybody matters.«[147] Ich meine: Die Glaubwürdigkeit des Liberalismus steht und fällt mit der Entschlossenheit, mit der Liberale für die Globalität von Autonomie streiten und sich auf Weltebene für einen »solidaristic liberalism« einsetzen.[148]

Aus kosmopolitisch-liberaler Perspektive ist daher für eine Weltrechtsordnung zu streiten, welche die Konsequenzen individuellen, korporativen wie staatlichen Handelns fair ausgleichen kann, die global zu Buche schlagen.[149] Denn während innerhalb des Staatsterritoriums anfallende Probleme durch nationale Gesetzgebung (Stichwort: Internalisierung negativer externer Effekte) oftmals neutralisiert werden (können), ist dergleichen in globaler Hinsicht erst noch zu leisten. Offensiv wäre daher etwa für ein sanktionsbewehrtes Weltwirtschaftsrecht und für ein globales Strafrecht zu kämpfen sowie eine wirksamere politische Repräsentation der Weltbevölkerung zu erstreiten. Das Legitimationsdefizit, die Regelungsunverbindlichkeit und die Sanktionsunfähigkeit der gegenwärtigen Weltrechts- und der Weltwirtschaftsordnung widerstreiten offenkundig der Idee, dass alle Menschen autonom die Qualität ihrer Freiheit bestimmen können sollen.

Durch welche Verfahren und Prozesse auch immer die Weltgemeinschaft in diesen Fragen weiterzukommen sucht, die Zielperspektive, in der die Auswahl der geeigneten Realisierungsmittel getroffen werden muss, lässt sich klar konturieren: Statt einer Welt der quantitativ unbegrenzten Möglichkeiten, in der einige Wenige alles erwerben können, erstrebt sie eine Welt der qualitativ sinnvollen Wirklichkeiten, in der alle Etliches zu erreichen vermögen. Ich glaube: Die Faszination der Freiheit kann und wird alle Menschen ergreifen, sobald wir Freiheit als unteilbar begreifen und uns der aus ihr erwachsenden kosmopolitischen Verantwortung stellen. Die Welt war, ist und bleibt Gemeinbesitz aller Menschen – und genauso sollte sie auch behandelt werden: im Dienste und zur Förderung der qualitativen Freiheit aller.

---

146 | Peter Singer, *One World: The Ethics of Globalization*, New Haven, Connecticut 2002.

147 | »Everybody matters: that is our central idea. And it sharply limits the scope of our tolerance.« (Appiah, *Cosmopolitanism*, S. 144)

148 | Vgl. Parijs, *Real Freedom for All*, S. 232.

149 | Vgl. Charles R. Beitz, »Cosmopolitanism and Global Justice«, in: *The Journal of Ethics*, 9, No. 1/2 (2005): 11-27.

Danksagung

Der schönste Moment beim Schreiben eines Buches kommt mit der Danksagung. Es ist mir eine Freude, mich für die Unterstützung vieler Freunde und Kollegen von Herzen zu bedanken!

Allen voran möchte ich ehemalige und gegenwärtige Mitarbeiter des *Weltethos-Instituts* an der Universität Tübingen nennen; der Einfachheit halber in alphabetischer Reihenfolge: Beata Beier, Christopher Gohl, Frieder Glauner, Florentine Hötzel, Christina Illek, Katharina Hoegl, Adrian von Jagow, Jonathan Keir, Manuel Mutter, Manuel Neumann, Hanna Schirovsky, Stephan Schlensog, Bernd Villhauer, Simon Walch, Michael Wihlenda; sie alle haben mich in den vergangenen Monaten und Jahren in vielfältigster Weise unterstützt – von der Korrektur von Tippfehlern über Hilfe bei der elektronischen Literaturverwaltung bis hin zur philosophischen Fundamentalkritik. Besonders wichtig waren die verlegerischen und stilistischen Tipps von Bernd Villhauer. Trotz der Hektik, die der Aufbau unseres 2012 gegründeten wissenschaftlichen Instituts mit sich brachte, konnte ich mich dank dieser Hilfen dennoch ab und an auf das Schreiben konzentrieren und dieses Projekt voranbringen.

Ganz besonders freue ich mich über das Wohlwollen, das Hans Küng meiner Studie von Anfang an entgegenbrachte. Er bekräftigte mich in dem Ansinnen, eine Theorie verantworteter Freiheit zu schreiben, die sich als säkulare Säule in das von ihm begründete *Projekt Weltethos* einfügt. Ebenso waren für mich die persönlichen Gespräche mit Amartya Sen in Boston von hoher persönlicher wie fachlicher Bedeutung. Zudem durfte ich als Fellow im von Thomas Pogge in Yale durchgeführten »Global Justice Project« meine Theorie einem sehr willkommenen »stress testing« aussetzen. Ein herzliches Dankeschön für die äußerst anregenden Gespräche dort geht an alle Teilnehmer, vor allem an Daniel Putnam.

Stellvertretend für die vielen Freunde und Kollegen vom *Humanistic Management Network*, deren Anregungen in diese Arbeit eingegangen sind, möchte ich Ernst von Kimakowitz und Michael Pirson meinen besonderen Dank abstatten, die mir seit Jahren stets mit Rat und Tat zur Seite stehen. Möge dieses Buch auch unsere gemeinsamen Anstrengungen für eine menschlichere Wirtschaft voranbringen!

Ebenso haben Freunde und Familie meine Arbeit an diesem Projekt beflügelt, etwa Sven Block, Stephan Breidenbach, Alexander Insam, Volker Rekittke und Elke Völmicke sowie meine Eltern Rita und Josef Dierksmeier: Euch allen ganz herzlichen Dank!

Denken benötigt Zeit, und Zeit braucht Geld. Danken möchte ich deshalb der Karl-Schlecht-Stiftung (KSG) für die großzügige finanzielle Unterstützung des Weltethos-Instituts sowie insbesondere Klaus Leisinger für seine wohlwollende Betreuung unserer Projekte. Der Friedrich-Naumann-Stiftung für die Freiheit (FNF) danke ich für die finanzielle sowie publizistische Förderung dieser Publikation, namentlich Steffen Saebisch. Ich freue mich auch, dass mir die Verantwortlichen der FNF in den vergangenen Jahren wiederholt die Gelegenheit gegeben haben, die Argumente dieses Buches in der Diskussion zu testen – stellvertretend sei Jochen Merkle gedankt, der das Forum der Horber Akademie mehrfach für mich öffnete.

Ebenfalls danken möchte ich den Mitarbeitern des transcript Verlags für ihre routinierte, schnelle und höchst professionelle Arbeit.

Der vorliegende Text greift auf meine früheren Arbeiten zur Freiheitsphilosophie zurück und präsentiert einige in verstreuten Artikeln veröffentlichte Materialien hier in überarbeiteter Form erneut, insbesondere aus den folgenden Studien: »Zur systematischen Liberalität in Kants Politik- und Staatsbegriff«, in: Henning Ottmann (Hg.), *Kants Lehre von Staat und Frieden*, Baden-Baden 2009; »Freiheit und Globalisierung«, in: Philipp Rösler und Christian Lindner (Hg.), *Freiheit: gefühlt – gedacht – gelebt Liberale Beiträge zu einer Wertediskussion*, Wiesbaden 2009; »Freiheit in der Politischen Ökonomie von John Kenneth Galbraith«, in: *Zeitschrift für Politikwissenschaft/Journal of Political Science*, (2007): 759-782; »Qualitative oder quantitative Freiheit?«, in: *Rechtsphilosophische Hefte*, 12 (2007): 107-119; »Über die Wirtschaftstheorie in Fichtes Rechtslehre von 1812«, in: *Fichte-Studien*, 29 (2006): 13-29; »John Rawls and the rights of future generations«, in: Jörg Tremmel (Hg.), *Handbook of Intergenerational Justice*, Cheltenham; Northampton 2006; »John Rawls und Kants langer Schatten«, in: *Zeitschrift für Politikwissenschaft/Journal of Political Science*, (2004): 1297-1322; »Recht und Freiheit. Karl Christian Friedrich Krauses ›Grundlage des Naturrechts‹ im Kontext des Jenaer Idealismus«, in: *International Yearbook of German Idealism/Internationales Jahrbuch für Deutschen Idealismus*, (2004): 309-334; »Zur Theorie staatlichen Handelns bei F. A. v. Hayek«, in: *Zeitschrift für Politikwissenschaft/Journal of Political Science*, (2003): 1979-2003; »Die Wirtschaftsphilosophie des ›Krausismo‹«, in: *Deutsche Zeitschrift für Philosophie*, (2003): 571-581; »Über den gegenwärtigen Stand der Wirtschaftsphilosophie«, in: *Archiv für Rechts- und Sozialphilosophie*, (2003): 551-561; *Der absolute Grund des Rechts. Karl Christian Friedrich Krause in Auseinandersetzung mit Fichte und*

Schelling, Stuttgart-Bad Cannstatt 2003. Ich danke allen Freunden und Kollegen, die mir bei diesen Vorstudien geholfen haben.

Dieses Buch will einen Beitrag zur geistigen Selbstverständigung liberaler Kräfte leisten. Es verdankt sich den geistigen Herausforderungen und Anregungen von etlichen intellektuell wie politisch für die Freiheit engagierten Freunden und Gesprächspartnern, darunter Marco Buschmann, Raban Daniel Fuhrmann, Torge Hamkens, Christoph Giesa, Stefan Kolev, Susanna Krüger, Christian Lindner, Michael Roick und Michael Theurer. Viele von ihnen haben mein Denken nachdrücklich geprägt, besonders aber Dr. Christopher Gohl. Er personifiziert das Streben nach »qualitativer Freiheit« akademisch wie politisch – als Verfahrenstheoretiker und als Moderator, als Denker sowie als Macher; er stand mir während der Ausarbeitung etlicher Passagen dieser Studie als Vorbild für die prozedurale und dialogische Dimension qualitativer Freiheit vor dem geistigen Auge.

Dies zuletzt: Freiheit ist eine faszinierende Idee, deren Verwirklichung stets und ständig beglückt. Dass Freiheit nicht in der quantitativen Anhäufung von Optionen aufgeht, sondern sich vor allem über deren Qualität erfüllt, kann man auf vielerlei Weise lernen: durch die streng selektive Formschönheit der Künste, moralische Selbstbindungen oder intellektuelles Wahrheitsstreben, welche allesamt der unendlichen Vielzahl abstrakter Optionen um weniger, aber exzellenter Möglichkeiten willen entsagen. Ich aber kann mir persönlich keine schönere Weise vorstellen, diese essentielle Erfahrung qualitativer Freiheit immer wieder aufs Neue zu machen, als in der Bindung an die einzigartige Person, mit der ich mein Leben teilen darf, meine Frau Laura, der ich dieses Buch widme.

7 Literaturverzeichnis

Abdel-Nour, Farid, »Liberalism and Ethnocentrism«, in: *Journal of Political Philosophy*, 8, 2 (2000): 207-226.

Adams, John, »Galbraith on Economic Development«, in: *Journal of Post Keynesian Economics*, 7, 1 (1984): 91-102.

Ahmed, A.K.N., Washington Consensus: How and Why It Failed the Poor, Dhaka 2004.

Ahrens, Heinrich, Die Rechtsphilosophie, oder, das Naturrecht; auf philosophisch-anthropologischer Grundlage, Wien 1852.

Ahrens, Heinrich, Die organische Staatslehre auf philosophisch-anthropologischer Grundlage, Wien 1850.

Alemparte, J.F., »Aufnahme der deutschen Kultur in Spanien. Der Krausismo als Höhepunkt und sein Weiterwirken durch die Institución Libre de Enseñanza«, in: Klaus-Michael Kodalle (Hg.), Karl Christian Friedrich Krause (1781-1832): Studien zu seiner Philosophie und zum Krausismo, Hamburg 1985.

Amadio, Carla, »Ästhetik und Politik von der Grundlage der gesammten Wissenschaftslehre aus«, in: *Fichte-Studien*, 11 (1997): 99-112.

Amann, Wolfgang/Michael Pirson/Claus Dierksmeier/Ernst von Kimakowitz und Heiko Spitzeck (Hg.), Business Schools under Fire: Humanistic Management Education as the Way Forward, Houndmills, Basingstoke, Hampshire 2011.

Amaro, Andrea und William Miles, »Racing to the Bottom for FDI? The Changing Role of Labor Costs and Infrastructure«, in: *The Journal of Developing Areas*, 40, 1 (2006): 1-13.

Anand, Paul/Graham Hunter und Smith Ron, »Capabilities and Well-Being: Evidence Based on the Sen-Nussbaum Approach to Welfare«, in: *Social Indicators Research*, 74, 1 (2005): 9-55.

Anders, Günther, Die Antiquiertheit des Menschen: Über die Seele im Zeitalter der zweiten industriellen Revolution, München 1956.

Anderson, Mark W./Mario Teisl und Caroline Noblet, »Giving Voice to the Future in Sustainability: Retrospective Assessment to Learn Prospective Stakeholder Engagement«, in: *Ecological Economics*, 84 (2012): 1-6.

Andeweg, Rudy und Galen Irwin, Governance and Politics of the Netherlands, London; New York 2009 (Originalausgabe: 2005).

Andreassen, Bård-Anders und Stephen P. Marks (Hg.), Development as a Human Right: Legal, Political, and Economic Dimensions, Antwerpen, Belgien; Portland 2010.

Appiah, Kwame Anthony, »Sen's Identities«, in: Kaushik Basu und Ravi Kanbur (Hg.), Arguments for a Better World: Essays in Honor of Amartya Sen, Bd. 1, Oxford; New York 2009.

Appiah, Kwame Anthony, Cosmopolitanism: Ethics in a World of Strangers, London 2007.

Appiah, Kwame Anthony, The Ethics of Identity, Princeton, New Jersey 2005.

Arendt, Hannah und Ronald Beiner, Lectures on Kant's political philosophy, Brighton 1982.

Argyris, Chris, Increasing Leadership Effectiveness, Malabar 1984 (Originalausgabe: 1976).

Arlen, Jennifer und Eric L. Talley, Experimental Law and Economics, Cheltenham, United Kingdom; Northampton, Massachusetts 2008.

Arneson, Richard, »Meaningful Work and Market Socialism Revisited«, in: *Analyse und Kritik. Zeitschrift für Sozialwissenschaften*, 31, 1 (2009): 139.

Arnold, Dennis G. und Jared D. Harris (Hg.), Kantian Business Ethics, Northampton, Massachusetts 2012.

Ayer, Alfred Jules, Language, Truth and Logic, London 1936.

Backhaus, Jürgen und Reginald Hansen, »Methodenstreit in der Nationalökonomie«, in: *Journal for General Philosophy of Science*, 31, 2 (2000): 307-336.

Baets, Walter und Erna Baets-Oldenboom, Rethinking Growth: Social Intrapreneurship for Sustainable Performance, Basingstoke 2009.

Bailey, David/George Harte und Roger Sugden, »Corporate Disclosure and the Deregulation of International Investment«, in: *Accounting, Auditing and Accountability*, 13, 2 (2000): 197-218.

Baker, C. Richard, »Investigating Enron As a Public Private Partnership«, in: *Accounting, Auditing and Accountability*, 16, 3 (2003): 446-466.

Balaban, Oded und Anan Erev, The Bounds of Freedom: About the Eastern and Western Approaches to Freedom, New York 1995.

Baraúna, Guilherme und Viktor Schurr, Die Kirche in der Welt von heute; Untersuchungen und Kommentare zur Pastoralkonstitution »Gaudium et spes« des 2. Vatikanischen Konzils, Salzburg 1967.

Barraquero, Julián, Espíritu y práctica de la ley constitucional argentina, Buenos Aires 1878.

Barry, Brian, Justice as Impartiality, Oxford, United Kingdom; New York 1995.

Barry, Brian, Theories of Justice: A Treatise on Social Justice, Berkeley 1989.
Barry, Brian, The Liberal Theory of Justice: A Critical Examination of the Principal Doctrines in ›A Theory of Justice‹ by John Rawls, Oxford 1973.
Bartuschat, Wolfgang, »Apriorität und Empirie in Kants Rechtsphilosophie«, in: *Philosophische Rundschau*, 34, 1/2 (1987): 31-49.
Bartuschat, Wolfgang, Zum systematischen Ort von Kants Kritik der Urteilskraft, Frankfurt a.M. 1972.
Basoco, Juan Terradillos, »El Institucionalismo y el nuevo enfoque de la Doctrina Penal«, in: Álvarez López (Hg.), La Institución Libre de Enseñanza: su influencia en la cultura española, Cádiz 1996.
Baudrillard, Jean, La société de consommation: ses mythes, ses structures, Paris 1970.
Bauman, Zygmunt, Freedom, Milton Keynes 1988.
Baumgarth, William P., »Hayek and Political Order: The Rule of Law«, in: *Journal of Libertarian Studies*, 2 (1978): 11-28.
Bauschke, Martin, Die Goldene Regel: Staunen – Verstehen – Handeln, Berlin 2010.
Bay, Christian, The Structure of Freedom, Stanford, California 1970.
Beck, Lewis White, Kants »Kritik der praktischen Vernunft«. Ein Kommentar, München 1995.
Beck, Ulrich und Edgar Grande, Das kosmopolitische Europa: Gesellschaft und Politik in der zweiten Moderne, Frankfurt a.M. 2004.
Becker, Gary S. und Richard A. Posner, Uncommon Sense: Economic Insights, from Marriage to Terrorism, Chicago; London 2009.
Becker, Gary S., Economic Theory, New Brunswick, New Jersey 2007 (Originalausgabe: 1971).
Becker, Gary S., Accounting for Tastes, Cambridge, Massachusetts 1996.
Becker, Gary S., The Economic Approach to Human Behavior, Chicago 1976.
Becker, Gary S., Human Capital: A Theoretical and Empirical Analysis, with Special Reference to Education, Chicago 1993 (Originalausgabe: 1964).
Beckert, Jens, Beyond the Market the Social Foundations of Economic Efficiency, Princeton, New Jersey 2002.
Beiner, Ronald, What's the Matter with Liberalism?, Berkeley, California; London 1992.
Beitz, Charles R., »Cosmopolitanism and Global Justice«, in: *The Journal of Ethics*, 9, 1/2 (2005): 11-27.
Beitz, Charles R., »Human Rights as a Common Concern,« in: *American Political Science Review*, 95, 2 (2001): 269-282.
Beitz, Charles R., »Rawls's Law of People«, in: *Ethics*, 110, 4 (2000): 669.
Benedict XVI, Charity in Truth – Caritas In Veritate: Encyclical Letter, San Francisco 2009

Benn, Stanley Isaac und W.L. Weinstein, »Being Free to Act, and Being a Free Man«, in: *Mind*, 80, 318 (1971): 194-211.

Benn, Stanley Isaac, A Theory of Freedom, Cambridge; New York 1988.

Bentham, Jeremy, Of Laws in General, in: The Collected Works of Jeremy Bentham, herausgegeben von: Herbert Lionel Adolphus Hart, London: University of London; Athlone Press, 1970 (Originalausgabe 1782).

Bentham, Jeremy und John Bowring, The Works of Jeremy Bentham, New York 1962.

Bentham, Jeremy/Étienne Dumont und Richard Hildreth, Theory of Legislation, London 1887 (Originalausgabe: London 1864).

Bentham, Jeremy, The Rationale of Reward, London 1830.

Berlin, Isaiah/Henry Hardy und Ian Harris, Liberty: Incorporating Four Essays on Liberty, Oxford 2002.

Bertram, Christopher und Andrew Chitty (Hg.), Has History Ended? Fukuyama, Marx, Modernity, Aldershot, United Kingdom; Brookfield, Vermont, USA 1994.

Bhagwati, Jagdish N., In Defense of Globalization, New York 2004.

Bielefeldt, Heiner, »Misperceptions of Freedom of Religion or Belief«, in: *Human Rights Quarterly: A Comparative and International Journal of the Social Sciences, Philosophy, and Law*, 35, 1 (2013): 33-68.

Bielefeldt, Heiner, »Historical and Philosophical Foundations of Human Rights«, in: Catarina Krause und Martin Scheinin (Hg.), International Protection of Human Rights: A Textbook, Turku; Abo 2009.

Bielefeldt, Heiner, Symbolic Representation in Kant's Practical Philosophy, Cambridge, United Kindgom; New York 2003 (Originalausgabe: 2001).

Bielefeldt, Heiner, »Universalism Versus Relativism on the Necessity of Intercultural Dialogue on Human Rights«, in: Kai Hafez und Mary Ann Kenny (Hg.), The Islamic World and the West: An Introduction to Political Cultures and International Relations, Leiden 2000.

Bielefeldt, Heiner, Philosophie der Menschenrechte: Grundlagen eines weltweiten Freiheitsethos, Darmstadt 1998.

Birch, Kean und Vlad Mykhnenko (Hg.), The Rise and Fall of Neoliberalism: The Collapse of an Economic Order?, London; New York 2010.

Blanchard, Olivier J./David Romer/Michael Spence und Joseph E Stiglitz, In the Wake of the Crisis: Leading Economists Reassess Economic Policy, Cambridge, MA 2012.

Bloch, Ernst, Naturrecht und menschliche Würde, Frankfurt a.M. 1991.

Bobzien, Susanne, »Die Kategorien der Freiheit bei Kant«, in: Hariolf Seel und Gerhard Oberer (Hg.), Kant: Analysen, Probleme, Kritik, Würzburg 1988.

Bogues, Anthony, Empire of Liberty: Power, Desire, and Freedom, Hanover, New Hampshire 2010.

Bosanquet, Bernard, The Philosophical Theory of the State, London 1899.

Bostaph, Samuel, »The Methodological Debate between Carl Menger and the German Historicists«, in: *Atlantic Economic Journal*, 6, 3 (1978): 3-16.

Bouillon, Hardy, Ordnung, Evolution und Erkenntnis: Hayeks Sozialphilosophie und ihre erkenntnistheoretische Grundlage, Tübingen 1991.

Boulding, Kenneth E., »The Economics of Pride and Shame«, in: *Atlantic Economic Journal*, 15 (1987): 10-19.

Boulding, Kenneth E., »Economics as a Moral Science«, in: *The American Economic Review*, 59, 1 (1969): 1-12.

Boym, Svetlana, Another Freedom: The Alternative History of an Idea, Chicago; London 2010.

Brachtendorf, Johannes, Fichtes Lehre vom Sein. Eine kritische Darstellung der Wissenschaftslehren von 1794, 1798/99 und 1812, Paderborn 1995.

Bradley, Francis Herbert, Ethical Studies, Oxford 1927 (Originalausgabe: 1876).

Braun, Johann, Freiheit, Gleichheit, Eigentum: Grundfragen des Rechts im Lichte der Philosophie J. G. Fichtes, Tübingen 1991.

Bregenzer, Ignaz, Thier-Ethik Darstellung der sittlichen und rechtlichen Beziehungen zwischen Mensch und Thier, Bamberg 1894.

Briggs, Xavier de Souza, Democracy as Problem Solving: Civic Capacity in Communities across the Globe, Cambridge, Massachusetts 2008.

Brighouse, Harry und Ingrid Robeyns, Measuring Justice: Primary Goods and Capabilities, Cambridge, England; New York 2010.

Brocker, Manfred, Arbeit und Eigentum: Der Paradigmenwechsel in der neuzeitlichen Eigentumstheorie, Darmstadt 1992.

Bruni, Luigino, Reciprocity, Altruism and the Civil Society: In Praise of Heterogeneity, London; New York 2008.

Bubner, Rüdiger, »Was heißt Synthesis?«, in: Gerold Prauss, Handlungstheorie und Transzendentalphilosophie, Frankfurt a.M. 1986.

Buchanan, Allen Edward, »Rawls's Law of Peoples: Rules for a Vanished Westphalian World«, in: *Ethics*, 110, 4 (2000): 697.

Buchanan, James, »The Domain of Constitutional Economics«, in: *Constitutional Political Economy*, 1, 1 (1990): 1-18.

Buchheim, Thomas, Unser Verlangen nach Freiheit kein Traum, sondern Drama mit Zukunft, Hamburg 2006.

Burchell, Jon und Joanne Cook, »Stakeholder Dialogue and Organisational Learning: Changing Relationships between Companies and NGOs«, in: *Business Ethics: A European Review*, 17, 1 (2008): 35-46.

Burczak, Theodore A., »The Contradictions between Hayek's Subjectivism and His Liberal Legal Theory«, in: Jack Birner/Pierre Garrouste und Thierry Aimar (Hg.), FA Hayek as a Political Economist: Economic Analysis and Values, Bd. 45, London 2002.

Burki, Shahid Javed und Guillermo Perry, Beyond the Washington Consensus: Institutions Matter, Washington, D.C. 1998.

Burns, Timothy, After History? Francis Fukuyama and His Critics, Lanham, Maryland 1994.

Burtt, Edwin A., The English Philosophers: From Bacon to Mill, New York 1939.r

Bush, George W., Our Mission and Our Moment: Speeches since the Attacks of September 11, Washington, D.C. 2001.

Bush, Malcolm, »Amartya Sen, Development as Freedom«, in: *Social Service Review*, 75, 3 (2001): 514-517.

Bussmann, Hans, »Eine systemanalytische Betrachtung des Schematismuskapitels in der Kritik der reinen Vernunft«, in: *Kant-Studien*, 85, 4 (1994): 394-418.

Button, Mark E., Contract, Culture and Citizenship: Transformative Liberalism from Hobbes to Rawls, University Park, Pennsylvania 2008.

Cadsby, Charles Bram und Elizabeth Maynes, »Choosing between a Socially Efficient and Free-riding Equilibrium: Nurses Versus Economics and Business Students«, in: *Journal of Economic Behavior & Organization*, 37, 2 (1998): 183-192.

Caney, Simon, »Cosmopolitanism and the Law of Peoples«, in: *Journal of Political Philosophy*, 10, 1 (2002): 95-123.

Carmin, JoAnn und Julian Agyeman (Hg.), Environmental Inequalities beyond Borders: Local Perspectives on Global Injustices, Cambridge, Massachusetts 2011.

Carter, Ian/Matthew H. Kramer und Hillel Steiner, Freedom: A Philosophical Anthology, Malden, Massachusetts 2007.

Carter, Ian, A Measure of Freedom, Oxford 1999.

Carter, John R. und Michael D. Irons, »Are Economists Different, and If So, Why?«, in: *The Journal of Economic Perspectives*, 5, 2 (1991): 171-177.

Casas, Bartolomé de las, An Account, Much Abbreviated, of the Destruction of the Indies, with Related Texts, Indianapolis, Indiana 2003.

Cassirer, Ernst, The Philosophy of Symbolic Forms, New Haven 1953.

Cassirer, Ernst, Freiheit und Form. Studien zur deutschen Geistesgeschichte, Berlin 1916.

Cavallar, Georg, F., Kant and the Theory and Practice of International Right, Cardiff 1999.

Chan, Jennifer, »Between Efficiency, Capability and Recognition: Competing Epistemes in Global Governance Reforms«, in: *Comparative Education*, 43, 3 (2007): 359-376.

Charvet, John, A Critique of Freedom and Equality, Cambridge, Cambridgeshire; New York 1981.

Christman, John Philip, The Politics of Persons: Individual Autonomy and Socio-historical Selves, Cambridge; New York 2009.

Christman, John, »Saving Positive Freedom«, in: *Political Theory*, 33, 1 (2005): 79-88.

Christman, John, »Liberalism and Individual Positive Freedom«, in: *Ethics*, 101, 2 (1991): 343-359.

Clark, David A., »Sen's capability approach and the many spaces of human well-being«, in: *The Journal of Development Studies*, 41, 8 (2005): 1339-1368.

Cohen, Gerald Allan, Self-Ownership, Freedom, and Equality, Cambridge; Paris; New York 1995.

Colander, David und Arjo Klamer, »The Making of an Economist«, in: *The Journal of Economic Perspectives*, 1, 2 (1987): 95-111.

Comim, Flavio, »Climate Injustice and Development: A Capability Perspective«, in: *Development*, 51, 3 (2008): 344-349.

Connolly, William E., »Liberty as an ›essentially contested concept‹«, in: Ian Carter und Matthew H. Kramer (Hg.), Freedom: A Philosophical Anthology, Malden, Massachusetts 2007.

Connolly, William E., The Terms of Political Discourse, Oxford 1993.

Cornia, Giovanni Andrea, Inequality, Growth and Poverty in an Era of Liberalization and Globalization, 2004.

Cramer, Konrad, »Um einen nationalsozialistischen Fichte von Innen bittend. August Faust über Fichte im Jahr 1938«, in: Oliver-Pierre Rudolph und Jürgen Stolzenberg (Hg.), Wissen, Freiheit, Geschichte. Die Philosophie Fichtes im 19 und 20 Jahrhundert: Die Philosophie Fichtes im 19 und 20 Jahrhundert, Amsterdam 2010.

Crisp, Roger, »Persuasive Advertising, Autonomy, and the Creation of Desire«, in: *Journal of Business Ethics* 1987: 413-418.

Crocker, David A., Ethics of Global Development: Agency, Capability and Deliberative Democracy, Cambridge; New York 2008.

Crouch, Colin, The Strange Non-death of Neo-liberalism, Cambridge 2011.

Cudd, Ann. E. und Nancy Holmstrom, Capitalism, For and Agaist, Cambrigde, United Kingdom 2011.

Cudd, Ann E., »Oppression by Choice«, in: *Journal of Social Philosophy*, 25 (2005): 20-49.

Cyclopaedia or: An Universal Dictionary of Arts, Sciences, and Literature, Philadelphia; New York 1810.

Cyert, Richard Michael und James G. March, A Behavioral Theory of the Firm, Cambridge, Massachusetts 1992.

D'Agostino, Fred, Free Public Reason: Making It Up as We Go, New York 1996.

Dahrendorf, Ralf, The Modern Social Conflict: The Politics of Liberty, New Brunswick, New Jersey 2008.

Dalai Lama, Beyond Religion: Ethics for a Whole World, Boston 2011.

Dasgupta, Partha, »Power and Control in the Good Polity«, in: Alan P. Hamlin und Philip Pettit (Hg.), The Good Polity: Normative Analysis of the State, Oxford 1989.

Dasgupta, Partha, »Positive Freedom, Markets and the Welfare State«, in: *Oxford Review of Economic Policy*, 2 (1986).

Dasgupta, Partha, The Control of Resources, Oxford 1982.

Dauenhauer, Bernard P., »Response to Rawls«, in: Richard A. Cohen und James L. Marsh (Hg.), Ricoeur as Another: The Ethics of Subjectivity, New York 2002.

De Ruggiero, Guido, The History of European Liberalism, Boston 1959.

Dewey, John, Democracy and Education: Freedom and Culture, Denver 2009 (Originalausgabe: New York 1939).

Dewey, John, Democracy and Education: An Introduction to the Philosophy of Education, New York 1929.

Di Fabio, Udo, Die Kultur der Freiheit, München 2005.

Díaz, Elias, »Krausismo e Institución Libre de Enseñanza: Pensamiento social y politico«, in: Universidad de Jaén (Hg.), Jornadas homenaje a Giner de los Ríos, Cádiz; Ronda 1999.

Dierken, Jörg, Selbstbewusstsein individueller Freiheit: Religionstheoretische Erkundungen in protestantischer Perspektive, Tübingen 2005.

Dierksmeier, Claus, »Kant on Virtue«, in: *Journal of Business Ethics*, 113, 4 (2013): 597-609.

Dierksmeier, Claus und Anthony Celano, »Thomas Aquinas on Justice as a Global Virtue in Business«, in: *Business Ethics Quarterly*, 22, 2 (2012): 247-272.

Dierksmeier, Claus, »The Freedom–Responsibility Nexus in Management Philosophy and Business Ethics«, in: *Journal of Business Ethics*, 101, 2 (2011): 263-283.

Dierksmeier, Claus, Humanistic Ethics in the Age of Globality, London; New York 2011.

Dierksmeier, Claus, »Krausism«, in: Susana Nuccetelli/Ofelia Schutte und Otávio Bueno (Hg.), A Companion to Latin American Philosophy, Hoboken, NJ. 2010.

Dierksmeier, Claus und Michael Pirson, »The Modern Corporation and the Idea of Freedom«, in: *Philosophy of Management*, 9, 3 (2010): 5-25.

Dierksmeier, Claus, »Welche Freiheit?«, in: *Liberal, Vierteljahreshefte für Politik und Kultur*, 4 (2010): 9-13.

Dierksmeier, Claus, »Zur systematischen Liberalität in Kants Politik- und Staatsbegriff«, in: Henning Ottmann (Hg.), Kants Lehre von Staat und Frieden, Baden-Baden 2009.

Dierksmeier, Claus, »Harmonischer Liberalismus am Rio de la Plata«, in: *Liberal, Vierteljahreshefte für Politik und Kultur*, 50 (2008): 46-49.

Dierksmeier, Claus, »Qualitative oder quantitative Freiheit?«, in: *Rechtsphilosophische Hefte*, 12 (2007): 107-119.
Dierksmeier, Claus, »John Rawls on the Rights of Future Generations«, in: Jörg Tremel (Hg.), Handbook of Intergenerational Justice (2006): 73-85.
Dierksmeier, Claus, Der absolute Grund des Rechts: Karl Christian Friedrich Krause in Auseinandersetzung mit Fichte und Schelling, Stuttgart-Bad Cannstatt 2003.
Dierksmeier, Claus, »Fichtes kritischer Schüler: Zur Fichtekritik K.C.F. Krauses (1781-1832)«, in: *Fichte-Studien. Beiträge zur Geschichte und Systematik der Transzendentalphilosophie*, Bd. 21, (2003): 151-162.
Dierksmeier, Claus, »Die Würde der Kunst – Überlegungen zu Schutzbereich und Schranken eines schrankenlosen Grundrechts«, in: *Juristenzeitung (JZ)*, 18, 55 (2000): 883-889.
Dierksmeier, Claus, »Bundesrepublikanisches Staatskirchenrecht aus kantischer Perspektive«, in: *Rechtstheorie – Zeitschrift für Logik und Juristische Methodenlehre, Rechtsinformatik, Kommunikationsforschung, Normen- und Handlungstheorie, Soziologie und Philosophie des Rechts*, 30, 1 (1999): 110-112.
Dierksmeier, Claus, »Kant – Forberg – Fichte«, in: Klaus-Michael Kodalle (Hg.), Fichtes Entlassung – Der Jenaer Atheismusstreit vor 200 Jahren. Kritisches Jahrbuch der Philosophie, Würzburg 1999.
Dierksmeier, Claus, Das Noumenon Religion: Eine Untersuchung zur Stellung der Religion im System der praktischen Philosophie Kants, Berlin; New York 1998.
Dietler, Wilhelm, Gerechtigkeit gegen Thiere, Mainz 1787.
Dimova-Cookson, Maria, »A New Scheme of Positive and Negative Freedom: Reconstructing T.H. Green on Freedom«, in: *Political Theory*, 31, 4 (2003): 508-532.
Doering, Detmar, Traktat über Freiheit, München 2009.
Dudy, Peter, Menschenrechte zwischen Universalität und Partikularität: Eine interdisziplinäre Studie zur Idee der Weltinnenpolitik, Münster 2002.
Dunn, Stephen P., The Economics of John Kenneth Galbraith: Introduction, Persuasion and Rehabilitation, New York 2010.
Dunn, Stephen, »John Kenneth Galbraith and the Multinational Corporation. (The New Industrial State)«, in: *Challenge*, 48, 2 (2005): 90-112.
Düsing, Edith, »Das Problem der Individualität in Fichtes früher Ethik und Rechtslehre«, in: *Fichte-Studien*, 3: (1991): 29-50.
Düsing, Klaus, Die Teleologie in Kants Weltbegriff, Bonn 1968.
Dussel, Enrique D., Philosophy of Liberation, Maryknoll, New York 1985.
Dworkin, Gerald, The Theory and Practice of Autonomy, Cambridge, United Kingdom; New York 1988.
Dworkin, Ronald, Sovereign Virtue: The Theory and Practice of Equality, Cambridge, Masschusetts; London 2000.

Dworkin, Ronald, Taking Rights Seriously, London 1977.

Eckel, Catherine/Martin Johnson und Rick K. Wilson, »Fairness and Rejection in the Ultimatum Bargaining Game«, in: *Political Analysis*, 10, 4 (2002): 376-393.

Ehrenberg, Alain, Das erschöpfte Selbst: Depression und Gesellschaft in der Gegenwart, Frankfurt a.M. 2008.

Eisler, Riane und David Loye, »The ›Failure‹ of Liberalism: A Reassessment of Ideology from a New Feminine-Masculine Perspective«, in: *Political Psychology*, 4, 2 (1983): 375-391.

Elegido, Juan, Business Education and Erosion of Character, in: African Journal of Business Ethics, 2009.

Elkington, John und Pamela Hartigan, The Power of Unreasonable People: How Social Entrepreneurs Create Markets that Change the World, Boston, Massachusetts 2008.

Ellacuría, Ignacio: Essays on History, Liberation, and Salvation, Maryknoll, NY. 2013.

Elster, Jon, Ulysses and the Sirens: Studies in Rationality and Irrationality, Cambridge, United Kingdom; New York 1979.

Encyclopaedia Britannica, Or, A Dictionary of Arts, Sciences, and Miscellaneous Literature, Bd. 17. Edinburgh 1810.

Erning, Bernhard, Hayeks Moralphilosophie: Freiheit und Gerechtigkeit in der Grossen Gesellschaft, Freiburg 1993.

Esteban Mateo, León, El Krausismo, la Institución Libre de Enseñanza y Valencia, Valencia 1990.

Esteban Mateo, León, »El krausismo en España: Teoría y circunstancia (I)«, in: *Historia de la Educación*, 4 (1985): 97-118.

Eucken, Walter/Bernhard Külp/Viktor Vanberg und Universität Freiburg i.Br. Institut für Allgemeine Wirtschaftsforschung (Hg.), Freiheit und wettbewerbliche Ordnung: Gedenkband zur Erinnerung an Walter Eucken, Freiburg 2000.

Eucken, Walter, Grundsätze der Wirtschaftspolitik, Bern 1952.

Eucken, Walter, Unser Zeitalter der Misserfolge; fünf Vorträge zur Wirtschaftspolitik, Tübingen 1951.

Falkena, H. B., »On Hayek's Philosophy of Limited Government and the Economic Order (Review Article)«, in: *South African Journal of Economics*, 53, 4 (1985): 235-243.

Feder, Johann Georg Heinrich, »Über die Rechte der Menschen in Ansehung der unvernünftigen Tiere«, in: *Neues hannovrisches Magazin*, 2 (1972): 945-960.

Fehr, Ernst und Antonio Rangel, »Neuroeconomic Foundations of Economic Choice – Recent Advances«, in: *The Journal of Economic Perspectives*, 25, 4 (2011): 3-30.

Feinberg, Joel, Freedom and Fulfillment: Philosophical Essays, Princeton, New Jersey 1992.

Fichte, Johann Gottlieb, Wissenschaftslehre nova methodo: Kollegnachschrift von K. Chr. Fr. Krause (1798-99), herausgegeben von Erich Fuchs, Hamburg 1982.

Fichte, Johann Gottlieb, Gesamtausgabe der Bayerischen Akademie der Wissenschaften, herausgegeben von: Reinhard Lauth und Hans Gliwitzky, Stuttgart-Bad Cannstatt 1964.

Fine, Ben/Costas Lapavitsas und Jonathan Pincus, Development Policy in the 21st Century: Beyond the Post-Washington Consensus, London; New York 2001.

Fineman, Martha und Terence Dougherty, Feminism Confronts Homo Economicus: Gender, Law and Society, Ithaca, New York 2005.

Fischer, David Hacket, Liberty and Freedom: A Visual History of America's Founding Ideas, Oxford 2004.

Fischer, Klaus H., Die Wissenschaft der Gesellschaft: Gesellschaftsanalyse und Geschichtsphilosophie des Lorenz von Stein unter besonderer Berücksichtigung seines gesellschaftswissenschaftlichen Entwurfs, Frankfurt a.M. 1990.

Flach, Karl Hermann, Noch eine Chance für die Liberalen oder: Die Zukunft der Freiheit: Eine Streitschrift, Frankfurt a.M. 1971.

Flathman, Richard E., The Philosophy and Politics of Freedom, Chicago 1987.

Fleetwood, Steve, Hayek's Political Economy: The Socioeconomics of Order, London; New York 1995.

Flikschuh, Katrin, Freedom: Contemporary Liberal Theory, Cambridge, United Kingdom 2007.

Flury, Andreas, Der moralische Status der Tiere: Henry Salt, Peter Singer und Tom Regan, Freiburg i.Br. 1999.

Foerster, Rolf Hellmut, Europa. Geschichte einer politischen Idee, München 1967.

Føllesdal, Andreas und Thomas Winfried Menko Pogge, Real World Justice: Grounds, Principles, Human Rights, and Social Institutions, Dordrecht 2005.

Foner, Eric (Hg.), Voices of Freedom: A Documentary History, New York 2011 (Originalausgabe: 2005).

Fonnesu, Luca, »Die Aufhebung des Staates bei Fichte«, in: *Fichtes-Sudien,* Bd. 11 (1997): 85-98.

Fornari, Emanuela, Modernity Out of Joint: Global Democracy and Asian Values in Jürgen Habermas and Amartya K. Sen, Aurora, Colorado 2007.

Forster, Wolfgang, Karl Christian Friedrich Krauses frühe Rechtsphilosophie und ihr geistesgeschichtlicher Hintergrund, Ebelsbach 2000.

Fortlage, Carl, Genetische Geschichte der Philosophie seit Kant, Leipzig 1852.

Foucault, Michel, Von der Freundschaft als Lebensweise: Michel Foucault im Gespräch, Berlin 1984.

France, Anatole, Le lys rouge, Paris 1894.

Franceschet, Antonio, Kant and Liberal Internationalism: Sovereignty, Justice, and Global Reform, New York 2002.

Frank, Robert H./Thomas Gilovich und Dennis T. Regan, »Does Studying Economics Inhibit Cooperation?«, in: *The Journal of Economic Perspectives*, 7, 2 (1993): 159-171.

Franke, Mark F. N., Global Limits: Immanuel Kant, International Relations, and Critique of World Politics, Albany, New York 2001.

Frankena, William K., »The Naturalistic Fallacy«, in: *Mind*, 48, 192 (1939): 464-477.

Frankfurt, Harry, »Equality as a Moral Ideal«, in: *Ethics*, 98, 1 (1987): 21-43.

Freeman, R. Edward, »The Stakeholder Approach Revisited«, in: *Zeitschrift für Wirtschafts- und Unternehmensethik*, 5, 3 (2004): 228-241.

Freeman, Samuel, »Illiberal Libertarians: Why Libertarianism Is Not a Liberal View«, in: *Philosophy and Public Affairs*, 30, 2 (2001): 105-151.

Freire, Paulo und Antonio Faundez, Learning to Question: A Pedagogy of Liberation, Genf 1989.

Frey, Bruno S. und Stephan Meier, »Are Political Economists Selfish and Indoctrinated? Evidence from a Natural Experiment«, in: *Economic Inquiry*, 41, 3 (2003): 448-462.

Freyer, Hans, Revolution von rechts, Jena 1931.

Freyer, Hans, »Das Material der Pflichten. Eine Studie über Fichtes spätere Sittenlehre«, in: *Kant-Studien*, 25 (1920): 113-155.

Fricker, Karl Viktor, »Das Problem des Völkerrechts«, in: *Zeitschrift für die gesamte Staatswissenschaft*, 28 (1872): 91-144.

Friedman, Milton und Rose D. Friedman, Free to Choose: A Personal Statement, San Diego 1990.

Friedman, Milton, »The Social Responsibility of Business Is to Increase Its Profits«, in: New York Times Magazine, Heft 33, 13. September 1970.

Friedman, Milton (Hg.), Essays in Positive Economics, Chicago 1953.

Fuhrmann, Raban D., Der Bürger der Bürgergesellschaft: »Bürgergutachten« aufgrund von fünf »Bürgergutachtenzellen« nach dem Verfahren »Planungszelle«, Berlin 1999.

Fukuyama, Francis, The End of History and the Last Man, New York; Toronto 1992.

Galbraith, John Kenneth, The Economics of Innocent Fraud: Truth for our Time, New York 2004.

Galbraith, John Kenneth, The Good Society: The Humane Agenda, New York 1996.

Galbraith, John Kenneth, The Culture of Contentment, New York 1993.

Galbraith, John Kenneth, Capitalism, Communism, Coexistence: From the Bitter Past to a Better Prospect, New York 1988.

Galbraith, John Kenneth, A View from the Stands: Of People, Politics, Military Power, and the Arts, New York 1986.

Galbraith, John Kenneth, The Anatomy of Power, New York 1985.

Galbraith, John Kenneth, A Life in our Times: Memoirs, New York 1983.

Galbraith, John Kenneth, Annals of an Abiding Liberal, New York 1979.

Galbraith, John Kenneth, The Age of Uncertainty: Points of Departure, New York 1978.

Galbraith, John Kenneth, Money, Whence it Came, Where it Went, New York 1975.

Galbraith, John Kenneth, Economics and the Public Purpose, New York 1973.

Galbraith, John Kenneth, A Contemporary Guide to Economics, Peace and Laughter, New York 1971.

Galbraith, John Kenneth, The New Industrial State, New York 1986 (Originalausgabe: 1971).

Galbraith, John Kenneth, Economic Development, Cambridge 1964.

Galbraith, John Kenneth, The Affluent Society, New York 1958.

Galbraith, John Kenneth, The Great Crash 1929, New York 1954.

Galbraith, John Kenneth, American Capitalism: The Concept of Countervailing Power, New York 1993 (Originalausgabe 1952).

Gallie, Walter Bryce, »Essentially Contested Concepts«, in: *Proceedings of the Aristotelian Society*, 56 (1955): 167-198.

Galston, William Arthur, Liberal Pluralism: The Implications of Value Pluralism for Political Theory and Practice, Cambridge, UK 2002.

Galston, William Arthur, »Two Concepts of Liberalism«, in: *Ethics*, 105, 3 (1995): 516-534.

Gandal, Neil/Sonia Roccas/Lilach Sagiv und Amy Wrzesniewski, »Personal Value Priorities of Economists«, in: *Human Relations*, 58, 10 (2005): 1227-1252.

Garret, Don, »Philosophy and History in the History of Modern Philosophy«, in: Brian Leiter (Hg.), The Future for Philosophy, Oxford; New York 2004.

Garrett, Aaron/Richard Dean/Humphrey Primatt/John Oswald und Thomas Young, Animal Rights and Souls in the Eighteenth Century, Bristol, England; Sterling, VA 2000.

Garrido Domínguez, Francisco, Francisco Giner de los Ríos, creador de la Institución Libre de Enseñanza, Granada 2001.

Gauthier, David P., Morals by Agreement, Oxford, Oxfordshire; New York 1986.

Gefwert, Christoffer, Wittgenstein on Thought, Language, and Philosophy: From Theory to Therapy, Aldershot, Hampshire, England; Burlington, Vermont 2000.

Gehlen, Arnold, Anthropologische Forschung, Reinbek bei Hamburg 1967.

Geismann, Georg, »Fichtes ›Aufhebung‹ des Rechtsstaates«, in: *Fichte-Studien*, 3 (1991): 86-117.

Gerhardt, Volker, Partizipation: Das Prinzip der Politik, München 2007.

Gerhardt, Volker, Immanuel Kants Entwurf »Zum ewigen Frieden«: Eine Theorie der Politik, Darmstadt 1995.

Gerhardt, Volker (Hg.), Der Begriff der Politik: Bedingungen und Gründe politischen Handelns, Stuttgart 1990.

Ghoshal, Sumantra, »Bad Management Theories Are Destroying Good Management Practices«, in: *Academy of Management Learning & Education*, 4 (2005): 75-91.

Giel, Klaus, »Unvorgreifliche Gedanken über die Beziehung zwischen Krause und Fröbel«, in: Klaus-Michael Kodalle und Evangelische Akademie Hofgeismar (Hg.), Karl Christian Friedrich Krause (1781-1832): Studien zu seiner Philosophie und zum Krausismo, Hamburg 1985.

Gil-Cremades, Juan José, »Die politische Dimension des Krausismo in Spanien«, in: Klaus-Michael Kodalle (Hg.), Karl Christian Friedrich Krause (1781-1832): Studien zu seiner Philosophie und zum Krausismo, Hamburg 1985.

Gill, Nick und Matthew Gill, »The Limits to Libertarian Paternalism: Two New Critiques and Seven Best practice Imperatives«, in: *Environment and Planning C*, 30, 5 (2012): 924-940.

Gillroy, John Martin, »Making Public Choices: Kant's Justice from Autonomy as an Alternative to Rawls' Justice as Fairness«, in: *Kant-Studien*, 91, 1 (2009): 44-72.

Giner de los Ríos, Francisco, La persona social: estudios y fragmentos, Madrid 1899

Giovanola, Benedetta, »Re-Thinking the Anthropological and Ethical Foundation of Economics and Business: Human Richness and Capabilities Enhancement«, in: *Journal of Business Ethics*, 88, 3 (2009): 431-444.

Girndt, Helmut, »Über den Umgang mit der empfindungsfähigen Natur nach J. G. Fichte«, in: Alfred Mues (Hg.), Transzendentalphilosophie als System: Die Auseinandersetzung zwischen 1794 und 1806, Hamburg 1989.

Glauner, Friedrich, Sprache und Weltbezug Adorno, Heidegger, Wittgenstein, Freiburg 1997.

Gohl, Christopher, »Beyond Strategy: Prozedurale Politik«, in: *Zeitschrift für Politikberatung*, 1, 2 (2008): 191-212.

Gohl, Christopher, Prozedurale Politik am Beispiel organisierter Dialoge: Wie politische Beteiligung professionell gestaltet werden kann – eine Grundlegung, Münster/ Berlin 2011.

Goldston, Eli und Harold Demsetz, »Discussion«, in: *The American Economic Review*, 60, 2 (1970): 479-484.

Graham, John R./Campbell R. Harvey und Shiva Rajgopal, »The Economic Implications of Corporate Financial Reporting«, in: *Journal of Accounting and Economics*, 40, 1-3 (2005): 3-73.

Gray, John, Two Faces of Liberalism, New York 2000.

Gray, John, Liberalisms: Essays in Political Philosophy, London; New York 1989.

Gray, John, »Mill's and Other Liberalisms«, in: *Critical Review*, 2, 2-3 (1988): 12-35.

Gray, John, Hayek on Liberty, Oxford; New York 1986.

Gray, John, »Hayek on Liberty, Rights, and Justice. (F.A. Hayek)«, in: *Ethics*, 92, (1981): 73-84.

Grayson, David et al., Social Intrapreneurism and All That Jazz, Sheffield 2014

Green, Thomas Hill, »Lectures on the Principles of Political Obligation«, London 1941.

Green, Thomas Hill, Works of Thomas Hill Green, herausgegeben von Richard Lewis Nettleship , New York: Longmans, 1883-1889.

Gregor, Mary J., Laws of Freedom: A Study of Kant's Method of Applying The Categorical Imperative in The Metaphysik Der Sitten, Oxford; New York 1963.

Griffin, James, »The Distinction Between Criterion and Decision Procedure: A Reply to Madison Powers«, in: *Utilitas*, 6, 2 (1994): 177-182.

Gröschner, Rolf/Claus Dierksmeier/Michael Henkel und Alexander Wiehart, Rechts- und Staatsphilosophie: Ein dogmenphilosophischer Dialog, Berlin 2000.

Groß, Stefan, Die Philosophie Karl Christian Friedrich Krauses im Kontext des deutschen Idealismus: Vom Bild des Absoluten; Krauses Lehre vom Göttlichen und Fichtes Wissenschaftslehre von 1804, Frankfurt 2010.

Grundherr, Michael von, »Kompetenz, Selbstwirksamkeitserwartung und die Rolle von Vorbildern in der Ordnungsethik«, in: *Zeitschrift für Wirtschafts- und Unernehmensethik*, 15, 3 (2014).

Grusky, David B./S. M. Ravi Kanbur und Amartya Sen, Poverty and Inequality, Stanford, California 2006.

Guala, Francesco, »Paradigmatic Experiments: The Ultimatum Game from Testing to Measurement Device«, in: *Philosophy of Science*, 75, 5 (2008): 658-669.

Gülen, Fethullah, Toward a Global Civilization of Love & Tolerance, Somerset, New Jersey 2004.

Gurvitch, Georges, Fichtes System der konkreten Ethik, Tübingen 1924.

Gutierrez, Gustavo, A Theology of Liberation: History, Politics, and Salvation, Maryknoll, New York 1973.

Guyer, Paul, Kant on Freedom, Law, and Happiness, Cambridge, UK 2000.

Habermas, Jürgen, »Reconciliation Through the Public Use of Reason: Remarks on John Rawls's Political Liberalism«, in: *The Journal of Philosophy*, 92, 3 (1995): 109-123.

Habermas, Jürgen, Strukturwandel der Öffentlichkeit: Untersuchungen zu einer Kategorie der bürgerlichen Gesellschaft, Frankfurt a.M. 1990 (Originalausgabe: 1962).

Habermas, Jürgen, Über den Begriff der politischen Beteiligung, Neuwied am Rhein 1961.

Habisch, André, »Gesellschaftliches Unternehmertum – Blinder Fleck wirtschafts- und sozialwissenschaftlicher Gemeinwohltheorien«, in: Helga Hackenberg und Stefan Empter (Hg.), Social Entrepreneurship – Social Business: Für die Gesellschaft unternehmen, Wiesbaden 2011.

Hahn, Karl, Staat, Erziehung und Wissenschaft bei J.G. Fichte, München 1969.

Hamlin, Alan P. und Philip Pettit, The Good Polity: Normative Analysis of the State, Oxford 1989.

Hamm-Brücher, Hildegard, Und dennoch...: Nachdenken über Zeitgeschichte, Erinnern für die Zukunft, München 2011.

Hamm-Brücher, Hildegard und Norbert Schreiber, Demokratie, das sind wir alle, München 2009.

Hamowy, Ronald, »The Hayekian Model of Government in an Open Society«, in: *Journal of Libertarian Economics*, 6 (1982): 137-144.

Harada, Tetsushi, Politische Ökonomie des Idealismus und der Romantik: Korporatismus von Fichte, Müller und Hegel, Berlin 1989.

Hart, Herbert und Lionel Adolphus, Law, Liberty, and Morality, Stanford, California 1963.

Hasselmann, Christel, Hans Küngs Projekt Weltethos interkulturell gelesen, Nordhausen 2005.

Hayek, Friedrich August von, Law, Legislation and Liberty: A New Statement of the Liberal Principles of Justice and Political Economy, Bd. 2, London 1976, Bd. 3 London 1979.

Hayek, Friedrich August von, The Constitution of Liberty, Chicago 1972 (Originalausgabe: 1960).

Heal, Geoffrey M., When Principles Pay: Corporate Social Responsibility and the Bottom Line, New York 2008.

Hedrick, Todd, Rawls and Habermas: Reason, Pluralism, and the Claims of Political Philosophy, Stanford, California 2010.

Hegel, Georg Wilhelm Friedrich, Hegels Werke in 20 Bänden, herausgegben von: Eva Moldenhauer und Karl Markus Michel, Frankfurt a.M. 1969.

Heinrich, Dieter/Immanuel Kant/Friedrich von Gentz und August Wilhelm Rehberg (Hg.), *Über Theorie und Praxis*, Frankfurt a.M. 1967.

Heller, Eberhard, Die Theorie der Interpersonalität im Spätwerk J. G. Fichtes: Dargest. in den »Thatsachen des Bewusstseyns« von 1810/11, München 1974.

Helm, Dieter (Hg.), The Economic Borders of the State, Oxford 1989.

Hennecke, Hans Jörg, Friedrich August von Hayek: Die Tradition der Freiheit, Düsseldorf 2000.

Hennessy, C. A. M. und Paul Avrich Collection (Library of Congress), The Federal Republic in Spain: Pi y Margall and the Federal Republican Movement, 1868-74, Oxford 1962.

Henrich, Dieter, Konstellationen: Probleme und Debatten am Ursprung der idealistischen Philosophie (1789-1795), Stuttgart 1991.

Herzog, Lisa Maria, Freiheit gehört nicht nur den Reichen: Plädoyer für einen zeitgemäßen Liberalismus, München 2014.

Hetzel, Hermann, Die Humanisierung des Krieges in ihrer culturgeschichtlichen Entwicklung, Frankfurt an der Oder 1889.

Hicks, Douglas A., »Gender, Discrimination, and Capability: Insights from Amartya Sen«, in: *The Journal of Religious Ethics*, 30, 1 (2002): 137-154.

Hill, Lisa Cohen Elliot D., »Homo Economicus, Different Voices, and the Liberal Psyche«, in: *International Journal of Applied Philosophy*, 13, 1 (1999): 21-46.

Hinz, Manfred O., Fichtes »System der Freiheit«: Analyse eines widersprüchlichen Begriffs, Stuttgart 1981.

Hirschmann, Nancy J., The Subject of Liberty: Toward a Feminist Theory of Freedom, Princeton, New Jersey 2003.

Hobbes, Thomas, Leviathan, Menston 1996 (Originalausgabe: 1651).

Hobhouse, Leonard Trelawny, Liberalism, New York 1911.

Hobson, John, The Crisis of Liberalism: New Issues of Democracy, London 1909.

Hodgkinson, Virginia und Michael W. Foley (Hg.), *The Civil Society Reader*, Libanon 2009 (Originalausgabe: 2003).

Höffe, Otfried, Den Staat braucht selbst ein Volk von Teufeln: Philosophische Versuche zur Rechts- und Staatsethik, Stuttgart 1998 (Originalausgabe: 1988).

Höffe, Otfried, »Öffentliche oder politische Vernunft? Zu Rawls II«, in: *Zeitschrift für Philosophische Forschung*, (1994): 259-269.

Höffe, Otfried, »Naturrecht ohne naturalistischen Fehlschluss«, in: Otfried Höffe (Hg.), Den Staat braucht selbst ein Volk von Teufeln: Philosophische Versuche zur Rechts- und Staatsethik, Stuttgart 1988.

Höffe, Otfried, Immanuel Kant, übersetzt von: Marshall Farrier, München 1983.

Hohlfeld, Paul, »Über Krause und Fröbel«, in: *Die Neue Zeit*, 3, 7 (1874).

Homann, Karl und Franz Blome-Drees, Wirtschafts- und Unternehmensethik, Göttingen 1992.

Honneth, Axel, Das Recht der Freiheit – Grundriß einer demokratischen Sittlichkeit, Frankfurt a.M. 2011.

Honneth, Axel, »Organized Self-Realization«, in: *European Journal of Social Theory*, 7, 4 (2004): 463-478.

Hornbostel, Stefan, »Schisma oder Diversifikation. Das Verhältnis von Natur-, Sozial- und Geisteswissenschaften«, in: Mechthild Dreyer/Uwe Schmidt und Klaus Dicke (Hg.), Geistes- und Sozialwissenschaften an der Universität von morgen, Wiesbaden 2014.

Hospers, John und Paul Avrich Collection (Library of Congress), Libertarianism: A Political Philosophy for Tomorrow, Los Angeles 1971.

Howaldt, Jürgen und Michael Schwarz, »Soziale Innovation« im Fokus: Skizze eines gesellschaftstheoretisch inspirierten Forschungskonzepts, Bielefeld 2010.

Hoy, Calvin M., A Philosophy of Individual Freedom: The Political Thought of F.A. Hayek, Westport, Conneticut 1984.

Hudson, Hud, »Wille, Willkür, and the Imputability of Immoral Actions«, in: *Kant-Studien: Philosophische Zeitschrift der Kant-Gesellschaft*, (1991): 179-196.

Hühn, Matthias P. und Claus Dierksmeier, »Will the Real A. Smith Please Stand Up!«, in: *Journal of Business Ethics*, (2014): 1-14.

Hulten, Michel van (Hg.), Transparency International, Leiden 2009.

Humboldt, Wilhelm, Ideen zu einem Versuch, die Grenzen der Wirksamheit des Staats zu bestimmen, Stuttgart 1967.

Hume, David, Theory of Knowledge. Containing the Enquiry Concerning Human Understanding, Austin 1953.

Hume, David, Philosophical Essays Concerning Human Understanding (1751) Pre-Imprint Collection, herausgegeben von: Library of Congress, London 1801.

Huntington, Samuel P., The Clash of Civilizations and the Remaking of World Order, New York 1996.

Ingram, David, »Between Political Liberalism and Postnational Cosmopolitanism: Toward an Alternative Theory of Human Rights«, in: *Political Theory*, 31, 3 (2003): 359-391.

Ivaldo, Marco, »Die systematische Position der Ethik nach der Wissenschaftslehre nova methodo und der Sittenlehre 1798«, in: *Fichte-Studien*, 16 (1999): 237-254.

James, David, Fichte's Social and Political Philosophy: Property and Virtue, Cambridge; New York 2011.

Janke, Wolfgang, »Anerkennung. Fichtes Grundlegungen des Rechtsgrundes«, in: *Kant-Studien*, 82, 1 (1991): 197-218.

Jansen, Christian, »The Formation of German Nationalism, 1740-1850«, in: *The Oxford Handbook of Modern German History* (2011): 234.

Jasper, Scott (Hg.), Securing Freedom in the Global Commons, Stanford, California, 2010.

Jáuregui, Carlos A. und Mabel Moraña, Colonialidad y crítica en América Latina: Bases para un debate, Puebla, México 2007.

Jensen, Michael C. und William H. Meckling, »Theory of the Firm: Managerial Behavior, Agency Costs and Ownership Structure«, in: *Journal of Financial Economics*, 3, 4 (1976): 305-360.

Jevons, William Stanley, The Principles of Science: A Treatise on Logic and Scientific Method, London 1874.

Jevons, William Stanley, The Theory of Political Economy, London; New York 1871.

Jolls, Christine/Cass R. Sunstein und Richard Thaler, »A Behavioral Approach to Law and Economics«, in: *Stanford Law Review*, 50, 5 (1998): 1471-1550.

Kabat-Zinn, Jon und Richard Davidson, The Mind's Own Physician: A Scientific Dialogue with the Dalai Lama on the Healing Power of Meditation, Oakland 2012.

Kahlo, Michael/Ernst Amadeus Wolff und Rainer Zaczyk, Fichtes Lehre vom Rechtsverhältnis: Die Deduktion der [Paragraphen] 1-4 der Grundlage des Naturrechts und ihre Stellung in der Rechtsphilosophie, Frankfurt a.M. 1992.

Kamat, Sangeeta, »The Privatization of Public Interest: Theorizing NGO Discourse in a Neoliberal Era«, in: *Review of International Political Economy*, 11, 1 (2004): 155-176.

Kant, Immanuel: Gesammelte Schriften, Bd. 1-22, herausgegeben von der Preussischen Akademie der Wissenschaften, Bd. 23 Deutsche Akademie der Wissenschaften zu Berlin, ab Bd. 24 Akademie der Wissenschaften zu Göttingen, Berlin 1900 (et seqq.).

Karier, Thomas, »The Heresies of John Kenneth Galbraith«, in: *Challenge*, 36, 4 (1993): 23-28.

Kater, Thomas, Politik, Recht, Geschichte: Zur Einheit der politischen Philosophie Immanuel Kants, Würzburg 1999.

Kaulbach, Friedrich, Das Prinzip Handlung in der Philosophie Kants, Berlin 1978.

Kaulbach, Friedrich, »Das transzendental-juridische Grundverhältnis im Vernunftbegriff Kants und der Bezug zwischen Recht und Gesellschaft«, in: Friedrich Kaulbach und W. Krawietz (Hg.), Recht und Gesellschaft – Festschrift für Helmut Schelsky zum 65 Geburtstag, Berlin 1978.

Kautz, Julius (Hg.), Theorie und Geschichte der Nationalökonomik, Wien 1858.

Kautz, Steven J., Liberalism and Community, Ithaca 1995.

Kavka, Gregory S., »Why Even Morally Perfect People Would Need Government«, in: *Social Philosophy and Policy*, 12, 1 (1995): 1-18.

Keck, Werner, Zwischen evolutionärer und gesellschaftsvertraglicher Fundierung des Staates: Eine vergleichende Analyse der Staatsauffassungen von Rawls, Buchanan, Hayek und Nozick, Berlin 1998.

Kelly, Terrence, »Sociological not Political: Rawls and the Reconstructive Social Sciences«, in: *Philosophy of the Social Sciences*, 31, 1 (2001): 3-19.

Kersting, Wolfgang, Verteidigung des Liberalismus, Hamburg 2009.

Kersting, Wolfgang, Kant über Recht, Paderborn 2004.

Kersting, Wolfgang, Wohlgeordnete Freiheit: Immanuel Kants Rechts- und Staatsphilosophie, Frankfurt a.M. 1993 (Originalausgabe: 1984).

Keynes, John Maynard, Essays in Persuasion, London 1931.

Khader, Serene J., Adaptive Preferences and Women's Empowerment, Oxford 2011.

Kienzler, Wolfgang, Wittgensteins Wende zu seiner Spätphilosophie 1930 – 1932 eine historische und systematische Darstellung, Frankfurt a.M. 1997.

Kilan, Banu, »J. Rawls's Idea of an ›Overlapping Consensus‹ and the Complexity of ›Comprehensive Doctrines‹«, in: *Ethical Perspectives*, 16, 1 (2009): 21-60.

Killingback, Timothy und Etienne Studer, »Spatial Ultimatum Games, Collaborations and the Evolution of Fairness«, in: *Proceedings: Biological Sciences*, 268, 1478 (2001): 1797-1801.

von Kimakowitz, Ernst/Michael Pirson/Heiko Spitzeck/Claus Dierksmeier und Wolfgang Amann (Hg.), Humanistic Management in Practice, New York 2010.

Kirchgässner, Gebhard, Homo Oeconomicus: The Economic Model of Individual Behavior and Its Applications in Economics and Other Social Sciences, New York 2008.

Kitagawa, Joseph Mitsuo, Spiritual Liberation and Human Freedom in Contemporary Asia, New York 1990.

Kläver, Michael, Die Verfassung des Marktes: Friedrich August von Hayeks Lehre von Staat und Markt im Spiegel grundgesetzlicher Staats- und Verfassungsrechtslehre, Stuttgart 2000.

Kleingeld, Pauline, Kant and Cosmopolitanism: The Philosophical Ideal of World Citizenship, Cambridge; New York 2011.

Knippenberg, Joseph, »The Politics of Kant's Philosophy«, in: Ronald Beiner (Hg.), Kant & Political Philosophy – The Contemporary Legacy, New Heavan 1993.

Kodalle, Klaus-Michael, Annäherungen an eine Theorie des Verzeihens, Mainz; Stuttgart 2006.

Kodalle, Klaus-Michael und Martin Ohst (Hg.), Fichtes Entlassung: Der Atheismusstreit vor 200 Jahren, Würzburg 1999.

Kodalle, Klaus-Michael, »Der Stellenwert der Historiographie im Kontext des Fichteschen Geschichtsdenkens«, in: *Fichte-Studien*, 11 (1997): 259-285.

Kodalle, Klaus-Michael und Evangelische Akademie Hofgeismar (Hg.), *Karl Christian Friedrich Krause (1781-1832): Studien zu seiner Philosophie und zum Krausismo*, Hamburg 1985.

Kohlberg, Lawrence, Child Psychology and Childhood Education: A Cognitive-developmental View, New York 1987.

Köhler, Michael, »Iustitia distributiva. Zum Begriff und zu den Formen der Gerechtigkeit«, in: *Archiv für Rechts- und Sozialphilosophie (ARSP)*, 79 (1993): 457-482.

Köhler, Michael, »Zur Begründung des Rechtszwangs im Anschluss an Kant und Fichte«, in: Michael Kahlo/Ernst A. Wolff und Rainer Zaczyk (Hg.), Fichtes Lehre vom Rechtsverhältnis: Die Deduktion der [Paragraphen] 1-4 der Grundlage des Naturrechts und ihre Stellung in der Rechtsphilosophie, Frankfurt a.M. 1992.

Konisky, David M., »Regulatory Competition and Environmental Enforcement: Is There a Race to the Bottom?«, in: *American Journal of Political Science*, 51, 4 (2007): 853-872.

Koslowski, Peter, Methodology of the Social Sciences, Ethics, and Economics in the Newer Historical School: From Max Weber and Rickert to Sombart and Rothacker, Berlin; New York 1997.

Koslowski, Stefan, Die Geburt des Sozialstaats aus dem Geist des deutschen Idealismus: Person und Gemeinschaft bei Lorenz von Stein, Weinheim 1989.

Köveker, Dietmar, Grenzverhältnisse: Kant und das »Regulative Prinzip« in Wissenschaft und Philosophie, 1996.

Kramer, Matthew H., The Quality of Freedom, Oxford; New York 2003.

Krasnoff, Larry, »How Kantian Is Constructivism?«, in: *Kant-Studien*, 90, 4 (1999): 385-409.

Krause, Karl Christian Friedrich, Lebenlehre oder Philosophie der Geschichte zur Begründung der Lebenkunstwissenschaft, Leipzig 1904.

Krause, Karl Christian Friedrich, Der Erdrechtsbund an sich selbst und in seinem Verhältnisse zum Ganzen und zu allen Einzeltheilen des Menschheitlebens, aus dem Nachlass herausgegeben von: Georg Mollat, Weimar 1893.

Krause, Karl Christian Friedrich, Erklärende Bemerkungen und Erläuterungen [Kommentar] zu J.G. Fichtes Grundlage des Naturrechts, aus dem Nachlass herausgegeben von: Georg Mollat, Leipzig 1893.

Krause, Karl Christian Friedrich, Vorlesungen über Naturrecht oder Philosophie des Rechts und des Staates, herausgegeben von R. Mucke, Leipzig 1892.

Krause, Karl Christian Friedrich, Das Eigenthümliche der Wesenslehre nebst Nachrichten zur Geschichte der Aufnahme derselben, vornehmlich von

Seiten deutscher Philosophen, herausgegeben von P. Hohlfeld und A. Wünsche, Weimar 1890.

Krause, Karl Christian Friedrich, Grundlage des Naturrechts oder philosophischer Grundriss des Ideales des Rechts. Zweite Abtheilung, herausgegeben von Georg Mollat, Bd. I, Bd. II, Weimar 1890.

Krause, Karl Christian Friedrich, Zur Geschichte der neueren philosophischen Systeme, herausgegeben von P. Hohlfeld und A. Wünsche, Weimar 1889.

Krause, Karl Christian Friedrich, System der Sittenlehre. I. Versuch einer wissenschaftlichen Begründung der Sittenlehre; II. Abhandlungen und Einzelgedanken zur Sittenlehre, herausgegeben von P. Hohlfeld und A. Wünsche, Weimar 1888.

Krause, Karl Christian Friedrich, Das System der Rechtsphilosophie – Vorlesungen für Gebildete aus allen Ständen, herausgegeben von K. A. D. Röder, Leipzig 1874.

Krause, Karl Christian Friedrich, Vorlesungen über Grundwahrheiten der Wissenschaft, zugleich in ihrer Beziehung zu dem Leben. Nebst einer kurzen Darstellung und Würdigung der bisherigen Systeme der Philosophie, vornehmlich der neuesten von Kant, Fichte, Schelling und Hegel, und der Lehre Jacobi's. Für Gebildete aus allen Ständen, Göttingen 1828.

Krause, Karl Christian Friedrich, Abriss des Systemes der Philosophie des Rechtes oder des Naturrechts, Göttingen 1828.

Krause, Karl Christian Friedrich, Vorlesungen zum System der Philosophie, (Teil I/II), herausgegeben von Siegfried Plegerl, Breitenfurt 1981 (Originalausgabe: Göttingen 1828).

Krause, Karl Christian Friedrich, Entwurf eines europäischen Staatenbundes als Basis des allgemeinen Friedens und als rechtliches Mittel gegen jeden Angriff wider die innere und äußere Freiheit Europas, herausgegeben von H. Reichel, Leipzig 1920. (Originalausgabe 1814)

Krause, Karl Christian Friedrich, Anleitung zur Naturphilosophie. I. Deduction der Natur, II. Anleitung zur Construction der Natur, Jena; Leipzig 1804.

Krause, Karl Christian Friedrich, Grundlage des Naturrechts, oder philosophischer Grundriss des Ideales des Rechts. Erste Abtheilung, Jena 1803.

Krause, Karl Christian Friedrich, Das Urbild der Menschheit, Göttingen 1851 (Originalausgabe 1811).

Krieken, Albert Th. van, Ueber die sogenannte organische Staatstheorie: Ein Beitrag zur Geschichte des Staatsbegriffs, Leipzig 1873.

Kristjánsson, Kristján, Social Freedom: The Responsibility View, Cambridge, England; New York 1996.

Kroner, Richard, Von Kant bis Hegel, Tübingen Bd. 1: 1921; Bd. 2: 1924.

Kuhn, Thomas S., The Structure of Scientific Revolutions, Chicago 1962.

Küng, Hans, »We Need Bridge-Builders – No Survival for the World Without a Global Ethic«, in: East-West Divan In Memory of Werner Mark Linz, London 2014.

Küng, Hans, »Weltmusik – Weltreligionen – Weltethos. Interkulturelle Kommunikation durch Musik«, in: Christine Büchner/ Christine Jung/Bernhard Nitsche und Lucia Scherzberg (Hg.), Kommunikation ist möglich Theologische, ökumenische und interreligiöse Lernprozesse, Festschrift für Bernd Jochen Hilberath, Ostfildern 2013.

Küng, Hans/Günther Gebhardt und Stephan Schlensog, Handbuch Weltethos: Eine Vision und ihre Umsetzung, München; Zürich 2012.

Küng, Hans, Anständig wirtschaften. Warum Ökonomie Moral braucht, München 2010.

Küng, Hans und Leisinger, Klaus M. und Wieland, Josef, Manifest Globales Wirtschaftsethos: Konsequenzen und Herausforderungen für die Weltwirtschaft (Deutsch/Englisch) = Manifesto Global Economic Ethic: Consequences and Challenges for Global Businesses (German/English), München 2010.

Küng, Hans, »Weltethos und globale Führungsverantwortung«, in: Uto Meier und Bernhard Still (Hg.), Führung. Macht. Sinn: Ethos und Ethik für Entscheider in Wirtschaft, Gesellschaft und Kirche, Regensburg 2010.

Küng, Hans, Das Christentum: Wesen und Geschichte, München; Zürich 2007 (Originalausgabe: 1994).

Küng, Hans, Der Islam: Wesen und Geschichte, München, Zürich 2007.

Küng, Hans, »Welt – Sport – Ethos. Weltethos«, in: Eckhard Nagel (Hg.), Deutscher Evangelischer Kirchentag Hannover 2005, Gütersloh 2005.

Küng, Hans, »Menschen-Rechte und Menschen-Verantwortlichkeiten«, in: Hans Küng (Hg.), Dokumentation zum Weltethos, München 2002.

Küng, Hans, Tracing the Way: Spiritual Dimensions of the World Religions, übersetzt von: John Bowden, London 2002.

Küng, Hans, »Zur Problematik von Weltpolitik, Weltstaat und Weltethos«, in: Stefan Gosepath und J.C. Merle (Hg.), Weltrepublik Globalisierung und Demokratie, München 2002.

Küng, Hans, »Nachhaltige Entwicklung und Weltethos«, in: Heidi Bohnet-von der Thüsen (Hg.), Denkanstöße '99 Ein Lesebuch aus Philosophie, Natur- und Humanwissenschaften, München 1998.

Küng, Hans und Karl-Josef Kuschel, Wissenschaft und Weltethos, München 1998.

Küng, Hans, »Weltpolitik und Weltethos«, in: Evangelische Akademie Bad Boll: Aktuelle Gespräche, 43, 4 (1995): 30-35.

Küng, Hans, Das Judentum. Die religiöse Situation der Zeit, München 1991.

Küng, Hans, Projekt Weltethos, München 1990.

Küng, Hans, Existiert Gott? Antwort auf die Gottesfrage der Neuzeit, München 1978.

Kunze, Ludwig, Die pädagogischen Gedanken Karl Christian Friedrich Krauses in ihrem Zusammenhang mit seiner Philosophie dargestellt, Langensalza 1911.

Kuper, Andrew, »Rawlsian Global Justice: Beyond The Law of Peoples to a Cosmopolitan Law of Persons«, in: *Political Theory*, 28, 5 (2000): 640-674.

Kuschel, Karl-Josef, Im Ringen um den wahren Ring: Lessings »Nathan der Weise« – eine Herausforderung der Religionen, Ostfildern 2011.

Kuschel, Karl-Josef, Jesus im Spiegel der Weltliteratur. Eine Jahrhundertbilanz in Texten und Einführungen, Düsseldorf 1999.

Kymlicka, Will, Liberalism, Community and Culture, Oxford 1989.

Lafont, Cristina, »Procedural Justice? Implications of the Rawls-Habermas Debate for Discourse Ethics«, in: *Philosophy & Social Criticism*, 29, 2 (2003): 163-181.

Lakoff, George, Whose Freedom? The Battle over America's Most Important Idea, New York 2006.

Landau, Peter, »Gesellschaftliches Recht und das Prinzip freier Körperschaftsbildung in der Rechtsphilosophie von Heinrich Ahrens«, in: Gerhard Dilcher und Bernhardt Distelkamp (Hg.), Recht, Gericht, Genossenschaft und Policey Studien zu Grundbegriffen der germanistischen Rechtshistorie, Berlin 1986.

Landau, Peter, »Karl Christian Friedrich Krauses Rechtsphilosophie«, in: Klaus-Michael Kodalle (Hg.), Karl Christian Friedrich Krause (1781-1832) – Studien zu seiner Philosophie und zum Krausismo, Hamburg 1985.

Langer, Claudia, Reform nach Prinzipien: Untersuchungen zur politischen Theorie Immanuel Kants, Stuttgart 1986.

Laperche, Blandine/James K. Galbraith und Dimitri Uzunidis (Hg.), Innovation, Evolution and Economic Change: New Ideas in the Tradition of Galbraith, Cheltenham, United Kingdom; Northampton, Massachusetts 2006.

Larmore, Charles E., The Morals of Modernity, Cambridge, England; New York 1996.

Laski, Harold, The Rise of European Liberalism, London 1962.

Lattemann, C., »On the Convergence of Corporate Governance Practices in Emerging Markets«, in: *International Journal of Emerging Markets*, 9, 2 (2014): 316-332.

Lecea, Teresa Rodriguez des, »Der spanische Krausismo als praktische Philosophie«, in: Klaus-Michael Kodalle (Hg.), Karl Christian Friedrich Krause (1781-1832) Studien zu seiner Philosophie und zum Krausismo, Hamburg 1985.

Lehmann, Karl, Frei vor Gott: Glauben in öffentlicher Verantwortung, Freiburg i.Br. 2003.

Leibenstein, Harvey, Inside the Firm: The Inefficiencies of Hierarchy, Cambridge, Massachusetts 1987.

Leisinger, Klaus M./Aron Cramer und Faris Natour, »Making Sense of the United Nations Global Compact Human Rights Principles«, in: Andreas Rasche und Georg Kell (Hg.), The United Nations Global Compact: Achievements, Trends and Challenges, Cambridge; New York 2010.

Leisinger, Klaus M., »Capitalism with a Human Face«, in: *Journal of Corporate Citizenship*, 28 (2007): 113-132.

Leiter, Brian (Hg.), The Future for Philosophy, Oxford; New York 2004.

Leo XIII, Human Liberty, Encyclical Letter, New York 1941.

Leonard, Mark, Why Europe Will Run the 21st Century, London; New York 2005.

Leoni, Bruno, Freedom and the Law, Princeton, New Jersey 1961.

Levine, Robert, A Geography of Time – On Tempo, Culture And The Pace of Life: The Temporal Misadventures of a Social Psychologist, or: How Every Culture Keeps Time Just a Little Bit Differently?, New York 1997.

Li, Shaomin/Mark Fetscherin/Illan Alon/Christoph Lattemann und Kuang Yeh, »Corporate Social Responsibility in Emerging Markets«, in: *Management International Review*, 50, 5 (2010): 635-654.

Lincoln, Abraham, The Collected Works of Abraham Lincoln, Roy Prentice Basler und der Abraham Lincoln Association (Hg.), New Brunswick, New Jersey 1953.

Lippke, Richard L., »Advertising and the Social Conditions of Autonomy«, in: *Business & Professional Ethics Journal*, 8, 4 (1989): 35-58.

Locke, John, »Two Treatises of Government«, Peter Laslett (Hg.), Cambridge, United Kingdom 1960 (Originalausgabe: 1689).

Long, James Bradford De, »The Triumph of Monetarism?«, in: *The Journal of Economic Perspectives*, 14, 1 (2000): 83-94.

López-Domínguez, Virginia, »Die Idee des Leibes im Jenaer System«, in: *Fichte-Studien*, 16 (1999): 273-293.

López-Morillas, Juan, El krausismo español: perfil de una aventura intelectual, Madrid 1980 (Originalausgabe: 1958).

Lorimer, James (Hg.), The Institutes of Law: A Treatise of the Principles of Jurisprudence, as Determined by Nature, Edinburgh 1872.

Louden, Robert B., »Kant's Virtue Ethics«, in: *Philosophy*, 61, 238 (1986): 473-489.

Lowry, S. Todd, The Archaeology of Economic Ideas: The Classical Greek Tradition, Durham 1987.

Lyons, David, »Utility and Rights«, in: J. Roland Pennock und John W. Chapman, Ethics, Economics, and the Law, New York 1982.

MacCallum, Gerald C., Jr., »Negative and Positive Freedom«, in: *The Philosophical Review*, 76, 3 (1967): 312-334.

MacCauley, Clay, Karl Christian Friedrich Krause: Heroic Pioneer for Thought and Life, Berkely 1925.

MacCauley, Clay, »Krause's 1818 League of Peace«, in: *The Advocate of Peace (1894-1920)*, 81, 2 (1919): 43-44.

MacCauley, Clay, Krause's League for Human Right and Thereby World Peace, Tokyo 1917.

MacCauley, Clay, »Krause's Proposition for a European League of States«, in: *The Advocate of Peace (1894-1920)*, 79, 11 (1917): 337-339.

Macedo, Stephen, Diversity and Distrust, Cambridge, Massachusetts 2000.

Macedo, Stephen, »Liberal Civic Education and Religious Fundamentalism: The Case of God v. John Rawls?«, in: *Ethics*, 105, 3 (1995): 468-496.

MacGilvray, Eric, The Invention of Market Freedom, New York 2011.

Macpherson, Crawford Brough, Democratic Theory: Essays in Retrieval, Oxford 1973.

Majumdar, Tapas, »Amartya Sen in Search of Impure Welfare Economics: Finding New Space«, in: *Economic and Political Weekly*, 33, 45 (1998): 2860-2862.

Malo Guillén, José Luis, El krausismo económico español, Madrid 2005.

Malo Guillén, José Luis, »La Institución Libre de Enseñanza y la ciencia económica«, in: *Sistema Revista de Ciencias Sociales*, 157 (2000): 93-114.

Mankiw, N. Gregory Romer David (Hg.), New Keynesian Economics, Cambridge, Massachusetts 1991.

Manzeschke, Arne/Veronika Drews-Galle und Marburger Arbeitskreis Theologische Wirtschafts- und Technikethik, Sei ökonomisch! Prägende Menschenbilder zwischen Modellbildung und Wirkmächtigkeit, Berlin 2010.

Marcuse, Herbert, Der eindimensionale Mensch: Studien zur Ideologie der fortgeschrittenen Industriegesellschaft, übersetzt von: Alfred Schmidt, Neuwied; Berlin 1967.

Marcuse, Herbert, Reason and Revolution: Hegel and the Rise of Social Theory, London; New York 1941.

Marglin, Stephen A., »John Kenneth Galbraith and the Myths of Economics«, in: Helen Sasson/Derek Curtis Bok und Andrea D. Williams (Hg.), Between Friends: Perspectives on John Kenneth Galbraith, Boston 1999.

Marris, Robin Lapthorn, The Economic Theory of »Managerial« Capitalism, London 1964.

Marwell, Gerald und Ruth E. Ames, »Economists Free Ride, Does Anyone Else? Experiments on the Provision of Public Goods, IV«, in: *Journal of Public Economics*, 15, 3 (1981): 295-310.

Marx, Karl und Friedrich Engels, Werke, [1839 bis 1844], Berlin 1988.

Mattson, Kevin, When America Was Great: The Fighting Faith of Postwar Liberalism, New York 2004.

Mavrotas, George/Anthony F. Shorrocks und World Institute for Development Economics Research, Advancing Development: Core Themes in Global Economics, Houndmills, Basingstoke, Hampshire; New York 2007.

McCabe, Donald L./Kenneth D. Butterfield und Linda Klebe Treviño, »Academic Dishonesty in Graduate Business Programs: Prevalence, Causes, and Proposed Action«, in: *Academy of Management Learning & Education*, 5, 3 (2006): 294-305.

McCloskey, Deirdre N., Knowledge and Persuasion in Economics, Cambridge, England; New York 1994.

McFadden, Daniel, »Free Markets and Fettered Consumers«, in: *The American Economic Review*, 96, 1 (2006): 3-29.

Megone, Christopher, »One Concept of Liberty«, in: *Political Studies*, 35, 4 (1987): 611-622.

Melé, Domènec, »Editorial Introduction: Towards a More Humanistic Management«, in: *Journal of Business Ethics*, 88, 3 (2009): 413-416.

Melé, Domènec und Claus Dierksmeier (Hg.), Human Development in Business: Values and Humanistic Management in the Encyclical Caritas in Veritate, New York etc. 2012.

Menendez Ureña, Enrique, »Algunas consequencias del panenteismo krausista: ecología y mujer«, in: *El Basilisco: Revista de Filosofia, Ciencias Humanas, Teoria de la Ciencia y de la Cultura, Segunda Epoca*, 4, 3/4 (1990): 51-58.

Menger, Carl, Untersuchungen über die Methode der Sozialwissenschaften, und der politischen Ökonomie insbesondere, Leipzig 1883.

Menninger, Karl, Number Words and Number Symbols. A Cultural History of Numbers, Cambridge, Massachusetts 1969.

Mill, James, »Government«, in: Edwin A. Burtt, The English Philosophers: From Bacon to Mill, New York 1939.

Mill, John Stuart, On Liberty and Other Essays, herausgegben von: John Gray, Oxford; New York 1991.

Mill, John Stuart, Utilitarianism, London 1864.

Mill, John Stuart, Dissertations and Discussions; Political, Philosophical and Historical, London 1859.

Miller, David, »Reply to Oppenheim«, in: *Ethics*, 95, 2 (1985): 310-314.

Miller, David, »Constraints on Freedom«, in: *Ethics*, 94, 1 (1983): 66-86.

Mills, Claudia, »Choice and Circumstance«, in: *Ethics*, 109, 1 (1998): 154-165.

Mintzberg, Henry, Managers not MBAs: A Hard Look at the Soft Practice of Managing and Management Development, San Francisco 2004.

Mintzberg, Henry/Robert Simons und Kunal Basu, »Beyond Selfishness«, in: *MIT Sloan Management Review*, 44, 1 (2002): 67-74.

Mirowski, Philip und Esther-Mirjam Sent (Hg.), Science Bought and Sold: Essays in the Economics of Science, Chicago; London 2002.

Mirra, Carl, Enduring Freedom or Enduring War? Prospects and Costs of the New American 21st Century, Washington, D.C. 2005.

von Mises, Ludwig, Nationalökonomie: Theorie des Handelns und Wirtschaftens, München 1980 (unveränderter Nachdruck der Originalausgabe, Genf 1940).

Mishan, E. J., »The Futility of Pareto-Efficient Distributions«, in: *The American Economic Review*, 62, 5 (1972): 971-976.

Mishra, Pankaj, From the Ruins of Empire: The Revolt Against the West and the Remaking of Asia, London 2012.

Mohl, Robert von, Die Geschichte und Literatur der Staatswissenschaften in Monographien dargestellt – 3 Bände, Graz 1960 (Originalausgaben: Erlangen 1855-1858).

Mollat, Georg B., Lesebuch zur Geschichte der deutschen Staatswissenschaft von Kant bis Bluntschli, Osterwieck 1891.

Monreal, Susana, Krausismo en el Uruguay: Algunos fundamentos del Estado tutor, Montevideo, Uruguay 1993.

Moore, George Edward Wisser Burkhard, Principia Ethica, New York 2005 (Originalausgabe: 1903).

Moorthy, K. Sridhar, »Using Game Theory to Model Competition«, in: *Journal of Marketing Research*, 22, 3 (1985): 262-282.

Moosmayer, Dirk C., Die Intention betriebswirtschaftlicher Hochschullehrer zur Beeinflussung von Werten: Konzeptionelle Entwicklung und globale empirische Überprüfung, Frankfurt a.M. 2013.

Moraña, Mabel/Enrique D. Dussel und Carlos A. Jáuregui (Hg.), Coloniality at Large: Latin America and the Postcolonial Debate, Durham 2008.

Morris, Brian, Bakunin: The Philosophy of Freedom, Montréal; New York 1993.

Müller, Kirstin-Maike, Konzepte einer Weltinnenpolitik, Hamburg 1999.

Murray, R. Malcolm und Jan Narveson (Hg.), Liberty, Games and Contracts: Jan Narveson and the Defence of Libertarianism, Aldershot, England; Burlington, Vermont 2007.

Mutsaku Kamilamba, Kande, Desarrollo y liberación: Utopías posibles para África y América Latina, México City, Mexico 2003.

Nagel, Thomas, »Rawls and Liberalism«, in: Samuel Freeman (Hg.), The Cambridge Companion to Rawls, Cambrigde 2003.

Nagel, Thomas, The View from Nowhere, New York 1986.

Nagel, Thomas, »Review: Libertarianism without Foundations«, in: *The Yale Law Journal*, 85, 1 (1975): 136-149.

Narveson, Jan, The Libertarian Idea, Philadelphia 1988.

Nathan, Ganesh, Social Freedom in a Multicultural State, New York 2014

Naumann, Friedrich, Gegenwart und Zukunft des Liberalismus: Rede, München 1911.

Neal, Patrick, »Does He Mean What He Says? (Mis)Understanding Rawls's Practical Turn. (John Rawls)«, in: *Polity*, 27, 1 (1994): 77-111.

Nelson, Eric, »Liberty: One Concept Too Many?«, in: *Political Theory*, 33, 1 (2005): 58-78.

Neurath, Otto und Rainer Hegselmann, Wissenschaftliche Weltauffassung, Sozialismus und Logischer Empirismus, Frankfurt a.M. 1979.

Nevile, Ann, »Amartya K. Sen and Social Exclusion«, in: *Development in Practice*, 17, 2 (2007): 249-255.

Nickel, James W., »Is Today's International Human Rights System a Global Governance Regime?«, in: *The Journal of Ethics*, 6, 4 (2002): 353-371.

Niehans, Jürg, A History of Economic Theory: Classic Contributions, 1720-1980, Baltimore; London 1990.

Norman, W. J., »Taking ›Free Action‹ Too Seriously«, in: *Ethics*, 101, 3 (1991): 505-520.

Novak, Michael, »Economics as Humanism«, in: *First Things: A Monthly Journal of Religion and Public Life*, 76 (1997): 18-19.

Nozick, Robert, Anarchy, State, and Utopia, Oxford 1975 (Originalausgabe: 1974).

Núñez Encabo, Manuel, Manuel Sales y Ferré: Los orígenes de la sociología en España, Madrid 1976.

Nussbaum, Martha Craven, Creating Capabilities: The Human Development Approach, Cambridge, Massachusetts 2011.

Nussbaum, Martha Craven, Not for Profit: Why Democracy Needs the Humanities, Princeton, New Jersey 2010.

Nussbaum, Martha Craven, Frontiers of Justice: Disability, Nationality, Species Membership, Cambridge, Massachusetts 2006.

Nussbaum, Martha Craven, »Human Functioning and Social Justice In Defense of Aristotelian Essentialism«, in: *Political Theory*, 20, 2 (1992): 202-246.

Nussbaum, Martha Craven, Nature, Function, and Capability: *Aristotle on Political Distribution*, Oxford Studies in Ancient Philosophy (1988), 145-184.

O'Neill, Onora, »Justice, Gender, and International Boundaries«, in: Pablo De Greiff und Ciaran Cronin (Hg.), Global Justice and Transnational Politics Essays on the Moral and Political Challenges of Globalization, Cambridge, Massachusetts 2002.

O'Neill, Onora, »Autonomy, Coherence, and Independence«, in: David Milligan und William Watts Miller (Hg.), Liberalism, Citizenship, and Autonomy, Aldershot; Brookfield, Vermont 1992.

O'Neill, Onora, Constructions of Reason: Explorations of Kant's Practical Philosophy, Cambridge, England; New York 1989.

O'Neill, Onora, »The Most Extensive Liberty«, in: *Proceedings of the Aristotelian Society* (1979): 45-59.

Oberer, Hariolf Seel Gerhard, Kant: Analysen, Probleme, Kritik, Würzburg 1988.

Okin, Susan Moller und Jane J. Mansbridge, Feminism, Aldershot, England; Brookfield, Vermont 1994.

Olsaretti, Serena, Liberty, Desert and the Market: A Philosophical Study, Cambridge 2004.

Oppenheim, Felix, »›Constraints on Freedom‹ as a Descriptive Concept«, in: *Ethics*, 95, 2 (1985): 305-309.

Oppenheim, Felix, Political Concepts: A Reconstruction, Chicago 1981.

Orden Jiménez, Rafael V., El Sistema de la Filosofía de Krause: Génesis y desarrollo del Panenteísmo, Madrid 1998.

Ortega y Gasset, José und Helene Weyl, Concord and Liberty, New York 1946.

Owen, J. Judd, Religion and the Demise of Liberal Rationalism: The Foundational Crisis of the Separation of Church and State, Chicago 2001.

Packard, Vance, The Hidden Persuaders, Brooklyn, New York 2007.

Pakpahan, Agus, Freedom for Farmers, Freedom for All, Bogor 2007.

Parfit, Derek, All That Matters, Bd. I & II, Oxford 2009.

Parijs, Philippe van, Real Freedom for All: What (If Anything) Can Justify Capitalism?, Oxford; New York 1995.

Parker, Richard, John Kenneth Galbraith: His Life, His Politics, His Economics, New York 2005.

Pecorino, Paul und Boening, Mark van, »Fairness in an Embedded Ultimatum Game«, in: *Journal of Law and Economics*, 53, 2 (2010): 263-287.

Pawlowski, Hans-Martin/Stefan Smid und Rainer Specht, Die Praktische Philosophie Schellings und die gegenwärtige Rechtsphilosophie, Stuttgart-Bad Cannstatt 1989.

Peterman, James F., Philosophy as Therapy: An Interpretation and Defense of Wittgenstein's Later Philosophical Project, Albany 1992.

Petersen, Anders, »Authentic Self-realization and Depression«, in: *International Sociology*, 26, 1 (2011): 5-24.

Pettit, Philip, A Theory of Freedom: From the Psychology to the Politics of Agency, Oxford; New York 2001.

Pettit, Philip, Republicanism: A Theory of Freedom and Government, Oxford; New York 1997.

Philippovich, Eugen von, Die Entwicklung der wirtschaftspolitischen Ideen im 19. Jahrhundert. Sechs Vorträge, Tübingen 1910.

Pieper, Annemarie, »Kant und die Methode der Analogie«, in: Gerhardt Schönrich und Yasushi Kato (Hg.), Kant in der Diskussion der Moderne, Frankfurt a.M. 1996.

Pieper, Josef, Verteidigungsrede für die Philosophie, München 1966.

Piernas y Hurtado, José Manuel, Tratado de hacienda pública y examen de la española, Madrid 1891.

Pinckaers, Servais, The Sources of Christian Ethics, Washington, D.C. 1995.

Plamenatz, John Petrov, English Utilitarians, Oxford 1958.

Plessner, Helmuth, Conditio humana, Frankfurt a.M. 1983.

Plessner, Helmuth, Die Stufen des Organischen und der Mensch; Einleitung in die philosophische Anthropologie, Berlin 1965.

Pogge, Thomas (Hg.), Freedom From Poverty as a Human Right: Who Owes What to the Very Poor?, New York; Oxford; Paris 2007.

Pogge, Thomas, World Poverty and Human Rights: Cosmopolitan Responsibilities and Reforms, Cambridge, United Kingdom; Malden, Massachusetts 2002.

Pogge, Thomas, »Is Kant's Rechtslehre Comprehensive?«, in: *The Southern Journal of Philosophy*, 36, (1998): 161-187.

Prauss, Gerold, Handlungstheorie und Transzendentalphilosophie, Frankfurt a.M. 1986.

Pressman, Steven und Gale Summerfield, »The Economic Contributions of Amartya Sen«, in: Steven Pressman (Hg.), Leading Contemporary Economists: Economics at the Cutting Edge, London; New York 2009.

Primatt, Humphry, A Dissertation on the Duty of Mercy and Sin of Cruelty to Brute Animals, London 1776.

Princen, Sebastiaan, »Trading up in the Transatlantic Relationship«, in: *Journal of Public Policy*, 24, 1 (2004): 127-144.

Proudhon, Traité du domaine de propriété, ou de la distinction des biens; considérés principalement par rapport au domaine privé, Paris 1842.

Putnam, Hilary, Ethics Without Ontology, Cambridge, Massachusetts 2004.

Putnam, Hilary, »For Ethics and Economics without the Dichotomies«, in: *Review of Political Economy*, 15, 3 (2003): 395-412.

Putnam, Hilary, The Collapse of the Fact/Value Dichotomy and Other Essays, Cambridge, Massachusetts 2002.

Pykett, Jessica/Rhys Jones/Mark Whitehead/Margo Huxley/Kendra Strauss/Nick Gill/Kate McGeevor/Lee Thompson und Janet Newman, »Interventions in the Political Geography of ›Libertarian Paternalism‹«, in: *Political Geography*, 30, 6 (2011): 301-310.

Qizilbash, Mozaffar, »Sugden's Critique of Sen's Capability Approach and the Dangers of Libertarian Paternalism«, in: *International Review of Economics*, 58, 1 (2011): 21-42.

Querol Fernández, Francisco, La filosofía del derecho de K. Ch. F. Krause: con un apéndice sobre su proyecto europeísta, Madrid 2000.

Quine, Willard van Orman, Quiddities: An Intermittently Philosophical Dictionary, Cambridge, Massachusetts 1987.

Quine, Willard van Orman, »Main Trends in Recent Philosophy: Two Dogmas of Empiricism«, in: *The Philosophical Review*, 60, 1 (1951): 20-43.

Rabe, Christine Susanne, Gleichwertigkeit von Mann und Frau: Die Krause-Schule und die bürgerliche Frauenbewegung im 19. Jahrhundert, Köln 2006.

Rahner, Karl, Freiheit und Manipulationen in Gesellschaft und Kirche, München 1970.

Rana, Aziz, The two Faces of American Freedom, Cambridge, Massachusetts 2010.

Rasche, Andreas und Georg Kell (Hg.), The United Nations Global Compact: Achievements, Trends and Challenges, Cambridge; New York, 2010.

Rawls, John, The Law of Peoples: With »The Idea of Public Reason Revisited«, Cambridge, Massachusetts 2002 (Originalausgabe: 1999).

Rawls, John, Justice as Fairness: A Restatement, herausgegeben von: Erin Kelly, Cambridge, Massachusetts 2001.

Rawls, John und Barbara Herman, Lectures on the History of Moral Philosophy, Cambridge, Massachusetts 2000.

Rawls, John, A Theory of Justice, Cambridge, Massachusetts 1999 (Originalausgabe: 1971).

Rawls, John, Political Liberalism, New York 1996 (Originalausgabe: 1993).

Raz, Joseph, Engaging Reason: On the Theory of Value and Action, Oxford; New York 1999.

Raz, Joseph, The Morality of Freedom, Oxford 1986.

Rebellato, José Luis, La encrucijada de la ética: Neoliberalismo, conflicto norte-sur, liberación, Montevideo 1995.

Rebonato, Riccardo, Taking Liberties: A Critical Examination of Libertarian Paternalism, London/New York 2012.

Regan, Tom, Animal Rights and Human Obligations, Englewood Cliffs, New Jersey 1989.

Reichenbach, Hans und Maria Reichenbach, Der Aufstieg der wissenschaftlichen Philosophie, Berlin-Grunewald 1951.

Reidy, David A., »Rawls on International Justice: A Defense«, in: *Political Theory*, 32, 3 (2004): 291-319.

Reiff, Mark R., Exploitation and Economic Justice in the Liberal Capitalist State, Oxford 2013.

Reinalter, Helmut, Projekt Weltethos: Herausforderungen und Chancen für eine neue Weltpolitik und Weltordnung, Innsbruck 2006.

Rescher, Nicholas, Ethical Idealism: An Inquiry into the Nature and Function of Ideals, Berkeley 1987.

Reynolds, Jack/James Chase/Ed Mares und James Williams (Hg.), Postanalytic and Metacontinental: Crossing Philosophical Divides, London; New York 2010.

Ricardo, David/Miscellaneous Pamphlet Collection (Library of Congress) und Commercial Pamphlet Collection (Library of Congress), An Essay on the

Influence of a Low Price of Corn on the Profits of Stock: Shewing the Inexpediency of Restrictions on Importation: With Remarks on Mr. Malthus' Two Last Publications: »An Inquiry into the Nature and Progress of Rent« and »The Grounds of an Opinion on the Policy of Restricting the Importation of Foreign Coin«, London 1921 (Originalausgabe: 1815).

Ricardo, David, On the Principles of Political Economy and Taxation, London 1821 (Originalausgabe: 1817).

Richardson, Henry S. und Paul Weithman (Hg.), Development and Main Outlines in Rawls's Theory of Justice, New York 1999.

Richardson, Henry S. und Paul Weithman (Hg.), The Two Principles and Their Justifications, New York 1999.

Richter, Melvin, The Politics of Conscience; T.H. Green and His Age, Cambridge 1964.

Rickert, Heinrich, »Die philosophischen Grundlagen von Fichtes Sozialismus«, in: *Logos Internationale Zeitschrift der Philosophie der Kultur*, 9 (1923): 149 – 180.

Riedel, Manfred, »Fichtes zweideutige Umkehr der naturrechtlichen Begriffsbildung«, in: *Zeitschrift für Philosophische Forschung*, 31, 1 (1977): 5-18.

Rifkin, Jeremy, The European Dream. How Europe's Vision of the Future is Quietly Eclipsing the American Dream, New York 2004.

Riley, Patrick, »Kant's two conceptions of the will in their political context«, in: Howard Lloyd Williams (Hg.), Essays on Kant's Political Philosophy, Chicago, Illinois 1992.

Ripstein, Arthur, Force and Freedom: Kant's Legal and Political Philosophy, Cambridge, Massachusetts; London 2009.

Robbins, Lionel, »Hayek on Liberty«, in: *Economica*, 28, 109 (1961): 66-81.

Robbins, Lionel, An Essay on the Nature and Significance of Economic Science, London; New York 1932.

Roberts, J. Timmons und Bradley C. Parks, A Climate of Injustice: Global Inequality, North-South Politics, and Climate Policy, Cambridge, Massachusetts 2007.

Römpp, Georg, Ethik des Selbstbewusstseins: Der Andere in der idealistischen Grundlegung der Philosophie: Kant, Fichte, Schelling, Hegel, Berlin 1999.

Rohs, Peter, Johann Gottlieb Fichte, München 2007.

Roos, Nikolas H. M., »Hayek's Kantian Heritage and Natural Law«, in: Jack Birner und Rudy van Zijp (Hg.), Hayek, Co-ordination and Evolution: His Legacy in Philosophy, Politics, Economics and the History of Ideas, London; New York 1994.

Rorty, Richard, Contingency, Irony, and Solidarity, New York 1989.

Rosales, Jacinto Rivera de, »Die Begrenzung. Vom Anstoß zur Aufforderung«, in: *Fichte-Studien*, 16 (1999): 167-190.

Rösler, Philipp und Christian Lindner (Hg.), Freiheit: gefühlt – gedacht – gelebt. Liberale Beiträge zu einer Wertediskussion, Wiesbaden 2009.

Rössler, Beate, »Kongenial und aufmerksam. Rezension zu John Rawls: Geschichte der Moralphilosophie«, in: *Deutsche Zeitschrift für Philosophie*, 51, 2 (2003): 325-329.

Rothbard, Murray Newton, The Ethics of Liberty, Atlantic Highlands, New Jersey 1982.

Rothbard, Murray Newton, Government and the Economy, Kansas City, Kansas 1977.

Rothbard, Murray Newton, For a New Liberty, New York 1973.

Rothlin, Stephan, Gerechtigkeit in Freiheit: Darstellung und kritische Würdigung des Begriffs der Gerechtigkeit im Denken von Friedrich August von Hayek, Frankfurt a.M. 1992.

Rowland, Barbara M., Ordered Liberty and the Constitutional Framework: The Political Thought of Friedrich A Hayek, Westport 1987.

Rubinstein, Ariel, »A Sceptic's Comment on the Study of Economics«, in: *The Economic Journal*, 116, 510 (2006): 1-9.

Ruger, Jennifer Prah, Health and Social Justice, Oxford; New York 2010.

Ryan, Alan, The Philosophy of John Stuart Mill, Houndmills, Basingstoke, Hampshire 1987.

Sahlins, Marshall David, Stone Age Economics, Hawthorne, New York 1972.

Salt, Henry Stephens, Animals' Rights. Considered in Relation to Social Progress, Clarks Summit, Pennsylvania 1980 (Originalausgabe: 1892).

Samuels, Warren J., »Galbraith on Economics as a System of Professional Belief«, in: *Journal of Post Keynesian Economics*, 7, 1 (1984): 61-76.

Samuelson, Paul A., »A Note on the Pure Theory of Consumer's Behaviour«, in: *Economica*, 5, 17 (1938): 61-71.

Sandel, Michael J., »Review on John Rawls: Political Liberalism«, in: *Harvard Law Review*, 107, 7 (1994): 1765-1794.

Sanz del Río, Julián, »El derecho y el Estado según Krause«, in: *Boletín de la Institutción Libre de Enseñanza*, 6 (1882).

Sassenbach, Ulrich, Der Begriff des Politischen bei Immanuel Kant, Würzburg 1992.

Sasson, Helen/Derek Curtis Bok und Andrea D. Williams (Hg.), Between Friends: Perspectives on John Kenneth Galbraith, Boston 1999.

Satz, Debra und Rob Reich (Hg.), Toward a Humanist Justice: The Political Philosophy of Susan Moller Okin, Oxford; New York 2009.

Say, Jean-Baptiste, Traité d'économie politique, ou simple exposition de la manière dont se forment, se distribuent, et se composent les richesses, Paris 1803.

Scanlon, Thomas, What We Owe to Each Other, Cambridge, Massachusetts 1998.

Schelling, Thomas C., Choice and Consequence, Cambridge, Massachusetts 1984.

Scherer, Andreas Georg und Guido Palazzo, »Toward a Political Conception of Corporate Social Responsibility: Business and Society Seen from a Habermasian Perspective«, in: *Academy of Management Review*, 32, 4 (2007): 1096-1120.

Schiller, Friedrich, Briefe über die ästhetische Erziehung des Menschengeschlechts, in: Werke, München 2004.

Schindler, David Christopher, The Perfection of Freedom: Schiller, Schelling and Hegel between the Ancients and the Moderns, Eugene, Oregon 2012.

Schlensog, Stephan und Walter Lange (Hg.), Weltethos in der Schule: Unterrichtsmaterialien der Stiftung Weltethos, Tübingen 2008.

Schlensog, Stephan und Hans Küng, Der Hinduismus: Glaube, Geschichte, Ethos, München 2006.

Schlick, Moritz, Allgemeine Erkenntnislehre, Berlin 1918.

Schmitz, Heinz-Gerd, »Moral oder Klugheit? Überlegungen zur Gestalt der Autonomie des Politischen im Denken Kants«, in: *Kant-Studien*, 81, 1 (1990): 413-422.

Schmoller, Gustav von, Über einige Grundfragen der Sozialpolitik und der Volkswirtschaftslehre, Leipzig 1904.

Schneider, Alfred Theodor, Karl Christian Friedrich Krause als Geschichtsphilosoph, Leipzig 1907.

Scholz, Johannes-Michael, »Legitimationspraktiken krausistischer Dezentralisierungspolitik«, in: *Ius Commune*, 12 (1984): 117-163.

Scholz, Johannes-Michael, »Krausistische Staatskritik in der spanischen ›Restauración‹«, in: Christoph Bergfeld (Hg.), Aspekte europäischer Rechtsgeschichte: Festgabe für Helmut Coing zum 70 Geburtstag, Frankfurt a.M. 1982.

Scholz, Johannes-Michael, »La función sociopolítica del krausismo«, in: Friedrich Ebert Fundación (Hg.), Reinvindicación de Krause, Madrid 1982.

Schönecker, Dieter, »Das gefühlte Faktum der Vernunft. Skizze einer Interpretation und Verteidigung«, in: *Deutsche Zeitschrift für Philosophie*, 1 (2013): 91-107.

Schönherr-Mann, Hans-Martin, Globale Normen und individuelles Handeln: Die Idee des Weltethos aus emanzipatorischer Perspektive, Würzburg 2010.

Schönherr-Mann, Hans-Martin und Küng, Hans, Miteinander leben lernen: Die Philosophie und der Kampf der Kulturen, München; Zürich 2008.

Schönrich, Gerhard und Yasushi Kato (Hg.), Kant in der Diskussion der Moderne, Frankfurt a.M., 1996.

Schönrich, Gerhard, »Die Kategorien der Freiheit als handlungstheoretische Elementarbegriffe«, in: Gerold Prauss (Hg.), Handlungstheorie und Transzendentalphilosophie, Frankfurt a.M. 1986.

Schrader, Wolfgang H., »Konstruktion versus Unmittelbarkeit. Zum Verhältnis von Philosophie und Leben bei J.G. Fichte«, in: *Fichte-Studien*, 11 (1997): 367-377.

Schrader, Wolfgang H., Empirisches und absolutes Ich. Zur Geschichte des Begriffs Leben in der Philosophie J.G. Fichtes, Stuttgart-Bad Cannstatt 1972.

Schulte, Günter, »Vernunft und Natur – Transzendentalphilosophie als Symptom«, in: Klaus Hammacher und Albert Mues (Hg.), Erneuerung der Transzendentalphilosophie im Anschluß an Kant und Fichte: Festschrift für Reinhard Lauth zum 60 Geburtstag, Stuttgart-Bad Cannstatt 1979.

Sen, Amartya, The Idea of Justice, Cambridge, Massachusetts 2009.

Sen, Amartya, Identity and Violence: The Illusion of Destiny, New York; London 2007.

Sen, Amartya, Rationality and Freedom, Cambridge, Massachusetts; London 2002.

Sen, Amartya, Development as Freedom, New York 1999.

Sen, Amartya, »Galbraith and the Art of Description«, in: Helen Sasson/Derek Curtis Bok und Andrea D. Williams (Hg.), Between Friends: Perspectives on John Kenneth Galbraith, Boston 1999.

Sen, Amartya, »Capability and Well-Being«, in: Martha Nussbaum und Amartya Sen, The Quality of Life, Oxford 1993.

Sen, Amartya, Inequality Reexamined, New York; Cambridge, Massachusetts 1992.

Sensen, Oliver, Kant on Human Dignity, Berlin/New York 2011.

Serra, Narcís und Joseph E. Stiglitz (Hg.), The Washington Consensus Reconsidered: Towards a New Global Governance, Oxford; New York 2008.

Shackle, George Lennox Sharman, Epistemics and Economics: A Critique of Economic Doctrines, Cambridge, England 1972.

Shaw, Brian J., »Rawls, Kant's Doctrine of Right, and Global Distributive Justice«, in: *The Journal of Politics*, 67, 1 (2005): 220-249.

Shklar, Judith N. und Bernard Yack (Hg.), Liberalism Without Illusions: Essays on Liberal Theory and the Political Vision of Judith N. Shklar, Chicago 1996.

Sidgwick, Henry, The Methods of Ethics, Indianapolis 1981.

Siep, Ludwig, Praktische Philosophie im Deutschen Idealismus, Frankfurt a.M. 1992.

Silber, John R., »Der Schematismus der praktischen Vernunft«, in: *Kant-Studien*, 56, 3-4 (1965): 253-273.

Simhony, Avital und D. Weinstein, The New Liberalism: Reconciling Liberty and Community, Cambridge 2001.

Simhony, Avital, »Beyond Negative and Positive Freedom: T.H. Green's View of Freedom«, in: *Political Theory*, 21, 1 (1993): 28-54.

Simhony, Avital, »On Forcing Individuals to be Free: T.H. Green's Liberal Theory of Positive Freedom«, in: *Political Studies*, 39, 1 (1993): 303-320.

Simon, Herbert A., Models of Thought, New Haven, Connecticut 1979.

Singer, Peter, One World: The Ethics of Globalization, New Haven, Connecticut 2002.

Skinner, Quentin, Liberty Before Liberalism, Cambridge, United Kingdom; New York 1998.

Smith, Lauritz, Über die Natur und Bestimmung der Tiere wie auch von den Pflichten der Menschen gegen die Tiere, Kopenhagen 1790.

Snow, Charles Percy, The Two Cultures, London 1959.

Solow, Robert M., »How Did Economics Get That Way and What Way Did It Get?«, in: *Daedalus*, 126, 1 (1997): 39-58.

Sombart, Werner, Die drei Nationalökonomien: Geschichte und System der Lehre von der Wirtschaft, München 1929.

Soto, Domingo de und Venancio Diego Carro, De Iustitia et Iure. (De la justicia y del derecho), Madrid 1967.

Sperling, John G. und Suzanne W. Helburn, The Great Divide: Retro vs. Metro America, Sausalito, California 2004.

Spitzeck, Heiko/Michael Pirson und Claus Dierksmeier, Banking with Integrity: The Winners of the Financial Crisis?, New York 2011.

Stadler, Christian Maria, Freiheit in Gemeinschaft: Zum transzendentalphilosophischen Rechtsbegriff Johann Gottlieb Fichtes, Cuxhaven 2000.

Stadler, Christian Maria, J.G. Fichtes Grundlegung des ethnischen Idealismus, oder, Transzendentale Deduktion zwischen Wissen und Wollen, Cuxhaven 1996.

Steele, G. R., The Economics of Friedrich Hayek, New York 1993.

Steiner, Hillel, An Essay on Rights, Cambridge, Massachusetts; Oxford, United Kingdom 1994

Steltemeier, Rolf, Liberalismus. Ideengeschichtliches Erbe und politische Realität einer Denkrichtung, Baden-Baden 2015.

Stephen, M. Gardiner, »Ethics and Global Climate Change«, in: *Ethics*, 114, 3 (2004): 555-600.

Stigler, George J. und Gary S. Becker, »De Gustibus non est et disputandum«, in: *American Economic Review*, 67, 2 (1977): 76-90.

Stiglitz, Joseph E., Making Globalization Work, New York 2006.

Stilz, Anna, Liberal Loyalty: Freedom, Obligation, and the State, Princeton 2009.

Stoetzer, Carlos Otto, Karl Christian Friedrich Krause and His Influence in the Hispanic World, Köln 1998.

Stoetzer, Carlos Otto, »Raíces intelectuales de la Constitución argentina de 1853«, in: *Jahrbuch für Geschichte Lateinamerikas = Anuario de Historia de América Latina (JbLA)*, 22 (1985): 295-339.

Streeten, Paul, »Amartya Sen. Rationality and Freedom«, in: *Economic Development and Cultural Change*, 52, 4 (2004): 889-891.

Summers, Lawrence H./Nils Gottfries und Birgit Grodal, »The Scientific Illusion in Empirical Macroeconomics Comments Source«, in: *The Scandinavian Journal of Economics*, 93, 2 (1991): 129-148.

Swanton, Christine, Freedom: A Coherence Theory, Indianapolis, Indiana 1992.

Takada, Makoto, »Zum intersubjektiven Verständnis des Ich in der Wissenschaftslehre nova methodo«, in: *Fichte-Studien*, 35 (2010): 345-356.

Tan, Kok-Chor, »The Law of Peoples: With ›The Idea of Public Reason Revisited‹ (Review)«, in: *Canadian Journal of Philosophy*, 31, 1 (2001): 113-120.

Taylor, Charles, »What's Wrong with Negative Liberty?«, in: Charles Taylor (Hg.), Philosophical Papers, Bd. 2, Cambrigde UK 1985.

Taylor, Robert H. (Hg.), The Idea of Freedom in Asia and Africa, Stanford, California, 2002.

Taylor, Robert S., Reconstructing Rawls: The Kantian Foundations of Justice as Fairness, Pennsylvania State University 2011.

Ten, Chin Liew (Hg.), Mill's On Liberty: A Critical Guide, Cambridge, United Kingdom; New York 2008.

Thaler, Richard H. und Cass R. Sunstein, »Libertarian Paternalism«, in: *The American Economic Review*, 93, 2 (2003): 175-179.

Thaler, Richard H., Quasi Rational Economics, New York 1991.

Thierry, Aimar, »13 Coordination, Survival and Normativity: A Hayekian Perspective Revisited«, in: Jack Birner/Pierre Garrouste und Aimar Thierry (Hg.), FA Hayek as a Political Economist: Economic Analysis and Values, Bd. 45, London 2002.

Thrasher, John, »John Tomasi: Free Market Fairness«, in: *Public Choice*, 159, 1-2 (2014): 309-311.

Tietjen, Hartmut, Fichte und Husserl: Letztbegründung, Subjektivität u. praktische Vernunft im transzendentalen Idealismus, Frankfurt a.M. 1980.

Tinder, Glenn E., Liberty: Rethinking an Imperiled Ideal, Grand Rapids, Michigan 2007.

Tönnies, Ferdinand, Gemeinschaft und Gesellschaft Grundbegriffe der reinen Soziologie, Berlin 1912.

Tremmel, Jörg, »Welche Prinzipien der Generationengerechtigkeit würden Vertreter aller Generationen unter dem Rawls'schen Schleier der Unwissenheit festlegen?«, in: *Zeitschrift für politische Phliosophie*, (2009): 201-234.

Trend, John Brande, The Origins of Modern Spain, Cambridge, England; New York 1934 (Originalausgabe: 1921).

Turner, Adair, Economics after the Crisis: Objectives and Means, Cambridge, MA 2012.

Ubel, Peter A., Free Market Madness: Why Human Nature is at Odds with Economics- and Why It Matters, Boston, Massachusetts 2009.

Ulrich, Peter/Dorothea Bauer und Michael S. Assländer (Hg.), John Stuart Mill: Der vergessene politische Ökonom und Philosoph, Bern, 2006.

Unruh, Peter, Die Herrschaft der Vernunft: Zur Staatsphilosophie Immanuel Kants, Baden-Baden 1993.

Ureña, Enrique M., Philosophie und gesellschaftliche Praxis: Wirkungen der Philosophie K.C.F. Krauses in Deutschland, 1833-1881, Stuttgart-Bad Cannstatt 2001.

Ureña, Enrique, K.C.F. Krause: Philosoph, Freimaurer, Weltbürger: Eine Biographie, Stuttgart-Bad Cannstatt 1991.

Useem, Michael, Investor Capitalism: How Money Managers are Changing the Face of Corporate America, New York 1996.

Vaihinger, Hans/Max Scheler/Bruno Bauch/Max Frischeisen-Köhler/Arthur Liebert und Paul Menzer, Kant-Studien, Berlin; New York 1942.

Valentin, Veit, Geschichte des Völkerbundgedankens in Deutschland ein geistesgeschichtlicher Versuch, Berlin 1920.

Vanberg, Viktor, »›Ordnungstheorie‹ as Constitutional Economics: The German Conception of a ›Social Market Economy‹«, in: Walter Eucken (Hg.), ORDO: Jahrbuch für die Ordnung von Wirtschaft und Gesellschaft, Bd. 39, 1988.

Vanberg, Viktor und James M. Buchanan, Liberaler Evolutionismus oder vertragstheoretischer Konstitutionalismus? Zum Problem institutioneller Reformen bei F.A. von Hayek und J.M. Buchanan, Tübingen 1981.

Venn, Ronald und Nicola Berg, »Building Competitive Advantage through Social Intrapreneurship«, in: *South Asian Journal of Global Business Research*, 2, 1 (2013): 104-127.

Vera Cruz, Alonso de la, De dominio infidelium et iusto bello, I-II, Mexico 2000.

Verene, Donald Phillip, The Origins of the Philosophy of Symbolic Forms: Kant, Hegel, and Cassirer, Evanston, Illinois 2011.

Verweyen, Hansjürgen, Recht und Sittlichkeit in J.G. Fichtes Gesellschaftslehre, Freiburg 1975.

Vester, Wolfgang, Sozialphilosophie und Sozialpolitik der deutschen Rechtsphilosophie des XIX. Jahrhunderts: (Krause, Ahrens, Röder), Cottbus 1935.

Viner, Jacob, »Review: Hayek on Freedom and Coercion«, in: *Southern Economic Journal*, 27, 3 (1961): 230-236.

Vinten, Gerald, »The Corporate Governance Lessons of Enron«, in: *Corporate Governance: The International Journal of Business in Society*, 2, 4 (2002): 4-9.

Vitoria, Francisco de/Luciano Pereña und C. Baciero, Relectio De indis. Carta Magna de los Indios: 450 aniversario, 1539-1989, Madrid 1989.

Vollrath, Ernst, Grundlegung einer philosophischen Theorie des Politischen, Würzburg 1987.

Waldron, Jeremy, Liberal Rights: Collected Papers, 1981-1991, Cambridge, England; New York 1993.

Waligorski, Conrad, The Political Theory of Conservative Economists, Lawrence, Kansas 1990.

Wallner, Nico, Fichte als politischer Denker: Werden und Wesen seiner Gedanken über den Staat, Halle; Saale 1926.

Walsh, Vivian, »Fact/Value Dichotomy«, in: Jan Peil und Irene van Staveren (Hg.), Handbook of Economics and Ethics, Cheltenham, United Kingdom; Northampton, Massachusetts 2009.

Walsh, Vivian, »Amartya Sen on Rationality and Freedom«, in: *Science and Society*, 71, 1 (2007): 59-83.

Walsh, Vivian, Rationality, Allocation, and Reproduction, Oxford; New York 1996.

Walzer, Michael, Thinking Politically: Essays in Political Theory, New Haven, Connecticut 2007.

Webley, Simon More Elise, Does Business Ethics Pay? Ethics and Financial Performance, London 2003.

Wegner, Gerhard, Wohlfahrtsaspekte evolutorischen Marktgeschehens: Neoklassisches Fortschrittsverständnis und Innovationspolitik aus ordnungstheoretischer Sicht, Tübingen 1991.

Weinstein, D., Equal Freedom and Utility: Herbert Spencer's Liberal Utilitarianism, Cambridge; New York 1998.

Weiske, Julius und Franz Bopp, Rechtslexikon für Juristen aller teutschen Staaten enthaltend die gesammte Rechtswissenschaft, Leipzig 1839.

Wertheimer, Alan, »Social Theory and the Assessment of Social Freedom«, in: *Polity*, 7, 3 (1975): 334-360.

Wilhelm, Morris M., »The Political Thought of Friedrich A. Hayek«, in: *POST Political Studies*, 20, 2 (1972): 169-184.

Willaschek, Marcus, »Right and Coercion: Can Kant's Conception of Right Be Derived from His Moral Theory?«, in: *International Journal of Philosophical Studies*, 17, 1 (2009): 49-70.

Willaschek, Marcus, »Which Imperatives for Right? On the Non-Prescriptive Character of Juridicial Laws in Kant's Metaphysics of Morals«, in: Mark Timmons (Hg.), Kant's Metaphysics of Morals: Interpretative Essays, Oxford 2002.

Williams, Bernard Arthur Owen, Ethics and the Limits of Philosophy, Cambridge, Massachusetts 1985.

Williams, Howard Lloyd, On Rawls, Development and Global Justice: The Freedom of Peoples, Houndmills, Basingstoke, Hampshire; New York 2011.

Williams, Howard Lloyd (Hg.), Essays on Kant's Political Philosophy, Chicago, Illinois 1992.

Williams, Rowan und Larry Elliott, Crisis and Recovery: Ethics, Economics, and Justice, New York 2010.

Williamson, Oliver E., Corporate Control and Business Behavior: An Inquiry into the Effects of Organization Form on Enterprise Behavior, Englewood Cliffs, New Jersey 1970.

Willms, Bernard, »Zur Dialektik der Planung: Fichte als Theoretiker einer geplanten Gesellschaft«, in: Ernst Wolfgang Böckenförde (Hg.), Säkularisation und Utopie, Stuttgart 1967.

Wilshire, Bruce W., Fashionable Nihilism: A Critique of Analytic Philosophy, Albany 2002.

Wittgenstein, Ludwig, Philosophical Investigations, Oxford 1953.

Wittgenstein, Ludwig und Bertrand Russell, Tractatus logico-philosophicus, London 1922.

Wolff, Jonathan und Avner De-Shalit, Disadvantage, Oxford; New York 2007.

Wollgast, Siegfried, »Karl Christian Friedrich Krause (1781-1832) – Bemerkungen zu seinem Menschheitbund und Friedensplan«, in: Erhard Lange (Hg.), Philosophie und Frieden – Beiträge zum Friedensgedanken in der deutschen Klassik, Weimar 1985.

Wood, Adrian, A Theory of Profits, Cambridge, England 1975.

Young, Robert, Personal Autonomy: Beyond Negative and Positive Liberty, London; New York 1986.

Yunker, James A., Political Globalization: A New Vision of Federal World Government, Lanham, Maryland 2007.

Zaczyk, Rainer, Das Strafrecht in der Rechtslehre J. G. Fichtes, Berlin 1981.

Zak, Paul J., »Neuroeconomics«, in: *Philosophical Transactions: Biological Sciences*, 359, 1451 (2004): 1737-1748.

Zeitler, Christoph, Spontane Ordnung, Freiheit und Recht: Zur politischen Philosophie von Friedrich August von Hayek, Frankfurt a.M. 1995.

Zintl, Reinhard, Individualistische Theorien und die Ordnung der Gesellschaft: Untersuchungen zur Politischen Theorie von James M. Buchanan und Friedrich A.v. Hayek, Berlin 1983.

Zöller, Günter (Hg.), Der Staat als Mittel zum Zweck: Fichte über Freiheit, Recht und Gesetz, Baden-Baden 2011.